Le livre d'Heraclide de Damas

Nestorius, Patriarch of Constantinople, fl. 428, F 1864-1931 Nau

NESTORIUS

NESTORIUS

LE LIVRE D'HÉRACLIDE

DE DAMAS

TRADUIT EN FRANÇAIS

PAR F. NAU

PROFESSEUR A L'INSTITUT CATHOLIQUE DE PARIS

AVEC LE CONCOURS

DU R. P. BEDJAN ET DE M. BRIERE

SUIVI

DU TEXTE GREC DES TROIS HOMÉLIES DE NESTORIUS

SUR LES TENTATIONS DE NOTRE-SEIGNEUR

ET DE TROIS APPENDICES

LETTRE A COSME, — PRÉSENTS ENVOYÉS D'ALEXANDRIE,

LETTRE DE NESTORIUS AUX HABITANTS DE CONSTANTINOPLE

PARIS

LETOUZEY ET ANÉ, ÉDITEURS

76 BIS, RUE DES SAINTS-PÈRES

INTRODUCTION

I. L'Auteur. — D'après une ancienne tradition syriaque, Nestorius est d'origine perse. Ses grands-parents Addaï et 'Amalcâ (ou Malktoum) quittèrent Atac, dans le Beit-Garmaï, à l'est du Tigre, pour aller habiter Samosâte. Ils étaient païens. Leur fils aîné, Bar ba'alchemin (le fils du Baal des cieux), se maria à Béhédin, village situé près de Germanicie (Mar'ach), et eut un fils qu'il nomma Nestorius [1]. Le village de Béhédin était détruit au XIIᵉ siècle, mais une légende rapportait encore que ceux qui naissaient dans ce village et buvaient de l'eau de certaine fontaine avaient la voix claire et féminine [2]. Tel avait été Nestorius; on montrait encore, près de Béhédin, une caverne où il aurait demeuré ; il était roux, n'était pas grand, avait de grands yeux et une figure agréable, « c'était un nouveau David. » Cf. F. Nau, *La naissance de Nestorius*, dans la *Revue de l'Orient chrétien*, t. XIV (1909), p. 424-426; *ibid.*, p. 314, et *infra*, p. 364.

Il apprit les lettres grecques à Germanicie, il aurait même été à Athènes. **Cf.** F. Nau, *Analyse du traité écrit par Denys bar Salibi contre les nestoriens*, dans la *Revue de l'Orient chrétien*, t. XIV (1909), p. 302. Il est probable qu'il n'alla pas plus loin qu'Antioche, où il fut l'élève de Théodore de Mopsueste. Cf. Maurice Brière, *La légende syriaque de Nestorius*, Paris, 1910, p. 18-19, extrait de la *Revue de l'Orient chrétien*, 1910, p. 1-25. Il demeura au monastère d'Euprépios, à deux stades d'Antioche, devint prêtre et fut chargé « d'interpréter » les Écritures, parce qu'il avait un style élégant, une langue déliée et une belle voix. **Cf.** Denys bar Salibi, *loc. cit.* On trouvera plus loin les raisons qui portèrent l'empereur à le faire venir à Constantinople. *Infra*, p. 242-244.

Durant les trois années de son court épiscopat, il accumula

---

1. D'après la même tradition, le second fils d'Addaï, nommé Abi'achoum, serait le père de Théodoret, évêque de Cyr. Celui-ci serait donc cousin germain de Nestorius.

2. *Néchoï.*

tous les excès de zèle et toutes les maladresses : il excommunia les
moines qui s'insinuaient dans les maisons et qui vaguaient sur
les voies publiques, il défendit aux femmes d'aller aux offices
de nuit avec les hommes et d'y chanter, il fit mémoire de saint
Jean Chrysostome mort en exil et déposé ; il empêcha de recevoir
des présents pour le sacerdoce, cf. E. Gœller, *Ein nestorianisches
Bruchstück zur Kirchengeschichte des 4 und 5 Jahrhunderts*, dans
Oriens christianus, t. ı (1901), p. 95-97, et Elie de Nisibe, *Buch
vom Beweis der Wahrheit des Glaubens*, traduction L. Horst,
Colmar, 1886, p. 27; il vexa à plusieurs reprises Pulchérie, sœur
de l'empereur, cf. *infra*, p. 363-364 ; enfin sa vigueur à poursuivre les hérétiques fut cause d'une multitude de persécutions,
de proscriptions, de séditions et même d'incendies et de meur-
tres [1]; Socrate, son contemporain, écrit :

Il fut ordonné le 10 avril (428) et, s'adressant aussitôt à l'empereur devant tout le peuple, il prononça cette célèbre parole : « Donne-moi, ô
empereur, un pays purgé d'hérétiques, et je te donnerai le ciel en échange;
extermine les hérétiques avec moi et moi j'exterminerai les *Perses* avec
toi. » Si quelques-uns de la foule, zélés contre les hérétiques, accueillirent ces
paroles avec plaisir, il n'en fut pas de même de ceux qui savaient discerner
le caractère d'après le discours : il ne leur échappa pas qu'il y avait là lé-
gèreté de pensée, présomption et vanité... Le cinquième jour après son
ordination, voulant détruire l'oratoire des *ariens*, dans lequel ils priaient

---

1. La légende syriaque de Nestorius raconte qu'en se rendant à Constantinople il s'arrêta deux jours près de Théodore de Mopsueste et que celui-ci
le mit d'avance en garde contre les dangers de son zèle. « Lorsqu'il s'en alla
pour continuer sa route, le bienheureux Théodore sortit avec lui selon son habitude, jusqu'au Martyrium de sainte Thècle, afin de prendre congé de lui et
de lui faire ses recommandations. Tandis qu'ils étaient en ce lieu, il lui dit :
« Je te connais, ô mon fils ; il n'y a pas de femme qui ait enfanté un homme
aussi zélé que toi; c'est pourquoi, je te recommande de modérer ton zèle pour
combattre les opinions des autres; car de même que l'homme qui possède une
fille vierge et fort belle, d'une part se réjouit de sa beauté et d'autre part
craint qu'elle ne tombe entre les mains d'hommes vains et qu'elle ne soit
déshonorée à cause même de sa beauté, de même je me réjouis de ton zèle,
et cependant je crains que tu ne périsses par le fait d'hommes méchants. »
Il lui répondit : « Maître, qu'est-ce que tu me dis ? Si tu avais vécu du
temps de Notre-Seigneur, il t'aurait été dit : Est-ce que vous aussi vous voulez vous en aller ? La venue de Notre-Seigneur a donné de la viande à manger;
l'estomac qui la prend se nourrit et celui qui ne la prend pas, s'épuise. » Après
avoir reçu beaucoup de recommandations, il se remit en route, arriva à Constantinople et fut établi évêque par ordre de l'empereur. » M. Brière, *loc. cit.*, p. 19.

en secret, il les poussa au désespoir;... il ne cessa pas, mais, par ses machinations contre les hérétiques, il bouleversa la ville à son détriment. Il voulut tourmenter aussi les novatiens, jaloux de ce que Paul, évêque des novatiens, était célèbre à cause de sa religion, mais les remontrances des princes arrêtèrent son impétuosité. Quant aux maux nombreux dont il affligea les quatuordécimans dans l'*Asie*, la *Lydie*, et la *Carie*, et au grand nombre de ceux qui moururent à cause de lui dans la sédition qui eut lieu à *Milet* et à *Sardes*, je veux le passer sous silence. Quant à la punition qu'il reçut, et pour cela et pour ses incontinences de langage, je l'exposerai bientôt.

...Il persuada aux empereurs que les églises fussent enlevées (aux macédoniens)... *P. G.*, t. LXVII, col. 801 sq.

C'est à son influence qu'on attribue la loi portée par Théodose le 30 mai 428, contre les ariens, les macédoniens, les pneumatomaques, les apollinaristes, les novatiens, les eunomiens, les montanistes, les messaliens, les euchites, les audiens, les photiniens, les paulinistes, etc.; les manichéens devaient être chassés des villes et livrés au dernier supplice, les autres ne pouvaient ni ordonner des clercs, ni bâtir des églises, ni se réunir, ni donner quoi que ce soit entre vifs ou par testament. *Corpus juris civilis, Codex*, I, 5. On devine donc qu'il dut soulever beaucoup de haines et de ressentiments. Son biographe ajoute :

Il supprima aussi les jeux, les théâtres, les chants, les concerts, les danses et (tous) les amusements dont s'occupaient les Romains ; et, à cause de cela, la ville conçut contre lui une haine profonde, de telle sorte qu'ils en vinrent même jusqu'à prendre leurs meubles et à les jeter dans la mer en disant : « C'est à cause de Nestorius que nous agissons ainsi. » Bien que la ville l'eût ainsi en haine, l'empereur (cependant) l'honorait et l'aimait d'une façon particulière. M. Brière, *loc. cit.*, p. 19.

Pour comble de maladresse, il parut vouloir évoquer à son tribunal la cause des évêques pélagiens chassés d'Italie et des clercs d'Alexandrie en conflit avec saint Cyrille. Il demanda des explications à saint Célestin, qui ne lui répondit pas; il insista, et saint Célestin lui répondit enfin qu'il n'avait pu le faire plus tôt parce qu'il avait d'abord fallu traduire ses lettres en latin, ce qui avait demandé beaucoup de temps, mais qu'il avait reçu encore d'autres de ses ouvrages, envoyés par Cyrille par l'intermédiaire du diacre Poseidonius, et qu'il en résultait clairement qu'il était hérétique. En conséquence saint Célestin condamnait Nestorius à rejeter ses nouveautés dans les dix jours qui suivraient la promulgation de cette sentence, sous peine d'être séparé de l'Église catholique. Labbe, *Conciles*, t. iii, col. 354 *d, e* ; 362-363. Nous avons encore la lettre de saint Cyrille, *P. G.*, t. lxxvii, col. 80 par laquelle il annonce à saint Célestin qu'il lui adresse par l'intermédiaire « de son très cher Poseidonius », des coupures des écrits de Nestorius (κεφαλαίων περικοπάς), qu'il avait eu la précaution de faire traduire en latin, « aussi bien qu'on avait pu le faire à Alexandrie. » Labbe, *Conciles*, t. iii, col. 346 *b*. Il avait ainsi évité les longueurs et les difficultés causées par la traduction à Rome des textes grecs, mais il serait capital de connaître ces coupures et ces traductions, causes de tant de luttes. Le biographe nestorien écrit :

L'impie Cyrille se mit à fausser les écrits et les homélies que le bienheureux avait faits ; partout où il trouvait dans son enseignement « Dieu et homme », il enlevait le mot « Dieu » et il mettait le mot « homme», afin de pouvoir par là l'accuser d'avoir les mêmes idées que Paul de Samosate ; il écrivit une lettre à Célestin, évêque de Rome, et il lui envoya les homélies qu'il avait faussées en disant : « Nestorius affirme, comme Paul de Samosate, que Notre-Seigneur le Christ est un homme ordinaire.» Célestin précipita son jugement. M. Brière, *loc. cit.*, p. 19-20.

Nestorius, de son côté, protesta qu'il n'enseignait pas ce que Cyrille lui attribuait; il demanda donc à l'empereur de convoquer un concile pour prononcer entre lui et Cyrille. Le concile se réunit à Éphèse en juin 431, et on trouvera son histoire dans la seconde partie du *Livre d'Héraclide*, p. 88-290.

C'est à sa demande, plusieurs fois formulée, que Nestorius retourna à son monastère à Antioche, cf. *infra*, 248, 249, 251, car il s'était rendu compte des haines qu'il avait soulevées[1] et il ne voulait pas, a-t-il dit, que sa personnalité causât du préjudice à la foi. Il passa quatre ans à Antioche, 431 à 435, puis à la suite de sa définitive défaite, peut-être aussi à la demande expresse de Jean d'Antioche, cf. M. Brière, *loc. cit.*, p. 21[2], il fut

---

1. Cf. *infra*, p. 249, 290-291, 293, 323, 327. Le comte Jean se montrait très étonné de « la rage » des évêques d'Éphèse : *Ne fieret pugnæ conflictus, intermiscui eis militum turbas, circa loca utrique parti contigua... propter rabiem, quæ inter eos nescio unde provenit... dicentibus his, qui convenerant cum Cyrillo, se nullo modo posse vel ipsum adspectum Nestorii sustinere... quamvis videam execrabiles et implacabiles ad invicem Deo amicissimos episcopos, nescio unde ad tantam usque tristitiam asperitatemque pervenerunt*, Lupus, ch. xvi, p. 47.

2. Cf. *infra*, p. xxi, note 1.

exilé en Égypte à l'Oasis [1] où il mourut en 451, entre la convocation et la réunion du concile de Chalcédoine. Il n'y était pas complètement séparé du monde car, dans son infortune, il lui restait quelques amis fidèles, par exemple ce Paul, que Domnus
aurait nommé évêque d'Antarados parce qu'il avait rendu visite
à Nestorius à l'Oasis, et que Dioscore déposa, au conciliabule
d'Éphèse, pour le même motif. Cf. Perry, *The second Synod of
Ephesus*, texte syriaque, Oxford, 1875, p.192 [2]. C'est sans doute par
l'un de ces visiteurs que Nestorius reçut les actes des deux conciles d'Éphèse et du concile de Constantinople, ainsi que la lettre
de saint Léon à saint Flavien. Cf. *infra*, p. 298. C'est encore à
l'occasion de l'une de ces visites qu'il envoya aux habitants de
Constantinople la lettre que nous traduisons plus loin, p. 370 sq.
Cette lettre, où il affirme de manière claire et frappante son
accord avec Flavien et Léon, put donner l'idée à quelques politi-
ques de le convoquer au concile de Chalcédoine. Cf. *infra*, p. 370.
L'idée était malheureuse, car les haines excitées par Nestorius
étaient toujours vivaces, comme on devait bientôt le voir, et personne ne voulait remettre en cause le premier concile d'Éphèse.
On aurait eu du moins la satisfaction de voir Nestorius condamner
certaines erreurs dites nestoriennes, sa lettre nous en assure. Cf. *infra*,
p. 373-374, 2-9 ; 375, 19. D'après les auteurs jacobites, il mourut
un jour avant l'arrivée de l'envoyé du préfet qui était députe pour
le chercher [3]. D'après Timothée Aelure, l'envoyé de Marcien trouva
Nestorius encore en vie et lui annonça, ainsi qu'à Dorothée de
Marcianopolis, qu'ils n'avaient plus rien à craindre de leurs adversaires ; mais il mourut avant qu'ils eussent pu se mettre en route.
Ibid., c. XXXVI, p. 44. Zacharie le scolastique suppose même qu'il
s'est mis en route et qu'une chute de cheval a hâté sa mort, cf.
Land, *Anecdota syriaca*, Leyde, 1870, p. 119 ; le récit de Zacha-

1. A la grande Oasis, de chef-lieu Hibis ou Hibe, à la latitude de Thèbes.

2. Les Actes du second concile d'Éphèse indiquent clairement que Nestorius vivait encore en août 449, car les évêques crient : « Brûlons Nestorius et Ibbas avec lui. L'exil ne leur fait rien. Nestorius s'est enrichi (est
devenu plus puissant) par l'exil. » *Ibid.*, p. 83. On dit aussi, en déposant
Irénée de Tyr : « que celui qui aime Nestorius, soit avec Nestorius. » *Ibid.*,
p. 113.

3. F. Nau, *Les plérophories de Jean évêque de Maïouma*, récits anecdo-
tiques relatifs au ve siècle, traduction française, Paris, 1899, c. XXXIII, p. 38-40.
Nous éditons le texte syriaque avec une nouvelle traduction française dans
la *Patr. or.*, t. VIII (Jean Rufus, Plérophories).

rie a été transcrit par Michel le syrien, *Chronique*, Paris, 1901, t. II, p. 38-39. Sévère d'Achmounaïn est donc bien le porte-parole des jacobites en général et de Timothée Aelure en particulier lorsqu'il écrit :

Marcien, au témoignage des historiens, était attaché au parti de Nestorius et partageait sa manière de voir ; il s'efforça de faire triompher sa doctrine et il l'envoya chercher au lieu où il avait été banni en Égypte. C'était une ville appelée Akhmim. Le messager de l'empereur le trouva malade ; il l'attendit mais il n'obtint pas ce qu'il désirait, car Nestorius mourut là [1]. Cf. trad. L. Leroy, dans *Patr. or.*, t. VI, fasc. 4, p. 50-51.

Le biographe nestorien déjà cité est d'accord, en substance, avec les jacobites, car il écrit, cf. M. Brière, *loc. cit.*, p. 24-25 :

L'empereur Théodose étant mort, Marcien lui succéda et il donna aussitôt l'ordre de faire revenir de l'exil le bienheureux, ainsi que les vingt-six évêques (lire : seize), qui avaient été exilés en même temps que lui. Ses amis lui écrivirent de s'abandonner à la confiance de l'empereur et de revenir. Il leur répondit en ces termes : « Le désert dans sa désolation me réjouit, etc. »

Avant l'arrivée du patrice, une heure avant la mort de Dorothée, ainsi qu'il l'avait prédit, le bienheureux et courageux athlète partit vers celui qui couronne ses amis, alors que les gouttes de sueur tombaient encore de son front. C'est avec courage et sans relâche qu'il avait combattu dans cette lutte [2].

Quand le patrice fut de retour, le bienheureux était mort ainsi qu'il l'avait prédit ; il était parti tout joyeux à cette nouvelle parce qu'il se savait son ami, afin de le retrouver et de l'amener. Ce fut lui qui fit connaître son décès et qui raconta aussi ce qu'il avait fait, (en particulier) comment il avait prédit sa propre mort et celle de Dorothée.

Alors l'empereur ordonna à ceux des exilés qui étaient encore vivants de revenir et de reprendre les recherches au sujet de la vraie foi ; les évêques romains se réunirent donc, examinèrent la foi et établirent la foi actuelle. Les Romains la changèrent un peu par rapport à la précédente.

Nous venons de voir le récit de sa mort chez les nestoriens, il est tout différent chez les jacobites : d'après les Plérophories,

---

1. Voir plus bas, p. 370, le texte de Philoxène. Pierre ibn-Rahib (XIIIᵉ siècle) dit aussi que Marcien suivait l'opinion de Nestorius et qu'il ordonna de le rappeler d'exil, éd. Cheikho, Paris, 1903, trad., p. 53.

2. Les nestoriens fêtent Diodore, Théodore et Nestorius le cinquième vendredi après l'Épiphanie.

comme il proférait un blasphème « sa langue lui refusa son service et sortit de sa bouche, et il mourut en la mordant. » *Loc.
cit.*, p. 40. D'après Timothée Aelure, c'est déjà par un effet de la
Providence qu'il fut détenu dans la ville de Panopolis [1] qui est
ainsi nommée de Pan, l'être « aux deux natures(homme et chèvre). »
Lorsque le tribun vint le rappeler, « Dorothée lui conseilla d'attendre un peu à cause de la faiblesse de Nestorius, mais son état em-
pira de jour en jour, sa langue lui refusa son service et lui sortit
de la bouche en présence du tribun, sa parole devint indistincte,
sa langue se décomposa au point qu'il devint un objet d'horreur
et de pitié. » *Ibid.*, p. 44. Zacharie le scolastique, reproduit en
suite par Michel le syrien, raconte qu'après un blasphème « le
châtiment l'atteignit promptement, comme (autrefois) Arius.
Il tomba de sa monture et se coupa la langue; sa bouche four-
millait de vers, et il mourut en route. » *Loc. cit.*, p. 119 et 38-39,
comme plus haut. Évagrius reprit le récit de Zacharie le scolastique. En somme tous les témoignages paraissent se ramener à
celui de Timothée Aelure dramatisé par Zacharie, or Timothée
se révèle souvent comme un homme de mauvaise foi : il s'attribue,
dans les Plérophories [2], des prodiges supposés qui rendent très
vraisemblables les sortes de jongleries que les auteurs grecs lui
imputent [3]. Il est donc à craindre qu'il n'ait imaginé de toute
pièce le genre de mort de Nestorius, comme une punition symbo-
lique pour frapper ses lecteurs [4].

---

1. Nestorius se rendit à Panopolis (Akhmin), lorsque les barbares qui
avaient ravagé la grande Oasis l'eurent relâché, Cf. *infra*, p. xxi. Eutychius
dit qu'il demeura à Akhmin pendant sept ans et qu'il fut enseveli en un endroit nommé Saklan où il fait tellement chaud que personne ne peut traverser
durant l'été la vallée où il est enseveli, *P. G.*, t. cxi, col. 1033. — Śaklan (Sa-
klak ?) est devenu Tasklika ou Kom-esch-Schaqaf (la colline des tessons; en
copte Psymbeldj) dans l'histoire (légendaire) de Schenoudi. Cf. O. de Lemm,
dans les *Mémoires de l'Ac. imp. de Saint-Pétersbourg*, mai 1899, p. 408-412.

2. C. xv, xxvi, lxv, lxvi, lxvii.

3. D'après Théodore le lecteur, il allait de nuit par les cellules des moines ; il leur parlait à travers une canne creuse, les appelait par leur nom,
et leur disait qu'il était un ange envoyé du ciel pour les avertir de fuir la
communion de Protérius et d'élire pour archevêque Timothée, c'est-à-
dire lui-même.

4. Les plérophories pattribuent encore un genre de mort analogue à
Théodore de Mopsueste, « il mourut possédé par le démon et se dévorant
lui-même » *Loc. cit.*, c. xlv.

II. Les doctrines. — Nous ne développerons pas ce chapitre parce que le présent travail est uniquement une œuvre de traduction et de documentation. Les tables des matières que nous ajoutons guideront les lecteurs et les aideront à trouver les documents dont ils ont besoin pour édifier leurs thèses.

M. J. F. Béthune-Baker, professeur de théologie à Cambridge, a déjà consacré un volume à cette question ; il disposait d'une traduction anglaise du *Livre d'Héraclide* et il en donne de très nombreux extraits : *Nestorius and his Teaching, a fresh examination of the evidence ; with special reference to the newly recovered Apology of Nestorius* (The Bazaar of Heraclides), Cambridge, 1908, xviii-232 pages. Sa conclusion, qu'il indique dès les premières lignes, est, en somme, que Nestorius n'est pas nestorien ; il a été victime de l'imprécision de son langage théologique [1].

Par contre le R. P. Bedjan, dans son introduction au texte syriaque du *Livre d'Héraclide*, p. xi-xl, a relevé les erreurs de Nestorius sur l'union hypostatique, la maternité divine, l'eucharistie, ainsi que les louanges qu'il donne à saint Léon. Ajoutons que si l'on ne trouve chez Nestorius de traces indiscutables de monothélisme, les nestoriens sont devenus monothélites. La profession de foi de leurs évêques porte « un seul Fils, un seul Christ, ...il a une volonté, un pouvoir et il est confessé en deux natures, deux hypostases et une personne (*prosôpon*) de la Filiation [2]. »

Pour guider le lecteur, nous dirons du moins que la controverse portait surtout, à Éphèse, sur le mode d'union des deux natures, divine et humaine, en Notre-Seigneur. On était monophysite ou diphysite, suivant qu'on tenait que les deux natures s'étaient unies en une seule nature, ou étaient demeurées distinctes après l'union. Cette union des deux natures avait lieu pour Nestorius en une personne (*prosôpon*) formée de deux et, pour Cyrille, en une hypostase.

Plus tard, les monophysites se sont divisés en un certain nom-

---

1. Cf. *Anal. Bollandiana*, t. xxviii (1909), p. 224. D'après la *Revue bénédictine*, « M. Béthune-Baker n'a pas eu raison de défendre le malheureux Nestorius, » t. xxv (1908), p. 388-389.

2. *Patr. or.*, t. vii, p. 84. Le patriarche Timothée (viiie siècle) écrit aussi : « Nous ne divisons pas le Fils de Dieu en deux volontés et deux opérations, comme le font certains impies. » J. Labourt, *De Timotheo I*, Paris, 1904, p. 18. Cf. Assémani, *Bibl. or.*, t. iii, pars 2, p. 209. Les nestoriens, au lieu de « trop diviser », ne divisent donc pas assez.

bre de sectes suivant la manière dont ils réduisaient les deux natures à une seule : d'après Eutychès, le Christ ne nous est pas consubstantiel ; d'après les julianistes, le corps du Christ est incorruptible, mais la masse des monophysites a adopté la formule : « deux natures unies en une nature, sans mélange ni confusion. » Pour distinguer ces derniers des autres monophysites, il faut les nommer « jacobites [1] », à moins d'adopter, à la suite d'Assémani, la locution « diplophysites ». Tous ne reconnaissent, après l'union, qu'une nature, une hypostase et une personne, et ils se donnent pour les fidèles interprètes des textes et de la pensée de saint Cyrille.

Parmi les diphysites, les uns reconnaissent, après l'union, deux natures, une hypostase et une personne, et se recommandent aussi de saint Cyrille, ce sont les orthodoxes ou chalcédoniens ; les autres reconnaissent après l'union deux natures, deux hypostases et une personne et rejettent saint Cyrille comme monophysite, ce sont les nestoriens.

Il faut se défier des anciennes traductions. La controverse roulait surtout, à Éphèse, autour des locutions « une nature après l'union » ou « deux natures après l'union », or, l'objet de cette controverse disparaît complètement dans certaines traductions latines qui attribuent à saint Cyrille la locution de Nestorius : saint Cyrille en effet réservait, après l'union, le mot « nature » au Verbe et à Dieu, il ne mettait pas « nature humaine » en parallélisme avec « nature divine [2] ». La plus célèbre des concessions qu'il ait faites jusqu'à la paix avec les orientaux [3], semble avoir

---

1. Du nom de « Jacques » Baradée, mort vers 578. Tous les monophysites syriens, coptes, éthiopiens, arméniens sont « jacobites » et condamnent Eutychès.

2. Il écrit « la nature du Verbe », « la nature de Dieu », étant « Dieu par nature », Labbe, *op. cit.*, t. III, col. 256 *b*, 303 *b d*, 280 *e*, 257 *c*, 264 *b*, 273 *c*, 306 *a*, 312 *a*, 403 *e*, etc. mais aux endroits parallèles où nous attendrions les mots « nature humaine », il écrit « humainement », « dans l'humanité », « la chair », « l'humain ».

3. Cyrille a accepté la profession de foi des Orientaux, mais a voulu, d'après Nestorius, faire des deux natures une question de mots, *infra* p. 279-285 ; on a trouvé aussi des textes dans lesquels il dit deux natures. Maï. *Scriptorum vet. nova coll.*, t. X, p. 352. Nestorius lui reprochait déjà de ne pas traiter clairement la question des deux natures et de donner à chacun ce qu'il veut. *Infra*, p. 279-280. Le jacobite Timothée III fait la même constatation : « Cyrille paraît inconstant, on lui reproche de dire les choses

été de reprendre la formule d'Apollinaire, qu'il croyait être de
saint Athanase : « Une nature du Verbe incarnée. » Tous les
monophysites l'admettaient aussi puisqu'on n'y affirmait qu'une
nature, et les diphysites en étaient satisfaits parce qu'ils montraient, à l'aide de raisonnements ingénieux, que le mot « incarnée » impliquait une seconde nature et que Cyrille était donc diphysite [1]. Quelques Orientaux seuls persistaient à trouver amphibo-
logique la formule de Cyrille et disaient, par la bouche d'Alexandre
de Mabboug : « Il est hérétique, parce qu'il prêche une seule nature dans le Christ, à laquelle il attribue toutes les souffrances et
même la mort... il renferme deux natures en une... s'il confessait
clairement deux natures, il se délivrerait du sens hérétique [2]. »
Le traducteur latin a donné satisfaction à Alexandre de Mabboug
et il a fait « confesser clairement deux natures » à saint Cyrille.
Lorsque saint Cyrille écrit : « Étant Dieu par nature il est allé
humainement (vers son Père) [3]... Ce n'était pas une *œuvre humaine*
de transmettre le Saint-Esprit [4]... Le Christ est donc Dieu, impassible divinement, mais passible *selon la chair* [5]... Il est envoyé
humainement [6]... Bien qu'immortel par nature... il est dit être
mort *humainement* pour nous [7]... impassible selon la nature de la
divinité, passible *selon la chair* [8] ... Il a souffert *humainement* [9]; »
les traducteurs latins semblent ignorer l'origine et l'objet du
litige [10], ils ne respectent pas cette amphibologie qui a contribué

opposées... tantôt une nature incarnée, tantôt deux... il est devenu opposé à ses propres discours... mais Sévère a guéri ce qu'il y avait d'inconstant dans ses écrits, » *P. G.*, t. LXXXVI, pars 1, col. 276.

1. Par exemple, dans les œuvres attribuées à Jean Maron, on trouve
un « chapitre pour montrer que par *une nature du Verbe incarnée*, les saints
Pères entendent deux natures, car par *incarnée* ils annoncent et reconnaissent une nature. » Cf. F. Nau, *Opuscules maronites*, 1re partie, Paris,
1899, p. 25-40. Cf. *infra*, p. 270, lig. 2-8.

2. Lettre à Acace de Bérée, Lupus, *op. cit.*, c. LVII, n. 145, p. 136.

3. Labbe, *Conciles*, t. III, col. 168 *a*.

4. *Ibid.*, col. 169 *c*.

5. *Ibid.*, col. 192 *a*.

6. *Ibid.*, col. 240 *c*.

7. *Ibid.*, col. 249 *c*.

8. *Ibid.*, col. 303 *a*.

9. *Ibid.*, col. 1163 *d*.

10. Denys le Petit semble avoir été le premier, au commencement du
VIe siècle, qui ait fait connaître aux latins les anathématismes de saint

à déchirer la chrétienté en trois partis, et ils écrivent clairement :
« Étant Dieu par nature, il est allé *selon la nature humaine* (vers
son Père)... Ce n'était pas l'œuvre de *la nature humaine* de transmettre le Saint-Esprit... Impassible selon la nature divine,
passible *selon la (nature) humaine*... Il est envoyé *selon la nature*
humaine... Bien qu'immortel par nature... il est dit avoir souffert
la mort pour nous *selon la nature humaine*... Il ne put rien souffrir
selon la nature de la divinité, mais il le put *selon la (nature) hu-*
maine... Il a souffert *selon la nature humaine* [1]. »

Les traducteurs n'ont pas compris non plus l'union « naturelle »
et « nécessaire » que saint Cyrille comparait à l'union de l'âme et
du corps, et à laquelle Nestorius opposait l'union « personnelle »
et « volontaire », pour éviter que Dieu le Verbe ne fût censé
avoir enduré les souffrances de la nature humaine, comme l'âme
endure les souffrances du corps : Lorsque Cyrille écrit : « *Néces-*
saire donc (c'est-à-dire non volontaire) est l'union selon l'hypostase du Verbe de Dieu envers les choses humaines [2]... Comment
ne serait-elle pas devenue *nécessaire* (non volontaire) pour le Verbe,
l'union véritable envers la chair [3], » le traducteur écrit : « *Il est*
donc nécessaire que nous confessions que Dieu le Verbe est uni
à la nature selon l'hypostase... Comment *n'était-il pas nécessaire*
que le Verbe fût vraiment uni avec la chair ? »

Il n'y avait pas accord non plus sur la signification du mot
« hypostase [4] ». Par « union hypostatique » Nestorius, dans sa
discussion, entend en somme l'union en une nature, car il ne paraît pas supposer qu'il peut exister un moyen terme entre l'union
des « deux natures en une nature » et l'union des « deux natures
en une personne ». Pour lui le mot hypostase, d'après son étymo-
logie, était à rapprocher des mots substance et nature. L'ancien
traducteur latin était du même avis que Nestorius, car il rendait

---

Cyrille, causes de l'opposition des Orientaux ; voir sa préface, Labbe,
Conciles, t. III, col. 411.

1. C'est de manière constante que les traducteurs introduisent la locution de Nestorius dans les textes de saint Cyrille. Nous avons encore noté
Labbe, *Conciles*, t. III, col. 176 *c*, 196 *e*, 253 *b*, *c*, 256 *b*, *d*, *e*; 258 *a*, *c*; 261 *d*,
265 *d*, 273 *c*, *e*; 274, ligne 12; 280 *d*, etc.

2. *Ibid.*, col. 193 *d*.

3. *Ibid.*, col. 196 *a*.

4. M. Béthune-Baker fait l'histoire de ce mot dans *The Meaning of*
Homoousios, Cambridge, 1901 (*Texts and Studies*, t. VII, p. 1).

saint Cyrille hérétique en traduisant hypostase par substance [1], de sorte que nous trouvons encore juxtaposés, dans nos manuels, le texte de saint Cyrille : « Si quelqu'un, dans le Christ unique, *divise les substances* après l'union... qu'il soit anathème, » et le texte de saint Agathon qui condamne le précédent : « Nous confessons un seul et même seigneur Jésus-Christ, fils unique de Dieu, de deux substances et *en deux substances* [2]. »

D'autres fois, la traduction tourne au préjudice de Nestorius : Cyrille lui reproche de dire « les natures étant séparées », et le traducteur latin, pour conformer ce texte à l'idée qu'il se fait de Nestorius, traduit : « les natures cependant *et les personnes subsistant séparément* [3]. » Lorsque les ouvrages de Nestorius ont été détruits, on a souvent reconstitué ses théories d'après les dires de ses adversaires, c'est-à-dire de manière très inexacte, au point que nous avons la surprise de lire sous la plume du pape saint Gélase : « *Nestorius dit qu'il y a une nature*, la nature humaine, et, par suite, contre Nestorius qui dit une nature, il faut prêcher qu'il en a existé, non pas une, mais deux plutôt, unies dès leur commencement [4], » lorsque nous savons au contraire que la formule « deux natures unies dès le commencement » est l'une de celles que Nestorius lui-même opposait aux monophysites, et qu'il s'est sacrifié, dit-il, pour que les haines personnelles qu'il avait suscitées n'empêchassent pas sa formule de triompher. Le présent ouvrage, qui forme la contre-partie des Actes du concile d'Éphèse, nous le montrera. Notre but est seulement ici de fournir des documents aux historiens et aux théologiens.

1. Voir la traduction de Denys le Petit, Labbe, *Conciles*, t. III, col. 417, anath., 2 et 3.

2. *Theologia dogmatica et moralis*, editio quarta, Paris, Roger et Chernoviz, 1886, t. II, p. 319 (canon 2 de saint Cyrille), 323, lig. 1 (lettre de saint Agathon).

3. Labbe, *Conciles*, t. III, col. 302 d.

4. Cf. Denzinger, *Enchiridion*, 10e édit., Fribourg-en-Brisgau, 1908, p. 75. C'est sans doute parce qu'on accusait — à tort — Nestorius de faire du Christ un simple homme qu'on en a *déduit* qu'il ne lui attribuait que la nature humaine. Socrate écrit : « Près du grand nombre, Nestorius eut la réputation de dire que le Seigneur est un simple homme... il ne dit pas que le Christ est un simple homme, ses homélies qui sont publiées le montrent. Il ne supprime nulle part l'hypostase de Dieu le Verbe. » *Hist. eccl.*, t. VII, 32, *P. G.*, t. LXVII, col. 808. Socrate lui tient d'ailleurs rancune d'avoir persécuté les novatiens et l'accuse d'être ignorant, bavard, présomptueux.

III. Ouvrages de Nestorius. — On trouvera mention plus bas, p. 3, du *Théopaschite* (Dieu souffrant) et de la *Tragédie* « écrite contre ceux qui lui reprochaient d'avoir demandé un concile. » Les quelques fragments qui en restent ont été réunis par M. Loofs avec dix lettres (dont sept en traduction latine seulement), cinq homélies (dont quatre en traduction latine seulement), et un grand nombre de fragments grecs, latins et syriaque de lettres et d'homélies, *Nestoriana*, Halle-a.-S., 1905, x-407 pages. La liturgie attribuée à Nestorius, traduite du grec en syriaque par le patriarche nestorien Mar Aba, vers le milieu du vie siècle, est conservée dans de nombreux manuscrits syriaques et a été traduite en latin par Renaudot, *Liturgiarum orientalium collectio*, Paris, 1716, et Francfort, 1847, t. ii, et en anglais par Badger, *The syriac Liturgies of the Apostles*, Londres, 1875; la version syriaque a été éditée à Ourmiah en 1890, *Liturgia sanctorum apostolorum Addaei et Maris...* La lettre à Cosme, attribuée par Ebedjésu à Nestorius, est peut-être la lettre éditée par M. Braun, dont nous donnons plus loin la traduction française, cf. p. 361-366; dans ce cas elle serait « sur » et non « de » Nestorius. Le *Livre d'Héraclide* vient d'être édité pour la première fois par le R. P. Bedjan[1], la présente traduction est la première qui en ait été faite. La version syriaque de la lettre aux habitants de Constantinople est encore inédite, elle est traduite ici pour la première fois, *infra*, p. 373 sq., et va paraître dans la *Revue de l'Orient chrétien*, 1910, p. 275. Le texte grec des trois homélies de Nestorius sur les tentations de Notre-Seigneur est publié en entier pour la première fois, *infra*, p. 333-358. A tous ces ouvrages qui appartiennent certainement à Nestorius (hors la lettre à Cosme), M. P. Batiffol proposait d'adjoindre cinquante-deux homélies éditées sous les noms d'Athanase, Hippolyte, Amphilochius, Chrysostome, Basile de Séleucie, mais, comme l'a dit M. Loofs, *Nestoriana*, p. 150-151, cette attribution reste problématique.

1º Le livre d'Héraclide. — *a) Titre.* — Le titre syriaque est *Tegourtá Heraclidis*, que l'on devrait traduire par *Mercatura Heraclidis*, ce qui a conduit M. Béthune-Baker au titre : *The Bazaar of Heraclides*; mais nous avons reconnu sous le mot syriaque le grec πραγματεία qui signifie « traité » plus souvent que « commerce »[2].

1. Nestorius, *Le Livre d'Héraclide de Damas*, édité par Paul Bedjan, P. D. L. M. (lazariste), avec plusieurs appendices, in-8º, 634 p., Paris, 1910, 30 francs.
2. Cf. F. Nau, *Note sur le titre* Tegourtá Heraclidis, dans la *Revue de l'Orient chrétien*, t. xiv (1909), p. 208-209.

Le traducteur syrien a peut-être été conduit à sa traduction
parce qu'il ne trouvait pas πραγματεία περὶ, « traité sur » ;
mais ce mot s'employait aussi sans déterminatif : par exemple, Socrate dit de Nestorius qu'il ignorait les écrits des anciens :
ἀγνοήσας τὰς πραγματείας τῶν παλαιῶν, *Hist. eccl.*, VII, 32, *P. G.*,
t. LXVII, col. 808, ce qui paraît être parallèle à « *Traité* » « *Livre* » ou « *Écrit d'Héraclide* », cf. *infra*, p. 1, notes 1 et 2.
Nestorius a mis l'ouvrage sous le nom d'Héraclide parce que
les ouvrages qui portaient son nom étaient condamnés au feu,
cf. *infra*, p. 3. Il n'y avait sans doute à l'origine aucune sub-
division, cf. *infra*, p. 7, note 2; p. 8, n. 1 ; p. 14, n. 2; p. 259,
n. 1. La plupart des titres ne sont qu'une transcription des premiers mots qui suivent et parfois coupent mal le raisonnement
ou résument mal la suite. Le titre de la page 5 n'existait donc pas
à l'origine, et le lecteur non averti pouvait ne voir qu'un dialogue
entre Nestorius et Sophronius, imaginé par Héraclide de Damas,
homme inconnu par ailleurs. C'est ainsi que le manuscrit grec
de Paris n. *1295* renferme un prétendu dialogue de Nestorius
et de Cyrille rédigé par un auteur non désigné.

  b) Analyse. — C'est en somme un ouvrage de controverse philo-
sophique et théologique, où l'histoire ne joue qu'un rôle secondaire :
Nestorius a reçu les Actes du concile d'Éphèse et il se propose
de les commenter à son point de vue, en réfutant les accusations,
en mettant en relief les fautes de procédure et en précisant l'objet du litige et ses accusations contre Cyrille (88-290). Il ajoute
une introduction philosophico-théologique sur les diverses hérésies (5-88) et un appendice sur les conséquences que sa condamnation a entraînées (290-331).
  Dans le corps de l'ouvrage (88-290), il suit l'ordre des Actes :
d'abord (88-116) les préliminaires du concile et la question de
forme : origine de la controverse au sujet de la locution « Mère
de Dieu » (91-92), mobiles de Cyrille (92-95), lettres de Cyrille
et de Nestorius, tenue de la première session sans attendre les
Orientaux ni les légats du pape, sous la présidence de Cyrille qui
était l'un des accusés ; protestations des autres évêques, du comte
Candidianus et de l'empereur (95-116); puis viennent, prises dans
les Actes, les paroles de Pierre, prêtre d'Alexandrie, de Memnon,
de Cyrille, de Juvénal, de Théodote et d'Acace (116-125) ; à l'occasion du symbole de Nicée qui a été lu ensuite au concile, Nesto-

rius oppose sa manière de le comprendre à celle de Cyrille et continue la comparaison de leurs lettres (126-163) ; il cite ensuite et commente l'un après l'autre tous les fragments qu'on lui a attribués à Éphèse (163-235); il raconte à sa manière comment on a forcé la main à l'empereur pour lui faire accepter le fait accompli (235-259) ; il examine enfin la lettre de Cyrille à Acace et, à son occasion, l'accord avec les Orientaux (259-290).

Dans l'appendice, qui est fort intéressant, Nestorius commente la campagne contre Théodore et Diodore, le concile de Flavien, la lettre de saint Léon, le conciliabule d'Éphèse (290-332). La « prophétie » sur saint Léon qui devra remettre les vases sacrés aux mains des barbares (p. 331), annoncée dans le titre, p. 317, a sans doute été ajoutée par un copiste du texte grec ou par un traducteur. Il n'y a pas d'autre anachronisme et celui-ci est mis en évidence par le titre « prophétie ».

L'introduction (5-81) est divisée en quatre-vingt-treize chapitres dont les titres qui figurent à la table, p. 395-400, constituent une suffisante analyse. Tout l'ouvrage concorde avec ce qu'on sait par ailleurs de Nestorius et du concile d'Éphèse, son authenticité ne paraît pas pouvoir être mise en doute.

c) Histoire. — Le *Livre d'Héraclide* a été composé en grec par Nestorius et terminé en 451.

La vie de Mar Aba, patriarche nestorien, nous apprend qu'il a rapporté de Constantinople « la liturgie et tous les écrits de Nestorius ». Cf. Bedjan, *Histoire de Mar Jabalaha...*, Paris, 1895, p. 223. Ce voyage se place entre 525 et 533, cf. J. Labourt, *Le Christianisme dans l'empire perse...* Paris, 1904, p. 166. Le *Livre d'Héraclide* fut traduit sous le patriarche Paul et celui-ci, d'après J. Labourt, *loc. cit.*, p. 159, note 5, fut patriarche de 539 à 540, cf. *infra*, p. 1, note 8. L'avertissement du traducteur syrien débutait par une dédicace, il semble, d'après le peu qui en reste, *infra*, p. 1-2, qu'elle était adressée à Mar Aba.

Peu après 540, le moine nestorien Bar 'Edtâ (le fils de l'Église) l'étudiait par cœur et le récitait ; il disait en effet, d'après son biographe : « Mar Abraham m'ayant imposé de réciter les tomes de l'Écriture sainte, j'arrivai, au bout de quelques années, à réciter les deux Testaments comme on récite les psaumes. Je récitai aussi par cœur les livres de l'abbé Isaïe, de Marc et de Mar Évagrius... et enfin le livre de Mar Nestorius qui est appelé de Héraclidos, qui a été traduit récemment de mon temps du grec en syriaque ; je travaillai sur ce livre durant des années, au point de pouvoir réciter à chaque instant toutes les sections qui se trouvent dans la *Tegourtâ* (Heraclidis). » Cf. W. Budge, *The histories of Rabban Hormizd and Rabban Bar-Edta*, Londres, 1902, texte, p. 120, et trad. p. 176; A. Scher, *Analyse de l'histoire de Rabban Bar ʿEdta*, dans la *Revue de l'Orient chrétien*, t. xi (1906), p. 406; A. Baumstark, dans *Oriens christianus*, t. iii (1903), p. 516.

Peu après cette époque, dans la seconde moitié du viᵉ siècle, l'historien Évagrius a vu le texte grec des deux derniers ouvrages de Nestorius : la *Tragédie* et le *Livre d'Héraclide* ; on reconnaît ce dernier dans « l'ouvrage en forme de dialogue, très prolixe, au sujet de son exil à l'Oasis, où il raconte tout ce qui a trait au concile d'Éphèse.» Évagrius fait de Sophronius un Égyptien, probablement parce que le dialogue est censé avoir eu lieu en Égypte. Nous résumons tout ce chapitre d'Évagrius qui commente plusieurs points du présent ouvrage.

Comment Nestorius a-t-il été relégué, que lui est-il arrivé ensuite, comment a-t-il quitté cette vie, quelle punition a-t-il eue pour ses blasphèmes, cela n'est pas exposé par ceux qui écrivent l'histoire. Ces choses se seraient oubliées, auraient été détruites par les temps et on n'en entendrait plus parler, si je n'étais pas tombé sur un livre de Nestorius qui renferme l'histoire de ces événements (Tragédie?). Nestorius donc, ce père du blasphème, qui ne bâtit pas sa maison sur le fondement qui avait été posé, mais sur le sable —— aussi fut-elle bientôt renversée selon la parole du Seigneur—— écrivant contre ceux qui l'accusaient d'avoir introduit du nouveau qui ne convenait pas et d'avoir demandé à tort la réunion du concile d'Éphèse (cf. *infra*, p. 3, ch. v), fait ainsi à sa manière l'apologie de son propre blasphème : il fut conduit de toute nécessité, dit-il, à ce parti, parce que la sainte Église était divisée en deux : les uns disant qu'il fallait appeler Marie « Mère de l'homme » et les autres « Mère de Dieu »; afin que l'un ou l'autre des deux ne péchât pas : ou ceux qui mélangent les choses divines (à l'humanité, ou ceux qui n'expriment que les choses humaines, et de crainte que) s'il adoptait l'un des partis l'autre ne parût condamné, il imagina le mot de « Mère du Christ » (cf. *infra*, p. 91-92). Il ajoute aussi que Théodose ne consentit pas d'abord à sa déposition, par bienveillance pour lui (cf. *infra*, p. 242-245), mais qu'ensuite lorsque certains évêques des deux partis eurent été envoyés d'Éphèse auprès de Théodose, il lui fut permis sur sa demande de retourner à son monastère situé près des portes d'Antioche. Nestorius ne donne pas son nom, mais on dit qu'on l'appelle maintenant (monastère) d'Euprépios et nous savons qu'il est en vérité près de la ville,

distant de moins de deux stades. Nestorius lui-même dit encore qu'il y
demeura quatre ans entouré de tout honneur et respect jusqu'au moment
où il fut relégué à l'Oasis d'après un nouveau décret de Théodose. Mais
il omet le principal : car (il ne dit pas) qu'au moment où il demeurait là
(à Antioche), il ne cessa pas ses blasphèmes accoutumés, de sorte que Jean,
évêque d'Antioche, le fit savoir (à l'empereur)[1] et que Nestorius fut condamné à l'exil perpétuel.

Il écrivit encore un autre livre en forme de dialogue adressé à un certain
Égyptien (Sophronius ?) au sujet de son exil à l'Oasis, dans lequel il raconte de manière très prolixe ce qui a trait à tout cela (*Livre d'Héraclide*).
Quant aux peines qui lui sont arrivées pour les blasphèmes prononcés par
lui qui ne pouvait échapper à l'œil qui voit tout, on les apprend par d'autres lettres qu'il a écrites au gouverneur de la Thébaïde [2]... « ...subitement

1. Voici la version de la légende syriaque de Nestorius : (Le bienheureux) revint dans son monastère et il y resta ensuite quatre années. Comme il
avait été élevé à Antioche, toute la ville connaissait sa science ; et de plus,
étant donné que son monastère était voisin de la ville, les habitants s'y rendaient continuellement et goûtaient beaucoup son enseignement. En voyant
cela, Jean fut dévoré par la jalousie et il le fit savoir à l'empereur en ces termes : « Il n'y a pas une femme pour deux hommes, ce qui veut dire, il n'y a
pas une ville pour deux évêques. Si Nestorius reste ici, ordonne donc qu'on
m'envoie autre part. » Alors l'empereur commanda, à l'instigation de Pulchérie
sa sœur, d'envoyer (le bienheureux) en exil dans le pays d'Awasa, dans le pays
des enfants de Cham, ainsi qu'il le fait connaître lui-même : « Nous demeurons
en vérité au milieu d'un peuple qui n'a pas reçu l'organe de l'odorat. » (Nestorius) avait été trois ans à Constantinople et quatre ans dans son monastère. M.
Brière, *loc. cit.*, p. 21.

2. Evagrius cite la lettre par laquelle Nestorius apprend au gouverneur
que les Barbares l'ont délivré avec le reste des captifs et qu'il s'est rendu aussitôt à Panopolis « pour qu'on ne l'accusât pas de vouloir s'enfuir ou d'autre
chose. » Cf. *infra*, p. 365-366. Voici le récit que l'on trouve dans la légende syriaque de Nestorius : « De plus, lorsqu'il se trouvait dans ces lieux, il vint des barbares avec leur roi, qui firent prisonnière toute cette contrée y compris le bienheureux. Comme ils emmenaient (leurs captifs) et qu'ils s'en retournaient, il se
présenta une sorte de désert qui les séparait de leur pays ; il n'y tomba point
d'eau et il n'y avait pas de fleuve. Ils furent donc en proie à la soif et ils
étaient sur le point de mourir. Alors quelques prisonniers qui connaissaient le
bienheureux abordèrent le roi et lui dirent : « Il y a ici, parmi tes prisonniers,
un homme qui jouit d'un grand crédit auprès de Dieu et, s'il prie Dieu, sa
prière sera immédiatement exaucée; tu ne périras pas avec ton armée. » Le roi le
fit venir et lui dit : « J'ai entendu dire de toi qu'il est possible que par ta prière
nous échappions à la mort ; car ton Dieu est plein de miséricorde et il ne veut
pas la mort de l'homme ; prie-le donc maintenant d'exercer sa miséricorde envers nous en nous conservant la vie. » — « Si tu veux obtenir miséricorde,
répondit-il, sois toi-même miséricordieux envers les prisonniers que tu as
faits. » — « Tous les prisonniers, reprit (le roi), sont livrés entre tes mains. »

tu nous as fait partir sans miséricorde pour un quatrième exil... Qu'il
te suffise, je t'en prie, de ce que tu as fait, et d'avoir décrété tant d'exils
contre un seul être. Après les relations que Ta Magnificence a faites, aie
l'humanité, je t'en prie, de permettre que la vérité soit exposée par nous
aussi dont c'est la charge, pour la faire connaître aux invincibles empereurs. Voilà les conseils que nous te donnons comme d'un père à son fils; si
tu t'irrites, fais encore maintenant comme auparavant ce qui te paraît
bon, si aucune parole ne peut l'emporter sur ton parti pris. »

C'est ainsi que même dans ses lettres, de la main et du pied, il frappait
et insultait, en blasphémant, contre l'empire et contre le pouvoir, sans
avoir été rendu plus prudent par ce qu'il avait souffert. Pour moi, j'ai
lu certain auteur (Zacharie le scolastique?) écrivant le mode de sa mort
et disant que sa langue ayant été mangée par les vers, il avait passé de
cette vie aux supplices plus violents et éternels. *Hist. eccl.*, I, 7, *P. G.*,
t. LXXXVI, col. 2433.

Le Livre d'Héraclide a d'ailleurs laissé peu de traces dans la
littérature nestorienne; nous avons signalé quelques parallélis-
mes avec les œuvres de Georges, patriarche nestorien vers 680,
cf. *infra*, p. 20, 67, 85. La légende syriaque de Nestorius qui lui
prête les mots : « Le désert dans sa désolation me réjouit, » cf.
M. Brière, *loc. cit.*, p. 24, *supra*, p. x, fait sans doute allusion aux
dernières lignes du *Livre d'Héraclide*, *infra*, p. 331.

Au xiᵉ ou au xiiᵉ siècle appartient le manuscrit unique conservé à Kotchanès.

A la fin du xiiiᵉ siècle, Ébedjésu mentionne le *Livre d'Héraclide* parmi les ouvrages de Nestorius. Ce n'est qu'au xixᵉ siècle
que l'on devait s'en occuper à nouveau.

   d) *Le manuscrit et l'édition.* — On ne connaît actuellement qu'un
seul manuscrit du *Livre d'Héraclide* qui est conservé chez le pa-

---

Alors le bienheureux donna l'ordre de se mettre en prière, il pria lui-même et
demanda à Dieu d'envoyer, dans sa miséricorde, de l'eau pour apaiser la soif
des barbares, afin de faire connaître et de manifester sa puissance et afin de
rendre la liberté aux prisonniers. A l'instant même il jaillit tout à coup
un grand fleuve ; c'est ainsi que le bienheureux Nestorius fournit une boisson à de nombreux prisonniers qu'il opéra leur rachat, et qu'il revint
dans sa demeure. Quoiqu'il y eût dans la loi romaine la prescription
(suivante) : Si quelqu'un est envoyé en exil et s'il est de là emmené en
captivité, et si, par ce moyen, il s'enfuit du milieu des captifs, il lui est permis de rentrer chez lui — il ne rentra pas cependant de cette façon chez lui. »
M. Brière, *loc. cit.*, p. 22-23.

triarche des nestoriens, à Kotchanès, dans le Kurdistan turc[1].
Cf. P. Bedjan, *préface au texte syriaque*, p. VIII à X.

Sur ce manuscrit, une copie a été prise en cachette et à la hâte,
en 1889, par le prêtre Auscha'nâ, pour la bibliothèque des mis-
sionnaires américains d'Ourmiah, cf. *infra*, p. 4, note 5. C'est
de cette copie d'Ourmiah que dérivent toutes les copies, hors
celle (V) que le P. Bedjan a fait exécuter, partie à Van (provenant de Kotchanès), partie à Kotchanès même.

1. *Note sur les nestoriens*. Les nestoriens sont au nombre d'environ cent
soixante mille, dont trente mille dans l'Inde et les autres dans les montagnes
d'Ourmiah et du Kurdistan. Depuis le XVe siècle, la dignité patriarcale se trans-
met d'oncle à neveu, elle a été conférée même à des enfants. Ils ne tirent
pas leur origine de Nestorius qui n'a pas été leur patriarche, disent-
ils, et n'a pas parlé leur langue ; ils se nomment les orientaux. Ils ont
toujours été moins éloignés des chalcédoniens que des jacobites. Au VIIe siècle, Hnana, et Sahdona se rapprochaient de l'Église grecque. Au XIIIe siècle, on espérait faire cesser le schisme nestorien lorsque les patriarches
Sabrischô, en 1247, et Yahbalaha , en 1287, envoyaient des négociateurs
pour traiter de l'union avec les papes Innocent IV et Nicolas IV. Au XVIe
siècle, plusieurs évêques choisirent un patriarche qui se fit consacrer
patriarche des Chaldéens par le pape Jules III, le 9 avril 1553. Les chaldéens, ou nestoriens convertis au catholicisme, seraient au nombre de près de
quatre-vingt mille. Cf. J. Labourt, *Les schismes de l'Église nestorienne*, dans le
Journal asiatique, Xe série, t. XI (1908), p. 227-235; *L'Église nestorienne con-
temporaine*, dans la *Néa Sion*, t. X (1910), Jérusalem, p. 255-261 ; *Revue de
l'Orient chrétien*, t. I (1896), p. 453. — Bar Hébræus, primat jacobite
d'Orient, a écrit que les nestoriens, les jacobites et les chalcédoniens ne combattaient que « pour les désignations de l'union » mais « qu'ils pensaient
également bien au sujet de la Trinité et de la conservation sans mélange
des natures dont le Christ est composé. » Assémani, *Bibl. or.*, t. II, p. 291.
Assémani qui rapporte cette opinion la combat, *ibid*. Le délégué du patriarche Élie auprès de Paul V « montre avec évidence que le nestorianisme d'aujourd'hui est une hérésie de nom, et qu'on ne les a condamnés que
parce qu'on ne les entendait point. » Richard Simon, à qui appartiennent
ces lignes, ajoute : « On trouvera que le nestorianisme d'aujourd'hui n'est
qu'une hérésie imaginaire et que toute cette diversité de sentiments ne consiste qu'en des équivoques ... les Grecs ont toujours été de grands disputeurs;
aussi voyons-nous que la plupart des premières hérésies sont nées parmi eux , et
le plus souvent leurs disputes n'étaient que de métaphysique et de pures équivoques, d'où ils tiraient ensuite des conséquences à leur manière, venant enfin aux
injures et, par là, les choses devenaient irréconciliables, » *Histoire critique des
dogmes des chrétiens orientaux*, Trévoux, 1711, p. 89, 93, 95. Renaudot s'élève
contre le jugement de Richard Simon, *Perpétuité de la foi*, éd. Migne, t. III,
col. 1204, car d'autres nestoriens reconnaissent qu'ils s'éloignent beaucoup de
l'Église romaine, *Ibid.*, col. 40-55.

Sur la copie d'Ourmiah ont été faites 1º une copie pour l'université de Strasbourg par les soins de M. l'abbé H. Goussen, cf. *Martyrius Sahdona's Leben und Werke*, Leipzig, 1897, p. 15, note 1, et l'analyse de A. Baumstark dans *Oriens christianus*, t. III (1903), p. 517-520 ; 2º deux copies pour MM. Parry et Jenks, l'un chef et l'autre membre de la mission anglaise d'Ourmiah [1]. La copie de M. Jenks, mise à la disposition de M. Béthune-Baker et traduite pour lui par l'un de ses amis, a servi de base à son ouvrage *Nestorius and his Teaching* mentionné plus haut ; 3º une copie en 1899 pour M. Rendel Harris ; celle-ci doit se trouver maintenant à Harvard-College. Cf. Béthune-Baker, *loc. cit.*, p. XIV-XV.

Dès 1903, le manuscrit de Strasbourg (*S*) avait déjà été copié et vocalisé par le R. P. Bedjan [2] et M. l'abbé Ermoni commençait, sur cette copie, à traduire l'ouvrage en latin ; il s'arrêtait d'ailleurs vers le tiers de l'ouvrage et renonçait à continuer. Enfin M. Béthune-Baker a prêté gracieusement sa copie (*C*) au R. P. Bedjan qui a donc disposé de trois manuscrits (*V*, *S*, *C*) pour son édition, comme on le verra sur le schéma ci-joint :

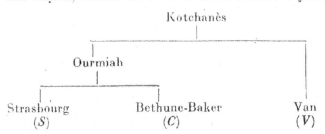

e) La *traduction française*. — C'est en avril 1909 que le R. P. Bedjan m'a demandé de traduire le *Livre d'Héraclide* sur les bonnes feuilles de son édition. M. Maurice Brière m'a rendu le service de traduire les pages 32 à 125 de l'édition, *infra*, p. 19-81 [3]. Du 5

---

1. En sus de la mission américaine fondée à Ourmiah, en 1836, pour rattacher les nestoriens à l'église presbytérienne, il y a une mission anglaise envoyée, il y a une vingtaine d'années, par l'archevêque de Cantorbéry, à la demande du patriarche nestorien.

2. Il en avait déjà édité quelques fragments en 1901, à la fin du *Liber superiorum*, p. 649-652. Ce sont les passages dans lesquels Nestorius loue saint Léon.

3. M. l'abbé M. Brière, déjà mentionné plusieurs fois, qui a été l'un de nos plus brillants élèves de mathématiques, n'a pas prétexté non plus le fatigant professorat des sciences pour passer l'éponge sur ses études antérieures. Il

au 14 octobre 1909, j'ai lu toute la traduction au R. P. Bedjan
et j'ai profité des corrections et des conseils qu'a bien voulu m'indiquer et me donner l'éminent orientaliste, le doyen des syriacisants.
J'ai terminé les annotations et remis le manuscrit aux éditeurs
le 2 novembre. M. l'abbé Brière m'a encore rendu le service
de m'aider dans la correction des placards, de février à juin 1910,
et de comparer toute ma traduction au texte syriaque. Je remercie
encore mon frère, Alfred Nau, qui a lu les épreuves en pages, et
les éditeurs qui ont donné tous leurs soins à cette édition.

La version syriaque renferme des passages obscurs; la comparaison au texte grec, lorsqu'il est conservé, montre en effet quelques fautes de traduction et beaucoup de fautes de copistes, cf.
p. 166, n. 3; p. 169, n. 5 à 9; p. 171, n. 5, etc., etc. [1]. Il est probable
qu'il existe autant de fautes dans les endroits où nous ne dispo-
sons pas du texte original pour corriger le syriaque, nous avons
donc laissé subsister l'obscurité de la version syriaque dans les
quelques endroits où la suite des idées n'indiquait pas clairement
la correction à faire, afin de ne pas remplacer la traduction par
une interprétation. La plupart des corrections que nous avons pro-
posées à l'édition ont été acceptées par le R. P. Bedjan et impri-
mées aux *errata* du texte, nous les indiquons cependant encore dans
les notes de notre traduction. Nous croyons du moins, qu'en dehors
des mots et des lignes illisibles, le manuscrit présente peu de lacunes, mais plutôt quelques interversions. Le R. P. Bedjan a
déjà signalé l'interversion des deux premiers feuillets, cf. *Introduction au texte syriaque*, p. x ; nous lui avons signalé celle des pages
137 à 146 du texte syriaque, cf. les *errata du texte*, p. 634 et *infra*,
p. 88, note 1, et 170, note 1. Il n'est pas impossible qu'il y ait encore une interversion dans la discussion des lettres et du symbole.
Les Kurdes [2] semblent surtout avoir bouleversé les feuilles du
manuscrit, cf. *infra*, p. 169-170, la première partie, qui renferme 93

continue à leur consacrer le meilleur de ses loisirs et de ses vacances et prépare, pour la *Patrologia orientalis*, l'édition des *Homiliæ cathedrales* de Sévère
d'Antioche.

1. Cf. p. 261, n. 5; 263; n. 1, 3, 5; 264, n. 2 ; 265, n. 2-5; 267, n. 1, 2 ; 278,
n. 3-5; 290, n. 3-5 etc. Lire *infra*, p. 4, lig. 16-23.

2. En 1843 et 1846, les Kurdes de Bader-Khan-Bey ont massacré plus de dix
mille nestoriens. Osman pacha imposa aux Kurdes la suzeraineté de la Porte
et s'empara, en 1847, de Bader-Khan-Bey qui fut exilé à Candie où il mourut en
1890. Cf. *Revue de l'Orient chrétien*, t. v (1900), p. 649-653.

chapitres numérotés, a pu être remise en ordre, mais il n'en a pas été de même de la fin. C'est là une hypothèse.

Nous traduisons *kiânâ* et ses dérivés par « nature », « naturel », « naturellement »; *qenoumâ* et ses dérivés par « hypostase », « hypostatique »; nous nous bornons à transcrire le mot *prosôpon* (personne). Nous donnons en général, au bas des pages, les mots grecs qui ont été conservés par le traducteur syrien ; nous indiquons rarement le mot grec non conservé qui correspond au syriaque, mais nous avons transcrit en notes un certain nombre de textes grecs qui permettront de faire cette comparaison. Nous avons écrit plusieurs fois que le traducteur syrien a été influencé par la Peschitto, lorsqu'il traduit les textes du Nouveau Testament; on peut encore rendre compte des points de contact en supposant que le texte grec utilisé par Nestorius était le texte antiochénien qui a servi aussi à constituer la Peschitto.

2º LES TROIS HOMÉLIES GRECQUES. — Jusqu'ici on ne possédait de Nestorius que le texte grec d'une homélie. Loofs, *loc. cit.*, p. 231-242, et *P.G.*, t. LXVI, col. 480 à 492, qui est d'allure dogmatique. Les trois homélies sur les tentations de Notre-Seigneur, prononcées sans préoccupations dogmatiques, sont le type des homélies familières « qu'il prononçait au moment de la communion », la recherche des mots, l'ingéniosité des pensées et surtout la cadence du style nous font comprendre pourquoi beaucoup ne venaient à l'église que pour l'entendre. Cf. *infra*, p. 364. Voir l'introduction particulière à ces homélies, p. 335-337. M. l'abbé J. Bousquet, vice-recteur de l'Institut catholique de Paris, nous a rendu le service de lire la dernière épreuve du texte grec. Nous avons signalé aussi leur version syriaque [1].

3º LA LETTRE AUX HABITANTS DE CONSTANTINOPLE. — Lorsqu'on ne connaissait que deux fragments de cette lettre et que le Livre

---

1. M. E. W. Brooks, qui a bien voulu examiner le manuscrit de Londres (cf. *infra*, p. 336), a constaté des ressemblances entre le syriaque et nos trois homélies mais, surtout pour la seconde, le syriaque est plutôt une paraphrase qu'une traduction. Il n'est pas impossible que le syriaque à son tour ait été traduit en arabe et en arménien. Signalons du moins, dans le manuscrit arménien de Paris n. 110, fol. 213-215, l'homélie de saint Jean Chrysostome « sur les tentations du Christ ».

d'Héraclide était inconnu, on la croyait apocryphe ; nous dirons pourquoi elle nous paraît authentique. Cf. *infra*, p. 376 [1].

IV. La lettre a Cosme et les présents envoyés a Constantinople ont été ajoutés par nous comme des documents peu connus qui commentent plusieurs parties du *Livre d'Héraclide*. Voir leurs introductions particulières, *infra*, p. 361-362 et 367-368.

Rappelons que le *Livre d'Héraclide* a été appelé à bon droit l'*Apologie de Nestorius*. Nous avons traduit ses paroles sans commentaire, nous avons même ajouté les vertus et les prodiges que lui prêtent ses amis, avec les notes et les additions qui pouvaient mettre en relief ce qu'il y a de fondé dans ses assertions dont nous ne prenons pas d'ailleurs la responsabilité.

On pourra discuter la forme du concile d'Éphèse, on pourra regretter que le litige n'ait pas été solutionné plus vite et ait duré jusqu'à Chalcédoine, mais ces imperfections tiennent à la nature humaine qui est mauvaise; nous les retrouvons dans tout le cours de l'histoire. Il reste certain que la présente apologie de Nestorius demanderait, comme contre-partie, une apologie de saint Cyrille [2]. Il serait facile de montrer, avec les historiens, que Nestorius était bavard, ignorant, brouillon, despote, orgueilleux.

---

1. Après avoir lu le *Livre d'Héraclide*, nous ne nous étonnerons plus de voir Nestorius proclamer son accord avec saint Léon. C'est encore d'ailleurs l'avis de Sévère d'Achmounaïn (xe siècle) : « Léon est d'accord avec Nestorius au sujet de la manière dont l'union s'est faite dans le Christ, » *Patrol. or.*, t. vi, fasc. 4, p. 102 ; « Léon va même plus loin que Nestorius, car Nestorius n'a pas osé dire qu'ils sont deux, l'un qui accomplit les miracles, l'autre qui subit les souffrances. » *Ibid.*, p. 103. « Ne voyez-vous pas que Léon est, mot pour mot, d'accord avec Nestorius ?» *Ibid.*, p. 104. Les nestoriens disent aussi que bien des évêques, lorsqu'ils anathématisaient Nestorius à Chalcédoine, n'avaient pas d'autre but que « de faire marcher les affaires », cf. *Histoire nestorienne*, dans *Patr. or.*, t. vii, p. 104 ; mais saint Léon et tout le concile de Chalcédoine de leur côté ont proclamé leur « désaccord » avec Nestorius. Il y a accord au sujet de « deux natures », mais pas au delà.

2. Voir l'ensemble de la question dans une histoire ; par exemple dans les 662 pages consacrées par dom Leclercq aux problèmes soulevés et résolus autour de Nestorius, depuis Éphèse jusqu'à Chalcédoine. *Histoire des conciles*, par C. J. Hefele, traduction française (Letouzey et Ané), Paris, 1908, tome ii, p. 219-880.

Nous avons enregistré, avec grande complaisance, les louanges qu'il se donne pour le dogme des deux natures, car il est ici un des témoins de la tradition catholique, mais il ne faut pas oublier que *les deux natures entraînent chez lui deux hypostases distinctes et deux personnes (prosôpons) unies en une par simple prêt et échange.* Il est donc certain que, même après la présente apologie, il aurait été condamné comme hérétique. Ce dernier point a été très bien mis en relief, dans la Préface au texte syriaque, par le R. P. Bedjan, avec qui nous sommes ainsi en complet accord.

Il nous reste encore à remercier le savant éditeur du texte syriaque, le R. P. Bedjan, de nous avoir rendu Nestorius. C'est grâce à son travail laborieux et désintéressé que les historiens et les théologiens pourront se rendre compte des qualités, des défauts, et surtout des tendances et des erreurs du célèbre hérésiarque. C'est grâce à lui encore que la présente traduction a été faite et mettra Nestorius à la portée de tous les lecteurs.

F. NAU.

Paris, le 29 août 1910.

SIGLES ET RENVOIS

C, S, V, désignent les trois manuscrits de Cambridge (Béthune Baker), de Strasbourg et de Van, dont le R. P. Bedjan s'est servi pour son édition.

Labbe, désigne l'édition des *Conciles*, Paris, 1671. Presque tous les renvois visent le tome III qui renferme les documents relatifs au concile d'Éphèse. Vers la fin seulement, p. 301 sq., on trouve quelques renvois au tome IV (concile de Chalcédoine).

Loofs, désigne le recueil de tous les fragments de Nestorius alors connus, intitulé *Nestoriana*, Halle-a.-S., 1905.

Lupus, désigne l'édition princeps du *Synodicon Casinense*, cf. *infra*, p. 367, note 1. A la table des citations p. 393-394, nous ajouterons la concordance de Labbe et Lupus avec les conciles de Mansi et avec les Patrologies de Migne.

Patr. Or., désigne la *Patrologia orientalis*, Graffin-Nau, t. I-VII, Paris, librairie Firmin-Didot.

Nous indiquons entre crochets la pagination de l'édition du R. P. Bedjan. — Les mots entre crochets [ ] sont des restitutions et les mots entre parenthèses ( ) sont des explications ou des additions.

LE LIVRE

D'HÉRACLIDE DE DAMAS

LIVRE INTITULÉ

TRAITÉ[1] D'HÉRACLIDE DE DAMAS[2]

ÉCRIT PAR MAR[3] NESTORIUS

(AVERTISSEMENT DU TRADUCTEUR SYRIEN[4])

...[5] Vous avez affronté les fatigues d'un long voyage de l'orient à l'occident pour éclairer les âmes enfoncées dans les ténèbres de l'erreur égyptienne[6] et égarées dans la fumée des blasphèmes d'*Apollinaire*, mais les hommes ont préféré les ténèbres à la lumière, parce que les yeux de leurs intelligences [étaient obscurcis] par des préventions personnelles[7]... ils n'ont pas obéi, ont été convaincus d'erreur et dévoilés (en public).

C'est avec une ferme confiance dans la puissance de votre prière que Mon Humilité s'apprête à traduire ce livre du grec en syriaque[8] ; c'est donc

---

1. πραγματεία. Ce mot signifie à la fois « étude ou traité », et « commerce » ; le syriaque traduit ce dernier sens. Cf. F. Nau, *Note sur le titre : Tegourtâ Heraclidis*, dans *Revue de l'Orient chrétien*, 1909, p. 208-209. Ajoutons qu'une citation de Nestorius est aussi introduite par la locution : τοῦ αὐτοῦ ἐκ τῆς αὐτῆς πραγματείας, « du même traité », Loofs, *Nestoriana*, Halle am S., 1905; p. 65 et 224, et qu'aujourd'hui encore le « traité sur les récépissés et warrants » d'Élie Anastasiadou, publié à Athènes, 1907, a pour titre : πραγματεία περί...

2. D'où le titre grec semble avoir été : Πραγματεία Ἡρακλείδου Δαμασκηνοῦ, et peut se traduire : « Traité d'Héraclide de Damas » ou « Livre ».

3. Titre fréquemment usité chez les Syriens, intermédiaire entre « seigneur » et « saint ».

4. Les mots entre parenthèses sont ajoutés par l'éditeur ou par nous pour compléter ou pour expliquer le texte.

5. Le texte porte quelques mots auparavant : « (dans sa carrière) apostolique il a été connu et a brillé dans les travaux de l'esprit (*Roukh* et non *deri*) : que votre zèle... et dans votre plénitude des rois terrestres ; »

6. Allusion à saint Cyrille et à sa doctrine.

7. Le texte porte, encore ici, quelques mots isolés : « ... pour votre éclat... seulement les ténèbres... l'ont atteint. Mais au contraire, bien que... ils ont été absorbés. »

8. D'après Ébedjésu, évêque de Nisibe de 1290 à 1318, le présent ouvrage aurait été traduit « au temps de Paul », patriarche nestorien de 539 à 540. Dans ce cas, les premières lignes — si elles ne s'appliquent pas à Nestorius — pourraient

avec l'espoir du secours du Dieu vivant placé sur ma langue et affermi dans mes pensées que je commence par écrire huit chapitres pour faire connaître l'esprit du livre.

I. *But du livre.* Voici le but que s'est proposé l'auteur de ce livre: Beaucoup, (entraînés) par la foule et par l'amour des richesses, sont tombés avec inintelligence et sans examen dans la fosse de la prévention, par la haine et par l'attachement aux personnes [1]... ils ont mérité ce qui a été écrit par le prophète : *Malheur à ceux qui appellent le mal bien* [2] ; le bienheureux Mar *Nestorius* [3] (s'est donc proposé) d'écrire ce livre pour être un remède qui guérisse les âmes affligées de ce scandale et submergées dans les profondeurs de l'iniquité. Grand en effet — pour dire vrai — était le schisme introduit par le démon dans le corps chrétien de la sainte Église, *au point de tromper, si c'était possible, même les élus* [3].Ce remède était donc absolument nécessaire pour corriger et guérir la maladie de leurs esprits. Voilà le but du livre.

II. *Son utilité.* Je pense qu'avant de commencer, le but (poursuivi) a déjà montré au lecteur l'utilité spirituelle de ce livre. D'après la condamnation portée contre les oppresseurs qui condamnent le juste et innocentent le coupable [4], il éclaire les yeux de nos âmes sur l'incarnation [5] qui est vraiment la théorie [6] principale sur la divinité et de la divinité ; par là en effet, nous sommes éloignés des blasphèmes contre la nature divine et contre l'économie (de l'Incarnation) et nous sommes conduits à la science, grâce aux nombreuses miséricordes (divines). Pour ne pas allonger notre discours sur les grands avantages que nous recueillons de ce livre, il nous suffit de dire brièvement : Il arrache les épines et il y fait pousser la semence [7].

III... Beaucoup ont écrit sur le mode de l'union (des natures dans le Christ), mais aucun de ceux-là n'a pu éclaicir cette recherche et l'établir en toute vérité, car les uns ont aimé à séparer beaucoup, tandis que d'autres ont

---

s'appliquer au patriarche nestorien Mar Aba, successeur de Paul de 540 à 552, qui avait séjourné à Constantinople, entre 525 et 533. D'ailleurs Mar Aba est l'un des traducteurs de la liturgie de Nestorius, il aurait traduit Théodore de Mopsueste et rapporté de Constantinople « la liturgie et tous les écrits de Nestorius, » Bedjan, *Histoire de Mar Jabalaha*, Paris, 1895, p. 223, note 1, et l'on comprend qu'il ait fait traduire ensuite le *Livre d'Héraclide* et qu'il en ait accepté la dédicace. Cf. Bedjan (texte syriaque), p. 2, note 3, et J. Labourt, *Le christianisme dans l'empire perse*, Paris, 1904, p. 166, 159, note 5; 169, note 4; 354.

1. Le texte ajoute : « c'est pour cela qu'ils ne... »

2. Isaïe, v, 20.

3. Matth., xxiv, 24.

4. Cf. Isaïe, v, 23.

5. Litt. : sur « la science de l'économie du Christ ». L'auteur emploie très souvent le mot « économie » pour « incarnation », comme on le verra.

6. Θεωρία.

Cf. Luc, viii, 7

tenté d'unir sans intelligence ; mais ce bienheureux (Nestorius) nous a livré à ce sujet, avec certitude, la science qui convient.

IV. *Cause de la dénomination* (du livre). Il est appelé traité d'Héraclide. Il est évident que c'est un traité de science spirituelle, mais quel était cet Héraclide, ce n'est pas clair. Ceci mérite d'être éclairci, ô lecteur : Héraclide était un homme remarquable par sa conduite et par sa science, qui demeurait aux environs de Damas. En sus de son excellence dans ces deux choses (conduite et science), il fut encore célèbre devant l'empire (le pouvoir impérial) à cause de sa franchise et de la vérité de ses paroles. Comme il était au-dessus de toutes les passions qui éloignent de la vérité, et qu'il agissait toujours sans faire acception de personne, il parut bon à l'auteur de mettre son nom sur le titre du livre [1]. Il craignait en effet que son propre nom, abhorré de beaucoup, ne [4] les empêchât de le lire et de se tourner vers la vérité qu'il [le livre] établissait comme un juge, entre lui et l'impie Cyrille parlant et répondant...

V...comme l'incarnation et les autres controverses sur la foi. Le quatrième (genre de littérature) est l'histoire. Le présent livre appartient au troisième genre, c'est-à-dire aux controverses sur la foi ; il doit être lu après ces deux autres livres faits par le saint, à savoir : *Théopasqitos*[2] et *Tragædia*[3] qu'il a écrits comme une apologie contre ceux qui le blâmaient d'avoir demandé un concile.

---

1. Il semble bien que le traducteur ne sait rien d'Héraclide. Ajoutons du moins que ce nom était alors fréquent et que trois évêques, partisans de Cyrille, le portaient à Éphèse (changé quelquefois en Héraclius et Héraclitus). Ce sont les évêques de Thynis (Ptolémaïs), d'Héraclée supérieure et de Tamiathis ou Damiette, tous égyptiens. Labbe, *Concilia*, t. III, col. 542-544, 693-694. Il est peu probable cependant que l'évêque égyptien de Damiette soit le prête-nom de Nestorius et que « Damiette » ait été changé en « Damas » par un transcripteur ou par le traducteur. Rappelons encore qu'Héraclide est le nom de l'évêque d'Éphèse, ancien moine de Scété, ordonné par saint Jean Chrysostome et persécuté par Théophile d'Alexandrie, puis condamné, bien qu'absent, au concile du Chêne en 401, et emprisonné durant quatre ans à Nicomédie. Nestorius pouvait songer à comparer leur commun sort et à mettre ses doléances sous le couvert du nom de cet Héraclide. — D'ailleurs Héraclide est encore le nom du disciple de saint Paul, premier évêque de Tamassos (écrit aussi Tamaseos), en Chypre. Cf. *Revue de l'Orient chrétien*, t. XII (1907), p. 125. — C'était donc là un nom très connu.

2. Le syriaque porte *Théopastiqos*, mais cette interversion est fréquente pour Θεοπασχίται. Cf. Payne Smith, *Thesaurus syriacus*, t. II, col. 4367.

3. Il ne reste que peu de fragments de ces deux ouvrages. Ils ont été recueillis par Loofs, *Nestoriana*, Halle a. S., 1905, p. 203-211. La tragédie était donc une apologie historique. C'est le titre de l'ouvrage composé par Irénée de Tyr en faveur de Nestorius et le qualificatif donné par Théodoret au concile d'Éphèse Lupus, n. 108, p. 59.

VI. *En combien de parties est-il divisé ?* Il y a d'abord une partie [1] où il est question de toutes les hérésies contre l'Église et de tous les schismes contre la foi, des trois cent dix-huit (Pères de Nicée); il y combat vigoureusement les plus célèbres. Dans la seconde partie il attaque [2] Cyrille, il place d'abord la question des juges et les accusations de Cyrille. La troisième partie contient sa réponse et la comparaison de leurs lettres; là se termine le premier livre. Le second livre est divisé en deux parties : la réfutation et la solution des accusations pour lesquelles il fut anathématisé, et une seconde partie (renfermant l'histoire) depuis le moment où il fut anathématisé jusqu'à la fin de sa vie.

VII. *Forme littéraire du livre.* La forme littéraire du livre est ... et la collection...

VIII. *Sous quel* [3] [*genre classer ce livre*]. La plupart du temps, c'est un livre de théorie [4], puisqu'il nous enseigne la science complète de l'Incarnation [5].

Arrêtons là notre discours [5] et arrivons au corps du livre. Nous demandons à ceux qui trouveront notre écrit de ne pas nous reprocher, comme des censeurs, les fautes qui peuvent exister dans l'agencement des phrases, mais de montrer une prompte (bonne) volonté et de corriger ce qui manque. Si l'un est d'un avis contraire au nôtre, il nous suffira de la prière de ceux qui ne souffrent pas de cette maladie ; qu'ils disent ce qu'ils veulent [6], en sachant que nous n'avons rien inventé; le traducteur ne mérite aucun blâme [7].

---

1. Le mot syriaque (*mêmrâ*) désigne aussi bien un traité et une homélie; mais le traducteur semble dire que l'ouvrage est divisé en deux livres subdivisés respectivement en trois parties et en deux. Ces divisions ne sont pas indiquées explicitement dans le texte. Nous les avons rétablies entre crochets dans la traduction.

2. Litt. : « il se décharge contre. »

3. Lire *Aîdâ* au lieu de *'idâ*.

4. Θεωρία.

5. Litt. : « de l'économie qui concerne Notre-Seigneur le Christ. »

Le ms. *S* porte ici en marge une note du prêtre *Auscha'nâ*, qui a transcrit le ms. d'Ourmiah sur celui de Kotchanès ; il nous apprend que le ms. de Kotchanès est usé par endroits, qu'il y manque des feuillets et qu'il n'y a pas de points. Il laisse en blanc les passages usés, il laisse une feuille blanche aux endroits où il y a des lacunes, et il ajoute tous les points voyelles. Il nous prie — parce qu'il a ajouté les points au courant de la plume et non à la suite d'une lecture attentive — de les changer, si le sens l'exige.

6. Litt. : « eux, qu'ils abondent dans leur manière de voir. »

7. Litt. : « le traducteur reste innocent du blâme. »

Commencement [1] *du livre, c'est-à-dire: ici commence le traité du saint.*

LIVRE
DE SAINT MAR NESTORIUS

PATRIARCHE DE CONSTANTINOPLE

ET SA RÈGLE D'ORTHODOXIE

[*I, 1. Hérésies et schismes.*]

Préface. Or il convient, à mon avis, à celui qui voudra rechercher la vérité en toute diligence, de ne pas composer son discours avec des idées préconçues, mais de produire (d'abord) tout ce qui est opposé à la vérité et de le discuter. Ainsi, c'est par comparaison de l'un avec l'autre que ceux qui connaissent l'or, montrent la différence de l'or bon et de celui qui l'est moins, aux yeux de ceux qui veulent prendre l'alliage comme (l'or) pur et même de préférence à (l'or) pur. Beaucoup, en effet, choisissent les maux à la place des biens et le mensonge à la place de la vérité, parce que les deux choses leur sont égales et qu'ils préfèrent lutter entre eux et vaincre, plutôt qu'établir la vérité. Comme divers (hommes) professent diverses (opinions) sur le Christ et ne s'accordent que sur son nom [11] tandis que d'autres discutent même sur son nom, il nous semble bon d'exposer d'abord l'opinion de chacune des hérésies au sujet du Christ, afin que la véritable foi soit connue par la comparaison des hérésies et que nous ne chancelions pas pour tomber dans les unes ou dans les autres, comme ceux qui ne voient pas.

1. *Pourquoi les païens ne disent-ils pas que le Christ est Dieu ?* Les païens ne consentent pas à donner au Christ le nom de Dieu

---

1. Dans l'édition on trouve auparavant, p. 5 : « Le traité d'Héraclide de Damas; il y a 93 chapitres dans la première partie, » viennent ensuite les titres de ces chapitres, p. 5-10; on les trouvera à la table. Nous ne les répétons pas ici, pour ne pas faire double emploi; d'autant, comme nous le dirons, que ces titres semblent avoir été ajoutés par le traducteur.

à cause de (ses) souffrances corporelles, de la croix et de (sa) mort et ils disent que les prodiges étaient trompeurs. On ne leur donne pas des noms différents, car, bien qu'il y ait plusieurs sectes parmi eux, tous sont païens.

2. *Pourquoi les juifs ne le reconnaissent-ils pas pour le Christ ?* Les juifs ne le reconnaissent pas pour le Christ à cause de la croix et de (sa) mort, parce qu'ils s'attendent à recevoir le Christ avec grande gloire et puissance.

3. *Pourquoi les manichéens n'admettent-ils pas que le Christ est homme aussi par nature et (le croient-ils) seulement Dieu ?*

Les manichéens et tous ceux qui en dérivent disent qu'il n'est pas homme, mais seulement Dieu, [12] à cause des prodiges. Quant à ses (propriétés) humaines, ils les placent dans l'apparence, dans l'imagination et non dans la nature.

4. *Pourquoi les pauliniens et les photiniens professent-ils que Notre-Seigneur le Christ n'est qu'un homme et non qu'il est aussi Dieu ?*

Les pauliniens disent qu'il n'est pas Dieu, mais seulement homme, à cause de sa naissance et de sa mort ; ils lui attribuent des prodiges comme à l'un des saints.

5. *Pourquoi les ariens* [1] *ne reconnaissent-ils pas le Christ comme un Dieu parfait et indépendant, ni non plus comme un homme, mais comme un demi-dieu et un demi-homme ?*

Les ariens le confessent un demi-dieu et un demi-homme avec un corps non animé et une divinité créée : ils le font inférieur aux hommes lorsqu'ils disent qu'il n'a pas d'âme, et ils le font inférieur à Dieu lorsqu'ils ne le disent pas incréé et indépendant. Quant à l'Incarnation, à (sa) naissance d'une femme et à la mort, dans (ces) choses humaines, ils pensent qu'il est devenu Dieu. Ils mêlent ses propriétés divines aux propriétés humaines : ils placent son incarnation non en son pouvoir, mais (imposée) par

---

1. Les précédentes hérésies : manichéens, pauliniens, photiniens, ariens, se retrouveront très fréquemment (avec les apollinaristes) dans cet ouvrage. On remarquera qu'elles figurent souvent aussi dans les fragments gréco-latins de Nestorius. Voir la table de Loofs aux mots Apollinarios, Arius, Manichæi, Paulus von Samosata, Photin von Sirmium.

un ordre obligatoire, en disant que l'union avec la chair a abouti à une nature, et non pas comme [13] à l'usage du *prosôpon* de l'économie (divine) à notre égard, mais de même que l'âme avec le corps sont reliés en une nature et qu'elle souffre sensiblement bon gré mal gré les *afflictions* du corps, bien qu'en réalité elle n'eût pas de quoi les recevoir, puisqu'elle n'a pas de corps par lequel elle pût souffrir; ils disent de même que Dieu ne formait qu'une nature avec le corps et souffrait de (toute) nécessité, bon gré mal gré, les passions de cette nature qu'il était devenu, comme s'il n'était pas de la nature impassible et indépendante du Père. Et ils disent cela pour ne pas même le montrer puissant et dominateur; de la sorte, l'ordre qu'il reçut est une punition et cette punition, qui était dans sa nature, ne put être évitée : il devait malgré lui souffrir les afflictions du corps par une sensibilité naturelle ; il eut faim et soif, il fut fatigué, il craignit, il s'enfuit et il mourut; il ressuscita non par sa nature, mais par la puissance et par la vertu du Père. En un mot tout ce qui appartenait à la nature passible qu'il s'était faite, ils disent qu'il l'a supporté naturellement.

6. *Quelles sont les sectes qui adhèrent aux manichéens ?*

...Au milieu de celles-là sortirent des hérésies, quelques-unes des manichéens, d'autres des pauliniens.

7. *Et quelles sont celles qui adhèrent aux ariens* [1]*... ?*

[14] 8. *Quelles sont leurs différences et leurs ressemblances ?*
Elles diffèrent...

9. *Pourquoi n'a-t-il pas écrit* [2] *les (noms des) chefs de ces sectes, mais seulement leurs dogmes* [3] *?*

Nous avons voulu nous abstenir de mettre les noms de leurs fauteurs, de crainte, si nous commencions par nous attacher aux noms, d'allonger notre discours, ou d'être amené à omettre quelque recherche.

10. *Quelles sont les paroles de ceux qui disent que Dieu le Verbe s'est fait chair par (sa) nature sans avoir pris un corps ?*

---

1. *C, S* portent en marge la note suivante : « La réponse à la septième question n'était pas dans le manuscrit et sa place n'y était même pas laissée. »
2. Si le titre était de Nestorius, il porterait : « Pourquoi n'ai-je pas écrit ? » C'est un indice de plus pour montrer que les titres sont postérieurs.
3. δόγμα.

Ils accusent [1] les manichéens, d'après lesquels le corps de Notre-Seigneur le Christ n'est pas une nature en vérité, mais une apparence [2] et un fantôme; quant aux prodiges en général, ils les rapportent à Dieu seul, ou parce qu'il n'était pas possible, ou parce qu'il ne convenait pas qu'ils eussent lieu par le corps.

SOPHRONIUS [3]. C'est à la nature toute-puissante et illimitée qu'il appartient de pouvoir tout faire; toutes les autres choses sont donc limitées par sa volonté et elle n'est limitée par rien. Elle peut donc faire, en tant que Dieu, ce qui ne peut pas être fait par un autre. Elle ne peut pas être produite par une nature ou par une cause supérieure à elle, qui lui donne [15] et d'être Dieu et de ne pas l'être; c'est pourquoi ils redoutent de reconnaître que la chair existait en vérité, de crainte qu'en disant cela, ils n'admettent que Dieu est Fils. Ils disent : « Comment cela pourrait-il avoir lieu, lorsque nous confessons que le corps lui-même est Dieu, car même celui qui paraît être chair est la nature de Dieu, c'est le même et non un autre. »

11. Comme l'eau qui se change en glace le fait dans sa nature : elle devient ce qu'elle n'était pas sans le recevoir de l'extérieur; de même, disent ceux-là, Dieu le Verbe était corps sans prendre le corps du dehors [4].

1. Mieux vaudrait *mechalmin*, « ils adhèrent aux manichéens » ; cf. *supra*, chap. III, ou bien rattacher cette phrase à la précédente (en supprimant le titre) : «mais (nous) attaquons les manichéens (en général), qui disent... »

2. Correspond à δόχησις.

3. Le syriaque porte *Sôfrôniôs*. Le scribe du ms. *C*, en changeant les voyelles, a conduit M. Béthune-Baker à lire *Sôpéryanos*. Cf. *The Bazaar of Heraclides*, p. 31. Ce Sophronius parle [p. 161], comme s'il était un des évêques hostiles à Nestorius réunis à Éphèse. Ce nom ne figure pas dans les souscriptions de ce concile, mais du moins il était fréquent à cette époque. Citons Sophronius, évêque de Tella, neveu d'Ibas, qui a été déposé, comme nestorien, au conciliabule d'Éphèse. Les actes de cette déposition sont conservés en syriaque. Cf. S. G. F. Perry, *The second synod of Ephesus*, Dartford, 1877 (traduction), p. 188, et Oxford, 1875 (texte), p. 119. Cf. *Chronique d'Édesse*, dans Assémani, *Bibl. or.*, t. I, p. 202. Plus tard Sophronius assista au concile de Chalcédoine, mais, à la VIIIe session, on lui demanda d'anathématiser nommément Nestorius et Eutychès. Cf. Labbe, *Concilia* t. IV, col. 623 *d*. — A Chalcédoine encore, un laïque égyptien nommé Sophronius est l'un de accusateurs de Dioscore. Labbe, *Concilia*, t. IV, col. 411.

4. Ce titre et le suivant coupent inutilement l'argumentation de Sophronius, lequel veut montrer, par deux comparaisons, que le Christ pouvait agir comme homme sans prendre un corps humain.

Comme les eaux liquides et courantes, lorsqu'elles sont gelées et
solidifiées, nous ne disons rien (autre) sinon que ce sont des eaux
congelées ; de même, Dieu est devenu chair en vérité bien qu'il fût
(toujours) Dieu par sa nature. Il était en tout et il agissait comme
Dieu. Quant aux (opérations) de la chair, il les faisait aussi en
vérité ; il souffrait aussi comme la chair, il est devenu chair dans le
sein (de sa mère)et, par ce qu'il était devenu, il naquit et grandit
en vérité comme la chair. Après qu'il eut choisi d'être ainsi, il eut
faim et il eut soif, il fut fatigué, il souffrit et il fut crucifié en vérité,
parce qu'il était chair en vérité. C'est ainsi que l'eau qui ne peut
être brisée, l'est cependant en vérité lorsqu'elle est congelée [**16**] et
elle éprouve en vérité les affections de la nature qu'elle est devenue. De même, dès que Dieu est devenu chair en réalité, il a supporté en vérité toutes (les affections) de cette nature qu'il avait
(prise) sans quitter en rien sa (propre) nature.

12. *Comme il est apparu sous forme humaine à Abraham et à
Jacob sans avoir pris de corps du dehors, c'est de la même manière
qu'il s'est incarné.*

C'est ainsi qu'il était apparu en vérité, dans une nature visible,
à nos pères Abraham, Isaac et Jacob et aux autres saints, marchant
dans celui qui marchait, parlant dans celui qui parlait, mangeant
et buvant dans celui qui mangeait ; car Dieu ne fait rien pour tromper, mais il fait tout en vérité et en nature. Il est en effet le Créateur,
et le Créateur ne fait rien par apparence et fantôme, mais en
nature et en vérité. Pour les choses qui ne sont pas de la nature
du Créateur, on peut avec justice leur appliquer (ces épithètes),
à savoir « apparence » et « fantôme » parce qu'elles ne peuvent pas
être vues par leur nature.

13. *Comment comprennent-ils « en vérité [1] et non par nature », et
de combien de manières peut-on entendre « en vérité » ?*

NESTORIUS. Ils disent donc que Dieu est devenu vraiment
chair ?

SOPHRONIUS dit : Nous confessons [**17**] qu'il est devenu vraiment
chair, mais non par sa nature. Car celui qui fut, fut en vérité, et il est
la nature et non dans la nature. En effet, la chair n'a pas toujours
existé ; mais de même que les eaux courantes congelées ont la nature

----

1. ϰατὰ ἀλήθειαν.

de la glace, bien qu'elles ne soient pas glace par leur nature, mais soient devenues (glace); ainsi Dieu est devenu vraiment chair et il est la nature de la chair, et non dans sa nature, puisqu'il n'est pas chair éternellement, mais qu'il l'est devenu plus tard. C'est là en vérité l'incarnation : de devenir chair et homme dans sa nature et non en apparence, en figure ou par illusion sans hypostase, ce qui serait vraiment une non-incarnation. Celui donc qui prétend que cela est arrivé par illusion, s'écarte de la vérité.

14. *En quoi ceux qui disent cela, ressemblent-ils aux manichéens, et en quoi. sont-ils réputés en différer* [1] *?*

As-tu compris en quoi ils s'accordent, et en quoi on pense qu'ils diffèrent, et (en quoi) ils persistent [2]. Il nous convient de ne pas en dire plus long, afin de ne pas nuire inutilement à la vérité avec ce qu'ils reconnaissent.

Nestorius dit : Moi je dis : Ne négligeons pas ce point, bien que tu veuilles le passer comme une chose acquise : puisqu'il a été dit à tort, au point [18] de paraître absurde aux auditeurs, je pense qu'il doit en être de même pour toi. J'expliquerai maintenant cette question à qui le désire afin que l'opinion qu'on en a soit tirée au clair, car je ne vois là rien de semblable, ni même rien d'approchant. Ils diffèrent beaucoup les uns des autres, autant que l'apparence diffère de la vérité et le corps de l'apparence du corps. J'en vois beaucoup qui tiennent fermement [3] à ces (théories), comme (fondées) sur la vérité et sur l'ancienne interprétation. Je te demande donc de ne pas les examiner en courant, mais avec grand soin, afin que les paroles de la foi ne soient pas (prononcées) sans examen et à la légère, mais soient évidentes et claires pour tous, comme les objets qui sont délimités par des définitions et des comparaisons naturelles, et non comme ceux dont on ne représente que les ombres et qui ressemblent (par suite) à ceux-ci et à ceux-là parce qu'ils sont représentés de la même manière. En quoi donc, selon toi, disent-ils la même chose, lorsqu'ils ressemblent aux manichéens même dans les choses qu'ils leur reprochent ?

Sophronius. Ceux qui disent cela (les manichéens), ne sont

---

1. Ce titre interrompt encore la fin de la réponse de Sophronius.
2. Litt. : « et en restant dans la même chose. »
3. Litt. : « qui se montrent forts. »

pas condamnés par les autres, parce qu'ils méprisent notre corps—
car les deux (partis) nient que le corps ait été pris — mais parce
qu'ils n'ajoutent pas cet autre (mot) « en vérité » et (disent) que
la nature de la chair n'a été qu'une illusion. Voyons donc aussi leur
désir à ce sujet [1] : laquelle de leur parole est juste, pour que
leurs blasphèmes ne s'étendent pas au delà de ce qui convient.

[19] 15. *Réponse à ceux qui disent que Dieu le Verbe fut l'essence de la chair et qu'il n'a pas [2] pris de corps.*

NESTORIUS dit : Je vais donc exposer en général ce que ceux-là
disent, et même avec plus d'insistance que ne le font ceux qui
sont animés pour leur propre cause, afin que l'on ne puisse pas
penser qu'ils ont été condamnés parce qu'ils n'ont pas d'avocat ou
de défenseur : Vous me semblez très au courant de ce qu'ils disent
et vous pouvez, à l'aide de beaucoup de paroles, fortifier leurs
sentiments au point de pouvoir faire croire aux auditeurs que les
choses sont ainsi. Force-moi donc aussi à leur parler. Prends
chacune des paroles que j'ai dites et aussi les tiennes, puis redis-les
moi, afin que je réponde à chacune d'elles si je le puis. Or je le
pourrai, si Dieu le veut et me donne ce qu'il faut dire pour instruire
selon mes forces. Pour moi je ne mérite rien; mais c'est pour
ceux qui frappent et implorent à la porte de la vérité, lorsque c'est
la vérité.

SOPHRONIUS. J'ai dit que c'est [3] une preuve de la puissance
divine de pouvoir devenir chair en vérité, étant Dieu. Celui qui dit
Dieu en vérité [4], lui donne de pouvoir tout; car tout ce qu'il veut, il
le fait. Il a voulu être chair et il a été chair, non pas l'apparence
de la chair, [20] mais la nature de la chair, c'est-à-dire chair en
vérité. Par là même il s'est incarné en vérité, puisqu'il était homme
par sa nature et non par un autre. La Trinité est (restée) la Trinité, sans avoir reçu l'addition d'une autre essence. Réponds
donc à ces (assertions) ; elles paraissent utiliser les paroles et
sentiments de tout le monde [5], de sorte que les attaquer serait
une grande audace.

1. C'est-à-dire : « ce à quoi ils tendent. »
2. Litt. : « n'ayant pas. »
3. Litt. : « je dis que les choses que j'ai dites sont. »
4. C'est-à-dire : « pour de bon. »
5. C'est-à-dire : « universels. »

16. *Sur ceci : Celui qui est devenu corps par essence a cessé d'être Dieu, et d'être tout-puissant et comme Dieu.*

Nestorius : Tu as dit vrai — et il ne convient pas de discuter ce qui est dit avec vérité — (en disant) que Dieu peut tout et qu'il fait tout ce qu'il lui plaît. Il s'ensuit que son essence n'est pas devenue la chair, car celui qui devient chair dans sa nature cesse de pouvoir tout faire, parce qu'il est chair et non Dieu. C'est le propre de Dieu de pouvoir tout faire, et non de la chair qui ne peut tout faire. En demeurant Dieu il ne peut pas tout vouloir : il ne peut pas ne pas vouloir être Dieu au point de faire que lui-même ne soit plus Dieu. Il est Dieu parce qu'il existe toujours et qu'il peut faire tout ce qu'il veut, mais non parce qu'il [21] pourrait faire que lui-même ne soit pas Dieu; et celui qui a introduit dans son essence la nature de la chair, a fait qu'il n'est plus Dieu et qu'il ne peut plus faire tout ce qu'il veut.

Sophronius. Il ne peut pas vouloir ne pas être ce qu'il est, mais seulement (vouloir) être ce qu'il n'était pas. Aussi il est devenu homme en vérité, ce qu'il n'était pas, c'est-à-dire il est devenu chair et homme en vérité, mais non en nature. Ce qu'il est, il l'est en nature; quant à ce qu'il est devenu, il ne l'est pas en nature, mais il est « en vérité » ce qu'il est devenu.

17. *Que Dieu le Verbe soit devenu en vérité un corps, l'entendent-ils par essence ou par fantôme ?*

Nestorius : Entends-tu «en vérité» de l'essence, ou bien par fantôme et apparence ?

Sophronius : Les deux sens peuvent en vérité être adoptés.

18. *Sur ceci : Que si Dieu le Verbe est devenu chair par nature, et (s'il) est demeuré Dieu qu'il était; alors Dieu le Verbe possède naturellement deux essences.*

Nestorius. Si ce qui est en apparence, est (aussi) par essence — or tu dis que Dieu est en vérité en essence [22] et qu'il est chair — il s'ensuit qu'après avoir pris la chair, il y a deux essences, celle dans laquelle il est par sa nature et celle dans laquelle il est devenu : l'une de Dieu et l'autre de la chair.

Sophronius. Il n'y a pas deux essences [1], mais la même essence divine qui est devenue aussi l'essence de la chair; c'est pourquoi

---

1. Litt. : « une essence et une autre essence. »

il n'y a qu'une essence. De même les eaux, soit courantes, soit congelées, ne sont pas deux essences d'eaux, mais une qui subsiste à l'état liquide et à l'état solide, bien qu'on regarde l'état solide comme opposé à l'état liquide. Il en est de même pour Dieu : le même est corps et sans corps, mais en ce qu'il est corps, il diffère de ce qu'il est sans corps.

19. *Sur ceci : Que les choses qui ne diffèrent pas par la nature et qui sont distinctes, sont dites distinctes par la forme.*

NESTORIUS. Je dirai donc qu'ils (Dieu et le corps) ne diffèrent pas en nature; mais les choses qui n'ont pas de différence de nature et qui sont distinctes, sont distinctes par le *prosôpon*. Mais (être distinctes) par le *prosôpon* sans nature, c'est une forme sans hypostase dans une autre forme. Ou bien dis-tu, comme les manichéens, que la chair et tout ce qui concerne la chair est apparence et fantôme, et fais-tu de l'Incarnation une illusion? Que regardes-tu donc comme vrai ? ou bien — si nous accordons [23] que la chair provient naturellement de l'essence de Dieu — que les deux essences n'en fassent qu'une et qu'il s'ensuive une impossibilité[1], à savoir qu'il ne soit pas Dieu, mais chair; ou bien que la chair était comme un fantôme[2].

SOPHRONIUS. Les choses qui doivent être acceptées avec foi, vous les traitez avec la logique naturelle et par suite vous les conduisez à des impossibilités, puis vous nous séparez en vérité de la foi de la chrétienté, comme des païens et des manichéens qui sont scandalisés par la croix du Christ.

NESTORIUS. Et quels sont ceux qui sont scandalisés par la croix du Christ, comme les païens et les manichéens? Ne sont-ce pas ceux qui placent son humanité dans une modification de l'essence ? Il appartient aux païens de dire que, par un changement de forme, Dieu opère dans n'importe quelle essence[3], ou dans la substance[4] en la nature de laquelle il s'est changé, après cela ils

---

1. Litt. : «Et qu'elles soient devenues ce qu'il est impossible qu'elles soient devenues. »

2. Litt. : *erat in phantasmate.*

3. Ou : « dans l'essence dans laquelle (il s'est changé) . »

4. Le **texte** porte *qounégou* (χυντχοι?). Nous lisons *qouîamá*, « substance », car ce mot semble le pendant de « l'essence » qui précède. En remplaçant aussi *maná* par *kiand*, on obtiendrait : « Dieu opère dans l'essence qui est dans la nature, ou dans la substance qui est en la nature en laquelle il s'est changé. »

renvoient la nature à ce qu'elle était d'abord[1]. Les manichéens se sont inspirés d'eux et ont dit que le changement de forme (de Dieu en homme) a abouti à une forme sans hypostase et vous aussi, lorsque vous dites cela, vous les suivez et vous parlez comme ceux qui sont scandalisés par la croix.

20. *Sur ceci : Que ceux qui placent l'Incarnation dans un change-ment de forme ne font du Christ ni un Dieu ni un homme.*

[24] Car vous ne le reconnaissez pas comme Dieu par essence, puisque vous l'avez changé en l'essence de la chair ; il n'est pas non plus un homme par nature, puisque vous l'avez fait l'es-sence de Dieu. Aussi il n'est pas Dieu vraiment et Dieu par nature, et il n'est pas homme vraiment et homme par nature.

21. *Sur ceci : Que celui qui provient par essence d'une matière précédente, est ce qu'il est devenu, et non pas ce qu'il était avant qu'il fût formé; c'est ainsi que d'une femme provint une statue de sel.*

Cela[2] ne veut pas dire autre chose que ceci : comme un homme de bois et de pierre n'est pas dit vraiment homme, parce qu'il a la nature du bois et de la pierre, de même celui qui est devenu homme à l'aide de l'essence divine, n'est pas dit homme par nature, puis-que la nature divine subsiste.

Sophronius. Cependant, ô admirable ! Dieu peut, des pierres, tirer des enfants pour Abraham[3], d'un corps humain une statue de sel[4], de la terre un homme[5]; rien ne l'arrête, rien non plus n'empêche Dieu de faire ce qu'il veut, qu'est-ce qui l'empê-chera donc de devenir chair ?

Nestorius. Commence par bien examiner ce que tu dis : [25] que Dieu a voulu ainsi, montre-le nous. Que Dieu puisse faire tout ce qu'il veut, l'opinion universelle l'admet. Mais tu te sers d'exemples opposés : celui qui, de pierre ou de terre, est devenu homme, a la nature de l'homme parce qu'il est homme vraiment et non la nature de la pierre ou de la terre; et celle qui d'un corps

1. C'est-à-dire : « Dieu quitte la nature et la laisse comme elle était avant qu'il en prît possession. »

2. Le titre coupe encore ici le raisonnement; car la présente phrase n'est qu'une explication de « il n'est pas vraiment homme et homme par nature. »

3. Matth., iii, 9.

4. Gen., xix, 26.

5. Gen., ii, 7.

humain est devenue une statue de sel n'a plus eu que cette dernière nature. Car les choses qui sont changées d'une première essence, possèdent seulement la nature en laquelle elles ont été changées. Par conséquent si tu dis que de la matière première de la nature divine il est devenu la nature de la chair, il possède cette essence qu'il est devenu et qu'il n'était pas. Cela ne sert à rien que l'essence des hommes puisse provenir, comme je l'ai dit, de la pierre, de la terre ou de la semence humaine, car celui qui provient d'une première essence est changé en la nature qu'il est devenu; et s'il ne se change pas, il ne devient pas non plus chair par nature.

SOPHRONIUS. Le Livre divin te donne la solution de cette parole et ne permet pas de s'en prévaloir et de l'affirmer de manière tranchante : Le bâton de Moïse, lorsqu'il est devenu en vérité un serpent [1], était un serpent et aussi un bâton. Les eaux du Nil qui sont devenues du sang [2], sont devenues la nature du sang et de l'eau. L'essence était la même bien qu'elle fût changée, c'est pourquoi [26] les enfants d'Israël se servaient des eaux devenues sang selon la nature de l'eau; et Moïse (se servait) du serpent comme d'un bâton, parce qu'il était les deux en vérité. Dieu suscite en effet des natures comme il veut.

22. *Sur ceci : Que les eaux du Nil, lorsqu'elles se furent changées en l'essence du sang, eurent seulement cette essence en laquelle elles s'étaient changées.*

NESTORIUS. Tu te sers encore de preuves analogues, sans doute, à mon avis, parce que tu es troublé. Il y avait alors deux essences, puisque les eaux puisées par les Hébreux étaient du sang et aussi de l'eau, et celles qui étaient puisées par les Égyptiens étaient les deux de la même manière. Cependant si les unes étaient seulement de l'eau et les autres seulement du sang, c'est qu'elles s'étaient ensuite changées : quand on les puisait, celles que l'on puisait étaient changées, et elles étaient alors une autre chose, à savoir ce qu'elles devenaient. Comment donc ne pas voir encore par là que celui qui est devenu par nature est nécessairement ce qu'il est devenu par nature et rien autre.

SOPHRONIUS. Nous voyons que le Livre divin a dit les deux,

1. Exode, VII, 10.
2. Exode, VII, 20.

[27] (à savoir) que d'une même essence il y a deux choses par nature, lorsque celui qui a été fait homme avec de la poussière et de la terre et qui est homme par nature dit : *Je suis terre et cendre* [1], à moins que tu ne reproches au Livre (saint) de dire des choses impossibles, lorsqu'il dit de celui qui était homme — homme par sa nature— *je suis poussière et cendre.*

23. *Sur ceci : Qu'une essence, lorsqu'elle apparaît en deux, est dans l'une par nature et dans l'autre par apparence seulement.*

NESTORIUS. Si le Livre divin dit cela en parlant de la nature de l'homme, comme d'ailleurs tout homme est la nature humaine et non autre chose, il s'ensuit que Dieu le Verbe qui est devenu en vérité homme par nature, est aussi poussière et cendre par nature. Il ne provient pas de l'essence divine, mais de la poussière et de la cendre. Si, en effet, il provenait de l'essence divine, il s'ensuivrait, puisque tout homme est par nature cette essence, et que lui-même n'est pas cette essence, mais l'essence divine, qu'il n'est pas homme si ce n'est en apparence, comme le disent les manichéens, et que les paroles qui le concernent ne sont aussi que des figures pour ne pas révéler à chacun ce qu'il est. Car une seule essence qui est reconnue en deux essences, dans l'une [28] est essence et dans l'autre (n'est) qu'en figure, en tromperie et en fantôme.

SOPHRONIUS. N'attribue rien de plus à Dieu que d'être vraiment Dieu par nature et homme aussi par nature. C'est la même nature dans les deux cas, mais Dieu est dans l'homme. Qu'est-ce que l'Incarnation ? C'est qu'il a été homme par nature dans la nature de l'homme, qu'il nous a parlé dans notre nature, et qu'il a supporté naturellement toutes nos afflictions, car c'est pour cela qu'il s'est incarné. Mais vous, vous lui faites faire tout cela par un intermédiaire et par le vêtement de la forme, et vous prétendez que Dieu a commis l'absurdité d'imiter les tragédiens [2] et les chanteurs qui se travestissent pour jouer un rôle [3].

24. *Sur ceci : Que celui qui peut être vu par sa nature n'a pas besoin de devenir autre chose pour être visible en elle.*

NESTORIUS. Mais, ô (homme) admirable, continue ta comparai-

1. Gen., XVIII, 27.
2. τραγῳδοί.
3. Litt. : « comme moyen « ou » en quelque manière. »

son [1] : (à savoir) qu'il nous est apparu dans sa nature sans intermédiaire; pourquoi donc dis-tu qu'il est devenu la nature de l'homme en restant Dieu ? Car celui qui apparaît dans sa nature n'a pas besoin de devenir une autre essence pour se montrer en elle. S'il apparaissait dans sa propre (nature), tu dis une chose impossible, à savoir qu'il a été son propre médiateur. [29] Or, un médiateur n'est pas médiateur d'un seul, mais Dieu est un seul [2] : il ne peut donc pas être Dieu, mais le médiateur de Dieu.

25. *Sur ceci: Si lorsque Dieu est apparu aux saints il leur est apparu en changeant son essence; il s'est donc incarné en beaucoup d'essences et non en une.*

Remarque encore ceci : attribues-tu à Dieu une seule incarnation ou de nombreuses ? Comment entends-tu ceci ? Vous dites que, lorsqu'il est apparu à Abraham et à Jacob, il est devenu la nature de l'homme; et que, lorsqu'il est apparu à chacun des saints sous quelque forme que ce soit, il s'est changé naturellement en la nature qui se voyait et, qu'à la fin des jours, il s'est changé en la nature de l'homme pour s'incarner. Vous reconnaissez donc de nombreuses incarnations, si vous admettez que s'incarner c'est devenir homme dans sa nature. Il y a beaucoup de changements en effet sous lesquels il est apparu par figure.

SOPHRONIUS. Nous n'admettons qu'une incarnation où il s'est vraiment fait homme dans sa nature, lorqu'il est apparu non pas à certains — comme à Abraham et à Jacob — mais à tous les hommes.

26. *Sur ceci : Que si on réserve le mot incarnation pour le cas où il est apparu à tous, et non à quelques-uns comme il est apparu aux saints, [30] puisqu'il n'est pas apparu à tous les hommes, il ne s'est donc pas incarné.*

NESTORIUS. (Il s'ensuit) de là qu'il ne s'est pas même incarné, puisqu'il n'est pas apparu à tous les hommes, mais (seulement) à ceux de Palestine. Pourquoi donc son incarnation a-t-elle été partielle et non pour tous les hommes? Ou bien est-ce cela que tu appelles incarnation : qu'il soit devenu homme en nature, lorsqu'il s'est incarné (pour) toujours et qu'il est apparu à tous les hommes?

1. Litt. : « reste à comparer les choses qui ont été dites par vous. »
2. Gal., III, 20.

27. *Qu'on dit qu'il s'est incarné parce qu'il s'est montré dans la nature humaine.*

Si donc l'incarnation a été vraiment une, pour tous les hommes et non pour quelques-uns, pour ceux qui la virent et pour ceux [1] qui ne la virent pas, pour le présent et pour le passé, et si l'incarnation s'est étendue à toute la nature, il nous faut confesser que Dieu le Verbe n'était pas la nature de l'homme, car il n'est pas la nature de l'homme celui qui n'est pas la nature de l'homme mais celle de Dieu. Mais dans l'essence de l'homme il est vraiment homme, du vrai homme en qui il s'est incarné en totalité pour tous et qu'il a fait son *prosôpon*; et il est apparu dans les choses humaines en se conduisant dans la nature de l'homme, en étant Dieu dans la nature humaine. Comme un roi sous l'uniforme [2] de soldat se conduit en soldat et non en roi, [31] il porte l'uniforme [2] de l'armée contre tout ce qui a besoin d'être corrigé et on dit en tout qu'il porte l'uniforme [2], parce qu'il a l'uniforme [2] d'un soldat, celui dont sont habillés tous les soldats; ainsi il s'est incarné en un (seul) homme pour tous les hommes qui ont la même nature puisqu'il était dans leur nature, et en elle, il a parlé à chaque homme, parce qu'il parlait comme par sa nature.

Sophronius. Soit [3] : Lorsqu'il fut dans la nature de l'homme, il est dit s'être incarné; et, par elle et en elle, pour tout homme et non plutôt pour lui-même, parce qu'il est devenu un homme réellement, pour s'unir à un homme qui est de leur nature (commune). Il y eut en vérité incarnation parce qu'il est devenu homme par sa propre nature et qu'il n'eut pas besoin d'une autre nature.

Nestorius. Ce n'est pas là l'incarnation, de même que le roi, lorsqu'il use royalement d'un uniforme [4] militaire, n'est pas militairement un soldat. On pourrait dire [5] qu'il n'est soldat que de nom seulement. Ainsi Dieu non plus n'est pas incarné, n'étant pas dans la nature humaine, mais...

Sophronius. Qu'entends-tu par « royalement » et « militairement » ?

Nestorius. De même que la pourpre est l'habit de l'empire et

1. Il faut lire une seconde fois, *de-honoun*.
2. σχῆμα.
3. εἶτα.
4. σχῆμα.
5. Litt. : « ou peut-être comme si on disait. »

non de la milice, et que l'habit des soldats est la ceinture [1] qui
convient aux soldats et non aux rois; lorsque [32] le roi veut revêtir l'habit des soldats qui est la ceinture [1] et laisser la pourpre
royale, celui qui se trouve alors sous l'extérieur du soldat qu'il
utilise, sans déchoir de la puissance royale, conserve, même sous
ce costume, sa grandeur et son pouvoir sur tout. (Même) quand il
veut s'abaisser et être l'un des soldats, qu'il prend leur habit
comme s'il était devenu soldat et non (les habits) de la royauté,
et qu'il s'en couvre, lorsqu'il leur parle en égal et les persuade sans
les commander, il fait (encore) les affaires de la royauté sous l'habit
du soldat. Il en est de même pour Dieu, quand il a voulu s'incarner. S'il n'était pas venu dans la nature humaine, mais était devenu chair dans sa propre essence, il ne se serait pas incarné, parce
qu'il l'aurait fait **pour eux** dans sa propre essence et non dans la
nature des hommes.

28. *Sur ceci : Que celui qui par un changement d'essence devient
homme, appartient à une autre nature* [2] *et non à la nature humaine.*

Celui en effet qui par un changement d'essence devient homme,
appartient à une autre nature [3] et non à la nature humaine, parce
qu'il possède une autre raison de nature [3], et non celle de la nature humaine; parce qu'il est Dieu par nature et que l'essence de
l'homme est [4] autre chose que la nature divine, en sorte que toutes
deux existent par nature : non qu'il soit passé de la nature divine
à la nature humaine, ni (qu'il soit) quelque chose d'étranger à
ces (deux natures), [33] il est par nature dans les deux (essences);
mais l'homme est homme seulement et Dieu est Dieu seulement.

Sᴏᴘʜʀᴏɴɪᴜs. Et s'il n'a pas reçu ainsi l'Incarnation, mais si
celle-ci a eu lieu dans une autre nature humaine et non (à
l'aide) de l'essence divine (seule), comment la Trinité ne reçoit-elle
pas une addition dans sa nature, puisqu'elle a pris l'essence d'un
autre ? Ou comment ce Dieu (incarné) fait-il partie de la nature
humaine et non de l'essence divine ?

29. *Sur ceci : Que parce qu'il est devenu homme en (prenant)*

1. Le syriaque *mazônâ* signifie ration. L'éditeur propose de voir là un dérivé
de *zona*, « ceinture. »
2. Litt. : « est d'une autre nature. »
3. Ou : « une autre manière d'être. »
4. Lire *howïo.*

*l'essence humaine et que ce n'est pas par (son) essence qu'il a été
homme, il n'a reçu aucune addition ni dans sa nature ni dans son
prosôpon.*

NESTORIUS. De même qu'un roi qui prend les habits militaires
et qui se présente ainsi n'est pas un double roi, et que le roi
n'est pas en dehors du (soldat), puisqu'il est en lui-même, et qu'il
n'est pas non plus révéré sans celui dans lequel il est connu et
par qui ils l'ont connu et ont été sauvés ; de même aussi [1] Dieu
s'est servi de son propre *prosôpon* pour s'abaisser dans la pauvreté et l'ignominie jusqu'à la mort de la croix pour notre salut, et par lui il s'est élevé aussi jusqu'à l'honneur, la gloire et
l'adoration : dans celui dans lequel il s'est humilié, dans celui-
là aussi il a été glorifié ; car le signe de la rédemption et de la
victoire est un signe de gloire, et non d'ignominie. Il n'a reçu
aucune addition dans l'essence parce que les essences demeurent
sans changement ; c'est alors en effet qu'il y a [34] une addition
dans l'essence, lorsqu'une essence [2] reçoit une différence d'essence.
Et il n'a pas reçu non plus une addition sur le *prosôpon*, parce qu'il
a pris son propre *prosôpon* et non celui d'un autre ; non pour diviser, mais pour unir son propre *prosôpon* et celui de (la nature)
dans laquelle il s'est incarné, et aussi le *prosôpon* (de celle-ci) est
en lui et non dans un autre. Il s'est en effet revêtu de la forme du
serviteur et il s'est anéanti par elle ; il l'a revêtue de son *prosôpon,* et il a élevé son nom au-dessus de tous les noms ; c'est donc
dans le *prosôpon* de la divinité qu'elle est adorée, et non dans un
autre ; à cause de cela, un est le *prosôpon* et (un est) le nom du Fils.

30. *Contre ceux qui disent que Dieu ne s'est pas changé en la nature de l'homme, mais qu'il a changé l'essence de l'homme en l'essence de Dieu.*

Pour ceux qui mettent l'union dans un changement, il s'ensuit
nécessairement une addition d'essence ainsi que de *prosôpon.*
L'essence en effet qui a été faite chair par Dieu le Verbe, a été
ajoutée à la Trinité ; et il est clair que ce *prosôpon* est une par-

---

1. C'est-à-dire : un roi qui prend les armes pour défendre ses sujets ne devient
pas un nouveau personnage et ne cesse pas d'être roi, mais est honoré ensuite
sous l'armure qu'il a prise ; de même... Cette comparaison est reprise, en 680, par
le patriarche Georges, *Synodicon orientale,* p. 508.

2. Litt. : « l'égalité d'essence » comme ἰσοουσία ; vient ensuite ἀλλοουσία.

tie et qu'il est conçu séparément ; puisqu'il est devenu la nature de la chair séparément, à partir de l'essence de Dieu le Verbe, il y a eu addition... .

Quelle est donc l'origine de ceux-ci, et en quoi se séparent-ils (des autres)? nous avons déjà dit la même chose. Tournons-nous [35] vers une autre secte qui est sortie de ceux-ci, qui en est séparée et qui, en même temps, se confond avec eux.

SOPHRONIUS. Ils confessent donc que le corps de Notre-Seigneur est de sa propre chair et par là ils se moquent et de ceux qui disent que la chair était en apparence et en imagination et de ceux qui disent qu'elle est de l'essence de Dieu le Verbe, en disant...

31. [NESTORIUS]... *De quelles expressions se servent ceux qui disent que la nature du corps a été changée en l'essence de Dieu le Verbe ?*

Il n'est pas venu (en vérité) pour changer sa propre essence immuable et pour en faire l'essence de la chair, mais pour élever notre propre essence misérable et changeante jusqu'à sa propre essence qui est immuable, et pour la rendre divine et adorable, non pas à part, mais dans l'union; il l'a gratifiée de l'union avec sa propre essence, afin qu'il y ait une seule essence et un seul *prosôpon* d'une seule essence. La petite a été mélangée et égalée à celle de la divinité, grande et immuable. De même que les choses que l'on jette dans le feu, deviennent semblables à l'essence du feu et deviennent la nature du feu qui les a faites ce qu'elles sont devenues, de même aussi la nature divine a reçu la nature humaine, l'a enfermée dans sa propre nature, l'a changée et l'a faite désormais une, sans division, en essence comme en *prosôpon*; et ni dans [36] la nature, ni dans le *prosôpon*, il n'y eut vraiment d'addition à la Trinité ; et c'est ainsi (disent-ils), que son Incarnation a eu lieu et qu'elle est conçue.

32. *En quoi sont-ils séparés des manichéens et en quoi confessent-ils comme eux ?*

Ceux-ci d'une part sont séparés des manichéens, en ce qu'ils confessent vraiment que la chair est de notre propre nature et qu'elle n'est pas (seulement) l'apparence [1] de la chair, mais la nature de la chair, — et des autres qui sont avec eux, en ce qu'ils

---

1. σχῆμα.

confessent que la chair est véritable, qu'elle n'appartient pas à la nature humaine, mais qu'elle est divine et appartient à la nature de la divinité : c'est en cela qu'ils se séparent et c'est pour cela qu'ils combattent de toutes leurs forces. Ceux qui semblent servir l'Église confessent que la chair est de notre propre nature et de notre propre essence; et sa différence est connue de tout le monde.

D'une façon générale, en effet, ils sont en dispute avec tous : avec les manichéens en ce qu'il y a une essence, et une essence en vérité; avec les (autres) aussi en ce que (la chair) n'est pas (formée) de la nature de Dieu, mais de la nature de nos pères; avec l'Église d'autre part, en ce qu'ils changent la chair en l'essence de Dieu. — Par cela donc qu'ils ne laissent pas la chair subsister dans sa propre essence, ils ressemblent aux manichéens, parce qu'ils détruisent l'essence de la chair; mais, en ce qu'ils disent d'une façon absolue que Dieu a été dans la matière[1] de la chair, ils s'éloignent des manichéens ; mais eux aussi — parce qu'ils changent immédiatement (la chair) en l'essence de Dieu le Verbe [37] et ne veulent pas confesser que Dieu soit avec le corps humain —tombent dans la même pensée et la même faute[2] lorsqu'ils excluent l'essence de la chair comme si elle n'était pas et s'efforcent ou de diviniser l'essence de la chair ou, pour ainsi dire, d'incarner l'essence de Dieu dans (une) essence de chair de la divinité.

33. *Que ceux qui changent la nature humaine en la nature divine, ne disent pas que Dieu s'est fait homme, mais que l'homme s'est fait Dieu.*

Celui par conséquent qui n'est pas essence humaine de chair et qui est appelé chair, celui-là est ainsi appelé par similitude de nom (homonymie), de même qu'un homme (qui serait) d'or et d'argent et d'une autre essence de quelque matière[3] que ce soit, n'est pas homme par nature, parce qu'il ne possède pas la nature humaine; et ce n'est pas là l'Incarnation de Dieu, mais la déification de l'homme.

34. *Sur ceci : Que ceux qui changent la nature humaine en l'essence divine, font une addition à la Trinité et dans la nature et dans le prosôpon.*

---

1. ὕλη.
2. Litt. : « souffrance. »
3. ὕλη.

Si donc la nature de la chair qui a été divinisée, subsiste dans l'essence dans laquelle elle a été divinisée, comment la Trinité n'a-t-elle pas reçu une addition dans l'essence et dans le *prosôpon* ?

Il n'y a en effet [38] dans la Trinité rien de la nature humaine, ni le Père, ni le Fils, ni le Saint-Esprit; mais elle est seule; et en ce qui n'est pas avec elle éternellement, mais qui lui est survenu, en cela elle a reçu une addition; comment une addition qui est survenue ne serait-elle pas une addition ? C'est là aussi une autre histoire et une fable manichéenne. Si en effet ce qui est survenu n'est pas resté ce qu'il était, mais si la nature humaine a été détruite par la nature divine comme par le feu, et si par là la Trinité n'a pas reçu une addition, il n'y a plus même là une Incarnation, mais la destruction de l'Incarnation. En effet ce qui aboutit à la destruction de la nature humaine, et non à sa conservation, cela ne s'appelle pas une Incarnation, mais c'est comme ce qui existe par rapport à ce qui n'existe pas.

35. En quoi ceux qui changent la nature du corps en l'essence divine sont-ils d'accord avec ceux qui changent l'essence divine en la nature du corps?

Et en cela ils sont d'accord avec ceux qui changent l'essence divine en la nature humaine : car c'est la même chose que Dieu soit devenu l'essence qui est dans la nature (du corps) ou qu'il ait changé l'essence humaine en la nature divine.

36. Sur ceci : Qu'il n'est pas possible que la nature divine ait été changée en corps ou par un mélange ou par un changement d'essence, ni encore que le corps ait été changé en l'essence de Dieu le Verbe.

[39] Il supprime en effet la nature divine, celui qui la change en la nature humaine; et il se moque de la nature humaine celui qui la change en la nature divine : il en fait une nature incréée : en déclarant incréée la nature créée, ce qui ne peut pas être. C'est de rien en effet que le Créateur rassemble l'essence en se jouant et fait l'essence créée avec ce qui est créé ; mais qu'il fasse du créé l'incréé et ce qui n'est pas de ce qui est, comme tu le prétends, c'est impossible; ou bien tu la prives d'être essence; car il n'est pas possible que l'essence qui est créée soit incréée et que (l'essence) faite soit non faite; et (il n'est pas possible) non plus que ce qui n'est pas devienne une nature éternelle et soit avec ce qui est

éternel; il n'est pas non plus possible, ni par un changement de nature, ni par une confusion, ni par un mélange, qu'une nature incréée devienne créée et que (la nature) qui n'est pas éternellement,
soit éternelle, ou que de l'essence de celle qui est éternelle dérive
une (essence) qui ne soit pas éternellement. En effet, ou bien,
avec ces deux essences, par suite d'un mélange ou d'une confusion, il se produit un changement d'essence (pour aboutir)
à une seule nature qui soit le résultat du mélange de ces deux
(essences); ou bien l'une de ces essences a été changée en l'autre;
(or) il n'est pas possible que l'incréé devienne créé et l'éternel
temporaire, et que le temporaire devienne éternel et que le créé
devienne incréé par nature; ni que ce qui est incréé, qui n'a pas
été fait et qui est éternel devienne par là [40] créé et temporaire,
comme s'il faisait partie d'une nature créée et temporaire, ou
que, d'une nature créée et temporaire provienne une nature incréée et éternelle, pour arriver à une essence incréée et éternelle,
car ce sont là des choses impossibles et inconcevables. Comment
en effet quelqu'un concevrait-il, puisque le Créateur est absolument différent du créé, qu'il change en son être l'autre qui est créé?
En effet, en tant qu'il est Créateur, il ne se change pas; car il
opère par une nature immuable, et quand il n'est pas ce qu'il est,
il n'opère pas. En effet ou bien il est ce qu'il est par nature, à savoir, Dieu de toute éternité, et il n'est pas une autre nature en
demeurant dans l'essence de Dieu; ou bien, n'étant plus la nature de Dieu, il est créé et il ne crée pas, ce qui est absurde et
impossible.

37. *Sur ceci : Que ceux qui disent que la nature a été changée en
partie et non tout entière, disent également une chose impossible.*

Quand même quelqu'un concéderait qu'il a changé sa nature
en partie et, qu'en partie, il n'a pas été changé, celui qui crée
l'emporte nécessairement sur celui qui est créé et sur celui qui est
changé; il n'y a rien en effet dans sa nature qui l'emporte sur sa
partie [1], mais ce qui est le tout entier, le même est aussi [41] dans
sa partie. Donc, même si nous acceptions des absurdités comme
à plaisir, en parlant de partie au sujet d'une nature simple et
indivisible, personne ne pourra (cependant), pas même de cette fa-

---

1. Litt. : « qui plus que sa partie est important dans sa nature. »

çon, éviter ce qui est absurde et provisoire [1]. En quoi en effet ce qui n'est pas essence, entre-t-il dans l'essence ? Car en tant que Dieu, il est immuable, et lorsqu'il n'est pas Dieu, il ne fait rien. Comment donc dit-on ce qu'il n'est même pas possible de concevoir : que Dieu soit changé en une autre essence, ou encore qu'une autre essence soit changée en l'essence divine et devienne ce qu'est le Créateur, c'est-à-dire incréé et non fait, ce qui est créé et fait? ce sont en effet (deux choses) contradictoires. Que dis-tu de ce qu'on vient de dire ?

Est-ce qu'on a suffisamment parlé des deux côtés ; ceux qui défendent les assertions de ceux-ci ou les nôtres ? ou bien leur manque-t-il encore quelque chose qui soit nécessaire pour les établir [2]? il te faudrait le compléter, toi qui tiens leur place (*prosôpon*). Si en effet il a été omis certaines choses dignes de foi [3] dans leurs paroles, nous les mettrons en évidence de toutes nos forces, afin — lorsque beaucoup les considéreront comme inébranlables et irréfutables, et qu'elles ne le seront pas — que leur déroute aussi en soit plus grande.

Sophronius. Moi donc je pense que l'on a bien expliqué les paroles des deux partis et qu'il ne nous reste rien, et à cause de cela [42] en effet je m'arrête [4], et je te demande de t'arrêter aussi; car je n'ai rien de bon ni d'utile à t'objecter, si ce n'est toutefois une seule parole dont ils se servent avec confiance à l'égard de ce qui leur plaît.

Nestorius. Laquelle ? Parle avec confiance, sans crainte, en te servant courageusement et suffisamment de chacune de leurs paroles comme eux. Car il n'est pas possible que quelqu'un combatte courageusement, lorsqu'il y a de l'hésitation dans ses pensées.

Sophronius. Il en est nécessairement de l'union comme du pain quand il devient corps. C'est un seul et même corps et non deux. Un aussi est celui qui est conçu comme la nature du corps, et il n'est plus conçu dans sa première nature, mais dans celle qui lui est advenue comme sienne, de sorte qu'il ne soit pas désormais ce qu'il paraît mais ce qui est conçu. C'est pourquoi aussi l'Apô-

---

1. Litt. : « non éternel. »

2. Le texte porte : « pour leurs hypostases » (*Qenoumaïhoun*); lire : *Qotoumaïhoun*.

3. C'est la leçon des mss. L'éditeur a préféré «par négligence.»

4. Litt. : « je me réjouis de l'heure du silence. »

tre avait lancé une peine terrible contre ceux qui pensaient que le corps de Notre-Seigneur est commun lorsqu'il dit ainsi : *Si celui qui a violé la loi de Moïse meurt sans pitié sur la déposition de deux ou trois (témoins), à combien plus forte raison sera-t-il réputé digne d'un châtiment sévère celui qui a foulé aux pieds le Fils de Dieu et qui a jugé impur le sang de son alliance* [1] *par lequel il a été sanctifié, et qui a outragé l'Esprit de la grâce* [2] ? Il a dit cela [43] contre ceux qui regardaient le sang et le corps de Dieu comme le sang et le corps de l'homme et qui étaient dans l'erreur en pensant que le corps et le sang par lequel nous avons été sanctifiés sont comme (le corps) du commun des hommes; ils ont ainsi outragé l'Esprit de la grâce en ne confessant pas que le Fils de Dieu est consubstantiel à Dieu le Père, mais que le corps du Fils de Dieu est le corps de l'homme, lui qui a élevé le corps et le sang (de l'homme) jusqu'à sa propre essence et qui n'a pas permis qu'ils fussent accusés d'être [3] une essence humaine, mais (qui a voulu) qu'ils fussent adorés dans sa propre essence.

38. *Sur ceci : Que l'Apôtre parle aussi contre ceux qui estiment vulgaires et impurs le sang et le corps du Christ, non parce qu'ils (prétendent qu'ils) ont été changés en la nature de Dieu le Verbe, mais parce qu'ils se refusent à donner au sang le nom de sang et au corps le nom de corps, et qu'ils (soutiennent qu'ils) ne peuvent nous sauver, comme le disent les manichéens.*

NESTORIUS. A-t-il à tes yeux peu d'importance cet argument sur lequel tu fais silence ? Ceux-ci en effet ont beaucoup insisté sur lui et il ne fallait pas que tu le présentes avec négligence. En vérité il m'avait échappé, comme il arrive à ceux qui voient la paille et pas la poutre. Maintenant qu'il a été mis en lumière, examinons-le sous tous ses aspects [44] tel qu'il est, et comme le Livre divin veut nous le faire comprendre, de telle sorte que nous ne tombions pas sous les reproches justes et divins.

39. *De combien de manières est dit le mot qui en grec se dit* κοινόν *?*

Parlons d'abord de l'emploi du mot qui en grec se dit κοινόν.

---

1. διαθήκη.

2. Hébr., x, 28-29. Le syriaque est traduit directement sur le grec, mais sa traduction ici et ailleurs est influencée par la Peschito, par exemple tous deux portent ici « sans pitié » à la fin de la première phrase : « de deux ou trois sans pitié. »

3. Litt. : « qu'ils fussent incriminés sous l'inculpation. »

Or ce mot signifie ce qui est souillé, ce qui est commun, et la participation. (Il signifie) ce qui est souillé selon ce que dit (Pierre) dans les Actes : *Jamais je n'ai mangé quoi que ce soit qui fût souillé et impur*[1] ; ce qui est commun, selon cette parole : *Tout ce qu'avaient les Apôtres, était en commun*[2] ; — la participation, selon ce passage : *Le calice de bénédiction que nous bénissons, n'est-il pas une participation au sang du Christ ? Et le pain que nous rompons n'est-il pas une participation au corps du Christ*[3] *?* — Et encore : *Celui qui sanctifie et ceux qui sont sanctifiés sont tous d'un seul (Père) ; c'est pourquoi il n'a pas rougi de les appeler ses frères en disant :* « *J'annoncerai ton nom à mes frères et je te glorifierai en pleine assemblée.* » *Et encore :* « *J'aurai confiance en lui.* » *Et encore :* « *(Me) voici, moi et les enfants que Dieu m'a donnés.* » *Puisque donc les enfants ont participé à la chair et au sang, il a lui aussi participé de la même façon aux mêmes choses*[4].

Donc, comme ce mot est employé pour signifier une chose[5] impure et souillée, et aussi (une chose) commune et la participation, est-ce que l'Apôtre s'est servi de cette expression qui convient à trois emplois, [45] sans spécifier contre quelle opinion il l'a employée, (lorsqu'il a écrit) qu'à cause de cela les hommes *foulent aux pieds le Fils de Dieu*[6] ? Laquelle donc de ces trois significations est exacte ?

SOPHRONIUS. (Il s'est servi de ce mot) contre ceux qui pensent de lui qu'il n'est pas mort pour nous, mais qu'il est mort de sa propre mort comme tout le monde, et que, dans sa vie comme dans sa mort, il était comme un autre homme et qu'il ne possédait rien de plus, ils ignorent qu'il est le Fils de Dieu et que son sang est le sang de Dieu et non (celui) de l'homme.

NESTORIUS. Dites-vous ceci : que le corps et le sang sont l'essence du Fils de Dieu ? Ou bien que le corps et le sang appartiennent à l'essence humaine et qu'ils sont devenus la nature de la divinité ? Car, selon ce que vous dites, la chair n'est pas chair, parce qu'elle a été changée par lui, par un mélange et une union, en l'essence de Dieu le Verbe. Le bienheureux Apôtre aurait dé-

---

1. Actes, x, 14.
2. Actes, iv, 32.
3. I Cor., x, 16.
4. Hébr., ii, 11-14.
5. Litt. : « un homme. »
6. Hébr., x, 29.

signé (cette essence) quand il couvrait de son profond mépris
ceux qui confessaient sa chair et son sang et qui jugeaient qu'il
(le sang) était impur.

SOPHRONIUS. Ce n'est pas contre ceux qui ne confessent aucunement que le corps existât en réalité, ni contre ceux qui changent
ou détruisent l'essence de la chair comme par le feu, ou qui pensent [1] que (son) essence est impure par mélange, qu'il a dit
ces choses; mais c'est contre ceux qui confessent la chair et le
sang et qui jugent que celui-ci est impur [2].

[46] NESTORIUS. A ce qu'il me semble, l'opinion que tu soutiens ne
convient pas surtout à ces derniers, mais à ceux qui changent l'essence divine en la nature de la chair et du sang, sans penser que
l'essence de la chair et du sang de Notre-Seigneur est impure
mais bien qu'elle appartient à Dieu le Verbe et non à l'homme.

SOPHRONIUS. Il ne faut donc pas répondre à ceux-ci, mais les
avertir que (l'Apôtre) s'est servi [3] d'expressions contradictoires;
il a donc parlé contre ceux qui pensent que la chair a appartenu
à l'essence divine.

40. *Comment faut-il comprendre cette parole : Celui qui sanctifie et ceux qui sont sanctifiés sont tous d'un seul ?*

NESTORIUS. Tu te trompes : l'Apôtre n'a pas dit deux choses
contradictoires. Il a en effet voulu dire que celui qui sanctifie
et ceux qui sont sanctifiés doivent être d'un seul, et frères issus
d'une seule essence et non d'essences différentes, et qu'ils doivent
être ses enfants comme nés de lui ; c'est ainsi qu'il dit : *Celui qui
sanctifie et ceux qui sont sanctifiés en effet sont tous d'un seul* [4].
Donc, le sang par lequel nous avons été sanctifiés et qui a été
versé pour nous, est d'un seul; par là nous sommes aussi ses
frères comme nés d'un seul père ; mais de plus nous sommes
aussi ses enfants, parce que nous possédons une seule essence,
en laquelle nous sommes aussi (ses) enfants. Dieu le Verbe en
effet n'a rien qui fasse que, lui et nous, nous soyons d'un seul
[47] ou que nous soyons appelés ses semblables et qu'ainsi nous
soyons ses frères, parce que nous n'avons aucune raison de res-

---

1. Au lieu de *dbesrâ*, lire *masbrîn*, comme cinq lignes plus haut.
2. ϰοινόν.
3. Traduire ainsi d'après la réponse.
4. Hébr., ii, 11.

semblance, comme en ont les frères qui (sont) d'un même père ;
il n'y a rien non plus (qui fasse) que nous soyons ses enfants,
parce que nous ne participons pas à la même essence. C'est donc
pour reprendre ceux qui se refusent à reconnaître que le sang humain peut sanctifier, qui pensent qu'il est impur en tant qu'il
est le sang d'un homme, et qui, pour cette raison, estiment impur le sang de l'alliance par lequel nous avons été sanctifiés et
délivrés de la mort, grâce à la mort véritable d'un homme, que le
bienheureux Paul a dit cette parole. Par là, il nous déclare que nous
sommes d'un seul : par là, il nous appelle ses frères à cause de la
nature qui est née de nos pères et qui est morte aussi pour nous ;
car, parce qu'il est né, il est de notre race et tous nous sommes
d'un seul, et parce qu'il est mort pour nous et qu'il a renouvelé la
constitution future [1] par l'immortalité et par l'incorruptibilité,
nous sommes ses enfants, car il est le *Père du monde à venir*[2]. A cause
de cela ne sommes-nous pas tous un seul corps en une chose ?
Tous en effet nous recevons de ce même pain par lequel il nous
fait participer au même sang et à la même chair, qui sont de la
même nature, et nous participons avec lui par la résurrection d'entre les morts et par l'immortalité. Nous sommes à lui de la même
façon que le pain est son corps ; de même en vérité que ce pain
est un [48], de même nous sommes tous un seul corps, car tous
nous recevons de ce seul pain.

41. *Sur ceci : Que si dans le Christ l'essence de la chair a été changée
en la divinité, nous aussi nous sommes changés en l'essence de Dieu
le Verbe ; car tous nous sommes un seul composé et un seul corps.*

Nous avons donc été changés en sa chair et nous sommes son
corps. Désormais nous ne sommes plus le corps et le sang de l'homme, mais son propre corps. Un en effet est le pain, et c'est pourquoi
nous sommes tous un seul corps, parce que nous sommes le corps
du Christ ; en vérité *vous êtes le corps du Christ et ses membres, chacun
pour sa part*[3]. Est-ce par un changement d'essence que le pain
est le corps du Christ ? Ou bien sommes-nous son corps par un changement ? Ou bien le corps du Fils de Dieu est-il un avec Dieu le Verbe

1. C'est-à-dire : notre état après la résurrection.
2. Isaïe, ix, 6.
3. Litt. : « dans vos parties. » Le traducteur semble avoir regardé le génitif
μέρους comme un pluriel ; la Peschito l'a rendu par « en votre place. » I Cor.,
xii, 27.

par nature ? Mais s'ils sont un par nature, il n'y a plus de pain et il
n'y a plus de corps. L'Apôtre en effet dit à ceux qui estimaient que
le corps du Fils de Dieu était impur, qu'ils *foulent aux pieds le
Fils de Dieu* [1] parce qu'ils le méprisent et le renient. Il n'a pas
dit cela contre ceux qui confessent, au sujet du corps, qu'il est
de notre propre nature, et qui le regardent (ainsi) comme
commun, mais (disent) qu'il a été donné pour la rédemption de
nous tous, parce qu'il est *pur, sans tache, exempt de péchés* [2],
qu'il a accepté la mort pour tous nos péchés et qu'il a été une
sorte d'offrande à Dieu. Si tous en effet nous ne provenons pas
d'un, c'est avec raison que nous ne sommes appelés ni ses frères
ni ses enfants, [49] et que nous ne sommes non plus ni son pain ni
son corps; mais si tout cela appartient véritablement au Christ,
nous sommes son corps et ses consubstantiels parce que nous
sommes ce qu'est aussi l'essence de son corps. Ces choses sont
encore connues par les paroles de leur dogme [3], eux qui se
changent tantôt en ceci, tantôt en cela, parce qu'ils ne possèdent pas la vérité.

42. *Contre ceux qui disent que l'union a eu lieu dans l'essence de
Dieu le Verbe et que la nature divine a complété la nature humaine.*

De ceux-ci, il s'est encore élevé une autre secte (d'hérétiques)
qui en quelque chose leur ressemblent et en quelque chose se séparent d'eux; ils sont aussi d'accord avec les ariens et de nouveau
s'éloignent d'eux; d'une autre façon ils font figure (*prosôpon*)
d'orthodoxes pour s'éloigner aussi de nouveau de ceux-ci [4] et pour
retomber ainsi dans la maladie des premiers. Ils reconnaissent
que le corps de Notre-Seigneur est de la nature de nos pères, et en
cela ils ressemblent à ceux que nous avons combattus un peu plus
haut; mais ils se séparent d'eux parce qu'ils nient le changement
de la chair en l'essence divine et qu'ils admettent l'union sans
mélange et sans confusion. Ils inclinent vers les ariens parce qu'ils
disent que l'union a eu lieu pour donner une seule nature, non par
un changement d'essence, mais par une réunion et une composition naturelle, de même que l'âme et le corps sont réunis en une

1. Hébr., x, 29.
2. Hébr., vii, 26.
3. δόγμα.
4. Litt. : « de cette (figure). »

seule nature, et que, par une nécessité naturelle, l'âme endure
naturellement les souffrances du corps, [50] et le corps celles de
l'âme. Ce que chacune des natures ne peut recevoir dans sa nature,
(le Verbe) l'a reçu dans le composé naturel, par mélange naturel,
même [1] les souffrances et l'opération par une (seule) sensibilité. Ils
placent l'union, non dans la volonté [2] et dans un usage, mais dans
une nécessité naturelle, dans une nature passible, et ils disent que
c'est en cela qu'a eu lieu l'union : en ce qu'ils (le Verbe et le corps)
s'associent pour leurs actions et pour leurs souffrances naturellement. Mais ils s'éloignent à leur tour des ariens parce qu'ils disent
qu'il y a eu un corps et une âme animale et que Dieu le Verbe est
consubstantiel au Père, et que ce n'est pas par ordre, mais par sa
volonté propre qu'il a subi l'union [3] (qui a eu lieu) naturellement
avec une nature, afin de supporter pour nous toutes les souffrances de la nature humaine, non pas dans une autre nature,
mais dans la sienne propre.

LES APOLLINARISTES. Il n'a pas assurément simulé notre
rédemption en apparence, soit par un changement de forme, soit
par un changement d'essence, de telle sorte qu'il n'eût point enduré
les souffrances dans sa propre nature ; — ceci en effet est de celui
qui n'aurait pas voulu s'incarner — car il fut homme en nature.
Mais si, parce qu'il n'a pas voulu ou parce qu'il ne pouvait pas
entrer là où il y a une intelligence, il s'est uni par une union naturelle à l'âme sensible et vivante [4] et au corps, en sorte qu'il complé-
tât et qu'il achevât la nature humaine, pour endurer les souffrances
naturelles naturellement et pour être livré à la mort naturellement,
par la passibilité et par la mortalité, dans la nature de l'âme et du
corps, [51] c'est donc sans partir d'une nature (complète) qu'il est
devenu et qu'il est la nature de l'homme. Il n'a pas été dans un
homme, mais il était homme véritablement ; car il a été avec la nature de l'homme, et il a été attaché à l'âme et au corps comme pour
(les) compléter, et non pour y demeurer ; celui qui habite s'éloigne en

---

1. Le texte porte : « comme. »

2. Le texte porte « dans la révélation (*Gelianâ*). » Il faut lire *Tsébianâ*, car il
semble bien s'agir ici de l'union volontaire, caractérisée par l'usage mutuel des
prosôpons des natures, que nous rencontrerons souvent.

3. C'est par sa volonté qu'il est venu à l'union. Mais l'union, une fois faite,
est naturelle et non volontaire.

4. Les âmes sensitive et végétative de la scolastique. Le Verbe tenait lieu
d'intelligence (νοῦς ou *mens*).

effet de celui dans lequel il a habité, et il ne reçoit ni la nature ni
le nom de ce en quoi il a habité. C'est pourquoi, alors qu'il a
demeuré dans tous les saints, il n'est pas dit qu'il se soit incarné
et qu'il ait été homme dans l'un d'eux, mais seulement, lorsqu'il a
été véritablement homme pour compléter naturellement la nature
de l'homme, en se faisant l'intelligence pour diriger naturellement
dans le corps et l'âme, et lorsqu'il a constitué une union naturelle.
Et (le corps) a été uni sans l'intelligence afin qu'il ne passât pas
pour avoir demeuré dans l'homme, mais pour avoir été uni en
vue d'être le complément de la nature humaine. Voilà donc ce
que ceux-là disent.

Mais ceux qui veulent se rattacher davantage aux orthodoxes,
lui donnent un corps et une âme raisonnable et admettent l'union
en une nature (divine) pour compléter la nature (humaine) : de
même, en effet, que le corps, l'âme et l'intelligence concourent à
former la nature humaine, de même aussi l'union de Dieu le Verbe
a eu lieu avec le corps et l'âme raisonnable pour compléter la
nature (humaine). En vérité il a été homme réellement, puisque
sa nature avait toutes les (propriétés) de l'homme ; il n'a pas été
homme à moitié [1], c'est-à-dire en ne possédant seulement que la
chair ou que l'âme animale ; en effet ce n'est pas en ceci qu'il a été
homme : en [52] ne possédant rien de l'homme si ce n'est le corps
animal et l'âme irraisonnable [2], mais en ayant l'âme raisonnable,
le corps raisonnable et la vie raisonnable, et non (toutes ces
choses) sans raison [2]. Tout ce qui se trouve en effet réuni pour
constituer la nature (humaine), participe aux mêmes propriétés
et à une seule nature. Car il participe à la souffrance et à
l'action.

43. *Contre ceux qui confessent un corps animé et une âme intelligente, mais (qui disent) que l'union de la divinité a donné une seule
nature par composition.*

NESTORIUS. Les raisons de ceux-ci peuvent être dites avec raison
de ceux-là [3] : que ni l'âme animale, ni le corps animé par une âme
irraisonnable ne sont le corps de l'homme. C'est pourquoi il n'est

---

1. Litt. : « il n'était pas comme la moitié d'une chose complète. »
2. Litt. : « sans paroles. »
3. Ceux-ci sont « ceux qui veulent se rapprocher des orthodoxes; » ceux-là
sont les apollinaristes.

pas un homme celui qui n'a rien de l'homme, ni l'âme, ni le corps,
ni la divinité : ce n'est pas en effet dans l'âme animale, la divinité
et le corps que consiste la nature humaine. Comment serait-il donc
homme, par la réunion des choses qui ne constituent pas la nature
de l'homme? A moins peut-être qu'il n'y eût par mélange une
autre nature en dehors de la nôtre. Il n'y a rien eu de semblable
dans quoi que ce soit, ni dans toutes les natures qui ont existé
antérieurement, et il existerait maintenant que toute la création
est achevée, une autre nature, en dehors de celles qui ont existé,
lorsqu'elle n'était pas !

[53] 44. *Sur ceci : Que si l'union de la divinité et de l'humanité
a abouti à une seule nature, cette seule nature n'est ni celle de Dieu
ni celle de l'homme, mais c'est une autre nature qui diffère de toutes
les natures.*

D'une façon générale on répond aussi de la même façon à ceux-
ci : à savoir que, par (le nom) homme, nous comprenons et nous
désignons celui qui est devenu, par le corps et l'âme raisonnable
et intelligente, la nature de l'homme, dans le composé naturel
(des parties); mais non celui qui est devenu homme par la réunion
des natures de la divinité, de l'âme raisonnable et du corps humain,
car ce n'est pas possible. La nature humaine en effet est définie,
et il faut que celui qui existe avec la nature humaine ait en lui ce
que possède celui qui est homme par essence et par nature, ni plus
ni moins; car les (propriétés) de la nature sont définies. Ou bien
donc il a été homme en sorte que l'union de Dieu le Verbe avec le
corps et l'âme n'ait pas eu lieu pour former une seule nature, mais
pour servir à l'économie pour nous (Rédemption), ou bien il a
appartenu à une autre nature, différente de celle des hommes et
de celle de Dieu, qui consiste dans le corps animé et dans Dieu le
Verbe; et cette nature n'est ni celle de l'homme ni celle de Dieu,
mais une nature nouvelle qui tient quelque chose de toutes les
natures [1].

45. *Sur ceci : Que si l'union de Dieu le Verbe* [54] *avec le corps a
abouti à une seule nature, on ne le conçoit pas en dehors de la chair,
parce que c'est celle-ci qui l'a constitué dans sa nature.*

Dieu en effet n'appartient plus désormais à une nature impas-

---

1. La fin du titre demanderait de lire : « qui diffère de toutes les natures. »

sible, mais à une nature passible : il est censé appartenir à celle
qu'il est devenu dans l'union naturelle; et il est nouveau celui qui
est créé nouvellement. Si donc Dieu le Verbe, lui qui est consubstantiel au Père et au Saint-Esprit, est uni dans une union naturelle, c'est par elle qu'il possède ce qu'il est; en dehors d'elle
(de la nature) il n'existe pas, puisque c'est en elle et par elle qu'il
est uni et qu'il s'unit. C'est ainsi que le corps et l'âme, unis en une
nature humaine, ne sont pas conçus en dehors de leur nature
(commune), mais le corps dans l'âme et l'âme dans le corps, avec
leurs souffrances et leurs opérations. Le corps fait partie de la
nature et n'est pas pour une habitation volontaire; (le corps et
l'âme) reçoivent et donnent mutuellement, d'une façon sensible
par mélange naturel et combinaison, pour combiner la nature (de
l'homme).

46. *Sur ceci : Que, dans l'union, deux natures ne sont pas réputées une nature.*

Mais dans cette union naturelle que vous proclamez, quelle est
la nature? Est-ce la nature du Père, du Fils et du Saint-Esprit,
nature impassible et immortelle, éternelle, indépendante? Ou bien
est-ce la (nature) mortelle, passible, dépendante, qui était hier et
aujourd'hui, et qui ne relève ni des hommes, ni de Dieu, ni d'une
autre nature, mais (qui provient du) mélange de deux natures
pour compléter une seule nature ? Si donc ils disent [55] que
c'est l'essence du Père, du Fils et du Saint-Esprit unie par une
union naturelle, cette union n'est pas une union naturelle avec la
chair, mais volontaire, puisqu'elles sont unies pour l'usage du
prosôpon et non de la nature ; car les (natures) qui sont unies
en une seule nature, ne sont pas unies volontairement, mais par
la puissance du Créateur qui les réunit et les amène à cette combinaison : en sorte que ce qui n'appartient pas en propre à
chacune d'elles, (celle-ci) l'obtienne en vertu de l'union naturelle
et non volontaire, par laquelle elle a été unie en une nature. Par
qui donc ces natures sont-elles unies en nature ? Il est évident
que ce qui a été (uni) l'a été par le créateur de la nature. Et si
quelqu'un dit que quelque chose s'est uni de lui-même, je ne
crois pas que cela soit juste ; car (si) des natures sont unies
dans les essences en une (seule) nature, cela contient aussi
un certain mode de changement d'essence, et il est nécessaire

que cette nature qui a été unie soit liée par l'égalité de nature et
non par la volonté.

47. *Sur ceci : Que les natures qui sont unies volontairement ne sont
pas dites être unies en nature, mais en prosôpon.*

En effet les natures qui sont unies volontairement, reçoivent
l'union, non en une seule nature, mais pour (produire) l'union
volontaire du *prosôpon* de l'économie (du composé). Si donc ils
disent que l'union des natures a abouti à une seule nature, quand
même nous leur concéderions qu'elle a eu lieu volontairement, [56]
après qu'elle a été faite, cette union n'est plus volontaire, puisque
les natures l'ont subie. Étant uni, il souffre bon gré mal gré et endure
les souffrances de la nature qui lui a été unie, parce qu'il est limité
par elle, et non par l'impassibilité, l'immortalité et l'immensité ;
car la limitation et la détermination de toute nature est ce en quoi
elle a d'être. S'il a été uni à la nature, c'est dans celle-ci qu'il a
d'être et (qu'il doit être) comme celui qui est par nature. De là il
résulte que le Père et le Saint-Esprit aussi, qui sont de la même
nature (que Dieu le Verbe), appartiendront également à la nature
passible et créée ; car ce que le Fils a reçu dans sa nature, le Père
peut aussi le recevoir ; il est impossible en effet que (le Fils) ait
pu recevoir en nature ce que (le Père) ne peut pas recevoir.

(Or) si le Fils a admis (les souffrances) parce qu'il pouvait
admettre l'union de cette nature, tandis que le Père ne le peut pas,
comment seront-ils d'une seule nature, ceux qui sont opposés
entre eux par l'admission et la non-admission (des souffrances) ?
Par suite du changement de nature, vous prenez nécessairement
le mot « union » au sens des ariens : (à savoir) que la nature du Fils
a été unie par le Créateur de la nature ; de la même manière,
celui qui a créé et fait l'âme et le corps, les a également unis
lui-même, car l'œuvre même de la création demande encore
qu'il unisse l'âme [57] et le corps en une seule nature, parce que
c'est à lui aussi qu'il appartient de réaliser la création de chacun d'eux.

48. *Sur ceci : Que l'union naturelle est une œuvre de seconde
création.*

C'est là en effet une œuvre de seconde création que l'union en
une nature des natures qui ont été unies. Ce dont l'existence n'est

pas unie en propre à chacune des parties, reçoit naturellement cet (être) d'une seconde existence (création).

Avoir faim et soif et sentir des sensations n'appartient pas au corps à part, ni à l'âme à part, mais [1] ils tiennent cela d'une seconde existence. (Il en serait) de même, s'il y avait union de nature pour Dieu le Verbe, avec l'âme et la chair, de manière qu'il reçût, de l'union de nature, ce qu'il n'avait pas en propre dans sa nature : la soif, la faim, la fatigue, le combat, la crainte et la mort. Dans l'unique existence d'une seconde création (se trouverait) aussi la première création de son essence, et il aurait encore besoin du créateur [2] s'il supportait tout cela non en apparence mais naturellement. Et c'est en vain que vous donnez l'appellation de consubstantiel à celui auquel vous êtes forcés de l'enlever de nouveau, et vous êtes contraints de vous mettre au nombre ou des ariens ou des manichéens, de telle sorte que vous admettrez ou qu'il n'a pas souffert naturellement une seule de ces souffrances, ou (qu'il a souffert) en imagination et en apparence. Ou si vous concédez que c'est dans la nature, naturellement, par une sensibilité [58] passible, qu'il a enduré les souffrances, vous l'arracherez alors à l'impassibilité, à l'immortalité et à la consubstantialité avec le Père, parce qu'il a eu un changement de nature, vu qu'il admet (les souffrances que le Père) n'admet pas.

N'aurait-il éprouvé dans sa nature qu'un (seul) changement d'essence — comme celle du Père et du Saint-Esprit est sans besoins et n'admet ni les souffrances ni la mort — il aurait été privé par là d'être Dieu, parce qu'il n'est pas en tout d'une essence indépendante.

49. *Sur ceci : que les choses unies par nature supportent les souffrances naturelles naturellement et non volontairement.*

C'est par diminution que la nature indépendante et impassible est devenue une nature passible et dépendante. Comme celui qui s'enlève volontairement la main, ou le pied, ou l'œil, ne les possède plus, après qu'ils ont été enlevés, parce qu'il les a vraiment retranchés, de même aussi celui qui volontairement s'enlève l'immortalité et l'impassibilité pour constituer une nature passible et dépendante, n'a plus ni l'impassibilité, ni l'indépendance qu'il

1. Lire *êlâ* au lieu de *velâ*.
2. Litt. : « et nécessairement au Créateur. »

avait autrefois, parce qu'il s'est uni à une nature passible, jusqu'à
ce qu'il ait recouvré l'impassibilité, par ordre, en vertu de la nature, avec l'union naturelle, quand il a été, après la résurrection
d'entre les morts, dans la nature qui est immortelle et impassible, et non en vertu de sa propre nature qu'il possédait avant
de devenir homme mortel dans l'union naturelle, puisqu'il [59]
a reçu naturellement toutes les propriétés de la nature qu'il est
devenu, il a reçu aussi *l'obéissance jusqu'à la mort, et jusqu'à la
mort de la croix, ainsi qu'une glorification si grande qu'il n'y en a
pas au-dessus d'elle* [1] *et de recevoir un nom qui par la grâce* [2] *est au-
dessus de tous noms, devant qui tout genou fléchit dans le ciel, sur la
terre et au-dessous de la terre, pour la gloire de Dieu le Père* [3] à qui il
a obéi, et il a accompli toute l'obéissance. Non qu'il s'anéantît
lui-même ni qu'il fût encore l'égal du Père, ou qu'il ait reçu de
nouveau l'égalité de la part du Père. Car il s'est élevé lui-même
et il s'est anéanti lui-même en prenant une nature mortelle et il
est devenu cette nature, et ce qu'il avait dans sa nature, il l'a pris
de bonne grâce ; et d'une nature incréée il est devenu une nature
faite et créée par addition et soustraction d'une puissance naturelle ; et l'essence qui ne pouvait recevoir les souffrances et la
mort est devenue mortelle et passible ; il est mort par suite de (sa)
faiblesse et il est revenu à la vie par suite de la puissance de Dieu,
parce qu'il était devenu une nature faible et qu'il a supporté les
souffrances douloureuses de celle-ci, en éprouvant des douleurs et
des souffrances par suite de l'égalité de nature de l'âme et du corps ;
il fut attiré et troublé par sa nature ; c'est par violence qu'il fut
entraîné en dehors de sa nature et, à cause de cela, il ne fut pas
même corrompu par une séparation de l'âme (à l'égard) du corps.
De même que le corps supporte la peine de la mort, et est enlevé
par violence à l'une des conformités (avec notre nature), et par
séparation, à l'union [60] naturelle ; de même aussi Dieu le Verbe
qui a été uni pour compléter l'union naturelle, est forcé de supporter naturellement toutes les souffrances naturelles de la mort,
c'est pourquoi aussi la vie et la mort sont communes aux natures
qui sont unies en nature.

Celui donc qui accorde cela accorde aussi le reste, bon

1. Paraphrase de ὑπερύψωσε .
2. Ceci doit rendre l'idée contenue dans ἐχρίσατο.
3. Phil., ii, 8-11.

gré mal gré, même s'il dit mille fois qu'il est impassible dans sa
nature; car il a souffert dans la nature qu'il est devenu, que ce
soit celle de la chair, que ce soit celle de l'homme, ou que ce soit
toute autre (nature) que nous dirions. Ne disons pas que sa nature
ne peut supporter les souffrances, à moins toutefois que, de
même que ceux qui ont la possibilité de mourir et de ne pas mourir
ne sont pas par leur nature immortels, de même nous ne parlions
ainsi au sujet de Dieu le Verbe; en cela en effet Dieu le Verbe est
conçu dans sa nature et il n'a rien de plus; si tu dis que sa nature
ne peut recevoir la mort, elle ne peut recevoir d'aucune façon la
mort naturelle; l'union n'a pas eu lieu pour la nature, mais pour
l'usage de l'homme suivant l'économie (divine), afin que l'Incarnation de Dieu le Verbe, qui est impassible et immortel par sa nature,
eût lieu.

Que disent-ils donc? Il me faut faire deux choses : exposer les
objections et les résoudre dans la mesure du possible, parce que
tu me demandes de faire ces deux choses.

Sophronius. Ils parlent en effet ainsi: comment (le Christ) est-il
dit en vérité l'homme céleste et spirituel, s'il n'est ni céleste ni spirituel? [61] Il est Dieu le Verbe par nature comme Dieu, celui qui
a été uni à la nature humaine; et il est dit : *de même que le premier
homme est terrestre parce qu'il est de la terre, de même aussi le Seigneur
est du ciel*[1]. *Le premier homme est devenu une âme vivante et le second
homme est devenu un esprit vivifiant* [2]; ce n'est pas sans l'essence
du corps de terre qu'il est dit homme terrestre ni encore sans l'âme
qu'il est dit animé; mais c'est par suite de leur réunion, qui
forme la nature humaine, de même il n'est pas appelé céleste [3] sans
l'essence du céleste et du spirituel qui a été uni par nature à la
nature de l'homme.

50. *Sur ceci : Que si « le second homme, le Seigneur venu du ciel, »
est appliqué à Dieu le Verbe, alors les hommes sont célestes puisqu'ils
sont de la nature de Dieu du Verbe ; en effet « de même que celui-ci
est céleste, de même ils sont aussi célestes* [4]. »

1. I Cor., xv. 47.
2. I Cor., xv, 45.
3. Nous ajoutons ici la leçon du ms. V.
4. I Cor., xv, 48; mais on pourrait traduire :« tel est le céleste, tels sont aussi
les célestes. »

NESTORIUS. Écoute donc encore ceci : lorsque vous lisez le reste du livre : *de même en vérité que lui est céleste* (le Christ) *de même* (*nous sommes*) *aussi célestes*; de même que nous avons revêtu la forme de l'homme terrestre (Adam), de même (nous sommes) aussi terrestres [1] parce que tous ont la même nature; de même *que celui-ci est céleste, de même ils sont aussi célestes* [2] parce qu'ils ont la même nature, car il est céleste et nous le sommes aussi, nous tous qui attendons d'être de cette manière. Nous sommes, nous hommes, de l'essence de Dieu le Verbe, puisque notre âme et notre corps ont été réunis pour former une telle nature et que chacun de nous devient ce que Dieu le Verbe est par nature [62]; *de même en effet que celui-ci est céleste, de même ils sont aussi célestes* [2] et, de même qu'ils sont des hommes célestes, ils sont aussi de même des Dieux-Verbes, parce que chacun d'eux appartient à Dieu le Verbe ainsi que l'âme au corps humain, non sans limitation de sa nature, bien qu'elle soit dans chacun d'une façon illimitée, mais elle est limitée par la nature de chacun d'eux et en dehors d'elle on ne conçoit pas qu'elle puisse être. Si vous comprenez ainsi la parole : « *le Seigneur est du ciel* [3] » et la parole « *le second homme est devenu un esprit vivifiant* [4], » comment entendez-vous le reste? à savoir : *de même que nous avons revêtu la ressemblance de l'homme terrestre, de même nous nous revêtirons de celle qui* (*vient*) *du ciel* [5]. Comment donc avons-nous revêtu la ressemblance de celui qui est venu de la terre? Qu'étions-nous? Qu'avons-nous revêtu? Est-ce que nous étions des hommes célestes et spirituels, (formés) de l'âme, du corps et de Dieu le Verbe? Ou bien est-ce l'esprit sans le corps et sans l'âme qui a revêtu la ressemblance de l'homme terrestre qui est corps et âme, et qui nous exhorte à devenir la ressemblance des êtres spirituels, c'est-à-dire des esprits sans âme et sans corps? Quoique ce ne soit pas notre affaire, mais celle du Créateur, si cela est selon la vérité, comment nous exhorte-t-il à nous revêtir de la forme de l'homme spirituel, c'est-à-dire du Christ, comme si le Christ était sans âme et sans corps? Et comment donc est-il homme, alors qu'il n'a rien de l'homme? Ou comment

1. Cf. *Ibid.*, 49 et 48.
2. I Cor., xv, 48 ; mais on pourrait traduire : « tel est le céleste, tels sont aussi les célestes. »
3. I Cor., xv, 47.
4. *Ibid.*, 45.
5. *Ibid.*, 49.

le Christ est-il appelé homme [63] spirituel, lui qui a été constitué
à l'aide de l'essence de Dieu le Verbe pour (devenir) la nature
humaine de l'âme et du corps? Et nous deviendrons incorporels
et sans âme, pour devenir comme celui-ci, comme il est lui, n'ayant
rien qu'il n'ait pas. Il n'est pas possible qu'il en soit ainsi. Ces
absurdités et d'autres semblables, il faut qu'elles soient dites
par ceux qui confessent que la nature divine s'adjoint pour
compléter la nature humaine ; car une nature passible et
créée est la conséquence de l'union naturelle d'une nature passible
et créée. C'est pourquoi ils tombent ou bien dans le sentiment
des ariens qui disent que Dieu le Verbe est devenu, par nature,
la nature de l'homme passible et mortel, en supportant les souffrances d'une manière sensible, ou dans le sentiment de ceux qui
disent qu'il est devenu âme et corps en apparence, ou dans (le
sentiment) des deux en recourant tantôt à ceux-ci et tantôt à
ceux-là, parce qu'ils croient, par leur fuite, échapper à ces
absurdités.

51. *Contre ceux qui opinent que le Christ fut simplement un
homme.*

Jusqu'ici on a parlé contre ces (derniers). Voyons désormais
les hérésies qui se sont détachées et qui professent que le Christ
n'est qu'un homme, et examinons en quoi elles s'en séparent, et
en quoi elles ressemblent à celles dont il a été question plus haut,
afin de séparer et de montrer leurs hérésies, de peur que, à cause
de ce qui a été dit à tort, nous ne fuyions encore [64] ce qui a été dit
avec raison et de peur que nous n'admettions sans discernement
aussi ce qui a été dit à tort. Confesser en effet que le Christ est
homme et par nature et en réalité, appartient à la réalité et se
trouve attesté par la vérité ; et en cela il n'y a personne qui les
blâme. Mais, en ce qu'ils rejettent sa divinité, lorsqu'elle existe en
vérité et par nature, ils sont exécrables, puisqu'ils rendent vaine
l'Incarnation de Dieu le Verbe.

52. *Au sujet de ceux qui confessent Dieu le Verbe seulement de
nom.*

LES SABELLIENS. Parmi eux en effet (il y en a) qui nient même
que Dieu le Verbe existe en essence et n'admettent que « le nom »

1. Litt. : *cinctus est.*

de Dieu le Verbe qui est (uniquement) ce précepte : *Dixit et factum est*. De la même manière ils placent aussi le Père et le Saint-Esprit dans une appellation seulement; en un mot ils se rapprochent des juifs plus que des chrétiens.

53. *Au sujet de ceux qui disent que Dieu le Verbe existe par nature, mais qu'il n'a pas été uni par nature, mais par apparence, et qu'il y a deux Fils.*

LES PAULINIENS. Mais d'autres les reprennent, en confessant que Dieu le Verbe est une nature ou une hypostase, comme aussi le Père et le Saint-Esprit. Au sujet de son Incarnation ils ne sont pas d'accord avec les orthodoxes, mais ils se rapprochent de ceux [65] qui disent que le Christ ne fut qu'un homme et qu'il vécut soumis à la Loi comme l'un des saints; c'est par ordre qu'il observa tous les commandements et, par une observance parfaite, il a été sans péché comme homme ; par là il a surpassé tous les hommes, ou parce que, après avoir été sans péché, il est apparu délivré de la mort et justement gratifié de l'immortalité, laquelle est établie pour l'honneur de ceux qui observent la Loi sans péché, ou parce que, après avoir ainsi vécu et avoir observé tous les commandements sans faute, il a pris sur lui de mourir pour nous, et, par suite de la grandeur de son obéissance, il a reçu l'honneur et l'appellation de Fils par (pure) grâce. Il (le Christ) n'est pas Dieu le Verbe, mais il est celui qui a vécu ainsi et qui a observé tous les commandements. C'est ainsi qu'ils parlent.

LES PAUL(INIENS)[1]. A quoi pouvait servir en effet que Dieu le Verbe aussi s'associât au (Christ) dans l'action et qu'il agît avec lui comme s'il ne pouvait pas de lui-même observer les commandements? Et qu'est ceci (alors) qu'il a été conservé sans péché ? Ou quelle est la victoire ? Il n'y a pas de grand mérite si, ne pouvant vaincre, il eut besoin de secours, pour vaincre avec (ce) secours tandis que lui ne le pouvait pas. Ce n'est pas en effet à celui-ci que revient la victoire, mais à celui qui l'a aidé et qui est invincible. Qu'est-ce qu'un combat pour Dieu ? Et quel est le mérite [2] ? Celui qui implore (secours) de tout sera sauveur ! [66] Quel est en effet celui qui voit (une distinction) entre

---

1. Les manuscrits ne portent que les deux premières syllabes : *Paulâ* (V : Paulê).

2 Litt.: le délit (effacé par le Christ).

celui-ci et le *prince* [1] *qui vient et qui ne trouve rien en lui* [2], lorsqu'on constate que c'est la nature (divine) qui l'a aidé ? Auprès de qui est-il jugé, alors qu'il est le juge qui juge et celui qui
est jugé ? Quel est celui qui a reçu l'offrande pour tous les hommes, alors qu'il est celui qui reçoit et celui qui est offert ? Quel
est celui qui apaise [3] et celui qui est apaisé, alors qu'il est dans
les deux ? A moins toutefois qu'ils ne divisent [4] une seule puissance en deux (parties) qui ne se ressemblent pas et ne disent : que
le Père s'est fâché et que le Fils l'a apaisé lorsqu'il était en colère, comme ils l'ont appris des fables des manichéens qui les ont
imaginées ; ou encore à moins que ce ne soit en apparence que le
Père ait manifesté sa fureur contre ceux qui ont erré et que ce soit
par acception de personne qu'il y ait mis un terme ? parce qu'il
s'est montré furieux et apaisé comme en parole seulement.

Ils adhèrent donc aussi d'une autre façon à ce qu'imaginent
les partisans d'Arius qui pensent que Dieu n'a pas été apaisé
autrement que par la mort du Christ, qui était dès le commencement (près de) Dieu et qui était Dieu [5]. Qu'est-il besoin de cette
ineptie ? Celui en effet qui était en lui, ne faisait pas cela par la
mort d'un autre [6], et encore ce n'est pas justice que celui qui
n'appartient pas à une nature, ait accepté la mort pour une
autre nature, afin d'effacer la dette [7] ; il n'y a pas non plus un
véritable pardon, mais une apparence (de pardon). [67] Ils disent
que ces choses ont été partagées entre deux Fils, en sorte que
les unes conviennent à celui-ci et les autres à celui-là ; afin qu'il
n'y ait dans toutes les paroles qui sont (écrites dans les Évangiles) ni contradictions ni tromperies. Il y a une seule divinité,
une seule domination, une seule puissance du Père et du Fils qui
n'admettent pas une semblable tromperie [8]. Ils disent ces choses
et d'autres semblables et ils défendent leurs opinions, pour dire
que le Christ et le Fils est double dans les *prosôpons* comme dans

1. ἄρχων.
2. Jean, xiv, 30.
3. Cf. Rom., v, 10.
4. Lire : *nesadqoun.*
5. Jean, i, 1.
6. C'est-à-dire : « Le Verbe qui était dans le Christ n'a pas apaisé le Père par
la mort d'une autre personne (humaine). »
7. Cf. Coloss , ii, 14.
8. C'est-à-dire : « qui ne peuvent s'approprier la forme humaine. »

les hypostases. Ils disent que la forme (du Verbe) était (dans le Christ) de la même manière que les saints ont été la demeure de Dieu [1].

NESTORIUS. Parlons donc à chacun de ceux-là qui se trompent et qui ont trompé, en niant l'Incarnation de Dieu le Verbe. Et d'abord servons-nous envers eux de leurs propres paroles. Toi donc, expose-moi leurs paroles, celles qui sont persuasives et peuvent servir à persuader beaucoup de gens; combats courageusement à leur place, de telle sorte qu'il ne leur reste aucun motif d'excuse. Pour quelle raison — puisqu'il n'y a qu'une divinité, une domination, une puissance, une science, un esprit, une force de Dieu le Père et du Fils, par l'intermédiaire duquel tout a été fait par Dieu et sans lequel rien n'a été fait de ce qui a été fait [2] — cette parole : *Il s'est fait chair,* n'est-elle applicable [3] qu'à Dieu le Verbe ; non pas « il a fait la chair », mais *le Verbe s'est fait chair* [4], *celui qui était auprès de* [68] *Dieu* [5]; il n'a pas dit de Dieu le Père : « Celui qui est auprès de lui ; » en effet ces mots « il s'est fait » et « il fait » lui appartiennent tous deux puisqu'ils n'introduisent pas de différence; on ne peut dire que celui-ci est et que celui-là n'est pas ; mais peut-être confessent-ils qu'il y a deux Verbes ainsi que deux Fils, l'un (Verbe) étant la divinité et l'autre la passibilité parce qu'il devint chair ?

SOPHRONIUS. Qu'y a-t-il d'absurde à ce que nous confessions ainsi ? Ceci est évident. C'est pour cela que l'Évangéliste aussi a dit de celui-ci : *qu'il a habité parmi nous* [6] — c'est-à-dire de Dieu le Verbe. — Ceci est de l'homme : *nous avons vu sa gloire, gloire comme du Fils unique* [6] — et ce n'est pas du Fils unique — *qui est plein de grâce et de vérité* [6], et ce n'était pas non plus par nature, car (le Fils unique) est plein de cette gloire, non en vertu de la grâce, mais en vertu de la nature et il n'a pas besoin d'addition.

NESTORIUS. Lorsque le Père dit de celui-ci : *voici mon Fils* [7],

---

1. C'est à peu près la théorie que l'on attribue à Nestorius, on voit que, loin de la partager, il la traite d'hérétique.

2. Jean, I, 3.

3. Litt. : « il (l'Évangéliste) ne l'applique. »

4. Jean, I, 14.

5. Jean, I, 1.

6. *Ibid.,* 14.

7. Matth., XVII, 5.

et encore : *il a donné son Fils unique* [1]; *le Fils unique qui est dans le sein de son Père, nous l'a raconté lui-même* [2], a-t-il parlé de celui qui est dans le sein de son Père ou a-t-il parlé de trois Fils uniques ? L'un qui était Dieu le Verbe dès le commencement, un autre qui avait la gloire comme du Fils unique, sans être [69] le Fils unique, et un troisième en dehors des précédents qu'il a livré pour le (salut du) monde.

Sophronius. Quoi donc? Il a livré à la mort Dieu le Verbe, qui lui est consubstantiel et qui est immortel et impassible ? Ces paroles ne se contredisent-elles pas : « Celui qui lui est consubstantiel, impassible et immortel» et ceci :« il l'a livré à la mort», ou peut-être n'est-ce (qu'une) apparence ?

Nestorius. Tu confesseras à haute voix avec nous qu'il n'y a pas deux Dieux-Verbes, ou deux Fils, ou deux Fils uniques, mais un seul (Dieu-Verbe) etc., pour chacun d'eux. On recherche de deux (côtés) avec ensemble et méthode comment il s'est incarné volontairement lorsqu'il est, par sa nature, immortel et impassible, et de quelle manière le Fils est dit être mort dans la nature (mortelle) et non en tant qu'il est immortel par sa nature.

Sophronius. Mais nous avons dit ces mêmes choses pour montrer clairement, quoique tu ne le veuilles pas, que tu dis deux Fils par nature : l'un impassible et immortel, et l'autre passible et mortel [3].

54. *Sur ceci : Que Dieu le Verbe s'est incarné (lui-même) et qu'il n'y a pas deux Fils, mais qu'il y en a un seul par l'union.*

Nestorius. Ce n'est (aucunement) vrai; mais s'il convient de parler en premier lieu sur ce point, nous allons apprendre du Livre divin lui-même ce que nous confessons les uns envers les autres. Voyons donc ce que [70] l'Évangéliste dit au sujet de Dieu le Verbe [4]. Est-ce qu'il parle d'un seul Dieu le Verbe, ou bien parle-t-il de deux Verbes ? *Au commencement était le Verbe, et le Verbe était auprès de Dieu, et le Verbe était Dieu. Celui-ci était au commencement auprès de Dieu ; tout a été fait par lui, et sans lui rien n'a*

---

1. Rom., VIII, 32.
2. Jean, I, 18.
3. Cette objection est encore adressée aujourd'hui à Nestorius.
4. Jean, I, 1-13. Ces textes sont presque identiques à la Peschito que le traducteur devait ici posséder par cœur.

été fait de ce qui a été fait. De qui ces paroles peuvent-elles être dites par l'Évangéliste, si ce n'est de celui qui est consubstantiel (à Dieu) et sans corps ? Et ceci : *En lui était la vie, et la vie est la lumière des hommes, et la lumière luit dans les ténèbres et les ténèbres ne l'ont point comprise;* l'a-t-il dit d'un autre ou du même ? Donc il l'a appelé *la vie* et *la lumière,* ce qui indique l'essence immortelle et vivifiante, et (il a dit): *elle luisait dans les ténèbres et les ténèbres ne l'ont point comprise,* comme s'il parlait de ce qui a été dans la mort et dans les ténèbres; mais lui n'est pas mort, car il est la vie et la lumière qui ne s'éteint pas, et il donne la vie à ceux qui sont dans la mort. A quelle lumière Jean rend-il témoignage, afin que tous croient par lui ? *Il est,* en effet, *la lumière de la vérité qui éclaire tout homme qui est venu en ce monde; il a été dans le monde, le monde a été fait par lui et le monde ne l'a pas connu; il est venu chez les siens et les siens ne l'ont pas reçu; mais à ceux qui l'ont reçu, il leur a donné le pouvoir de devenir les enfants de Dieu, à ceux qui croient en son nom, qui* [71] *ne sont nés ni du sang, ni de la volonté de la chair, ni de la volonté de l'homme, mais qui sont nés de Dieu.* L'Évangéliste a-t-il parlé d'un autre Verbe, ou a-t-il parlé de Dieu le Verbe, *par qui tout a été fait,* la vie et la lumière véritable, qui *est venu chez les siens et les siens ne l'ont point reçu,* qui *a donné à ceux qui l'ont reçu le pouvoir de devenir les enfants de Dieu,* à ceux qui sont nés non du sang, ni de la volonté de l'homme, mais qui sont nés de Dieu ? Et par quoi encore a-t-il donné, à ceux qui l'ont reçu, le pouvoir de devenir les enfants de Dieu ? Est-ce à ceux qui sont nés de la nature de Dieu ? Est-ce qu'ils ont été changés dans leur nature pour devenir la nature de Dieu, et sont-ils devenus ce qu'est Dieu le Verbe de la même façon qu'il est né du Père ? Ou bien sont-ils demeurés[1] dans la nature dans laquelle ils sont, et sont-ils devenus les enfants de Dieu et sont-ils nés de Dieu par appropriation[2] et par déclaration ? De même qu'ils ont reçu celui-ci, en tant que Dieu, qui est devenu (leur) familier, et qu'ils ont confessé qu'il est leur Dieu qui a fait toute chose et qui est venu chez les siens, de même aussi il les a faits ses familiers et il a déclaré qu'ils sont les enfants de Dieu, qui sont

---

1. Le texte porte le singulier.
2. οἰκειότης, ou : association, adoption.

entrés, en tant qu'enfants, dans la filiation, mais qui ne la possèdent pas par nature.

55. *Sur ceci : Que Dieu le Verbe est un par nature et qu'il est seul désigné par ce nom, et qu'il n'y en a pas plusieurs qui sont nommés par homonymie.*

Ceux qui deviennent fils par appropriation et par déclaration [1], sont les fils de celui dont [72] ils sont nés, non par la chair, ni par le sang, mais par la volonté et l'amour de celui qui n'a pas de corps, et il devient lui-même leur corps en tant que Père par appropriation, par amour et par déclaration ; de même aussi, Dieu le Verbe « qui est venu chez les siens », a donné (même) faculté à ceux qui l'on reçut, l'ont confessé, et ont cru en son nom : Il ne leur était pas donné de devenir les enfants de Dieu, à *ceux qui ne sont nés ni du sang, ni de la volonté de la chair, ni de la volonté de l'homme* — car c'est ce qu'ils auraient dû posséder auparavant dans leur nature — *mais de Dieu* [2] par adoption. Ainsi donc ce ui *qui est venu chez les siens et a été reçu* (par eux), a donné à ceux qui ont cru en son nom la puissance de devenir les enfants de Dieu et lui sera leur chair en prenant la chair et il se l'appropriera et il en parlera comme de son corps par appropriation. C'est pourquoi il a dit : *Le Verbe s'est fait chair* [3], pour compenser cette parole : *Au commencement était le Verbe, et le Verbe était auprès de Dieu*, et le reste [4]; il a donc ajouté ceci : *Le Verbe s'est fait chair et il a habité parmi nous* [3]. De même que ceux qui l'ont reçu, sont devenus par suite de (cette) réception (enfants) naturels de Dieu par un effet de la volonté, de même aussi celui-là, parce qu'il a pris la chair et qu'il a habité en elle, est devenu leur chair par appropriation et non par changement d'essence. C'est pourquoi il cite encore une propriété de Dieu, en disant : *Nous avons vu sa gloire, gloire comme du (Fils) unique venu* [73] *du Père* [3]. Il l'indique non pas par comparaison, mais comme confirmation, quand il dit *plein de grâce*, en donnant le nom de grâce à ce qui appartient à la nature du Fils unique; car c'est là la plénitude; celui en effet qui participe, n'a pas la plénitude, et il est inférieur à celui dont la nature

1. Litt. : confession; d'où : reconnaissance, déclaration, adoption.
2. Jean, i, 13.
3. *Ibid.*, 14.
4. *Ibid.*, 1.

a toute (la plénitude) et qui est *plein de grâce et de vérité* ; non qu'il soit changé, mais tel qu'est celui qui était le Fils bien aimé, selon qu'ils l'ont reçu et selon qu'ils ont cru en lui, de la même manière ils ont vu celui qui est apparu dans la chair, lui (même) et non un autre Dieu, ni non plus un autre Verbe, ni une autre Vie, ni une autre Lumière, ni non plus un autre (Fils) unique, mais le même qui est apparu dans la chair. *De la plénitude de celui-ci nous avons tous reçu* [1] ce qui n'était pas en nous ; et nous avons reçu « de sa plénitude », et non « sa plénitude »; le propre de la plénitude en effet est de ne manquer de rien, comme Dieu. A cause de cela le (Fils) unique qui est dans le sein de son Père nous a fait connaître Dieu que personne n'a jamais vu [2]; non pas un autre, mais celui qui était dans le sein de son Père, il est venu, *s'est fait chair et a habité parmi nous* ; il est dans le sein de son Père et auprès de nous, parce qu'il est ce qu'est le Père et il nous l'a raconté — il est évident qu'il n'a pas montré l'immensité et l'incompréhensibilité de (son) essence — tel qu'il est dans le sein de son Père. Comme il connaissait notre nature, [74] il nous a raconté dans notre nature elle-même ce qu'aucun des hommes n'a jamais vu [2]. Comment donc est-il possible que nous entendions par celui-ci un Fils, et par le Christ un autre Fils qui est homme seulement et qui demeure, par l'égalité et l'honneur de la filiation, dans l'image de celui que vous niez avoir été envoyé et avoir vécu au milieu de nous ? C'est par une sorte d'habitation divine, lui qui demeurait dans la forme de Dieu, qu'il a habité ; comme l'Évangéliste nous fait monter clairement de Dieu le Verbe vers Dieu le Verbe et, en dehors de Dieu le Verbe, ne connaît pas un autre Verbe, ni un autre Fils unique de Dieu, si ce n'est celui-ci avec la chair.

Sophronius. Mais comprends, par ce qui a été exposé, ce que dit l'Évangéliste : *Personne n'a jamais vu Dieu, le Fils unique qui était dans le sein de son Père, l'a raconté* [2]. Il parle ainsi de celui qui est monté et est assis à la droite du Père, qui est Fils avec l'image et la gloire du Fils, qui nous est apparu, *qui est venu après moi, qui est plus fort que moi* [3], sur qui est descendu et s'est reposé l'Esprit Saint sous la forme d'une colombe, l'élu de Dieu, l'A-

1. Jean, I, 16.
2. *Ibid.*, 18.
3. *Ibid.*, 27.

gneau de Dieu, le Nazaréen, le Fils de l'homme, *en vérité vous verrez les cieux ouverts et les anges de Dieu montant et descendant vers* [75] *le Fils de l'homme* [1]. Il ne s'agit pas de celui qui, par essence, est Dieu le Verbe consubstantiel au Père : *Personne en effet n'a jamais vu Dieu* [2], et celui-ci a été vu. Ce n'est donc pas de celui-là qu'il a parlé, mais du Fils de l'homme, qui par sa grâce était dans l'ordre de l'image de Fils de Dieu, c'est en cela qu'il est Fils et Fils unique en vertu d'une pure complaisance. *En lui demeure corporellement toute la plénitude de la divinité* [3]; il n'est pas « la plénitude », mais en lui *demeure toute la plénitude corporellement* comme elle a demeuré en chacun des saints. Celui en effet qui est Fils n'est pas à part, et le Père ne l'est pas non plus; car le Père est dans le Fils et le Fils est dans le Père. C'est pourquoi si l'Incarnation qui a lieu dans l'essence est celle du Fils de Dieu, elle est aussi celle du Père et du Saint-Esprit, si vous dites qu'il est Fils par la nature et non par égalité et par honneur; car il a été envoyé dans le *prosôpon* du Fils de Dieu et il a revêtu son propre *prosôpon*, et toutes (les propriétés) du Fils de Dieu lui sont attribuées, de même que Dieu est dans un ange et dans un médiateur. *Il est en effet le médiateur de Dieu et des hommes, l'Homme Jésus-Christ* [4]. Comment donc y a-t-il eu un seul Fils et une Incarnation de Dieu, à moins toutefois que l'on ne dise qu'il y a eu incarnation de Dieu dans celui par qui Dieu a opéré l'économie humaine; et que dans les choses qui ont été dites ou faites par l'intermédiaire de Moïse et des prophètes et par l'intermédiaire des anges, on dise que c'est Dieu qui a parlé, c'est Dieu qui a agi et c'est Dieu qui a été vu. [76] Parce qu'en effet Dieu est par sa nature invisible et incompréhensible, il lui faut un certain médiateur, par l'intermédiaire duquel il accomplisse ces choses, et c'est jusqu'à lui que remonte ce qui est fait ou dit par ces (médiateurs) par suite de la Providence et de l'économie et non par le fait de la nature. Comment est-il Dieu par nature, celui qui est homme par nature et non par grâce et opération, comme Dieu peut le faire à son gré à l'égard de toute nature ? A moins que Dieu ne soit tout en lui. Mais quelqu'un pourra dire que Dieu agit ainsi

1. Jean, I, 51.
2. Jean, I, 18.
3. Coloss., II, 9.
4. I Tim., II, 5.

que l'homme et qu'il (le médiateur) est deux natures. Venons-en donc à ces choses sur lesquelles porte toute la discussion.

56. *Sur ceci : Qu'il n'est pas dit que Dieu se soit incarné également dans l'un des prophètes ou dans l'un des saints et qu'il n'est pas dit davantage qu'il se soit servi de l'un d'eux comme en son propre prosôpon.*

NESTORIUS. Puisqu'ils s'attachent donc aux Livres divins comme ils le disent, la réponse ne nous est pas difficile. Jamais en effet on n'a vu que quelqu'un se soit servi du *prosôpon* de Dieu en son propre *prosôpon*, aucun des prophètes, ni aucun des anges ; mais Notre-Seigneur le Christ a dit : *Moi et Dieu nous sommes un* [1] ; *celui qui me voit, voit Dieu* [2] ; *ce que Dieu a fait, je le fais, moi aussi, comme lui* [3] ; *de même que Dieu a la vie en lui-même et qu'il la donne à ceux auxquels il veut la donner, de même je donne la vie, moi aussi, à ceux auxquels je veux la donner* [4] ; [77] *si vous ne croyez pas en moi, croyez du moins à mes œuvres, parce que Dieu et moi nous sommes un* [5]. Personne parmi les prophètes ou parmi les anges n'a osé parler de la sorte ; mais dans ce qu'ils dirent ou firent, (ils dirent) « le Seigneur certes a dit », et non pas « Dieu ou eux-mêmes » ; et de tout ce qu'ils dirent ou firent, (ils dirent) que Dieu le dit par leur intermédiaire ; ils disaient également « Dieu l'a dit », comme les prophètes et comme les anges. Dans les endroits où (Dieu) a pris la figure de l'homme ou du feu, il est dit que Dieu est apparu, et qu'on a vu Dieu ; dans un autre endroit, que *Dieu a donné la loi* [6] ; et encore : *c'est par l'intermédiaire des anges que la loi a été donnée* [7]. Ce ne sont pas là des choses mensongères, ni non plus contradictoires les unes des autres ; ce n'est pas qu'il appelle les anges Dieu, ni non plus qu'un ange se dise Dieu ; mais, parce qu'il est apparu par l'intermédiaire des anges, il est dit avec vérité de l'une et de l'autre façon que Dieu est apparu par l'intermédiaire d'un

1. Jean, x, 30.
2. Jean, xiv, 9.
3. Cf. Jean, x, 37-38.
4. Cf. Jean, v, 26.
5. Cf. Jean, x, 38-70.
6. Cf. Nombres, xxx, 17 ; Ex., xxxi, 18.
7. Gal., iii, 19.

ange dans le feu du buisson [1] (et) que, par son moyen (du feu),
Dieu lui apparut [2].

57. *Sur ceci : Que, selon les Livres divins, nous avons appris à
confesser que le Christ est Dieu par nature et homme par nature.*

Puisque donc il s'est appelé de ces deux façons, les Apôtres et
les Évangélistes ont dit aussi qu'il est de deux façons. Il est
Dieu *par qui tout a été fait ; il est venu dans le monde ; il a fait le
monde ; il n'a pas été reçu par ses serviteurs ; à ceux* [78] *qui l'ont reçu
et qui ont cru en son nom il a donné* [3] *le pouvoir de devenir les enfants
de Dieu ; il s'est fait chair et il a habité parmi nous* [4]; et ce n'est pas
un autre. Depuis qu'il s'est fait (chair) et qu'il a habité parmi nous,
il a attiré la chair par appropriation jusqu'à son propre *prosôpon*,
qui est pour deux : d'une part, pour l'essence de Dieu, et d'autre
part pour l'union et l'appropriation de la chair ; de sorte que même
la chair qui est chair par nature, par suite de l'union et de l'appropriation du *prosôpon*, est également Fils ; bien qu'il se trouve
en deux il est dit un seul Fils et une seule chair. A cause de cela
le Fils unique de Dieu et le Fils de l'homme, le même (formé)
de deux, est dit les deux, parce qu'il a attribué (les propriétés)
de leurs *prosôpons* à son *prosôpon* et dorénavant il est désigné
par celui-ci et par celui-là comme par son propre *prosôpon* ; il
parle avec les hommes (à l'aide) tantôt de la divinité, tantôt de
l'humanité et tantôt des deux ; de même que l'humanité parlait
(à l'aide) tantôt de l'essence de l'humanité et tantôt du *prosôpon* de la divinité, c'est pourquoi il est le Fils de Dieu et aussi le
Fils de l'homme et il parle (en ces deux qualités).

58. *De même que l'on conçoit que Dieu le Verbe est devenu chair
et qu'il n'y a qu'une seule chair et non deux, de même aussi la chair
est fils et il n'y a pas deux Fils.*

[79] N'est-ce pas comme si le Verbe était seul Fils, jusqu'à ce
qu'il se fût fait chair ? Depuis qu'il a pris la chair dans son propre
prosôpon (du Verbe), il est devenu chair et la chair est Dieu à cause
du *prosôpon* du Verbe, en sorte que Dieu le Verbe est dit chair et

1. Actes, vii, 30, 35.
2. Ex., iii, 2.
3. Le texte porte le pluriel.
4. Cf. Jean, i, 3, 11, 12, 14.

homme, et que la chair est dite Fils de Dieu. Car avant qu'il (le Verbe) eût pris la chair dans son propre *prosôpon*, et qu'il se fût manifesté par elle, il était appelé Fils à cause de la divinité : *Au commencement était le Verbe et le Verbe était auprès de Dieu et le Verbe était Dieu ; tout a été fait par lui et sans lui rien n'a été fait de ce qui a été fait* [1]. Depuis qu'il s'est fait chair, en prenant la chair, il est nommé d'après les deux [2] comme étant un dans les deux (essences) (mais) non dans la nature ; mais dans l'une par la nature et dans l'autre par le *prosôpon* : par appropriation et par manifestation. Le Fils s'est manifesté en vérité dans la chair égal à son Père : *Moi et mon Père nous sommes un ;* il parle d'une manière démonstrative de son propre *prosôpon ;* celui qui était visible parle de celui qui était conçu par l'esprit comme de son *prosôpon,* comme s'il était un et avait même *prosôpon.* Par l'un, l'autre est conçu. Celui qui est conçu parle de celui qui est visible, comme s'il parlait du propre *prosôpon* de celui qui est visible. *Si vous ne me croyez pas, croyez à (mes) œuvres, parce que le Père et moi nous sommes un* [3]. [80] Toutes les choses du même genre qui ont été dites d'abord sur l'essence doivent par suite se dire, se comprendre et se faire pareillement sur le *prosôpon* comme par appropriation. (Les deux Fils) ne sont en effet éloignés ni par l'action, ni par la parole, ni par l'essence. Elles ne sont pas distinctes [4] dans l'amour, les choses qui sont séparées comme sur un autre et un autre *prosôpon,* car elles sont conçues dans l'amour et dans la volonté de Dieu sur son *prosôpon* parce qu'il a pris la chair ; dans celle-ci (la chair) il s'est manifesté, et dans celle-ci il a enseigné ; dans celle-ci et par celle-ci, il a agi comme présent, et non comme absent ; il s'est servi de son *prosôpon* dans la chair, parce qu'il a voulu que lui-même fût chair et que la chair fût lui-même, en sorte que ceux qui voient la chair, (voient) aussi Dieu, de même que son propre corps est dans le pain, et que ceux qui voient le pain voient aussi son corps, parce qu'il l'a pris pour son *prosôpon.* Celui qui est l'égal de Dieu a pris le *prosôpon* de la chair, la forme du serviteur, et il a donné à la forme du serviteur (qui est) sa forme, *un nom qui l'emporte sur tous les noms,* c'est-à-dire le

---

1. Jean, i, 1-3.
2. *V* porte en plus : « dans les deux ». C'est sans doute une glose.
3. Cf. Jean, x, 38, 30.
4. Les mss. *C, S* portent le singulier.

(nom de) Fils, auquel *tout genou fléchit dans le ciel, sur la terre et au-dessous de la terre* [1]. Et c'est pourquoi il est nécessaire qu'il y ait deux natures, (celle) de la divinité et (celle) de l'humanité, celle qui s'est anéantie jusqu'à la forme du serviteur et la forme du serviteur qui a été élevée jusqu'*au nom qui est au-dessus de tous les noms*. Celui en effet qui ne demeure pas dans sa propre essence, ne peut être [81] anéanti, ni abaissé, ni non plus élevé au-dessus de tous les noms. C'est pourquoi il a dit « la forme » et (il a choisi) pour le nom qu'elle a pris, celui qui indique le *prosôpon* comme (*prosôpon*) d'un seul ; ce nom et ce *prosôpon* éveillant l'idée de deux. Ils possèdent la distinction de nature, une seule hypostase et un seul *prosôpon* (pour chaque nature); celui-ci (est reconnu) par celui-là et celui-là est reconnu par celui-ci, en sorte que celui-ci est par appropriation ce que celui-là est par nature et que celui-là est avec celui-ci dans le corps. Il en est de même d'un roi et seigneur qui a pris le *prosôpon* du serviteur comme son *prosôpon*, a donné son *prosôpon* au serviteur et a fait connaître que lui-même est celui-là et que celui-là est lui-même : c'est dans le *prosôpon* du serviteur qu'il supporte les opprobres et c'est dans le *prosôpon* du seigneur et du roi que le serviteur est adoré. A cause de cela — quand même je n'aurais pas dit celui-ci en place de celui-là ni celui-là en place de celui-ci, le même en effet existe dans les deux qui ne sont qu'un et qui ont le même *prosôpon* — il en est ainsi au sujet des (deux) natures qui sont séparées dans l'essence, mais qui sont unies par l'amour et dans le même *prosôpon*.

59. *Sur ceci : Qu'il faut accepter l'appropriation et l'habitation comme volontaire de la part de Dieu* [2] *et que nous ne devons pas éviter un nom, comme si ce qui est commun était dit par ressemblance de nom (homonymie).*

Car quoique notre humanité [3] porte, comme médiateur, le *prosôpon* de Dieu seulement par appropriation [82], et même par habitation de l'essence, et non seulement par l'habitation de la divinité, du moins (cette) habitation est telle qu'elle aboutisse à un seul *prosôpon*; car il n'y a qu'un seul *prosôpon* qui est le même pour celui qui est révélé et pour celui qui doit être révélé. C'est

---

1. Phil., II, 9-10.
2. Litt. : « selon la volonté de Dieu. »
3. Litt. : « l'humanité (qu'il a prise) de nous. »

d'après la vo'onté de Dieu en effet que nous sommes forcés de confesser et de juger ces (mots) « il est » et « il a habité ». Dieu est en vérité dans toutes les créatures ; c'est en lui en effet que nous sommes [1] ; et il est encore défini par ceci, que, bien qu'il soit ainsi en tous, il est dit du moins qu'il a habité dans certains hommes ; pour d'autres il est dit qu'il n'est pas même leur Dieu. Il n'est pas dit qu'il a habité dans tous les hommes de la même façon, mais suivant son amour ; pour certains d'entre nous il est dit qu'il a habité seulement une construction [2] comme dans une maison, comme dans les fidèles ; dans d'autres, bien qu'il agisse, ce n'est pas de la même façon, mais par augmentation et par diminution ; dans d'autres c'est comme dans tous les apôtres, dans d'autres c'est comme dans les prophètes, dans d'autres c'est comme dans les docteurs et dans d'autres c'est selon la division des dons [3] ; il habite dans celui-ci et dans celui-là et dans l'autre, et il agit aussi en tous, et tous ne sont pas égaux et ne sont pas semblables les uns aux autres : mais c'est selon l'amour de celui qui habite en eux ; parmi ceux-ci les uns possèdent le premier rang, et les autres le second rang, et ensuite de proche en proche, en descendant, ils se rattachent et s'unissent les uns aux autres, de a même manière que les membres le sont dans le corps. [83] Mais *le Christ est la tête de tous* [4] et c'est en lui que tous sont unis. De même Dieu (le Verbe) est la tête du Christ, car de même qu'il est pour nous la tête et le *prosôpon*, de même aussi Dieu (le Verbe) est pour lui sa tête comme son *prosôpon* dans [5] son incarnation. C'est pourquoi nous avons reçu de lui de devenir les enfants de Dieu, tandis qu'il est le Fils unique ; de sorte que sa chair devienne ce qu'est aussi le Fils de Dieu et du Père, afin qu'elle soit l'image du Père, le Fils du Père, elle qui est son image ; parce que c'est le *prosôpon* du Fils, c'est lui et non un autre, qui (existe) dans les deux essences et il n'est pas divisé.

60. *Sur ceci : Que nous ne penserons pas au sujet de l'Archétype de la même façon qu'au sujet des images, ou des anges* [6], *ou des ambassadeurs qui tiennent la place de celui qui est éloigné, mais (que nous*

---

1. Actes, XVII, 18.
2. Peut-être κατασκευή.
3. Cf. I Cor., XII, 26.
4. Cf. Col., I, 18.
5. Nous lisons b « dans », au lieu de ʋ « et ».
6. Traduit sans doute ἄγγελος qui signifie aussi bien ı messager. »

penserons) qu'il a été uni au corps par sa propre nature et par son propre prosôpon et qu'il s'est incarné, lui se servant [1] *du corps en son propre prosôpon* [2] *et le corps (se servant) du prosôpon de Dieu le Verbe.*

Nous ne (nous représenterons pas l'Archétype) comme une image [3] ni comme les choses qui sont exécutées en peinture, car là c'est seulement par l'aspect extérieur que ces choses sont dites exister, par la vue et par la forme, tandis que l'essence est éloignée —ni non plus comme les anges [4] et les ambassadeurs qui remplacent la personne (*prosôpon*) de ceux qui les ont envoyés, et qui sont par là les *prosôpons* de ceux-ci grâce à leur ministère et à leur autorité pure (et simple), [84] mais (l'Archétype) lui, s'est servi de sa nature et de son *prosôpon* (du Verbe), en disant : *En vérité, moi et le Père nous sommes un* [5]; lui, il est ce que celui-ci est dans son *prosôpon*, et ce que celui-ci est dans son *prosôpon*, lui il l'est, non qu'il ait fait sa forme dans une autre forme, mais dans sa propre forme, et non dans une autre forme qui ressemblait à la forme du serviteur, mais dans la forme naturelle de celui-là, en sorte que celui-ci soit devenu ce qu'est celui-là et celui-là ce qu'est celui-ci, tout en demeurant celui-ci et celui-là.

61. *Sur ceci : Que dans la nature humaine il a reçu un nom qui l'emporte sur tous les noms.*

C'est là en effet la principale grandeur de la nature humaine, à savoir que, parce qu'il reste dans la nature humaine, il reçoit *un nom qui l'emporte sur tous les noms* [6]; ce n'est ni par suite du progrès des actions (humaines), ni par suite de la science et de la foi, mais c'est par une disposition bienveillante qu'il en a été ainsi, afin qu'il fût son image et son *prosôpon*, en sorte que son *prosôpon* est aussi le *prosôpon* de celui-ci. Il est également Dieu et également homme : forme de Dieu dans la condescendance, dans l'abaissement et dans l'apparence (extérieure), et forme de la chair

---

1. L'édition porte le pluriel, mais lig. 11 et p. 55, lig. 4 et 6 on trouve le singulier.

2. En lisant *dpagrâ*, au lieu de *bpagrâ*, on traduirait : « (le Verbe) se servant du prosôpon du corps lui-même. » Cf. p. [85].

3. Lire *âik betsalmâ* au lieu de Alâhâ, comme dans le titre qui nous a fourni cette restitution.

4. Traduit sans doute ἄγγελος qui signifie aussi bien « messager ».

5. Jean, x, 30.

6. Phil., II, 9.

comme homme. Et l'homme est dans l'exaltation ce qu'est Dieu, grâce au nom qui est au-dessus de tous les noms. C'est pourquoi *il s'est humilié dans un abaissement* [1] *volontaire jusqu'à la mort, et à la mort* [85] *de la croix* [2] en se servant du *prosôpon* de celui qui est mort et a été crucifié comme de son propre *prosôpon*; et il s'est servi en son propre *prosôpon* de ce qui appartenait à celui qui est mort, qui a été crucifié et a été exalté; à cause de cela toutes (ces choses) sont dites du seul *prosôpon* du Christ et toutes ces choses celles-ci comme celles-là, sont chacune distinctes en nature, de même que la nature divine est distincte de a nature humaine; de la sorte le **Christ est** les deux natures, la forme de Dieu et la forme du serviteur, (celle) qui est exaltée, et celle qui exalte. S'il est appelé Christ à cause de la chair qui a été ointe, c'est qu'il y a un seul *prosôpon* pour les deux natures, parce qu'il n'y a aussi qu'un seul nom qui est au-dessus de tous les noms, (un pour les) deux — même si l'on parle de la nature divine — les noms en effet des *prosôpons* naturels sont communs dans l'abaissement et dans l'exaltation.

62. *Sur ceci : Que c'est par les deux (natures) que devait avoir lieu l'économie pour nous (l'incarnation).*

Il fallait, pour l'économie pour nous, que les deux (Verbe et homme) fussent pris en *prosôpon* : Parce qu'en effet Dieu a créé le premier homme à sa propre image et à sa ressemblance et que les personnes (*prosôpons*) en Dieu [3] ne nous ont pas été révélées, à savoir les *prosôpons* du Père, du Fils et du Saint-Esprit; (c'est) afin que nous connaissions aussi le Créateur, que nous soyons parfaitement instruits de la science de Dieu et que nous ayons complètement une pleine idée de l'image de Dieu [86], qu'il a restauré toute la Création dans le Christ [4] et qu'il nous a fait connaître et nous a montré quel est le Créateur : Celui qui dès le commencement était le Verbe auprès de Dieu, était aussi Dieu Créateur de tout ; car *tout a été fait par lui et sans lui rien n'a été fait de ce qui a été fait* [5].

63. *Sur ceci : Pourquoi Dieu le Verbe a-t-il construit pour lui-même le temple du corps ?*

1. Litt. : *in exinanitione.*
2. Phil., ii, 10.
3. *Sic V.* —*C*, *S* portent : « du Dieu créateur. »
4. Eph. i, 10.
5. Jean, i, 3.

De même il convenait et il était nécessaire que notre rénovation fût aussi accomplie par le Créateur de la nature, par celui qui nous a formés et faits avec de la terre au commencement; il a pris un corps et il l'a fait à sa ressemblance; et il l'a constitué en son propre *prosôpon* en tout comme s'il était sien par l'honneur et la gloire de Dieu; il s'est servi d'une part de la nature de la divinité et d'autre part du *prosôpon* du Fils. L'honneur du Père et du Fils en effet est un, de telle sorte que ceux qui honorent le Père, honorent aussi le Fils. Il nous a donc appris que (le Fils) est le Dieu qui a tout créé et qu'il a créé avec le Père et le Saint-Esprit [1]. *En lui en effet il vivait* [2], ce qui indique l'union naturelle, à savoir que le Père est dans le Fils et que le Fils est dans le Père [3] et que le Saint-Esprit vit en eux. Il a créé le corps autrement [4] que (par la coopération) de l'homme et de la femme et, parce qu'il s'agit d'une œuvre de création, il parle de ce qui va être créé et de celui qui crée. *Le Saint-Esprit descendra et la vertu du Très-Haut (te) couvrira de son ombre* [5], — [87] il indique ainsi le Créateur : — *et, à cause de cela, celui qui naîtra* : c'est-à-dire : le saint qui sera créé — *sera appelé le Fils de Dieu* [6]; de telle sorte que, dans la création, il l'appelle « saint » et « Fils » pour indiquer l'image et la ressemblance que le premier homme a reçues dans la Création et qu'il n'a pas gardées. Il convenait en effet que, comme image de Dieu, il se conservât pour Dieu sans souillure et sans tache, et cela en voulant ce que Dieu, veut, puisqu'il possède le *prosôpon* de Dieu. (Avoir) le *prosôpon* de Dieu c'est en effet vouloir ce que veut Dieu dont il a le *prosôpon*. C'est pourquoi le second homme a été créé par le Saint-Esprit et par la vertu du Très-Haut et c'est de lui qu'il a reçu d'être « saint » et « Fils » de Dieu.

64. *Sur ceci* : Qu'il a reçu d'être « Fils » dès sa formation, mais non par degrés.

Il n'est pas (saint) [7], comme les autres (hommes), par suite de son

---

1. Le texte est mal coupé et remplace « saint » par « homme ».
2. Cf. Jean, i, 14.
3. Litt. : « que le Père est du Fils et le Père dans le Fils. »
4. Litt. : « d'une nouvelle manière. »
5. Luc, i, 35.
6. *Ibid.*
7. Cette phrase continue la précédente: « c'est du Saint-Esprit qu'il a reçu d'être saint, pour qu'il ne le fût pas comme les autres... »

obéissance dans la foi et dans les œuvres, mais c'est dès sa génération, par la création du Créateur, qu'il a reçu son *prosôpon*
créé [1], de sorte qu'il n'a pas été d'abord homme, mais Homme-
Dieu en même temps par l'Incarnation de Dieu, qui est en lui
ce qu'était Dieu dans le premier homme [2]. Il était le créateur de
tout, le législateur, ayant [3] le conseil, la gloire, l'honneur et la puissance ; le même aussi a été le second homme [88], dans des qualités
parfaites et complètes en sorte que Dieu soit son *prosôpon* et que
lui-même (soit) en Dieu.

65. *Sur ceci : Que, puisqu'il ne possède pas le prosôpon de son être,
comment faut-il comprendre le prosôpon dans l'union ?*

De même que Dieu était apparu à Adam sous une forme [4] visible
et qu'il lui avait parlé et que ce n'était pas un autre, de même
Dieu devait (apparaître) à tous les hommes sous la forme naturelle
qui a été créée, c'est-à-dire (sous l'apparence) de la chair, en appa-
raissant et en parlant dans sa propre image, et l'image dans l'Archétype [5] ; de sorte que Dieu apparaît dans l'image, puisqu'il n'est
pas visible ; ainsi l'image est conçue dans celui qui n'apparaît pas.
L'image ne fait pas partie de son être (divin), mais elle appartient
à celui-là (à l'homme). L'image et le *prosôpon* : (c'est) l'humanité
pour la divinité et la divinité pour l'humanité. Le *prosôpon* de
celui que l'on conçoit [6] — *qui était en vérité dans la forme et la ressemblance de Dieu* [7] — *a pris la forme de serviteur et, sous l'apparence extérieure, il a été trouvé comme un homme* [8] dans celui qui est
apparu. Et celui qui est apparu (est considéré) dans celui qui est
conçu, au point de vue du *prosôpon* et *du nom qui est au-dessus
de tous les noms*, de l'honneur, de la gloire et de l'adoration. Il *lui a
en effet donné un nom qui l'emporte sur tous les noms, en sorte qu'au*

---

1. Litt. : *creabilis.*

2. Cette quasi-assimilation du Christ à Adam avant la chute est excessive.
C'est l'une des théories caractéristiques de Nestorius. Cf. Loofs, *op. cit.*, p. 256-
258. Elle a été expliquée par le concile des Orientaux à Éphèse. Labbe, *op. cit.*,
t. III, col. 680.

3. Le texte porte : « sans (*bel' od*) roi » et (aux variantes) : « sans conseil. »
Nous lisons : « maître (*be' él*) du conseil. » Cf. Is., IX, 6.

4. σχῆμα.

5. ἀρχέτυπον.

6. Les phrases sont coupées dans le texte de manière différente.

7. Phil., II, 6.

8. *Ibid.*, 7.

nom de Jésus tout genou fléchit dans le ciel, sur la terre et dans les enfers [1] *et toute langue confesse que le Seigneur Jésus, etc.* [2].

[89] 66. *Comment la chair est-elle adorée dans le prosôpon du Fils et, alors qu'elle n'est en rien digne de cette adoration, (comment) est-elle adorée dans le prosôpon de Dieu le Verbe?*

L'homme est reconnu en effet au *prosôpon* humain, c'est-à-dire à l'apparence du corps et *à la forme (du serviteur)*, et Dieu est reconnu *au nom qui l'emporte sur tous les noms*, et à l'*adoration que lui rend toute la création et à ce qu'on le confesse comme Dieu.* En cela en effet il a pris la forme du serviteur et il a donné sa propre forme à la forme du serviteur, afin qu'elle fût égale à Dieu; et que — comme lui l'a reçue pour lui, afin qu'elle fût son *prosôpon*, — personne ne lui refusât, à cause de (sa) nature, l'adoration (rendue) à la divinité dans le ciel, sur la terre, et au-dessous de la terre, et (la confession) que fait toute langue [3], quoique, par la nature, elle soit au-dessus de toute la nature humaine. Qui donc lui refuserait l'adoration, à elle qui appartient au maître de tout, et qui participe à son *prosôpon* et à son nom? Et qui refuserait encore de s'incliner devant cette forme devant laquelle le Créateur de tout n'a pas [4] dédaigné de s'incliner ? Il s'est abaissé au point que [5] sa propre création était, dans sa nature, non dans l'honneur et dans la gloire, mais dans le mépris, l'abaissement et toute l'humiliation jusqu'à la mort de la croix : *il s'est humilié en vérité jusqu'à la mort et à la mort de la croix*; il n'y a rien qui soit plus humiliant que la mort. Il n'en a pas été comme cela s'était passé pour Adam, [90] auquel il a donné son image dans toute gloire et honneur; en effet *il a tout mis sous ses pieds* [6]; c'est de la même manière qu'il a donné aussi au second homme son image de gloire dans l'honneur et la puissance ; mais c'est d'une tout autre façon que les choses se passèrent ; il a donné l'image de Dieu, et il a pris la forme du serviteur par *prosôpon* [7]...

1. Litt. : «sous la terre. »
2. Phil., ii, 9-11. Nous remplaçons le dernier mot par *vecharcâ*.
3. Cf. Phil., ii, 10-11.
4. Le texte ne porte pas cette négation.
5. Nous adoptons la leçon de *V*.
6. Ps. viii, 7.
7. Le manuscrit de Kotchanès contient ensuite trois ou quatre lignes en mauvais état dont les scribes n'ont transcrit que quelques mots isolés reproduits dans l'édition.

67. *Pourquoi, lorsqu'il a pris la forme de serviteur, n'a-t-il pas pris ce qui est honorable de préférence à ce qui est méprisable ?*

Et pour cette raison il a pris la forme de serviteur — une forme humble, une forme qui a perdu la ressemblance de Dieu — non pour l'honneur, ni pour la gloire, ni pour l'adoration, ni encore pour la puissance, quoiqu'il fût Fils, mais pour l'obéissance qu'elle observait dans le *prosôpon* du Fils, selon la volonté de Dieu ; car elle avait la volonté de celui-ci, et non la sienne propre, et elle ne (faisait) pas ce qu'elle voulait, mais ce que voulait Dieu le Verbe [1]. C'est en effet ce que signifie « la forme de Dieu, » en sorte que (la forme de serviteur) n'avait ni sentiment ni volonté propre [91], mais qu'elle avait (le sentiment et la volonté) de celui dont elle avait le *prosôpon* et la forme. C'est pourquoi la forme de Dieu a pris la forme de serviteur, sans rien dissimuler de l'humilité de la forme de serviteur, mais elle a tout pris pour que la forme (du serviteur) fût en tout, de sorte qu'elle l'a admise sans diminution dans sa propre forme.

68. *Pourquoi a-t-il pris l'obéissance volontaire dans la forme du serviteur et n'a-t-il pas montré une obéissance machinale qui fût sans volonté ?*

Parce qu'il a pris en effet cette forme de serviteur pour effacer la faute du premier homme et pour rendre à sa nature l'image primitive que celui-ci lui avait fait perdre par sa faute, il convenait qu'il prît ce qui s'est rendu coupable, ce qui a été retenu et soumis à la servitude, avec toutes les attaches de déshonneur et de mépris ; car, en dehors de son *prosôpon*, rien n'était ni divin, ni honorable, ni indépendant. De même qu'un fils, tant qu'il est encore jeune, ne possède pas le pouvoir d'hériter ou d'être maître absolu de tout, si ce n'est par obéissance, de même aussi la forme de serviteur qu'il a prise pour son *prosôpon*, il l'a admise comme une forme de serviteur, non pour la puissance, mais pour l'obéissance, et pour toute cette obéissance de laquelle naît en particulier l'obéissance qui est sans péché, et il est apparu vraiment [92] sans péché. Quand donc quelqu'un est exempt de toutes les causes d'où provient la désobéissance, il apparaît alors sans aucun doute et sans aucune incertitude qu'il est sans péché. C'est pourquoi il a pris la nature qui a péché, de peur qu'en prenant une nature qui ne soit pas capa-

---

1. Cf. Jean, VIII, 29 : *Quæ placita sunt ei facio semper*, et *Ibid.*, VI, 38.

ble de (commettre le) péché, il ne passât pour n'avoir pas péché à cause de la nature et non à cause de l'obéissance. Mais bien qu'il ait eu toutes les choses qui font partie de notre nature, la colère, la concupiscence, les pensées, et qu'elles aient augmenté aussi par le progrès et la croissance qui appartiennent à chaque âge, il s'est cependant maintenu ferme dans ses sentiments d'obéissance [1].

69. *Pourquoi n'a-t-il pas accepté l'obéissance dans des commande-ments particuliers [2] comme Adam, mais a-t-il accepté tous les com-mandements et non quelques-uns?*

Il s'est proposé l'obéissance dans tous les commandements princi-paux [3] et non dans les secondaires [4], afin que l'on ne crût pas que ce fût à cause de leur facilité qu'il a pu vaincre; ce ne fut pas non plus dans des matières où il y avait un certain attrait d'honneur, de puissance et de gloire qu'il a pratiqué l'obéissance, mais dans des matières qui, parce qu'elles étaient humbles, misérables, méprisa-bles et faibles, pouvaient nuire aux pensées d'obéissance; et dans lesquelles rien ne portait à l'obéissance, mais plutôt au relâche-ment et à la négligence, [93] aussi n'en recevait-il aucun secours. Il ne désirait qu'une seule chose : obéir à Dieu, et il aimait ce que Dieu veut.

70. *Pourquoi, dans les actes de la vie, la divinité ne s'occupait-elle pas des actions humaines?*

C'est pourquoi, alors qu'il se trouvait privé de tout et qu'il était sollicité violemment vers des choses opposées, il ne s'est aucunement détourné de la volonté de Dieu [5], bien que Satan se fût servi de toutes ces choses pour l'éloigner de la volonté de Dieu. Satan avait cherché à faire cela, surtout parce qu'il ne voyait personne s'occu-per de lui. Il n'apparaît pas en effet qu'au commencement il

---

1. Ces théories, sur « la forme du serviteur » prise par le Verbe, et sur les mérites du Christ, ont pu donner occasion d'écrire que Cyrille avait condamné Nestorius *asserentem Jesum Christum ex Maria virgine hominem tantum et non Deum natum, eique divinitatem pro meritis esse collatam.*

2. Litt. : « autres. » Voir la note 4.

3. Litt. : « premiers. »

4. Le texte porte « autres » *'Kroné*, Le contexte, qui porte « premiers », de-mande de lire ici : « derniers » *'Kroyê.* (De même dans le titre.) Nous rendons ces mots par « principaux » et secondaires ».

5. Voir par exemple Matth., xxvi, 42.

ait fait des miracles, ni qu'il ait eu le pouvoir d'enseigner, mais
seulement d'obéir et d'observer tous les commandements. Comme
il vivait avec tous les autres hommes, là où tous les commandements l'entouraient de toute part et lui montraient l'empire de la
désobéissance, il s'est conduit avec vaillance au milieu de tous ;
il ne se servait de rien qui lui fût particulier ou spécial pour sa
nourriture ; mais il se servait des choses ordinaires comme tout
le monde, de cette façon on ne pouvait penser que c'est à cause
de l'observance de ces règles qu'il a été gardé du péché, et que,
sans elles, il ne pourrait pas en être gardé. C'est pourquoi quand
il mangeait et buvait, il observait tous les commandements, et
là où il y avait de la difficulté et de la peine [1], il restait ferme [94]
dans sa résolution, parce que sa volonté était rivée à celle de Dieu
et qu'il n'y avait rien qui pût le détourner et le séparer de (Dieu).
Ce n'est pas en effet pour lui-même qu'il vivait, mais pour celui
dont il avait le *prosôpon* ; il conserva le *prosôpon* sans blessure
et sans cicatrice et par lui il a donné la victoire à sa nature.

71. *Pourquoi reçut-il le baptême de Jean, après s'être montré sans
péché ?*

Parce qu'il était en tout rempli d'obéissance ; pour l'augmenter
encore [2], il reçut le baptême de Jean comme tout le monde. Quoiqu'il n'en eût pas besoin, puisqu'il était sans péché, il le reçut
comme s'il en avait eu besoin, pour une plus grande obéissance ;
car le propre de l'obéissance supérieure était qu'il se conduisît non
comme le demandaient son honneur et sa gloire, mais comme le
requérait l'obéissance à celui qui commande ; et, bien plus, non seulement qu'il laissât (Jean) le baptiser, mais encore qu'il fût baptisé
par lui comme un pécheur faillible, ayant besoin d'absolution. Telle
est en effet l'obéissance universelle, c'est de ne rien demander ni
exiger pour son propre *prosôpon*, mais pour le (*prosôpon*) de celui
dont il avait le *prosôpon*, et de faire sa volonté (du Verbe), car
ce *prosôpon* (du Verbe) était à proprement parler le sien, et il esti-
mait son *prosôpon* (du Verbe) comme son propre *prosôpon* (du
Christ) ; le *prosôpon* cependant est un. C'est pourquoi le Père l'a
montré du haut du ciel en disant : [95] *Tu es mon Fils bien-
aimé ; en toi je me suis complu* [3] : L'Esprit-Saint est descendu

---

1. Litt. : « sueur. »
2. Litt. : « comme plus (parfait). »
3. Matth., III, 17.

sous la forme d'une colombe et a reposé sur lui, et il ne dit pas que le Fils soit descendu, parce que c'est le Fils qui a gagné le *prosôpon* et qu'il a fait, de ce qui lui appartient, son propre *prosôpon*, sans s'en séparer. C'est pourquoi il est un, même dans la naissance de la chair. *L'Esprit saint viendra et la puissance du Très-Haut te couvrira de son ombre; aussi c'est pourquoi le saint qui naîtra de toi* [1] *sera appelé le Fils de Dieu* [2]. Il n'est pas dit du tout que le Fils viendra; car celui qui l'a pris en *prosôpon* n'est pas un autre, mais est le même que celui auquel il a confié la dispensation (la rédemption), pour les raisons que nous avons données plus haut.

72. *Pourquoi vécut-il (d'abord) avec tout le monde et fut-il conduit ensuite au désert ?*

Parce qu'on s'imaginait qu'il était, plus que tout autre, un observateur des commandements, à cause de sa manière de vivre avec tous les hommes et que, s'il était laissé seul en beaucoup de choses, il devait être facile (de lutter) contre lui, là où il n'y avait rien qui pût venir à son secours; il se rendit seul au désert pour y être tenté par l'accusateur, là où il manquait de tout ce qui est dans le monde [3], même de ce que l'on regardait comme misère et indigence. A cause de cet éloignement de toutes choses, [96] il est monté jusqu'à cette complète excellence à laquelle peut être élevée une puissance corporelle. Au lieu des assauts des désirs de l'âme, il était attaché aux choses de Dieu, comme s'il n'eût pas eu de corps, parce qu'il ne s'occupait pas de son corps comme s'il était le sien, mais comme s'il était en dehors de lui. Ceci en effet appartient seulement à l'image de Dieu et à celui qui garde l'image de Dieu, de vouloir ce que veut Dieu le Père, et comme il n'y avait rien (de cela) dans tout ce que disait le Calomniateur, il le confondit, parce qu'il se trouvait en dehors de la volonté de Dieu. Il a élevé son âme jusqu'à Dieu, en conformant ce qui était dans sa volonté à la volonté de Dieu, afin qu'il fût seulement l'image de l'Archétype [4] et non l'image de son

1. ἐκ τοῦ figure aussi dans la Peschito.

2. Luc, I, 35. Le syriaque est calqué sur le grec, en particulier le mot « saint » est mis à la même place dans les deux textes.

3. C'est-à-dire : « pour ne pas laisser croire que c'était seulement parmi les hommes qu'il observait les commandements, il alla aussi seul au désert pour être tenté et vaincre. » Voir la fin du chapitre.

4. ἀρχέτυπον.

être; car l'image, pour son être, est sans forme; et sa forme propre est celle de l'Archétype; ils sont deux, mais il n'y a qu'une et même apparence. Parce qu'en fait il a préservé la ressemblance de Dieu, dans les actions corporelles, de toutes les passions du corps, il lui était préférable de faire la volonté de Dieu plutôt que (celle) de la chair; par les actions il s'est fait une image afin de vouloir ce que (Dieu) voulait, pour qu'il n'y eût dans les deux qu'une seule et même volonté et un seul *prosôpon* sans division; celui-ci est celui-là et celui-là est celui-ci, tandis que l'un et l'autre subsistent. Comme il était affermi en toutes choses, [97] dans les tentations du corps et dans celles de l'âme, dans les villes et dans le désert, il n'y avait aucune différence dans son observance (des commandements) et dans son obéissance [1].

73. *Sur ceci : Que, quand il nous prêchait le royaume des cieux, il a considéré comme un honneur la victoire sans péché.*

Désormais comme celui qui a été vainqueur et a triomphé en toutes choses, il lui a été donné pour l'honneur de sa victoire, le pouvoir de prêcher et d'annoncer l'Évangile du royaume des cieux, en disant : *Ayez confiance, j'ai vaincu le monde* [2]; *c'est maintenant le jugement de ce monde; c'est maintenant qu'est vaincu le prince de ce monde. Et moi quand j'aurai été élevé au-dessus de la terre, j'attirerai tous les hommes vers moi* [3]. *Tout Fils qu'il est, c'est par la crainte* [4] *et les souffrances qu'il a supportées, qu'il a appris l'obéissance, ayant été rendu parfait, il est devenu pour tous ceux qui lui obéissent une cause de la vie éternelle* [5]. Il a été envoyé pour instruire tous les hommes et pour faire des signes, des miracles et des guérisons ainsi que tout le reste. Ce n'est pas qu'il eût désiré et recherché l'obéissance, mais c'est pour (procurer) la foi de ceux qui s'instruisaient, qu'il s'est servi de toutes ces choses en vue de l'obéissance de ses disciples. Car, jusqu'au moment de sa victoire, il combattait pour affermir en Dieu l'image qui lui a été donnée; et parce qu'il a confirmé sa propre image par toutes sortes de tentations d'une façon parfaite, sans restriction [98] et sans que rien lui manquât, il agissait désormais pour nous et il faisait tous ses efforts pour nous

1. C'est-à-dire : « il obéissait en tout et partout. »
2. Jean, xvi, 33.
3. Jean, xii, 31-32.
4. Même coupure que dans la Peschito.
5. Hébr., v, 8-9.

délivrer, prisonniers que nous étions, de l'oppression du tyran, pour nous attirer à lui, nous faire tous les enfants de son royaume, les associés, les héritiers et les enfants de Dieu. Car la défaite du tyran (Satan) était devenue sans rémission [1], lorsqu'il l'eut renversé ouvertement de sa suprématie, et, après l'avoir renversé, il lui a pris aussi sa puissance. Après lui avoir pris sa puissance, sa propre victoire ne lui a pas suffi, mais sa victoire doit être aussi la nôtre pour laquelle il a combattu ; ceux qui lui obéissent, il les amène donc vers lui volontairement et non violemment ; ceux qui viennent vers lui, il les persuade de s'éloigner de Satan de leur propre volonté, et de ne pas devenir ses disciples contre leur volonté.

...[2] Que dirai-je, ennemi, mais plutôt de l'ennemi.

74. *Sur ceci : Qu'après la victoire et qu'après qu'il a été dit de lui :* « *Celui-ci est mon Fils,* » *il a commencé pour nous d'autres rudes combats.*

C'est pourquoi, après qu'il eut remporté sa victoire sur tous les points, et après qu'il eut été dit du haut des cieux : *Celui-ci est mon Fils bien-aimé* [3], il a recommencé d'autres combats (pour nous) [4]... l'autorité, l'enseignement et l'opération des miracles avec puissance ; il s'est encore comporté avec une obéissance parfaite dans (toutes) ces choses qui nous concernent, [99] c'est-à-dire dans les choses humaines et dans les choses humbles, en sorte qu'il ne possédait aucune puissance et aucune supériorité ; il était persécuté, il était frappé, il craignait de la crainte qui trouble tout homme, il *n'avait pas même comme les oiseaux et comme les bêtes une place pour y reposer sa tête* [5], il allait d'un lieu dans un autre, et il était brisé et tourmenté de toutes les façons ; et c'était pour nous (enseigner) l'obéissance [6] ; il n'était forcé par personne, mais il accomplissait (les préceptes) et (nous) enseignait en toute diligence. Il supportait toutes les tentations dans le but de (nous) instruire ; de quelque lieu qu'il était chassé, il était chassé auprès de ceux auxquels il n'était pas encore annoncé, en sorte que ce qu'il avait lui-même en vue, était accompli par le soin de ses ennemis qui ne

1. Litt. : « sans consolation. »
2. Il y a ici une lacune.
3. Matth., iii, 17.
4. Il y a ici une lacune.
5. Matth., viii, 20.
6. Litt. : « pour notre obéissance. »

prévoyaient pas le résultat qu'aurait leur conduite, mais qui pensaient l'arrêter, par des contrariétés et par des actions pleines de déshonneur, de mépris et de crainte jusqu'à la mort. Après sa victoire et après l'élection dont il fut l'objet de la part de Dieu : *Celui-ci est mon Fils bien-aimé en qui je me suis complu* [1], après qu'il eut reçu le pouvoir de l'Évangile, après qu'il fut manifeste que c'est par sa propre autorité qu'il faisait des œuvres divines, après qu'il eut dit : *Moi et mon Père nous sommes un* [2], il fut avec toute cette faiblesse et tout ce mépris dans les choses humaines ; choses dont il ne pouvait, pensait-on, supporter [100] le poids, mais qui lui seraient, au contraire, un sujet de chagrin et d'abus de grâce. C'est pourquoi il y eut beaucoup de choses qui l'empêchaient d'annoncer (l'Évangile). De là aussi, il s'est élevé des accusateurs en faveur de Dieu, comme s'il était une cause de désobéissance, et ils le plaçaient dans le mépris et l'infirmité [3].

75. *Sur ceci : Qu'il s'est servi de cette suprême obéissance* [4] *comme d'un suprême honneur, en sorte que le Christ est devenu aussi vraiment homme et qu'il n'a pas rejeté (l'obéissance) comme humiliante.*

Pour tout le monde, en effet, le mépris qui vient après l'honneur est réputé comme très humiliant, mais, pour le Christ qui a été dans la chair, c'est le contraire, et il a pratiqué comme un honneur suprême l'*obéissance jusqu'à la mort et la mort de la croix* [5]. Il a montré à Satan, à toute puissance et à toute autorité, que la cause de l'honneur est avant tout l'obéissance parfaite et non la désobéissance à Dieu, par laquelle Satan a souffert [6] lorsqu'il s'est égalé à la nature divine et à l'honneur, qu'il n'a pas supporté l'obéissance des hommes, parce que c'est d'après la différence de sa propre nature et de celle des hommes qu'il jugeait de la même façon l'honneur et le mépris, et qu'il a pensé que cette obéissance n'est pas due à Dieu. A cause de (son) ambition [7], il a également précipité Adam dans la souffrance, en lui persuadant de ne pas

---

1. Matth., iii, 17.
2. Jean, x, 30.
3. Semble vouloir dire que les souffrances du Christ furent jugées, par certains, indignes de Dieu et le firent regarder comme un homme.
4. *V.* porte : « de l'obéissance humaine. »
5. Phil., ii, 8.
6. Ou : « a péché. »
7. Litt. : « à cause de cet amour de la gloire. »

[101] obéir à Dieu. Adam n'a pas choisi pour lui de rendre grâce, ni d'être obéissant en rien, mais, parce qu'il s'est égalé à l'image de (Dieu), quand il a reçu la défense de manger de l'un des arbres, il a souffert dans ce qui ne méritait pas d'être considéré comme une souffrance, il a transgressé l'ordre de Dieu et a regardé Dieu comme jaloux. C'est à cause de cela que Dieu a rendu le second Adam digne de tout cet honneur : parce qu'il a pratiqué toute l'obéissance ; il lui a accordé un honneur tel qu'il n'y en a pas de plus élevé que lui, de même qu'il n'y a rien qui puisse dépasser l'obéissance ; il ne s'est pas estimé être quelque chose, mais (il a cherché) à se conformer à la volonté de Dieu, pour être comme Dieu voulait qu'il fût.

76. *Pourquoi a-t-il fait l'Incarnation par son prosôpon, en sorte qu'il se soit aussi incarné ?*

C'est pourquoi aussi Dieu s'est incarné dans un homme par son propre *prosôpon*, et il a fait son *prosôpon* son propre *prosôpon*. Il n'y a pas de condescendance pareille à celle-là, que le *prosôpon* (de l'homme) soit sien et que lui-même donne (à l'homme) son *prosôpon*. C'est pourquoi il s'est servi de son *prosôpon*, parce qu'il l'a pris pour lui, et il l'a pris pour le rendre non pas honorable, mais méprisable ; afin qu'il montrât à quiconque veut servir (Dieu) que toute [102] grandeur grandit par l'humilité et non lorsqu'elle s'exalte ; *parce qu'il a pris la forme de serviteur, il a été trouvé extérieurement* [1] *comme un homme* [2]. La forme du serviteur l'a servi absolument comme il le voulait, et il voulait comme le comportait la nature, pour que non seulement il obéît pour lui-même à son propre *prosôpon*, en sorte qu'il n'y eût aucun doute à son sujet, qu'il est le Fils de Dieu, mais pour qu'il fût condamné pour nous et qu'il mourût pour notre rédemption ; pour nous donc, non comme si nous avions été justes ou bons — car il y a là un attrait, pour que quelqu'un meure pour ceux qui sont ainsi — *mais pour les méchants : A peine, en effet, quelqu'un meurt-il pour les méchants* [3] ; *mais pour les bons, quelqu'un oserait peut-être mourir* [4].

---

1. ἐν σχήματι.

2. Philip., II, 7.

3. Cette citation est identique à la Peschito. Le grec porte ὑπὲρ δικαίου et Tischendorf (éditio major) n'indique aucune variante, cependant l'édition de Londres de 1825 donne aux variantes ἀδίκου, comme le syriaque.

4. Rom., V, 6-7.

Parce que donc il s'est humilié en toute chose d'une façon incompréhensible par une humiliation sans pareille, il est apparu encore un seul esprit, une seule volonté, une seule intelligence inséparable et indivisible, comme dans un seul être. De même dans l'héroïsme, dans la puissance, dans l'action et dans le jugement, comme en toutes choses, il a été associé à Dieu sans division, comme si tout venait en un, par le discernement et le choix des deux ; de la sorte, dans les choses humaines, il ne possédait rien d'humain en propre, mais la volonté de Dieu était sa volonté propre, lorsqu'il a été confirmé par les actions et les souffrances de la nature ;[103] il en est de même dans toutes les choses divines, rien ne lui appartenait en propre à part l'humiliation humaine ; mais pour demeurer en toutes choses, dans les affaires de Dieu, (il est) ce qu'était l'homme par sa nature dans les souffrances, même sans la passibilité ; de même qu'il s'est servi de la forme du serviteur en vue de l'humiliation, de même aussi il pourra participer à la glorification de la forme de Dieu, puisqu'il est dans les deux, dans la forme du serviteur et dans la forme de Dieu, et qu'il possède le même *prosôpon* de l'humiliation et de l'exaltation.

77. *Sur ceci : Que l'Incarnation a été l'éducatrice de toute la nature des (êtres) raisonnables.*

Pour cette raison il était nécessaire que l'Incarnation de Dieu le Verbe fût en faveur de toute la nature des (êtres) raisonnables, afin que nous apprenions à participer à sa bonté, en vertu de laquelle lorsqu'il ne manquait de rien, il a tout fait pour nous et n'a pas même refusé de faire ce qui est méprisable — et ensuite afin qu'il fît participer l'homme à son image, en sorte que tout l'homme qui est au-dessous de lui ne fît pas usage de sa ressemblance pour en tirer vanité, mais pour avoir part à sa grandeur, et pour qu'il accomplît [1], selon son pouvoir, toutes choses en présence de Dieu.

78. *Sur ceci : Que Satan, dans la jalousie [2] qu'il a contre l'homme, a tout fait pour l'induire en erreur.*

[104] Parce que donc Satan s'est servi pour le mal de ce qui lui a été donné par Dieu et qu'il s'est écarté de l'esprit de Dieu, il ne

---

1. Le texte porte : « et il accomplissait. »

2. Le patriarche nestorien Georges Ier explique, en 680, quelle est cette jalousie ou cette envie sur laquelle Nestorius revient plusieurs fois. Cf. *Synodicon orientale*, p. 495. C'est, en somme, la légende du livre d'Adam.

s'est pas servi de l'image de Dieu comme d'un modèle et d'un exemplaire qui convient à Dieu, mais, à cause de la jalousie qu'il a contre l'homme, (il s'en est servi) pour le détourner de Dieu. Il a trompé l'homme et il l'a fait déchoir de son image, parce qu'il n'a pas observé la volonté de Dieu; il l'a fait l'ennemi et l'adversaire de Dieu, afin de pouvoir par là accuser Dieu d'être injuste, parce qu'il a montré une pareille bonne volonté envers l'homme, et il l'accuse parce qu'il s'est vengé de sa disgrâce sur l'homme et qu'il l'a puni comme il convenait pour ce qu'il avait fait à son égard. Parce qu'en effet Satan agissait avec colère et sans réflexion, il oubliait que Dieu agit d'une manière contraire à ce que lui (Satan) veut.

79. *Sur ceci : Que Dieu a montré la grandeur de sa bonté et qu'il a dévoilé la grandeur de la méchanceté de Satan.*

Par la mort, en effet, Dieu opérait non pas la perte de l'homme, mais sa consolation et son secours, afin qu'il ne péchât plus et qu'il qu'il ne consentît plus aux conseils du méchant, qui conduisent à la perte. Ce n'était pas là en effet une occasion de calomnier Dieu, mais de (célébrer) la grandeur de sa bonté; lui qui a élevé l'homme à un pareil honneur lorsqu'il n'était rien, il a repris le tyran au sujet de sa ruse, lui qui a songé à renverser l'homme [105] et il a montré qu'il n'a aucunement songé à le perdre, mais à le conserver par sa grâce et à prendre soin de lui afin qu'il pût revenir à ce qu'il était autrefois. Satan pensait en effet qu'après tout cet amour de Dieu à l'égard de l'homme, dans le cas où il l'amènerait de nouveau à transgresser le commandement de Dieu, celui-ci s'enflammerait de colère pour le perdre de toute façon et qu'il ne resterait plus à l'homme aucun motif de retour et de guérison. Ceux qui ont péché et ont été jugés dignes de la rédemption, et qui ont persévéré dans les mêmes (péchés) — comme ils n'étaient pas encore libérés de la première condamnation — la colère s'élèverait contre eux sans rémission, sans qu'ils eussent désormais aucune raison de salut. Or, Satan a prémédité en lui-même ce qu'il a machiné pour la perte de l'homme; il s'est persuadé, et il a condamné l'homme à la vengeance, sans lui laisser aucune raison de pardon. Et parce qu'il était aveuglé par sa fureur et sa jalousie, il n'a pas compris par lui-même la bonté de Dieu, par laquelle il n'a pas perdu Satan, qui est le séducteur, alors qu'il se trouvait dans cet état, mais (par laquelle) il supportait sa méchanceté; c'est par suite de cette bonté que Dieu se montre patient à l'égard des hommes qui ont péché et l'ont offensé, comme s'il y en avait un autre qui les induisait en erreur; il se montre patient à l'égard du manque d'esprit des hommes et à l'égard [106] de la méchanceté sans mesure du tentateur qui (s'exerce) envers eux, lui qui a une si mauvaise volonté pour les faire dévier et les rendre tous ennemis de Dieu et pour perdre toute notre race, sans qu'il lui restât quelqu'un qui pût intercéder pour elle. Parce que Satan a montré toute cette méchanceté suprême, alors qu'il n'avait aucun motif de méchanceté, la bonté de Dieu aussi a éclaté dans toute cette méchanceté. Il a montré sa bonté ineffable en faisant le bien d'une façon universelle à l'égard de tous les hommes. A cause de la grandeur de sa condescendance envers celui qui a tant péché, il est venu dans le déshonneur, l'abaissement et la faiblesse, et il n'a pas rougi de cet abaissement (subi), eu égard à l'avantage. Par son propre *prosôpon*, il est devenu le *prosôpon* de celui-là, et (le *prosôpon*) de Dieu en remplissant toutes les propriétés de Dieu, c'est-à-dire une humiliation instructive [1]. L'obéissance suprême de l'humanité, celle qui cherche, non ses propres (avantages), mais (l'avantage) de Dieu, eut lieu pour l'enseignement de l'humilité. Il a été uni dans un seul esprit, en sorte que Satan n'eut pas la plus petite place pour faire entrer [2] la désobéissance. Parce que seule la mort restait pour marquer la défaite et la victoire, il s'y est soumis aussi après tout le reste, en sorte qu'après avoir remporté la victoire sur celle-ci (la mort), il l'a complètement détruite. Il a accompli deux choses [107] par (la mort) : à savoir, il a vaincu Satan et il a enlevé (à l'homme) toute velléité de désobéissance.

80. *Sur ceci : Que quand le Christ eut vaincu, sa victoire ne lui a pas suffi, mais il lui a plu d'être opprimé pour nous, afin d'obtenir satisfaction pour cette oppression qu'il endura pour nous.*

Parce que beaucoup sont abattus par la crainte de la mort, il a supporté jusqu'à la mort et il a donné une juste compensation pour nous en changeant notre mort en la mort qui l'a assailli injustement. C'est pourquoi, après qu'il eut observé tous les commandements, en sorte qu'il était exempt de la mort et qu'il recevait le prix [3] de la victoire pour nous, il a encore pris sur lui cette con-

---

1. Litt. : « l'enseignement d'une humiliation instructive. »
2. Lire *Lemâ'lonoutâ*.
3. Litt. : « le choix. »

duite pour l'instruction de tous les égarés et il est mort pour nous comme pour les égarés; il a fait comparaître la mort parce qu'il était nécessaire qu'elle fût détruite; il n'avait pas hésité en effet à se soumettre lui-même à la mort, parce qu'il avait acquis l'espérance de sa destruction [1]. C'est pourquoi il avait supporté d'avance d'autres épreuves, mais non de mourir misérablement sans pouvoir obtenir vengeance. C'est dans cet espoir également qu'il a acquis l'obéissance et l'amour sans limite, non pour obtenir la victoire pour lui-même, mais pour nous venger, et pour vaincre non seulement pour lui-même, mais encore pour tous les hommes; ainsi de même que la défaite [108] d'Adam a défait tous (les hommes), de même aussi la victoire de celui-ci a rendu victorieux tous (les hommes).

81. *Sur ceci : Que Dieu a montré à tous, par toutes les actions, qu'il n'a pas fait d'acception de personnes (d'hypocrisie) envers cette humanité, parce qu'elle a souffert en tout.*

Par ces deux (Adam et le Christ), toutes les puissances raisonnables ont appris qu'il n'y a pas d'acception de personnes en Dieu, mais qu'il n'y a que l'amour d'un juge juste : c'est pourquoi l'humanité a remporté la victoire, et Satan a été défait. Dieu a rendu sa victoire (du Christ) plus éclatante et il lui a donné un honneur *qui l'emporte sur tous les noms*; de même toutes les puissances raisonnables ont admiré ensemble sa victoire et, fléchissant le genou, elles adorent le nom qui lui a été donné en toute justice; de même toute langue confesse la juste économie qui a eu lieu en faveur de tous; et par laquelle il a fait régner la paix et la concorde sur la terre, lui qui, dans toutes les actions, ramène les hommes par persuasion et non par violence.

82. *Pourquoi a-t-il pris sur lui de s'incarner lui-même?*

C'est Dieu lui-même qui a consommé cette économie, et ce n'est pas par l'intermédiaire d'un autre, de peur que, quand il se trouvait dans un tel mépris et dans une telle faiblesse, son commandement ne fût regardé comme méprisable et que la jalousie contre l'homme ne se réveillât. Mais il a reçu dans son être celui (l'homme) [109] qui peut tout souffrir. Il s'est constitué, comme témoins de l'humiliation de son humanité, les anges qui le réconfortèrent [2], afin que

1. C'est-à-dire : « de la destruction de la mort. »
2. Matth. iv, 11; Luc, xxii, 43.

personne ne pût dire qu'elle souffrait sans souffrir, parce que (Dieu) la réconfortait pour l'empêcher de souffrir; et, qu'à cause de cela, elle n'avait pas de raison pour ne pas obéir. Car tout ce qu'on pouvait dire ou penser sur lui avec doute et ce qu'il savait qu'on dirait sur lui — bien qu'on ne pût le dire, ou par suite de la crainte ou par suite de l'obéissance — il faisait tout cela pour ne laisser aucun motif de doute; car ils ne connaissaient pas ce mystère; il était caché même aux Principautés, aux Puissances et à toutes les Vertus et il leur a été révélé, en sorte qu'ils le connaissent et que tous confessent, après cette explication, le dessein qui a renversé tous les desseins, et qui les a vaincus. Il a montré que son Incarnation est une économie universelle pour tous ceux qui ont fait alliance avec lui dans un seul esprit et dans une seule conviction, pour combattre l'Ennemi de tous, qu'il a chassé et dont il a détruit l'empire, de telle sorte qu'il n'y a plus place désormais pour sa séduction et sa jalousie.

83. *Pour quel motif, après avoir vaincu et repris Satan l'ennemi universel, ne l'a-t-il pas perdu, mais l'a-t-il laissé agir encore ?*

[110] Mais il (Satan) continue à séduire, afin de rendre manifeste sa propre condamnation et celle de ceux qui lui obéissent, parce qu'il n'a plus la même force pour induire les hommes en erreur; et aussi afin de rendre plus éclatante la victoire de ceux qui ne lui obéissent pas; en vérité, *personne en effet ne sera couronné s'il n'a pas combattu légitimement* [1]. C'est pourquoi il (Satan) est demeuré dans l'économie du Christ [2] après la victoire et après la destruction de la mort — économie qui a été abolie par le Christ [3] — afin que ceux qui sont dans le Christ se conduisent également à l'exemple du Christ, non seulement par la grâce de la résurrection, mais encore par leurs œuvres et leurs actions individuelles; celle-là en effet (la grâce) est universelle et celles-ci sont individuelles. De peur qu'on ne pensât, au sujet de la nature, du Christ qu'il y a là une construction (corporelle) unique et spéciale, à savoir qu'elle a été formée de façon à rester sans péché, et que c'est pour cela qu'elle a remporté la victoire, il a agi de telle sorte que Satan fût vaincu par de nombreuses myriades, dans notre nature, de la même

1. II Tim., ii, 5.
2. Lire *damechikho*.
3. Cf. I Cor., xv, 54.

manière que par le Christ; à savoir par ceux qui observent exactement les commandements, de telle sorte que, selon la loi, ils se conduisent avec le corps à peu près de la même façon que ceux qui n'ont pas de corps (anges); dans les difficultés, l'angoisse et toute la faiblesse, ils supportent les sollicitations de la nature et ses mouvements ainsi que les assauts extérieurs. C'est ainsi qu'ils ont été vainqueurs sur tous les points, en sorte que la défaite de Satan augmente avec (la nécessité d'observer) les commandements, tandis que lui pensait que la chute des hommes serait rendue beaucoup plus facile dans une pareille conduite [1].

[111] 84. *Pour quelle raison Satan en est-il venu à cette suprême arrogance de s'élever ouvertement contre Dieu et de s'égaler à lui ?*

C'est pourquoi courant ici et là [2], sa défaite est devenue grande et, depuis lors, il en résulte qu'il accroît et manifeste sa méchanceté; qu'il montre une témérité démesurée au point de s'élever ouvertement contre Dieu, de se faire l'égal de Dieu et de lui ressembler dans son Incarnation, en induisant (les hommes) en erreur, non par l'intermédiaire de quelque chose ou à partir de quelque chose, mais par sa propre personne (*prosôpon*) et par une suprême séduction. Parce que le Christ avait aboli leur erreur (touchant) les idoles et les sortilèges, lui aussi abolit les choses (du Christ) en trompant. Il met en son nom (*prosôpon*) toutes les affaires des idoles, des sectes, des sortilèges et autres choses, dont il est le directeur, pour se faire grand et pour être seul regardé comme Dieu. Il se sert en effet de l'homme comme d'un instrument qu'il a entraîné et amené à une méchanceté démesurée; il le fait aussi participer à la privation de la science divine, comme ont coutume d'agir les ennemis; il opère, nécessairement et par colère, toutes ces choses qui cesseront complètement et prendront fin avec toute sa puissance. Après qu'elles auront pris fin et qu'il n'aura plus rien autre chose à faire, il lui restera [112] à répandre sa méchanceté et à faire connaître à tout le monde qu'il a combattu contre son Créateur, parce qu'il l'a créé, qu'il lui a donné une telle force, qu'il lui a permis d'user de sa force et qu'il l'a supporté alors qu'il combattait en tout cela. (Mais) Dieu rassemble tout ce qui peut renverser et détruire sa tyrannie. Dorénavant il n'a plus en effet de ruse dont il puisse

1. Litt. : *in accurata disciplina.*
2. Allusion peut-être à Job, 1, 7.

user contre les élus de Dieu, parce que tout a été consommé, et sa tromperie et son mépris des commandements, et parce qu'il a été vaincu en tout, en secret et en public, dans ses séductions et dans toute la violence dont il s'était servi pour affaiblir et humilier le corps. Il agissait à l'égard des saints comme il a agi à l'égard du Christ, afin de les précipiter de toute façon dans de dures souffrances; mais ils n'ont pas été vaincus par celles-ci. Parce qu'il ne s'est point arrêté, après avoir été vaincu par le Christ, et parce qu'il ne s'est pas arrêté non plus, après avoir été vaincu par les saints, le Christ met fin à sa puissance par la mort qu'il a injustement subie et (elle) est complètement détruite par la mort des saints, qu'il leur a causée par effronterie et non par justice. (Dieu) le soumet à un juste jugement à cause de nous dont il cherchait la perte par ses vexations et ses combats, à cause de toutes ses ruses, de sa séduction et de son genre d'ingratitude, d'orgueil et de domination, à l'égard de Dieu et de ses saints. Tout le temps, [113] en effet, de la patience de Dieu lui a été donné pour qu'il fît pénitence, qu'il revînt à lui-même et qu'il connût sa folie et son audace à tenter l'impossible.

85. *Quelles pensées Satan a-t-il eues contre Dieu ?*

Bien qu'il pût l'affliger de manière sensible et en tirer ainsi vengeance, il ne l'a pas fait, mais il l'a laissé se servir de sa fureur à son gré; la patience, en effet, à l'égard de ceux que la méchanceté aveugle, fait croître leur méchanceté de telle sorte que, quand ils la voient et en sont exactement convaincus, ils font le contraire (le mal), comme ceux qui ne la voient pas; car on ne peut réprimer l'augmentation de malice chez ceux qui conduisent leurs affaires du côté opposé (à Dieu): ou bien, en effet, ils ont de la patience de Dieu cette opinion que, parce qu'il ne peut pas les précipiter dans les souffrances, étant donné qu'ils possèdent une nature immortelle, il leur continuera pour cela sa patience, et c'est pourquoi ils font ce qui est opposé à Dieu; ou bien, quoiqu'ils concèdent qu'il puisse tout faire, ils font ce qui est opposé à sa volonté parce que, quand il le voudra, il leur fera dans sa patience changer leur méchanceté; parce que donc il veut (quelque chose), ils s'élèvent contre sa volonté, en faisant ce qui est contraire [114] à ce qu'il veut; ils ne demandent pas qu'il y ait de sa part une rédemption pour eux, à cause de leur inimitié et de leur audace démesurée, mais ils l'irritent à tel point qu'il les perdra en ce qu'ils ne de-

mandent ni à être ni à vivre soumis à Dieu. Nous verrons (Satan)
recevoir sa condamnation de la part des hommes dans un juste
jugement, sans qu'il ait une seule excuse ou une accusation à faire.
Dieu en effet l'a laissé faire tout ce qu'il voulait, de telle sorte qu'il
n'a absolument aucune raison de le délivrer ; car il ne le perd pas en
un seul instant dans un caprice, et il ne le laisse pas non plus sans
condamnation. Parce qu'en effet (Dieu) ne lui a laissé aucune raison
de recevoir son pardon, il (Satan) s'est préparé à être absolument
incorrigible : dévoré par l'envie et par l'amour du pouvoir, il ne re-
nonce pas à son envie jusqu'à ce que l'objet de son envie arrive selon
sa volonté, et il est un exemple pour tous les ingrats [1]. Lui, en effet,
et tous ceux qui, comme lui, sont tombés dans cette maladie, Dieu
les juge avec justice, il les examine et, devant tous, il les condamne ;
ils sont haïs d'un commun accord et ils voient par lui toute ingratitude, toute audace, (toute) arrogance, toutes ruses, tout
mensonge et toute iniquité qui naît, grandit et est consommée, à
tel point qu'elle ne peut recevoir aucun accroissement.

86. *Sur ceci : Qu'au temps de la (dernière) condamnation, Satan sera
haï par tous [115] et même par les siens, en tant qu'il a été la cause de
leur châtiment.*

C'est pourquoi il lui a été donné tout ce temps de la patience
et il lui est accordé jusqu'au jour du jugement de faire tout ce
qu'il veut, de telle sorte qu'il ne lui restât aucune raison de pouvoir
faire une réclamation en ce jour-là ; mais il lui a été donné le temps
de la patience et de la puissance. Après cela il sera jugé définiti-
vement, séparé des justes (et placé) avec tous ceux qui se seront
associés à sa tyrannie ; il sera haï par eux et accusé d'avoir
été cause de leur damnation. De la sorte c'est d'un amour pur
en parole et en action que tous aimeront Dieu comme bon et juste,
comme sage et puissant, comme Créateur et comme Dieu et, alors
qu'ils auront la preuve d'un juste jugement sans acception des personnes, des bons et des mauvais, toutes les troupes des êtres raisonnables apprendront comme il faut l'examen de l'intelligence
du bien et du mal, et ils sauront pourquoi Dieu a permis que chacun pût choisir selon sa volonté, en laissant ceux qui choisissent le
bien endurer le mal, et en usant de patience à l'égard de ceux qui
ont choisi le contraire et qui vont contre sa volonté, pour qu'ils

1. Litt. : « ceux qui renient la grâce. »

fassent ce qu'ils ont choisi. C'est de cette manière [116] que se poursuit le gouvernement de ce monde et c'est ainsi qu'il sera gouverné par Dieu jusqu'à la fin.

87. *Couronnement (des élus).*

Après cela, comme tout sera bien fait, nous serons dans une félicité éternelle, parce que nous n'aurons aucune raison (de craindre) de nous en voir privés et que nous n'aurons plus besoin d'instruction.

88. *Sur ceci : Qu'il était nécessaire qu'il y eût une union des deux natures et qu'il ne fallait pas que cela se fît autrement.*

Pour ces raisons donc et pour d'autres (motifs) semblables, c'est à juste titre que l'Incarnation de Dieu fut : Dieu vrai par nature et homme vrai par nature. Il aurait manqué en effet un de ces (termes), si une de ces natures avait été laissée de côté. Si ce n'est pas Dieu qui s'est incarné ou s'il ne l'a pas fait dans un homme qui a appartenu à la nature des hommes, c'est en effet comme si l'Incarnation avait été illusoire, et la vérité (serait) que les paroles de Satan auraient été : que le Christ a rejeté de son image sa création (humaine) comme méprisable. A cause de cela il n'y aurait pas même eu une leçon d'humilité, d'obéissance et de condescendance; lui qui serait la ressemblance et la forme de Dieu, sans *avoir pris la forme de serviteur, pour être trouvé homme par la forme* [1]. Mais ce serait plutôt justifier les paroles de Satan qui, parce [117] qu'il l'avait vu inférieur dans sa nature à l'image et à la forme honorable de Dieu, l'avait méprisé. Tous les anges, bien qu'ils lui eussent obéi (au Christ) comme à Dieu et qu'ils n'eussent pas osé parler contre lui, étaient forcés, pour cette raison [2], de n'accuser Satan en rien — comme quelqu'un qui aurait été jeté dans une douleur injuste, pour l'honneur immense de la nature humaine; bien qu'il fût blâmé de ce qu'il lui avait fallu obéir à n'importe quel commandement de Dieu. — Parce qu'ils avaient cette douleur en leur âme, ils le servaient à cause de celui qui le leur avait commandé, mais non de bon gré [3].

---

1. Cf. Philip., ii, 7.
2. Litt. : « cette raison les forçait. »
3. L'auteur semble dire que si le Christ n'avait pas eu la nature humaine, Satan et les anges n'auraient rien compris à son abaissement, lors de la tentation au désert, et le lui auraient reproché à bon droit

89. *Sur ceci : Que, même s'il avait été dans la forme* [1] *de l'homme, mais non dans la nature de l'homme, la notion de l'Incarnation ne subsisterait pas.*

Quand même on accorderait qu'il s'est incarné dans la forme de l'homme, mais non dans la nature de l'homme, on professe le même mépris de la nature humaine.

90. *Sur ceci : Que, même s'il avait changé sa propre nature en la nature de l'homme, la notion de l'Incarnation ne subsisterait pas.*

Quand même il aurait changé sa propre essence en l'essence de l'homme, il semble qu'il aurait méprisé la nature de l'homme, parce qu'il aurait été dans sa propre essence et non dans l'essence de l'homme ; ce n'est pas en effet de la terre, mais c'est de la nature de Dieu le Verbe qu'il tiendrait cette essence et, à cause [118] de cela, Dieu le Verbe paraîtrait avoir acquis la science dans la conduite humaine et être demeuré sans péché comme celui qui est homme, alors qu'il est Dieu le Verbe par sa propre essence ; de la même façon, il se serait également conduit comme un homme, lorsqu'il n'était pas homme par nature, mais Dieu le Verbe ; de même quand il a combattu et vaincu l'ennemi ; de même quand il souffrait, lui qui était impassible par sa nature souffrait ; il en est aussi de même pour le reste.

Même si nous disons qu'il a pris l'homme et qu'il a changé la nature de l'homme en sa propre essence, il n'aurait pas repoussé la victoire des choses méprisables qui constituent l'homme. C'est pourquoi il a changé la nature de la chair qui est méprisable pour lui, afin que Dieu ne fût pas déshonoré lorsqu'il a été dans la nature de l'homme et, de cette façon, les actions, les souffrances et la mort ne sont pas de l'homme et elles ne sont pas non plus pour les hommes ; il n'était pas non plus (besoin) de la mort de Dieu, car si Dieu méritait la mort, (et) s'il avait voulu la supprimer, il l'aurait fait [2] sans sa propre mort plutôt que par l'apparence de la mort. Mais parce qu'il était Dieu et immortel, il a accepté dans son *prosôpon* — lui qui n'était pas coupable — la mort, c'est-à-dire ce qui est mortel et capable de changement, de manière à pouvoir lutter contre la défaite par les commandements et les observances, pour que la victoire fût à son image et

---

1. σχῆμα.
2. Litt : « il l'aurait renvoyée »

à sa ressemblance, et que ce fût le même [119] qui eût subi la mort comme défaite, et qui eût reçu l'immortalité pour certifier qu'il était délivré de la défaite, en ne conservant aucune tache dans sa propre image. De même qu'il l'a condamné lorsqu'il a subi la défaite, de même aussi, quand il a été vainqueur, il a élevé son nom pour (le mettre) au-dessus de tous les noms; ce n'est plus par les commandements et les observances qu'il l'a gagné, mais c'est proprement par sa victoire sans qu'il (puisse) lui être ôté; de même qu'un fils, en grandissant et en arrivant à (l'âge) complet, obtient d'être fils, lui qui auparavant était soumis à une autorité, bien qu'alors il fût (déjà) comme fils [1].

91. *Sur ceci : Que, même si quelqu'un concédait que l'union a eu lieu par une composition naturelle, ou par une mixtion, ou par une confusion, ou par un mélange des natures* [2], *la notion de l'Incarnation ne subsisterait pas.*

A cause de cela, même si quelqu'un concédait que Dieu le Verbe a pris l'humanité dans sa nature ou par une mixtion, ou par une confusion, ou par une participation d'essence, il détruirait la nature de l'homme, en montrant que la nature humaine est méprisable et qu'elle ne pouvait être conservée sans péché; car ce n'est pas sa nature qui a vaincu, mais celle qui est formée des deux (natures), et il montrait que Satan, lorsqu'il ne pouvait pas (vaincre), a été vaincu et qu'après avoir vaincu, au commencement, l'homme qui a péché, il a vaincu celui qui ne pouvait pas être sans péché, parce qu'il appartenait non pas à la nature sans péché de Dieu le Verbe, [120] mais à la nature de l'homme pécheur; et Satan aurait paru discuter [3] avec l'homme, mais aurait été vaincu par Dieu, dont la nature est de n'être vaincu par rien. Ces deux (doctrines) sont ridicules, parce qu'il aurait commandé, à Satan et à l'homme, des choses impossibles à faire. Mais si les choses qui lui furent commandées pouvaient être faites et s'il ne les a pas observées, c'est à juste titre que Satan a été condamné; car, lorsqu'il pouvait obéir, il n'a pas obéi, mais il s'est élevé contre Dieu sous l'apparence de l'homme; il a calomnié Dieu devant l'homme, parce qu'il est jaloux, et il a calomnié l'homme devant Dieu, parce qu'il est ingrat; il est l'ennemi

---

1. Cf. Gal., IV, 1-2.
2. *Sic V*; cf. *Errata. S, C* : « de la nature. »
3. Litt. : « parler en jugement. »

de tous, il a subi un juste jugement, il a été repris publiquement.
Il a été en effet vaincu par le Christ dans son humanité et par ses
saints, parce qu'il s'était élevé et qu'il s'élève encore publiquement
contre Dieu, et il a montré que, s'il n'avait pas pu tromper le premier homme, dès lors il luttait contre Dieu ouvertement et non
sous l'apparence de celui-ci ou de celui-là; quoiqu'il ne pût rien
faire, il a gardé son intention de faire, à proprement parler, tout ce
qu'il voulait, comme celui qui pourrait tout pour agir, permettre
et combattre. (Dieu) pouvait le perdre aussitôt, puisqu'il méritait
d'être perdu; mais les autres n'auraient pas appris [121] que la
malice qui est puissante se détruit elle-même, s'ils n'avaient pas
appris de manière sûre qu'ils ont reçu la soumission comme une
grâce, et que, par suite de la soumission, ils ont obtenu cette grâce
de ne point se mettre en révolte contre Dieu et par là de ne pas
s'éloigner de Dieu eux aussi comme les autres. Comment donc
aurait-il fait de l'Incarnation un objet de scandale par une mixtion,
une confusion, ou une participation des natures, afin qu'il ne fût
regardé ni comme Dieu, ni non plus comme homme, mais comme
quelqu'un qui tient des deux et qui n'est pas simple [1] et sans
division ? A cause de cela il est donc avec l'humanité, comme un
juge dans un procès et dans un combat véritable, en la
possédant dans son propre *prosôpon* et en se la soumettant
en toutes choses. Et ce n'est pas lui qui combat et qui est jugé,
si ce n'est que, par une appropriation, il a associé l'humanité à sa
propre image et non à la nature de l'essence invincible et impassible de la divinité. Satan, en effet, n'avait pas de procès à l'égard
de Dieu, pour qu'il fît qu'il ne lui obéît pas, mais il fallait prouver
à Dieu, que son homme (la nature humaine) ne lui obéissait pas;
ce dernier, qui a accepté en toutes choses la soumission dans des
dispositions parfaites, a élevé son honneur par sa propre image,
pour montrer qu'il est un juge juste.

92. *Sur ceci : Que, même si quelqu'un concédait qu'il y eût une seule*
nature par composition naturelle, ou (que l'union a eu lieu) avec la
chair sans âme, ou dans (la chair) animée par une âme [122] ani-
male ou animée par une âme raisonnable en union naturelle, la
notion de l'Incarnation ne subsisterait pas.

De cette façon, ni ceux qui disent, comme les ariens, que la chair

1. Litt. . pur. »

a été unie à Dieu le Verbe par une composition naturelle et qu'il souffrait dans des souffrances naturelles, ni ceux non plus qui disent que l'union a eu lieu avec la chair animale[1], ni ceux qui disent qu'elle eut lieu avec l'âme raisonnable et la chair, en sorte qu'il souffrait par une sensibilité naturelle les souffrances du corps et de l'âme sans intelligence et sans raison, ne laissent subsister vraiment la notion de l'Incarnation. Ne disent-ils pas (ainsi) que c'est par tromperie que Satan a été vaincu par celui qui avait été vaincu; celui-ci ne l'ayant pas vaincu par sa propre force, mais ayant eu besoin d'un défenseur[2], c'est-à-dire de Dieu son créateur, qui combattait ou bien ouvertement ou bien d'une façon cachée. Par cela même que Satan a été vaincu par Dieu, bien qu'il n'eût pas fait la guerre[3] à Dieu, c'est lui (Satan) qui a vaincu, parce qu'il a prouvé que l'amour de Dieu envers l'homme est inique (mauvais) et que l'exaltation de l'humanité a été en quelque sorte pour le déshonneur de tous, et pour la soumission et l'adoration de toute autorité et de toute puissance, et que s'il voulait faire cela à l'homme, il pouvait le faire même sans cette tromperie et cette ruse, car ce qu'il dit, il le fait aussi[4]. Il ne se cacherait pas non plus, lorsqu'il se sert de cette apparence; car celui qui cherche à se cacher, comme il n'oublie pas que, s'il est découvert, il sera repris, celui-là [123] est à lui-même son accusateur. Ils sont forcés de dire le contraire de ce qu'ils veulent dire, de telle sorte qu'ils accusent Dieu et qu'ils plaident la cause du mal (démon); ils emploient en vain toutes leurs forces et ils donnent des raisons opposées à l'Incarnation de Dieu.

93. *Sur ceci : Que les choses qui sont combinées pour former une seule nature, le sont ou pour qu'elles soient une autorité ou pour qu'elles soient soumises à une autorité, et (il convient) surtout à l'âme d'avoir l'autorité dans la nature composée, si Dieu le Verbe est composé naturellement.*

En effet les choses qui sont réunies pour former et constituer une seule nature, le sont : ou pour être chef et directeur, ou pour être soumises à un chef et à un directeur. Si donc, parce que l'âme

1. Litt. : « des animaux. »
2. ἀγωνιστής.
3. ἀγών.
4. Cf. Ps. CXIII, 3.

raisonnable ne suffisait pas à diriger, il a fallu la participation de
Dieu le Verbe, pour qu'il fût le directeur ou du corps, ou de l'âme
raisonnable, ou de l'âme animale, c'est par lui qu'il (l'homme) a obtenu sa victoire, s'il faut donner le nom de victoire, à (celle) d'une
autre nature qui est séparée, et qui n'est ni semblable ni égale en
rien aux autres hommes ses compagnons; il semble qu'il agit en
apparence [1], qu'il se soumet tout avec violence et qu'il dirige (tout)
avec violence sous son pouvoir divin [2], de sorte que celui (l'homme)
qui avait été vaincu par son propre choix et qui ne pouvait, par
suite de sa défaite, ni fuir, ni observer les commandements dans sa
propre nature, a pu le faire par Dieu le Verbe qui est vainqueur en
tout temps. Il n'est pas [124] en effet étonnant et digne de louange,
que Dieu le Verbe ait été dans le corps et ait gardé toutes les observances de l'âme et du corps. Si, en effet, il n'est pas demeuré dans
sa nature et au-dessus de la nature du corps ou de l'âme ou de
l'intelligence, il était absolument nécessaire, parce que l'âme
raisonnable suffisait également à observer les commandements [3];
mais si celle-ci ne suffisait pas et qu'elle eût besoin, pour cette
raison, de l'Incarnation de Dieu le Verbe, afin qu'à la place de
tout il supportât les souffrances du corps, de l'âme et de l'intelligence, dans une union naturelle qui aurait unifié la nature, il aurait
souffert comme le corps, comme l'âme et comme l'intelligence
dans le mélange. Puisqu'il n'a pas été vaincu comme l'un d'entre
eux, il est manifeste qu'il a été en dehors de leur nature et, à cause
de cela, il n'a pas été pris par ce qui a retenu chacun d'eux [4]. Ils
disent encore une autre absurdité, ceux qui soumettent Dieu aux
nécessités de la nature : ils donnent à la matière, comme les manichéens, une telle force que celui qui la reçoit est entraîné par elle
sous sa puissance et sous sa dépendance [5] et qu'il supporte absolument toutes les souffrances corporelles. C'est aussi ce qu'aurait supporté Dieu le Verbe qui s'est abaissé jusqu'à prendre le corps, et il

1. σχῆμα.
2. Litt. : « comme Dieu. »
3. Le sens demande peut-être d'écrire : « s'il était demeuré (sic V) dans sa nature divine (sans être uni à la nature humaine), il était nécessaire que l'âme raisonnable pût observer les commandements (pour que la rédemption ne vînt pas
de Dieu seul). »
4. Ou : « il n'a pas été uni (Sic V), à l'aide de choses qui formassent entre elles
une sorte de combinaison. »
5. Litt. : « violence. »

aurait enduré les souffrances corporelles dans sa propre nature, lorsqu'il fut tourmenté par la faim, la soif et les autres attaches naturelles du corps lorsque, dans sa (propre) nature, il en était complètement exempt; il désirait et éprouvait de la colère [125], il craignait et souffrait, et il supportait naturellement toutes les souffrances du corps et de l'âme, parce qu'il était uni en (une seule) nature. Celui en effet qui est composé en (une) nature, adhère nécessairement par sa nature à toutes les propriétés de cette nature, soit de l'homme, soit de Dieu, soit de toute autre nature à laquelle il est naturellement uni et combiné. — Et de quelque façon que quelqu'un voudrait dire qu'il ne diffère de moi en rien, cependant ceux qui sont combinés en (une) nature supportent nécessairement les propriétés de cette nature, et ils les possèdent naturellement et non volontairement, tandis que pour Dieu le Verbe c'est volontaire et non forcé: *J'ai le pouvoir de donner ma vie*[1] *et j'ai pouvoir de la reprendre*. Par conséquent les paroles des Livres divins ne peuvent convenir au Christ d'aucune autre manière[2] en dehors de celle-là; mais, comme nous l'avons examiné et trouvé, toutes (les paroles) s'appliquent non à l'union de la nature, mais au *prosôpon* naturel et hypostatique.

[*I, 2. La question des juges; les accusations de Cyrille*[3]].

[126] *Sur la foi.*

Sophronius dit: Parce que donc beaucoup admettent la foi des trois cent dix-huit qui a été définie à Nicée, même (parmi) ceux qui croient autrement et qui (comprennent) aussi de diverses manières les Livres divins et autres, et entendent aussi dans divers sens ceci: « il fut incarné et fait homme; » qu'il plaise donc à ta Modestie[4] de passer (en revue) leurs pensées et leurs opinions; écris et fais-moi connaître ce qu'il t'en semble et ce que tu as reconnu bon, et tu ne donneras pas prise à ceux qui cherchent un motif de te calomnier.

Nestorius. I. Les uns disent que l'Incarnation de Notre-Sei-

---

1. Litt.: « j'ai le pouvoir, certes, sur mon âme, de la poser. » Jean, x, 18.
2. Litt.: « parole. »
3. Ici semble commencer la seconde partie du premier livre. Nous ajoutons le titre indiqué plus haut par le traducteur, cf. p. 3 à 4.
4. Litt.: « ta Pureté. »

gneur le Christ a eu lieu par opinion et apparence [1] pour qu'il apparût aux hommes, qu'il instruisît et qu'il donnât la grâce de l'Évangile à tous. Et, de même qu'il apparaissait à chacun des saints, ainsi, aux derniers temps, il apparut à tous les hommes.

II. D'autres disent que l'essence divine devint chair, en sorte que, dans sa propre essence, l'essence de la chair se trouvât en place de la nature humaine pour vivre, souffrir et délivrer notre nature; car celui qui n'est pas devenu homme par sa propre essence, mais en apparence, ne nous a pas délivrés, mais nous a trompés, puisqu'il n'a été vu qu'en apparence [1] et qu'il a paru souffrir pour nous sans souffrir.

[127] III. D'autres encore professent que Dieu s'incarna dans la chair, comme un complément de la nature en place d'âme. Il s'incarna naturellement dans la chair pour agir et souffrir, et il souffrit naturellement toutes les souffrances naturelles du corps. Par nature il était impassible, et, par l'incarnation naturelle [2], passible, de même que l'âme, qui, par sa nature, ne souffre pas les souffrances du corps, ne pâtit pas et n'a pas faim, souffre cependant les passions du corps par une économie naturelle, puisqu'elle lui est unie naturellement [3], pour se conduire et souffrir pour nous naturellement. Ce n'est pas par apparence, ou par forme [4], ou par une autre nature, mais par la sienne propre, qu'il nous a délivrés de la mort et de la corruption.

IV. D'autres confessent qu'il s'est incarné en corps et en âme pour compléter la nature, et que Dieu le Verbe tint lieu de l'intelligence, au point de tenir lieu d'intelligence à la nature dans le corps et dans l'âme, pour se conduire et souffrir pour nous dans la nature des hommes. Il était venu en effet pour détruire cette intelligence qui transgressa l'ordre et n'obéit pas à Dieu, et pour remplacer l'intelligence dans l'âme et dans le corps, et non dans une forme [4] sans hypostase, ni dans une autre nature, ni encore dans un corps sans âme.

V. D'autres (confessent), au sujet de cette chair dans laquelle s'incarna Dieu le Verbe, qu'il s'est fait chair animée d'une âme qui ne sentait pas dans sa nature [128] et n'était pas rendue intelli-

1. σχῆμα. — On trouve d'abord un résumé des opinions discutées dans la première partie.

2. C'est-à-dire : « par l'incarnation en une seule nature. »

3. C'est-à-dire : « en une nature. »

4. σχῆμα.

gente par l'âme, mais comprenait et sentait par l'opération de Dieu le Verbe. C'est en Dieu le Verbe que cette âme sentait et comprenait, et le corps était un instrument naturel. Ils ne partagent pas le Christ en instrument et en ouvrier, parce que l'instrument et l'ouvrier agissent ensemble.

VI. D'autres confessent deux natures dans le Christ avant l'union, et que chacune des natures doit être considérée dans sa nature : Dieu le Verbe dans le Père et dans le Saint-Esprit et l'homme dans la chair; mais, après l'union, on ne considère plus les deux natures, parce qu'elles se sont unies en essence; les deux (essences) deviennent une. Ils changent les natures de l'une en l'autre, de sorte que le même soit proprement homme et Dieu, et que Dieu se conduise comme un homme, qu'il meure pour nous comme Dieu et qu'il ressuscite par sa propre puissance.

VII. [1] D'autres disent de l'incarnation de Notre-Seigneur (qu'il s'unit) une chair animée par une âme intelligente et rationnelle, complète dans sa nature, dans sa force et dans ses opérations naturelles, non en apparence, ni par changement d'essence, ni pour un complément naturel de la nature du corps, de l'âme ou de l'intelligence; il n'y a pas mélange des deux natures en une, elles ne se sont pas changées l'une en l'autre, ni [129] pour compléter les opérations naturelles, en sorte que la chair n'agisse pas dans sa propre nature; mais (elles s'unissent) en un *prosôpon* des deux natures qui conservent chacune ses propriétés. L'essence de la divinité subsiste et ne souffre pas quand elle est dans l'essence de la chair; de même la chair demeure dans l'essence de la chair, quand elle est dans la nature et le *prosôpon* de la divinité; le corps est un, et les deux natures (sont) un fils. Ce n'est pas un autre qui est appelé Dieu le Verbe dans la chair, en dehors de celui qui est dans notre chair; et il n'y a pas de chair (isolée), mais elle est dans le Fils, dans Dieu le Verbe, pour se conduire complètement dans la nature des hommes puisqu'il est homme, et ressusciter comme Dieu puisqu'il est Dieu par nature, afin que Celui qui était sans péché après avoir observé (les préceptes), fut livré à la mort pour notre salut, afin de sauver l'image de son effigie [2]. Pour en venir là, il n'a pas pris pour sa forme *un nom supérieur à tous les noms* [3], pour exalter la nature de l'homme; car à l'essence qui

1. C'est ici la théorie de Nestorius.
2. « L'élévation de son effigie » V. — Cf. Gen.. i, 26.
3. Cf. Philip., ii, 9.

n'est plus de l'homme, mais de Dieu le Verbe, il ne lui a pas
été donné honneur et exaltation [1]. Notre nature est honorée dans
une autre nature et non dans notre nature. Car l'élévation de notre
nature jusqu'au nom qui est supérieur à tous les noms, appartient en commun à la nature de celui qui est l'élévation même,
de celui qui subsiste dans sa propre essence, et qui peut être ce
que celui-ci [130] est dans l'essence de Dieu le Verbe; voilà bien
l'élévation à proprement parler, telle qu'il n'y en a pas d'autre. Le
changement d'une essence en une (autre) essence est la destruction
de cette essence qui doit être exaltée et de l'élévation elle-même; il
n'y a même plus d'abaissement pour Dieu le Verbe, puisqu'il serait
changé en l'essence de la chair; car (son essence) ne serait pas la nature qui s'abaisse, mais celle qui est abaissée; de même un roi : s'il
devient l'un des serviteurs, on dit qu'il s'est humilié, bien qu'il
soit roi en vérité et, à cause des vêtements des serviteurs qu'il
a revêtus, on dit qu'il s'est humilié, parce qu'il a échangé ses (habits), pour l'extérieur [2], contre ceux-là; en sorte que, comme ceux-
là étaient sous la loi des chefs [3], ainsi il sera par sa volonté sous
la loi, bien qu'il soit le roi des chefs et leur seigneur. Ce n'est pas
non plus une élévation [4], s'il a été exalté jusqu'à sa propre nature,
mais (c'en serait une) de lui donner ce qu'il n'avait pas, et non de
lui enlever ce qu'il avait. Si l'exaltation et l'humiliation appartiennent à ce qui était et qui était le premier, l'humiliation doit être
attribuée à cette nature qui était et qui était la première. De qui
est donc l'exaltation ? Il mentionna d'abord l'essence qui est
exaltée et ensuite *ce nom* dans lequel elle est exaltée, [131] *qui
est au-dessus de tous les noms* [5]. Si tu enlèves les essences qui subis-
sent l'humiliation et l'exaltation, il n'y a plus d'essence qui soit
humiliée; c'est pourquoi (en disant) qu'*il s'humilia lui-même*, il a
désigné l'union volontaire, l'Incarnation et le genre d'humiliation
qu'il a montré lorsqu'*il a pris la forme du serviteur*; et (il dit) encore que ce qui eut lieu fut (une union) volontaire et non naturelle :
« en apparence » *il fut trouvé comme un homme* [6] et non « par es-

1. C'est-à-dire : « ce n'est pas l'essence humaine, bien qu'unie au Verbe, qui
est exaltée. »
2. ἐν σχήματι.
3. Mieux vaut lire *Dobouré*.
4. ὕψωσις.
5. Philip., II, 9.
6. Philip., II, 7.

sence » ; car dans la forme de Dieu (était) la forme de l'esclave. La forme de Dieu était en apparence comme un homme, car Dieu est venu dans sa propre essence ; de sorte que ce lui était compté comme une humiliation d'avoir pris la forme du serviteur et que c'était une élévation pour la forme du serviteur d'avoir *reçu un nom supérieur à tous les noms* [1]. L'union n'est pas conçue comme un changement d'essence, ou en une essence ou en un composé naturel d'une nature, mais elle est volontaire dans l'abaissement et dans l'exaltation ; car une (union) naturelle est passible et variable, c'est une nature créée et faite, et non incréée, ni qui n'a pas été faite, ni immuable ni invariable.

C'est pourquoi celui-là (Cyrille), dans l'incarnation, n'attribue rien à la conduite de l'homme, mais (tout) à Dieu le Verbe, en sorte qu'il s'est servi de la nature humaine pour sa propre conduite. C'est ainsi qu'Arius, Eunomius et Apollinaire disent en paroles que le Christ est Dieu, mais en réalité le dépouillent de la divinité, [132] parce qu'ils attribuent ses (actes) humains en nature à son essence (du Verbe) ; ils rendent vaine la généalogie du Christ et les promesses faites aux patriarches : que de leur race le Christ viendrait dans la chair [2]. C'est pour cela que les Évangélistes mentionnent toutes les choses qui montrent en vérité la nature de l'homme, de crainte que, (partant) de la divinité, on ne voulût pas croire qu'il est encore homme et, de plus, que c'est lui qui a été affirmé par les promesses. C'est pourquoi la bienheureuse Marie est mentionnée comme une femme qui était fiancée à un homme, dont le nom, la parenté et même le métier et la résidence sont écrits, afin que rien ne fît hésiter à croire qu'elle est une femme. C'est pour cela (qu'on lit) aussi son abaissement et, avec tout cela, l'annonciation de sa conception, sa naissance et la crèche, pour faire connaître celui qui naquit et celle qui l'enfanta, et pour établir qu'il est vraiment homme : le repos dans la crèche, l'emmaillotement dans les langes qui sont propres aux enfants, les offrandes qui furent faites pour lui, ses progrès, l'accroissement de sa stature et de sa sagesse devant Dieu et devant les hommes, sa conduite dans le monde, ses observances, son obéissance, les prières qu'il faisait, tout

---

1. Philip., II, 9.

2. Le patriarche nestorien Georges rappelle les promesses aux patriarches et les prédictions des prophètes. *Synodicon orientale*, p. 496-499 (f. Rom. IX, 5.

l'accomplissement de la loi, le baptême, la parole qui lui fut dite
qu'il était [133] fils, lui qui est fils depuis le sein (de sa mère) par
l'union, le témoignage de l'observance des préceptes, la parole
du Père, l'apparition du Saint-Esprit, sa conduite pleine de sollicitude à notre égard, non par fantôme ni dans une forme humaine,
mais dans la nature humaine (formée) d'un corps humain et d'une
âme raisonnable qui pense et réfléchit dans la nature des hommes,
afin qu'il aie tout ce qui est (dans) la nature humaine, sans être
privé de l'union avec Dieu le Verbe.

Car l'union des natures n'a pas abouti à (une) nature ou à une
confusion ou à un changement, ou à une mutation de l'essence
de la divinité en l'humanité ou de l'humanité en la divinité, ou
au mélange des natures ou à la composition d'une seule nature,
les natures ainsi réunies étant mélangées et souffrant ensemble
dans leurs opérations naturelles.

Ils détruisent tout cela par l'union naturelle et personnelle, ils
prennent tout ce qui est dans sa nature (humaine) et l'attribuent
en nature à Dieu le Verbe : la crainte humaine, la trahison, les
questions, les réponses, les soufflets sur les joues, la condamnation
à la croix, le chemin (du calvaire), l'imposition de la croix sur
l'épaule, le port de la croix, la décharge (de la croix) pour la placer
sur un autre, la couronne d'épines, les habits de pourpre, [134]
l'élévation de la croix, la crucifixion, l'enfoncement des clous, le
fiel qui lui fut offert, les autres souffrances, la remise de son esprit
au Père, l'inclinaison de sa tête, la descente de son corps de la
croix, son embaumement, sa sépulture, la résurrection le troisième
jour, son apparition dans son corps, ses discours et son enseignement, pour ne pas laisser croire qu'il était un fantôme de corps
mais en vérité un corps, qui avait les chairs (réelles). Parce qu'il
n'a pas été un corps et une âme par fantôme et par tromperie,
mais qu'il a été tout cela en vérité par nature, rien n'a été caché [1].

Toutes les choses humaines, qu'on rougit maintenant de lui
attribuer, les évangélistes n'ont pas rougi de les énoncer, celles que
ceux-là attribuent sans vergogne à la nature divine à cause de
son union en hypostase naturelle : Dieu souffrant les souffrances
du corps, parce qu'il est uni naturellement selon la nature, souffrant la soif, la faim, la pauvreté, les soucis; songeant et priant
pour vaincre ainsi les choses humaines qu'il souffre naturellement,

---

1. Cette dernière phrase se rattache peut-être à la suite.

et pour lutter contre la nature des hommes, (tout cela) pour
détruire notre gloire et notre rédemption. Ils suppriment les propriétés divines et les rendent humaines; il aurait agi naturellement
dans la nature et souffert par une sensibilité naturelle, recevant
les souffrances dans son essence naturellement, comme le corps de
l'âme et l'âme du corps [135]. Il est redoutable et terrible, d'oser
penser et de dire aux hommes, quelque idée qu'ils aient sur le
Fils, qu'il est une œuvre et une créature, qu'il a été changé
d'impassible en passible, d'immortel en mortel, d'immuable en
muable. Quand même quelqu'un lui donnerait l'essence impassible
des anges et dirait qu'il n'agissait pas par sa nature, son opération
active et sa vertu, mais par sa nouvelle condition, éviterait-il avec
cela d'endurer des souffrances? Il n'est pas possible que celui
qui est uni naturellement les évite : car s'il n'endurait pas naturellement les souffrances du corps, il les endurait comme l'âme en place
de l'âme, puisqu'il remplaçait l'âme qui ne comprenait pas en
tant qu'entendement, et qu'il lui tenait lieu d'intelligence. Il
n'était qu'en apparence et il trompait sous l'apparence [1] de
l'homme, comme s'il avait les propriétés de l'âme, du corps et
de l'intelligence, et que ceux-ci aient été privés de l'opération
selon leurs natures.

Il y en a, de ceux qui passent pour orthodoxes, qui disent qu'il
est de la nature impassible, indépendante, immuable et invariable
du Père, mais ensuite, de même que les Juifs le bafouaient en
l'appelant Christ et en l'attachant à la croix, [136] de même ceux-
ci lui donnent, en paroles, une nature immuable, impassible et indépendante, (puis) ils lui attribuent toutes les souffrances et toute
l'indigence du corps, et ils rapportent à Dieu le Verbe toutes les
choses de l'âme et du corps, en vertu de l'union hypostatique. Et
comme ceux qui le changent de nature, tantôt ils le disent impassible, immortel et immuable et (tantôt) ils empêchent de le dire
immortel, impassible et immuable, puisqu'ils se fâchent contre
celui qui dit souvent que Dieu le Verbe est impassible. — Tu
l'as déjà entendu une fois, cela te suffit donc. — Ils disent deux
natures complètes de la divinité et de l'humanité, et ils prônent
un changement des natures par l'union, n'attribuant rien (en propre) à l'humanité ni à la divinité, mais reportant les actes de l'humanité sur la nature (unique) et ceux de la divinité sur cette na-

1. σχῆμα.

ture. Ils ne conservent même pas les choses qui sont de la divinité
par nature, puisqu'ils constituent Dieu le Verbe en nature à l'aide
de deux essences, et qu'ils cachent l'homme et tout ce qui est à lui,
bien que ce soit pour lui et en lui que l'Incarnation a eu lieu, et que
nous ayons été délivrés par lui de la captivité de la mort. De nom,
ils se disent orthodoxes ; mais en réalité ils sont ariens. De cette
manière ils portent atteinte à l'intégrité de Dieu le Verbe, à cause
de toutes les choses humaines qu'ils lui attribuent par nature,
d'après l'union en (une) hypostase naturelle, pour vivre et souffrir
dans toutes les choses humaines [137] naturellement. Il s'est servi de
l'humanité non pour qu'elle agît et souffrît pour nous, mais pour
que Dieu le Verbe (pût) agir, non pour s'en servir dans le *prosôpon*
mais dans la nature, car l'union en *prosôpon* est impassible, c'est
l'opinion des orthodoxes ; mais celle qui est passible (union de
nature), c'est l'opinion des hérétiques contre la nature du Fils
unique. Chacun choisira, mais on en viendra nécessairement à
l'opinion des orthodoxes, et non au blasphème des hérétiques.
Il (Cyrille) a écrit sans vergogne, dans ses chapitres, tout ce qu'il
a voulu envers l'union hypostatique, et beaucoup ont beaucoup
écrit à ce sujet. Il ne nous convient pas de rendre aussi notre
livre interminable en nous occupant des choses évidentes, mais
plutôt de découvrir à chacun le progrès d'une telle impiété petit
à petit. Je l'avais prévu ; malgré cela aussi je ne me suis pas
écarté de la rectitude des orthodoxes et je ne m'en écarterai pas
jusqu'à la mort. Bien que par ignorance tous luttent contre moi,
même les orthodoxes, et qu'ils ne veuillent pas entendre et apprendre quelque chose de moi, il viendra des temps où ils apprendront des hérétiques même, en luttant contre eux, comme
ils ont lutté contre celui qui a combattu pour eux . . . . .

. . . . [1]

tu as méchamment séparé une partie [2], et il n'y avait personne
pour discuter [147] contre moi, tu as pris d'autorité les signatures
en mon nom d'un (grand) nombre d'évêques, chacun est resté
comme sourd et muet.

1. Il y a ici une lacune (le sens l'indique et l'édition porte trois points), puis les
manuscrits syriaques portent un fragment ([138] à [146]) suivi d'une autre lacune. Ce fragment n'était pas à sa place, car il *suppose que la discussion de la
lettre de Nestorius est terminée* et il porte le premier texte des « cahiers » de
Nestorius lus à Éphèse. Nous l'avons donc porté en tête de ces « cahiers », p. [271].
2. Sans doute des évêques. C'est ici la « question des juges ». *supra.* p. 4 lig. 1.

Tu as réuni une troupe de moines et de ceux qui étaient appelés évêques pour le malheur et le trouble de l'Église. Aucun des chefs n'a arrêté et empêché cela. C'est une troupe de ce genre qui a été envoyée et qui était venue, et ils semblaient monter la garde contre moi dans le palais de l'État. Tu avais toute la force de l'empire, et moi je n'avais que le nom de l'empereur, ni pour me fortifier, ni pour me garder, ni pour m'aider, ni surtout pour m'obéir. C'est pour ne pas m'être servi de la force de l'Église, ni de la force des chefs, ni de la force de l'empire que j'en suis arrivé à cette extrémité. Moi qui avais pour moi les chefs, l'empereur et l'épiscopat de Constantinople, moi qui avais été patient envers les hérétiques[1], j'avais la douleur d'être expulsé par toi. Tu étais évêque d'Alexandrie, et tu mettais la main sur l'Église de Constantinople, chose que n'aurait supportée l'évêque d'aucune autre ville, (même) si on avait voulu le poursuivre par jugement et non par violence. Pour moi j'ai tout supporté, en usant de persuasion et non de violence, [148] pour persuader les ignorants. J'attendais aussi des auxiliaires, mais non ceux qui luttent à main armée[2] et qui ne peuvent pas être convaincus.

Vous aviez encore avec vous contre moi une femme belliqueuse[3], une reine, jeune fille vierge, laquelle combattait contre moi parce que je ne voulais pas accueillir sa demande de comparer à l'épouse du Christ (une personne) corrompue par les hommes.

Je l'ai fait, parce que j'avais pitié de son âme et pour ne pas faire des victimes de ceux qu'elle choisissait criminellement. Je ne fais qu'indiquer ceci, car elle m'aimait; aussi je passe sous silence le reste de sa faiblesse d'esprit de jeune fille et je le tais; c'est pour cela qu'elle a lutté contre moi. Ici elle a prévalu contre moi, mais non devant le tribunal[4] du Christ, où tout paraîtra nu et en évidence devant ses yeux, devant qui viendra notre jugement et le leur aux jours qu'il a fixés[5].

1. Socrate apporte des preuves du contraire, *Hist. eccl.*, VII, 31.
2. Litt. : « dans la guerre *ou* dans le combat. »
3. Litt. : « une fille des combats. »
4. βῆμα.
5. Comparer cette allusion un peu obscure à une autre du même genre, p. [520]. Il peut s'agir ici de Pulchérie, car deux ans plus tard Épiphane, archidiacre et syncelle de Cyrille, écrivait à Maximianus, évêque de Constantinople : *Festina igitur et tu ipse, sanctissime, supplicare Dominæ ancillæ Dei, Pulcheriæ Augustæ, ut iterum ponat animam suam pro Domino Christo. Puto enim quod nunc*

Mais j'en reviens à... (je) rencontre Apollinaire et sa doctrine.
Ce qu'il tenait, tu ne le sais pas, mais je vais le dire aux ignorants :
il confesse le (Fils) consubstantiel au Père, et par là il a l'illusion
d'être d'accord avec les saints Livres; on ne pouvait pas voir exactement sa doctrine. En ce que le Fils est consubstantiel à Dieu le
Père, il combat en effet [149] les anoméens [1], et il ne voit pas comment il combat de nouveau les orthodoxes, en ce que (le Fils) n'est
pas en réalité consubstantiel (au Père). Cela lui provient d'ici :
Puisqu'il dit qu'il y a union de la nature de Dieu le Verbe et de la
chair, selon qu'il l'a reçu des ariens, il adhère par là même à ce que
disent les ariens, à savoir que le Fils n'est pas semblable en nature
au Père, puisqu'il confesse qu'il endurait les souffrances du corps
dans une sensibilité naturelle; le même ne peut pas être passible
et impassible en nature, quand bien même ils joindraient au
corps une âme sans entendement, car il est uni à la nature dans le
corps aussi bien que dans l'âme, et il souffre dans la nature elle-
même les souffrances naturelles de la nature; qu'ils parlent de
mélange, ou de changement, ou de composition, ou de complément
de nature, ils sont toujours entraînés nécessairement à cela. Car celui
qui souffre dans une union naturelle n'est pas lui-même dans l'essence de celui qui n'admet pas de souffrances; en effet, par suite de
l'union naturelle, il tombe aussi sous les souffrances : à savoir
la nature dans laquelle il est par union naturelle. Il combat Paul
(de Samosate) et Photin, en ce que (le Christ) est le Verbe en nature
et en hypostase et est éternel; mais il s'est trompé en transportant
à Dieu le Verbe, dans la nature, les choses du corps dans une
union naturelle. Parce qu'il combattait les anoméens, (en disant)
que le Fils est consubstantiel au Père, et aussi Photin et Paul [150]
(en disant) qu'il est par la nature et par l'hypostase consubstantiel [2]
au Père, parce qu'il n'était pas connu [3], on le regardait comme

---

non satis curet pro sanctissimo vestro fratre Cyrillo... ut scribat increpative Joanni
quo nec memoria illius impii (Nestorii) fiat... Festinet autem sanctitas tua rogare
Dominam Pulcheriam, ut faciat Dominum Lausum intrare et præpositum fieri,
ut Chrysoretis potentia dissolvatur et sic Dogma nostrum roboretur. C. Lupus,
Variorum Patrum epistolæ, Louvain, 1682, c. ccii, n. 292, p. 419-420. Voir
dans l'Appendice I, p. 363-364, les griefs de Pulchérie contre Nestorius.

1. Le syriaque donne le mot à mot : non assimilantes.

2. ὁμοούσιος.

3. Le texte porte : quoniam nesciebat; on peut traduire « parce qu'il était ignorant. »

orthodoxe, tandis qu'il détruisait ce qu'il était censé construire sur la foi, parce qu'il n'ajouta pas ce qui convenait, mais, comme un ennemi, il détruisit même ce qui avait été bien dit.

Il (Apollinaire) combat sur ces deux points ceux qui pensent bien, comme s'il conduisait la troupe des orthodoxes, et il s'efforce d'introduire son erreur dans l'Église. Il a introduit la discorde.

Cette controverse n'avait pas lieu en Orient, et depuis longtemps elle avait disparu de l'église que j'ai trouvée à Constantinople; elle ne commença pas de mon temps, ni à Constantinople ni en Orient; car je n'étais pas encore en vie lorsqu'il y eut à ces sujets controverse et solution. A Constantinople ce n'est pas encore dans mes discours que cette question a commencé, mais au temps de ceux qui m'ont précédé.

Pourquoi donc me calomnies-tu en disant : « C'est lui qui a lancé cette question, » pourquoi m'appelles-tu « inventeur de nouveautés » et « cause de tumulte et de guerre », moi qui n'ai jamais lancé une telle question, mais qui l'ai trouvée à Antioche? Dans cette ville j'ai enseigné et parlé sur ces matières et personne ne m'a blâmé, [151] et je pensais que ce dogme était déjà rejeté. A Constantinople, comme je trouvais qu'ils cherchaient et avaient besoin d'apprendre, je me rendis à leur demande comme la vérité l'exigeait. Les factions du peuple qui combattaient à ce sujet vinrent ensemble au palais épiscopal; ils avaient besoin de la solution de leur dispute et d'arriver à la concorde [1]. Ils appelaient manichéens ceux qui donnaient le nom de Mère de Dieu à la bienheureuse Marie, et Photiniens ceux qui l'appelaient Mère de l'homme. Lorsque je les interrogeai, les premiers ne niaient pas l'humanité ni les seconds la divinité, ils confessaient ces deux points de la même manière, et n'étaient divisés que par les noms. Les partisans d'Apollinaire acceptaient « Mère de Dieu », et, ceux de Photin, « Mère de l'homme », mais, lorsque j'ai su qu'ils ne se disputaient pas selon le sens des hérétiques, j'ai dit que ceux-ci n'étaient pas hérétiques ni ceux là non plus, parce que (les premiers) ne connaissaient pas Apollinaire et son dogme, ni les autres le dogme de Photin ni de Paul. Je les ai ramenés de cette controverse et de cette dispute en disant : « Si, de manière indivisible, sans suppression ni négation de la divinité et de l'humanité, on accepte ce qui est dit par (les

---

1. **Nestorius résume** ceci dans sa lettre à Jean d'Antioche. Loofs, *op. cit.*, p. 185, 312.

deux partis) [152] on ne pèche pas; sinon servons-nous de ce qui est le plus sûr, par exemple de la parole de l'Évangile : *le Christ est né* [1], et du *Livre de la génération de Jésus-Christ* [2]. Par des (paroles) analogues, nous confessons que le Christ est Dieu et homme, et que d'eux [3] *est né, dans la chair, le Christ qui est Dieu sur tout.* Lorsque vous l'appelez « Mère du Christ » dans l'union et sans diviser, vous désignez celui-ci et celui-là dans la filiation. Servez-vous de ce qui n'est pas condamné par l'Évangile et bannissez cette controverse d'entre vous, en vous servant de paroles qui puissent recueillir l'unanimité. » Quand ils entendirent ces paroles ils dirent : « Notre question a été résolue devant Dieu [4]; » ils me quittèrent avec exultation et louange et demeurèrent dans la concorde jusqu'au jour où ils tombèrent dans le piège de ceux qui recherchaient l'épiscopat.

Les clercs d'Alexandrie, qui étaient pour ses affaires [5] (de Cyrille), conseillaient (à ceux de Constantinople), pour les tromper, de ne pas admettre la locution : « Mère du Christ »; ils intriguaient, troublaient, couraient partout, et se recommandaient en toute chose de cet auxiliaire, car ses clercs le tenaient au courant, de sorte qu'il était leur auxiliaire [153] en tout. Déjà auparavant il avait été blessé par moi et il ne cherchait qu'un prétexte, parce qu'il n'avait pas reçu [6] de ce qu'on appelle « bénédictions » [7]; et il était froissé parce que je n'aidais pas ses clercs. Le bruit courut sur moi et se fortifia — ce que je n'étais pas — que je négligeais celui qui était opprimé. Si ce bruit est vrai ou faux, Dieu le sait ! Cependant le bruit poussa ceux qui accusaient (Cyrille) et les encouragea à dire sur lui devant l'empereur des choses vraies ou fausses [8] dont ils demandaient [9] que je fusse juge.

Parce qu'ils me furent renvoyés et que je n'avais aucun motif de

1. Cf Matth., ɪ, 16.
2. Matth., ɪ, 1.
3. Des patriarches, cf. Rom., ɪx, 5.
4. C'est-à-dire « vraiment résolue ».
5. Le patriarche d'Alexandrie avait des représentants (*ou* chargés d'affaires) à Constantinople. C'est à eux en particulier que Cyrille écrit. Labbe, *op. cit.*, t. ɪɪɪ, col. 331. Voir aussi sa lettre à Théognoste, Charmosyne et Léonce, *P. G.*, t. ʟxxvɪɪ, col. 167.
6. Litt. : *non auxiliatus est.*
7. εὐλογία, présents ou dîmes.
8. Litt. : *dicibilia et indicibilia.*
9. Litt. . . . disant et me demandant .

refuser, j'envoyai chercher les clercs (de Cyrille) et je leur demandai de m'apprendre quelle était cette affaire. Mais ils se fâchèrent
et me dirent : « Comment ! Tu admets toute accusation contre
le patriarche d'Alexandrie[1] et tu ne condamnes pas aussitôt sans
examen les accusateurs comme des calomniateurs ! Il est facile à
ceux-ci d'accuser [2] ... (les clercs) d'Alexandrie, ce n'est pas sans nécessité que nous t'avons enlevé un tel pouvoir, car ce ne serait autre
chose qu'un dangereux encouragement aux accusations, tandis
qu'il t'est avantageux de te le garder (Cyrille) comme un bon ami,
et ne pas t'en faire [154] un ennemi, lui qui est renommé par (sa)
grandeur et qui est [3] parmi les grands. » Alors je leur répondis :
« Je n'ai pas besoin d'une amitié qui me rendrait coupable d'iniquité, mais seulement de celle qui opère sans acception de personne les œuvres de Dieu. » Je dis ces (paroles) et ils me ré-
pondirent : « Nous l'annoncerons donc au patriarche [4]. » Depuis
lors il fut mon ennemi sans réconciliation, et il était prêt à tout. Et
il fit naître d'abord une cause d'inimitié, afin de pouvoir me récu-
ser comme un ennemi, et d'user de fraude selon sa coutume
contre ses accusateurs et de couvrir les accusations portées contre lui. Voilà ce que faisait celui qui demandait [5] que le jugement fût confié à d'autres. Vous verrez que ce que je vous dis
est la vérité et non de la fantaisie, d'après la lettre qu'il écrivit
à ses clercs, qui se mêlaient de mes affaires, à Constantinople,
comme chacun le sait.

Lettre de Cyrille à ses clercs de Constantinople [6].

J'ai reçu et j'ai lu la requête que vous avez envoyée, qu'il faudrait
remettre à l'empereur et que vous n'avez pas voulu remettre sans mon

1. Litt. : « contre le pape (d'Alexandrie). »
2. Une phrase manque.
3. Lire *Ithaouhî.*
4. Litt. : « au pape. »
5. Litt. : « présentait une supplique. » — Cyrille dit en effet que Nestorius
ne doit pas espérer devenir son juge, sinon il en appellerait de son jugement.
Labbe, *loc. cit.,* col. 335 *b.*
6. C'est la fin de la lettre. Labbe, *loc. cit.,* col. 335 *d* : Τὸ δέ γε σχεδάριον τῆς
δεήσεως τὸ παρ' ὑμῶν ἀποσταλέν, ὡς ὀφεῖλον ἐπιδοθῆναι μὲν βασιλεῖ, οὐκ ἄνευ δὲ γνώμης
ὑμῶν, λαβὼν ἀνέγνων, ἐπειδὴ δὲ πολλὴν εἶχε καταδρομὴν κατὰ τοῦ ἐκεῖσε ἢ ἀδελφοῦ, ἢ πῶς
ἂν εἴποιμι, τέως ἐπέσχον, ἵνα μὴ ἐπάρχοιτο ἡμῖν λέγων· κατηγορήσαί μου ἐπὶ τοῦ βασιλέ-

consentement [155]. Comme elle renferme beaucoup d'accusations contre celui qui est là (Nestorius), si c'est un frère et s'il mérite que nous lui donnions ce nom [1], ne la remettez pas encore, de crainte qu'il ne s'élève contre vous et ne m'accuse comme hérétique devant l'empereur [2]. S'il en est autrement, en même temps que vous récuserez son jugement, vous direz aussi le genre de son inimitié, et s'ils veulent absolument pousser au jugement, vous le donnerez à d'autres autorités. »

NESTORIUS. Voilà pourquoi il est devenu mon ennemi. Écoutez encore le reste de sa lettre, pour voir qu'il n'agissait pas pour Dieu, ni pour la religion, ni pour la foi; au contraire, alors qu'il connaissait la foi, il passait par-dessus à cause de son inimitié contre moi. Il troublait et agitait tout, afin que (durant ce temps) ses propres hérésies fussent perdues et dispersées (oubliées).

Reste de la lettre de Cyrille [3].

Lisez donc l'écrit et [remettez-le s'il en est] [4] besoin; et si vous voyez qu'il continue à nous tendre des embûches, en vérité il en dresse de tout genre contre nous, faites-les nous connaître soigneusement, car je choisirai certains évêques pieux [156] et des moines [5], et je les enverrai au premier moment. Car *je n'accorderai pas le sommeil à mes yeux*, comme il est écrit [6], *ni l'assoupissement à mes paupières, ni le repos à mes tempes*, avant d'avoir combattu le combat pour le salut de tous.

ως. ὡς αἱρετικοῦ ὑπηγορεύσαμεν δὲ ἑτέρως, μετὰ τοῦ καὶ παραιτεῖσθαι τὴν αὐτοῦ κρίσιν, εἰπόντες καὶ τῆς ἔχθρας τὸν τρόπον, καὶ τὴν δίκην μετασπάσαι, εἰ ἐνίστανται ὅλως ἐκεῖνοι, εἰς ἑτέρους ἄρχοντας. Cf. *P. G.*, t. LXXVII, col. 68.

1. Litt. : « ou de quelque façon qu'il convienne que nous l'appelions. »

2. Le grec porte : « disant : vous m'avez accusé comme hérétique devant l'empereur. » Le syriaque pourrait porter *Qatâgrounoni* ou *Qatâgronouni* (verbe tiré de κατηγορέω) et serait alors une traduction fidèle du grec : « de crainte qu'il ne s'élève contre vous et ne dise : Ils m'ont accusé comme hérétique devant l'empereur. »

3. Ἀναγνόντες τοίνυν τὸ σχεδάριον, ἐπίδοτε, εἰ καλέσειε χρεία; κἂν ἴδοιτε ὅτι ἐπιβουλεύων ἐμμένει, καὶ ἀληθῶς πάντα κινεῖ τρόπον τὸν καθ' ἡμῶν ὁρῶντα, σπουδαίως γράψατε, καὶ ἐπιλεξάμενος ἄνδρας εὐλαβεῖς καὶ φρονίμους, ἐπισκόπους τε καὶ μονάζοντας, ἐξαποστελῶ πρώτῳ καιρῷ. οὐ γὰρ μὴ δώσω ὕπνον, κατὰ τὸ γεγραμμένον, τοῖς ὀφθαλμοῖς μου, καὶ τοῖς βλεφάροις μου νυσταγμόν, καὶ ἀνάπαυσιν τοῖς κροτάφοις μου, ἕως οὗ ἀγωνίσωμαι τὸν ὑπὲρ τῆς ἀπάντων σωτηρίας ἀγῶνα. Labbe, *Conciles*, t. III, col. 335-338.

4. Les mss. *C*, *S* omettent deux mots illisibles ; *V* les restitue mal.

5. Le grec porte : « choisissant des hommes pieux et sages : des évêques et des moines. »

6 Ps.. CXXXI, 4.

NESTORIUS. Vous avez entendu ce qu'il a confessé clairement sans aucun voile : Il pense que c'est lui faire tort que de faire une enquête contre lui; si je ne l'attaque pas pour lui nuire, lui non plus ne m'attaquera pas ; et il « lutte dans le combat pour le salut de tous ! » je suis, selon lui, « ami, pieux et pur en tout, » mais si je ne détourne pas les yeux de tes torts, à cause du jugement juste, tu t'indignes alors et tu m'appelles méchant et hérétique. Tu convoques des troupes de moines et d'évêques, et tu les envoies contre moi près de l'empereur pour m'accuser, et toi tu combats pour ton salut et non « pour le combat de tous, » mais plutôt « pour le combat contre le salut de tous. » Tu as tout troublé, confondu et égaré, et ainsi tu les as amenés à te servir d'instrument pour le mal, afin qu'ils ne voient pas, n'entendent pas et n'écoutent pas, quand même on (le) leur dirait des milliers de fois, que ce n'était pas « pour le salut de tous » que tu t'appliquais à faire cela, mais pour fuir devant tes accusateurs. Quelle inimitié avais-je en effet contre toi, pour que tu penses [157] que j'agissais ainsi pour te causer du tort ? Je n'ai eu de discussion avec toi pour rien : ni pour les affaires, ni pour les biens, ni pour la justice, ni pour (une) rivalité, ni pour une autre raison, ni avant que je fusse évêque de Constantinople ni depuis; mais nous étions éloignés en toute chose, autant qu'Alexandrie est éloignée de Constantinople, et que diffèrent les intérêts de celle-ci et de celle-là. Il y avait cependant une cause ; lui-même la proclamait clairement — c'est que je ne t'ai pas aidé à résister à tes accusateurs, qu'ils aient raison ou non. Puisque tu avais si peur et que tu as pris tant de précautions, ou a vu que les accusateurs avaient raison. On peut du moins apprendre de là à connaître son inimitié qui était prête à tout, mais (on le voit) encore par la lettre qu'il m'écrivit :

Lettre de Cyrille à Nestorius.

A notre religieux et aimé de Dieu collègue Nestorius, Cyrille, salut dans le Seigneur. Des hommes amis et dignes de foi sont venus à Alexandrie, et nous ont annoncé que ta sainteté était très enflammée contre nous et mettait en mouvement tout ce qui paraissait bon pour nous affliger. [158] Lorsque j'ai voulu connaître le chagrin de Votre Piété, on m'a dit : Une lettre est venue près des saints moines, et des hommes d'Alexandrie la colportent, c'est la cause de cette haine et de ce chagrin. J'ai donc été étonné que Votre Piété n'ait pas réfléchi plutôt, que ce n'est pas la lettre écrite

par nous qui a précédé le trouble qui a lieu dans la foi, mais bien des choses
dites ou non dites, nous n'en savons rien, par Votre Piété; du moins il y a
des écrits de doctrine que certains colportent, et nous avons travaillé en
cherchant à redresser les choses de travers [1].

NESTORIUS. Telle est la première lettre d'amitié qui m'a été
écrite ; jugez par là de ce qu'il avait écrit auparavant contre moi.
Dis-nous le motif pour lequel tu as écrit: Un tel trouble avait été excité par mes enseignements (au point) qu'ils agitaient tout Alexandrie où on les lisait et même tous les moines de l'Égypte, j'omets
et Rome et les villes qui en dépendent, je mettais en mouvement,
tout l'Orient ensemble [2], de sorte que tu as été obligé de faire
la lettre aux moines et de là de me transmettre aussi ta lettre pour
que j'en sois affligé, car tu as su que j'en étais affligé. Pourquoi
donc n'as-tu pas commencé par m'écrire une lettre d'amitié [159]
qui m'aurait renseigné sur le trouble, sur la cause du trouble et
sur la manière de le faire cesser, comme un ami à son ami [3],
ou comme à un évêque, ou comme à un frère, ou à cause du scandale de l'Église, ou parce que tu étais persuadé que les enseignements étaient de moi, ou parce que tu ne le savais pas et que
tu voulais l'apprendre pour délivrer ton âme du blasphème et
du mal, ou pour me conseiller ce qu'il convenait de faire ? Mais
tes lettres contre nous ont été répandues dans Alexandrie et ont
troublé les moines, elles sont parvenues même à Constantinople,
tu as rempli de trouble contre moi toutes les églises et tous les
monastères, au point que même les insensibles se sont émus ;
voudrais-tu donc que je ne me sois pas ému ! Et pourquoi tout
cela ? sinon parce que tu faisais et préparais avec grand soin une
œuvre d'inimitié ; tu m'as écrit une lettre d'ennemi [4] qui montrait

---

1. Ἄνδρες αἰδέσιμοι καὶ πίστεως ἄξιοι παραγεγόνασιν ἐν Ἀλεξανδρείᾳ. εἶτα μετέδοσαν
ὡσανεὶ καὶ τῆς σῆς θεοσεβείας ἀγανακτούσης σφόδρα, καὶ πάντα κάλων κινούσης εἰς τὸ λυ-
πεῖν ἐμέ. βουλομένῳ δέ μοι τῆς σῆς θεοσεβείας τὴν λύπην ἀναμαθεῖν, ἔφασαν ὅτι τὴν πρὸς
μοναστὰς ἁγίους γενομένην ἐπιστολὴν περιφέρουσί τινες τῶν ἀπὸ τῆς Ἀλεξανδρείας, καὶ ἡ
τοῦ μίσους ἀφορμὴ καὶ τῆς ἀηδίας αὕτη γέγονε. τεθαύμακα τοίνυν εἰ μὴ ἐκεῖνο μᾶλλον ἡ σὴ
θεοσέβεια καθ' ἑαυτὴν ἐλογίσατο; οὐ γὰρ πρότερον ἐμῆς γραφείσης ἐπιστολῆς ὁ ἐπὶ τῇ πίστει
γέγονε θόρυβος, ἀλλ' ἢ εἰρημένων τινῶν παρὰ τῆς σῆς θεοσεβείας, ἢ καὶ μή ; πλὴν χαρτίων,
ἤγουν ἐξηγήσεων περιφερομένων, κάμνομεν ἡμεῖς, ἐπανορθοῦν θέλοντες τοὺς διεστραμμένους.
Labbe, *op. cit.*, t. III, col. 314 *b.*

2. Toutes ces inculpations figurent dans la lettre de Cyrille. Labbe, *loc. cit.* 314 *d.*

3. Cyrille proteste de son amitié pour Nestorius. Labbe, *loc. cit.*, col. 331 *a.*

4. Le texte porte le pluriel.

que tu es mon ennemi et non seulement à moi, mais à tous ceux qui se complaisent dans le trouble, tu les as séparés et éloignés de moi. Tu en as encore écarté d'autres de moi, par manque de sens ou d'intelligence ou à cause de leur simplicité incapable de discernement, et tu les as troublés [160] afin que — sous prétexte de leurs âmes, dont tu t'occupais pour les diriger parce que tu les aimais — ou bien je cesse d'écouter tes accusateurs et ceux qui devaient t'accuser et qui étaient déjà armés contre toi, puis, lorsque tu aurais obtenu cela, il te serait facile de faire tout ce que tu voudrais au sujet des biens; ou sinon, en m'opprimant, tu fasses croire que c'est pour la religion [1] que tu es mon ennemi, et, que pour cette raison je sois récusé de ma charge de juge. Cela n'est pas caché, mais connu de tous et a été propagé partout, d'après cette inimitié que tu as préparée, parce que tu voulais que tous en soient témoins ; bien que je ne dise rien et que je ne blâme rien de ce que tu préparais, chacun peut s'en rendre compte. De plus lorsque tu t'élevais contre moi comme contre un impie, et que tu excitais tous les troubles et tous les scandales, tu regardais tout cela comme rien et tu indiquais une solution facile en disant [2] : que « nous fassions la grâce de dire cette parole pour laquelle l'Église était scandalisée, à savoir, de dire Mère de Dieu à la bien-heureuse Marie. » Il ne dit pas : « tu dois, » mais : « tu feras la grâce. » Non pas pour la chose elle-même, mais pour ceux qui, « à cause de leur faiblesse, ne peuvent examiner les choses dites par toi et qui sont scandalisés [3]

(Ici un cahier a été arraché au manuscrit.)

[161] disant [4].

SOPHRONIUS. Mais nous étions fatigués d'attendre : beaucoup étaient morts ou étaient malades et manquaient de beaucoup

---

1. Le ms. *V* porte : « à cause de la mère de Dieu. »

2. ἐπανορθούσθω ταῖς ἐπισκέψεσι, καὶ λέξιν χαρίσασθαι τοῖς σκανδαλιζομένοις καταξίωσον, θεοτόκον ὀνομάζων τὴν ἁγίαν παρθένον, ἵνα θεραπεύσαντες τοὺς λελυπημένους... ἐπιτελῶμεν. Labbe, *op. cit.*, t. III, col. 315 *a*.

3. Il manque sans doute la fin de la première lettre de Cyrille ; sa seconde lettre sera discutée plus loin (I, 3).

4. Nestorius demande certainement pourquoi on n'a pas attendu le patriarche d'Antioche et ses évêques avant d'ouvrir le concile d'Éphèse. C'est « la question des juges » dont parle le sommaire, *supra*, p. 4.

de choses ; c'est pour cela que nous avons été obligés de nous
réunir et de porter une définition [1].

NESTORIUS. Jusqu'à quand, dis-tu, (avez-vous attendu) ? Jusqu'à
ce que vous ayez fait les choses qui vous préoccupaient et vous
tracassaient : Vous craigniez que tout le concile ne fût réuni et
que votre cause ne fût instruite ? Jusqu'alors vous étiez malades,
vous vous mouriez et vous ne pouviez pas prendre de nourriture.
Mais quand vous avez eu fait cela, comment êtes-vous demeurés
si longtemps sans souffrir d'aucun de ces (inconvénients) [2],
si ce n'est parce que vous étiez délivrés d'inquiétude à ce
sujet ? aussi vous avez dédaigné et méprisé Candidianus qui voulait empêcher la tenue d'un concile partiel. Vous aviez la force
de faire cela, ne vous laissant pas convaincre par ce qui vous sert
d'ordinaire pour convaincre même les infidèles : Vous avez regardé
comme rien les promesses et les serments devant Dieu et devant
l'empereur, par lesquels vous aviez juré de ne rien faire, mais
d'attendre le concile oriental [162] qui était à la porte [3]. Il y en
avait qui persuadaient l'empereur, et vous n'avez pas observé
la parole de Dieu. Et, avant l'ordre de Candidianus, vous aviez
entendu la protestation que vous ont adressée les évêques qui ne
se sont pas joints à votre concile partiel ; ils étaient au nombre de
soixante-huit, non des moindres ni des inconnus, mais c'étaient
des métropolitains. Candidianus était allé avec eux et leur avait
appris les choses faites récemment.

Protestation des évêques qui ne s'associèrent pas à Cyrille [4].

La foi de la vraie piété est connue d'abord par la prédication des Livres
saints et bénis, ensuite par la réunion à Nicée des saints Pères qui, selon
leur nombre [5], portaient sur leurs membres les cicatrices des souffrances.
A l'occasion de diverses questions et controverses, l'empereur fidèle et

---

1. τόπος. Sophronius se donne donc comme l'un des évêques d'Éphèse hostiles à Nestorius.

2. Les évêques qui ont déposé Nestorius le 22 juin 431, parce qu'ils ne pouvaient pas attendre durant quatre jours l'arrivée de Jean d'Antioche, n'ont
tenu leur septième session que le 31 juillet, et Cyrille n'est rentré à Alexandrie que le 30 octobre.

3. Cf. *infra*, p. 99, n. 2.

4. La traduction latine de la présente lettre se trouve dans Lupus, *Variorum
patrum epistolæ*, c. VII, p. 26. Le même sujet est repris et développé dans la
lettre aux empereurs. Labbe, *op. cit.*, t. III, col. 564-568, ou Loofs, *op. cit.*, p. 186.

5. C'est-à-dire : « tous ».

craignant le Christ [1], convoqua par lettres à Éphèse le corps sacerdotal des orthodoxes de tout lieu ; ici, comme d'habitude, il était guidé par son zèle pour la vérité. Nous nous sommes réunis tous par la grâce de Dieu, mais à notre réunion manque le saint et pieux Jean, évêque d'Antioche, [163] — son arrivée est à la porte (prochaine), comme nous l'ont fait connaître ses lettres qui viennent de nous être écrites [2], ainsi que l'officier et les hipparques [3] que nous avons envoyés près de lui — avec d'autres pieux évêques de l'Occident [4]. Votre Révérence [5] nous a fait savoir que vous vous ennuyez d'attendre ici et que vous avez hâte de faire l'examen demandé par l'empereur, même avant l'arrivée des évêques pieux dont nous venons de parler ; c'est pourquoi nous avons envoyé cet écrit à Votre Révérence, pour que vous attendiez l'arrivée des excellents évêques nos collègues, et pour que vous ne receviez pas témérairement ceux qui ont été anathématisés, ni ceux qui sont privés de leur épiscopat depuis longtemps ou depuis peu ; on sait ce que les saints canons commandent à ce sujet, et ceux qui les transgressent ne tombent pas sous une petite peine, laquelle ne peut être enfreinte en aucune manière par le saint concile. Que Votre Révérence sache encore que tout ce qui se ferait par l'audace des gens téméraires se trouverait retourné contre votre audace par le Christ, maître de tout, et par les saints canons.

[164] *Signatures des évêques* [6].

NESTORIUS. Lisez aussi l'admonition faite par l'illustre Candidianus, comte des domestiques [7], et vous verrez encore par là la violence qu'ils firent sans vergogne et sans pudeur, et qu'il ne trompe pas maintenant. Mais après le témoignage des évêques qui avaient pris ce prétexte, à savoir qu'ils étaient fatigués — parce que l'évêque d'Antioche avec les évêques orientaux approchaient

1. *Piissimus et amicus Christi*, Lupus, *loc. cit.*, Le grec portait sans doute εὐσεβέστατος καὶ φιλόχριστος.

2. Jean écrivait εἰμὶ γοῦν ἐπὶ θύραις. Labbe, *op. cit.*, t. III, col. 446 a.

3. Le syriaque transcrit les mots grecs μαγιστριανός et ὕπαρχοι. Le latin porte : *Præfectianos atque magistrianos*. Le *magistrianus*, d'après Du Cange, est « le ministre du maître des offices ».

4. καὶ ἄλλοι ἐκ τῆς δύσεως θεοφιλέστατοι ἐπίσκοποι, Labbe, *loc. cit.*, col. 565 b. On dit au même endroit que les évêques d'Italie et de Sicile n'étaient pas arrivés.

5. Litt. : « votre Pureté », Le latin porte *vestra Reverentia*.

6. Le latin porte les noms de soixante-huit évêques qui peuvent donc être regardés comme favorables à Nestorius, même avant l'arrivée de Jean d'Antioche et de ses suffragants. Si ceux-ci étaient arrivés à temps, Nestorius aurait donc été soutenu par une centaine d'évêques et le concile aurait été partagé en deux parties presque égales. Mais Nestorius racontera plus loin p. [367-368] [373] comment on s'y prit pour diminuer le nombre de ses partisans.

7. Κανδιδιανὸς κόμης τῶν δομεστίκων, Labbe, *op. cit.*, t. III, col. 442 e.

des portes, comme l'apprirent les lettres de Jean et le rappor-
tèrent les officiers qui avaient été envoyés dans leurs préfectures[1];
alors, lorsqu'ils entendirent cela — comme d'un accord commun, ils
firent du bruit, ils se mirent à crier, à vociférer et à injurier, pour
faire sortir les évêques qui avaient été envoyés près d'eux et pour
les chasser, au point que les coups qu'ils leur portaient furent
entendus du comte Candidianus. Après les avoir ainsi honteusement expulsés, ils se retournèrent contre le (comte), pour le cap-
tiver : ils soutenaient de leurs mains ceux qui, à cause de la faim
et des maladies, ne pouvaient se tenir debout et ils n'écoutèrent
pas ce qu'il leur disait ni les lettres que l'empereur envoya à tous.
[165] Celui-là leur ordonnait de ne pas tenir un concile partiel,
mais, en commun, de décréter aux voix ce qui se ferait au concile. Mais, comme un sage au milieu des fous, il semblait insensé
en disant cela parce qu'ils ne voulaient pas l'entendre. Il ordonna
donc de lire devant eux l'ordre impérial, qui ne devait pas être
lu avant que tous les évêques ne fussent réunis. Quand il eut
fait cela, on n'en tint aucun compte[2].

Extrait du contenu de la lettre qui portait[3] :

Nous avons ordonné à Candidianus, comte illustre, de venir à votre
saint concile, sans prendre part en rien aux discussions[4] que vous ferez;
car nous avons pensé que celui qui n'est pas compté au nombre des évêques,
ne doit pas se mêler à la discussion des ordres[5] ecclésiastiques et à l'investigation de la foi.

Il ne lui était pas dit de ne pas prendre part au concile, mais « à
l'investigation de la foi. » (Il avait ordre) de ne pas permettre qu'il
y eût un concile partiel, avant que n'eût lieu la réunion de tous
les évêques. Parce qu'il avait été obligé de lire cela — il ne fallait
pas le lire avant l'arrivée de tous les évêques — lui qui venait
de ce côté (de chez les adversaires), [166] ils l'expulsèrent avec de

---

1. ὑπαρχίας, peut-être : « qui avaient été envoyés en ambassade par eux. »
Ceci répond au latin *præfectiani et magistriani* de la lettre précédente. Le dernier mot est seul resté dans le grec, cf. Loofs, *op. cit.*, p. 187, lig. 35. D'après le
latin, ces officiers étaient envoyés « par Jean » et non pas « près de Jean ».

2. Cf. Lupus, *op. cit.*, c. IX-XI, p. 33-37, et *infra*, p. 102-104.

3. Labbe, *op. cit.*, t. III, col. 442 e.

4. Le grec porte : « aux discussions *qui concernent les dogmes.* »

5. τάξις. Le grec porte : σκέμμα.

nombreux cris, des coups de sifflets et des menaces de mort [1]
s'il prenait part à l'examen commun au concile. Et dorénavant
ils se nommèrent d'autorité « concile général », parce que ceux qui
étaient présents étaient nombreux ; tandis que ceux qui n'avaient
pas pris part à la discussion les conjuraient en leur disant : « Il
nous faut attendre ceux dont l'arrivée est à la porte, » c'est-à-
dire le chef du concile. Et pour ne pas laisser parmi eux le comte
qui était chargé de veiller à leur bon ordre, ils disaient : « Qu'il
n'assiste pas à la discussion de la foi et à l'examen des affaires ecclésiastiques. » Mais ils agissaient en tout par leur autorité et n'obéissaient pas à l'ordre impérial qui leur montrait clairement qu'il (le comte) avait été envoyé pour empêcher les troubles et les schismes qui avaient lieu. Écoutez en effet les écrits
de l'empereur qui furent envoyés par Candidianus :

De la lettre [2] de l'empereur [3].

Afin que votre Piété se réunisse dans la ville des Éphésiens, nous avons
écrit d'avance ce qu'il fallait ; mais, comme il faut encore prendre soin du
bon ordre des délibérations, qui auront lieu dans votre concile sur la question pour laquelle vous vous êtes réunis [167 nous n'avons pas négligé non
plus ce (point), mais nous vous avons avertis d'être sans trouble en tout.
Nous sommes persuadé que votre Piété n'a pas besoin de secours extérieurs
pour que vous vous appliquiez à la paix ; mais il nous appartenait de ne
pas négliger notre sollicitude pour la cause [4] de la vérité.

C'est pourquoi nous avons envoyé le comte Candidianus à votre concile
sans qu'il prenne part en rien aux choses que vous étudierez. Car nous avons
pensé qu'il ne faut pas que celui qui n'est pas compté au nombre des
évêques se mêle à la discussion des ordres [5] ecclésiastiques et à l'examen
de la foi, mais il chassera de la ville les séculiers et les moines qui s'y sont
réunis à cause de cela et qui sont avec vous, parce qu'il ne convient pas à
de tels hommes de se trouver dans votre réunion, de crainte qu'ils n'excitent
des troubles et que, par là, ils n'entravent ce que vous examinez comme il
convient et ce que vous faites comme il faut. Il prendra soin que personne
n'introduise de division pour cause de discorde, de crainte que pour ce
motif votre examen ne soit empêché ainsi que la sincérité de la vraie

1. Nihil eorum, quæ a me dicta sunt, servatum est, sed a vobis injuriose ac
violenter expulsus sum, cf. Lupus, *op. cit.*, c. IX, p. 34, *infra*, p. 104.

2. Θεῖον γράμμα ; en latin : *sacra*.

3. Labbe, *op. cit.*, t. III, col. 442 d.

4. Litt. : « question ».

5. τάξις. Mieux vaut « affaires » comme le grec.

consultation qui a lieu entre vous. Chacun écoutera avec patience ce qui
est dit, quelqu'un sera aussi prêt à répondre, ou plusieurs y répondront,
et ainsi par demandes, par réponses et par solutions, la question sur la
vraie foi sera jugée sans contestation et, par l'investigation commune de
votre Sainteté, elle prendra une heureuse fin sans querelle.

[168] NESTORIUS. Ils ne laissèrent pas lire cela, et ils ne voulaient pas écouter celui qui leur disait « de prendre soin que personne n'introduisît de division pour cause de discorde, de crainte
que pour ce motif la recherche de la vraie foi ne fût empêchée ainsi
que la sincère consultation entre vous. Chacun écoutera avec
patience ce qui est dit, quelqu'un sera aussi prêt à répondre ou
plusieurs y répondront [1], et ainsi par demandes, par réponses
et par solutions, la recherche sur la vraie foi sera jugée sans
aucune dispute, et l'investigation commune de votre Sainteté
prendra une heureuse fin sans querelle. » Parce qu'ils savaient
ces choses, ils ne permettaient pas qu'on les lût, ils cachaient cette
parole qui, semblable à une prophétie divine, montrait clairement
ce qui se faisait par eux, ou bien, d'après l'indice de ce qui avait
été fait par lui (Cyrille), l'empereur devinait ce qu'il était capable
de faire et il l'indiquait par avance dans ses écrits. Car de petits
indices suffisent pour donner une petite indication des habitudes
de l'âme, bien que ces choses ou de semblables ne fussent pas encore arrivées, et aussi que celles d'après lesquelles il (Cyrille) aurait
pu être connu, ne fussent pas encore devenues publiques. Cependant
Dieu révéla tout ce qui le concernait pour qu'ils devinssent [2] pour
eux-mêmes les juges des choses [169] qui devaient arriver ; qu'ils
ne pussent penser qu'ils avaient agi sans connaissance, et qu'ils
ne connaissaient pas le mode de la discussion et de l'examen; ils
ont dit, dans leur transgression [3], des choses qui contredisent les
paroles de l'empereur. Est-ce donc par division et par un prétexte
de dispute qu'une sincère controverse est résolue par ceux qui
cherchent sincèrement ? N'est-ce pas avec impartialité et patience pour les choses qui sont dites, de la part de ceux qui écoutent ?
Est-ce en proposant seulement toutes les choses sur lesquelles
il y a controverse ? ou n'est-ce pas en les opposant les unes aux
autres et en les examinant par demande et par réponse, jus-

1. Lire *nachfkon*, comme plus haut.
2. *Sic S, C* ; « que ces choses devinssent » *V*.
3. Litt. : *obiter*.

qu'à ce que la question étudiée subsiste sans controverse [1] ? Est-ce avec hâte ou sans hâte, quand on recevra une demande, qu'on donnera la solution et la réponse qui lui convient ? Qu'y a-t-il là qui n'ait pas été dit avec vérité ? Mais cet ordre ne t'a pas plu, parce que tu voulais vaincre et non trouver la vérité.

Que ferai-je maintenant ? Accuserai-je Candidianus de ne pas avoir gardé les lettres impériales et d'avoir fait une telle sédition d'évêques contre les évêques leurs collègues et aussi contre lui qui avait ordre de veiller à leur garde et à leur bon ordre ? Mais il cherchait à persuader à l'aide de paroles ceux qui n'étaient pas portés à écouter des paroles, eux qui avaient besoin de quelqu'un pour les conduire malgré eux, selon l'ordre de l'empereur, qui était proclamé juste par tous ; il ne lui convenait pas d'ailleurs d'être autre chose qu'un [170] porte-parole, il parlait et on lui répondait par question et réponse. Cependant ce qui était fait pour tromper était regardé par eux comme un jeu. Je n'ai rien non plus à dire ; car il les conjurait, d'après ses ordres, de ne rien faire avant que tous ne fussent réunis, selon l'ordre impérial, mais ils ne voulurent même pas entendre l'ordre impérial. Écoutez donc aussi son admonition :

Admonition faite par l'illustre comte Candidianus, pour qu'ils ne se réunissent pas avant que tous les évêques ne fussent arrivés [2].

A saint Cyrille, évêque d'Alexandrie et métropolitain, et aux évêques qui se réunirent avec lui : Flavius Candidianus, grand et illustre comte des très saints domestiques [3].

Depuis que je suis venu à la ville d'Éphèse, je n'ai rien demandé d'autre à votre concile saint, que de terminer, dans la paix et la concorde, les affaires de la foi orthodoxe, comme le fidèle victorieux (empereur) l'a ordonné ; Votre Piété le sait. Il me suffit du témoignage de la vérité, que je ne me suis occupé de rien autre plus que de cela. Lorsque j'ai appris que vous alliez vous réunir dans la sainte église contre la volonté des autres évêques, avant l'arrivée de Jean, évêque d'Antioche, et [171] des évêques qui l'accompagnent, je n'ai pas cessé, depuis la veille du jour où vous étiez prêts à faire cela, de prier et de conjurer chacun de vous de ne pas penser à faire un concile partiel.

Encore le jour suivant, lorsque vous étiez assemblés dans la sainte

---

1. L'auteur reprenait sans doute ici la dernière phrase de l'empereur.

2. Se trouve dans *C. Lupus, Variorum patrum epistolæ,* Louvain, 1682, c. IX, p. 33.

3. καθιστωμένων δομεστίκων.

église même, je n'ai pas hésité à venir en hâte près de vous et à vous faire
connaître ce que voulait l'empereur fidèle, bien que ceci fût superflu,
puisque vous l'aviez déjà appris par les lettres qui vous avaient été adres-
sées par sa Puissance. Quoi qu'il en soit, je vous ai instruits de la volonté
de notre pieux empereur en vous disant que sa volonté est celle-ci : que
votre foi fût établie sans discorde ni trouble, par tous avec concorde,
et qu'il ne veut pas que le concile eût lieu par parties, parce que la foi de
notre orthodoxie[1] serait conduite par là à la discorde et au schisme. De plus,
lorsque votre Révérence nous a demandé que la lettre[2] du fidèle et pieux
empereur, qui avait été envoyée au saint concile, fût lue, je fis d'abord
difficulté de le faire — je ne refuse pas de le dire — parce que ceux qui avaient
reçu ordre d'être au saint concile, n'étaient pas encore venus et réunis.

Mais lorsque votre Piété m'a dit qu'elle ne savait pas ce que l'empereur voulait et ordonnait qui fût, il me parut [172] nécessaire, bien que tous les évêques ne fussent pas présents, de vous présenter sa lettre adorable et auguste.

De nouveau, après que vous avez connu la volonté de sa Domination,
je n'ai pas cessé de vous donner les mêmes exhortations, demandant à
vos Révérences et vous suppliant de ne rien innover avant que tous les
saints évêques ne fussent réunis au concile, mais d'attendre durant seulement quatre jours, saint Jean, évêque d'Antioche, métropolitain, et ceux
qui l'accompagnent, et ceux encore qui sont avec le saint et pieux Nestorius, évêque de Constantinople, afin — lorsque vous serez ensemble et que
tout le saint concile sera réuni en un — que vous puissiez étudier, réunis ensemble, s'il y a quelque chose à examiner ou quelque chose à discuter, ce à
quoi nous sommes superflus. Alors, par le consentement unanime de vous
tous, on reconnaîtra celui qui se trouve croire comme il n'est pas permis
et en dehors des canons, (on saura) si vous professez tous l'orthodoxie et
si vous révérez la foi des saints Pères. Ces choses donc, non seulement je
vous les ai conseillées souvent, mais je vous ai suppliés à leur sujet.

Parce que vous n'avez rien accepté de ce qui a été dit par moi, mais
que j'ai été violemment expulsé par vous, [173] j'ai cru nécessaire de vous
faire connaître par cette protestation et de vous enjoindre par cet édit[3]
de ne rien innover, mais d'attendre l'arrivée de tous nos saints Pères les
évêques, et, lorsque vous serez d'un avis commun, de juger ce qui appartient
à la sainte Église catholique. Si quelqu'un, sous l'impulsion de sa propre
autorité, veut changer quelque chose à ce qui a paru (bon) à la Principauté
pure, immortelle[4], qu'il sache que c'est à lui-même qu'il fera tort et qu'il
ne nuira à personne.

1. ou : « notre foi orthodoxe. »
2. *Sacra.*
3. διάταγμα.
4. « à l'empereur. » L'ancienne version latine porte : *quæ ab immortali et
optimo Vertice jussa sunt.*

Je ne crains pas de vous le répéter encore : Que votre Sainteté soit persuadée et sache que voici ce que veut notre empereur pieux : c'est qu'en présence de tous les saints évêques qui ont été convoqués par sa Puissance, tout ce qui est controversé soit tranché et la vraie foi mise en évidence. C'est pourquoi j'ai mis en tête de cette protestation [1] la lettre (sacrée) qui a été envoyée à votre saint concile ainsi que les lettres qui m'ont été écrites par sa Principauté [2] afin que par tout ceci, lorsque vous aurez connu sa volonté, vous cessiez ce que vous avez présumé de faire. [174] Sachez encore qu'un exemplaire de cette lettre a été envoyé à notre maître le pieux empereur [3].

NESTORIUS. Lorsque ces choses furent exposées et lues devant eux, est-ce que cette impétuosité qui leur enlevait la raison diminua? Eurent-ils honte de quelque chose ? Craignirent-ils les blâmes et les témoignages? Respectèrent-ils leurs chefs et l'empereur lui-même et ceux qui les jugeaient d'après les lois divines et les canons des Pères ? Ils méprisèrent tout ; ils avaient en effet les choses qui leur étaient transmises par le Pouvoir et toutes celles qui étaient contre moi, ils les regardèrent comme un jeu. A mon avis, Candidianus le savait, et il était effrayé par eux, il les arrêtait seulement par des paroles et n'osait pas en arriver aux actes et contrister ceux qui faisaient de telles choses. Sur quoi as-tu compté (Cyrille) pour faire ce que les barbares eux-mêmes n'osèrent jamais faire ? Admettons que tu n'étais pas mon ennemi, ni mon accusateur ; du moins tu étais juge, comme tu t'étais établi avec le reste des autres, je dis même que tu étais plus. Le temps du jugement arriva aussi, auquel il fallait que nous fussions jugés ; ceux qui jugeaient avec toi ne vinrent pas et vous [175] avez été obligés de les appeler. Tu voulais amener à ton sentiment tous ceux qui étaient présents. Pour moi qui demandais qu'il y eût un jugement, je protestais à tous qu'on ne devait pas me juger avant que fussent assemblés tous ceux qui avaient été appelés pour juger.

Ton jugement avait une base excellente si tu n'avais pas jugé comme tu as été appelé [4]. — Mais (diras-tu) cela t'était

---

1. διαμαρτυρία.

2. Ici et plus haut l'ancienne traduction latine porte *Divinitas*.

3. Le latin ajoute : *Propositum est decimo kalendas julii, in Ephesina civitate* (22 juin 431).

4. *V* porte : « comme tu as été établi (pour juger). » Le sens doit être : « tu aurais bien fait de ne pas accepter le rôle de juge que l'on t'offrait

difficile. — Tu avais le pouvoir de t'en **aller et de faire** comme si tu ne pouvais pas juger dans ta cause. — Ce n'est pas que je ne suis pas venu, mais je ne pouvais pas (m'en) aller[1]. — Il te fallait donc le faire savoir à celui qui avait le pouvoir, et il aurait désigné la présidence ; car, personne ne croyait que tu choisirais la présidence pour toi-même ; c'est ainsi (cependant) que les choses se passèrent ; n'est-ce pas Dieu qui vous a forcés à écrire ces choses-là, lorsque vous vous excusiez et que vous accusiez Candidianus et Jean et Irénée, homme qui vivait pour Dieu et qui le servait dans ses biens, dans son âme et dans son corps. Parce que ce qu'ils ont fait ne lui a pas plu, ils se sont mis à le calomnier, — afin que vous appreniez d'eux-mêmes leur audace barbare et sauvage et impie.

Lorsque (le bruit) arriva[2] à l'empereur de ce qu'ils avaient osé contre la loi portée pour eux par Candidianus et de ce qu'ils avaient fait contre eux[3] il leur répondit clairement à tous ; [176] il convient que vous l'entendiez, afin que par là vous appreniez tous en même temps comment Dieu les a tous condamnés[4] de leur bouche dans le tribunal même.

Des lettres impériales qui furent envoyées par **l'officier**[5] **Pallade.**

Notre Pouvoir[6] a appris par les lettres de Candidianus, l'illustre comte des très saints domestiques, que ce qui s'est passé à Éphèse, métropole, a eu lieu dans le tumulte et non comme il convenait. Car tous les pieux évêques auxquels j'avais fait dire de se réunir ne s'étaient pas encore réunis et l'arrivée de saint Jean, évêque d'Antioche, avec d'autres métropolitains, était très prochaine ; de plus même les évêques qui étaient présents ne se concertèrent pas et ne s'accordèrent pas ensemble ; de plus il n'y eut pas d'investigation de la foi comme il fallait, ou selon les lettres qui avaient toujours été envoyées par nous. Mais l'inimitié de certains pour certains est évidente et, à cause de cela, ils se sont appliqués à **agir** selon leur opinion, sans pouvoir même user d'un voile, ni faire croire à quelqu'un qu'ils ont fait avec réflexion ce qu'ils ont fait. En conséquence, il a paru (bon) [177] à notre Empire[7] qu'il n'y eût aucune place pour l'audace

---

1. Peut-être : « je ne pouvais ni ne pas venir, ni m'en aller. »
2. Nous lisons ce verbe au féminin, sinon il faudrait traduire : « lorsqu'ils allèrent trouver l'empereur, ceux qui... »
3. C'est-à-dire : contre Candidianus, Jean et Irénée.
4. Le texte ajoute : « pour moi. »
5. μαγιστριανός. Cette lettre se trouve dans Labbe, *op. cit.*, t. III, col. 704.
6. Ou : « notre Empire. » Le grec porte : « notre Piété. »
7. Le grec porte ici βασιλεία.

de personne, et que tout ce qui a été fait par eux contre ce qui convenait fût annulé. Que l'on commence par étudier les paroles touchant la foi, comme il nous a paru bon et selon la décision et le bon plaisir de tout le concile, pour être observées désormais. Notre Pouvoir n'admet pas ce qui a été fait avec ruse par anticipation.

Ce sont les paroles de l'empereur.

Écoutez encore le rapport [1] que ceux-là envoyèrent à l'empereur; ils y accusaient Candidianus de leur avoir menti par amitié pour moi et de n'avoir pas dit la vérité à l'empereur; ils défendaient aussi ce qu'ils avaient fait contre moi. Par là surtout vous apprendrez leur effronterie et aussi leur puérilité : ils jouaient comme avec un enfant et dédaignaient de se défendre devant lui [2]. Voici ce qu'on leur reprochait : « Pourquoi, avant que tout le concile ne fût réuni, avez-vous fait un concile partiel ? Vous avez montré par là que ce n'est pas par piété, mais par inimitié personnelle, que vous avez tout fait et que vous n'avez pas attendu, avec une conscience pure, que tout le concile fût réuni. » Ils n'ont donné aucune réponse à cela et l'accusation demeure telle quelle.

Du rapport [1] [178] que Cyrille envoya à l'empereur contre le rapport envoyé par Candidianus [3].

Nous montrons par là qu'aucune [4] inimitié contre Nestorius ne nous a poussés, mais nous avons défini la doctrine de la piété et lorsque nous l'avons comparée à celle de Nestorius, il est apparu que celle-ci méritait des reproches, et d'après les lettres écrites par Nestorius et d'après les homélies [5] qu'il a faites, nous avons porté la sentence en public, le saint Évangile étant placé au milieu, et nous montrant [6] que le Christ, maître de l'univers, était présent (parmi nous) !

NESTORIUS. C'est comme ceux qui étaient accusés d'avoir transgressé les serments et qui déclaraient par serments ne les avoir pas transgressés, mais ne répondaient pas sur leurs actes. Voici en effet l'accusation : « Pourquoi avez-vous transgressé l'ordre général, et n'avez-vous pas attendu tout le concile, comme vous

---

1. ἀναφορά.

2. C'est-à-dire : « ils ne prenaient pas ses accusations au sérieux et ils n'y répondaient pas. »

3. Labbe, op. cit., t. III, col. 748 b.

4. Le syriaque donne le mot à mot de οὐδεμία, « pas une ».

5. Le grec porte διαλέξεις.

6. Sic le grec. Lire mekhavio lan, καὶ δεικνύντος ἡμῖν

aviez été appelés tous ensemble ? » Ils n'ont donné aucune réponse à cela [7]; et (encore) : « Pourquoi, en sus de cela, les évêques
qui étaient présents n'ont-ils pas tenu conseil en commun avec
leurs collègues [179] qui étaient près d'eux [1], (pour savoir) s'il
fallait que vous attendiez tous ? » Ils n'ont pas même répondu
à cela. « Pourquoi n'avez-vous pas fait cela d'un accord commun,
mais avez-vous séparé et divisé, dans un (seul) concile d'évêques, ceux qui étaient présents de ceux qui allaient venir, au
lieu que, après un examen (fait) avec eux, la décision de la foi
fût prononcée? » Ils n'ont pas encore répondu à cela, mais par une
hâte sans discrétion, et par l'attachement à ce qui leur plaisait,
ne voulant pas que (les absents) fussent juges avec eux, ils en
ont fait pour eux des étrangers à la foi [2]. Tu n'as pas abdiqué ton
effronterie, que tu méditais depuis le commencement, et pour laquelle tu as attiré l'évêque de Rome aussi à la défection et tu as
rendu vain le concile universel. En face de tout cela ils étaient
sourds et sans voix. Comment n'avez-vous pas entendu ceci :
« Avant que tous les évêques ne soient réunis, vous ne ferez pas de
concile partiel ? » Pourquoi, (lorsque) le comte qui fut envoyé vous
retenait et vous demandait d'attendre les évêques qui étaient présents et ceux qui n'étaient pas loin, ne les avez-vous pas attendus? »
Vous n'avez répondu à aucune de ces choses. Est-ce que si le Christ
avait été présent et si vous aviez été persuadés qu'il siégeait avec
vous, vous auriez fait ces choses? Auriez-vous associé à votre crime
le Christ [180] que vous fouliez ainsi aux pieds, comme s'il ne pouvait pas vous reprendre, lui qui vous avait dévoilés si clairement.
Par où pensez-vous en effet que votre volonté coupable et cachée
serait révélée, vous qui commenciez par instruire les évêques sur
votre méchanceté, et aussi le comte chargé de vous, sur les choses
qu'il a consignées en vérité dans (son) rapport [3], pour renseigner
l'empereur ?

---

1. Ce n'est pas absolument exact. Ils reprochent à Jean d'avoir tenu le concile
en suspens vingt et un jours après la date fixée et d'avoir montré déjà par cette
mauvaise volonté qu'il prenait parti pour Nestorius soit par amitié, soit parce
qu'il partageait ses erreurs, ce que la suite, disent-ils, a confirmé, Labbe, *op.
cit.*, t. III, col. 748.

2. Il s'agit ici de Nestorius et de ses dix évêques, Labbe, *op. cit.*, t. III, col. 568,
ou même des 68 évêques, Lupus, *op. cit.*, c. VII, p. 27-29, qui avaient demandé
d'attendre Jean d'Antioche.

3. ἀνατοχή.

Pour tous ceux qui cherchent à connaître votre conduite, par les lettres impériales ou par vos relations [2], toutes ces choses leur confirmeront qu'il est vrai, sans doute possible, que vous ne vous êtes pas associés au sentiment de ceux qui étaient présents et que vous vous êtes séparés des évêques qui étaient loin et de ceux qui étaient présents, parce que vous n'avez pas voulu attendre quatorze jours au plus. Pour moi, j'étais assis sans rien dire ni faire, et « au milieu de vous siégeait le Christ, » lui qui vous a contraints tous à parler et à agir ainsi à ma place.

« Aucune inimitié contre Nestorius ne nous a poussés. » Lorsque je n'étais pas présent, mon ennemi a jugé mes paroles, il les a comparées à celles qu'il a voulues et comme il a voulu, et j'admettrais qu'ils ne gardaient aucune inimitié contre moi ! Qui osera le dire [181] en voyant toutes les iniquités et toutes les impudences dont ils m'ont accablé ? Cela ne paraîtra-t-il pas plutôt une plaisanterie ? Vous dites ces choses, à celui qui vous reprochait cela et (aussi) d'avoir agi avec inimitié contre moi, comme ceux qui frappent un homme et le couvrent méchamment d'opprobres, puis disent à celui qui leur reproche leur jeu : « Nous avons plaisanté. Ce n'est pas par inimitié, mais par amitié, que nous faisons cela »; et ils le renvoient dépouillé et blessé. Ils ont agi ainsi envers moi lorsqu'ils sont accusés et qu'ils accusent. Mais le juge de l'univers ne fera pas une telle plaisanterie. Bien que je n'aie pas eu en tout cela de tribunal humain, j'ai celui du Christ.

Nous demandons donc à Votre Puissance [1] qu'aucun homme de ceux qui mettent l'amitié d'un homme au-dessus de la piété ne soit jugé digne d'être reçu. Nous avons senti que le Révérend [2] Jean, évêque d'Antioche, est dans une telle disposition, qu'il cherche à rendre service à l'amitié plutôt qu'à considérer ce qui est utile à la foi. Aussi, sans craindre la colère de Votre Puissance, et sans être ému du zèle de la foi qui nous est confiée d'en haut, il (Jean) a retardé le saint concile de vingt et un jours après [182] le terme [3] qui nous avait été fixé par Votre Puissance, et nous avons été contraints, nous tous [4], les orthodoxes du saint concile — nous qui n'aimons que la foi — de rechercher les choses qui concernent la religion.

Nestorius. N'ont-ils pas fait connaître ainsi clairement leur volonté sans aucun voile, (en disant) que ce n'est pas parce qu'ils

1. Suite de la relation de Cyrille. Labbe, *op. cit.*, t. iii, col. 748 c.
2. Litt. : «pur. » Le grec porte θεοφιλέστατος, et le latin *Reverendissimus*.
3. προθεσμία.
4. *Sic* le grec. Lire *koulan* au lieu de *men*.

étaient épuisés, en proie à la maladie, à la mortalité et à la disette [1]
(qu'ils) ne sont pas venus au jugement ; mais que c'est parce
qu'ils craignaient un jugement fait par tous et devant tous, qu'ils
ont porté le jugement avant l'arrivée de l'évêque d'Antioche ?
A quoi me servait donc un retard de vingt jours, et à quoi pouvait-il vous être utile ? Car ce qui aurait été fait après trente
jours, pouvait être fait avant tous ces (jours) aussi bien qu'après.

A plus forte raison, s'il me portait amitié, devait-il pouvoir
d'abord me rejoindre ; il aurait persuadé beaucoup de ceux qui
s'écartaient de moi, et il ne vous aurait pas laissé faire ce que vous
avez fait, parce que vous en auriez été empêchés par lui. Afin
qu'il n'y eût pas d'examen, tu as usé de tous les moyens pour vicier
le jugement. Admettons cela ; il fallait d'autant plus l'attendre,
pour qu'il y eût un examen (de la foi) et pour ne pas me donner
prétexte de fuite ; mais rien de tout cela n'est vrai. Supposons que
je vous concède que [183] vous avez attendu qu'il y eût un jugement, pourquoi dans ce cas n'avez-vous pas agi selon l'ordre de
l'empereur ? Car vous auriez montré ainsi que vous n'agissiez
pas pour cela (par crainte de la discussion) ; mais vous n'avez
pas attendu, aussi on voit dans tout cela votre préoccupation dès
le commencement : il (Cyrille) agissait ainsi parce qu'il craignait de
venir en examen et jugement ; c'est parce qu'il était en cela dans
l'embarras qu'il cherchait à disposer toutes ces choses. Si tu avais
eu confiance dans ce que tu as écrit et si tu avais eu pour toi
ceux que tu invoquais, c'est-à-dire les Pères et les saints Livres,
tu m'aurais repris d'avoir fait ce que j'ai fait, par inimitié et
non en vérité, et tu m'aurais blâmé d'avoir troublé le monde
pour rien, lorsque j'ai lancé la question des hérétiques et des orthodoxes. Il te fallait écrire cela à l'empereur avec toutes les autres choses, si c'est pour cela que tu penses que tu as agi comme
tu l'as fait, à savoir que je fuyais le jugement parce que je n'a-
vais pas confiance dans ce que j'avais écrit.

Mais ils ont conduit cette affaire comme par inimitié et non en
vérité : ils ont fui le jugement. Ils ont menti en disant
qu'il y a eu jugement et examen, lorsque rien de cela n'a eu lieu.
Qu'il vienne ; qu'il soit jugé ; qu'il réponde sur ce qu'on lui reproche
et qu'il écoute la réponse aux choses qu'il blâme ; que le jugement
des deux soit prononcé sans obstacle. [184] Oui, devant la trinité

1. Litt. : *et brevitati vitarum vestrarum.*

pour laquelle j'ai fait toute diligence, pourquoi donc d'autres se-
raient-ils offensés par les choses dans lesquelles je mets pour mon
compte ma confiance ? Ces choses ont paralysé ta puissance, car tu
savais qu'elles étaient vraies et qu'elles pouvaient convaincre, mais
tu n'as pas eu la confiance de dire, et tu n'as même pas fait semblant de dire cette parole redoutable et terrible : « il y aura un jugement, on rendra raison et on répondra par question et réponse, » car
ta parole était captive de ta (mauvaise) conscience. Mais pourquoi?

Nous [1] supplions et conjurons Votre Puissance, afin qu'elle connaisse
le travail du concile qui est selon le zèle divin — de faire venir le très grand [2]
Candidianus et cinq (évêques) du saint concile pour exposer devant Votre
Piété ce qui a été fait. Car ceux qui pensent des choses étrangères à la
foi orthodoxe sont rusés pour cacher le sens de leur erreur, au point que
certains des saints évêques, parce que Nestorius cachait son erreur, avaient
été trompés, s'étaient joints à lui et (lui) avaient donné leur signature. Mais
lorsqu'ils eurent interrogé avec soin et eurent trouvé qu'il dévoilait son
blasphème, ils s'éloignèrent de lui et se joignirent au saint concile.

NESTORIUS. N'est-ce pas parce qu'il (Cyrille) a fui devant le concile, que vous avez évidemment besoin que l'empereur fasse venir
cinq [185] évêques pour exposer ce qui a été fait ? Mais vous dites
« avec Candidianus » et non « avec des évêques leurs collègues »
qui vous blâmeraient comme (vos) égaux ; et (vous demandez) cinq
contre un, et cet un est un séculier, afin qu'ils sortent le saint
Évangile et qu'ils jurent sur lui, eux qui sont cinq, et évêques, et
qu'ils soient tenus pour véridiques contre un séculier, car vous
vous êtes beaucoup occupés de creuser cette question. En effet,
lorsque Candidianus viendra (près de l'empereur), qu'aura-t-il à dire
de plus ou de moins que ce dont vous avez témoigné auparavant
et ce qu'il a envoyé à l'empereur ? Que diront ces cinq en sus de
ce que vous avez écrit sur lui (Candidianus) ? (à savoir) qu'il avait
de l'amitié pour Nestorius, et qu'à cause de cela il a rapporté des
choses menteuses à l'empereur ? C'est parce qu'il fallait que
vous juriez sur votre pensée [3] que vous avez écrit « Candidianus
et cinq évêques », et que vous n'avez pas demandé que Nestorius
et Cyrille viennent (à Constantinople). Ils étaient causes du conflit, il convenait donc qu'ils pussent se répondre l'un à l'autre, mais

1. Suite de la relation de Cyrille, Labbe, *op. cit.*, t. III, col. 748 *e*.
2. μεγαλοπρεπέστατος.
1. C'est-à-dire : « c'est parce que vous ne pouviez apporter qu'une affirma-
tion sans discussion. » Le texte porte des points d'interrogation.

tu n'as pas eu confiance parce qu'il n'y avait pas dans ton discours
matière de vérité. Il n'y avait pas en effet d'autre motif pour toi de
craindre mes paroles plus que la vérité !

Admettons que Candidianus vienne et dise que vous n'avez
pas attendu tout le concile, lorsque vous saviez [186] que (d'autres)
étaient présents, qu'il vous conjura d'avance, qu'il lut devant vous
les lettres de l'empereur, qu'il vous pria et que vous ne l'avez pas
écouté; est-ce qu'il disait autre chose ? En quoi donc le blâmiez-
vous? Vous le blâmiez comme s'il avait menti sur votre compte par
ce qu'il m'avait gratifié de son amitié. N'était-ce pas ainsi ? n'avez-
vous pas fait cela? Mais si vous avez agi ainsi, qu'ils viennent et
qu'il y ait jugement quand bien même Candidianus aurait menti.

Mais dans vos actes [1], vous indiquez la cause pour laquelle vous
n'avez pas attendu que tout le concile fût réuni : « Nous étions
affligés [2] », comme si vous aviez été seuls là ! Dans la relation [3] que
vous avez envoyée à l'empereur, vous avez dit : « Nous avons
remarqué [4] que le Révérend Jean, évêque d'Antioche, a dessein
de céder à l'amitié plutôt [5], » et pour cela vous avez été obligés de ne pas attendre. De sorte que si vous aviez su qu'il était
de votre avis vous l'auriez attendu, et vous n'auriez pas « été
affligés par l'endroit. »

Dans vos actes [1] que vous avez faits contre moi, vous avez dit
que je suis demeuré dans les idées que j'ai écrites et dites dès le commencement, et que je t'avais aussi écrit en évidence [6], mais dans
cette relation [3] que vous avez écrite à l'empereur, vous écrivez au
contraire « qu'il cache la méchanceté qu'il a. » « Car [7] ceux qui
pensent des choses étrangères [187] à la foi orthodoxe sont rusés
pour cacher leur pensée, au point que certains des saints évêques,
parce que Nestorius cachait son erreur, ont été trompés, se sont
joints à lui et ont signé ce qui a été fait par lui. »

Comment donc ce qui me concerne pouvait-il être caché puisque
vous avez encore dit clairement : Nestorius a contesté; lorsque nous
avons trouvé avec évidence qu'il pensait autrement (que nous),

---

1. ὑπομνήματα.
2. Cf. Labbe, *op. cit.*, t. III, col. 568 *e*.
3. ἀναφορά.
4. Labbe, *op. cit.*, t. III, col. 748 *c*.
5. ὡς βουλομένου φιλία χαρίζεσθαι μᾶλλον.
6. Cf. Labbe, *op. cit.*, t. III, col. 569 *e*.
7. *Ibid.*, 748 *e*.

nous l'avons déposé. Car dans la métropole d'Éphèse il n'a pas caché sa pensée et n'a pas eu besoin d'autres accusateurs, car il proclamait chaque jour, lorsqu'il prêchait sa doctrine devant beaucoup, ce qui était étranger à la foi. Nous avons mis chacune de ces choses dans les actes qui ont été faits peu à peu, pour qu'elles fussent connues de votre Piété [1]. »

NESTORIUS. Au même endroit ils disent le contraire. Celui qui recevait (tout) cela, c'est-à-dire l'empereur, savait donc qu'ils avaient agi contre son ordre, et aussi que ce qu'ils disaient contre (moi) était une pure histoire absurde, car ils ne lui ont pas répondu à ce qu'il leur reprochait : « Pourquoi, avant la réunion des évêques de tout le concile, osez-vous faire un concile partiel contre l'ordre que vous avez reçu ? » Ils ne disent rien autre [188] sinon : « cela nous a plu ; » bien qu'ils ne le disent pas (si) clairement, à cause de l'indignation que causerait cette parole à ceux qui la liraient. « Pourquoi n'avez-vous pas attendu l'arrivée de Jean, évêque d'Antioche, puisque vous saviez que son entrée était prochaine ? » Ils ne peuvent rien dire autre sinon : « Nous ne voulions pas examiner avec lui, » surtout parce qu'ils savaient qu'il n'était pas de leur avis. — Songe que si Jean devait être jugé pour avoir tardé et n'être pas arrivé à temps, ce n'est pas par toi qu'il devait être jugé, mais par l'empereur qui avait pouvoir sur lui. D'ailleurs il te fallait punir d'abord les évêques de Rome qui ne sont pas venus lorsqu'ils ont été convoqués ; pourquoi donc leur adhères-tu ? Comme tu as traité ceux-ci, tu devais aussi traiter Jean. Mais tu demandes à Jean de faire le possible et l'impossible, lorsqu'il a, de son retard, une cause qui est acceptée par tous, excepté par toi qui es étranger à toute philanthropie et à toutes les souffrances de la nature humaine. Tu ne te blâmes pas toi-même, pas même lorsque tu es réprimandé par l'empereur. Tu n'as pas honte, lorsqu'il te suffisait d'attendre quatre jours au plus pour que le concile eût lieu sans récrimination, de n'avoir pas écouté, mais d'avoir préféré introduire le trouble, comme ce genre [189] de poissons que l'on appelle seiches [2], qui vont des eaux pures dans les eaux troubles pour ne pas être capturés ; tu as agi de la même manière. C'est une plaisanterie (aux yeux de) ceux [3] qui ont un peu d'intelli-

1. Le sens de ce passage se trouve dans Labbe, *op. cit.*, t. III, col. 569-572.
2. σηπία.
3. Litt. : « ces affaires méritent le rire de ceux. »

gence, et ils ne s'y trompent pas lorsqu'ils te demandent raison.
C'est ainsi que les hommes lorsqu'ils jouent avec de petits enfants
qui luttent avec eux, semblent lutter et font semblant d'être
vaincus par eux. Ces paroles ne sont pas de quelqu'un qui s'excuse mais plutôt de quelqu'un qui plaisante ; cependant l'empereur n'avait pas l'air de plaisanter avec toi, et tu n'as pas persuadé celui qui te réprimandait avec raison, ni (répondu) aux
choses qu'il te reprochait. Sa puissance est faible, parce qu'il y
avait de l'or.

Mais ils disent : « Nous qui nous sommes réunis et qui avons
porté canoniquement à l'unanimité une sentence de déposition [1]
contre l'hérétique Nestorius : nous étions plus de deux cents évêques, réunis de tout l'univers avec l'adhésion de tout l'Occident [2]. »
Qu'est-ce que cela fait ? Vous étiez plus de deux cents évêques,
qui étaient d'accord avec toi en tout ce que tu demandais. Et tu
leur demandais de ne dire aucunement la vérité. Car dans la
relation [3] des évêques qui sont avec moi, il y a la signature d'évêques dont les villes sont connues sans conteste, combien d'entre
elles [190] as-tu vérifiées ? Admettons que nous étions, comme tu
le dis, trente évêques [3], ou, si tu le veux, dix, ou autant que tu
veux ; est-ce le nombre qui constitue la vérité des orthodoxes
et le concile de vérité, ou est-ce de faire et d'observer ce qui convient ?

Pourquoi en effet l'empereur te réprimande-t-il et te blâ-
me-t-il ?

« Nous avons réuni un concile général, afin que tous ensemble
et d'un consentement unanime vous confirmiez la question de la
foi aux yeux de tous. Tu as connu notre projet et tu as voulu diviser
le concile pour qu'il n'y eût pas d'examen commun et pour que la foi
ne fût pas affermie aux yeux de tous avec clarté et exactitude par
le consentement général de tous. Maintenant tous les pieux évêques, auxquels j'avais fait dire de se réunir, ne s'étaient pas réunis,
et l'arrivée de Jean, évêque de la grande ville d'Antioche, et
d'autres métropolitains, était très prochaine. De plus, même

---

1. καθαίρεσις.
2. Labbe, *op. cit.*, t. III, 749 *d*.
3. ἀναφορά.
4. Trente-sept évêques, Labbe, *op. cit.*, t. III, col. 749 *a*, sont déclarés schisma-
tiques, mais soixante-huit avant l'arrivée de Jean d'Antioche et de ses suffragants, avaient demandé de proroger l'ouverture du concile. Cf. *supra*, p. 99, n. 6.

les évêques qui étaient présents, n'ont pas tenu conseil avec eux et n'ont pas été du même avis : enfin il n'y a même pas eu l'étude de la foi qui convenait, d'après les lettres que nous avions envoyées en tout temps [1]. »

Vous lui avez écrit comme à quelqu'un qui se tromperait beaucoup, ou à la manière de ceux qui plaisantent, ou comme à quelqu'un qui plaisanterait avec vous, puisque, dans ce que vous lui avez dit, vous ne lui dites rien [191] qui diffère de ce qu'il vous a dit de son propre mouvement, (à savoir) : d'avoir tout fait sans attendre ceux qui étaient loin, et sans avoir tenu conseil avec ceux qui étaient présents; mais vous vous êtes séparés de ceux qui étaient avec vous et vous avez examiné (la foi) à part; vous vous êtes séparés de ceux qui allaient venir pour discuter ensemble. Vous n'avez pas non plus étudié de la manière qui convenait les choses de la foi : en posant des questions sur les points en discussion et en donnant la solution; ainsi vous vous seriez disculpés vous-mêmes devant tous. Or si vous n'avez pas fait cela, vous deviez à bon droit vous en excuser dans la relation [2] à l'empereur ; mais si vous ne niez pas les choses qu'il vous reproche d'avoir fait avec iniquité, et que vous alliez jusqu'à les mettre dans votre réponse, qu'en penser autre chose, sinon ce qu'on penserait d'un bavard, ou comme si on racontait des fables avec des compagnons d'amusements et si on avait l'audace de les écrire ? Vous nommez concile général celui qui s'est séparé des évêques qui attendaient jusqu'à ce que tout le concile fût réuni, (vous le faites) devant celui-là même (l'empereur) qui vous blâme à cause de cela. Tu demandais encore de donner tout pouvoir à ceux qui, vu leur multitude, ont transgressé la justice, contre ceux qui ont observé [192] les (préceptes) de l'empereur, de la vérité et de tout le concile. sans autre motif sinon que, par leur nombre, ils surpassent ceux qui ont gardé les préceptes. Mais vous n'osiez dire cela qu'à ceux qui prenaient part à vos plaisanteries pour une cause quelconque.

J'en arrive aux choses présentes. Quelqu'un dira peut être : Ne te préoccupe pas davantage de cela : mais montre-nous comment on t'a injustement déposé, d'après ce qui a été écrit par toi et par Cyrille. Car si on a examiné tout ce qu'il fallait examiner, quel avantage trouves-tu à être condamné par

---

1. Le sens de ce passage se trouve dans Labbe, *op. cit.*, t. III, col. 704-705.
2. ἀναφορά.

ceux-ci ou par tous ? Cherchons par-dessus tout ce que nous devons penser justement, et ne nous écartons pas de l'orthodoxie
ni par prévention pour celui-ci ni par sympathie pour toi. Mais
moi je ne voulais pas non plus raconter et dire ce qui me concerne ni accuser les autres, surtout quand on parle du concile,
si, à mon occasion, la foi elle-même n'était pas viciée et calom-
niée, au point que, par le jugement et l'examen du concile,
celle des hérétiques a été fortifiée. Il nous faut donc montrer comment se fit leur réunion et leur jugement, et faire voir à tous, à
l'aide des écrits que chacun admet, qu'il n'y eut ni jugement ni
examen, pour qu'on ne se croie [193] pas enchaîné par un jugement de concile, (à l'aide) des choses que Dieu n'a pas permis
qu'elles fussent cachées, mais qu'il a dévoilées par la main de
ceux qui ont fait et qui ont écrit les choses qui ont eu lieu; nous
écrivons nous-mêmes ces choses et nous les expliquons pour ceux
qui s'élèvent et luttent contre nous (pour faire voir) qu'il en est
ainsi; afin que si l'on tombe sur les écrits du concile rédigés par
eux, on apprenne qu'il en est ainsi et non autrement, que l'on
connaisse la calomnie du concile contre les orthodoxes, choses
qui ont été rejetées par ceux qui étaient vraiment orthodoxes
comme l'ont été celles qui furent dirigées contre Athanase, Eustathe et les milliers d'autres. Voyons donc dans leur ordre comment leurs actes ont été faits contre moi.

Des actes [1] qui ont été faits contre moi à Éphèse.

Pierre, prêtre d'Alexandrie et chef des notaires [2], dit : Lorsque jadis le
religieux [3] Nestorius reçut la consécration pour être évêque de la sainte
église de Constantinople et que quelques jours se furent passés, des homélies faites par lui, qui scandalisaient les lecteurs, furent apportées de
Constantinople par certains, de sorte qu'il [194] en résulta un grand
trouble dans la sainte Église. Lorsque Cyrille, le religieux [4] évêque d'Alexandrie, l'apprit, il écrivit une lettre et une deuxième à sa Révérence, pleines de
conseils et d'avertissements. En réponse, il (Nestorius) écrivit qu'il n'écoutait
pas; il s'endurcissait [5] et résistait à ce qui était écrit. De plus, lorsque le
religieux [4] évêque Cyrille apprit que (Nestorius) avait envoyé jusqu'à Rome

---

1. ὑπομνήματα.
2. πριμμικήριος νοταρίων. Labbe, *op. cit.*, t. III, col. 451.
3. Litt : « pur »; εὐλαέψστατος, *religiosissimus*.
4. εὐσεβέστατος.
5. Litt. : « il devenait fort. »

ses écrits et ses livres d'homélies, il écrivit lui aussi au pieux évêque de l'Église de Rome, Célestin, par l'intermédiaire du diacre Poseidonius, à qui il ordonna : Si tu trouves que ses livres d'homélies et ses lettres ont été remis, tu donneras aussi ce que j'ai écrit, sinon rapporte-les ici sans les remettre maintenant. Comme il trouva que les lettres et les homélies avaient été remises, il fut donc obligé d'en faire autant. Les choses convenables, contenant une règle claire [1], furent écrites par le pieux (et) saint évêque de l'Église de Rome, Célestin. Puisque, sur l'indication du pieux empereur, votre saint concile s'est réuni ici, nous devons (vous) apprendre que nous avons reçu entre nos mains les papiers relatifs à ces choses, pour en faire ce qui plaira à votre Piété.

[195] NESTORIUS. Cyrille est donc le persécuteur et l'accusateur et moi le persécuté; est-ce le concile qui a entendu mes paroles et qui a jugé et est-ce l'empereur qui l'a réuni, si celui-ci était au nombre [2] des juges ? Que dis-je au nombre des juges ! — celui-ci constituait tout le tribunal, car tout ce qu'il disait, tous le disaient en même temps et, sans aucun doute, sa personne (prosôpon) leur tenait lieu de tribunal [3]. Si tous les juges avaient été réunis et que les accusateurs se soient tenus dans leur rôle et les accusés dans le leur, tous auraient eu la même assurance [4], au lieu que celui-ci se trouve en tout : (il est) l'accusateur, l'empereur et le juge. Il faisait tout avec autorité (arbitraire), après avoir exclu de cette autorité celui (Jean ?) qui en avait été chargé par l'empereur, et s'être élevé lui-même. Il a réuni ceux qui lui plaisaient : les éloignés et les proches, et il s'est constitué tribunal. Je fus (ensuite) convoqué par Cyrille qui a réuni le concile ; par Cyrille qui en était le chef. Qui était juge ? Cyrille. Quel était l'accusateur ? Cyrille. Qui était évêque de Rome ? Cyrille. Cyrille était tout. Cyrille était évêque d'Alexandrie et il tenait la place du saint et vénérable évêque de Rome, Célestin.

[196] Qui croirait que tout s'est passé ainsi, si Dieu ne les avait pas obligés à le dire, à l'écrire et à l'envoyer à tout l'univers? Tous ceux de son parti lisent ces choses et ne croient pas qu'elles aient eu lieu ; ils doutent d'eux-mêmes, car ils croiraient plutôt aux choses qui ont lieu en songe qu'à celles-ci, si elles ont eu lieu comme elles ont eu lieu. Qu'était-il besoin d'un concile, puisque

1. τύπον φανερόν. *Ibid.*
2. τάξις.
3. Litt. : « sans doute il leur était sûr que sa personne était tribunal. »
4. παρρησία.

celui-là (Cyrille) était tout ? Qu'il en ait été ainsi, vous l'apprenez par ce qui eut lieu à Éphèse : car Memnon disait [1] :

Depuis le terme [2] fixé dans les lettres de l'empereur pieux, aimant le Christ [3], seize jours se sont écoulés.

et lui, comme s'il était le maître du concile, décrétait [4] :

Cyrille, évêque d'Alexandrie dit [5] : « Ce grand et saint concile a eu assez de patience [6] en attendant l'arrivée des évêques amis de Dieu dont on espérait la venue. »

NESTORIUS. N'est-il pas évident, même pour les inintelligents, qu'il était tout [7] ? C'est donc par lui, qui était tout [7], que j'ai été convoqué. Et devant quel tribunal ? Pour quel jugement ? Pour quelle question ? Dis-le moi : — « Ce grand et saint concile a eu assez de patience en attendant [197] seize jours. » Tu as eu « assez de patience », dis-tu, et vous n'avez pas rougi d'écrire cela comme une raison excellente qui vous empêchait d'attendre les évêques éloignés qui devaient nécessairement venir, dont l'arrivée avait été retardée par un motif urgent, et qui demandaient de les attendre, eux qui étaient proches et dont l'arrivée n'était pas une affaire de peu d'importance. C'est de toute nécessité qu'ils avaient eu ce retard de (seize) jours, sinon plus, pour se reposer de leur fatigue du voyage, de la route et du navire, pour le repos, pour les nécessités, pour visiter ceux qui étaient malades et avaient besoin de ce (délai), surtout à cause de ces personnes (prosôpon) qui tenaient la place de ceux qui étaient éloignés du concile, pour ce dont ils avaient besoin [8]. Bien que ce fût le jour fixé auquel devait avoir lieu la convocation, s'il arrivait quelque cause pour attendre on ajoutait volontiers un autre jour; c'est ainsi que chez les hommes il y a beaucoup de causes qui leur sont nécessaires et qui ne sont pas faites selon la rigueur du terme fixé [9]. Mais ce n'était pas

---

1. Labbe, *op. cit.*, t. III, col. 454, *a*.
2. προθεσμία.
3. ἐν τῷ εὐσεβεῖ καὶ θεοφιλεῖ γράμματι.
4. Litt. : *utebatur secando* ou *decisivo*.
5. *Ibid.*
6. Litt. : « suffisamment a patienté », ἀρκούντως διεκαρτέρησεν.
7. Litt. : «que lui était en toute chose.»
8. Sans doute « se faire connaître », nous dirions : « faire vérifier leurs pouvoirs. »
9. προθυσμία.

le jour de l'ouverture, mais celui de l'arrivée, car le jour de l'ouverture devait être fixé par l'autorité du comte. Tu as pris (cette autorité) pour toi-même, dans ton audace insensée, parce que tu avais confiance dans ceux qui te justifieraient plus tard [1]. Car tu aimes à faire croire, [198] c'est là ton genre, que tu négliges ceux qui sont présents, que tu réclames les absents, que tu renvoies ceux qui sont présents pour le concile et que tu attends les éloignés ; puis tu tiens le concile sans que ceux qui sont éloignés soient arrivés.

Il a fait un concile à lui seul, avant le concile général, et il a appelé ceux qui ne lui adhéraient pas, pour qu'il y eût un concile avant le concile de tous les évêques. On le conjurait de ne pas se fier à ce concile auquel il m'appelait moi aussi, même en usant de violence : d'une violence et d'une contrainte telle qu'on ne la croirait pas quand on la raconte ; mais elle est manifestée par ceux qui ont écrit : Les séditieux ont rempli la ville d'hommes oisifs et de paysans [2], réunis par Memnon, évêque d'Éphèse ; il était à leur tête et il les faisait courir en armes par la ville en sorte que chacun de nous dut fuir et se cacher, user de prudence et échapper avec peine à une grande crainte. Il est facile de le voir aussi par le langage de ceux qui furent envoyés ; ils étaient venus soi-disant pour m'appeler au concile afin qu'il fût montré que nous n'étions pas de ceux qui ne reconnaissent pas le concile avant l'arrivée de tous les évêques ; mais en réalité ils étaient venus pour m'emmener par violence et par force et pour dire de moi : « il a totalement péri [199] et sa bouche a été fermée sur ses blasphèmes » ou on m'aurait déposé après m'avoir interrogé.

Quant à ce qui a été dit, apprenez-le encore par la parole de Juvénal :

Juvénal, évêque de Jérusalem, dit [3] : « Parce qu'une troupe de Romains [4] entourait sa maison, et parce que les pieux évêques sont venus et ont dit: Ne laissez personne approcher de là, il est évident que ce n'est pas avec une bonne conscience qu'il refusait de venir près du saint concile. »

NESTORIUS. Vous avez vu de quelle tyrannie j'usais et à quelle accusation me voilà sujet parce que, pour sauver ma vie des con-

1. Litt. : « Qui te redresseraient à-rebours. »
2. Cf. Labbe, *op. cit.*, t. III, col. 596 *a*.
3. Labbe, *loc. cit.*, col. 459 *d*.
4. Ou «de soldats» : σπεῖρα στρατιωτῶν.

jurés [1] qui s'étaient levés contre moi, j'ai eu besoin d'entourer ma
demeure de soldats pour me garder, afin qu'ils ne vinssent pas
vers moi avec violence et ne me perdissent pas. Tu m'accuses de ce
que des soldats entouraient ma demeure : ce n'était pas pour vous
faire quelque mal, mais pour vous empêcher d'opérer des maux
contre moi. De ce que vous nous reprochez qu'une troupe nous entourait, il s'ensuit que si ceux-là n'avaient pas commencé à
nous entourer et à me servir de mur je périssais du fait des violents. Pourquoi en effet appeliez-vous [200] ceux qui vous avaient
conjurés d'avance qu'il n'y eût pas de concile d'iniquité ? Est-ce
que vous vous êtes réunis tels que vous aviez été convoqués ?
Vous avez fait le concile pour vous et non pour nous ; vous avez
chassé ceux-là du concile, et vous avez fait en particulier entre
vous ce que vous avez voulu.. Vous n'avez pas écouté ceux qui
vous criaient de ne pas faire de concile, mais d'attendre les évêques qui avaient été convoqués avec vous et qui étaient sur le point
d'arriver. Maintenant donc pourquoi nous avez-vous appelé après
toute cette violence ? Qui se défendra de pleurer en se rappelant les
maux qui ont été faits à Éphèse ? Pût à Dieu que cela eût eu lieu
contre moi et contre ma vie et non pour l'impiété ! Je n'aurais
pas eu besoin de ces paroles envers un homme qui pouvait se faire
justice [2], mais seulement envers notre Sauveur Jésus-Christ qui
est le juste juge et pour qui j'ai accepté aussi de souffrir patiem-
ment pour que tout le corps du Christ ne soit pas accusé. Maintenant ils inventent (des histoires) contre moi, parce que je n'ai
pas pu me taire lorsque j'étais calomnié au sujet de l'Incarnation [3], au point que je suis obligé de répondre et de persuader
tous les hommes qui disent : « C'est lui qui a été cause de tout ce
tumulte et de ce bouleversement, » et je me montre sincère, parce
que j'ai été poussé par celui-là (Cyrille), et par ceux qui ont écrit
contre moi. Car c'est toi, [201] qui es assis le premier au milieu des
juges et parce qu'il n'y avait pas d'accusateurs — puisqu'ils
étaient juges — ils suscitèrent pour m'accuser Théodote,
évêque d'Ancyre de Galatie, et Acace, évêque de Mélitène, qui
était le questionneur.

THÉODOTE. Théodote le premier raconta qu'il avait parlé avec

---

1. Litt. : « des fils du serment. »
2. Litt. : « *qui par erat ad retributionem.* »
3. Litt. : l'économie pour nous. »

moi, mais il ne lui dit pas (à Cyrille) cette conversation, et celui-là (Cyrille) ne lui demanda pas : « Sur quoi a-t-il parlé ? » afin d'apprécier en juge les deux paroles; puis de recevoir l'un et de rejeter l'autre, comme tombé évidemment dans l'impiété. Il lui suffisait de l'accusation.

Théodote, évêque d'Ancyre, dit [1] : « Je souffre certes pour l'ami, mais la religion m'est plus chère que toute amitié. Il m'est donc nécessaire [2], bien qu'avec une grande tristesse, de dire la vérité sur les choses qui me sont demandées; je ne pense pas cependant que notre témoignage soit nécessaire, puisque son sentiment s'est manifesté dans les lettres à ta Piété : Car les choses qu'il a dites, en cet endroit, ne pouvoir être attribuées à Dieu, c'est-à-dire au Fils unique, lui refusant les choses humaines, il les dit encore dans cette conversation, (à savoir) qu'il ne convient pas de dire de Dieu qu'il a sucé le lait, ni qu'il est né [202] d'une vierge; de même, ici encore, il a dit souvent : Je ne dis pas que Dieu est âgé de deux mois ou de trois [3]. »

NESTORIUS. Ils n'ont pas examiné ces choses comme des juges, et lui-même (Théodote) ne parlait pas non plus comme devant des examinateurs et des juges, mais il siégeait comme le témoin du juge accusateur.

THÉODOTE. Les choses [4] qu'il a réprouvées en cet endroit comme ne pouvant pas être dites de Dieu, c'est-à-dire du Fils unique, comme lui refusant les choses humaines, il les dit encore dans cette conversation : qu'il ne faut pas dire de Dieu qu'il a sucé le lait, ni qu'il est né d'une vierge; de même il dit encore ici : je ne le dis pas âgé de deux mois ou de trois.

NESTORIUS. Et (Cyrille) accepta cela sans examen, comme un juge accusateur, sans lui rien demander, ni : « De quoi te parlait-il lorsqu'il t'a dit cela ? » ni : « Qu'as-tu répondu à cela dans ce qui te paraissait dirigé contre toi ? Attends, parle devant nous afin que nous sachions dans quel sens il a condamné ces choses, afin que nous n'accueillions pas sans raison les accusations contre celui qui est éloigné, et que nous ne portions pas contre lui une

---

1. Labbe, *loc. cit.*, col. 503-506.

2. ἀνάγκη.

3. ...ταῦτα καὶ ἐνταῦθα διαλεγόμενος ἔφη· Μὴ δεῖν περὶ Θεοῦ λέγειν γαλακτοτροφίαν, μηδὲ γέννησιν τὴν ἐκ παρθένου. οὕτω καὶ ἐνταῦθα πολλάκις ἔφη, διμηναῖον ἢ τριμηναῖον μὴ δεῖν λέγεσθαι Θεόν.

4. Répétition de la fin de la citation précédente. Le texte grec devait être le même. Les différences de ponctuation et même de texte nous donnent la mesure de ce qui est dû au traducteur et aux copistes.

sentence [1] sans examen et sans recherche devant ceux qui ont besoin d'apprendre exactement pourquoi il a été condamné. Ainsi l'accusé ne pourra pas nier et il n'aura pas motif [203] de m'accuser de partialité. Dis donc, ô Théodote, toi qui as parlé avec lui, si tu as bien compris sa pensée lorsque tu l'as interrogé et qu'il t'a répondu : « Je ne dis pas que Dieu est âgé de deux mois ou de trois. » Semblait-il dire que le Christ n'est pas Dieu et que c'est lui qui est âgé de deux mois ou de trois, ou bien confesse-t-il que le Christ est Dieu et qu'en tant que Dieu il n'est pas né et n'a pas été âgé de deux mois ou de trois [2] ? Confesse donc que Dieu est né d'une femme, et qu'il est âgé de deux mois ou de trois, comme si sa propre essence s'était changée en l'essence de l'homme, s'il était né et s'il était devenu âgé de deux mois et de trois; ou comme s'il avait été changé dans sa similitude et dans sa forme [3] en la similitude et la forme [3] de l'homme par le moyen de l'essence, et que le Christ soit conçu dans la seule essence de Dieu et non dans deux essences? Si c'est dans deux, comment de la seule essence de Dieu le Verbe y en a-t-il deux ? ou (est-il) formé de deux essences séparées et non semblables et est-il né dans les deux ? ou bien est-il né dans l'une [4] de ces essences et a-t-elle été âgée de deux mois et de trois, de sorte qu'avant d'être née et d'être âgée de deux mois et de trois, elle n'était pas? ou bien était-elle éternelle, et l'essence n'a-t-elle pas eu de commencement pour naître et être âgée de deux mois ou de trois, lui (le Verbe) n'ayant pas par essence ce [204] qu'ont par nécessité ceux qui naissent ? ou bien est-il né de la naissance de la chair par l'appropriation [5] de l'essence ? »

S'il avait été interrogé ainsi, il aurait confessé nécessairement ce qu'il a dit devant les évêques orientaux, lorsqu'il fut interrogé par écrit, (à savoir) que le Fils unique de Dieu a créé et a été créé, le même, mais pas au même point de vue ; le Fils de Dieu a souffert et n'a pas souffert, le même, mais pas au même point de vue; une partie de ces choses se trouve dans la nature de la divinité, et une partie dans la nature de l'humanité. Il a subi toutes les cho-

---

1. ἀπόφασις.
2. Toute la question est là en effet.
3. σχῆμα.
4. Lire : *bakhdô.*
5. Nous traduisons comme οἰκείωσις.

ses humaines dans l'humanité et toutes les choses divines dans la divinité : naître d'une femme est une chose humaine, mais naître du Père est [une chose divine, car l'un est] [1] sans commencement, tandis que l'autre a un commencement, l'une est éternelle, l'autre est temporelle.

Comme la vérité le suffoquait (Cyrille), il ne pouvait pas cacher son sentiment, lui qui, par la suite de la discussion, fut obligé de le mettre par écrit. De même qu'un chien, qui est attaché de force, cache ses mauvaises habitudes, puis dès qu'il échappe à ses liens, court à sa niche près de ses compagnons, jappe contre ceux qui l'ont pris et n'ose plus sortir dehors ni combattre à découvert, mais, restant à l'intérieur, baisse les oreilles et porte la queue entre les cuisses ; de même celui-là n'a pas osé leur promettre de parler et de vaincre en réprimandant, ni rien d'analogue, comme agiraient à bon droit ceux qui ont confiance dans leur cause ; je veux dire en luttant et en obtenant la victoire à l'aide des Livres [205] divins, des traditions et des enseignements des Saints Pères.

Mais écoutez bien ceci, non comme venant de moi : Il n'ose pas dire ouvertement ce qu'il dit ni établir d'après les Livres divins et les Pères ce qu'ils ont dit et la manière dont ils l'ont dit. Il (Théodote) n'a pas été contraint non plus de faire connaître ce qu'il avait dit ni de le mettre par écrit. Il fallait dire ce que je regardais comme la vérité et celui-là (Cyrille) a été le premier à l'en empêcher pour que (les évêques) ne connussent pas toute la conversation et toute la discussion que nous avions eue, en rapportant des choses auxquelles ils n'avaient rien pu répondre. C'est pourquoi ils ne les ont pas écrites, pas même dans les Actes [2], mais seulement « qu'il ne fallait pas dire de Dieu qu'il suça le lait, ni qu'il naquit de la Vierge à la manière ordinaire. » Ils enquêtaient (seulement) jusqu'où cela leur plaisait. Mais nous parlerons de cela un peu plus tard.

Après celui-là vint Acace, et il leur raconta une conversation qu'il avait eue avec moi et qui leur parut (renfermer) des choses impossibles. Il raconta sa demande en m'accusant, non en me réprimandant, ni en démontrant les choses [3] sur lesquelles il s'ap-

1. M. Béthune-Baker, p. 74, complète ainsi le sens, par l'adjonction des mots entre crochets.

2. ὑπομνήματα.

3. Lire : *Chourorô de.*

puyait; mais ils acceptèrent ses questions comme des accusations. Pour que vous ne croyiez pas [206] que j'invente [1] cela, écoutez leurs actes [2] :

Récit d'Acace, évêque de Mélitène [3].

Aussitôt que j'arrivai à Éphèse, j'eus une discussion avec cet homme dont on vient de parler; lorsque je reconnus qu'il ne pensait pas correctement, je m'efforçai par tout moyen de le corriger et de l'éloigner de ses idées : et je voyais qu'il confessait des lèvres s'éloigner d'une telle opinion.

Après avoir attendu dix ou douze jours, à l'occasion encore d'une conversation qui s'engagea entre nous, je commençai à parler en faveur de la foi orthodoxe et je voyais qu'il lui était opposé; j'avais senti qu'il tombait dans deux maux (différents) : d'abord (une) question qui était inopportune : il imposait la nécessité [4] à ceux qui lui répondaient ou de nier absolument que la divinité du Fils unique se fût incarnée, ou de confesser, ce qui est une impiété, que la divinité du Père et du Saint Esprit s'incarnât avec le Verbe [5]. »

NESTORIUS. Ce sont eux qui ont interrogé, ce sont eux qui ont répondu que ces choses étaient absurdes et impies; ils le confessent et ils admettent la parole [207] que je leur ai reprochée et ils seront convaincus comme impies d'après leur confession. Pensera-t-on que c'est une calomnie, lorsqu'ils l'ont écrit dans les actes et qu'ils amènent tout le monde à témoigner contre eux-mêmes ? Admettons en effet que ma question était absurde; il te fallait ne pas l'accepter mais mettre en relief l'absurdité de cette question, afin qu'en rectifiant cette question, tu ne tombes pas dans la voie de l'impiété et de l'absurdité. Mais si tu as accepté une « question absurde pour la religion, et si tu es arrivé ensuite [6] à la méchanceté de confesser, ou que Dieu le Verbe fils de Dieu ne s'est pas incarné, ou que le Père et le Fils se sont aussi incarnés ; » ce que tu admettais quand on t'a interrogé, il te fallait [l'établir, et ce que tu n'ad-

---

1. Lire : *Bodê*, ou traduire « que je crée ».
2. ὑπομνήματα.
3. Labbe, *loc. cit.*, t. ɪɪɪ, col. 506 *b*.
4. ἀνάγκη.
5. ... καὶ δύο ἀτόποις κατὰ τὸ αὐτὸ ἐγίνωσκον περιπίπτειν. πρότερον μὲν γὰρ ἐκ τῆς αὐτοῦ ἐπερωτήσεως ἀτόπου οὔσης ἀνάγκην ἐπετίθει τοῖς ἀποκρινομένοις, ἢ πάντη ἀρνήσασθαι τὴν τοῦ μονογενοῦς θεότητα ἐνηνθρωπηκέναι, ἢ ὁμολογεῖν, ὅπερ ἦν ἀσεβές, ὅπερ καὶ ἡ τοῦ πατρὸς καὶ ἡ τοῦ υἱοῦ, καὶ ἡ τοῦ πνεύματος θεότης συνεσαρκώθη τῷ Θεῷ λόγῳ.
6. εἶτα.

mettais pas, il te **fallait**] le faire cesser. — **Bien** que, comme cet
autre (Cyrille) tu ne l'aies pas réfutée, admettons que tu ne sois
pas tombé dans cette absurdité, ni volontairement ni involontairement, pourquoi ne dis-tu pas cette question absurde, pour laquelle vous voulez me condamner ? mais tu ne la dis pas et les
juges ne la demandent pas. Si elle était si absurde, comment a-t-
elle été laissée sans réprimande au point de ne pas être répriman-
dée par tout votre concile ? Si tous vous la laissez sans réprimande,
et s'il n'y a chez vous personne capable de la réfuter, dites du
moins cette question absurde, étudiez-la, bien que vous ne soyez
des juges que pour la forme [1], et écrivez cette question pour
la forme [1] à ceux [208] qui ont de l'intelligence, et ils pourront
ensuite apprécier votre jugement. Mais, à cause de votre insuffisance, vous êtes demeurés dans les ténèbres et n'avez même pas
pu voir les choses visibles. Dieu vous a surtout aidés, par votre demande, à écrire toutes ces choses, pour qu'il soit évident
à tous que c'était de l'inimitié sans cause.

Mais, comment peut-on démontrer cela ? A l'aide des choses
qu'ils ont mises dans les écrits trompeurs, dans le jugement sans
condamnation. Ecoutez dès maintenant les choses qu'ils ont
mises dans le symbole de la foi de nos Pères réunis à Nicée. Nous
nous prévaudrons des deux comme de témoignages qui ne sont
pas récusés par lui; nous les utiliserons contre eux de deux manières : ou bien en les examinant, ou bien à la manière de ceux qui
les reçoivent sans examen ; car ils sont à la fois juges et accusés,
à la manière de ceux qui se donnent pour juges dans les fables et
les contes.

Foi des (trois cent dix-huit) Pères de Nicée.

Nous croyons en un Dieu, Père tout puissant, créateur de toutes les
choses visibles et invisibles, et en un seigneur Jésus-Christ, Fils unique
de Dieu, qui est né du Père, [209] c'est-à-dire de l'essence du Père [2]...

1. σχῆμα.
2. Ici un certain nombre de feuilles sont tombées.

[I, 3. Réponse et comparaison des lettres [1].]

... Plaçant [2] d'abord les noms des deux natures qui indiquent les propriétés communes, sans que la Filiation ou la Domination soit scindée et sans que les natures, dans l'union de Filiation, viennent en péril [3] de corruption et de confusion [4].

Voyez donc d'abord qui retranche et enlève au symbole qui a été porté par les Pères, et qui ajoute ce que celui-là (Cyrille) a enlevé et ne l'a pas laissé lui prendre quoi que ce soit. Celui-ci ne dit même pas le commencement, mais il le fuit et il fuit un commencement que ceux-là n'ont pas placé. Voilà pourquoi il a omis le commencement [5] et n'a pas voulu commencer par là; tandis que moi j'ai établi ce que les Pères ont dit avec justice, et j'ai dit : « C'est ici que nous commencerons, » en montrant aussi la raison pour laquelle ils ont d'abord placé les noms qui sont communs à la divinité et à l'humanité, puis ils bâtissent là-dessus la tradition de l'Incarnation, des souffrances et de la résurrection, « après avoir placé d'abord les noms des deux natures qui indiquent les propriétés communes, sans que la Filiation et la Domination soient scindées, et sans que les natures, dans l'union de Filiation, viennent en péril de corruption et de confusion. » Pourquoi donc [210] as-tu omis ces choses comme superflues comme s'il ne convenait pas de les dire ? Est-ce parce que tu as pensé que c'était la même chose et qu'il ne convenait pas que (ces paroles) soient dites, mais qu'il leur suffisait de commencer là où tu as commencé toi-même; et tu as fait un commencement et tu les as corrigés. Mais ceux-là anathématisent ceux qui ajoutent ou retranchent; mais ils n'ont pas agi comme il fallait ni selon le sentiment des Pères. Mais il interprétait dans un sens opposé, lorsque je lui

---

1. Nous rétablissons ce titre d'après le sommaire donné par le traducteur, p. 4.

2. Nestorius reproche à Cyrille d'avoir tronqué le symbole de Nicée qu'il cite; Labbe, *loc. cit.*, col. 318 *c.* Le concile, après la récitation du symbole, a passé à l'examen des secondes lettres de Cyrille et de Nestorius, Labbe, *loc. cit.*, col. 459 *e.* Nestorius suit ici le même ordre. Le commencement manque.

3. κίνδυνος.

4. Lettre de Nestorius. Labbe, *loc. cit.*, col. 323 *a.* Cf. *infra,* p. 149.

5. Saint Cyrille, Labbe, *loc. cit.*, t. III, col. 318 *c,* commence par : « le saint Concile a dit qu'il est Fils unique né, selon la nature, de Dieu le Père. » Nestorius, 323 *a,* commence par : «Nous croyons en Notre-Seigneur Jésus-Christ, son fils unique. »

disais : « C'est là le commencement, et il faut que nous commencions surtout ici : à l'endroit où je t'ai repris. » Il me cherchait querelle comme s'il instruisait tout le monde dans sa sagesse, de peur que dans leur ignorance ils n'évitassent cette impiété. Pourquoi donc lorsque tu as écrit la foi, n'as-tu pas commencé toi aussi là où les autres ont commencé sur ce qui était en question ? Nous cherchions en effet comment il convenait de comprendre et de dire naturellement ces propriétés de la chair et de l'âme raisonnable et les propriétés de Dieu le Verbe ; comme si toutes deux appartenaient à Dieu le Verbe dans la nature, ou bien au Christ, de sorte que les deux natures ont été unies par l'union en un seul *prosôpon*. Pour moi je disais et j'affirmais que l'union est dans un seul *prosôpon* du Christ ; j'indiquais nécessairement Dieu le Verbe qui s'est incarné, et Dieu le Verbe était en même temps dans l'humanité, [211] parce que le Christ s'est incarné en elle. C'est pourquoi lorsque les Pères nous apprirent quel est le Christ au sujet duquel ils se disputaient, ils placèrent d'abord les (natures) qui constituent le Christ. Toi tu fais le contraire, parce que tu veux que, dans les deux natures, Dieu le Verbe soit le *prosôpon* d'union. Tu supprimes ces (premières paroles) comme superflues et tu les passes [1] pour commencer après elles. Tu transportes de l'un à l'autre (du Christ au Verbe) toutes les choses dont le Christ est naturellement formé et dit. Que le Christ des Pères soit le contraire du tien, tu as refusé de le reconnaître, et tu dis avec moi malgré toi, que le Christ est en deux natures, mais que Dieu le Verbe n'est pas dans les deux natures.

Écoutez (un extrait) de ce qu'il m'a écrit, afin que vous sachiez qu'il n'y a rien de juste (en lui), mais qu'il cherche de toute manière à ce qu'il n'y ait pas de jugement ni d'examen qui fasse connaître son inimitié contre moi, laquelle n'avait pas la foi pour cause. « Diverses [2] sont les natures qui sont venues à une véritable union, (mais) avec les deux (il est résulté) un Christ et Fils, non parce que la différence des natures a été enlevée à cause de l'union; mais parce qu'elles nous ont constitué plutôt un Seigneur, et Christ et Fils. » Ce n'est pas comme par un changement des natures que l'essence de Dieu le Verbe a été complétée, car ce dernier demeure éternellement tel qu'il est et il

---

1. *'obar.*
2. Labbe, *op. cit.*, t. III, col. 318 *e.*

n'admet ni accroissement ni diminution. [212] Mais du concours de l'union de la divinité et de l'humanité, il y eut un Christ et non Dieu le Verbe, car celui-ci était éternel. C'est donc le Christ qui est le *prosôpon* de l'union, Dieu le Verbe n'est pas celui de l'union, mais de sa nature, et ce n'est pas la même chose de le dire et de le comprendre [1]. C'est pourquoi, ô admirable, les Pères aussi, suivant les saints Livres, ont dit « un Seigneur Jésus-Christ, fils unique » du *prosôpon* de l'union, puis ils enseignent, dans ceux qui se sont unis, quels ils sont et dans quel but (ils se sont unis). Qui est le Fils unique né du Père ? Notre-Seigneur Jésus-Christ. « Fils unique de Dieu », c'est-à-dire de l'essence de Dieu le Père. « Dieu de Dieu, Lumière de Lumière, vrai Dieu de vrai Dieu, né et non fait, consubstantiel au Père, par qui tout a été fait dans le ciel et sur la terre. » De qui parlez-vous, ô Pères ? De quelqu'un autre, ou de Celui dont vous parliez auparavant : « un seigneur Jésus-Christ, Fils unique de Dieu » ? Quel est celui-là et de qui vient-il ? Du Père ; « vrai Dieu de vrai Dieu, né et non fait, consubstantiel au Père, par qui tout a été (fait), qui est descendu pour nous autres, hommes, et pour notre salut. » Quel est celui-ci ? Dites-le moi, ô Pères, et à celui-ci, et à tous. Quel est-il ? Un autre [243] ou le Fils unique ? C'est celui-ci que nous vous enseignons et non un autre, celui qui « pour nous autres hommes, et pour notre salut est descendu et s'est incarné du Saint-Esprit et de la vierge Marie, et s'est aussi fait homme. » Jusqu'à ceci : « il est descendu, s'est incarné et s'est fait homme, » ils nous ont instruits sur la divinité du Christ, et par « il s'est incarné », sur son union avec la chair, le reste est sur la chair dans laquelle il s'est incarné : « un Seigneur Jésus-Christ, Fils unique de Dieu. » Ceci : « (il s'est incarné) du Saint-Esprit et de la vierge Marie» ne nous renseigne-t-il pas sur la naissance de la chair ? « Un Seigneur Jésus-Christ, Fils unique de Dieu. » Qu'est-ce que sa nature? Ce qu'était aussi sa mère dont la chair souffrante est née. « Il a souffert et il est ressuscité le troisième jour et il est monté aux cieux, et il viendra juger les vivants et les morts ; » quel est celui-ci? Un Seigneur Jésus-Christ, Fils unique de Dieu. Ils le disent en deux (manières) : consubstantiel au Père et consubstantiel à la mère, un Seigneur Jésus-Christ. Ce n'est pas Dieu le Verbe qui est des deux (manières) par nature, mais « un Seigneur Jésus-Christ, fils unique de Dieu. »

---

1. C'est-à-dire « de prendre l'un pour l'autre. »

L'union est en effet dans le *prosôpon*, et non dans la nature ni dans l'essence, mais il y a union des essences, l'essence de Dieu le Verbe et l'essence de la chair qui sont unies non en une seule essence — car Dieu le Verbe et la chair ne sont pas devenus une seule essence, et les deux essences ne sont pas chair — mais c'est Dieu le Verbe et la chair (qui sont unis). Tu confesses tout cela [214] avec moi, lorsque tu dis que les natures de la divinité et de l'humanité sont différentes, et que les deux natures demeurent dans leur propre essence, et que leurs différences ne sont pas supprimées par leur union; car les deux natures ont complété un Christ [1] et non un Dieu.

Que me reproches-tu donc? Parle devant tous ceux qui lisent nos discours, car j'en dis autant, et même toi, lorsque tu as parlé et confessé (ainsi), je t'ai loué de ce que tu as dis, parce que dans ton discours « tu as fait la distinction de la divinité et de l'humanité et tu les as unies [2] en un *prosôpon* [3]. » Et encore de ce que tu as dit [4] : « que Dieu le Verbe n'avait pas besoin d'une seconde naissance d'une femme, et que la divinité n'admet pas les souffrances »; tu l'as dit fidèlement. Ces (paroles) sont de ceux qui sont corrects dans leur foi [5], et sont opposées à la foi mauvaise de toutes les hérésies sur les natures du Seigneur [6].

Où donc ai-je dit du Christ qu'il était un simple homme, ou deux Christs, et qu'il n'y avait pas un Seigneur Jésus-Christ, Fils unique de Dieu : de l'union des deux natures résulte un *prosôpon*? Même à toi je t'ai dit comme un frère à son frère que nous ne divisons pas l'union, ni le *prosôpon* (qui résulte) de l'union. Nous ne partons pas encore de Dieu le Verbe, comme d'un *prosôpon* d'union, mais de celui d'où sont partis les Pères, qui étaient plus sages que toi et qui étaient bien au courant des Livres divins. Remarque que toutes [215] les choses qui impliquent changement, ils les arrachent comme jusqu'à la racine et les rejettent. Car si tu transportes toutes les propriétés de la chair à Dieu le Verbe, veille à ce que en « volant » les propriétés des natures, selon ta locution, tu ne dises

---

1. Labbe, *op. cit.*, t. III, col. 318 *e*.

2. συνάφεια, litt. : « pour l'adhésion. »

3. Labbe, *loc. cit.*, col. 323 *c*.

4. Lire ainsi avec *C* et non « de ce que j'ai dit », car ce passage figure bien dans la lettre de Nestorius. Labbe, *loc. cit.*, col. 323 *d*.

5. Le grec porte ὀρθόδοξα γὰρ ὡς ἀληθῶς τὰ τοιαῦτα. *Ibid.*

6. περὶ τὰς δεσποτικὰς φύσεις. *Ibid*. Le syriaque porte le singulier.

ce que les trois cent dix-huit Pères ont rejeté d'une seule voix, d'une seule bouche et d'un seul esprit,(à savoir) qu'il y avait un moment où Dieu le Verbe n'était pas, c'est-à-dire : lorsque sa chair n'était pas, Dieu le Verbe n'était pas alors, c'est-à-dire : avant que sa chair ne fût née, il n'était pas. Puisque tu dis qu'il s'est attribué toutes les propriétés, (il s'ensuit) que Dieu le Verbe est né de ce qui n'était pas, parce que sa chair provenait de ce qui n'était pas; à moins que tu n'oses dire que la chair a toujours existé et que Dieu le Verbe est d'une autre hypostase et d'une autre essence, non de celle du Père, mais de celle dont provient la chair; et Dieu le Verbe sera sujet au changement et à la corruption, par suite de la chair qui y est soumise. Or les Pères anathématisent ceux qui disent cela de Dieu le Verbe. Car Dieu le Verbe n'est pas par essence formé de deux. Dieu le Verbe n'est pas non plus dans la chair, et Dieu le Verbe n'est pas de deux, et Dieu le Verbe n'est pas deux natures. [216] C'est en cela seulement [1] que Dieu le Verbe est considéré consubstantiel au Père. Car il s'incarna et apparut dans la chair; mais s'il s'incarna dans la chair, il est évident (que c'est) dans la chair créée, et celui qui s'incarna dans la (chair) créée n'a pas fait chair sa propre essence, en sorte qu'il fasse siennes les propriétés de la nature de l'essence de la chair, mais il a opéré, pour (se) manifester, toutes les choses de son *prosôpon* (de la chair). Il se servit en effet de la forme et du *prosôpon* du serviteur, non de l'essence ni de la nature, de manière qu'il fût par nature en deux, comme le Christ.

Pourquoi donc s'arrogeait-il de faire une autre voie et un commencement autre que celui fait par les Pères, au point d'en arriver à anathématiser tout ce qui avait été dit par eux et de dire nécessairement tout ce qui a été anathématisé par eux ? Il commence par placer les paroles des Pères, comme s'il voulait démontrer à leur aide, dire ce qu'ils avaient dit et m'accuser ensuite de n'avoir pas dit la même chose. Lorsqu'il eut trouvé que je soutenais la même chose et que je fortifiais leurs (théories), il commença à promulguer des règles (anathématismes?), à changer des noms que ceux-ci n'avaient pas dits et à les introduire dans la foi, en persuadant qu'il fallait prendre ceux-ci au lieu de ceux-là. C'est ce qu'il fit pour Dieu le Verbe, lorsqu'il dit [217] qu'il était avant les siècles, qu'il était né du Père, et qu'il est né, selon la chair, d'une femme.

1. Litt. : *inde nam tantum consideratur*

Où les Pères ont-ils dit que Dieu le Verbe est né, selon la chair, d'une femme ? Exigez (de lui) les définitions [1] des Pères, qu'ils ont placées pour tous [2] et auxquelles nous devons aussi adhérer en paroles et par la foi. Tu as bien parlé ; si donc tu observes ta promesse par les actes, c'est bien ; car celui qui ne parle pas comme ont parlé les Pères est coupable. Montre donc que les Pères ont dit cette parole, puis frappez-moi d'anathème comme celui qui transgresse les Livres et la tradition des Pères, bien que des milliers de fois j'aie témoigné et dit que je n'ai pas pensé autrement (que les Pères) dans ma pensée. Sinon quiconque corrompt ce qu'ont dit les Pères, avec l'expression fixée par eux, ne le laissez pas. Car les noms employés par les Pères doivent être conservés de toute manière, même si nous avons souvent négligé de les expliquer, car si quelqu'un s'en sert autrement qu'ils sont, ce ne doit pas être pour supprimer, changer ou modifier, mais pour conserver dans les mêmes choses, avec moi, le sentiment qui est orthodoxe, je veux dire celui des Pères.

Qu'as-tu donc à démontrer ? Je me suis mal servi de la parole qui est dans la profession de foi des Pères, et il me faut prier qu'on me l'explique ? Montre-moi que Dieu le Verbe est né, [218] selon la chair, d'une femme ; explique ensuite comment tu entends qu'il est né.

Si tu le présupposes (le commencement du symbole), et si tu expliques encore ce que tu as mis (ajouté), tu n'es pas approuvé par ceux qui reçoivent les paroles des Pères, qui sont sans diminution, et qui n'admettent donc ni accroissement, ni diminution, ni changement. Celui qui explique en effet doit confirmer ce qui est écrit, sans le détruire. Si je me suis mal servi des paroles des Pères, « moi qui persuadais par paroles de ne pas donner à la sainte Vierge le nom de Mère de Dieu, ni au Christ celui de Dieu, et tu as été obligé de venir contre moi, » montre-moi d'abord que j'ai dit cela devant des hommes qui ont eu avec nous une discussion convenable, et non devant ceux qui inclinent à ta suite (tes partisans), car devant ceux-ci tu as vaincu et tu en as usé comme devant des hommes qui n'ont ni parole ni âme. Ce n'est pas comme devant des hommes que tu as présenté ma lettre dans laquelle je discutais contre toi, pour que tu n'embrouilles

1. Ou « le symbole. »
2. Sans doute les t... ... à É... ..., Labbe, *loc. cit.*, col. 507-519

pas les paroles des Pères. mais que tu confesses un Seigneur Jésus-
Christ, consubstantiel au Père, non un autre, mais un et même
(Seigneur) et qu'il y a un *prosôpon* de deux natures : de la divinité
et de l'humanité, Seigneur et Christ ; et cela tu l'as confessé aussi.
Ce n'est donc pas parce que je ne reconnais pas le Christ pour Dieu
(que tu m'attaques), car il est Dieu aussi et il n'est autre que Dieu
le Verbe [219] consubstantiel, mais c'est parce que je confesse qu'il
est homme aussi. Si cela était vrai, et si je ne confessais pas ainsi,
j'aurais ajouté en enseignant : que le Christ est Dieu et consubstantiel au Père, et de même encore homme consubstantiel
à nous. Je n'aurais pas passé rapidement sur le *prosôpon* de l'union
et j'aurais commencé par l'essence de la divinité comme *prosôpon*
commun de la divinité et de l'humanité ; comme d'une seule essence
de Dieu le Verbe qu'elles étaient toutes deux. Toutes ses propriétés et celles qui concernent sa chair, je les lui aurais attribuées
naturellement, puisqu'il est les deux (essences) par essence.

Pourquoi donc imputes-tu mensongèrement aux Pères ce qu'ils
ne disent pas ? Comment exiges-tu de ceux qui ne veulent rien
recevoir en dehors de la profession de foi des Pères, de recevoir
ce qui est tien, de préférence à ce qui est aux Pères ? Rentre en
toi-même, lis, apprends et vois qu'ils n'ont pas dit cela ; et nous
n'avons pas transgressé (leurs paroles) comme des ignorants ou
comme des méchants ; mais toi tu ne peux pas trouver que ceux qui
ont écrit pour toi, ont dit que celui qui est né du Père soit né,
selon la chair, de la femme, (en cherchant) s'ils mentionnent en
aucune manière la naissance (venant) de la femme. Comment dis-
tu donc, ô calomniateur [1] : « Nous avons trouvé que les saints
Pères pensaient ainsi, et ils n'hésitèrent pas à donner à la
sainte Vierge le nom de Mère de Dieu », c'est ainsi que nous
disons [220] qu'il souffrit et qu'il ressuscita. Commence par nous
montrer que les Pères l'appellent Mère de Dieu, ou que Dieu le
Verbe naquit dans la chair, ou même qu'il naquit de quelque
manière ; de même encore qu'il souffrit, qu'il mourut et qu'il
ressuscita. Comment disent-ils que Dieu souffrit et mourut, ex-
plique-le nous. Si tu as inventé et calomnié, comment quelqu'un
admettra-t-il les autres choses sans hésitation ? car tu as jeté
le doute partout, parce que tu n'as pas dit ce qu'ont dit les Pères,
mais que tu as changé jusqu'à l'expression. Quand bien même tu

1. Dans la seconde lettre à Nestorius. Labbe, *loc. cit.*, col. 322 *a*.

penserais exactement ce qu'ils enseignent, et qu'il n'y aurait pas de différence entre le « Seigneur et Jésus-Christ » et « Dieu le Verbe » et que par un nom ou par l'autre tu confesserais la même chose, il ne te serait pas permis de changer, mais il te faut interpréter et éclaircir, et te servir des mots qui ont été employés par les Pères. Mais tu ne pouvais pas, avec ces locutions, montrer que Dieu le Verbe est passible et mortel; c'est pourquoi tu emploies cette locution par laquelle tu peux attirer ceux qui ne connaissent pas la signification de chacune de ces (expressions).

Nous comprenons aussi dans le même sens le (mot) « il mourut ». Car le Verbe Dieu est immortel dans sa nature et incorruptible, vivant et vivifiant. Mais parce que son corps, par la grâce de Dieu, comme dit Paul, a goûté la mort pour tout homme [1], on dit qu'il a supporté la mort pour nous [2].

Qui [221] l'a dit? Toi ou les Pères? Dis-le, ne trompe pas tes auditeurs à l'aide des Pères, en disant que tu adhères à leurs paroles et à leurs enseignements. Lis donc où ils ont dit que « Dieu le Verbe a souffert ». Et si tu dis que le Livre divin a dit que Dieu le Verbe a souffert, lis-le et ne le cache pas. Si tu ne le lis pas, pourquoi calomnies-tu les Pères? Pourquoi prends-tu la foi des Pères comme pour tromper par avance ceux qui croient simplement et qui n'examinent pas? Tu te moques donc de tes lecteurs comme (d'hommes) qui ne réfléchissent pas? Ou bien (prétends-tu) corriger la foi des Pères, qui n'auraient pas écrit ce qu'il leur fallait écrire? Tu la places d'abord, et tu dis : Il nous faut y adhérer par les paroles et par la foi, mais toi tu n'y adhères aucunement, tu n'as pas conservé l'ordre du discours, tu n'as pas commencé où les Pères ont commencé, et ensuite tu as attribué (à Dieu le Verbe) tout ce qui avait été dit par eux. Tu n'as pas pensé à te servir non plus des mêmes noms et tu n'as pas suivi leur enseignement. Car « créé, fait, passible et mortel » et toutes les choses de ce genre que les Pères rejettent, tu les dis de l'essence de Dieu le Verbe, qui est et auquel on attribue tout ce qui est au Père dans son essence. Tu prétends que nous parlons comme ceux-là ne l'ont pas fait : tu inter-

---

1. Hébr., ɪɪ, 9.
2. Labbe, *op. cit.*, t. ɪɪɪ, 319 *b*

prêtes en effet, [222] non pour éviter que Dieu le Verbe soit dit passible et mortel, mais pour persuader de dire ce que les Pères ont défendu de dire. « De même, certes, nous confessons un Christ » seigneur [1], qui a pris son nom, à la naissance, de la bienheureuse Marie ; mais il est aussi homme, et dans la mort, et dans la résurrection, et dans l'ascension, et encore dans sa venue du ciel ; tu le prives de tout maintenant.

« Ainsi, as-tu dit, confessons un Christ et Seigneur [2] ; » comment le dis-tu ? Or nous confesserons ce qui n'a pas été confessé : « Non que nous adorions l'homme *avec* le Verbe, pour ne pas introduire une apparence de scission parce que nous avons dit « avec », mais nous l'adorons comme un et le même, parce que son corps ne lui est pas étranger, avec lequel il siège avec le Père [3]. » Ou bien il l'a dit par aveuglement d'esprit [4], ou bien il a été forcé par une nécessité divine de tomber dans ce qu'il reproche aux autres et sous le même blâme.

Car il a doublé le mot avec, lorsqu'il a dit : « *avec* celui qui est assis *avec* le Père. » Ce n'est pas pour un seul qu'on emploie le mot « avec » mais avec un autre, et celui-là qui est *avec* celui qui siège avec le Père, comment n'introduirait-il pas une apparence de scission ? Il a dit « le corps » et « son corps » et « qu'il siège avec lui » et il n'introduirait pas une apparence de scission ! « Un et le même pour Dieu le Verbe » comprend aussi son corps. Ainsi [223] il comprend le corps et encore le corps n'est pas compris ; on comprend que son corps est avec lui et on ne comprend pas que son corps est avec lui et on ne comprend que lui seulement ; on comprend qu'il siège avec lui (le corps) avec le Père et encore on ne comprend pas qu'il siège avec le Père, mais on ne comprend que lui. Qui pourrait exposer sa sagesse ineffable !

Mais lui l'a pris (l'homme) pour lui, « non comme si deux fils siégeaient, mais un seul, grâce à l'union avec sa chair [5]. »

Et tu as dit encore : « tu introduis une apparence de scission, lorsque toi tu donnes à entendre un autre avec un autre » ; mais (c'est) dans l'union. De qui ? Du Christ ? Dans ce cas, le *prosôpon*

---

1. *Sic V*, cf. *infra*.
2. Seconde lettre à Nestorius. Labbe, *loc. cit.*, col. 319 c.
3. *Ibid.*, col. 319 d.
4. Litt. : « aveuglement de sa science. »
5. Labbe, *op. cit.*, t. III, col. 319 d.

d'union est le Christ, mais tu dis qu'il a pris pour lui (le corps) avec lequel il siège avec le Père... Tu lui as donné un *prosôpon* à lui-même (au corps), pourquoi donc le rejettes-tu, comme si on avait eu tort de dire qu'il siège aussi avec lui avec le Père? Ou comme si par cet « avec », tu avais été forcé de comprendre qu'il en est ainsi et qu'il est possible que tu comprennes ou que tu considères ceci correctement, non en confessant que deux fils sont assis, mais un seul, grâce à l'union avec sa chair. Tu rejettes cet « avec » pour qu'on ne comprenne pas « deux ». Mais si ce que tu as dit est mal, retourne encore à ce chapitre (le commencement ?) que tu as omis, car c'est son but. Qu'as-tu écrit en effet ? N'as-tu pas montré [1] avec évidence qu'il ne convient pas d'écrire « avec », et toi n'as-tu pas écrit : « qui siège avec lui [224] avec le Père ? » Celui qui dit cela, dit que deux fils siègent. Mais tu défends de dire ceci : « il n'est pas permis de penser qu'il y a deux fils qui siègent [2]. » Ainsi, dans ton symbole tu laisses ce qui signifie deux fils, et tu dis qu'il ne faut pas que nous pensions deux fils, mais ils sont nécessairement pensés deux, à ce que semble ton opinion. Mais on doit définir et dire de manière différente, sans penser deux fils. Pourquoi m'accuses-tu, moi qui dis que deux s'unissent en un fils, dans lequel j'ai voulu montrer l'inconfusion des natures dans l'union, en me servant des propriétés des natures ? Je ne cherche pas à faire deux fils ni à briser l'unité, mais j'utilise un *prosôpon* d'union comme (formé) de deux essences, selon le témoignage du Livre divin.

Mais par « une essence », tu indiques deux essences. Si je disais ce que tu dis, cela te paraîtrait une impiété. Si toi tu as eu l'audace de scruter les choses qui ne peuvent être examinées en elles mêmes que par la piété, tu les as scrutées pour toi et non pour ceux-ci. Tu as fui encore devant un examen fait par tout le concile, parce que tu jugeais qu'il n'y avait pas pour ces (théories) d'apologie exacte. Comme je n'y étais pas, [225] ce que tu disais de bien tu le disais pour moi et lorsque tu as parlé mal contre toi, de cette manière encore c'était pour moi. Car si ce mot « avec » empêche qu'il n'y ait un seul fils, (que dire de) : « avec sa chair il siège avec le Père ; » ce n'est pas parce qu'il est adoré avec lui (le corps et le Verbe) qu'il y a deux adorations pour un Fils, puisque celui qui siège avec (le corps) qui est étranger est adoré dans

---

1. Litt. : « aboli. »
2. Labbe, *op. cit.*, t. III, 319 *d*.

une adoration ; car il y a union dans les natures, tu le confesses aussi avec moi, mais la distinction des natures n'est certes pas abolie à cause de l'union. Les choses qui sont bien dites, il m'a été beau souvent de les dire ; puis tu es étonné, lorsque tu entends ce qui est mien dans ce qui est tien : qu'il n'y a pas d'union qui ne montre diversité, comme l'adoration adressée à (celui qui est) assis [1]. Mais toi tu prends pour point de départ de ton histoire le créateur des natures et non le *prosôpon* d'union. Ou bien évite de dire deux natures unies sans confusion, ou bien confesse et dis-les, et il ne te paraîtra pas impossible de dire dans l'union un autre et un autre en ce qui concerne l'essence et non en ce qui concerne l'unité du *prosôpon*...

Si nous repoussons l'union hypostatique ou comme incompréhensible ou comme peu convenable, nous en arrivons à dire deux fils ; car il faut séparer et dire de l'homme [226] à part qu'il est honoré du nom de fils, et du Verbe de Dieu à part qu'il possède le nom et la réalité [2] de la filiation naturellement. Il ne faut donc pas séparer en deux Fils l'unique Seigneur Jésus-Christ [3].

Je t'ai dit aussi, dans la lettre [4], que je ne comprends pas ce que tu dis. En apparence tu as semblé te repentir, tu n'as pas caché les bonnes choses que tu te préparais à dire. Lorsqu'il te fallait répondre à ce sujet, écrire, persuader, reprendre en public les calomniateurs, tu t'es levé contre toi-même et contre moi et tu as abandonné les Pères et les saints Livres. Pourquoi veux-tu qu'il y ait union hypostatique, elle qui ne nous fait pas comprendre qu'il y a (en Jésus-Christ) l'essence de l'homme, ni un homme par nature, mais Dieu le Verbe par nature, c'est-à-dire Dieu qui n'est plus par nature ce qu'il est par sa nature, à cause de l'union hypostatique, qui ne supporte pas les distinctions et les définitions des autres (des natures composantes). C'est pourquoi cette union aussi est l'union des choses qui sont définies par le terme d'essence. Si (toute différence) est supprimée, ce n'est plus une union ;

1. Litt. : *in sessione.*
2. Syr. : « les actes » ; grec : ὄνομά τε καὶ χρῆμα.
3. Seconde lettre à Nestorius, Labbe, *loc. cit.*, col. 319 *d.*
4. Sans doute dans la seconde lettre à Cyrille, Labbe, *loc. cit.*, col. 323 *d*, où on lit : « Pour la suite, si elle éveille quelque sagesse cachée et incompréhensible dans les esprits des lecteurs, c'est à ton habileté d'en juger. Pour moi elle me semble renverser ce qui précède. »

c'est le (résultat)d'une union et non une union. Si toute délimitation
des natures est supprimée, comment l'union ne supprimerait-elle
pas les différences des natures ? Si ces natures ne sont conçues
ni dans la nature ni dans l'union, comment dis-tu qu'il a
fait [227] sienne la propriété de la chair, puisque tu dis qu'il est
dans l'une (nature) par nature et dans l'autre par l'union? Avoir
souffert dans la nature (humaine) et être mort, toutes ces choses lui appartiennent, parce qu'il les a faites siennes.

Comment as-tu songé à établir l'union hypostatique? Quelle
est cette union hypostatique inintelligible [1] ? Comment l'accep-
terons-nous sans la comprendre? Comment toi-même l'as-tu
comprise? Comment est-elle élevée et incompréhensible? Comment
est-elle encore laide [2] ? Instruis-nous. Mais tu ne veux pas m'instruire. Figure-toi que des juges te disent et te prient d'instruire et
nous et ceux qui nous ressemblent, parce que nous ne savons pas.
Sinon, instruis tout le concile. Car ni toi ni le concile ne pouvez
comprendre le mot union. Parce que moi aussi je dis union, tu
n'acceptes pas ce que je dis, parce que « je divise l'unité. » Si je parle
des choses qui ont été unies, à savoir le corps par essence et l'incorporel par essence, (je dis qu') ils sont distincts l'un de l'autre : l'un
comme créé, l'autre comme incréé; l'un comme mortel, l'autre
comme immortel; l'un éternel avec le Père, l'autre créé à la fin
des temps; celui-là consubstantiel au Père, et celui-ci consubstantiel à nous, car l'union ne supprime pas les essences qui s'unissent
au point qu'elles ne puissent pas être reconnues.

[228] Tu me dis : « tu divises »; mais toi certes aussi; jusque
dans les paroles auxquelles tu as recours pour m'accuser, tu dis :
« Diverses sont les natures qui sont venues à une véritable union;
des deux provient un seul Christ et Fils, non que la différence des natures ait été enlevée à cause de l'union [4]. » Tu nous donnes donc
à penser cela, même avec l'union hypostatique? Ou ne semble-t-il pas que tu divises en disant que, d'après leurs différences, les natures qui se sont unies seront différentes, et que tu
te précipites vers ta confession pour « que tu n'introduises pas une
apparence de scission [5]. » Que dis-je de : « que tu n'introduises pas

---

1. ἀνέφικτον, inaccessible, seconde lettre de Cyrille. Labbe, *loc. cit.*, col. 319 *d*.
2. ἀκαλλές. *Ibid.*
3. Sic *S, V*.
4. Seconde lettre de Cyrille. Labbe, *loc. cit.*, col. 318 *e*.
5. ἵνα μὴ τομῆς φαντασίαν παρεισκρίνηται, *Ibid.*, col. 319 *d*

une apparence de scission »? Que dis-je aussi « de l'apparence » ? Tu comprends la division des natures comme nom (divers) des natures et comme non confusion ; car il n'y a dans ton esprit aucun soupçon de la définition des natures qui te fasse comprendre comment elles se sont unies sans confusion. Ainsi étaient unis le feu dans le buisson et le buisson dans le feu, et ils étaient sans confusion. Toi tu les montres sans définition et sans séparation ; moi (je les montre) définies et séparées l'une de l'autre. Si donc tu parles de l'union hypostatique, dis-le clairement. Car je confesse n'avoir pas compris ni alors ni maintenant ; il faut que tu m'instruises pour que je sois de ton avis. Si je n'admets pas ton opinion, dis que je ne l'admets pas ; et si les juges l'acceptent de toi, [229] qu'ils me persuadent, ou bien qu'ils me condamnent, comme celui qui ne varie pas dans sa malice.

Dis donc (ce qu'est) « l'union hypostatique ». Veux-tu donc que nous regardions le *prosôpon* comme une hypostase, comme nous disons une essence de la divinité et trois hypostases, et que, par hypostases, nous entendions les *prosôpons* ? Alors tu appelles hypostatique l'union quant au *prosôpon*. Ce n'est pas des *prosôpons* mais des natures qu'il y a union. Car « diverses sont les natures qui sont venues à une véritable union, des deux provient un Christ [1]. » Entends-tu par là le *prosôpon* du Christ, ou l'hypostase de l'essence et de la nature comme la figure de son hypostase [2], et par union hypostatique, dis-tu union des natures ? Cela c'est moi qui le dis ; je t'ai loué d'avoir dit et fait « la distinction des natures, selon la divinité et l'humanité, et leur cohésion en un seul *prosôpon* [3] ». N'as-tu pas dit : « des distinctions sans confusion » et que « (l'union) demeurait sans différence qui pût la scinder ? » Si tu n'admets pas une distinction, du moins une distinction des natures, tu introduis sans le savoir une scission naturelle. Mais la distinction ne porte pas sur l'union, puisque les choses qui sont unies par elle demeurent sans confusion, comme le buisson dans le feu et le feu dans le buisson ; mais il n'apparait pas que tu dises cela, et tu me reproches de ne pas admettre l'union hypostatique. Je ne connais pas une autre union [230] hypostatique avec des natures différentes, ni quelqu'autre chose qui convienne pour l'union des na-

---

1. Labbe, *op. cit.*, t. III, col. 318 *e*.
2. Cf. Hébr., I, 3.
3. Labbe, *loc. cit.*, col. 323 *c*.

tures différentes, sinon un seul *prosôpon*, par lequel et dans lequel les deux natures sont connues, en attribuant leurs (propriétés) au *prosôpon*.

Que le corps ait été le temple de la divinité de Dieu le Verbe, et que le temple ait été uni par une adhésion supérieure de la divinité, au point de s'attribuer ce qui lui est propre par la liaison de la nature de la divinité, c'est beau à confesser et conforme à la tradition des Évangiles; mais non qu'il le prît pour son essence. Quelle est donc cette autre union hypostatique que tu veux m'enseigner, qui consiste en « une union sublime, divine et ineffable »? Je n'en sais rien, à moins que ce ne soit d'un *prosôpon* où celui-ci est celui-là et celui-là est celui-ci. C'est pourquoi je crie avec insistance en tout lieu que ce n'est pas à la nature, mais au *prosôpon* qu'il faut rapporter ce qu'on dit sur la divinité ou sur l'humanité; de crainte, si les deux (natures) étaient unies par l'essence, qu'il n'y ait imagination [1] pour les choses humaines. On ne lui attribue pas en tant qu'essence tout ce qui appartenait à l'essence, mais toutes les choses qui désignent le *prosôpon*. On reconnaît que Dieu le Verbe est dit être devenu chair et fils de l'homme, d'après la forme et le *prosôpon* de la chair et de l'homme dont il se servait pour se faire connaître au monde. Toutes les choses qui naturellement [231] sont dites de la chair, ne peuvent pas être dites du Verbe, (par exemple): qu'il soit lorsqu'il n'était pas, ou qu'il provienne de ce qui n'était pas, ou tout ce que la chair est dite, avant que d'être, lorsqu'elle était et après qu'elle était, dans les vicissitudes de l'accroissement et des corruptions, en un mot notre consubstantiel (fils de notre nature). Car il est notre consubstantiel en tout; tout ce qui est dit de l'essence, n'est pas dit d'autre chose, mais seulement de l'essence, et il est dit (notre) consubstantiel; dans les choses qui sont dites du *prosôpon* et de la forme de la nature, il est dit (être) ce qui le fait connaître, comme le *prosôpon* (fait connaître) l'essence. Ce qui est naturellement n'est pas dit (du Verbe), parce que l'union n'a pas lieu selon l'essence et selon la nature, mais selon le *prosôpon*.

De même pour la chair, on ne peut pas lui attribuer tout ce que Dieu le Verbe est par nature : elle n'est pas sans commencement, ni incréée, ni incorporelle, ni invisible, ni consubstantielle au Père et à l'Esprit Saint; bien que celui qui est dit Fils, Seigneur

---

1. φαντασία, « illusion ».

et Dieu soit dit aussi chair, de cette manière, par l'union ; parce que l'union a eu lieu au *prosôpon* du Fils de Dieu et non à l'essence ni à la nature, mais (à l'aide) des natures. Ce n'est pas à la nature mais au *prosôpon* que (la chair) a toutes les choses du *prosôpon*, excepté l'essence du *prosôpon*.

[232] Quelle est donc cette autre union hypostatique que « je n'admets pas, comme tu le dis, ou comme incompréhensible ou comme peu convenable et, à cause de cela, j'arrive à dire deux Christs : un homme qui est honoré par l'appellation de Fils, et à part encore le Verbe de Dieu, qui a naturellement le nom et la réalité de la filiation [1] ? » Celui qui dit dans l'union un Fils, un Christ, un Seigneur, comment peut-il diviser et dire à part un Fils Dieu et un autre (la chair), et ainsi (dire) deux fils ? Cela ne serait pas dit une union, mais chacune des natures resterait dans son essence.

On ne dit pas que Dieu le Verbe est devenu chair dans son essence, mais par l'union avec la chair ; de même la chair n'est pas dite fils, en dehors de l'union du Fils de Dieu. C'est pourquoi il y a une seule chair dans les deux et un seul fils dans les deux. Celui qui, dans l'union, a (le droit) d'être et d'être appelé, n'est pas et ne peut pas être appelé dans la distinction et la séparation mutuelle. Ainsi Dieu le Verbe dans sa nature est Dieu incorporel, mais dans l'union avec la chair il est dit chair. De même la chair qui par sa nature est corps et qui est corps par essence, est Dieu et Fils par l'union avec Dieu le Verbe Fils de Dieu. On ne dit pas qu'ils sont deux chairs ni deux fils ; ceux qui sont différents par nature et qui sont (unis) par l'union des natures.

Chez [233] les hommes, beaucoup qui sont fils (le) sont dits par la distinction et la division des natures, s'ils le sont par la grâce et l'adoption [2] seulement (qui) a été donnée à chacun d'eux ; comme l'empereur honore chacun des princes. Ce qui est seulement par son hypostase, cela appartient aussi à plusieurs, comme par la grâce. (La chair) est dans son hypostase, et il la fit l'image de son image, ni par ordre, ni par honneur, ni simplement par une égalité de grâce, mais il la fit son image à son image naturelle, de sorte qu'elle n'est pas une autre, mais celle-là même qu'il a prise pour son *prosôpon*, pour que celui-ci fût celui-là et celui-là celui-ci ; un

1. C'est le sens des reproches contenus dans la seconde lettre de Cyrille.
2. Litt. : *domesticitas*.

et le même en deux essences; *prosôpon* formé par la chair et qui informe la chair à l'image de sa filiation en deux natures, et une chair dans les deux natures, celui-ci figuré par celui-là et celui-là par celui-ci; une seule et même image de *prosôpon*.

Je ne sais pas dans quel sens tu parles de l'union hypostatique, pour qu'elle soit « incompréhensible ou peu convenable », afin que je l'admette ou que je ne l'admette pas. A cause de cela il est défini et« dit homme à part dans l'appellation ou l'honneur de Fils; puis à part encore (il est dit) le Verbe de Dieu, qui possède naturellement la filiation, le nom et l'appellation [1]. » Le mot « à part » [2], comment le dis-tu? [234] Dis clairement la profession de foi des Pères et mets ce qu'il convient de dire et pour moi et pour chacun, car tu n'as pas exposé clairement ce que nous devons penser et dire. Comment dis-tu que la nature humaine ne peut pas être conçue à part, surtout en dehors de l'essence de Dieu le Verbe, qui est Fils non par nature, mais par l'union? Mais tu dis qu'il y a aussi des diversités dans les natures qui ont été réunies pour constituer l'union d'un fils. Mais la diversité des natures n'a pas été supprimée par l'union des natures; ce n'est pas comme si la diversité des natures était supprimée par l'union. Si donc la diversité des natures n'est pas enlevée, la nature de la chair appartient seulement à la nature de l'humanité. Celui qui est Fils, consubstantiel à Dieu le Père et au Saint Esprit, appartient seulement et uniquement à la divinité, car, par l'union, la chair est fils et Dieu le Verbe est chair. C'est pourquoi celui qui parle ainsi, ne dit pas deux fils ni deux chairs, il ne dit pas deux chairs dans la nature, ni la chair dans l'un, la filiation dans l'autre, mais ils se servent des *prosôpons* naturels de l'une et de l'autre (nature) dans ce qui leur est propre [3]. Comme le feu était dans le buisson et le buisson était feu et le feu était buisson [4], et chacun d'eux était buisson et feu, et il n'y avait pas deux buissons ni deux feux. Car [235] tous deux étaient dans le feu et tous deux dans le buisson, non comme séparés mais comme unis. Des deux natures proviennent des *prosôpons* naturels. Ou ne dis pas que

1. Labbe, *op. cit.*, t. III, col. 319 *d*.
2. ἴσχως. *Ibid*.
3. Litt. : *eadem usi sunt in personis (prosôpons) naturalibus utrorumque in propriis.*
4. Exode, III.

les natures sont séparées, lorsqu'elles conservent les différences
des natures et qu'elles ne sont pas supprimées. Ou bien dis que
les natures ont conservé leurs différences, puis réunis-les dans une
union inséparable [1], sans que les diversités des natures soient
supprimées par l'union [2]...

Si tu les entends uniquement non dans les natures, mais dans
leur différence l'une de l'autre, en quoi suis-je coupable, moi qui
confesse l'union inséparable des deux natures en un *prosôpon*?
Je te parle comme à quelqu'un qui n'est pas fixé sur ce sujet.
Est-ce que tu ne donnes qu'une nature à l'union hypostatique
au point qu'après l'union les natures ne conservent pas leurs
propriétés ? Tu corriges ce que tu avais dit d'abord, tu le fais
disparaître surtout dans ta discussion contre moi, lorsque tu veux
dire le contraire de ce que je dis. Parce que tu n'as pas voulu
chercher la cause de la division pour trouver la vérité, mais
par opposition, comme un ennemi. Cette (union) fait évanouir
les natures et je ne l'accepte pas. [236] Car, par opposition contre
moi, tu as médité des définitions avec des paroles violentes (les
anathématismes), comme font les voleurs, pour cacher ta pensée et pour n'être pas connu. Tu dis ceci, cela et tout, mais tu
ne parles pas de l'union hypostatique pour supprimer les natures,
mais pour (établir) l'union naturelle qui (provient) de la composition
en une nature. De même que l'âme et le corps (concourent) en une
nature de l'homme, ainsi Dieu le Verbe s'est uni à l'humanité [3], et
c'est cela que tu appelles union hypostatique. Mais quand bien
même les natures subsisteraient, il y aurait union pour former une
nature passible, faite et créée, car l'union naturelle est une seconde
création. Ce qu'elles n'ont pas par leur nature, elles le reçoivent dans
leur nature par l'union naturelle. Mais les choses qui sont unies
d'une union naturelle, sont unies avec la passivité naturelle de
l'autre, et ne souffrent pas volontairement leurs souffrances mutuelles ; comme l'âme et le corps, qui ne reçoivent pas dans leur
nature leurs propriétés mutuelles, mais par l'union naturelle,
participent l'un à l'autre et donnent et reçoivent les souffrances

---

1. Litt. : *Vel dic quod manserunt in diversitate naturarum et ut differentia
naturarum, ponis eos in unitate quæ non scinditur.*

2. Lacune.

3. Comparaison fréquente chez saint Cyrille. Cf. Labbe, *op. cit.*, t. III, col.
403 *c, d*, 1147 *c*.

de l'un et de l'autre par nécessité naturelle, et dans le mélange naturel, au point que celui qui n'aurait pas souffert par lui-même, souffrira. Car dans l'union, ce n'est pas l'âme en particulier qui souffre de la faim et de la soif, ou qui se plaint d'une coupure, d'une brûlure ou d'un coup. De même ce n'est pas le corps sans âme qui sentirait ces choses. Par l'union [237] naturelle des natures diverses, elles souffrent passivement les souffrances les unes des autres et elles y participent par la nécessité de l'union.

Si donc tu places l'union hypostatique dans la nature, tu dis, comme les ariens, qu'elle est naturelle et non volontaire (et) qu'il a souffert avec la passivité naturelle. Il a souffert par l'union naturelle, car les passions de l'âme, dans le composé naturel, sont les souffrances du corps. Ce n'est pas pour souffrir que celui qui n'a pas été fait, celui qui est incréé par sa nature, a été composé (avec son corps) comme ce qui est créé et fait. Ce n'est pas par la manière dont l'âme est dans le corps et le corps dans l'âme qu'on peut montrer l'union en une nature ; car l'âme ne produit pas nécessairement l'union dans tout corps qui a une âme, et elle ne peut pas toujours vivifier son corps ; mais elle ne le peut que par une composition, telle qu'elle a été formée en une nature par le Créateur, enfermée et prise involontairement dans une limite naturelle, fixée et infranchissable. (Les deux parties) sont séparées ou enchaînées par une création dans l'union de la nature. Si donc l'union de Dieu le Verbe avec l'humanité était en une nature, quand même ces natures demeureraient sans confusion, cependant par l'union naturelle, le Créateur et le créé seraient formés avec changement volontairement ou involontairement, parce qu'ils sont ainsi appelés et que (leur composé) est fait et créé. Celui qui peut tout créer, c'est-à-dire Dieu, sera la nature de l'union ; et ce ne sera pas l'hypostase de l'humanité qui montrera la nature animale ; comme le corps [238] sans l'âme n'est pas animal par son hypostase, mais bien par la création de l'union naturelle. S'il en est ainsi, l'homme aussi doit à Dieu d'être animal, il ne l'a pas de son hypostase et de sa nature, mais de l'union hypostatique qui établit une (seule) nature.

Il refuse de dire que l'homme est homme, et (qu'il est) animal dans son hypostase et dans sa nature, et que Dieu le Verbe est Dieu le Verbe dans son hypostase, afin de maintenir, dans l'union, sa nature (du Verbe), pour qu'il ne soit pas animal d'après l'union.

Il dut d'être homme à l'acte de la création du Père, du Fils et du Saint-Esprit. Il dut d'être Fils unique à son union avec Dieu le Verbe, non d'après sa nature, ni dans une union naturelle et hypostatique. Car ce qui lui provient de l'union naturelle ne lui provient pas d'un autre ; mais de la constitution naturelle ; par exemple d'être un seul animal ne provient pas du corps ni de l'âme ni des deux, mais de la constitution naturelle. Cette (union) est sujette à la corruption et à la souffrance, mais l'union qui a lieu par le *prosôpon* des natures est impassible et incorruptible, car elle a lieu par une relation volontaire[1] ; cette union n'est pas involontaire, par abaissement et par élévation, par commandement et par obéissance. Une telle (union) n'est ni pour abolir, ni pour [239] détruire, ni pour déraciner une nature ou les propriétés des deux natures, mais les propriétés particulières, dans les choses naturelles, diffèrent par l'esprit et la volonté, selon la distinction des natures dans une liaison, tandis que dans l'union des natures, c'est la même volonté et intelligence, pour que toutes deux veuillent ou ne veuillent pas la même chose. Et la volonté[2] est celle des deux[3] parce que le *prosôpon* de l'une est aussi celui de l'autre, et réciproquement, de l'une vient l'autre et inversement. Quand il parle comme par son *prosôpon*, il parle par le *prosôpon* unique qui résulte de l'union des natures et non par une hypostase ou nature. Car la divinité n'est pas limitée par le corps, comme chacune des natures qui sont unies en hypostase. Ceux-là sont limités par la nature lorsqu'elle les limite dans leur être et qu'ils n'existent pas à part ; comme l'âme et le corps qui sont liés par leur être et qui n'existent pas à part[4].

Si tu dis donc ainsi que Dieu le Verbe est uni à la chair en hypostase et que tu appelles cela union « incompréhensible et peu convenable », je ne refuse pas de dire clairement : « Ce sont les impies qui disent de telles choses, et cette pensée n'est pas des orthodoxes. » Si le Fils impassible était venu à la nécessité[5] d'une nature passible, afin de souffrir d'une manière sensible ; cela montrerait que son essence n'est pas impassible, [240] mais est une nature

---

1. *domesticitas.*
2. « et la volonté » figure deux fois dans le texte.
3. « est mutuelle. »
4. Litt. : « En dehors d'eux-mêmes. »
5. ἀνάγκη.

passible dont il a été composé dans l'union hypostatique pour y
souffrir. Celui qui ne peut pas souffrir par nature, ne souffrira aussi
en aucune manière dans son hypostase, s'il est impassible ; car celui
qui souffre en quelque chose, n'est pas impassible dans son hypostase. Mais il n'est impassible qu'à la manière de tous ceux qui
souffrent dans la nature ; ils ne souffrent pas de toute manière,
mais seulement de la manière dont leur nature peut souffrir. Tous
(les êtres) ne souffrent pas de la même manière : ni la lumière,
ni l'air, ni le feu, ni les animaux de la mer, ni ceux de la terre, ni les
oiseaux, ni les corps, ni les âmes, ni les anges, ni les démons, mais
ils sont passibles dans l'essence et dans l'hypostase. Ils souffrent
selon que leur nature est disposée pour souffrir, ou par eux-mêmes
ou par un autre.

Mais tu ne parles ni de confusion, ni de changement d'essence,
ni de corruption, ni encore (de changement) par nature pour en
arriver à une union hypostatique. Tu parles alors de cette (union)
volontaire, dans laquelle on conçoit une union sans confusion et
sans souffrance des natures en un seul *prosôpon*, et non d'une union
naturelle. Car le *prosôpon* qui se trouve dans une union naturelle
est dit des deux natures qui se sont unies, de même que l'homme
n'est ni le corps, ni l'âme (à part). Ces choses (corps et âme)
s'unissent en (une) nature et en *prosôpon* naturel. Dieu [241]
prit pour lui la forme du serviteur et non d'un autre, pour son
prosôpon et sa filiation ; ainsi sont ceux qui sont unis en une
nature. *Il prit la forme du serviteur* ; ce n'est pas l'essence de
l'homme qui était la forme du serviteur ; mais celui qui la prit
en fit son image et son *prosôpon*. Il est devenu *la forme des hommes* [1]
mais non la nature des hommes, bien que ce fût la nature humaine qu'il prit, celui qui la prit devint la forme de l'homme.
De plus celui qui prit et non celui qui fut pris *fut trouvé homme
par son aspect* [2]. Car celui qui fut pris avait l'essence et la nature
de l'homme ; mais celui qui prit *fut trouvé homme par son aspect*
sans avoir la nature de l'homme. Car il ne prit pas la nature, mais
la forme ; la forme et l'apparence de l'homme, dans tout ce que
le *prosôpon* comporte, (l'Apôtre) racontant l'humilité de son
aspect : *Il s'humilia, jusqu'à la mort, et la mort de la croix par
laquelle il s'est anéanti* [2] afin de montrer dans la nature l'humilité

1. *in similitudinem hominum factus.*
2. Philipp., ii, 7, 8.

de la forme du serviteur et de supporter l'opprobre chez les hommes. Car ils le méprisèrent, lui qui était dans un abaissement sans bornes. Il a aussi fait connaître la cause pour laquelle il prit la forme du serviteur, lorsque *sous la forme des hommes il fut trouvé, en apparence, comme un homme; il s'humilia jusqu'à la mort, la mort de la croix* [1]. Ce n'est pas dans sa nature qu'il souffrit [242] cela, mais il se servit de celui qui souffre naturellement, dans sa **forme** et dans son *prosôpon*, afin de lui donner par grâce dans son *prosôpon un nom supérieur à tous les noms, devant qui tout genou pliera dans le ciel et sur la terre et en dessous de la terre. Et toute langue le confessera* [2] afin que, par sa similitude avec Dieu, et selon la grandeur de Dieu, il soit reconnu comme fils celui qui *prit la forme du serviteur, qui fut dans la forme de l'homme, et qui fut trouvé en apparence comme un homme et qui s'humilia jusqu'à la mort et la mort de la croix, et qui fut exalté parce qu'il lui fut donné un nom supérieur à tous les noms*, sous l'apparence de la forme du serviteur qui fut prise pour l'union. Celui-là est la forme du serviteur, non en apparence mais par essence et elle fut prise pour la forme et l'apparence et l'humiliation jusqu'à la mort de la croix. C'est pourquoi elle fut exaltée jusqu'à prendre un nom supérieur à tous les noms.

Pour comprendre la forme du serviteur comme essence, il avait mis le Christ pour le (faire) comprendre. Car le Christ est les deux (Dieu le Verbe et l'homme) par nature [3]. C'est pourquoi les propriétés des deux natures conviennent aussi à un *prosôpon*, non celui de l'essence de Dieu le Verbe. Le *prosôpon* ne se trouve pas dans l'essence, il n'est pas (par exemple) dans l'essence de Dieu le Verbe qui n'est pas le *prosôpon* d'union des natures qui se sont unies; de manière à unir les deux essences dans un *prosôpon* de Dieu le Verbe [243] car il n'est pas les deux par essence. Ce n'est pas que Dieu le Christ soit en dehors de Dieu le Verbe, mais il désigne l'union des deux essences : de Dieu le Verbe et de l'homme. Car Dieu et l'homme constituent le Christ, comme tu le dis aussi. Les diversités des natures ne périssent pas à cause de l'union, mais nous complètent surtout un Seigneur et Christ et Fils, par un concours ineffable et incompréhensible de la divinité

1. Philipp., II, 7, 8.
2. *Ibid.*, 9-11.
3. On interprétera ce passage d'après la lettre de Nestorius, Labbe, *op. cit.*, t. III, col. 323 *b*, *c*, où l'on trouve le commentaire du même texte.

et de l'humanité vers l'union[1]. » (Voilà ce qu'on lit) au moins dans ce que tu as dit de bien, où tu parais te repentir. Ce n'est pas l'essence de Dieu le Verbe qui a été complétée par la divinité et l'humanité, parce que ce n'est pas l'union qui lui donne d'être Dieu le Verbe, comme le Christ qui est (formé) de la divinité et de l'humanité. Car l'incarnation (entière) indique l'humanité, et le (mot) « il devint homme » s'applique non seulement à la divinité, mais aussi à l'incarnation qui s'opéra.

C'est pourquoi l'apôtre place d'abord le *prosôpon* de l'union et ensuite les choses dont résulte l'union. Il dit d'abord « la forme de Dieu » qui est la similitude de Dieu et ensuite « elle prit la forme du serviteur, » ni pour l'essence, ni pour la nature, mais pour la similitude et le *prosôpon*, pour participer à la forme du serviteur et pour que la forme du serviteur participât aussi à la forme de Dieu, afin [244] qu'il y eût nécessairement un seul *prosôpon* avec les deux natures. Car la forme est le *prosôpon* ; de sorte qu'il est l'un par l'essence, et l'autre par l'union, au point de vue de l'humiliation et de l'exaltation. Comment nous ordonnes-tu de comprendre, dans l'union, les différences de ces natures ? Car l'union n'a pas enlevé les différences des natures, (il n'y a pas de raison) pour que nous ne comprenions pas ces différences de nouveau. « Celui qui prit la forme du serviteur, » c'est la propriété seulement de la forme de Dieu. Ce qui fut pris (concerne) uniquement la forme du serviteur; mais l'une appartient à l'autre et l'autre à l'une, grâce à l'union de *prosôpon* et non d'essence ; de sorte que, où une forme est par essence, l'autre y est par l'union, et non une autre. Celle qui est par essence la forme de Dieu est la consubstantielle de cette essence, parce qu'elle est une forme naturelle, mais par l'union, la forme de Dieu prit la forme du serviteur, et la forme de Dieu, qui est naturellement de Dieu, devint en apparence[2] la forme du serviteur. La forme du serviteur, qui est naturellement la forme du serviteur et, dans l'union, la forme de Dieu, n'est pas naturellement la forme de Dieu. De sorte que les propriétés de chacune des natures sont conçues à part, et aussi les différences naturelles dans chacune des natures. Les (propriétés) de l'union sont conçues comme particulières à l'union et non à l'essence.

---

1. Labbe, *loc. cit.*, col. 318 *e* (seconde lettre de Cyrille).
2. σχῆμα.

Comment donc nous ordonnes-tu de ne plus rien imaginer à part, au sujet des[245]différences des natures, lorsque tu as dit qu'elles ne périssaient pas à cause de l'union [1]?Mais tu ne peux pas me répondre ni me reprendre dans les choses dont tu m'accuses ; mais tu t'accuses toi-même dans les choses que tu veux me reprocher et que tu énonces en réalité contre toi.

Vous donc, ô justes juges, qu'avez-vous examiné de tout cela? ou des questions que nous avons posées, ou des choses que nous avons dites; d'après les choses que j'ai confessées et d'après celles que j'ai nié avoir pensées, réprimandez l'égaré ou instruisez l'ignorant. Ce n'est pas d'après les choses qu'un homme nie qu'il sera condamné comme hérétique, mais d'après celles qu'il confesse. Ainsi Arius, ainsi Eunomius, ainsi Macedonius, ainsi chacun des hérétiques furent condamnés par les Pères d'après ce qu'ils confessèrent d'opposé (à la foi), ce qu'ils disputèrent, et ce (sur quoi) ils furent examinés. Et vous maintenant qui imitez les (Pères), pour quelle chose, que j'aurais confessée et discutée à leur encontre, me condamnez-vous [2] comme hérétique? Qu'avezvous trouvé dans ma lettre qui soit contraire à la profession de foi des Pères ? Si je l'ai dit et si je ne l'ai pas dit, dites-le.

Celui-là (Cyrille) a dit que tout ce que les Livres divins attribuent au Christ, doit être attribué à Dieu le Verbe : la naissance d'une femme, la croix, la mort, l'ensevelissement, la résurrection, l'ascension, la seconde venue lorsqu'il viendra de nouveau. Ce n'est pas là [246] des choses que les Pères ont commencé (à dire)...

Pour moi, j'ai dit à cela : Parce que les Pères n'ont pas dit ces choses, aussi il ne convient pas de commencer (à les dire) maintenant [3]. J'en ai donné la raison : ils ne pensaient pas à montrer que Dieu le Verbe est passible, mortel, fait et créé, ni qu'il provenait des choses qui n'étaient pas. Ces choses sont le fait de ceux qui commencent dè là (du milieu); cependant les Pères ont dit tout à fait l'opposé de ce qu'Arius dit et enseigna. C'est pourquoi ils firent commencer leur doctrine à l'union du *prosôpon* du Christ, pour accepter comme il fallait avec ordre

1. Cf. Labbe, *op. cit.*, t. III, col. 318 *e*.
2. Litt. : « m'ont-ils condamné. »
3. ou : « de commencer par ces (paroles : Il est le Fils unique, né de Dieu le Père selon la nature). » Cf. Labbe, *op. cit.*, t. III, col. 322 *d* et *e*.

les choses de la divinité et celles de l'humanité, sans qu'il y eût confusion ou suppression des natures. Ils combattaient contre toutes les hérésies et ils étaient confirmés fermement dans l'ortho- doxie [1] lorsqu'ils répondaient et disaient ces paroles :

« Je crois en un seigneur Jésus-Christ, fils unique. » Examine, lui ai-je dit [2], comment ils ont placé d'abord : seigneur, Jésus-Christ, (Fils) unique et Fils, noms communs de la divinité et de l'humanité, comme fondement, puis ils ont bâti là-dessus la tradition de l'incarnation, des souffrances et de la résurrection, afin qu'en plaçant d'abord les noms des deux natures, qui indiquent les propriétés communes, celles de la filiation et de la domi- nation ne fussent pas séparées et que celles des natures, dans l'union de filiation, [247] ne vinssent pas en danger [3] de corruption et de confusion [4].

. . . .

Que vous en semble-t-il, ô justes juges ? Parce que lui a écrit la pensée qui lui a plu, que moi aussi j'ai écrit ma pensée de la même manière et que nous vous avons ensuite choisis pour juges ; que pen- sez-vous de cela ? Quelle idée avez-vous à ce sujet ? Quel est le juste, ou quel est l'impie ? Quelle pensée avez-vous examinée ? Dites- nous vos idées ; écrivez-nous comme de justes juges. Ai-je donc menti et transgressé la foi des Pères parce que je lui ai dit (à Cyrille) : C'est ici qu'ils ont commencé, ce n'est pas à « Dieu le Verbe », mais à « un seigneur Jésus-Christ Fils de Dieu ? » Vous me condamnez comme celui qui ajoute à cela et vous acquittez celui-là qui n'a jamais conservé leur foi, mais qui a supposé qu'ils ont employé ces noms simplement [5] et sans ordre. Moi j'ai dit que ce n'est pas simplement [5] qu'ils ont commencé par là, mais par un dessein divin. Si j'ai péché en cela, montrez-le moi ; sinon pour- quoi condamnez-vous comme une impiété la phrase que je lui ai dite : « ils ont commencé d'ici pour les propriétés communes de la divinité et de l'humanité, comme l'indiquent les noms, et, pour une doctrine [248] complète et exacte, ils ont voulu commen- cer par ces noms comme si le nom de Christ était vraiment des deux natures : homme et Dieu. » Mais, si c'est pour cela, il vous faut

1. ὀρθοδοξία.

2. Seconde lettre à Cyrille. Labbe, *loc. cit.*, col. 323 *a*.

3. κίνδυνος.

4. D'après le scribe il y a ici six lignes blanches dans le manuscrit. Elles pou- vaient être réservées à la suite du texte de la lettre de Nestorius, ou à un titre.

5. C'est-à-dire : au hasard. »

le condamner aussi, car il a dit : « Diverses sont les natures qui se
sont unies pour concourir à l'union, mais des deux (résulte) un
Christ [1]. » Ce n'est pas un Dieu le Verbe qui résulte des deux,
car la différence des natures n'est pas enlevée à cause de l'union.
C'est donc au Christ qu'appartiennent les deux natures, et non à
Dieu le Verbe. Ou bien condamnez mes paroles avec les siennes, ou
bien, d'après les siennes, déclarez-moi aussi innocent, puisque
je confesse tout cela. Sinon, montrez, ou vous ou lui, comment
il confesse que Dieu le Verbe est en deux essences : de quelle
divinité et humanité réunies Dieu le Verbe a-t-il été formé ? Il
a parlé en effet d'un Christ qui est (formé) de natures diverses, de la
divinité et de l'humanité, et qui fut complété ineffablement par la
réunion des natures. De quelles natures ? Et de quelles essences ?
De quelle divinité et de quelle humanité fut complété Dieu le
Verbe, pour que Dieu le Verbe fût dans les deux natures? Ou vous
ou lui, dites-nous aussi maintenant, bien que vous ne l'ayez pas
dit auparavant, dites : Dieu le Verbe est par essence en deux
(parties), comme vous confessez que le Christ est par essence en
deux, (tiré) de natures diverses; les natures étant diverses, l'union
n'a certes pas aboli [249] la différence des natures [2], mais vous dites
que Dieu le Verbe a des natures différentes. Si d'une essence il
est résulté deux essences, de la divinité et de l'humanité, il y a eu
scission et non union ; mais il a dit que le Christ était dans
l'union, et était en deux natures. Dieu le Verbe est devenu chair par
l'union et non par essence; comment professe-t-il donc que cela
ne fait qu'un : celui qui est deux dans l'union et celui qui est
la nature? Est-ce la même chose que la nature et l'union, et
(avoir lieu)dans la nature et dans l'union,et le *prosôpon* et l'essence?
Bien que le *prosôpon* n'existe pas sans essence, cependant l'essence
et le *prosôpon* ne sont pas la même chose.

Comment donc nous avez-vous jugé, ô sages juges? Que pensez-
vous des (paroles) des Pères ? Sont-elles conformes aux saints
Livres pour les noms et pour la signification des noms; ont-ils
employé ces noms avec diligence et clarté? C'est par là et non d'un
autre côté qu'ils ont pu avec précaution commencer dans leur
enseignement. Mais s'ils (ont commencé) à l'endroit où le Saint-
Esprit les a conduits afin que rien ne manquât, qu'il n'y eût

---

1. Labbe, *loc. cit.*, col. 318 e.
2. Même idée, p. 356, lig. 11 du texte.

rien de trop, rien d'inutile, ils n'ont rien fait au hasard, mais tout avec examen ; en sorte que tout ce qui apparaît dans le Christ— toutes les propriétés de Dieu le Verbe : qui a une nature impassible, immortelle et éternelle; et toutes celles de l'humanité : [250] une nature mortelle passible et créée; et celles de l'union et de l'incarnation, depuis le sein et l'incarnation — s'applique à un *prosôpon*, à ce *prosôpon* de Notre Seigneur Jésus-Christ qui est commun, par lequel les Pères ont commencé. Alors, par la distinction du Verbe, ils nous ont renseignés sur la divinité : « il est (le Verbe) de Dieu le Père consubstantiel au Père, lumière de lumière, par qui tout a été fait, les choses qui sont sur la terre comme celles qui sont dans le ciel. » Puis, (au sujet de) l'incarnation de Dieu le Verbe et de l'humanité, ils ont dit : « Pour nous hommes, et pour notre salut, il est descendu et il s'est incarné. » Alors ils ont parlé des choses de la chair, de la naissance et de la formation, « il s'incarna », ils ont dit en enseignant : « il s'incarna du Saint-Esprit et de la vierge Marie; » ils ont fait connaître cette union pour laquelle « il s'incarna et se fit homme. » Jusqu'à son incarnation, ils nous apprenaient tout en parlant de Dieu le Verbe. Après qu'il se fut incarné, ils parlent sur l'union : « provenant du Saint-Esprit et de la vierge Marie; » sur la naissance de la chair qui s'incarna, ils disent la souffrance, la mort, la résurrection, l'ascension et les actions qui ont fait connaître que le corps lui était uni, étant animé et doué de connaissance, afin qu'on pensât que l'union était sans confusion, sans changement d'essence et de nature, sans [251] mélange ni composition naturelle, comme pour aboutir à la formation d'un animal, mais en un *prosôpon* d'après l'économie pour nous, au point de s'associer à nous par l'humiliation jusqu'à la mort *et la mort de la croix* [1]. Nous participerons donc à lui [2] *dans le nom qui est supérieur à tous les noms, auquel tout genou se pliera dans le ciel sur la terre et en dessous de la terre et toute langue le confessera* [3].

L'âme n'était pas sans volonté et sans intelligence dans la nature humaine; et le corps n'était pas privé de sens, du sens animal de son être, d'après l'union naturelle du corps et de l'âme. Toutes les choses naturelles sont l'œuvre de la nature et de la puis-

1. Philipp., II, 8.
2. Litt. : « unissons-nous à lui. »
3. *Ibid.*, 10-11.

sance sans défaut, actives et passives. Ce n'est pas en nature
qu'a eu lieu l'union de Dieu le Verbe avec l'humanité, de sorte
que l'intellect de l'humanité fût sans opération et qu'il pensât
avec l'intellect de Dieu le Verbe et non avec l'intellect de l'humanité ; qu'il sentît, non dans l'union de l'âme vivante, mais [1] dans
l'union de la divinité ; qu'il vécût et sentît, non par l'opération du
sens de l'âme, mais par la puissance de la divinité, car une telle
union est possible. De même que l'âme donne naturellement le
sentiment au corps, de même, par ce sentiment, la sensation des
souffrances du corps est donnée à l'âme ; [252] de sorte que la
sensation des souffrances du corps est donnée par l'âme et à l'âme ;
car (cette union) est passible. C'est pourquoi l'union a lieu pour le
prosôpon et non pour la nature. Nous ne disons pas union des *prosôpons*, mais des natures. Car, dans l'union, il n'y a qu'un seul *prosôpon* ; mais dans les natures, un autre et un autre ; de sorte que le
prosôpon soit reconnu sur l'ensemble ; c'est pour son *prosôpon* qu'il a
pris la chair, la forme du serviteur ; c'est avec lui qu'il parlait quand
il enseignait, qu'il agissait, qu'il opérait. Il donna sa propre forme à
la forme du serviteur, et c'est de cette forme qu'il parlait comme de
son *prosôpon* et de la divinité. Le *prosôpon* (en effet) est commun,
unique et le même. La forme du serviteur appartient à la divinité et
celle de la divinité à l'humanité. Un et le même (est le) *prosôpon*,
mais (il n'en est pas de même pour) l'essence. Car l'essence de la
forme de Dieu et l'essence de la forme du serviteur demeurent
dans leurs hypostases.

L'union des natures n'était pas sans volonté et sans intelligence, comme l'ont dit Arius et Apollinaire, mais (elle aboutissait)
au *prosôpon* et à l'économie (de l'incarnation) pour nous, et à
l'union de son image et de sa forme qui est dans notre nature de
l'âme et du corps, rien ne lui manquait à l'exception seulement des
péchés. Ce n'est pas pour la divinité qu'il s'est incarné [2], mais
pour que celle-ci le fît combattre contre le péché, en accomplis-
sant tous les préceptes de la loi [253] et les observances principales,
afin de paraître sans faute dans le choix et dans l'observance des
préceptes, et que lui, qui était sans péché, fût livré pour nous à
la mort : le juste pour les méchants. Quelle est donc cette défaite ?
Quelle est cette victoire ? Quelle est cette égalité de rémunération

1. Le texte ajoute : « qu'il vécût. »
2. Litt : qu'il s'est conduit. »

pour les actes de Dieu et de l'homme? car c'est le dirigeant qui s'unit en hypostase, en sorte qu'il participe à la vie et aux actes et qu'il est saisi par la mort; aussi les actions, la mort et la résurrection sont de celui qui dirige et de celui qui est dirigé. Ou bien Dieu demeura, dans sa nature, tel qu'il était par nature, sans péchés, ou bien les actions du Christ eurent lieu par tromperie, puisque Dieu le Verbe se conduisait comme un homme. Car les deux étaient conduits et tirés l'un par l'autre, par la nature et par la volonté, et lui aussi (le Verbe?) était tiré. L'acte résulte d'un ordre; il ne provient pas de la nature immuable, unique et sans maître, qui n'est pas entraînée par la volonté et l'intelligence d'un autre. S'il y a en vérité conduite et action humaine, la conduite de Dieu le Verbe était dans la nature; il se conduisait dans les choses de la nature et s'y tenait; parce qu'il a pris la nature pour lui et il est devenu changeant et variable. Dorénavant ce n'est plus la conduite de Dieu qu'il pratique, mais (celle) de la nature dans laquelle il se conduit.

Qu'avez-vous donc trouvé dans ma lettre qui me rende coupable, [254] puisque vous m'avez condamné et que vous avez regardé celui-là comme un homme pieux? J'ai commencé par le réprimander [1], comme mentant au sujet des Pères et enlevant tout le commencement de la foi. Il se fait un commencement à lui, là où il fait nécessairement Dieu le Verbe passible. Dieu le Verbe (d'une part) et le Christ (d'autre part) ne désignent pas la même chose, ni dans les Livres divins, ni comme il l'a dit ; bien que le Christ ne soit pas en dehors de Dieu le Verbe. Je ne lui ai pas [2] enseigné le mode des Livres divins et ne lui ai pas [2] montré ce qui découlait de l'emploi de tel ou tel nom. Je l'ai loué de ce qu'il disait de bien : de ce qu'il conservait sans confusion les natures et leurs propriétés, de sorte que Dieu le Verbe fut impassible même dans l'union ; il fait siennes les propriétés de la chair, mais je lui ai montré qu'elles remontaient non à sa propre essence mais à son *prosôpon*; en tant que son *prosôpon* est à lui et que tout désigne son *prosôpon*. Tout ce qui appartient au *prosôpon* n'appartient pas (par là même) à l'essence : car Dieu le Verbe n'est pas dit dans toutes les choses

---

1. Résumé de la seconde lettre de Nestorius. Labbe, *loc. cit.*, col. 322-327.

2. Il semble que la négation soit en trop. Il peut s'agir du texte de saint Paul cité et commenté par Nestorius. *Ibid.*, col. 323 b.

de l'essence de la chair et la chair n'est pas dite non plus dans toutes les choses qui appartiennent par essence à Dieu le Verbe, mais dans toutes les choses qui indiquent le *prosôpon* et qui lui appartiennent ; de sorte que l'union sans confusion soit conservée aussi dans la différence des natures [255] et que le *prosôpon* d'union des natures ne soit pas divisé. Ce que je n'ai pas compris et que je n'admettais pas, je le lui ai dit et je ne l'ai pas caché. Je lui (en) ai indiqué la cause ainsi que le doute qui était né en moi, pour ne plus rien lui laisser dire de ce qu'il disait auparavant.

Pourquoi donc m'avez-vous condamné? Parce que je lui ai reproché de ne pas adhérer aux paroles des Pères, et, à l'encontre de leur sentiment, d'avoir fait Dieu le Verbe passible et créé et fait et (provenant) de ce qui n'était pas; puis de commencer par celui-ci (Dieu le Verbe), et de lui attribuer toutes les propriétés; je lui ai tout enseigné; est-ce pour cela que vous vous indignez ? Est-ce parce que je lui ai reproché d'avoir menti au sujet des Pères, parce qu'il disait que les Pères ont appelé la sainte Vierge Mère de Dieu, lorsqu'ils ne font même pas mention de la nativité? Est-ce pour cela que vous m'avez exclu ? Il ne faut faire grâce à personne. Si cette parole (Mère de Dieu) a été utilisée, dans la discussion de la foi, par les Pères de Nicée, à l'aide desquels il combat contre moi, lisez-la, ou si elle a été dite par un autre concile des orthodoxes. Car elle vient des hérétiques : de tous ceux qui combattent la divinité du Christ; mais elle n'a pas été dite par ceux qui ont adhéré, dans leur foi, aux orthodoxes. Car si on montrait qu'elle a été dite par un concile des orthodoxes, alors moi aussi je confesserais [256] que j'ai été condamné comme un adversaire; mais si personne n'a employé cette expression, tu t'es élevé contre tous dans ton audace, pour introduire dans la foi une parole qui n'était pas admise. C'est pour cela que je te le demandais (de prouver le dogme) pour te montrer que (cette expression) n'avait pas été employée par les Pères.

Qu'on l'admette ou non, c'est au concile d'en juger; il a été réuni pour cela et non pour autre chose. Car ce n'est pas en somme pour qu'ils m'obéissent, mais c'est pour que j'adhère à ce qu'ils examinent, jugent et veulent faire accepter. Je vous ai appelés juges, et je vous ai faits tous juges d'un juste jugement, mais, ce qui revenait au concile, je ne l'ai pas donné à un (seul) homme, qui a conduit par la violence et poussé tout le concile à prendre la foi qui lui plaisait.

Qu'avez-vous donc fait des choses pour lesquelles vous étiez assemblés? Vous n'avez pas résolu ce qu'il fallait, vous vous êtes séparés du concile; vous n'avez pas attendu ceux qui étaient loin et vous n'avez pas observé ce qu'il convenait envers ceux qui avaient été appelés au concile; vous ne vous êtes pas réunis comme vous aviez été convoqués, mais, comme l'a voulu l'accusé, ainsi furent les juges. Au lieu d'être accusé, vous en avez fait[1] le juge de son adversaire. Comment l'appeler juge! [257] Vous l'avez établi en tête du concile! que dis-je, de ceux qui étaient présents, de ceux qui étaient loin et de ceux qui n'étaient pas encore venus. Vous lui avez donné pouvoir sur tous : sur ceux qui étaient là et sur ceux qui étaient loin, sur ceux qui vivaient et sur ceux qui étaient morts. Qui pourra le croire, de ceux qui n'ont pas rencontré le livre qu'ils ont écrit sur le concile d'Éphèse? Est-ce que d'un tel concile pouvait procéder un juste jugement? Mais si l'on pensait[2] que je le dis parce que j'ai souffert, et que je ne scrute pas ces choses avec une intelligence juste[3]; que personne ne croie mes paroles ; je ne cherche pas à m'attirer quelque secours des hommes : car voici que j'ai été immolé et que le temps approche où je vais me dissoudre et être avec le Christ[4] pour lequel celui-là a combattu contre moi ; (je le fais) pour que les hommes ne s'écartent pas de la foi droite à cause du nom du « jugement du concile » ; voilà pourquoi je l'ai dit. Cependant j'ai dit peu de choses de ce que ceux-ci ont écrit; mais d'après ceux qui m'ont condamné, apprenez d'eux qu'il n'y a pas eu de jugement et que je n'ai pas été condamné en jugement.

Je disais donc les paroles des Pères et celles des saints Livres, je commençais par considérer [258] les préparatifs qui se faisaient contre la foi, et je prédisais que c'était la confirmation de la croyance des Ariens, à cause de l'union hypostatique, que cela ressemblait aussi aux manichéens, parce qu'il aurait souffert tout en étant impassible, et qu'Apollinaire y adhérait aussi des deux mains. Il était entraîné vers toutes les hérésies, parce qu'il défendait de dire les propriétés de chacune des natures dans l'union et qu'il les transportait toutes à Dieu le Verbe, même celles de la chair. Vous

1. Litt. : « ils l'ont établi pour être. »
2. Litt. : « quand même je serais réputé. »
3. Ou : « avec sincérité. »
4. II Tim., iv, 6; Phil., i, 23.

exposez ainsi les orthodoxes à s'entendre dire par les hérétiques qu'ils n'ont aucune raison dont ils puissent se prévaloir contre eux. Car vous leur avez livré vos bouches, vous avez lié vos mains et vos pieds et vous vous êtes livrés à eux. Ou bien vous tomberez de votre faute (vous vous repentirez?) ou bien vous souffrirez des maux sans excuse, pour avoir, sans pudeur, donné la victoire aux hérésies contre les orthodoxes. Qu'il (Cyrille) soit trouvé arien, il vous en prend à témoin contre ceux qui se sont réunis à Nicée, comme s'ils s'étaient élevés ouvertement avec impudence contre Arius, pour dire ce qu'il ne faut pas ; à savoir : de dire que celui qui est passible, mortel et créé, est consubstantiel à celui qui est impassible, immortel, auteur de toutes les créatures. Qu'il soit manichéen, vous lui en rendez témoignage; en ce qu'il (le Christ) a souffert sans être passible; il n'a (donc) souffert qu'en apparence. [259] Car celui qui ne souffrait pas lorsqu'on pensait qu'il souffrait, souffre sans souffrir; en effet, celui qui n'était pas (homme) par nature, celui-là n'est même pas mort. A peine avez-vous confessé la vérité; vous avez blâmé les trois cent dix-huit, qui n'ont pas dit la vérité par acception de personne. Si avec cela vous vous appliquez encore à dire : Nous ne disons pas que Dieu le Verbe est mort dans la nature, parce que la nature divine est immortelle et impassible, ni dans l'apparence de la chair, mais dans la nature de la chair, qui est passible et mortelle; et ce qu'est devenu Dieu le Verbe, c'est (la) chair; un païen accepterait cette parole, il l'accepterait par le changement de forme. Tu dis que l'incarnation a eu lieu par changement d'essence, sans que son essence et sa forme aient été changées; quand il a souffert dans la nature passible, ce n'est pas avant qu'il fût dans l'essence. Pourquoi donc ne parlez-vous pas comme nous, lorsqu'il est question de [1] l'incarnation; mais nous trompe-t-il avec la naissance d'une chair matérielle, avec laquelle Dieu le Verbe serait façonné, et (pourquoi) des fables sans crédit et qui ne méritent pas d'être crues ont-elles été imaginées ?

Et si tu dis contre cela que l'incarnation de celui qui devint chair et homme n'a pas eu lieu par changement d'essence et de forme; mais que c'est cet homme qui a été pris — celui qui est né [260] d'une femme, qui a souffert, qui est mort et qui est ressuscité, et qui viendra juger les vivants et les morts — qui a été

---

1. Litt. : *ubi est auditus verbi de.*

changé en l'essence de Dieu, il n'est plus ensuite regardé comme
homme si ce n'est de nom, et tu dis par là que Dieu est mort et est
ressuscité. De nouveau le païen s'accorde avec toi, lui dont la
religion admet le changement des hommes en la divinité et qui
vénère et honore (l'homme) comme Dieu. Comment dites-vous
(cela)? Vous avez donc la croyance des païens! Vous vous trompez,
vous qui me combattiez en cela jusque maintenant; et vous
trompiez en cela les hommes. Si tu dis que l'incarnation de Dieu le
Verbe n'a pas eu lieu par un changement d'essence ni par un changement de la divinité, et que le corps est demeuré dans son essence
sans changement, mais que (le Verbe) est devenu homme pour
aboutir à une union hypostatique et naturelle, Arius cette fois
accepte cette profession de foi, lui qui méprise les trois cent
dix-huit. Vous l'admettez et vous n'en êtes pas scandalisés;
vous adhérez des pieds et des mains à Arius qui a vraiment
dit et soutenu que (le Verbe) est devenu homme par une hypostase naturelle et qu'il était naturellement uni en hypostase, souffrant naturellement par la sensibilité les souffrances du corps;
et tu oses l'appeler consubstantiel, celui qui endure les douleurs.

Si vous n'admettez pas cela, — comme s'il ne confessait pas
l'âme et le corps parmi les choses dont le Verbe est formé en
hypostase naturelle, et s'il a souffert, après qu'il est devenu passible, dans une nature qui endurait les souffrances naturelles —
alors [261] il crie la doctrine d'Arius et d'Apollinaire : car Arius
dit : Que te sert que Dieu soit une nature passible par l'union
hypostatique de l'âme, pour souffrir naturellement dans son
corps et dans son âme les souffrances naturelles? Est-ce qu'il le
fait consubstantiel de la nature impassible, celui qui endure ces
souffrances ? Apollinaire condamne ceux qui parlent ainsi et
confessent comme ceux qui adhèrent à sa profession de foi. Il
leur ordonne de s'écarter de ceux qui disent ces choses, d'être
ses partisans et d'anathématiser tous ceux qui se sont séparés de
lui.

Si celui-ci aussi est encore rejeté comme ne confessant ni l'intelligence ni la volonté; parce qu'il ne confesse pas que le Verbe, dans
l'union naturelle et complète, ait été dans la chair, l'âme et l'intelligence, vous ne le recevez pas, parce qu'il a dit toutes les (paroles d'Arius). Admettons que (le Verbe) soit uni à l'âme, au
corps et à l'intelligence; si c'est une union hypostatique et na-

turelle, tu ajoutes (aux propositions d'Arius) et tu ne retranches rien. Vous refusez de diminuer les souffrances du corps, de manière à faire endurer de nombreuses souffrances à celui qui est consubstantiel avec celui qui est impassible — c'est une grande infirmité pour ceux qui pensent cela. — Car vous lui donnez tout ce qui rend sujet à la souffrance, à cause de l'union hypostatique, puisqu'il est uni dans une composition de nature, pour endurer involontairement les souffrances du corps, de l'âme et de l'intelligence et qu'il est uni en essence et en nature, comme l'âme dans le corps [262] souffre nécessairement les souffrances de l'âme et du corps.

Mais tu ne le dis pas passible. Dans ce cas il n'y a pas union hypostatique et naturelle, mais volontaire, avec le corps et avec l'âme rationnelle et douée de connaissance, qui sont unis hypostatiquement et naturellement en la nature de l'homme. L'union de Dieu le Verbe avec ceux-ci n'est pas hypostatique ni naturelle, mais volontaire ; comme par volonté propre et non par nature. Car les choses qui sont unies par hypostase naturelle ont la propriété naturelle et non volontaire. Il a pris la forme du serviteur pour son *prosôpon* et non pour sa nature ou par changement d'essence : de l'essence (de la divinité) en la nature de l'humanité ou de l'humanité en la nature de la divinité ; ou bien (l'essence divine) a été unie et mélangée avec confusion à la nature humaine, ou bien par une composition naturelle et par un changement de l'opération de la nature ; car cette attribution est changeante et variable. L'union volontaire est impassible et immuable ; elle ne souffre pas involontairement dans son essence (divine) les souffrances de l'âme et du corps qui sont unis naturellement et qui souffrent par essence l'un avec l'autre, se transmettant leurs souffrances naturellement et non volontairement. Car bien qu'il ait accepté les souffrances par sa volonté, cependant lorsqu'il les reçoit et les souffre, il les souffre naturellement, parce qu'il les endure par une propriété naturelle et par la sensibilité.

[263] Si vous dites ces choses ainsi, vous avez bronché tous et vous êtes devenus apostats en disant ce que lui (Cyrille) a dit, ce qu'il a dit avec une audace sans pudeur, cependant celui (Arius) qui a dit cela, on l'a anathématisé, on l'a accablé d'une condamnation sans rémission, on l'a chassé de l'Église et même de la terre habitée, comme si la terre sur laquelle il marche était souillée. Comment dites-vous cela (parlez-vous comme lui) ?

S'il (Cyrille) dit de moi[1] : « il divise et scinde les natures en parties, et il les sépare l'une de l'autre; non qu'il le dise clairement, mais parce qu'il les sépare en partie l'une de l'autre; et il dit : un fils de la nature et un fils de la grâce, comme s'il y avait deux fils; et il les sépare lorsqu'il dit : je sépare la nature et j'unis l'adoration. Pour celui qui l'a revêtu, j'adore le vêtement ; » tout le monde vous dira que vous abreuvez les hommes avec des mandragores.

Comprenez-vous aussi le Père avec ce que vous dites? Comment dites-vous aussi de celui qui n'est pas séparé, même par une parole, qu'il a pris et qu'il a été pris, qu'il fit sien et qu'il fut sien, et comment le dites-vous homme et Dieu? Toutes ces choses sont de ceux dont les natures sont séparées dans leur notion et non de ceux qui disent qu'il n'y a qu'une essence. Car l'union ne fait pas disparaître la diversité des natures, et si les diversités des natures subsistent [264] dans l'union, elles seront séparées par les différences des natures, en tant qu'elles sont distinctes; comment dites-vous donc de moi que je divise l'union comme par un éloignement local parce que j'ai dit : à cause de celui qui est revêtu, j'adore le vêtement? Car le vêtement n'est pas en dehors de (autre que) celui qui le revêt, ni celui qui est revêtu en dehors du vêtement, mais il est conçu de la même manière. En conséquence on ne peut pas adorer celui qui est revêtu en dehors du costume qu'il a avec lui, et sous lequel il siège avec le Père; car il ne siège pas avec lui sans être revêtu, et celui qui siège avec lui reçoit aussi l'adoration avec lui. Quand il siège avec lui il est adoré nécessairement, non pour lui-même, mais à cause de celui qui l'a revêtu.

Nous fuyons donc nécessairement ceux qui placent l'incarnation en dehors d'une union : ou par un changement de forme, ce qui est des païens, ou dans des hallucinations, ou dans une forme sans hypostase qui souffrit sans être passible, ou en attribuant des souffrances naturelles à Dieu le Verbe, soit qu'il fût par hypostase dans l'union, soit en chair dans la chair, avec une âme irrationnelle ou rationnelle; ou (en disant) absolument que l'union aboutit à l'hypostase de la nature et non au *prosôpon* volontaire; afin que nous n'exposions pas l'union de Dieu le Verbe à la corruption et au changement, et que nous ne la disions pas passible et nécessaire, mais une union volontaire en *prosôpon* [265] et non en nature. Ou

1. Cf. Labbe, *op. cit.*, t. III, col. 1123 a, 523 c.

bien ils récuseront mes paroles en admettant que l'incarnation a lieu en (une) nature, et ils feront l'union passible et changeante comme Arius, ou bien (ils l'admettront) impassible comme les Pères.

De quel côté vous rangez-vous ? Cela dépend de vous : ou du côté des hérétiques, ou du côté des Pères orthodoxes, ou du côté de ceux qui le disent impassible et incorruptible, ou de ceux qui rapportent l'union à l'hypostase ou de ceux qui la rapportent au *prosópon*. Pour moi je dis que l'union de Dieu le Verbe est impassible, immortelle et immuable. C'est pourquoi que celui qui (veut) m'anathématiser le fasse ! Moi j'ai gardé sans tache la foi des trois cent dix-huit Pères qui se réunirent à Nicée, en disant que Dieu le Verbe est immuable, immortel, qu'il est constamment ce qu'il est dans l'éternité du Père. Il n'a pas été (engendré) des choses qui n'étaient pas, ni d'une autre hypostase, il n'y eut pas de temps où il n'était pas. Le Père est éternel, le Fils est éternel, le Saint-Esprit est éternel. Mais la chair qui s'est faite chair, celle qui (fut) du Saint-Esprit et de la vierge Marie n'est pas éternelle, mais il y eut un temps où elle n'était pas, elle est d'une autre essence, d'une autre nature et d'une autre hypostase, (à savoir) de celle des hommes — et non de l'essence de Dieu le Père — changeante, mortelle, passible, corruptible. Non [266] que l'essence de Dieu le Verbe se fût changée en l'essence de la chair, mais (il avait) une chair essentielle et une chair naturelle qui n'était pas une modification de son essence. Il ne fut pas non plus modifié dans sa forme (pour passer) de l'essence de Dieu à l'essence de la chair, ce n'est pas en forme et en apparence de chair qu'il fut chair, mais dans l'essence de la chair, de l'essence de la chair. L'essence de la chair ne fut pas changée en l'essence de la divinité et divinisée; il s'incarna et se fit homme; ni dans la confusion ni dans le mélange, et il ne fut pas composé en une essence simple et unique dans son genre, non plus en un composé naturel, en une espèce d'animal. Ce n'est pas non plus par l'union naturelle qu'il fut uni naturellement en hypostase, qu'il souffrit et qu'il fut dans une union naturelle, (les natures) participant aux mêmes choses à cause de la participation naturelle des souffrances.

Car tout composé naturel où se trouvent fortement unies (d'une part) une nature passible et changeante, et où les natures (d'autre part) sont complétées par la nature de Dieu le Verbe, ne peut consister dans un changement naturel, mais a lieu volon-

tairement; de sorte que l'union des natures aie lieu à son *prosôpon*
et non à sa nature; mais les natures subsistent dans leurs propriétés
et il y a un *prosôpon* sans scission et sans distinction, qui fait siennes les (propriétés) pour le *prosôpon*. La divinité a pris forme
par l'essence de l'humanité [267] et l'humanité a pris forme par
l'essence de la divinité; de sorte qu'il y ait un seul *prosôpon* de l'u-
nion, et que les (propriétés) de l'humanité appartiennent à Dieu le
Verbe et celles de la divinité à l'humanité dans laquelle il s'incarna, pour être unies étroitement à un seul et au même pour l'économie (de l'incarnation) pour nous. Car on avait besoin de la divinité adhérente pour nous rénover ainsi que notre matière de nouveau et (refaire) « la forme de l'image » qui avait été détruite par
nous; (on avait besoin) aussi de l'humanité qui fut renouvelée et qui
reprit sa forme; l'humanité était nécessaire pour observer l'ordre
qui avait existé. Celui (Adam) qui fut honoré de l'honneur qu'il
(Dieu) lui accorda et qui ne lui rendit pas son honneur pour l'honneur
qu'il en a reçu, montra qu'il avait perdu cet honneur dont il fut
honoré. L'un fut honoré comme l'autre [1]. Lui (Adam) ne l'admit
pas pour lui (n'obéit pas) mais le regarda comme un ennemi.
Lorsque celui-ci (le Christ) fut dans ces (conditions), il se garda,
en se servant de ce qui appartenait à l'autre comme si c'était à
lui; celui-ci garda en vérité l'image de Dieu et la fit sienne; c'est
l'image et le *prosôpon*.

C'est pourquoi il était besoin de la divinité, pour renouveler,
créer et lui donner la forme (divine) afin (de passer) de son type [2]
(divin) à la forme du serviteur. Il était besoin aussi de l'humanité pour que la forme du serviteur prise devînt la forme de Dieu, et
que Dieu (devînt) la forme du serviteur; et que celui-ci devînt celui-
là, et celui-là celui-ci [268] en *prosôpon*, celui-ci et celui-là demeurant dans leurs natures ; il conserve l'obéissance sans péchés à
cause de son obéissance sublime, et à cause de cela il a été livré à
la mort pour le salut de tout le monde.

Arius et Apollinaire au contraire [3] avaient la sottise de dire que
Dieu le Verbe, dans sa bonté, accepta une manière de vivre terres-
tre et une obéissance jusqu'à la mort dans son incarnation.
C'est pourquoi l'incarnation eut lieu dans la nature de l'homme

---

1. Litt. : « car l'autre aussi (Adam) a été honoré comme celui-ci (le Christ). »
2. τύπος.
3. Litt. : « non comme Arius et Apollinaire, eux qui. »

par une union naturelle, au point que la divinité s'incarna naturellement en place de l'âme et qu'elle se conduisit et souffrit vraiment dans le sens naturel, afin d'être livrée à la mort pour tous
et que (le Verbe) souffrît naturellement la mort (à cause) de la
partie sensible de l'âme, dans l'union de l'hypostase naturelle,
entraîné par force. Aussi ceux-ci ont fait de l'incarnation de Dieu le
Verbe une seule nature de l'homme par une composition naturelle
et un homme incomplet où l'essence de Dieu le Verbe tient lieu des
choses qui manquent à la chair pour compléter la nature de l'homme, recevant des ordres et faisant tout ce qui lui est commandé, et
souffrant malgré lui toute la conduite [1] humaine en vérité dans les
observances pénibles, affligeantes et douloureuses; ne faisant
pas ce qui lui plaît, de crainte de trangresser le précepte; ayant
soif, faim et craignant d'une crainte humaine, voulant [269]
d'une volonté humaine. Il est dans le corps, dans toutes les opérations de l'âme, le faisant grandir d'après la formation et le caractère de la sensibilité, apprenant, s'instruisant, se perfectionnant
dans la chair, dans la nature de l'âme, par l'union naturelle et
hypostatique. Quant à l'union volontaire en vue du *prosôpon* des
natures, ils la détruisent, en maintenant une propriété naturelle
et non volontaire, de sorte que Dieu le Verbe participe aux
souffrances de l'âme et du corps : l'union [2] par force et non par
volonté, mais naturelle par l'hypostase, (est) l'union de l'hypostase naturelle naturellement, afin qu'il devienne une nature
qui souffre. Il faut donc ne pas être ariens ni encore manichéens,
(pour lesquels) l'incarnation aurait eu lieu en apparence ou en
la nature de Dieu le Verbe et qui lui rapportent tout dans leur
discours : la vie, les souffrances et la mort. Ce n'est pas la nature
de Dieu le Verbe qui a péché et transgressé le commandement;
car il appartient à Dieu de se conduire en observant tous les préceptes et, comme tel, il est mort pour nous s'étant trouvé sans
péché à cause de ses vertus. *C'est par l'homme que vint la mort et
c'est par l'homme que vint la résurrection* [3]. C'est pour cela qu'il
était besoin d'un homme complet pour l'incarnation de Dieu
le Verbe, complet en corps et en âme, qui se conduisît dans la
nature des hommes et observât l'obéissance et les actions de la

1. les actions de la vie.
2. Syr. : « la propriété. »
3. *I Cor.*, xv, 21.

nature humaine. Ils désirent beaucoup et proclament [1] le nom de
Mère de Dieu pour qu'ils (puissent) dire que Dieu est mort.
Quant aux Pères [270] qui ont résisté jusqu'à la mort aux hérétiques, qui auraient dit Mère de Dieu, en réalité ils n'emploient ces
mots en aucun endroit, et ils ne les ont pas insérés dans les écrits
du concile. Est-ce parce qu'ils ne les connaissaient pas? Est-ce
parce qu'ils haïssaient cette (locution)? Peut-être avaient-ils
une locution dans leur esprit à l'aide de laquelle ils adhéraient
à l'enseignement divin; ils ne prêtèrent pas attention aux vaines
paroles des adversaires et ne donnèrent pas un point de départ
pour diminuer la divinité en la faisant passible et mortelle. Ce
n'est pas celui qui est théologien de nom qui s'appelle théologien,
mais celui qui l'est en œuvre et en parole et qui ne laisse pas ceux
qui ont hâte d'en faire un être fait et créé. Ce n'est pas lui qui donne
matière au blasphème et il n'admet pas ensuite que Dieu le Verbe
est vraiment sorti de la vierge Marie puisqu'il est et qu'il était
auparavant, et il récuse cette doctrine d'après laquelle il est
né homme de celle-ci comme s'il n'existait pas auparavant et
qu'il fût (ensuite). Dis-tu [2] donc que Dieu le Verbe est en deux
natures : Dieu et l'homme, et que l'homme, lorsqu'il naquit,
passa en la nature de Dieu le Verbe; ou bien qu'il s'est changé en
une autre essence humaine, et est-ce ainsi que tu dis qu'il est né?
Certes (dans ce cas) il ne serait pas de l'homme mais de Dieu le
Verbe, et il se serait servi en quelque sorte de l'apparence humaine et non de l'essence de l'homme [3].

[II, 1. Réfutation des accusations.]

Mais quelqu'un dira peut-être : tu n'as lu que la lettre [4], [138]
lis donc aussi tes blasphèmes qui sont dans tes instructions; car
tu as peut-être écrit ta lettre avec attention et circonspection, puis-

---

1. Sic V.
2. Lire ainsi, ajouter Am.
3. Le texte syriaque n'indique ici aucune lacune et passe de [270] à [271]
mais nous avons cru devoir insérer ici la partie transposée plus haut [137] à [146].
4. Ce passage figure dans le texte syriaque (comme dans les manuscrits) au bas
de la page [137]. La première ligne suppose que l'on passe de la discussion de la
lettre à celle des homélies, et on trouve en effet aussitôt la première citation
(cahier 17) faite à Éphèse. Labbe, op. cit., t. III, col. 519. Nous avons donc porté
ce fragment à peu près à sa place, vers la fin de la discussion de la lettre et avant
les citations des homélies.

qu'elle était écrite à celui-là (Cyrille), tandis que tes instructions qui étaient dites librement dévoilent clairement ta pensée. A cause de cela la lettre ne nous a pas suffi, mais nous avons examiné encore tes instructions, afin de nous instruire exactement par elles toutes à ton sujet[1]. Malgré cela nous n'avons pas prétendu prendre autorité et audace, mais nous avons placé devant nous les enseignements des Pères [2] et nous les avons comparés (avec les tiens) et, après avoir fait ainsi notre examen avec beaucoup de soin, nous avons prononcé notre sentence en utilisant aussi (le témoignage) des Pères auxquels tu as résisté. Puisque tu as été convoqué et que tu n'as pas obéi [3], nous avons fait tout cela en justice : nous avons condamné ta lettre, nous avons examiné tes instructions, nous avons pris aussi les enseignements des Pères pour loi. Que nous fallait-il donc faire que nous n'ayons pas fait? Lui (Cyrille) qui était présent, a dit ce qu'il convenait de dire et a enseigné; toi alors tu as refusé (de venir) et maintenant tu nous blâmes et tu (nous) calomnies. Pourquoi ne t'accuses-tu pas toi-même plutôt que nous? Notre jugement ne porte pas sur des choses invisibles mais visibles : si nous avons omis et si nous avons agi par ignorance, dis maintenant s'il en est ainsi. Si [139] nous nous sommes élevés injustement contre toi, il fallait le dire alors et non maintenant.

J'aurais beaucoup à leur reprocher, au sujet de nombreuses choses qu'ils ont faites et omises; mais je le passe sous silence maintenant, de crainte que l'on ne dise, « il nous parle maintenant inutilement.[4] » Parmi les choses qu'ils ont faites contre moi, je leur reproche de m'avoir condamné injustement, car ils ont menti, ils en ont trompé plusieurs, pour ne m'avoir pas repris [5] selon (les règles de) l'examen, mais selon ce que celui-là (Cyrille) a voulu. Or, celui-là voulait que nous ne fissions pas une recherche complète,

---

1. Les citations des homélies de Nestorius lues à Éphèse, Labbe, *loc. cit.*, col. 519-530, vont être reprises et expliquées par lui.

2. Ces témoignages lus à Éphèse figurent dans Labbe, *op. cit.*, t. III, col. 507-519.

3. *Ibid.*, col. 454-459, on trouve le témoignage de nombreux évêques, envoyés par trois fois pour citer Nestorius. Il répondit aux premiers qu'il réfléchirait et ferait ensuite ce qu'il jugerait bon. Il fit ensuite garder sa porte par des soldats, pour qu'aucun envoyé du concile ne pût pénétrer jusqu'à lui.

4. Litt. : « d'après son insuffisance. »

5. *Sic* S. — V, C portent : « pour n'avoir pas réprimandé. »

pour qu'il ne fût pas condamné; il (les) persuadait tous comme
Dieu, comme Celui qui connaît les secrets des cœurs [1]. Ses partisans
le présentèrent à tous comme le vengeur de Dieu, c'est-à-dire
du Christ, et il ne me permit pas de dire autrement. Partant
de là, il les entraîna tous avec lui contre moi, et ils ne voulurent
entendre de moi aucune parole; comme si — lorsque je réfutais
complètement que « le Christ n'est pas un homme » — je disais que
« le Christ est homme par essence, et Dieu (seulement) par égalité
d'honneur [2]. » Il usait de prévention contre moi, et me reprochait
de faire de Dieu un homme. Pour lui [140] il ne voyait dans le
Christ que Dieu le Verbe, j'avais donc dû lui dire qu'il est aussi
homme et le lui montrer à l'aide des Livres divins et des enseignements des Pères. Il se servait alors de cela contre moi comme si
je disais que le Christ est seulement homme. Par ce qu'on lui
demandait de confesser et dont il ne voulait pas convenir, il
cachait ce que je disais et confessais. Je ne lui reprochais pas de
ne pas reconnaître que le Christ est Dieu, mais de ne pas l'avoir
dit homme parfait en nature et en actes, et que Dieu le Verbe
ne fût pas la nature de l'homme, mais dans la nature de l'homme
et dans les actes, de sorte que Dieu le Verbe soit tous les deux
en nature. Je montrerai cela par ce qui a été écrit quand il a pris
dans mes instructions et [3] dans ses instructions — soit qu'elles
eussent été ainsi dès le principe, soit même, par inimitié pour moi,
qu'il les eût transformées en sens contraire dans les inventions
des hérétiques, en réalité d'Arius. — Lorsqu'il parlait contre l'essence de Dieu, il attribuait toutes les choses humaines à la nature
de Dieu le Verbe par l'union hypostatique, de sorte qu'il souffrait
toutes les souffrances humaines d'une sensation naturelle.

[141] Du livre de Nestorius, du dix-septième cahier qui
est sur la foi [4].

Duquel de mes livres, et de quel dix-septième cahier avez-vous
pris ce que vous alléguez, puisqu'il n'y avait personne pour vous
contredire? Mais je ne m'occuperai pas beaucoup de ces choses,

---

1. Cf. *Ps.* vii, 10.

2. Cyrille lui reproche d'unir l'homme à Dieu σχετικῶς, κατὰ μόνην τὴν ἰσοτιμίαν,
ἤγουν αὐθεντίαν, Labbe, *op. cit.*, t. iii, col. 1123 *b*.

3. Lire *v* pour *d*.

4. Le grec, Labbe, *loc. cit.*, col. 519 *b*, porte: εἰς ἕν μχ.

qu'elles soient claires ou qu'elles aient besoin d'examen. Je veux cependant vous instruire au sujet des choses à l'aide desquelles il a trompé beaucoup d'hommes et les a écartés de la foi comme s'il y avait eu examen dans les actes (du concile); au sujet des choses dont ils m'ont accusé par préjugé et sans examen, qu'ils ont reçues de lui et de moi sans contrôle [1]...

Lorsque le Livre divin veut nous annoncer la naissance du Christ de la Vierge Marie ou sa mort, on ne trouve aucun endroit où il porte « Dieu », mais ou « le Christ », ou « le Fils », ou « le Seigneur », parce que ces trois mots indiquent les deux natures, tantôt celle-ci, tantôt celle-là et tantôt l'une et l'autre.

Par exemple, lorsque le Livre nous raconte la naissance (provenant) de la Vierge, que dit-il ? *Dieu envoya son Fils* [2]. Il ne dit pas : Dieu envoya « Dieu le Verbe », mais il prend un nom qui indique les deux natures, car le Fils est (à la fois) homme et Dieu. Il dit : *Dieu a envoyé son Fils et il est né d'une femme* [2]. [afin qu'en entendant ceci : *qui est né d'une femme* [3]], tu voies avec cela le nom employé (auparavant), qui indique les deux natures. Tu appelleras « Fils » la progéniture de la bienheureuse Vierge, car la Vierge, mère du Christ [4] a enfanté le fils [142] de Dieu. Mais, parce que le Fils de Dieu est double par ses natures, elle n'a pas enfanté le Fils de Dieu, mais elle a enfanté l'humanité qui est (aussi) le Fils, à cause du Fils qui lui est uni [5].

1. Il ne semble rien manquer, car la citation du 17ᵉ cahier, lue au concile d'Éphèse, suit aussitôt. Cf. Labbe, *loc. cit.*, col. 519 *b*. Le titre d'ailleurs vient d'être donné plus haut.

2. Gal., ɪv, 4.

3. Le crochet manque, par une faute d'homoiotéleutie, dans le syriaque. Nous le rétablissons d'après le grec.

4. Χριστοτόκος.

5. Ἐκ τοῦ βιβλίου τοῦ Νεστορίου, τετράδιον ιζ΄, εἰς δόγμα. ὅταν οὖν ἡ θεία γραφὴ μέλλη λέγειν ἢ γέννησιν τοῦ Χριστοῦ τὴν ἐκ τῆς μακαρίας παρθένου ἢ θάνατον, οὐδαμοῦ φαίνεται τιθεῖσα τὸ « θεός », ἀλλ' ἢ « Χριστὸς » ἢ « υἱὸς » ἢ « κύριος », ἐπειδὴ ταῦτα τὰ τρία τῶν δύο φύσεων ἐστι σημαντικά, ποτὲ μὲν ταύτης, ποτὲ δὲ ἐκείνης, ποτὲ δὲ ταύτης κἀκείνης. οἷον τι λέγω· ὅταν τὴν ἐκ παρθένου γέννησιν ἡμῖν ἡ γραφὴ διηγῆται, τί λέγει ; ἐξαπέστειλεν ὁ θεὸς τὸν υἱὸν αὐτοῦ. οὐκ εἶπεν· ἐξαπέστειλεν ὁ θεὸς τὸν θεὸν λόγον· ἀλλὰ λαμβάνει τὸ ὄνομα τὸ μηνύον τὰς φύσεις τὰς δύο. ἐπειδὴ γὰρ ὁ υἱός ἄνθρωπός ἐστι καὶ θεός, λέγει· ἐξαπέστειλεν ὁ θεὸς τὸν υἱὸν αὐτοῦ, γεννώμενον ἐκ γυναικός, ἵνα, ὅταν ἀκούσης τὸ « γεννώμενον ἐκ γυναικός » εἶτα ἴδης τὸ ὄνομα προκείμενον τὸ μηνύον τὰς φύσεις τὰς δύο, ἵνα τὴν γέννησιν τὴν ἐκ τῆς μακαρίας παρθένου υἱοῦ μὲν καλῆς — υἱὸν γὰρ ἐγέννησε θεοῦ καὶ ἡ Χριστοτόκος παρθένος —, ἀλλ' ἐπειδήπερ ὁ υἱὸς τοῦ θεοῦ διπλοῦς ἐστι τὰς φύσεις, (οὐκ) ἐγέννησε μὲν τὸν υἱὸν τοῦ θεοῦ, ἀλλ' ἐγέννησε τὴν ἀνθρωπότητα, ἥτις ἐστὶν υἱὸς διὰ τὸν συνημμένον υἱόν... Loofs, *loc. cit.*, p. 273-274.

Je vous demande donc de considérer ces choses attentivement car je passe sur ce qu'ils ont omis, et évidemment ils n'ont même pas conservé la suite (des phrases). C'est pour cela qu'il m'accuse, comme si je divisais (le Christ) en parties : la divinité à part et l'humanité à part, et si j'employais les mots « honneur » et « égalité d'un seul », comme pour rapprocher par l'amour, et non par les essences, des choses qui sont éloignées. C'est ainsi qu'il m'accuse, et sur la divinité et sur l'humanité, que Dieu le Verbe est à la vérité chair et homme, mais que l'humanité ne serait Fils, seigneur et Dieu que par amour et par adhésion. C'est là sa principale calomnie, au point qu'il vous faut toujours considérer — puisque vous êtes juges en cela — que si vous me trouvez ce sentiment, condamnez-moi, et moi-même je me condamne. Je vous prie aussi d'accepter par tradition ma condamnation qui est juste, quand même j'aurais combattu des milliers de fois et apporté des preuves pour établir que je ne (dois) pas me servir d'« essence » » mais simplement d' « amour », [143] et que par là il est dit seigneur et Christ et Fils. Mais si j'ai dit le contraire, qu'ils prouvent que l'union s'est faite de la nature et que l'union appartient à la nature. Mais moi, au lieu de l'union dans la nature, je dis un *prosôpon*, une égalité, un honneur, une puissance, une domination; en un mot, dans toutes les choses où le *prosôpon* de celui-ci et de celui-là est par nature, il y a aussi union par un *prosôpon*, car le *prosôpon* des natures n'est pas une nature; il est dans la nature, et n'est pas une nature. Le Fils de Dieu le Père est par nature consubstantiel au Père, et ce que le Père est dans sa nature, le Fils l'est aussi, mais ce qu'est le *prosôpon* (qui est) Fils par nature, n'est pas aussi Père, car celui qui est Fils par nature n'est pas Père, ni le Père Fils. Celui qui est dans la nature du Père et celui qui est Fils par nature diffèrent par le *prosôpon*.

Ils ne sont pas autre chose et autre chose, mais une seule en essence et en nature, sans division, sans scission, sans séparation en tout ce qui, par nature, appartient au *prosôpon*, mais (le Fils) est différent par le *prosôpon*.

Il n'en est pas de même pour l'union de la divinité et de l'humanité : En tout ce que le *prosôpon* est par sa nature, dans toutes ces choses il y a union comme d'un *prosôpon*, même pour l'autre essence, car il a pris (l'homme [1]) pour le *prosôpon*, mais non

1. Le texte porte le masculin. Cela signifie que l'essence de l'humanité est

pas pour l'essence, ni [144] pour la nature, au point d'être consubstantiel du Père, ou un autre fils, qu'il n'y eût plus un seul et
même fils. Car le *prosôpon* de la divinité c'est l'humanité, et le
prosôpon de l'humanité c'est la divinité; il est autre dans la nature et autre dans l'union. Examinez donc et voyez ce que [1]
celui-là a écrit : « Celui qui dit que le Fils a deux natures et qui
a mis chacune d'elles à part, comme par un éloignement de distinction, celle de Dieu à part et l'homme à part [2]. » Si j'avais dit
simplement Dieu et l'homme, et non « deux natures, un Christ »,
vous auriez lieu de me reprocher d'avoir fait de l'homme un
Dieu et un homme. Parce que j'ai dit deux natures : l'homme et
Dieu, je n'ai pas donné deux natures à l'homme, bien qu'il soit
dit Dieu à cause de l'union, ni deux natures à Dieu, bien qu'il
soit dit aussi chair dans l'union.

Tu n'as pas de motif de blâme, pas même un, de ce que j'ai dit
qu'un Christ et Fils « indique deux natures », car j'ai dit que
« le Fils est Dieu et homme » — j'ai commencé par dire que le
nom de Christ et de Fils indique deux natures — et j'arrive
aussitôt à dire aussi les natures; car puisque le Fils est Dieu et
homme, il n'est pas dit [145] à part, mais il est deux natures.
Mais tu t'irrites contre moi parce que je n'ai pas dit que
Dieu le Verbe est deux natures dans le changement d'essence ;
on ne peut cependant pas penser autre chose, sinon, comme je
l'ai dit, qu'il était dans la nature de l'humanité et que « le Fils
était homme dans l'union » et non dans la nature. Cela vous a-t-il
troublés, ce que j'ai dit et lui aussi : que lorsque la chair est née
on dit qu'il est né? Car la naissance de sa chair lui est évidemment
attribuée; lui aussi (Cyrille) a dit : La chair est née et il la fit sienne [3]. Qu'ai-je donc dit de nouveau : que, lorsqu'il est né, il est
dit que c'est l'homme qui est né, le Fils de Dieu, de la vierge Marie?
Car cette humanité est dite le Fils de Dieu par l'union avec le
Fils et non par la nature. Car, par cette union, Dieu le Verbe a fait
siennes les propriétés de la chair, non que la divinité soit née

unie à la divinité par le *prosôpon*, mais qu'elle n'est pas unie à l'essence ou à la
nature de la divinité.

1. Litt. : « quoi et quelles choses. »

2. Cyrille écrit de Nestorius : δύο μὲν ὀνομάζει φύσεις, ἀποδιαιρεῖ (Variante :
ἀποδιΐστησι) δὲ ἀλλήλων αὐτάς, Θεὸν ἰδίᾳ τιθείς, καὶ ὁμοίως ἄνθρωπον ἀνὰ μέρος. Labbe,
loc. cit., col. 1123 *a*.

3. Cf. Labbe, *op. cit.*, t. iii. col. 319 *b*.

de la naissance de la chair, ni que la chair soit née naturellement dans la naissance de la divinité; mais, par son union avec la chair, Dieu est dit chair, et la chair, par son union avec le Fils de Dieu Verbe, est dite Fils. Ou bien il ne serait pas uni, et nous le calomnierions. Qui vous a trompés ? Car cette adhésion est celle d'hommes trompés. Il y a en effet accord sur les deux natures, car le mot « Fils » indique les deux natures; il en est de même de « Christ » et « Seigneur ». « Les natures réunies dans une véritable union sont différentes, mais le Fils est un avec les deux [1]; » les natures demeurant sans [146] confusion dans l'union; « les différences des natures ne sont pas abolies à cause de l'union [2]. » Enfin, c'est par l'union que la chair est Fils et non par nature [3]... « (Le corps) ne lui est pas étranger avec lequel il (le Verbe) siége près du Père [4]. »

Ambroise aussi a dit :

Un seul [5] Fils de Dieu parle par les deux (essences), parce qu'en lui sont les deux natures; c'est (toujours) lui qui parle, mais il ne parle pas toujours de la même manière. Voyez-le [6], tantôt dans la gloire (de Dieu) [7] et tantôt dans les souffrances de l'homme. En tant que Dieu, en effet, il enseigne les choses divines, parce qu'il est le Verbe; mais, en tant qu'homme, il parle des choses humaines, parce qu'il parle dans notre essence. C'est lui qui est *le pain vivant descendu du ciel*; ce pain est le corps [8] comme il l'a dit : *Ce pain que je vous donne est mon corps* [8]. C'est lui qui est descendu, c'est lui que le Père a sanctifié et envoyé au monde. L'Écriture ne vous [9] apprend-elle pas que la divinité n'a pas besoin de sanctification, mais la chair [10] ?

Comment avez-vous cité (ces paroles) et m'avez-vous (ensuite) anathématisé car je n'ai rien dit autre chose.

D'ici douze feuillets du manuscrit ont été arrachés et détruits

---

1. Lettre de Cyrille. Labbe, *op. cit.*, t. III, col. 318 *e*.
2. *Ibid.*
3. Lacune.
4. Lettre de Cyrille. Labbe, *ibid.*, col. 319 *d*.
5. Le syriaque porte « lorsque », *kad* pour *chad*.
6. Les mss. *V, S* et le grec portent le singulier προσχες ἐν αὐτῷ.
7. Ces deux mots, qui figurent dans le grec, manquent dans le syriaque.
8. Le grec et le latin portent « chair ». Jean, IV, 51, 52.
9. Le grec et le latin portent : « nous. »
10. Labbe, *loc. cit.*, col. 514.

par les troupes de Bader Khan Beg, lorsqu'elles ont ravagé le pays de Das l'an 2154 des Grecs (1843). (Note du copiste [1].)

(Nestorius étudie sucessivement toutes les citations de ses homélies qui ont été lues à Éphèse, en suivant l'ordre dans lequel elles ont été lues, il est donc certain que la lacune comprenait le texte et le commentaire de l'extrait du cahier XXI qui suit le cahier XVII. Cf. Labbe, *Concil.*, t. III, col. 519. J'ajoute donc sa traduction [2]:)

[SEMBLABLEMENT, DU MÊME, DU CAHIER VINGT ET UN]

Vois ce qui arrive, ô hérétique : Je ne refuse pas un nom [3] à la vierge mère du Christ, car je sais qu'elle est vénérable, celle qui a reçu Dieu, par laquelle le maître de l'univers s'est produit, par laquelle le soleil de justice a brillé. Mais ces applaudissements me sont à nouveau suspects. Comment entendez-vous ce mot « s'est produit »? Je n'emploie pas « s'est produit » au lieu de « est né », car je n'oublie pas si vite ce qui m'est propre ; la divine Écriture m'a appris en effet que Dieu le Verbe s'est produit par la Vierge mère du Christ, mais je n'ai appris nulle part que Dieu est né d'elle.

Et après d'autres choses: La divine Écriture ne dit donc nulle part de Dieu qu'il soit né de la Vierge mère du Christ, mais bien de Jésus-Christ et du Fils et du Seigneur. Nous confessons tout cela; car celui qui n'admet pas aussitôt ce que dit la divine Écriture est un malheureux. « Lève-toi, prends l'enfant et sa mère [4], » voilà la parole des anges. Les archanges connaissaient beaucoup mieux que toi le mystère de la Nativité : « Lève-toi, prends l'enfant et sa mère [4]», l'ange n'a pas dit : « lève-toi, prends le Dieu et sa mère [5]]...

---

1. Nous ne croyons pas que la lacune soit ausssi considérable. L'interversion de ce cahier à pu tromper le scribe. Il ne doit manquer qu'une partie des commentaires du cahier XVII qui précède et du cahier XXI que nous rétablissons ci-dessous.

2. Nous allons trouver dans le syriaque un fragment de ce texte. C'est donc bien son commentaire qui suit.

3. Sans doute le nom de mère de Dieu.

4. Matth., XI, 13.

5. Ὁμοίως τοῦ αὐτοῦ, τετράδιον κα'. Βλέπε τὸ συμβαῖνον, αἱρετικέ· οὐ φθονῶ τῆς φωνῆς τῇ Χριστοτόκῳ παρθένῳ, ἀλλ' οἶδα σεβασμίαν τὴν δεξαμένην θεόν, δι' ἧς προῆλθεν ὁ τῶν ὅλων δεσπότης, δι' ἧς ἀνέλαμψεν τῆς δικαιοσύνης ὁ ἥλιος. πάλιν ὑποπτεύω τὸν κρότον· πῶς τὸ « προῆλθεν » ἐνοήσατε; οὐκ εἴρηταί μοι τὸ « προῆλθεν » ἀντὶ τοῦ « ἐγεννήθη » οὐ γὰρ οὕτω ταχέως ἐπιλανθάνομαι τῶν ἰδίων. τὸ προελθεῖν τὸν θεὸν ἐκ τῆς Χριστοτόκου παρ-

[271] Mais Athanase ne te laisse pas, disant [1] : ...

Ces choses n'avaient pas lieu seulement **par apparence** [2], loin de nous !... comme certains l'ont pensé, mais réellement, en vérité, notre Sauveur étant devenu homme, devint le salut pour tout l'homme. S'il avait été dans le corps par apparence [2] comme ils le disent, ce qui est dit par apparence est une imagination [3], il se trouverait que le salut et la résurrection des hommes aurait lieu en imagination [4], comme le dit l'impie Manès, mais notre salut, n'est pas une imagination [3] [et notre salut est venu vraiment non pour le corps seul, mais pour tout l'homme, pour l'âme et pour le corps [5]]. Humain [6] donc (en nature) est celui qui provient de Marie, selon les Livres divins, et il était vraiment de notre Sauveur...

Que personne n'accepte de dire que Dieu le Verbe est dans le corps par apparence, mais Dieu en tant que Dieu le Verbe, qui était auparavant et qui est éternel, est venu dans le corps et est aussi dans le corps sans avoir passé de son essence à l'essence de la chair, sans avoir subi la naissance de la chair, mais d'après notre essence...

« Car, humaine est cette nature qui provient de Marie, comme le disent les Livres divins, et elle était vraiment de notre Sauveur [7]. » C'est au sujet de l'essence de Dieu le Verbe et de l'essence de l'homme que je me sépare de vous et non au sujet d'un nom ; car « je ne refuse pas, ai-je dit, un nom à la Vierge Mère du Christ [8], mais je la proclame vénérable, celle qui a reçu Dieu, de

θένου παρὰ τῆς θείας ἐδιδάχθην γραφῆς, τὸ δὲ γεννηθῆναι θεὸν ἐξ αὐτῆς οὐδαμοῦ ἐδιδάχθην. Καὶ μεθ' ἕτερα. Οὐδαμοῦ τοίνυν ἡ θεία γραφὴ θεὸν ἐκ τῆς Χριστοτόκου παρθένου λέγει γεγεννῆσθαι, ἀλλὰ « Ἰησοῦν Χριστὸν » καὶ « υἱὸν » καὶ « κύριον ». ταῦτα πάντες ὁμολογῶμεν. ἃ γὰρ ἐδίδαξεν ἡ θεία γραφή, ἄθλιος ὁ μὴ εὐθὺς δεχόμενος.ἐγερθεὶς παράλαβε τὸ παιδίον καὶ τὴν μητέρα αὐτοῦ· αὕτη τῶν ἀγγέλων ἡ φωνή. τάχα δὲ μᾶλλόν σου τὰ κατὰ τὴν γέννησιν ᾔδεσαν οἱ ἀρχάγγελοι. ἐγερθεὶς παράλαβε τὸ παιδίον καὶ τὴν μητέρα αὐτοῦ. οὐκ εἶπεν· ἐγερθεὶς παράλαβε τὸν θεὸν καὶ τὴν μητέρα αὐτοῦ. Loofs, *loc. cit.*, p. 277-278.

1. Lettre à Épictète. Ce passage.a été cité par Cyrille et ses partisans. Labbe, *loc. cit.*, col. 510 d.

2. Le texte grec porte θέσει et la traduction latine : *per extrinsecam Verbi præsentiam.* Le syriaque signifie littéralement : « par emprunt. »

3. φαντασία.

4. δοκήσει.

5. Le crochet, traduit sur le grec, manque dans la version syriaque.

6. *C, S* portent « corps humain ». Le grec : ἀνθρώπινον γὰρ φύσει τὸ ἐκ Μαρίας.

7. Partie de la citation d'Athanase faite plus haut.

8. Le syriaque porte : « je ne refuse pas la parole de Vierge mère du Christ. » C'est le commencement du cahier XXI rétabli plus haut. Il faut lire *Labethoultâ.*

laquelle est sorti le Seigneur de tout. » Tu n'admets pas cela.
Comment te laissera-t-on [272] et te croira-t-on, toi qui parais
dire ainsi que Dieu est né? « Humain donc est Celui qui (naît)
de la bienheureuse vierge Marie, » quand bien même tu dispu-
terais mille fois contre Athanase ; Dieu le Verbe était dans le
corps, dans celui qui prit le commencement de (son) être de la bienheureuse Marie, mais lui ne commença pas à être. « Au commencement était le Verbe » et Dieu le Verbe était de toute éternité.
Confesse les natures comme elles sont, confesse comme tu en as
reçu l'ordre, confesse que Dieu a voulu te sauver par le corps
et que le corps n'a pas été changé de l'essence de Dieu le Verbe
en l'essence de la chair ; il fut créé, il prit la forme humaine, il
grandit et se perfectionna dans la nature des hommes et il
naquit, mais du corps de notre formation, de la race des hommes.
Car il était de la race d'Abraham. Pourquoi traites-tu d'hallucinations les choses du corps, supprimes-tu les choses du corps et
les transportes-tu à Dieu, au point de faire avec ambiguité deux
générations, puisque tu fais la génération du corps sans commencement de Dieu le Père. Tu dis que Dieu le Verbe est le corps et
l'homme, qu'il a un commencement et une fin, et qu'il est né de
la bienheureuse Vierge parce qu'il est devenu homme. Comment
dis-tu la naissance du corps? Car tu attribues au Verbe seul de
naître de Dieu le Père et de la Vierge. Parle clairement et confesse
« la nature humaine [273] (provenant) de la bienheureuse Marie,
comme le disent les Livres divins. » Et la question proposée
est (ainsi) résolue : que l'essence de Dieu n'est pas soumise au
commencement, à l'accroissement et à la fin, « bien qu'il soit dit
ainsi d'après sa manifestation qui (s'est faite) peu à peu. » Pourquoi
abolis-tu les noms qui indiquent l'humanité et veux-tu aussi
(nous obliger) à les croire de la divinité ? comme si ce n'était pas
un blasphème que cette (parole) : « la divinité est sortie d'elle ; »
tu supprimes ce qui montre qu'elle n'a pas pris commencement
d'elle ; et tu abolis l'humanité qui a été enfantée de la bienheureuse
Marie : car tu dis qu'elle n'a pas enfanté l'homme, mais — comme
les démons trompeurs, qui montrent que l'homme n'est pas un
homme — tu confesses l'homme, mais (c'est) Dieu le Verbe, et
(ainsi) tu confesses Dieu le Verbe et non l'homme. Tu trompes les
hommes en séparant les essences des noms : tu dis « homme »
et tu places l'essence de Dieu le Verbe ; et encore tu dis « Dieu
le Verbe » et tu places l'essence de l'homme, puis tu l'élèves

par le nom de Dieu le Verbe ; et ils n'ont rien à dire. « C'est la nature humaine qui provient de la bienheureuse Marie », elle est donc la mère de l'homme qui a pris commencement d'elle, puis accroissement et perfectionnement ; « il n'est pas Dieu par nature, bien qu'il soit dit ainsi à cause de sa manifestation qui se fit peu à peu » ...Elle est donc par nature Mère de l'homme mais, par la manifestation, Mère de Dieu, si [274] tu dis qu'il est né d'elle par manifestation et non par nature, il sortit donc uni à celui qui naquit d'elle dans la chair. Pourquoi accordes-tu en partie, puis supprimes-tu ces choses, comme les prestidigitateurs qui, des choses visibles, font des choses invisibles et font en apparence des choses visibles et invisibles ? Le Christianisme est en vérité ; ne trompez pas... « humain est celui qui est né de la bienheureuse Marie »... « celui qui prit un commencement, grandit et se perfectionna, n'est pas Dieu par nature, bien qu'il soit dit ainsi à cause de sa manifestation qui se fit peu à peu. »

Croyez-vous que ceux qui ont dit cela sont véridiques ? Croyez-vous à ce que vous avez écrit ?— car vous avez écrit cela— ou bien n'y croyez-vous pas ? Ou disent-ils que le Christ est un pur homme, parce qu'ils disent cela de lui ? Ils disent que Dieu n'est pas dans le corps par apparence ; ils disent de Dieu qu'il commença et progressa par manifestation. Comment les choses qui s'unissent peuvent-elles être dites simples ? Tu appelles simples les choses qui ne sont pas deux par essence : la divinité qui n'est pas l'humanité, et l'humanité qui n'est pas la divinité ; mais ces choses sont absurdes, à mon avis, dans la bouche de celui qui a dit que la différence des natures n'est pas supprimée par l'union. Tu dis alors ce que je dis moi-même, et je t'en félicite : que la divinité subsiste unie à l'humanité, et que l'humanité subsiste en nature unie à la divinité [275]. Et tu anathématises ce qui est chez moi ! anathématise donc aussi ce qui est chez toi, si toutefois on peut appeler tien ce dont tu n'as pas confiance que ce soit vrai, puisque tu restes opposé aux Pères et aux saints Livres. Admirable et louable est cette trouvaille d'hérésie où tu dis ce que personne ne confesse ; tu as élevé ton dogme, toi seul, contre tout le monde ; tu as imaginé que cela serait accepté par tout le monde. Au contraire, parce que tu avais conduit tout le monde avec hypocrisie, tu as été haï de tout le monde comme hypocrite.

Pour révéler la vérité qui est prêchée par tout le monde, que tu connais certainement, mais que tu n'oses pas dire, il suffira,

pour ceux qui veulent connaître ta pensée, de savoir parmi ces
choses ce dont tu me blâmes : comme si je disais que les essences sont
séparées d'un éloignement local, réunies en égalité par adhésion [1]
et par amour et non par ce qu'elles ont naturellement ; ce (n'est
pas) par la parole certes que nous séparons les natures, car
autre est la divinité et autre l'humanité. Par l'adhésion de
celle-ci, il n'y a pas un autre et un autre dans le *prosôpon*.

Voilà ce que tu as donné à penser de moi, mais il semble que je
dis l'inverse de ce que tu allègues contre moi, car j'unis les essences.
Par l'union [276] des essences, je dis un *prosôpon* en une égalité
en tout ce qui forme le *prosôpon*, auquel appartient une essence
et une autre essence, non par scission et par éloignement, mais
dans le même (*prosôpon*). Cependant passons à d'autres choses
aussi rapidement que nous le pourrons, afin que les hommes,
qui y trouvent occasion de blasphème, soient réprimandés par
celles-ci ou par celles-là...

[SEMBLABLEMENT, DU MÊME, DU CAHIER VINGT-QUATRE [2]]

... « Ce que nous disions [3] : « *Ne crains pas de prendre Marie pour ta femme ;
car, ce qui est né en elle, l'est du Saint-Esprit* [4]. Si tu dis « qui est né en elle »
ou « qui est fait en elle » cela ne nuit pas au sens. Celui donc qui est né en
elle est du Saint-Esprit. Mais si nous disons que Dieu le Verbe est né dans
le sein, c'est, autre chose « qu'il était avec celui qui naissait » et autre
chose « qu'il naîtra ». Car *celui qui est né en elle est du Saint-Esprit* [4] ;
c'est-à-dire ; le Saint-Esprit a créé ce qui est en elle. Les Pères, comme
connaisseurs des Livres divins, ont vu que si l'on rapporte « celui qui est
né » à « celui qui a pris un corps », Dieu le Verbe se trouvera le Fils du
Saint-Esprit ou aura deux pères. Si nous disons « qu'il fut fait », Dieu le Verbe
se trouve [277] être une créature du Saint-Esprit. Évitant la parole de
naissance, ils ont mis : « il descendit pour nous autres hommes, et pour
notre salut et il prit un corps [5]. » Que signifie ce « il prit un corps » ?
(sinon) qu'il ne fut pas changé de la divinité en la chair. Car pour ce « qui
prit un corps du Saint-Esprit », ils obéirent à l'Évangéliste : Car l'Évangé-

1. συνάφεια.
2. Le ms. porte ici deux lignes en blanc ; le scribe se proposait sans doute d'y
écrire, à l'encre rouge, le titre que nous venons de rétablir.
3. C'est la citation du quat. XXIV lue à Éphèse. Labbe, *loc. cit.*, col. 522.
4. Matth., I, 20.
5. Litt. : *et incorporatus est.*

liste, en effet, lorsqu'il en arriva à l'incarnation, évita aussi d'attribuer la naissance au Verbe, et il écrivit qu'il prit un corps. Comment ? Ecoute :

Et le Verbe s'est fait chair. Il ne dit pas que le Verbe naquit par la chair. Aux endroits où les apôtres et les Évangélistes font mention de la naissance, ils placent le Fils qui est né d'une femme... Examine ce qui a été dit, je t'en prie : où ils disent le nom de « Fils » et « qui est né d'une femme », ils placent le (mot) « qui est né », mais là où ils font mention du Verbe, aucun d'eux n'ose dire « naissance par l'humanité. » Écoute le bienheureux Jean, l'évangéliste, lorsqu'il en arriva au Verbe et[1] à son incarnation, écoute ce qu'il dit : « *Le Verbe s'est fait chair* » c'est-à-dire prit une chair, « *et il habita parmi nous* » c'est-à-dire qu'il revêtit notre nature en demeurant parmi nous. « *Et nous avons vu sa gloire la gloire du Fils* ». Il ne dit pas : « Nous avons vu la naissance du Verbe [2]. »

Je vous ai donc dit la cause que je croyais bonne, [278] pour laquelle les Pères n'ont pas dit dans leur profession de foi « il naquit du Saint-Esprit et de la vierge Marie », mais « il s'incarna », pour ne pas faire du Saint-Esprit le père ou le créateur du Fils, mais bien qu'il s'incarna du Saint-Esprit et de la vierge Marie, afin d'attribuer à la chair le mot « il est devenu », parce qu'il « s'incarna ». Quant à l'histoire de sa formation, comment la racontez-

---

1. Le syriaque a changé *v* en *d* et porte : « au sujet de son incarnation. »

2. Ὁμοίως τοῦ αὐτοῦ, τετράδιον κδ΄. Ὅπερ οὖν ἐλέγομεν· μὴ φοβηθῇς παραλαβεῖν Μαριὰμ τὴν γυναῖκά σου, τὸ γὰρ ἐν αὐτῷ γεννηθὲν — εἴτε διὰ τοῦ ἑνὸς ν εἴτε διὰ τῶν δύο, τῷ νοήματι οὐδὲν λυμαίνεται — < ἐκ πνεύματός ἐστιν ἁγίου, τί ἂν εἴη ; > τὸ γὰρ ἐν αὐτῇ « τεχθὲν » ἐκ πνεύματός ἐστι ἁγίου, ἐὰν εἴπωμεν ὅτι ὁ θεὸς λόγος ἐγεννήθη ἐν γαστρί. ἄλλο γάρ ἐστι τὸ συνεῖναι τῷ γεγεννημένῳ καὶ ἄλλο τὸ γεννᾶσθαι. τὸ γὰρ ἐν αὐτῇ φησί, « γεννηθὲν » ἐκ πνεύματός ἐστιν ἁγίου τουτέστι· τὸ πνεῦμα τὸ ἅγιον ἔκτισε τὸ ἐν αὐτῇ. εἶδον οὖν οἱ πατέρες ὡς ἐπιστήμονες τῶν θείων γραφῶν, ὅτι ἐὰν ἀντὶ τοῦ « σαρκωθέντα » θῶμεν τὸ « γεννηθέντα », εὑρίσκεται ἢ υἱὸς πνεύματος ὁ θεὸς λόγος καὶ δύο πατέρας ἔχων, ἢ διὰ τοῦ ἑνὸς ν εὑρεθήσεται ὁ θεὸς λόγος κτίσμα τοῦ πνεύματος ὤν, φεύγοντες οὖν τὴν τῆς γεννήσεως λέξιν ἔθηκαν τὸ « κατελθόντα δι᾽ ἡμᾶς τοὺς ἀνθρώπους καὶ διὰ τὴν ἡμετέραν σωτηρίαν σαρκωθέντα » τί ἐστι « σαρκωθέντα » ; οὐ τραπέντα ἀπὸ θεότητος εἰς σάρκα. τῷ « σαρκωθέντα ἐκ πνεύματος ἁγίου » εἰπεῖν ἠκολούθησαν τῷ εὐαγγελιστῇ. καὶ γὰρ ὁ εὐαγγελιστής, ἐλθὼν εἰς τὴν ἐνανθρώπησιν, ἔφυγε γέννησιν εἰπεῖν ἐπὶ τοῦ θεοῦ λόγου καὶ τέθεικε σάρκωσιν. ποῦ ; ἄκουσον· καὶ ὁ λόγος σὰρξ ἐγένετο, οὐκ εἶπεν, ὅτι ὁ λόγος διὰ σαρκὸς ἐγεννήθη. ὅπου μὲν γὰρ μνημονεύουσιν ἢ ὁ ἀπόστολος ἢ οἱ εὐαγγελισταὶ τοῦ « υἱοῦ », τιθέασιν, ὅτι ἐγεννήθη ἐκ γυναικός. πρόσεχε τῷ λεγομένῳ, παρακαλῶ. ὅπου μὲν λέγουσι τὸ ὄνομα τοῦ υἱοῦ καὶ ὅτι ἐτέχθη ἐκ γυναικός, τιθέασι τὸ « ἐγεννήθη » ὅπου δὲ μνημονεύουσι τοῦ λόγου, οὐδεὶς αὐτῶν ἐτόλμησεν εἰπεῖν γέννησιν διὰ τῆς ἀνθρωπότητος. ὁ γὰρ μακάριος Ἰωάννης ὁ εὐαγγελιστής, ἐλθὼν εἰς τὸν λόγον καὶ εἰς τὴν ἐνανθρώπησιν αὐτοῦ, ἄκουσον, οἷά φησιν· ὁ λόγος σὰρξ ἐγένετο, τουτέστιν ἀνέλαβε σάρκα, καὶ ἐσκήνωσεν ἐν ἡμῖν, τουτέστιν τὴν ἡμετέραν ἐνεδύσατο φύσιν καὶ ἐνῴκισεν ἐν ἡμῖν, καὶ ἐθεασάμεθα τὴν δόξαν αὐτοῦ, τοῦ υἱοῦ. οὐκ εἶπεν· ἐθεασάμεθα τὴν γέννησιν τοῦ λόγου... **Loofs**, *loc. cit.*, p. 285-287.

vous? Dites ouvertement. Réprimandez clairement ceux qui ont
blasphémé (en disant) : « il est né du Saint-Esprit. » S'il est né,
le Saint-Esprit est le Père du Fils, ou le créateur de Dieu le Verbe,
choses, ai-je dit, que les Pères n'ont pas dites et que moi non plus
je ne dis pas. Ai-je blasphémé en disant ces choses? ou bien ai-je
calomnié les Pères? Si vous pouvez montrer que les Pères ont dit
cela, dites-le clairement? Laquelle de ces deux (choses) ? Dieu
le Verbe est-il une créature, ou le fils du Saint-Esprit? S'il n'est
pas une créature, chair qui est corporelle, il n'est pas non plus une
créature du Saint-Esprit, parlez clairement. Ceci « il s'est incarné »
veut dire qu'il est incarné nécessairement dans sa nature; ce n'est
pas un autre qui s'est incarné, c'est Lui qui est dit s'être
incarné. Il s'est incarné dans sa propre essence, dans la chair
qui fut et naquit du Saint-Esprit. Ce « il est né », comme tu le
dis, est contraire à ce que tu as dit, car lorsqu'il naquit, on dit que
la chair naquit, comme s'il avait fait la naissance de sa chair.
Il ne [279] s'incarna pas en propriété, mais dans son essence.
« Il s'est incarné » ne signifie donc pas la même chose que « il est
né », et c'est pour cela qu'ils ont écrit « qui est incarné » et non pas
« qui est né »; car ils ont transporté à la chair le (mot) « il est devenu ». C'est pour cela que l'évangéliste aussi a dit qu'il « est devenu »
chair et n'a pas dit qu'il est né, afin que par ce « il est devenu »,
il ne limitât pas Dieu le Verbe, mais la chair qui fut faite, c'était
sa chair. Dieu le Verbe demeura parmi nous; ce n'est pas Dieu
le Verbe qui devint, car il était.

Écoutez-les, car vous ne récuserez pas ces hommes que vous
avez allégués contre moi pour m'accuser. Parle donc, ô Ambroise,
n'abandonne pas celui qui est opprimé. Ne sois pas dans la bouche
des calomniateurs et ne condamne pas le sang innocent avant
d'avoir entendu : Moi je dis que la chair est (née) de la vierge
Marie, et non Dieu le Verbe; car je confesse qu'il n'est pas fait,
ni devenu, ni créé. Tous se lèvent contre moi comme des épées[1], et
ils ne veulent même pas écouter mes paroles jusqu'au bout, et c'est
sur cela qu'ils te citent comme témoin. Ce n'est pas la mort qui m'a
fait peur, moi qui ai été ainsi calomnié, mais c'est d'avoir été condamné comme impie en ton nom (prosôpon). J'ai parlé d'après Ambroise
et je ne renie pas ce que j'ai dit, quand bien même ils élèveraient
le glaive contre moi. [280] J'ai dit ceci : Il voulut ensuite être

---

1. *Sayfê*, ou bien lire *sayofê*, « bourreaux ».

d'une femme, selon cette (parole) « il est devenu ». Tu (Ambroise) as défini que ce n'est pas la divinité, mais le corps qui a été pris [1]. Il est venu d'une femme par le corps qui a été pris : à savoir celui qui est descendu, c'est celui-là que le Père a sanctifié et envoyé au monde. Le Livre ne vous a-t-il pas appris que « ce n'est pas la divinité mais la chair qui a besoin de sanctification [2]»? Si donc ils ont trompé, ils ont induit en erreur eux-mêmes et non moi.

Que dis-tu aussi de cela, ô Grégoire le divin? Quelle pensée as-tu? Je le demande, non que je l'ignore, mais parce qu'ils veulent en ton nom opprimer la vérité. Que sais-tu de celui qui est du Saint-Esprit et de la vierge Marie, qui a commencé, a progressé, s'est perfectionné, je ne dis pas en *prosôpon*, mais en essence? Quoi donc ! aurais-tu donné autre chose que ce que tu leur as donné par écrit? (à savoir) que c'est l'homme qui a été pris... « Celui qui commence, grandit et se perfectionne, n'est pas Dieu, bien qu'il soit dit ainsi à cause de (sa) manifestation qui eut lieu peu à peu [3]. » Car « autre et autre étaient ceux dont est formé notre Sauveur, car ce n'est pas la même chose de l'invisible et du visible, Dieu qui devint homme et l'homme qui devint Dieu [4]. »

Parle aussi, ô sage Athanase, car tu as été calomnié aussi de beaucoup de calomnies analogues que tu as subies des ariens, pour [281] la tradition sur le Fils Dieu le Verbe. Quelle idée as-tu sur ce « il est né du Saint-Esprit et de la vierge Marie ? » Dans la nature et non dans le *prosôpon* qui résulte de l'union? « Nous disons qu'il est un le fils qui est né de sainte Marie et non un autre. » Mais cet un et seul qui est né fils, Christ, (est) Dieu le Verbe avec sa chair; et il a une chair avec Dieu le Verbe. Mais « en essence Dieu le Verbe est de Dieu le Père, et la chair est celle qu'il a prise de la Vierge » pour être. Nous ne disons pas un autre et un autre car il n'y a qu'un *prosôpon* pour les deux natures. Mais celui qui par la nature était du Saint-Esprit, quel était-il? et quelle était

1. Labbe, *loc. cit.*, col. 513. *Hunc postea factum ex muliere asseruit ut factura non divinitati, sed assumptioni corporis adscriberetur*; cité au concile par les partisans de Cyrille.

2. *Ibid. Hæc ipsa littera nos docet, sanctificatione non divinitatem eguisse sed carnem.*

3. τὸ γὰρ ἠργμένον ἢ προκόπτον, ἢ τελειούμενον, οὐ θεός, κἂν διὰ τὴν κατὰ μικρὸν αὔξησιν οὕτω λέγηται. Cité par les partisans de Cyrille. Labbe, *loc. cit.*, col. 515 d.

4. ἄλλο μὲν καὶ ἄλλο τὰ ἐξ ὧν ὁ σωτήρ, εἴπερ μὴ ταὐτὸν τὸ ἀόρατον τῷ ὁρατῷ... θεοῦ μὲν ἐνανθρωπήσαντος, ἀνθρώπου δὲ θεωθέντος. Labbe, *loc. cit.*, col. 515 b.

sa nature? De quelle nature était la Vierge sa mère? Car c'est
là ce qu'on cherche. Ecoutez tous... J'ai dit que « Humain [1]
est celui qui (provient) de Marie, selon les Livres divins, et il
était vraiment de notre Sauveur. » « Si le Verbe était dans le
corps par apparence [2], comme ils le disent, celui qui est dit par
apparence est une imagination [3]; le salut et la résurrection des
hommes se trouveraient avoir lieu en imagination, comme l'a
dit l'impie Manès, mais notre salut n'est pas une imagination,
ni du corps seulement, mais de tout l'homme : de l'âme et du corps,
le salut a eu lieu en réalité. Humain donc était celui qui (provient)
de Marie, comme le disent les Livres divins, et en vérité il était
de notre Sauveur... »

[Semblablement, du même, du quinzième cahier,
sur le dogme [4].]

[282] «De même certes nous donnons au Christ dans la chair le nom de
Dieu à cause de son adhésion avec Dieu le Verbe, parce que nous reconnaissons pour un homme celui qui est visible.

Ecoute Paul qui dit les deux choses : *Des Juifs certes (provient) le
Christ dans la chair, lui qui est Dieu au-dessus de tout* [5]. Il confesse l'homme
d'abord et ensuite à cause de son adhésion avec Dieu le Verbe, il appelle
Dieu celui qui est visible, pour que personne ne pense que le christianisme consiste dans l'adoration d'un homme [6].

Voyez et considérez, pour qu'on ne m'accuse en aucun endroit,
comme si je l'avais dit un simple homme éloigné de la divinité.
Je dis : « le Christ qui est dans la chair », comme aussi je dis le
même dans la divinité. Car je n'ai pas dit que « le Christ était charnel »

---

1. Labbe, t. iii, col. 510 *d*, ἀνθρώπινον. Lire *naschayâ*, comme plus haut.
2. Ou « par hypothèse ». Le grec porte θέσει, et le latin : *extrinseca præsentia*.
3. φαντασία.
4. Labbe, *loc. cit.*, 522 *e*. En place de ce titre le manuscrit portait quatre lignes en blanc, sans doute pour l'écrire, cf. p. 174, n. 2, et 180, n. 1.
5. Rom., ix, 5.
6. οὕτω καὶ τὸν κατὰ σάρκα χριστὸν ἐκ τῆς πρὸς Θεὸν λόγον συναφείας Θεὸν ὀνομάζο-
μεν, φαινόμενον εἰδότες ὡς ἄνθρωπον, ἄκουσον τοῦ Παύλου ἀμφότερα κηρύττοντος ; ἐξ Ἰουδαίων, φησὶν, ὁ χριστὸς ; τὸ κατὰ σάρκα, ὁ ὢν ἐπὶ πάντων θεός. ὁμολογεῖ τὸν ἄνθρωπον
πρότερον, καὶ τότε τῇ τοῦ Θεοῦ συναφείᾳ θεολογεῖ τὸ φαινόμενον, ἵνα μηδεὶς ἀνθρωπολατρε-
ίαν τὸν χριστιανισμὸν ὑποπτεύσῃ. Labbe, *op. cit.*, t. iii, col. 522 *e*. Cf. Loofs,
op. cit., p. 248-249.

mais que « le Christ était dans la chair. » Je parle de « la chair
du Christ, d'après son adhésion avec Dieu le Verbe », comme étant
unie et n'étant pas séparée de Dieu le Verbe.Ce n'est pas par « égalité qu'elle est unie, mais elle est (unie) à Dieu le Verbe. Celui qui apparaissait par essence, j'ai dit qu'il était des juifs et qu'il n'était pas
Dieu le Verbe; car je confesse que l'homme en essence et en nature
est d'entre les Juifs et n'est pas Dieu le Verbe en nature. Je dis
que l'homme en nature est en dehors de la nature de Dieu le
Verbe [283] mais il est Dieu par cette union qui a eu lieu dans le
prosôpon. Est-ce pour cela que tu te fâches contre moi?

Mais écoute ce qu'Athanase te crie : « Humain donc est celui
qui (provient) de Marie, selon les Livres divins, ce n'est pas en
apparence ni en imagination qu'a eu lieu notre salut, et la résurrection des hommes, comme l'a dit l'impie Manès, non du corps
seulement, mais de tout l'homme, de l'âme et du corps a eu lieu
notre salut. » Humain donc est celui qui (provient) de Marie,
selon les Livres saints, et en vérité il était de notre Sauveur...
Pourquoi donc renies-tu notre salut? Bien plus, vous condamnez
comme impie celui qui ne le nie pas, mais le confesse ! Ou niez
qu'il soit homme, comme les manichéens, ou, si vous ne le niez
pas, vous ne pouvez pas condamner celui qui ne le nie pas, mais
le confesse. Ecoutez Grégoire criant que celui qui a été pris est
homme. Car « celui qui commence, grandit et se perfectionne
n'est pas Dieu, bien qu'il fût dit ainsi à cause de sa manifestation
qui eut lieu peu à peu. » Vois-tu qu'il dit que celui qui a été pris,
qui commence, grandit et se perfectionne est homme par nature
et Dieu par manifestation (accroissement)? Quelle obscurité
est donc étendue devant vos yeux, pour que vous ne voyiez pas
cela? Si vous condamniez mes opinions, il ne fallait pas leur comparer ces textes (d'Athanase et de Grégoire) qui viennent les
renforcer. [284] Si vous recevez ces choses et les semblables,
il ne convenait pas que vous les taxiez d'impies. Pour moi j'ai
dirigé mes paroles contre ceux qui nient que l'humanité ait été
prise de nous, et qui sont de l'opinion des manichéens. Je n'ai pas
fait seulement (cela), mais j'ai défini encore les propriétés des natures et du *prosôpon* unique : en certaines choses (comme) deux, en ce
qui concerne les natures, en d'autres (choses) dans l'union. Et
toi tu as pris sur toi la personnalité (*prosôpon*) de ceux-là
(Athanase et Grégoire), comme si tu étais l'un d'eux, lorsque
en tout tu es l'ennemi de ceux qui reçoivent mes paroles. Car

nous, nous avons puisé chez eux et nous jetons (cela) devant toi
en criant : Ce n'est pas en imagination qu'a lieu notre salut, ô
hommes. « Humaine est la nature qui provient de Marie, comme
le disent les Livres divins »... « Celui qui commence, grandit
et se perfectionne, n'est pas Dieu bien qu'il fût dit ainsi à cause
de sa manifestation qui eut lieu peu à peu »...

[Semblablement, du même, du vingt-septième cahier [1]]

Mais de même que nous appelons Dieu le créateur de l'univers et que
nous donnons le même nom à Moïse [2], (car il est écrit) *Je t'ai établi Dieu
pour Pharaon* [3] (comme nous appelons) Israël, fils de Dieu : *Mon fils pre-
mier-né est Israël* [4] ; et comme nous appelons Saül un Christ : *je ne le
toucherai pas parce qu'il est le Christ du Seigneur* [5], et de même de Cyrus :
Ainsi parle le Seigneur à son christ Cyrus [6] ; et les Babyloniens étaient
appelés saints : *Moi, certes,* [285] *je leur commanderai, ils sont saints et moi
je les amènerai* [7]; de la même manière nous appelons notre Seigneur le
Christ et Dieu et Fils et Saint et Christ ; mais, bien que la participation
aux noms soit la même [8], l'honneur n'est pas le même [9]. »

Qu'avez-vous à blâmer à cela, ô calomniateurs et sages? Parce
que j'ai dit que de même que nous appelons Dieu le créateur
de l'univers et Dieu Moïse, ainsi nous appelions Notre Seigneur
le Christ Dieu de l'univers et créateur? Ce n'est pas parce que nous
donnons le nom de Dieu à Moïse, et aussitôt celui de Dieu le

---

1. Trois lignes ont été laissées en blanc dans le ms., sans doute pour écrire le
présent titre. C'est la citation du *quaternio XXVII* de Nestorius faite par Cyrille
à Éphèse. Labbe, *loc. cit.*, col. 522-523.
2. Litt. : « et Dieu à Moïse. »
3. Exode, vii, 1.
4. Exode, iv, 22.
5. I Rois, xxiv, 7.
6. Isaïe, xlv.
7. Isaïe, xiii, 3.
8. « bien que les noms se ressemblent. »
9. Ὁμοίως τοῦ αὐτοῦ τετράδιον κζ'. Ἀλλ' ὥσπερ λέγομεν «θεὸν» τὸν πάντων δημιουρ-
γὸν καὶ θεὸν τὸν Μωσέα (θεὸν γάρ φησι τέθεικά σε τοῦ Φαραώ) καὶ «υἱὸν» τὸν Ἰσραὴλ
τοῦ θεοῦ (υἱὸς γάρ φησι πρωτότοκός μου Ἰσραήλ), καὶ ὥσπερ λέγομεν «Χριστὸν» τὸν Σα-
οὺλ (οὐ μὴ γάρ φησι ἐπιβαλῶ τὴν χεῖρά μου ἐπ' αὐτόν, ὅτι Χριστὸς κυρίου ἐστί) καὶ Κῦρον
ὡσαύτως (τάδε λέγει, φησί, κύριος τῷ Χριστῷ μου Κύρῳ) καὶ τὸν Βαβυλώνιον ἅγιον (ἐγὼ
γάρ φησι συντάσσω αὐτοῖς, ἡγιασμένοι εἰσὶ καὶ ἐγὼ ἄγω αὐτούς),οὕτω λέγομεν καὶ τὸν δεσπότην Χριστὸν καὶ «θεὸν» καὶ «υἱὸν» καὶ «ἅγιον» καὶ «Χριστόν». ἀλλ' ἡ μὲν κοινω-
νία τῶν ὀνομάτων ὁμοία, οὐχ ἡ αὐτὴ δὲ ἀξία. Loofs, *loc. cit.*, p. 289.

Christ au créateur de l'univers, que nous le disons de la même manière de Moïse et du Christ; ou, de ce que Moïse est le Dieu de Pharaon, que nous le disions ensuite créateur de l'univers! Loin de nous! Car ce n'est pas la communauté des noms qui fait la communauté d'honneur et l'égalité. Autre en effet est l'honneur du créateur de l'univers et autre celui de Moïse : de l'un comme du créateur, de l'autre comme d'une créature qui a reçu l'ordre d'être chef. De même, le nom de Fils a été donné à notre Seigneur et à Israël, mais la communauté des noms ne fait pas une communauté d'honneur : celui-là certes est Dieu par nature, consubstantiel au Père, créateur et auteur de tout, mais non celui-ci. Il en est de même pour tout le reste. Ce que nous disons de Dieu créateur de l'univers, nous le disons de Notre Seigneur Jésus-Christ, Dieu, Fils et Christ; car dans chacune de ces choses qui sont appelées de ce nom, il y a diversité de la nature créatrice [286] de l'univers et des honneurs qui sont accordés largement. Car la dignité et l'honneur supérieur à tout est la nature (divine). J'ai dit que le nom de Christ et celui de Fils indiquent deux natures : —— de la divinité et de l'humanité—— ce à quoi il n'y a rien de comparable dans ce qui a été dit. De sorte qu'il ne faut pas (seulement) regarder au nom, mais encore à ce qu'il signifie : Le Christ d'une part est Dieu de l'univers et créateur ; Moïse d'autre part est aussi dit Dieu, mais il n'est pas dit Dieu de la même manière et n'est pas conçu comme Dieu.

Mais ils pensent m'accabler au sujet de l'humanité. « Si celui qui provient de Marie appartient à la nature humaine, selon les Livres saints, et s'il est Dieu par manifestation et non par nature, tu appelles l'un de ceux-là par la grâce Dieu et Fils et saint. » Je vous réponds seulement ceci : Si vous reconnaissez, comme Grégoire et Athanase, la nature humaine à celui qui provient de Marie, (si vous confessez) qu'il a commencé, a progressé et s'est perfectionné, qu'il est Dieu par manifestation et qu'il est distinct de tout homme par le sens du nom dont il s'est servi pour le distinguer, autant que le créateur l'est de la créature, parce qu'il y a un seul *prosôpon*, dans ce cas, moi j'en dis autant. Mais si vous ne confessez pas la nature humaine qui a commencé, a grandi et s'est perfectionnée [1], comme l'ont dit Athanase et Grégoire, [287]

---

1. Les mss. *S*, *V* ajoutent : « ou qu'elle n'a pas commencé, n'a pas progressé et ne s'est pas perfectionnée. »

vous n'êtes pas réputés [1] orthodoxes, mais levez-vous avec les manichéens. Mais Grégoire, Athanase et Ambroise vous demandent s'il est une chair consubstantielle (à nous) et une âme consubstantielle (à la nôtre); tout ce qu'il est, il l'est aussi dans l'essence de l'homme; il est donc homme, séparé de nous par l'honneur et par la dignité. De même qu'Israël est dit fils et que Moïse est dit Dieu, de même aussi le Christ (l'homme ?) n'était pas Dieu par nature ni fils de Dieu par nature, c'est d'après lui que Dieu se fit homme, mais dans la nature des hommes : il se fit homme dans celui qui (provint) de Marie. S'il ne s'était pas fait homme dans l'homme (dans la nature humaine), il se serait sauvé lui-même, mais non pas nous; mais s'il nous a sauvés, il s'incarna en nous et il fut dans la forme des hommes et il fut trouvé en apparence comme un homme, et il n'était pas homme lui-même.

Dites donc clairement ces choses et les analogues. Pourquoi faites-vous semblant de ne pas les dire et disputez-vous à leur sujet comme si vous les disiez, alors que vous ne les dites pas ? Les choses que vous dites, vous les dites en apparence, et vous ne voulez pas attribuer la nature humaine à celui qui (provint) de Marie, comme il est dit dans les Livres. Celui qui ne lui attribue pas la nature humaine, comme l'un des hommes, du corps naturel de nos pères, dont nous provenons nous aussi en âme et en corps —— et il a toutes les propriétés [288] de la partie rationnelle de l'âme hormis le péché; —— Grégoire accuse celui-là comme les manichéens : « Celui qui commence, progresse et se perfectionne, n'est pas Dieu, bien qu'il soit dit ainsi à cause de (sa) manifestation qui eut lieu peu à peu [2]. » En ce qui concerne l'humanité il n'est pas divin par la nature, mais par la manifestation. Dans la nature de la divinité, il a une grande différence avec tous ceux qui sont appelés dieux, ou dominateurs, ou christs. Dans l'humanité, il ressemble à tous. Il y a un seul *prosôpon* en deux natures. Lui est Dieu, lui est Seigneur, lui est Christ, car il ne se sert pas d'un *prosôpon* qui admette division, mais il s'en sert, comme de son (propre) *prosôpon*. Toutes les propriétés de l'essence lui appartiennent en vertu de l'union, et non par nature. Ne comprenez-vous pas que, dans sa divinité, le Christ est Dieu créateur de l'univers ; il n'est pas comme Moïse, bien que Moïse soit aussi

---

1. Litt. : « vous ne serez pas interrogés. »
2. Labbe, *op. cit.*, t. III, col. 515 *d*.

appelé Dieu. La participation des noms ne fait pas participation d'honneur : autre en effet est l'honneur du serviteur et autre celui du maître, bien qu'au point de vue du corps, il (ne) diffère (pas) des serviteurs.

Si tu dis que le corps et la nature du corps avec l'âme douée de raison et de connaissance demeurent sans changement et sans modification, mais que tu n'admettes pas d'autre part les (propriétés) qui caractérisent l'âme et le corps : les unes dans l'union et les autres dans la nature, mais que [289] tu transportes tout à une seule nature, tu mens à la vérité en faisant le oui non et le non oui. Et c'est pour tromper, que tu appelles nature humaine celle qui provient de Marie, selon les Livres divins, et que tu ne lui attribues pas en nature les propriétés de l'humanité. Par le *prosôpon* tu l'élèves au-dessus de toute l'humanité, à tel point qu'il est un autre par essence, celui qui est éternellement comme il est, n'a pas commencé, ni grandi, ni été perfectionné, mais il est un autre celui qui a commencé, a grandi et a été perfectionné et dans l'union et dans la manifestation en un *prosôpon*, (il est) Dieu qui s'est incarné et l'homme qui a été divinisé. Il ne fut pas changé ni modifié dans sa divinité, de même que l'humanité du Christ n'était pas différente en nature de celle des hommes mais en honneur et en *prosôpon* ; car il est Dieu de l'univers, Seigneur et Fils ; dans toutes les choses où la divinité est par essence, dans toutes celles-là l'humanité est par honneur; non par un autre honneur, mais par l'honneur de celui qui a pris le *prosôpon* : l'humanité utilisant le *prosôpon* de la divinité et la divinité le *prosôpon* de l'humanité; il (le prosôpon) a été pris pour cela et c'est pour cela qu'il l'a pris. Non pour que nous ne confessions pas celui qui a été pris, mais pour que nous le confessions. Confesse-le donc tel que celui qui prend l'a pris, et tel que celui qui peut être pris l'a été; en quoi il est autre et autre, en quoi il est un et non deux, de la même manière que la Trinité.

[290] DE LA MÊME MANIÈRE, DU MÊME, DU QUINZIÈME CAHIER[1].

Pensez en vous-mêmes ce que Jésus-Christ aussi (pensait) [2], *lequel étant dans
la forme de Dieu s'humilia lui-même e prit la forme du serviteur* [2].

Il ne dit pas : Pensez en vous-mêmes ce que Dieu le Verbe aussi pensait;
lequel se trouvant dans la forme de Dieu, prit la forme du serviteur ; mais
il plaça le nom du Christ qui indique les deux natures sans danger[4], il
désigne ainsi la forme du serviteur qu'il prit et celle de Dieu et partage
sans reproche à la dualité des natures, les choses que l'on dit [5]. »

Il convient d'après cela d'étudier le sentiment de chacun et
d'abord le mien : pour savoir s'il en est comme celui-là (Cyrille)
a dit : que je dise un autre et un autre et que je sépare la divinité
à part comme d'un éloignement local; et que je ne confesse pas
qu'il est un et le même. J'ai dit qu'il donna un nom sans danger
à la forme du serviteur et à Dieu ; nous n'entendons pas séparément ce qui prit et ce qui fut pris ; mais on considère ce qui
est pris dans ce qui prend, et ce qui prend, dans ce qui est pris ;
car ce qui prend n'est pas supposé indépendant, ni ce qui est
pris non plus, (ils n'ont rien) qui ne se trouve dans le *prosôpon*
de ce qui prend et de ce qui est pris.

[291] Ce n'est donc pas pour cela que tu me réprimandes, mais
c'est parce que je sépare les propriétés de l'union à chacune des
natures, de sorte que chacune de celles-ci subsiste dans son hypostase. Je ne dis pas qu'elles remontent à Dieu le Verbe, comme s'il était les deux par essence; ou que les propriétés de la chair
soient prises sans (leur) hypostase par Dieu, pour qu'il apparaisse
seulement sous la forme de la chair et qu'il utilise et qu'il souffre
toutes les choses de la chair ; soit qu'il se change en la nature de

1. Texte de Nestorius cité par Cyrille au concile d'Éphèse. Labbe, *loc. cit.*,
col. 523.

2. Le grec (ἐν χρ I.) a sans doute été modifié par le traducteur pour l'identifier
avec la Peschito qui omet ἐν.

3. Phil., ii, 5.

4. ἀκινδύνως est rattaché à la suite dans le grec.

5. ὁμοίως τοῦ αὐτοῦ, τετράδιον ιε΄. τοῦτο φρονείσθω ἐν ὑμῖν ὃ καὶ ἐν Χριστῷ Ἰησοῦ,
ὃς ἐν μορφῇ θεοῦ ὑπάρχων ἑαυτὸν ἐκένωσε, μορφὴν δούλου λαβών. οὐκ εἶπε· τοῦτο φρονείσθω
ἐν ὑμῖν, ὃ καὶ ἐν τῷ θεῷ λόγῳ, ὃς ἐν μορφῇ θεοῦ ὑπάρχων, μορφὴν δούλου ἔλαβεν. ἀλλὰ λαβὼν τὸ « Χριστός », ὡς τῶν δύο φύσεων προσηγορίαν σημαντικήν, ἀκινδύνως αὐτήν καὶ
δούλου μορφήν, ἣν ἔλαβεν, καὶ θεὸν ὀνομάζει, τῶν λεγομένων εἰς τὸ τῶν φύσεων ἀλήπτως
μεριζομένων διπλοῦν. Loofs, *loc. cit.*, p 254.

la chair, ou que (les deux natures) soient mélangées en une seule ;
ou que les propriétés de la chair montent par confusion ou par
déplacement jusqu'à l'essence de Dieu ou par une composition
naturelle, comme complément de la composition naturelle, pour
qu'il souffre passivement les souffrances du corps, sans que le
corps remplisse aucune fonction par sa nature dans l'économie
pour nous (dans la rédemption), et sans qu'il fasse les opérations
humaines, ni par la volonté de l'âme, ni par l'intelligence humaine,
ni par le sens du corps, mais par l'intelligence et par la
volonté de Dieu; c'est encore dans le sens de Dieu qu'il souffrit
toutes les choses humaines. Il n'a un corps que de nom, sans hypostase et sans opération, c'est pourquoi tu l'appelles homme
comme chose superflue, par le nom et en paroles seulement, puisque tu n'acceptes pas de reconnaître l'essence et l'opération de
l'homme, et l'existence de deux natures dans leurs propriétés,
dans l'hypostase et dans l'essence de chacune d'elles.

Mais quelqu'un (me) dira peut-être : c'est parce que tu ne confesses pas que [292] Dieu le Verbe et le Christ sont la même chose;
c'est pour cela que tu (Cyrille) reprends ceux qui disent que
autre est le Christ et autre Dieu le Verbe, en dehors du Christ.

Si j'avais dit du Christ que autre est Dieu le Verbe en dehors
du Christ, ou le Christ en dehors de Dieu le Verbe, vous auriez raison; mais si je n'ai pas dit cela et si je ne le dis pas, et si
au contraire je confesse autrement et si je le dis encore maintenant, ne change pas ce que je dis et, par là même, tu trouveras la
différence de ce qui nous occupe [1].

Or, j'ai dit que le nom de Christ indique les deux natures : de
Dieu une nature (et de l'homme une autre). Autre est le nom qui
indique deux (natures) et autre celui qui en indique une ; ce n'est
d'ailleurs pas une autre chose. Comme si quelqu'un dit de l'homme que le nom homme indique une chose et celui d'âme rationnelle une autre chose ; ce n'est pas que l'homme soit une chose
et l'âme une autre chose en dehors de l'homme. Celui qui dit
homme ne le dit pas sans âme, parce que sans âme, ce n'est pas un
homme; mais le nom d'homme indique l'union des deux natures
de l'âme et du corps, et l'autre nom (âme) indique une nature, car
autre est la nature et autre est l'union des natures. Quoi donc ?
Si Dieu le Verbe n'est pas quelque chose autre en dehors du

1. Litt. : « de ce que cela signifie. »

Christ, et le Christ en dehors de Dieu le Verbe, pourquoi ne te sers-tu pas indistinctement des deux noms, comme si la même chose était indiquée par celui-ci ou [293] par celui-là? Mais tu divises, (me dit-on,) parce que je ne dis pas Dieu le Verbe, mais le Christ, comme si autre est le Christ et autre Dieu le Verbe.

Apprends encore de nous : Il n'est pas un autre et un autre. Car il serait un autre et un autre, si le Christ était un autre que Dieu le Verbe. Cela montre un autre et un autre, lorsque ce n'est pas le même en essence : (par exemple) le visible et l'invisible. Ceux dont résulte le Christ sont dans leur propre essence, et Dieu le Verbe n'est pas les deux par nature. Tu reconnais les natures séparées, de la divinité et de l'humanité, et des deux résulte un Christ; tu ne dis pas que Dieu le Verbe a des natures différentes mais une, car l'une est différente de l'autre : tu dis donc que le Christ est autre et autre, puisque tu lui attribues des natures différentes : (celles) de la divinité et de l'humanité; et cependant la nature de Dieu le Verbe est une, et il n'est pas des natures différentes.

Il n'y a pas un autre et un autre, comme je l'ai dit (plus haut), parce que le Christ n'est pas sans Dieu le Verbe, ni Dieu le Verbe sans le Christ, mais on reconnaît un autre et un autre, parce que le Christ est (formé) dans l'union à l'aide de Dieu le Verbe et de l'humanité; car Dieu le Verbe est une seule nature et n'est pas de deux natures, et ce n'est pas à l'union qu'il doit d'être Dieu le Verbe.

[294] Ces paroles que je dis, tu en témoignes toi-même sans le vouloir : tu leur rends témoignage lorsque tu dis que les natures qui ont été réunies dans l'union sont différentes et que des deux (provient) un Christ[1]. Si tu ne confesses pas un autre et un autre, pourquoi n'as-tu pas osé dire le premier ce que tu me demandes de dire : que Dieu le Verbe est un de deux ? Mais tu ne pouvais pas dire et moi je ne pouvais pas entendre ta méchanceté (à nu), c'est pourquoi tu l'as passé, sans le faire connaître, pour que tu n'en aies pas honte, que tu n'aies pas de refuge et que tu ne sois obligé de confesser clairement la vérité. Ceci et cela (les deux natures) indiquent un autre et un autre, mais il n'est pas un autre et un autre. D'un autre et d'un autre résulte notre Sauveur, mais il n'est pas un autre et un autre — Dieu nous en garde — comme il en est pour la Trinité.

---

1. Lettre de Cyrille. Labbe, *op. cit.*, t. III, col. 318 *e*.

Mais toi tu transportes à Dieu le Verbe les choses de la chair
pour qu'il voie, parle et souffre les choses du corps ; en le faisant
se servir de la chair, comme le disent les ariens qui donnent les
opérations et les souffrances (de la chair) à la divinité en nature.
De même qu'Apollinaire (prétend que le Verbe), en place de l'intelligence, opère naturellement les (opérations) de l'âme et du
corps, de même celui-ci (Cyrille) se sert de Dieu le Verbe pour tout,
dans le corps et dans l'âme douée de connaissance, pour qu'il
endure les souffrances du corps et qu'il fasse les opérations de
l'âme rationnelle durant la conduite [1] de Dieu le Verbe. Quant
aux propriétés de son *prosôpon*, tu les donnes à la nature de Dieu
le Verbe, [295] et non au *prosôpon* de l'humanité qui est mû
par l'humanité, comme la nature de l'homme, mais d'après
(vous) par Dieu le Verbe.

Qu'est-ce que l'homme parfait qui n'agit pas et qui n'est pas
mû selon la nature de l'homme ? Il n'est homme que de nom,
corps de nom, âme rationnelle de nom, celui qui n'est pas mû
selon la nature de son être, ni, comme âme, par l'intelligence et
la volonté, ni, comme corps, par le sens de l'âme; mais Dieu le
Verbe a été établi, pour être la volonté, l'intelligence et le sens
dans le corps et dans l'âme, de manière que Dieu le Verbe fasse
et souffre de manière sensible les choses du corps et celles de l'âme ;
la colère, la fureur, les voluptés, la crainte, le tremblement, les
pensées, les actes, le jugement, le choix volontaire ; il fait et
souffre tout cela en place de l'âme et en place du corps ; de sorte
que, par la victoire passible et naturelle de Dieu le Verbe, cette
nature qui avait péché vainquît (aussi), parce qu'il lui donnait
sa victoire, afin qu'elle vainquît par celui et en celui qui l'avait ad-
jointe à sa nature et en lui. Toutes ces choses sont étrangères à la
nature de Dieu le Verbe, puisqu'elles lui sont attribuées naturellement pour qu'il les souffre, et que tu lui donnes une nature passible,
changeante et variable. Celui qui, par sa nature, était impassible, et qui est devenu, par une nature passible, la nature de celui-ci,
est passible, corruptible et changeant; celui qui, par nature, est impassible, [296] invariable et fixe, ne peut d'aucune manière souffrir
dans la nature humaine. Car il ne lui est pas donné, par sa nature,
de souffrir. Mais si tu dis que celui-là, dont la nature n'est pas de
souffrir, a souffert en nature, c'est cependant une sottise de dire

_____
1. Le texte porte deux mots synonymes.

qu'il a souffert dans une autre nature, et celui qui en vient à cette sottise trompe et fait, comme les manichéens, que notre salut n'a eu lieu que par illusion.

Que dites-vous ? quel est votre avis ? Quel est le parti des orthodoxes : de ceux qui enseignent que Dieu le Verbe est immuable et invariable, ou de ceux qui lui attribuent la nature humaine (prise) de Marie ? Ceux qui le regardent comme une âme rationnelle et douée de connaissance et comme un homme complet, puis qui nient les propriétés de l'humanité et ne confessent pas qu'elles sont, comme elles le sont, dans la nature de l'homme, mais attribuent à Dieu le Verbe la naissance, l'éducation, l'accroissement, l'augmentation de la taille, de la science et de la grâce, avec les préceptes, leur observance et leur accomplissement, la passion, la croix, la mort et la résurrection, comme s'il était changeant et variable ; qu'en dites-vous ? Instruisez les hommes. Que doivent-ils penser et croire ? Dieu le Verbe est-il deux essences par nature, ou bien penses-tu que c'est l'homme qui est deux essences par sa nature, celles de la divinité et de l'humanité ? Ou bien Dieu le Verbe est-il une seule essence et son essence n'a-t-elle pas reçu d'accroissement [297] comme elle était éternelle, et l'essence de l'homme est-elle une, de la nature des hommes, et était-il et se conduisait-il selon la nature des hommes ? Tu ne confesses pas cela, et même tu le nies. Dieu le Verbe s'est incarné pour faire de l'humanité la forme de Dieu en lui, et pour la renouveler en lui dans la nature de l'humanité. Ensuite il renouvela ce qu'il avait pétri (l'homme), et il le montra sans péché dans les observances des commandements ; parce que lui seul pouvait rénover celui qui était tombé en premier lieu par la transgression de l'inobservance des préceptes ; et il donna sa vie pour lui, pour les observer, parce qu'il ne suffisait pas qu'il se conservât sans péché, sinon notre chute serait demeurée sans guérison comme le paralytique qui se soigne et qui reste sans marcher, mais pour qui le médecin marche, et qui le porte, mais qui ne lui dit pas : « Lève-toi (et) marche, car tu as été guéri pour marcher. » C'est pourquoi il a pris une forme de serviteur qui était sans péché dans sa création, au point de recevoir dans les observances des préceptes un nom supérieur à tous les noms, et de fortifier, par les observances et par la vigilance, ce qui était dans la rénovation de sa créature. La rénovation de la créature eut lieu aussi pour l'incarnation, afin de lutter par là contre la défaite. Si ce [298] pourquoi il se fit homme (la chute) ne s'était pas accompli, cela (la rénovation) n'aurait même pas eu lieu, mais tout serait opinion et inepties, aussi bien le manque d'obéissance du premier homme que les choses qui l'ont rendu digne de mort ; car celui qui n'avait pas une nature capable d'observer (les préceptes) n'aurait pas pu non plus (les) observer ; c'est pourquoi le second homme (la descendance d'Adam) ne pouvait pas non plus les observer, mais Dieu agit et observa les préceptes à sa place, parce qu'il était dans cette nature qui ne pèche pas. S'il en est ainsi, qu'avait-il besoin des œuvres de l'humanité, pour montrer que celui qui était Dieu le Verbe a pu observer les choses humaines que celui qui était homme n'a pas pu observer? C'est aussi pour montrer qu'il ne pouvait pas, lorsqu'il le voulait, échapper à la mort, parce que le Père ne le voulait pas [1] ; il se conduisit et se conserva sans péché en place de tous, puis il se donna, comme étant sans péché, pour le salut de tous les hommes.

Il appartient aux orthodoxes de confesser une seule essence du Père et du Fils, une seule volonté et une seule puissance ; cela appartient à tous ceux qui confessent que ce qui concerne le Christ n'est pas ineptie et apparence. Il ne fit rien par apparence : lorsqu'il avait faim et soif, qu'il craignait, qu'il apprenait ce qu'il ne savait pas et dans toutes les choses qui pouvaient prouver qu'il était homme, car [299] il était Dieu en nature (et) en vérité, et homme en nature et en vérité. C'est pourquoi il était nécessaire que la divinité renouvelât l'homme et que l'humanité fût renouvelée et prît la forme de celui qui la créa, mais non son essence. Il lui fallait observer attentivement la conduite de l'homme qui était tombé, parce qu'elle (l'humanité) a été créée pour cela, pour se conduire selon la loi qui est dans la nature des hommes et pour garder l'image du créateur par les observances des préceptes sans faute, la divinité se servant de son *prosôpon* dans la forme du serviteur, afin que l'humanité vainquît et fortifiât sa victoire à l'aide de ce *prosôpon* dans lequel l'humanité combattit. Depuis sa rénovation, elle (l'humanité) avait la forme de la filiation de celui qui la créa ; elle (la divinité) avait encore besoin d'une compensation des observances des préceptes, afin que le *prosôpon* fût com-

---

1. Cf. Matth., xxvi, 39.

mun à celui qui donnait la forme et à celui qui la recevait à
cause de son obéissance ; parce qu'Adam n'avait pas gardé la
forme qui lui avait été donnée à sa création, elle lui fut enlevée.
Ne détruis donc pas le dessein de l'incarnation, mais donne les
propriétés de la divinité et donne les propriétés de l'humanité,
puis donne un seul *prosôpon* d'union, (ainsi) tout sera vrai et toutes choses seront orthodoxes. Si vous voulez entendre, entendez
les mêmes choses, sur les mêmes sujets, d'après les témoignages
mêmes que vous avez apportés.

Moi j'ai dit :

Éprouvez en vous la même chose que Jésus- [300] *Christ : lui qui, se
trouvant dans la forme de Dieu, s'est anéanti et a pris la forme du serviteur*[1].
Il ne dit pas : Éprouvez la même chose que Dieu le Verbe ; lequel,
se trouvant dans la forme de Dieu, prit la forme de serviteur; mais il em-
ploya le nom de Christ, comme une appellation qui indique les deux natures
sans péril, et il donna ce nom à la forme du serviteur qu'il prit et à Dieu. [2]

J'ai dit un seul et unique Christ avec deux natures : « la
forme du serviteur qu'il prit et Dieu » sans séparation.

Dites ces paroles de Grégoire : « Il y a deux natures : Dieu
et l'homme, mais les fils ne sont pas deux ; autre et autre sont
les choses dont résulte notre Sauveur, mais non un autre et un
autre, Dieu nous en garde ! mais il est un dans le mélange : Dieu
qui s'est fait homme et l'homme qui est devenu Dieu. » Et encore :
« Celui qui commence, grandit et se perfectionne, n'est pas Dieu,
bien qu'il soit dit ainsi à cause de sa manifestation qui se fit peu
à peu [3]. » Il n'attribue pas deux natures à Dieu le Verbe et il n'était
pas (fait) de deux natures; l'homme n'a pas non plus deux natures
et n'est pas (non plus) de deux natures; mais (le Christ est) deux
natures : Dieu et l'homme. Car il a pris d'abord l'appellation commune des natures: Fils et Sauveur, (puis), sans scission, il l'appelle
Dieu et homme; et il divise ce double en les deux natures dont
résulte notre Sauveur. Et ce qui était autre (différent) est encore
dit autre dans l'union [4]. Ainsi [301] « Dieu qui s'est fait homme et

---

1. Phil., ii, 5.

2. Passage de Nestorius cité par Cyrille au concile, Labbe, *loc. cit.*, col. 523; on
l'a déjà trouvé plus haut.

3. Labbe, *op. cit.*, t. iii, col. 515; cité plusieurs fois.

4. Nous lisons *hwô*, au lieu du second *haou*, sinon on pourrait traduire : « et
par l'union, l'un est dit être ce qu'est l'autre. »

l'homme qui est devenu Dieu » ne le fut pas parce que sa divinité fut modifiée : « celui qui commence, grandit et se perfectionne, n'est pas Dieu, bien qu'il soit ainsi nommé à cause de sa
manifestation qui eut lieu peu à peu. » Qui donc appelle-t-il
un? et deux? Qui par essence ? Qui par union?

Ambroise aussi a dit les mêmes choses, et non des choses étrangères, au sujet de l'union de Dieu et de la chair : « Le Fils de Dieu
parle par les deux, parce qu'en lui étaient les deux natures ;
voyez en lui d'une part a gloire de Dieu, d'autre part les souffrances de l'homme [1]. » Le même indique encore l'union des deux
natures, non que deux natures (deviennent) une nature, mais
que deux natures (s'unissent) dans le seul *prosôpon* du Fils : « la
gloire de la divinité, les souffrances de l'humanité. » Il n'a pas
appelé l'un fils, et Dieu le Verbe un autre fils, mais il indique autre chose par (les mots)le *prosôpon* et l'essence. Il en est du nom
de Dieu comme du nom de fils, l'un indique les natures et l'autre le *prosôpon* du Fils. Le même est Dieu et Fils et il n'y a
qu'un *prosôpon* pour les deux natures et non pour une essence;
c'est pourquoi les deux natures forment un seul fils et elles sont
en un fils. Ce n'est pas un Dieu le Verbe qui est deux natures ni une divinité qui est deux natures ; car il n'y a pas eu
de confusion, ni de mélange, ni de modification des essences
en une seule nature d'essence, ni de composition naturelle pour
aboutir à une nature composée. [302] Qu'entendez-vous donc
d'étrange dans mes paroles pour que vous le condamniez ? Vous
avez cité ces (mêmes) choses; car celui-là emploie le nom de fils,
celui-ci de sauveur et Athanase de seigneur [2]. Comment ceux
qui sont appelés chrétiens, ont-ils donc osé diviser si ce Seigneur, qui est né de Marie, est le Fils de Dieu le Père, par essence
et par nature, mais est né dans la chair de la race de David ?
Car la chair (vient) de la vierge Marie. Que ce soit une nature
humaine, celle qui provient de la vierge Marie, tu le sais aussi.
Par nature et par essence il est fils de Dieu, dans l'essence et
dans la nature de Dieu le Père ; mais dans la chair (il est) la nature humaine de Marie. Il (Athanase) a placé le nom commun
de Seigneur, qui est entendu de la nature et dans la nature, et

---

1. Εἷς ἐν ἑκατέρῳ λαλεῖ ὁ τοῦ θεοῦ υἱὸς, ὅτι ἐν αὐτῷ ἡ ἑκατέρα φύσις ἐστίν.. πρόσχες
ἐν αὐτῷ νυνὶ μὲν δόξαν θεοῦ, νυνὶ δὲ ἀνθρώπου πάθη. **Labbe**, *loc. cit.*, col. 514.

2. ὁ ἐκ Μαρίας προσελθὼν κύριος. **Labbe**, *loc. cit.*, col. 510.

aussi (les noms) qui désignent les propriétés des natures, puisqu'il désigne les deux : la divinité et l'humanité ; l'un (provenant) de Dieu le Père en nature, l'autre d'une femme en nature
Quand il parle de cet « humain » qui provient de Dieu le Père
il ne dit pas qu'il est de la nature de Dieu le Père. Même par les
propriétés naturelles il enseigne les deux natures. Il ne fait pas la
nature humaine sans *prosôpon* et sans hypostase, ni la nature
divine. L'incarnation pour nous n'a pas lieu comme quelque
chose [1] qui n'est pas complet , au point d'attribuer les (propriétés) humaines à Dieu, comme les ariens disent qu'il souffrit en
nature nos souffrances, dans sa nature et dans son *prosôpon*, la
chair ne lui servant de rien. Mais, comme l'humanité est considérée complètement comme la nature de l'homme, [303] elle a
complètement toutes les (propriétés) des hommes, actives et
passives, comme a coutume de les avoir la nature des hommes.

SEMBLABLEMENT, DU MÊME, DU SEIZIÈME CAHIER [2].

*Afin qu'au nom de Jésus tout genou fléchisse, dans le ciel, sur la terre
et en dessous de la terre, et que toute langue confesse qu'il est le seigneur Jésus-
Christ* [3]. A cause de celui qui revêt, j'honore celui qui est revêtu. A
cause de celui qui est invisible, j'adore celui qui est visible. Dieu n'est
pas séparé de celui qui est visible ; à cause de cela je ne sépare pas l'honneur de celui qui n'est pas séparé. Je sépare les natures, mais j'unis
l'adoration [4].

Je vous demande et vous supplie de veiller soigneusement en
tout lieu pour qu'il (Cyrille), ne me reproche pas de placer par
parties et de diviser la divinité et l'humanité, à la manière des
choses qui sont séparées l'une de l'autre par le lieu ; car comment celui qui revêt un habit en serait-il séparé, et celui qui est
caché de celui qui est visible ; comme nous l'avons ajouté dans

1. Le syriaque porte en plus « d'excessif ».
3. Texte cité par Cyrille au concile d'Éphèse, Labbe, *loc. cit.*, col. 523.
2. Phil., ii, 10.
4. ὁμοίως τοῦ αὐτοῦ, τετράδιον ι⹁. ἵνα ἐν τῷ ὀνόματι Ἰησοῦ πᾶν γόνυ κάμψῃ ἐπουρα-
νίων καὶ ἐπιγείων καὶ καταχθονίων καὶ πᾶσα γλῶσσα ἐξομολογήσηται ὅτι κύριος Ἰησοῦς
Χριστός. διὰ τὸν φοροῦντα τὸν φορούμενον σέβω, διὰ τὸν κεκρυμμένον προσκυνῶ τὸν φαινόμενον. ἀχώριστος τοῦ φαινομένου θεός, διὰ τοῦτο τοῦ μὴ χωριζομένου τὴν τιμὴν οὐ
χωρίζω. χωρίζω τὰς φύσεις, ἀλλ' ἑνῶ τὴν προσκύνησιν. **Loofs, *loc. cit.*, p. 261-262.**

nos paroles mêmes : « Dieu n'est pas séparé de celui qui est visible. »

Mais tu me dis que je sépare les natures. Comment donc seraient séparées les natures qui sont inséparables ? Car, dans le discours, elles sont connues comme des essences, sans confusion et sans mélange ; de sorte que, dans l'union, les deux natures sont conservées dans leurs petites choses naturelles, et [304] naturellement dans les propriétés de l'essence ; de sorte que la nature divine soit conçue dans la nature divine et la nature humaine dans la nature de l'humanité, dans l'essence. C'est lui qui partage en parties, lui qui dit que l'humanité est conçue par nature dans la divinité, mais que l'humanité n'est pas conçue divinité, et que Dieu le Verbe n'était pas en deux natures, (mais qu'il est) ou en apparence, ou sans substance de chair, ou dans la passibilité, ou dans l'opération de la sensibilité et dans la nature de la chair. Si on ne conçoit pas le (Verbe) ainsi, on ne peut pas le concevoir d'une autre manière. Il n'est pas possible (de concevoir) autrement que celui qui est sans borne et illimité, soit limité par une division.

Cette idée se trouvait déjà dans ce qu'il disait dans sa lettre : « les diversités des natures ne sont pas supprimées à cause de l'union[1] ; » c'est en effet par les différences naturelles qu'il sépare les choses qui sont unies, lorsqu'il sépare inséparablement, car il a séparé par le mot d'essence. Autre, en effet, est le mot et l'idée de la divinité, et autre pour l'humanité. Ceux-là qui sont séparables le sont ; mais je dis deux natures, et autre est celui qui revêt et autre celui qui est revêtu ; et il y a deux *prosôpons* : de celui qui revêt et de celui qui est revêtu. Mais toi aussi tu confesses « de deux natures ». Ce n'est pas sans *prosôpon* et sans hypostase que chacune d'elles est connue dans les diversités des natures. On ne conçoit pas deux *prosôpons* des fils, ni encore deux *prosôpons* [305] des hommes, mais d'un seul homme, qui est mû de la même manière même par l'autre. L'union des *prosôpons* a eu lieu en *prosôpon*[2], et non en essence ni en nature. On ne doit pas concevoir une essence sans hypostase, comme si l'union (des essences) avait eu lieu en une essence et qu'il y eut un *prosôpon* d'une seule

---

1. οὐχ ὡς τῆς τῶν φύσεων διαφορᾶς ἀνῃρημένης διὰ τὴν ἕνωσιν. Labbe, *op. cit.*, t. III, col. 318 *e*.

2. « Pour le *prosôpon* » ou « en faveur du *prosôpon* ».

essence. Mais les natures subsistent, dans leurs *prosôpons* et dans leurs natures et dans le *prosôpon* d'union. Quant au *prosôpon* naturel de l'une, l'autre se sert du même en vertu de l'union; ainsi il n'y a qu'un *prosôpon* pour les deux natures. Le *prosôpon* d'une essence se sert du *prosôpon* même de l'autre. Mais quelle essence vas-tu faire sans *prosôpon* ? Celle de la divinité ou celle de l'humanité ? Alors tu ne diras plus que Dieu le Verbe est chair, et aussi que la chair est Fils.

Si tu attribues à Dieu le Verbe deux natures : Dieu et l'homme, et que l'homme ne soit rien, on ne peut penser de toi rien autre (que ce qui suit): ou bien tu dis seulement le nom et l'apparence de l'homme sans nature qui aurait servi à désigner Dieu le Verbe ; ou (tu fais)comme si l'humanité a été inutile en nature au *prosôpon* de l'économie pour nous (de l'incarnation), ou pour que Dieu le Verbe pût apparaître et souffrir contre sa volonté les souffrances humaines; de sorte que, tandis que l'humanité souffrait sans sensibilité, Dieu le Verbe endurait les souffrances du corps, [306] les souffrances de l'âme et les souffrances de l'intelligence, et agissait et endurait : ainsi tu attribues tout à Dieu le Verbe et tu supprimes l'humanité. Si tu te refuses à confesser les deux natures avec moi, par le même raisonnement refuse aussi de dire que Dieu le Verbe s'est incarné, (rejette) aussi la chair dans laquelle il s'incarna et se fit homme. Il en va de même et pour l'homme et pour Dieu; mais celui qui parle ainsi (comme Nestorius) ne fait pas deux Dieux-Verbes ni deux chairs, mais il confesse entièrement et sans diminution la divinité et l'humanité dans laquelle elle s'est incarnée, pour que l'humanité ne soit pas réputée une apparence, ni non plus que par un changement d'essence et par une modification de forme la nature de Dieu le Verbe ait été changée en la nature de l'homme. Dans ces conditions, il ne peut être conçu ni dans un mélange ni dans une confusion, ni dans un changement d'essence, ni dans une composition naturelle de l'humanité. Toutes ces choses sont méprisées et corrompues ; elles conviennent au paganisme et aux hérétiques et elles détruisent les propriétés de toutes les natures. Mais, ô juges excellents, voulez-vous apporter un témoignage des Pères qui a été écrit par vous, afin que je m'en serve ? afin qu'en me servant de témoins indubitables, vous appreniez que moi aussi j'ai dit les mêmes choses ; et vous m'avez condamné comme si je ne les disais pas et vous l'avez fait avec une fureur sauvage et dans les ténèbres. Qu'ai-je dit en effet [307] qui diffère de ce que Grégoire a dit ? « Autre chose et autre chose sont celles dont a été formé notre Sauveur, si le visible et l'invisible ne sont pas la même chose, ni celui qui n'a pas de temps (l'éternel) et celui qui dépend du temps ; ce n'est pas cependant un autre et un autre, Dieu nous en garde ! car les deux sont un par le mélange ; Dieu qui est devenu homme et l'homme qui est devenu Dieu [1]. »

Remarque qu'il dit que l'habit est visible et que celui qui l'a revêtu est invisible ; car Dieu et l'homme sont autre chose et autre chose ; lui (le Christ) n'est pas un autre et un autre, mais il est un en *prosôpon* par l'union ; celui de Dieu qui s'est incarné et de l'homme qui est devenu Dieu. Car c'est par l'homme que Dieu est dit s'être incarné, et c'est par Dieu que l'homme est dit être devenu Dieu ; non qu'il fut changé de sa divinité, car Dieu resta Dieu et s'incarna et l'homme resta homme et devint Dieu. Ils prennent le *prosôpon* l'un de l'autre, et non les natures ; c'est pourquoi ils sont autre chose et autre chose, mais (lui) n'est pas un autre et un autre en *prosôpon*. Par cela même que nous disons que l'homme est devenu Dieu, nous lui attribuons nécessairement l'adoration et le culte. Dans celui en qui et par qui (l'homme) est devenu Dieu, il est adoré dans une seule adoration, bien qu'il soit conçu un autre et un autre dans les natures. Il est sans division dans l'union et sous le rapport des natures qui sont distinctes, il est et il est conçu autre chose et autre chose.

Athanase a dit aussi des choses analogues : « Maintenant que le Verbe s'est fait homme et a fait siennes les propriétés de la chair, [308] celles-ci ne sont plus attribuées au corps à cause du Verbe qui est en lui [2]. » Il a dit que Dieu le Verbe a été dans le corps comme celui qui revêt un vêtement est dans le vêtement et l'invisible dans le visible, non qu'ils soient confondus ou qu'ils soient changés, mais en demeurant dans leurs deux natures et en opérant les propriétés communes ; de celui qui agit et de celui qui est dans son essence, et il possède toutes les propriétés qui sont faites. Il est évident qu'il dit deux : Dieu le Verbe et le corps dans lequel il fut, et dont il a fait siennes (les propriétés), afin que les choses de l'un fussent à l'autre et celles de l'autre à l'un.

---

1. Labbe, *op. cit.*, t. III, col. 515 *b*.

2. Labbe, *loc. cit.*, col. 507 *e* : Νῦν δὲ τοῦ λόγου γενομένου ἀνθρώπου, καὶ ἰδιοποιουμένου τὰ τῆς σαρκὸς, οὐκέτι ταῦτα τοῦ σώματος ἅπτεται διὰ τὸν ἐν αὐτῷ γενόμενον θεὸν λόγον.

Dieu le Verbe demeurant dans le corps sans souffrir, les souffrances
de la chair ne l'atteignent pas, parce que Dieu le Verbe qui était
en lui était né de Dieu et, à cause du Verbe céleste qui était en
lui, il est devenu céleste, et, à cause de Dieu le Verbe qui était
en lui, il était adoré avec celui-là qui est adorable. A cause de celui
qui a revêtu le vêtement j'honore celui-ci, car il a revêtu la forme
du serviteur ; comme l'a dit Grégoire (de Nysse) : « Le roi des
rois et le seigneur des seigneurs a revêtu la forme du serviteur [1]. »

Pourquoi donc, puisque vous acceptez cela, accusez-vous mes
paroles d'impiété et ne condamnez-vous pas aussi celles-là qui
ont fortifié les miennes? Ou bien ne pensez-vous pas qu'elles sont
rejetées en même temps que les miennes, puisqu'elles [309] sont les
mêmes dans la lettre et dans la pensée ? Est-ce que vous allez rejeter
les unes et les autres pour qu'on ne les dise pas, ou continuerez-
vous à employer mes paroles après avoir perdu celui qui les a
dites ? Vous-mêmes, sans le vouloir, vous êtes mes témoins, et vous
me rendez témoignage par les paroles mêmes à l'aide desquelles
vous croyez réfuter les miennes [2], puisque vous aussi en adhérant à
ces paroles, vous vous réfutez vous-mêmes, parce que vous parlez
contre vous. Si je pouvais avoir des juges qui ne vous ressemblent
pas, je n'aurais pas de peine à les convaincre que c'est le même
sentiment, etc... [3] et je ne pense pas qu'il faille peiner beaucoup.

SEMBLABLEMENT DU MÊME, DU DIX-SEPTIÈME CAHIER, SUR LA FOI [4].

Dieu le Verbe était Fils et Dieu dès avant (son) incarnation, et il était
avec son Père. Il prit, dans les derniers temps, la forme de serviteur.
Mais comme il était fils auparavant et qu'il en portait encore le nom après
avoir pris (la chair), il ne peut pas être appelé fils avec disjonction, pour
que nous n'introduisions pas deux fils dans notre foi; mais parce qu'il
adhère à celui qui était fils dès le commencement; celui qui lui a été joint [5]
ne peut être éloigné par nous de l'honneur de la filiation. dans l'honneur

---

1. ὁ βασιλεὺς τῶν βασιλευόντων, καὶ ὁ κύριος τῶν κυριευόντων τὴν τοῦ δούλου μορφὴν
ὑποδύεται. Labbe, *op. cit.*, t. III, col. 518 a.
2. Nestorius prend toutes ses citations patristiques dans les textes que l'on a
lus soi-disant contre lui.
3. On : «(le mien) et celui des autres.»
4. Labbe, *loc. cit.*, col. 523.
5. La phrase est coupée autrement dans le grec.

de la filiation, dis-je, [310] et non dans la nature. C'est pourquoi le Verbe est aussi appelé Christ, parce qu'il a constamment une adhésion avec le Christ [1].

Mais pour ne pas dire les mêmes choses (et) ne pas ennuyer le lecteur sur les mêmes sujets, arrivons à leurs témoignages, qu'ils ont choisis, du moins ils le croyaient, contre moi, et qu'ils ont cités comme il leur plaisait. Par là j'ai montré et je montrerai que je n'ai rien dit d'étrange et que j'ai été condamné dans ce jugement sans examen ? Écoutez ce que Grégoire, évêque de Nazianze, dit de ce que ceux-là ont écrit...

Nous ne (séparons) pas l'homme de la divinité [2], nous disons que c'est un et le même ; (nous ne disons) pas d'abord l'homme, mais Dieu et le Fils unique antérieur aux siècles, qui n'était pas mélangé au corps ni aux choses du corps, et qui, à la fin, prit aussi l'homme.

Qu'en dites-vous ? Est-ce contre (moi)? Comparez les deux ensemble. « Dieu le Verbe. même avant l'incarnation, était Fils et Dieu, et il était avec le Père. » Citez ces paroles de Grégoire : « D'abord non pas l'homme, mais Dieu et le Fils seulement. » Ces paroles vous paraissent opposées; citez celles qui ont été dites par moi (pour voir) si elles concordent : « Il prit à la fin des temps la forme du serviteur [3]. » Mettez en face celles de Grégoire : « A la fin il prit aussi l'homme. » Est-ce que [311] vous les regardez comme opposées ? Citez ce que j'ai dit : « Mais il était avant celui-ci et il était appelé Fils, mais après qu'il eut pris (le corps), il ne peut pas en être scindé ni séparé à part ni être appelé Fils [4]. » Citez Grégoire : « Nous ne séparons pas l'homme

---

1. Ὁμοίως τοῦ αὐτοῦ, τετράδιον ιζ΄.ἦν μὲν γὰρ ὁ θεὸς λόγος καὶ πρὸ τῆς ἐνανθρωπήσεως υἱὸς καὶ θεὸς καὶ συνὼν τῷ πατρί, ἀνέλαβε δε ἐν ὑστέροις καιροῖς τὴν τοῦ δούλου μορφήν. ἀλλ' ὢν πρὸ τούτου υἱὸς καὶ καλούμενος,μετὰ τὴν ἀνάληψιν οὐ δύναται καλεῖσθαι κεχωρισμένος υἱός, ἵνα μὴ δύο υἱοὺς δογματίσωμεν, ἀλλ' ἐπειδήπερ ἐκείνῳ συνῆπται τῷ ἐν ἀρχῇ ὄντι υἱῷ τῷ πρὸς αὐτὸν συναφθέντι,οὐ δύναται κατὰ τὸ ἀξίωμα τῆς υἱότητος διαίρεσιν δέξασθαι κατὰ τὸ ἀξίωμά φημι τῆς υἱότητος, οὐ κατὰ τὰς φύσεις. διὰ τοῦτο καὶ « Χριστὸς » ὁ θεὸς λόγος ὀνομάζεται, ἐπείπερ ἔχει τὴν συνάφειαν τὴν πρὸς τὸν Χριστὸν διηνεκῆ. **Loofs,** *loc. cit.,* p. 275.

2. οὐδὲ γὰρ τὸν ἄνθρωπον χωρίζομεν τῆς θεότητος, ἀλλ' ἕνα καὶ τὸν αὐτὸν δογματίζομεν. πρότερον μὲν οὐκ ἄνθρωπον, ἀλλὰ Θεὸν καὶ υἱὸν μόνον καὶ προαιώνιον, ἀμιγῆ σώματος καὶ τῶν ὅσα σώματα. ἐπὶ τέλει δὲ καὶ ἄνθρωπον προσληφθέντα ὑπὲρ τῆς ἡμῶν σωτηρίας, παθητὸν σαρκί, ἀπαθῆ θεότητι· Labbe, *op. cit.,* t. III, col. 514 e.

3. Labbe, *op. cit.*, t. III, col. 523 c.

4. Labbe, *loc. cit.,* col. 524 d.

de la divinité. » Citez mes paroles qui suivent [1] (les précédentes) et dont tu ne tiens pas compte [2] : « pour que nous ne disions pas deux Fils [3]. » Citez les paroles de Grégoire : « mais nous disons que c'est un et le même [4]. »

Dites la fin de mes (paroles) : « mais parce qu'il adhère à celui qui était Fils dès le commencement ; celui qui lui a été joint ne peut pas recevoir séparément l'honneur de la filiation, par l'honneur, ai-je dit, et non par la nature [5]. » Placez les (paroles) de Grégoire : « Il y a deux natures : Dieu et l'homme, de même que l'âme et le corps, mais il n'y a pas deux fils ... autre et autre sont les choses dont résulte notre Sauveur, mais ils ne sont pas un autre et un autre, Dieu nous en garde ! Car les deux sont un dans l'union [6]. » Il a fait porter la distinction sur les natures et non sur les *prosôpons* puisqu'il dit : « autre chose et autre chose, mais un Fils. » De plus ce qui est par la nature est différent de ce qui est par l'union, comme il est dit autre en *prosôpon* et non en nature. Car c'est par la chair que Dieu le Verbe est chair, et c'est par la divinité que la chair ou l'homme est dit Fils, en sorte que c'est aussi par la chair qui a été prise, que Dieu le Verbe est appelé Christ ; lis (à ce sujet) mes paroles telles qu'elles sont écrites : « C'est pourquoi Dieu [312] le Verbe est aussi appelé Christ, parce qu'il a constamment une adhésion avec [7] le Christ [8]. » Dites les (paroles) de Grégoire : « Ils sont deux par l'union : Dieu qui s'est fait homme et l'homme qui est devenu Dieu [9]. » Par l'adhésion avec l'homme en effet Dieu le Verbe est dit s'être fait homme ; de même que l'homme est dit être devenu Dieu par son union avec Dieu le Verbe. Car il appelle l'union mélange [10].

---

1. Litt. : « le reste. »

2. Litt. : « que tu as retranchées ayant été écrites comme par moi. »

3. Labbe, *loc. cit.*, col. 524 *d*.

4. *Ibid.*, col. 514 *e*.

5. Labbe, *loc. cit.*, col. 524 *d*.

6. φύσεις μὲν γὰρ δύο, Θεὸς καὶ ἄνθρωπος, ἐπεὶ καὶ ψυχὴ καὶ σῶμα· υἱοὶ δὲ οὐ δύο, οὐδὲ θεοί· οὐδὲ γὰρ ἐνταῦθα δύο ἄνθρωποι... ἄλλο μὲν καὶ ἄλλο τὰ ἐξ ὧν ὁ σωτήρ... οὐκ ἄλλος δὲ καὶ ἄλλος, μὴ γένοιτο, τὰ γὰρ ἀμφότερα ἐν τῇ συγκράσει, Θεοῦ μὲν ἐνανθρωπήσαντος ἀνθρώπου δὲ θεωθέντος· Labbe, *op. cit.*, t. III, col. 515 *b*.

7. *Sic* le grec et le syriaque à la page 310, l. 2. Ici le syriaque porte *laou* pour *levot*.

8. Labbe, *op. cit.*, t. III, col. 523.

9. Labbe, *loc. cit.*, col. 515.

10. σύγκρασις. Cf. *supra*, note 6.

Dis ces paroles d'Ambroise : « Le Livre lui-même ne vous apprend-il pas que la divinité n'a pas besoin de sanctification, mais la chair [1]? » C'est donc à cause de la chair qui a été ointe ou de l'homme, que Dieu le Verbe est appelé Christ, selon la parole d'Ambroise. Mais c'est à cause de la chair qu'il est appelé chair, et à cause de l'homme qu'il est appelé homme; comment le Christ ne prendrait-il pas son nom de la chair qui fut ointe ? A cause de la chair il est appelé chair et cela ne fait pas deux chairs, ni deux hommes de ce que Dieu le Verbe est appelé (homme). Parce que Dieu est appelé Christ d'après le Christ, cela fait-il deux Christs ? Restez d'accord avec vous et avec les Pères, au sujet de (ce qui est) dans l'union, dans la nature, dans l'essence, et la propriété du *prosôpon*. Car il nous a donné ce qui est à lui et il a pris ce qui est nôtre...

Et toi tu lui attribues toutes les propriétés de la chair : les souffrances, la croix et la mort, et tu ne permets pas qu'il soit vraiment Christ, à cause de l'homme qui fut oint en vérité, sans qu'il y ait deux Christs, puisqu'il n'y a pas deux chairs ni deux hommes. [313] Ajoutons encore la suite : (il n'y a) ni deux naissances, ni deux passions, ni deux croix, ni deux morts, ni deux résurrections d'entre les morts, ni le reste, ni toutes les autres choses que tu transportes de la chair à Dieu le Verbe. Celui-là (Cyrille) ne le distingue que de nom de la chair [2], et transporte tout à Dieu le Verbe naturellement, et il réprimande ceux qui disent la vérité comme s'ils faisaient deux fils. Mais lorsque tu parles, tu fuis le changement, la conversion, l'imagination et l'apparence et tu fais croire que tu dis ces choses (condamner le changement, etc.) afin de tromper ; mais lorsque moi je dis cela, tu bondis de ta place comme si je disais deux fils; de nouveau tu nies et tu fais semblant de ne pas nier.

C'est en ceci que nous différons : Qu'y a-t-il dans les natures et qu'y a-t-il dans l'union ? afin de ne pas nier ce qui est dans les natures à cause de ce qui est dit dans l'union, et afin de ne pas estimer nature ce qui est dit dans l'union à cause de ce qui est dans les natures. Dans les choses que tu ne reconnais pas être dites dans l'union, tu réclames comme si elles étaient dans la nature et tu ne laisses pas dire union. Mais comme tu ne peux

1. Labbe, *loc. cit.*, col. 513. *Hæc ipsa littera nos docet, sanctificatione non divinitatem eguisse, sed carnem.* Cf. Jean, x, 26.
2. Litt. : *Ille igitur mutat illi in nomine e carne.*

pas ne pas reconnaître (l'union) lorsque tu réponds, alors tu te
mets à m'accuser et tu me traites d'impie bien que, dans ta réponse à ce que je te reproche, tu témoignes que je suis pieux [1],
[314] les mêmes choses sont réputées impies chez moi et belles
chez lui. Peut-être proviennent-elles de ta science, pour que tu
combattes et que tu peines (ainsi) pour elles ! Pour ce que (tu
admets) par nécessité et par contrainte, à peine l'admets-tu et
confesses-tu en lui les propriétés humaines. Dans quelles autres
choses as-tu eu plus confiance en un juste jugement qu'en celles-
là? Cependant, même dans les choses qui suivent, vous apportez
le même soin à affermir par là même mes (théories).

SEMBLABLEMENT, DU MÊME, DU DIX-SEPTIÈME CAHIER;
SUR LA FOI [2].

Gardons sans confusion l'adhésion des natures. Confesse [3] donc Dieu
qui est dans l'homme. J'adore l'adhésion de la divinité, par laquelle
l'homme est adoré dans Dieu tout-puissant [4].

Pour ne pas user du témoignage d'un autre, il nous est agréable
d'user de son témoignage en ce qui nous concerne, d'après lequel
« nous gardons sans confusion la liaison des natures, parce que la
différence des natures n'est pas supprimée à cause de l'union [5]. » Par
là il signifie un et le même et il signifie aussi Dieu qui était dans
l'homme. Dieu certes était impassible, mais dans un corps passible.
En cela il y a une différence, et cela n'indique pas la même chose.
[315] Ces paroles : « J'adore l'adhésion de la divinité, parce que
l'homme est adoré en Dieu tout-puissant, » et celles-ci : « le
corps ne lui est pas étranger avec lequel il siège lui-même avec
le Père ;» nous ne te les avons pas dites pour que tu les renies,
mais pour que tu ne blâmes pas ce que tu as dit de bien. Vous

---

1. Labbe, *op. cit.*, t. III, col. 515. Τῷ εὐλαβεστάτῳ καὶ θεοφιλεστάτῳ συλλειτουργῷ
Νεστορίῳ Κύριλλος. C'est une formule.

2. Labbe, *loc. cit.*, col. 523. Le grec porte : « du quinzième cahier. » Le syriaque coupe mal les phrases.

3. Syr. : « tu confesses. »

4. ὁμοίως τοῦ αὐτοῦ τετραδίου ιε', εἰς δόγμα. ἀσύγχυτον τοίνυν τὴν τῶν φύσεων τηρῶ-
μεν συνάφειαν· ὁμολογῶμεν τὸν ἐν ἀνθρώπῳ θεόν, σέβωμεν τὸν τῇ θείᾳ συναφείᾳ τῷ παντο-
κράτορι θεῷ συμπροσκυνούμενον ἄνθρωπον. Loofs, *loc. cit.*, p. 249.

5. Cf. Labbe *op. cit.*, t. III, col. 318 *e*.

donc, ô juges admirables sans **justice**, vous n'avez pas compris ces choses quand on les a lues devant vous ; ou bien elles n'ont même pas été lues, ou bien vous n'avez donc eu que le souci de devancer ceux qui devaient venir pour la controverse ?

Je passe les paroles d'Ambroise qui dit que l'union de Dieu et de la chair est sans confusion : « Dans les deux parlait le Fils de Dieu, parce qu'en lui sont deux natures : l'homme et Dieu [1]. »

Athanase dit aussi : « Si Dieu le Verbe était dans le corps par apparence, comme ceux-là le disent, ce qui est dit par apparence serait une imagination ; le salut et la résurrection des hommes serait aussi une imagination [2]. »

Parlons maintenant de l'adhésion [3] divine, puisque tu fuis devant le nom d'adhésion comme devant une impiété. Tu l'emploies aussi : « Celui qui dira qu'il lui a été joint comme dans les prophètes ou par grâce et qu'il ne lui a pas adhéré par essence [4]. » C'est-à-dire : « qu'il sera adoré avec lui à cause de l'union [5]. » Encore de Grégoire : « Dieu qui s'incarna, l'homme qui devint Dieu [6]. » Ce n'est pas à cause de [316] sa nature qu'il a cette propriété, mais à cause de l'union de la divinité ; car c'est lorsqu'on adore la divinité qui lui est unie qu'il est adoré avec elle, et non d'une adoration propre (à lui). De même ce (mot) « devint Dieu » ne veut pas dire qu'il fut changé en la divinité, ni qu'il devint Dieu par sa nature, mais par l'union de la divinité. Car il est adoré dans l'adoration de la divinité qui lui est unie et non dans une adoration propre. De même encore « il devint Dieu » ne veut pas dire qu'il quitta son humanité, ni qu'il fut divinisé par sa nature, mais par l'union de la divinité. Des choses diverses par essence, (qui) sont adorées dans une seule adoration, sont dites adorées ensemble ; mais lorsqu'on en parle dans l'union du *prosôpon*, puisqu'il n'y a pas de division dans le *prosôpon*, comment se peut-il que l'un soit séparé et qu'on dise qu'il est adoré (à part) ? Quand on parle des essences, à cause de leur différence, on dit « qui est adoré avec lui » parce qu'il est considéré

---

1. Labbe, *loc. cit.*, col. 513.
2. Labbe, *loc. cit.*, col. 510.
3. συνάφεια.
4. Εἴ τις ὡς ἐν προφήταις λέγει κατὰ χάριν ἐνηργηκέναι, ἀλλὰ μὴ κατὰ οὐσίαν συνῆφθαι. Grégoire, dans Labbe, *op. cit.*, t. III, col. 515 c.
5. Labbe, *loc. cit.*, col. 523 e.
6. Labbe, *loc. cit.*, col. 515.

comme en deux essences. De même on dit du Père, du Fils et du Saint-Esprit, en tant qu'ils sont un dans la nature de la divinité, que « Dieu est adoré »; et, en tant qu'ils différent en *prosôpon*, — bien qu'ils ne soient pas distincts en nature, mais qu'ils restent toujours dans leur être — nous disons que « le Fils est adoré avec le Père et avec le Saint-Esprit, » pour ne pas faire, à l'imitation de Sabellius, les *prosôpons* sans hypostase et sans essence. Celui qui empêche de dire que le Fils est adoré avec le Père [317], empêche aussi que le Fils soit en hypostase. Il en est de même du Christ. Lorsque nous parlons du *prosôpon*, nous disons que le Fils de Dieu est adoré, en pensant aussi à la chair qui lui est unie; et quand nous parlons des natures et que nous disons deux natures, nous disons que l'humanité est adorée avec la divinité qui lui est unie; et celui qui empêche de dire deux essences et « qui est adoré avec lui » empêche que l'humanité et la divinité ne soient en essence et en hypostase, comme nous l'avons dit de la Trinité, ainsi que le dit Grégoire. Nos paroles sont semblables aussi à celles des Pères. Considérez donc le jugement qui eut lieu à ce sujet : ils passaient sur tout au hasard, parce qu'ils fuyaient la controverse comme le feu.

Semblablement, du même, du sixième cahier [1].

Examine les choses qui suivent aussitôt celles-là : *Pour qu'il soit miséricordieux et pontife fidèle dans les choses qui concernent Dieu; en ce qu'il a souffert et a été tenté, il peut aider ceux qui sont tentés* [2]. Ainsi celui qui a souffert c'est le pontife, car le temple est passible, et non (le) Dieu impassible, qui a vivifié le temple passible [3].

Qui peut défendre des blasphèmes comme [318] ceux-ci ! J'ai dit que le temple était passible et non Dieu, qui vivifie ce temple qui a souffert. C'est pour cela que vous m'avez condamné comme des prêtres contre les blasphèmes [4], parce que j'ai dit

1. Labbe, *loc. cit.*, col. 523-526.
2. Hébr., ii, 17.
3. Ὁμοίως τοῦ αὐτοῦ τετράδιον ϛʹ. σκόπει καὶ τὸ τούτοις εὐθὺς συναπτόμενον· ἵνα ἐλεήμων, φησίν, γένηται καὶ πιστὸς ἀρχιερεὺς· τὰ πρὸς τὸν θεόν· ἐν ᾧ γὰρ πέπονθεν αὐτὸς πειρασθεὶς δύναται τοῖς πειραζομένοις βοηθῆσαι. οὐκοῦν ὁ παθὼν ἀρχιερεὺς ἐλεήμων, παθητὸς δέ ὁ ναός, οὐχ ὁ ζωοποιὸς τοῦ πεπονθότος θεός. Loofs, *loc. cit.*, p. 234.
4. Allusion sans doute aux prêtres juifs dans la passion de Notre-Seigneur.

que Dieu est incorruptible, immortel et vivificateur de l'univers. Serait-il au contraire corruptible, mortel et manquant de vie? « Le Livre ne vous apprend-il pas que la divinité n'avait pas besoin de sanctification mais la chair [4] ? » Ambroise vous crie tout cela et vous ne l'écoutez pas, ou plutôt vous entendez et n'entendez pas; vous voyez et vous ne voyez pas et vous adoptez les choses opposées. Comment donc admettez-vous ce (sentiment)et n'admettez-vous pas le mien ? Je n'ai rien dit d'étrange et je n'ai rien écrit qui soit différent, même dans les moindres termes, de ces paroles (de Paul) : *Parce qu'il a souffert et a été tenté, il peut aider ceux qui sont tentés* [2].

La nature qui a souffert le crie et vous n'aviez pas besoin de l'apprendre de moi ou des autres. « Le Livre le crie : Attribuez donc la gloire à Dieu et les souffrances à l'homme [3]. » Ambroise vous le dit à tous. Pourquoi craignez-vous d'admettre les paroles d'Ambroise ? En condamnant mes paroles vous anathématisez aussi les siennes. Il a dit ces choses et c'est pour ces mêmes choses que vous m'avez condamné. Ce n'est donc pas seulement moi, mais encore lui (que vous avez condamné). Ce sont ses paroles que j'ai dites, celles que vous avez citées. Quel est l'homme qui les [319] changera et pourra les regarder comme si elles disaient l'inverse ? Je n'avais pas besoin de longue recherche pour établir mes (paroles), s'ils étaient venus à l'examen et au jugement. Je les aurais établies, non par une autre voie, mais à l'aide de ce que ceux-là ont dit et dont ils se sont servis en témoignage. Qui donc avait confiance dans le jugement ? Qui a fui devant lui et l'a ravi de force et pourquoi ? C'était évident de toute nécessité même pour les inintelligents.

Tu as dit qu'il était impassible dans un corps passible et tu m'accuses comme si je dis une impiété(en déclarant) que le temple de Dieu est passible et que ce n'est pas celui qui vivifie le temple qui est passible. Si tu dis en vérité que Dieu est impassible dans un corps passible, n'emploies tu pas ce mot « impassible » uniquement pour tromper, afin qu'on te laisse nous dire et enseigner par tous (moyens) que Dieu est passible et mortel,et m'accuser sur ce point, moi qui dis que le temple de Dieu est passible et que ce

1. Labbe, *loc. cit.*, col. 513.
2. Hébr., ii, 18.
3. Labbe, *loc. cit.*, col. 514 c.

n'est pas celui qui a vivifié le corps qui a souffert? Mais vous avez
appris le jugement des juges, dans quelle mesure il est sage et
je vous ai fait connaître pourquoi j'ai été jugé. Mais les choses
qui restent sont aussi bonnes à lire.

[320] SEMBLABLEMENT, DU MÊME, DU CAHIER VINGT-SEPT [1].

Pour que vous appreniez combien forte était son adhésion avec Dieu, (sa
chez) que même dans l'enfant apparaissait la chair du Seigneur. Car le même
était l'enfant et le maître de l'enfant. Vous avez loué ma parole, mais ne
l'applaudissez pas sans examen; car j'ai dit que c'est le même : l'enfant
et celui qui habite dans l'enfant [2].

Admettons que j'aie parlé ainsi, je ne reviens pas là-dessus.
« C'est le même l'enfant et le maître de l'enfant. » J'ai dit qu'il
est l'enfant et celui qui habite dans l'enfant, mais j'explique de
quelle manière l'enfant est le même que le maître de l'enfant,
pour que tu ne penses pas de moi que j'attribue deux (êtres)
en essence à Dieu le Verbe, comme s'il était deux dans les essences; mais en tant qu'il apparaissait enfant, il appartenait à notre nature faite et créée, et en tant qu'il était caché, il était le
Seigneur et le Créateur de l'enfant qui était visible ; car il y a
un seul *prosôpon* des deux et non une seule essence : c'est pourquoi
j'ai dit qu'il était uni dans le *prosôpon* et qu'il était un autre et
un autre par les essences; l'enfant et le maître de l'enfant, car
« celui qui commence, grandit et se perfectionne, n'est pas
Dieu, bien que, à cause de sa manifestation qui se fait peu à peu
[321] il soit appelé ainsi [3]. » Grégoire aussi, expliquant que Dieu
est dit en deux, (et) qu'il est en un seul *prosôpon*, pour que nous ne
pensions pas qu'il n'y a qu'une nature, dit : « Celui qui commence,
grandit et se perfectionne, n'est pas Dieu, bien que, à cause de
sa manifestation qui se fait peu à peu, il soit dit ainsi. »
Théophile en dit autant : « Cet ouvrier, supérieur à tout, le
Verbe de Dieu, vivant et faisant tout, celui qui orna tout avec

1. Labbe, *op. cit.*, t. III, col. 526.

2. Ὁμοίως τοῦ αὐτοῦ, τετράδιον κζ'. ὡς σφόδρα τις τῆς θεότητος ὑπῆρχε συνάφεια καὶ
ἐν βρέφει τῆς δεσποτικῆς καθορωμένης σαρκός. ἦν γὰρ ὁ αὐτὸς καὶ βρέφος καὶ τοῦ βρέφους
δεσπότης. ἐπηνέσατε τὴν φωνήν. ἀλλὰ μηδὲ αὐτὴν ἀβασανίστως κροτεῖτε. εἶπον γάρ· ὁ αὐτὸς
ἦν βρέφος; καὶ τοῦ βρέφους οἰκήτωρ. Loofs, *loc. cit.*, p. 292.

3. Labbe, *loc. cit.*, col. 515 d.

convenance et ordre, ne prit pas un corps d'une nature précieuse et des (êtres) célestes pour venir près de nous, mais il montra dans la boue la grandeur de son art, en réformant l'homme qui avait été formé de boue [1]. » Il ne cachait pas qu'il est créé et qu'il est aussi créateur. Il ne faisait pas le créateur créé et le Seigneur esclave dans une même essence, comme tu disputes contre nous[2]. Car c'est le même : le terrestre et le céleste, le visible et l'invisible, le limité et l'illimité. Comme l'a dit Grégoire : l'enfant et le maître de l'enfant, c'est le même ; non pas dans la même (essence), mais par le *prosôpon* ; et l'enfant et le maître de l'enfant sont, dans les natures, « autre chose et autre chose sont les (éléments) dont est formé le Christ, mais non un autre et un autre, Dieu nous en garde ! » Que fais-tu des propriétés du *prosôpon* de l'essence et de la nature ? Tu déchires[3] l'essence de Dieu [322] en deux essences, et tu exclus notre nature et les prémices d'entre nous (l'humanité du Christ), lorsque tu ne donnes aucune différence des natures ni à l'enfant ni au seigneur de l'enfant, mais tu dis que dans la même essence de Dieu le Verbe se trouve l'essence de l'enfant et l'essence du créateur de l'enfant ; comme s'il eût créé son essence et que Dieu le Verbe fût de deux essences (tirées) de l'unique essence de Dieu le Verbe ; ou comme si l'essence de l'homme se fût changée en l'essence de Dieu le Verbe. Si tu recules devant cette locution, pourquoi réprimandes-tu celui qui parle clairement, le crois-tu impie et l'accuses-tu d'impiété ?

Pourquoi donc vous autres, juges, qui étiez dans le délire, la tromperie et la violence, n'avez-vous pas examiné les témoignages qui ont été écrits par les Pères ? Vous lui auriez montré (à Cyrille) d'après son propre (témoignage), qu'il confesse deux natures, une autre et une autre, d'une essence autre et autre, comme l'ont dit les saints Pères. Car tu dis aussi que « les natures sont différentes et qu'un Christ est formé des deux, sans que l'union enlève les différences des natures [4]. » Il semble que tu as dit cela, et ce que tu as dit est la même chose que ceci : « l'enfant et celui qui habitait

---

1. οὗτος ὁ πάντων ἀριστοτέχνης, ὁ ζῶν καὶ ἐνεργὴς τοῦ Θεοῦ λόγος, τάξεως ἁρμονίᾳ διακοσμήσας τὰ σύμπαντα, οὐχ οἷά τινος τιμίας ὕλης, οὐρανίου λαδόμενος σώματος, πρὸς ἡμᾶς ἀφῖκται· ἀλλ' ἐν πηλῷ τὸ μέγα τῆς ἑαυτοῦ δείκνυσι τέχνης, τὸν ἐκ πηλοῦ πλασθέντα διορθούμενος ἄνθρωπον. Labbe, *Concil.*, t. III, col. 511 c.

2. Ou : « comme tu nous le reproches. »

3. Litt. : « tu enlèves. »

4. Labbe, *loc. cit.*, col. 318 e.

dans l'enfant [1]. » Je dis qu'il était impassible dans un **corps**
passible; qu'il a une âme rationnelle en tant qu'il est enfant,
car il est homme et aussi enfant. Comment donc, lorsque tu dis
ces choses et que tu demandes [323] que nous adhérions à la vérité
de la foi, condamnes-tu celui-ci (Nestorius) pour ces mêmes
(raisons)? L'iniquité n'est-elle pas visible? Tu dis que dans le
Christ les natures sont différentes, et celui-ci en dit autant et
t'approuve de dire ces choses. (Tu dis) qu'il y a un *prosôpon* pour
les natures différentes, et celui-ci en confesse autant et il t'approuve, toi qui confesses cela. Tu dis propriété et affinité par suite de
l'union, et tu admets qu'autre est ce qui est et ce qui est dit autre; celui-là aussi dit propriété et affinité, sans que ce soit par une
propriété alliée et volontaire pour (aboutir à) une nature sans volonté, pour qu'elle souffrît les souffrances naturelles. Mais toi tu
réunis ce qui a été dit, de sorte qu'il ne reste plus ni celui qui s'est
donné les propriétés ni les choses qui sont devenues siennes, mais
qu'il est un, non seulement en *prosôpon*, mais aussi en essence, de
sorte que tu renverses tout ce que nous confessions ensemble.

Si tu reconnais que cela est exact et ne s'écarte pas de la vérité,
il ne convenait pas non plus que vous renversiez ni un *prosôpon*,
ni « deux natures ». Vous m'avez condamné pour rien : non que je
ne confesse pas un seul *prosôpon* puisque j'ai dit que « l'enfant est le
même que celui qui habite dans l'enfant. » Car cet « est le même »
indique un seul et même *prosôpon*. Ce n'est pas non plus que je ne
confesse deux natures, car « celui qui habite » [324] indique la nature, comme s'il était dans l'enfant comme dans le corps, pour que
l'essence de Dieu ne soit pas regardée comme la même chose que
l'essence de l'enfant. Si tu ne proclames pas cela ni celui qui a
écrit ces choses (non plus), il ne convenait pas de m'accuser et de me
calomnier, comme si je ne confessais pas un seul *prosôpon* en deux
natures, ou comme si je plaçais les natures à part, avec séparation et division, comme si elles étaient séparées localement et
éloignées l'une de l'autre. J'ai appelé en effet habitant celui qui habite nécessairement dans la nature. L'habitant est celui qui demeure dans celui qui lui sert d'habitation et il a son *prosôpon* ; et
celui qui sert d'habitation a le *prosôpon* de celui qui habite. Par
l'usage de leurs *prosôpons*, comme s'ils se servaient d'autorité
de leurs propriétés (communes), celui-ci est celui-là et celui-là

---

1. Ceci est de Nestorius, cf. *supra*, p. 204.

celui-ci, celui-ci et celui-là demeurant tels qu'ils sont dans leurs
natures. S'il est vraiment Dieu, nous confessons qu'il est vraiment dans sa nature et qu'il est complet sans qu'il lui manque
rien de la nature du Père ; et nous confessons que l'homme est
vraiment homme dans sa nature avec intégrité, sans qu'il lui manque rien de la nature des hommes, ni dans le corps, ni dans
l'âme, ni en science ; il a tout cela à notre image en dehors du péché ; il n'est pas sans opération dans sa propre nature. Car quoique
Dieu se serve en ces choses de son *prosôpon*, il s'en sert comme
pour les choses qui relèvent de l'homme, de sorte que [325]
l'humanité se sert de la divinité dans les choses qui relèvent de la
divinité. Car elles ont union pour le *prosôpon* et non pour l'essence.

C'est pourquoi il faut mettre sous nos yeux et confesser que
de même qu'il est reconnu Archétype à cause de l'image qu'il a
reçue, car c'est de là qu'il a d'être dit ce qu'il est ; de même quand
Dieu le Verbe est dit chair, il est confessé chair, et c'est de là qu'il
est appelé chair, et que la chair est Dieu et Seigneur et Fils de Dieu.
Le Seigneur est dit dans tout cela grâce à la chair, pour être conçu
sans confusion, ni changement, ni illusion, dans les (propriétés)
de la divinité et de l'humanité. Si quelqu'un change les propriétés
de l'image et les attribue à l'Archétype, il est nécessaire qu'il
pèche contre les deux : contre la divinité et contre l'humanité ;
contre l'humanité en lui donnant la nature de la divinité, et contre
la divinité, parce qu'il attribue à la nature de l'humanité les propriétés de la divinité et qu'il change les deux. Mais les choses
auraient été telles quand elles auraient été étudiées par les juges,
si (du moins) il y avait eu des juges, s'ils avaient été attentifs
à ce qui concerne les orthodoxes, sans pencher du côté des hérétiques, et s'ils n'avaient pas laissé agir contre les règles. Mais
vous n'étiez pas des juges, j'ajoute que vous n'étiez même
pas orthodoxes, sinon vous n'auriez pas omis ces choses. Que
dirai-je ? Vous aviez tous un seul et même sentiment ; mais lisez
encore ce qui suit.

[326] SEMBLABLEMENT, DU MÊME, DU PREMIER CAHIER.

Communes sont [1] les opérations de la sainte Trinité, et elles ne sont
divisées que selon les personnes (*prosôpons*) [2]. La glorification du (Fils)

---

1. Le grec (Labbe, *loc. cit.*, col. 526 ; Loofs, *loc. cit.*, p. 225) porte le pluriel.
2. Le grec porte « hypostases ».

unique est tantôt attribuée au Père : *C'est mon Père qui me glorifie* [1];
d'autres fois au Saint-Esprit : *L'Esprit de vérité me glorifiera*; d'autres fois
à la puissance du Christ [2].

Qu'y a-t-il là qui ait pu tant les émouvoir? Parce que j'ai dit
que « l'opération de la Trinité est commune et qu'elle ne diffère
que selon les hypostases (*qnoumé*)? » ou bien entendez-vous d'une
autre manière ce que je vous ai dit sur la Trinité ? Que le Fils
est glorifié par le Père et par le Saint-Esprit, non qu'il ne suffise pas à sa propre gloire, car j'ai témoigné d'abord et j'ai dit à
cause de cela que « parfois (il est glorifié) par la puissance du
Christ » comme étant suffisant à sa gloire et n'ayant besoin (de
rien) parce qu'il est indépendant. Donc qui vous a trompés ?
Mais vous pensez peut être que je parle de l'humanité, qui était
louée par le Père, par le Saint-Esprit et par Dieu le Verbe lui-même.

Vous luttez beaucoup et vous ne voulez rien nommer de l'économie (l'incarnation). Admettons que j'aie ainsi parlé; car je ne
récuse pas ce sur quoi vous combattez, mais maintenant j'établis
ma parole ouvertement. [327] (Toute) votre lutte contre moi en
toutes ces choses n'est rien autre que ceci : Vous ne confessez
pas que la chair de l'incarnation [3] est créée et que le second Adam
est de notre nature et qu'il est créé. Vous n'admettez pas qu'il
est une création du Père, du Fils et du Saint-Esprit, et qu'il
est encore glorifié par le créateur. Pourquoi hésites-tu? Que ferons-
nous de cet homme ? Ne confessez-vous pas que la chair est créée?
Ou bien confessez-vous que la chair est créée, mais qu'elle n'est pas
d'une autre essence, mais de(celle de) Dieu le Verbe? Pour qu'il ne
soit pas une créature du Père ou du Saint-Esprit, vous en faites le
créateur de son être (propre). Vous êtes très attachés à cela, et
vous le faites le créateur de son être; et vous dites qu'il n'a pas
été fait par un autre, mais de lui-même. Tout cela vous paraît
beau et juste lorsque c'est dit ainsi; pourquoi ne dites-vous donc
pas clairement ce que vous pensez être vrai? Mais vous fuyez
le nom et vous y revenez par vos actes. Vous attribuez à la nature

---

1. Jean, VII, 54.

2. τοῦ αὐτοῦ. τετράδιον α'. Κοιναὶ γὰρ αἱ τῆς τριάδος ἐνέργειαι καὶ μόναις ὑποστάσεσι
τὴν διαίρεσιν ἔχουσαι, ἡγοῦν τοῦ μονογενοῦς εὐδοξία ποτὲ μὲν τῷ πατρὶ περιῆπται (ἔστι
γάρ φησιν ὁ πατήρ μου ὁ δοξάζων με), ποτὲ δὲ τῷ πνεύματι (τὸ πνεῦμα γάρ φησιν τῆς ἀληθείας ἐμὲ δοξάσει), ποτὲ δὲ τῇ τοῦ Χριστοῦ δυναστείᾳ. **Loofs,** *loc. cit.,* p. 225.

3. Le texte porte « **Trinité.** »

de Dieu le Verbe naturellement les propriétés de la chair naturelle. Cela ne fait pas deux Fils ou deux Christs que deux natures soient unies en un seul *prosôpon* : la différence de chacune des natures étant conservée.

[328] Tu connais celui qui a été obligé quelque part de dire ces choses. Tu as dit en effet que les différences subsistent et ne sont pas supprimées à cause de l'union des natures de la divinité et de l'humanité. Dis (donc) un seul *prosôpon* en deux natures et deux natures en un seul *prosôpon*, comme Grégoire, comme Ambroise, comme Athanase, comme tous les Pères, comme toi aussi tu l'as dit, pour ne pas récrire la même chose.

Si vous aviez été de justes juges, il n'aurait pas été si arrogant. Mais il vous a fait participer tous à l'iniquité, pour que vous vous écartiez aussi de l'équité du jugement, parce que vous craigniez d'être réprimandés de ce que vous avez fait contre vous-mêmes.

Voulez-vous que nous étudiions encore les autres choses qu'ils ont écrites? Ne vous impatientez pas d'entendre les mêmes choses de nombreuses fois, mais vous entendrez encore nécessairement la suite [1].

SEMBLABLEMENT, DU MÊME, DU SEIZIÈME CAHIER, EN PARLANT DU FILS [2].

C'est celui-ci qui disait : *Mon Dieu, mon Dieu, pourquoi m'as-tu abandonné* [3] ? C'est celui-ci qui a supporté la mort durant trois jours, et je l'adore avec la divinité... *Et après d'autres choses* : A cause de celui qui revêt le vêtement j'adore celui-ci [4]; à cause de celui qui est caché, celui qu'on voit, (Dieu) n'est pas séparé de celui qui est visible. C'est pourquoi je ne sépare pas l'honneur de celui qui n'est pas séparé. [329] Je sépare les natures et j'unis l'adoration. Ce n'est pas Dieu à part qui a été formé dans le sein, ni encore Dieu à part qui a été créé par le Saint-Esprit, ni Dieu à part qui a été enseveli dans le tombeau, car s'il en était ainsi, nous serions évidemment des adorateurs de l'homme et des adorateurs des morts. Mais parce que Dieu est dans celui qui a été pris, ce dernier est aussi appelé Dieu à cause de celui qui l'a pris [5]. »

1. Litt. : « mais vous supportez nécessairement la nécessité des choses qui sont dites. »

2. Labbe, *loc. cit.*, col. 526.

3. Matth., XXVII, 46.

4. Labbe, *loc.cit.*, col. 526, omet quatre lignes, mais ce passage est bien inséré ici à sa place. Cf. Loofs, *op. cit.*, p. 262, et *supra* p. 191.

5. ʹομοίως τοῦ αὐτοῦ, τετράδιον ιϛʹ, περὶ χριστοῦ λέγοντος· οὗτος ὁ λέγων· θεέ μου, θεέ

Il ne faut pas que les lecteurs se fatiguent, comme s'ils n'avaient pas besoin de commentaire; mais qu'ils veuillent parcourir dans le volume de leurs paroles celles qu'ils ont placées non loin contre moi : « Le corps n'est pas à part; » à ce sujet ils m'ont calomnié iniquement comme si je disais un homme simple et comme si je le séparais en parties, à la manière des choses qui sont séparées localement l'une de l'autre. Ils m'accusent encore à l'encontre de cela, (en me disant) pourquoi je ne le dis pas inséparable et illimité; lorsqu'ils entendent qu'il « n'est pas à part » pas même une heure, mais que Dieu est avec lui dès (le commencement) de son existence, parce que Dieu est en lui de toute nécessité [1].« Il est impossible dans un corps passible et, à la fin des temps, il prit l'homme pour que celui qui prenait l'homme se trouvât de manière inséparable dans celui qui était pris. » Ce n'est pas par apparence qu'il était dans le corps, mais il était en vérité dans le corps, et il [330] n'était pas séparé du corps. « Humaine était la nature qui provenait de Marie, et notre salut n'eut pas lieu en imagination [2]. »

D'après ce que ceux-là disent, comprenez-vous aussi mes paroles, « celui qui a été pris est appelé Dieu d'après celui qui l'a pris; » ce n'est pas sa nature qui lui a valu cela. Car celui qui a été pris est l'homme passible dans lequel était l'impassible, (c'est) la nature humaine dans laquelle Dieu n'était pas en apparence, (c'est) la boue dans laquelle l'ouvrier sage avait montré son art [3]. C'est par l'union avec la divinité qu'il a d'être Fils et d'être Dieu. «Celui qui commence, grandit et se perfectionne n'est pas Dieu, bien que, à cause de sa manifestation qui se fait peu à peu, il soit dit ainsi [4] » et « celui-ci » est dit ce à quoi Dieu s'unit en nature. « Autre chose et autre chose sont ceux dont est formé notre Sauveur, mais non un autre et un autre, Dieu nous en garde, mais il est un par adhésion : Dieu qui s'est incarné et l'homme qui est

---

μοο, ἱνατί με ἐγκατέλιπες ; οὗτος ὁ τριήμερον τελευτὴν ὑπομείνας, προσκυνῶ δὲ σὺν τῇ θεότητι τοῦτον ὡς τῆς θείας συνήγορον αὐθεντίας. **Loofs**, *loc. cit.*, p. 260. **Voir p. 192, note 4, puis** : οὐ καθ' ἑαυτὸ θεὸς τὸ πλασθὲν ἐπὶ μήτρας, οὐ καθ' ἑαυτὸ θεὸς τὸ κτισθὲν ἐκ τοῦ πνεύματος, οὐ καθ' ἑαυτὸ θεὸς τὸ ταφὲν ἐπὶ μνήματος — οὕτω γὰρ ἂν ἦμεν ἀνθρωπολάτραι καὶ νεκρολάτραι σαφεῖς — ἀλλ' ἐπειδήπερ ἐν τῷ ληφθέντι θεός, ἐκ τοῦ λαβόντος ὁ ληφθεὶς ὡς τῷ λαβόντι συναφθεὶς συγχρηματίζει θεός. **Loofs**, *loc. cit.*, p. 262.

1. Litt. : « pour qu'il soit aussi en lui. »
2. Athanase. Labbe, *loc. cit.*, col. 510 *e*.
3. Théophile. Labbe, *op. cit.*, t. III, col. 511 *c*.
4. Grégoire. Labbe, *op. cit.*, t. III, col. 515 *d*.

devenu Dieu [1]. » Il est devenu Dieu à cause de son adhésion et non par sa nature. Par l'union de la divinité et de la chair il fut un fils, car il y a en lui deux natures. Par cela donc que l'homme est dit Dieu dans l'union de la divinité et qu'il est dit être fils [2] par cette parole (même), il est adoré de l'adoration de la divinité. Et il est adoré avec lui (l'homme avec Dieu), et il n'y a pas deux adorations, mais une; car, par cette [331] unique adoration de cette unique essence, l'autre aussi est adorée. Car il n'est pas adoré par une adoration propre, celui qui est adoré avec l'autre, mais tous deux le sont ensemble. Dans l'adoration de l'un, l'autre, qui est avec celui qui est adoré, l'est aussi; il (lui) est nécessairement uni et non séparé. Car celui qu'on adore ne peut pas ne pas l'être, ni l'être en dehors de celui dans lequel il est; on ne peut pas non plus l'adorer sans que celui dans lequel il reçoit l'adoration le soit aussi. Car il n'est pas adoré dans son *prosôpon*, mais dans le *prosôpon* qui lui est uni et qui est commun à cause de l'union. C'est dans le *prosôpon* qu'a eu lieu l'union, de sorte que celui-ci soit celui-là, et celui-là celui-ci. A cause donc de celui qui l'a pris pour son *prosôpon*, celui qui a été pris obtient d'être le *prosôpon* de celui qui l'a pris. C'est pourquoi la chair de Dieu le Verbe est nommée avec lui, ce n'est pas d'après la chair que Dieu le Verbe est Dieu et Fils et Seigneur; car Dieu le Verbe est nommé Dieu et Fils d'après sa nature et non d'après un autre dans ce qui dépend de sa nature. Mais la chair a reçu de Dieu le nom qu'elle porte; elle est dite Dieu lorsqu'elle utilise avec lui le nom de Dieu, elle ne l'a pas d'après sa nature ; ou bien divise l'union et dis les deux choses de lui.

Réprimande celui qui place le corps à part, et d'après qui ce n'est pas à la divinité qui est dans le corps, que celui-ci devrait les propriétés de la divinité. [332] Avant tout réprimande-toi toi-même pour l'avoir dit; et si tu n'oses pas dire que c'est [3] grâce à l'union que la chair a eu le *prosôpon* de la divinité, et si tu attribues à Dieu le Verbe seul les propriétés de l'humanité et de la divinité et, à l'humanité, ni celles de l'humanité ni celles de la divinité. Tu caches (l'humanité), lorsque tu nommes Dieu le Verbe dans les deux (essences); tu me ressembles lorsque tu as

1. Grégoire. Labbe, *loc. cit.*, col. 515 *b*.
2. Le syr. ajoute :« pour être un fils. »
3. Syr. : « que ce n'est pas. »

honte de l'humanité que tu ne crois pas digne du *prosôpon*. Tu
renverses l'union que tu confesses en apparence, (d'après laquelle)
les deux natures sont un seul *prosôpon*, car tu dis que c'est
Dieu le Verbe qui est uni à la chair ou à l'homme et qu'il (le Verbe)
est dit en deux (double), dans la nature de Dieu et homme
dans l'union, mais un homme qui n'est pas uni à la divinité ou
même qui n'existe pas. C'est pourquoi l'homme n'est nommé fils
ni d'après sa nature, ni par l'union avec Dieu le Verbe. Il semble
que tu établis ainsi Dieu le Verbe dans les deux (dans sa nature et
dans l'union), et l'homme dans aucun des deux, ni dans la nature ni dans l'union avec celui qui est uni. « Dieu qui s'est incarné,
l'homme qui est devenu Dieu. »... « Celui qui commence, grandit
et se perfectionne n'est pas Dieu, bien qu'il soit dit ainsi à
cause de sa manifestation qui a lieu peu à peu [1]. »

Tout ce qui est dit d'après l'union, au sujet des deux [333] (natures) qui sont unies, est dit du seul *prosôpon*. Tu dis que l'union des
natures a lieu en un *prosôpon*, mais en réalité tu établis de toute
ta force l'incarnation de Dieu le Verbe (au sens) des ariens et des
apollinaristes, et tu établis, pour ceux qui ont des yeux pour
te regarder, qu'il (le Verbe) s'est servi du corps et de l'âme (de
l'humanité), comme d'un instrument[2] sans âme, sans raison et
sans volonté, comme pour sa nature, agissant et endurant les
souffrances du corps devenu son consubstantiel. C'est pourquoi
tu ne les comptes pas avec lui, et tu transportes à Dieu le Verbe,
comme à l'ouvrier, toutes les propriétés de l'instrument, mais
tu ne donnes pas à l'instrument celles de l'ouvrier, car il n'a pas
été pris pour agir et souffrir volontairement dans sa nature,
mais pour que Dieu le Verbe souffrît toutes les choses humaines
et les fît, n'ayant pas de volonté propre, ou de sensibilité, ou
de souffrance ou d'humanité, mais tu donnes à Dieu le Verbe de sentir, de vouloir et de souffrir en tout ce qui concerne l'humanité
dans sa nature. A cause de cela tu refuses de dire que l'humanité a
retiré quelque chose de son union avec la divinité : en prenant
part à ce que Dieu le Verbe est en *prosôpon*, c'est-à-dire Dieu et
Seigneur et Fils de Dieu ; car, à l'exception de l'essence, elle a toutes
les propriétés de l'essence à cause de l'union et non par nature.

La divinité se sert du *prosôpon* de l'humanité et l'humanité,

---

1. Grégoire. Labbe, *loc. cit.*, col. 515: *b, d.*
2. ὄργανον.

de celui de la divinité ; de cette manière [334] nous disons un seul *prosôpon* pour les deux. Ainsi Dieu est montré complet, puisque sa nature ne souffre aucun dommage de l'union ; de même l'homme est complet et n'est privé, par suite de l'union, d'aucune des opérations et des souffrances de sa nature. Car celui qui attribue à l'unique *prosôpon* de Dieu le Verbe les propriétés de Dieu le Verbe et celles de l'humanité, et ne donne pas le *prosôpon* de Dieu le Verbe en compensation à l'humanité, celui-là détruit l'union des orthodoxes, et la fait ressembler à celle des hérétiques. Vous avez appris des orthodoxes, par les témoignages qui ont été cités, qu'ils attribuent les propriétés de l'humanité à la divinité et celles de la divinité à l'humanité ; que l'un est dit de l'autre et l'autre de l'un, comme de natures complètes et unies ; elles sont unies sans confusion et se servent mutuellement de leurs *prosôpons* respectifs.

Comment vous a-t-il donc entraînés à tout ce qu'il a voulu, ô justes juges? Ou bien réfutez les paroles des Pères que vous avez apportées en témoignage, ou bien vous êtes obligés de recevoir avec eux celui qui parle selon leur enseignement : « deux » certes en nature et « un *prosôpon* » dans l'union, dans le mélange, dans la manifestation, dans l'adhésion ; Dieu qui devint homme, l'homme qui devint Dieu ; celui-ci d'après celui-là est dit s'être fait homme, et celui-là d'après celui-ci est dit être devenu Dieu. Qu'ai-je donc dit, qu'ils n'aient pas dit pour que vous m'ayez condamné ? Ne fallait-il pas confesser deux natures? Ne fallait-il pas confesser un *prosôpon* de deux natures, [335] de la divinité et de l'humanité ; celui (le *prosôpon*) de la divinité et de l'humanité? Mais quoique vous niiez ce que vous avez écrit, vous êtes répréhensibles. Lisez donc ce qui suit :

Semblablement, du même, du troisième cahier, contre les hérétiques, sur le Saint-Esprit [1].

Comment serait un serviteur [2] celui qui [travaille avec le Fils et le Père, et si quelqu'un cherche au sujet de l'Esprit quelles sont ses œuvres (il trouvera) qu'il] est avec le Père et avec le Fils et qu'il ne leur est inférieur en

---

1. Labbe, *loc. cit.*, col. 526 *c*.
2. Lire *'Abdâ*. Le syriaque omet ensuite une phrase, sans doute par faute d'homoiotéleutie. *'Abdâ* et *'badâ*.

rien? Non qu'une seule divinité soit partagée, mais c'est que le Livre divin, pour montrer l'égalité de la Trinité [1], distribue à chacune des hypostases ce qui est d'une seule puissance. Voyez-le de la même manière, d'après les œuvres qui ont commencé [2] de temps à autre : Dieu *le Verbe devint chair et habita parmi nous* [3], et il fit habiter avec lui, avec le Père [4], l'humanité qui avait été prise [5]. Le Seigneur dit à mon Seigneur : *Assieds-toi à ma droite* [6], à cette forme qui a été prise. Le Saint-Esprit est descendu et a montré sa gloire [7].

Le lecteur n'a plus besoin que nous revenions sur chacune des choses qui ont été dites auparavant, et que nous répétions les mêmes choses. Mais nous leur dirons : La chair est-elle créée ou incréée? Dites-le clairement. — Si tu dis qu'elle est créée, en toute manière, tu concèdes nécessairement qu'elle a été faite par le Père, le Fils et le Saint-Esprit, car ils ne diffèrent en rien dans l'opération, et toutes choses sont faites par une seule et même volonté [336] et sagesse. Si tu ne mets pas de séparation en ces choses et que tu ne divises pas le Fils du Père et du Saint-Esprit, mais si tu dis qu'il est devenu chair en vertu de la chair et qu'il a demeuré parmi nous et que toute l'économie à notre égard (l'incarnation) a été administrée, comme aussi elle l'a été, par une seule et même volonté, sagesse et puissance, je le dis moi-même, avec toute la troupe des orthodoxes, d'après les Livres divins. Si cela mérite accusation, aie soin de ne rien omettre sans l'accuser. — Sinon, dis-tu qu'elle est incréée ? Dis-le clairement et nie que Dieu le Verbe s'est fait chair, mais s'il ne s'est pas fait (chair) comment est-il dit qu'il le

---

1. *Sic* le grec. Syr. : « pour la démonstration et la forme de la Trinité. »

2. Le grec porte le singulier.

3. Jean, i, 14.

4. *Sic* le syr. — Le grec porte : « le Père fit habiter avec lui » (*lam* au lieu de 'am).

5. Eph., ii, 6.

6. Ps. cix, 1.

7. ὁμοίως τοῦ αὐτοῦ, τετράδιον γ΄, κατὰ αἱρετικῶν, περὶ τοῦ πνεύματος, λέγοντος·
Πῶς γὰρ ἂν εἴη δοῦλον τὸ μετὰ υἱοῦ καὶ πατρὸς ἐργαζόμενον; κἂν ζητοίη τις τὰς τοῦ πνεύματος πράξεις, εὑρήσει τῶν τοῦ υἱοῦ καὶ τοῦ πατρὸς κατ᾽ οὐδὲν λειπομένας. οὐχ ὡς τῆς μιᾶς μεριζομένης θεότητος, ἀλλὰ τῆς θείας γραφῆς τὰ τῆς μιᾶς ἰσχύος καὶ καθ᾽ ἑκάστην μεριζομένης ὑπόστασιν εἰς ἀπόδειξιν τοῦ τῆς τριάδος ὁμοίου·καί μοι σκόπει τὸ ὅμοιον ἐκ τῶν ἐν ἔργοις καιρῶν ἀρξάμενον. ὁ θεὸς λόγος ἐγένετο σάρξ καὶ ἐσκήνωσεν ἐν ἡμῖν, συνεκάθισεν ἑαυτῷ τὴν ἀναληφθεῖσαν ὁ πατὴρ ἀνθρωπότητα (εἶπε γάρ, φησιν, ὁ κύριος τῷ κυρίῳ μου· κάθου ἐκ δεξιῶν μου), τὴν τοῦ ἀναληφθέντος τὸ πνεῦμα κατελθὸν συνεκρότησε δόξαν (ὅταν γάρ, φησιν, ἔλθῃ τὸ πνεῦμα τῆς ἀληθείας ἐκεῖνος ἐμὲ δοξάσει). Loofs, *loc. cit.*, p. 226-227.

devint ? Car ici il n'est pas regardé comme un serviteur [1], œuvre du Père, du Fils et du Saint-Esprit. Il semble par là que tu sois obligé de dire que la chair de Dieu le Verbe avait besoin du Père et du Saint-Esprit, elle qui, en son essence, ne serait rien autre que Dieu le Verbe, et (cependant) elle (la chair) n'est pas Dieu le Verbe, lequel n'a pas besoin du Père et du Saint-Esprit.

Si tu penses ainsi de la chair, tu as eu raison de définir qu'il en est ainsi; remarque cependant qu'ils pensent le contraire au sujet de la chair, les Pères dont vous avez apporté le témoignage, lorsqu'ils disaient : « c'est la nature humaine qui provient de Marie [2]. » Et encore : « [337] Celui qui commence, grandit et se perfectionne n'est pas Dieu, bien qu'on le nomme ainsi à cause de sa manifestation qui a lieu peu à peu [3]. » Car les deux natures dont est formé notre Sauveur sont autre et autre, comme toi-même tu en as convenu d'abord en disant la même chose : « Diverses sont les natures qui se sont réunies pour l'union, mais des deux (résulte) un seul Christ, non que la différence des natures soit supprimée à cause de l'union... Car Dieu (le Verbe) est impassible dans un corps passible... Car son corps ne lui est pas étranger, lui qui siège aussi avec lui, avec son Père [4]. » Qu'y a-t-il donc à reprocher à ce que j'ai dit qui confirme [5] les paroles de celui-ci et de celui-là? Elles renversent tes (théories), car tu détruis tout ce que tu as apporté pour témoigner en ta faveur. Voilà pourquoi (les juges) n'en sont pas venus à l'examen pour ne pas entendre ces choses et d'autres semblables et ne pas se condamner eux-mêmes. Je citerai encore le reste qui est semblable à cela et y passerai, afin que vous voyiez par tout cela la cause pour laquelle il (Cyrille) a reculé devant le jugement.

---

1. Le syr. : « œuvre » comme en tête de ce chapitre. Litt. : « car ici l'opération du Père, du Fils et du Saint-Esprit n'est pas admise comme action. »

2. Labbe, *loc. cit.*, col. 510 *d*.

3. Labbe, *loc. cit.*, col. 515 *d*.

4. Labbe, *loc. cit.*, col. 318 *e*, 319 *b*, *d*.

5. Mieux vaudrait : « qui est confirmé par. »

SEMBLABLEMENT, DU MÊME, DU SIXIÈME CAHIER, EN PARLANT DU CHRIST [1].

Il a été envoyé pour prêcher la délivrance aux captifs [2], [et la vue aux aveugles] comme l'apôtre (l'ajoute) et dit [3] : *C'est en lui que Dieu s'est confié et il a été fait pontife* [4]. Car ,il a été fait et il n'existait pas auparavant éternellement. C'est lui qui arriva peu à peu à l'honneur du souverain [**338**] pontificat, ô hérétique. Ecoute la voix qui te crie clairement : *Aux jours de sa chair* [5], *il adressait une prière et une supplication* [6] *avec une forte clameur et avec des larmes* [à celui qui pouvait le sauver de la mort[7]] *et il fut exaucé d'après sa justice. Et comme certes il était fils, d'après ce qu'il souffrit, il apprit l'obéissance, et il fut élevé à la perfection, et il causa la vie éternelle à tous ceux qui lui obéirent* [8]. Il est rendu parfait et élevé à la perfection, lui qui progresse peu à peu, ô hérétique. C'est de lui que Luc criait aussi dans l'Évangile : *Jésus grandissait en taille et en sagesse* [9]. Paul aussi disait des choses analogues : *Il fut élevé à la perfection et il causa la vie éternelle à tous ceux qui lui obéirent, et il fut appelé par Dieu grand-prêtre selon la forme de Melchisédec.* Et plus loin : *Il fut appelé grand-prêtre.* Pourquoi donc interprètes-tu contre Paul, toi qui mêles Dieu le Verbe impassible à une forme terrestre et qui en fais un pontife passible [10] ? »

1. Labbe, *loc. cit.*, col. 526.
2. Cf. Luc, iv, 18.
3. *Sic* le grec.
4. Hébr., ii, 17.
5. *Sic* le syr. et la Peschito.
6. *Sic* le syr. et la Peschito. Les textes grecs portent deux pluriels.
7. Ici (comme plus haut) les mots entre crochets manquent dans le syriaque. C'est une faute de copiste car on les trouve plus loin, p. 219, dern. ligne.
8. Hébr., v, 7.
9. Luc, ii, 52.
10. Nestorius reproduit et explique toujours ses textes tels qu'ils ont été cités à Éphèse, mais proteste plusieurs fois qu'ils ont été altérés ou tronqués. Le syriaque est donc, ici encore, conforme à Labbe, mais nous reproduisons le texte original de l'homélie qui en diffère assez :

Ὁμοίως, τοῦ αὐτοῦ, τετράδιον ς΄, περὶ χριστοῦ λέγοντος. ἀπόστολος ὁ ἡμῖν ὁμοούσιος καὶ κέχρισθαι κηρῦξαι αἰχμαλώτοις ἄφεσιν καὶ τυφλοῖς ἀνάβλεψιν, ἀπόστολος ὁ λέγων ἐν Ἰουδαίοις σαφῶς· πνεῦμα κυρίου ἐπ' ἐμέ, οὗ εἵνεκεν ἔχρισέν με, εὐαγγελίσασθαι πτωχοῖς ἀπέσταλκέν με — χρίεται δὲ ἀνθρωπότης, οὐ θεότης, αἱρετικέ · οὗτος ὁ πιστὸς τῷ θεῷ πεποιημένος ἀρχιερεύς — ἐγένετο γὰρ οὗτος, οὐκ ἀϊδίως προῆν · οὗτος ὁ κατὰ μικρὸν εἰς ἀρχιερέως, αἱρετικέ, προκόψας ἀξίωμα. καὶ ἄκουε σαφεστέρας σοι τοῦτο διαβοώσης φωνῆς · ἐν ταῖς ἡμέραις, φησίν, τῆς σαρκὸς αὐτοῦ, δεήσεις τε καὶ ἱκετηρίας πρὸς τὸν δυνάμενον σώζειν αὐτὸν ἐκ θανάτου μετὰ κραυγῆς ἰσχυρᾶς καὶ (fol. 23 r., col. 1) δακρύων προσενέγκας καὶ εἰσακουσθεὶς ἀπὸ τῆς εὐλαβείας, καίπερ ὢν υἱός, ἔμαθεν ἀφ' ὧν ἔπαθε τὴν ὑπακοήν, καὶ

Je pense donc de vous tous, parce que vous dites constamment ces choses et que celui-là les apporte en témoignage pour lui, que vous ressemblez à ceux qui se moquent des (hommes) appesantis par le sommeil, et répondent d'autres choses pour d'autres choses à ceux qui les interrogent en criant. C'est pourquoi, lorsque tu détruis tes propres preuves, tu ne le comprends même pas. « Celui qui commence, grandit et se perfectionne n'est pas Dieu, bien [**339**] qu'on l'appelle ainsi à cause de sa manifestation qui a eu lieu peu à peu, » dit ton témoin Grégoire. Il n'est donc plus ton témoin, mais mon avocat, celui qui a mis cela dans ses discours. Pourquoi confonds-tu donc les paroles de celui qui a écrit de telles choses? De même pour Ambroise : « Le Livre ne vous apprend-il pas que la divinité n'a pas besoin de sanctification, mais la chair? Attribue la gloire à Dieu et les souffrances à l'homme. » (Tu le cites) en ta faveur, mais tu ne sais pas ce que tu dis. Qu'est-ce que celui-là (Nestorius) t'a donc dit d'autre? Car celui qui admet les unes ne s'élève pas contre les autres. Si tu accuses celui-ci comme s'il disait deux essences, accuse aussi l'autre qui dit deux natures, autre et autre. Mais tu dis que celui qui confesse deux natures, autre et autre, fait nécessairement deux *prosôpons* ; car il n'est pas possible que deux *prosôpons* en deviennent un seul. S'il convient de confesser un seul *prosôpon*, tu transportes [1] tout sur le seul *prosôpon* de Dieu le Verbe, afin que tout soit dit d'un *prosôpon* et non de deux ; alors tu dis que c'est lui qui a souffert, puis tu le partages sur tes deux doigts et tu fais ta démonstration comme sur des choses séparées. Dans cela, tu n'as rien à voir avec moi, ô admirable. Celui qui admet, en parole, les Pères et les paroles des Pères, admet aussi mes paroles de la même manière. Celui qui dit : [340] « Le Livre lui-même ne vous enseigne-t-il pas que la divinité

τελειωθεὶς ἐγένετο τοῖς ὑπακούουσιν αὐτῷ πᾶσιν αἴτιος σωτηρίας αἰωνίου· τελειοῦται δὲ ὁ κατὰ μικρὸν προκόπτων, αἱρετικά· περὶ οὗ καὶ Λουκᾶς ἐν τοῖς εὐαγγελίοις βοᾷ· Ἰησοῦς δὲ προέκοπτεν ἡλικίᾳ καὶ σοφίᾳ καὶ χάριτι. οἷς σύμφωνα καὶ Παῦλος φθεγγόμενος τελειωθείς, φησιν, ἐγένετο τοῖς ὑπακούουσιν αὐτῷ πᾶσιν αἴτιος σωτηρίας αἰωνίου. προσαγορευθεὶς ὑπὸ τοῦ θεοῦ ἀρχιερεὺς κατὰ τὴν τάξιν Μελχισεδέκ. οὗτος· ὁ Μωσῇ κατὰ τὸν τῆς στρατηγίας συγκρινόμενος τύπον, ὁ σπέρμα τοῦ Ἀβραὰμ κεκλημένος, ὁ κατὰ πάντα τοῖς ἀδελφοῖς παραπλήσιος, ὁ χρόνῳ γεγενημένος ἀρχιερεύς, ὁ διὰ παθημάτων τελειωθείς, ὁ ἐν ᾧ πέπονθεν αὐτὸς πειρασθεὶς δυνάμενος τοῖς πειραζομένοις βοηθῆσαι, ὁ κατὰ τὴν τάξιν Μελχισεδὲκ ἀρχιερεὺς κεκλημένος· τί οὖν ἀνθερμηνεύεις τῷ Παύλῳ, τὸν ἀπαθῆ θεὸν λόγον ἐπιγείῳ καταμιγνὺς ὁμοιότητι καὶ παθητὸν ἀρχιερέα ποιῶν; Loofs, *loc. cit.*, p. 235-236.

1. Le syriaque donne « transporte» ou « il transporte ».

n'a pas besoin de sanctification, mais la chair ? » dit un *prosôpon* de
la chair et de la divinité, et que l'un avait besoin de sanctification,
tandis que l'autre n'en avait pas besoin. Et « celui qui commence
grandit et se perfectionne n'est pas Dieu, bien qu'il soit ainsi nommé à cause de sa manifestation qui a lieu peu à peu, » celui-ci
(aussi) dit deux : celui qui a commencé et celui qui n'a pas commencé; celui qui a grandi et s'est perfectionné et de plus celui qui
était éternellement tel qu'il est ; celui qui n'est pas Dieu par
nature, bien qu'on l'appelle Dieu à cause de sa manifestation, et celui
qui l'est par nature. Par les natures tu partages même les *prosôpons* : l'homme et Dieu. Il n'y a pas deux fils, ni deux hommes,
mais ne comprends-tu pas comment les Pères confessent un *prosôpon* de deux natures? et que les différences des natures, ou de la
divinité ou de l'humanité ne sont pas supprimées à cause de l'u-
nion, parce qu'elles se réunissent en un seul *prosôpon*, qui
appartient aux natures et aux *prosôpons*. Les différences subsistent, car il n'y a ni confusion ni suppression, pour que tu
attribues la diversité des natures, naturellement, à une nature
et au *prosôpon* unique de cette même nature, et que tu supprimes ce qui est sans *prosôpon* et sans sa propre essence, c'est-à-
dire l'humanité, et que tu ne donnes que le (seul) nom de Dieu,
à Dieu et à l'homme.

Celui qui attribue ainsi à Dieu le Verbe un *prosôpon* de deux natures [341] n'attribue pas encore au *prosôpon* de l'humanité les propriétés de la divinité, de manière qu'il y ait un *prosôpon* de la divinité
et de l'humanité : le *prosôpon* de la divinité et celui de l'humanité
formant un *prosôpon*; l'un par diminution, l'autre par élévation.
Ou bien tu confesses la confusion des natures, ou la suppression
complète (de l'humanité); ou bien tu confesses l'union instrumen-
tale et naturelle des hérétiques : d'après laquelle il s'est uni à toutes
les (propriétés) des hommes afin de pouvoir agir et souffrir selon
la nature humaine. Quant aux (propriétés) de l'humanité, elles
seraient comme l'instrument pour l'ouvrier; c'est-à-dire, tu les
transportes à Dieu le Verbe et tu n'attribues pas à l'instrument,
c'est-à-dire à l'humanité, celles de l'ouvrier; tu attribues à Dieu
le Verbe les (actes) de l'humanité, comme d'un instrument, mais
tu ne donnes pas à l'humanité celles de Dieu le Verbe. Tu te
trompes donc, en te servant de ce que nous disons, en notre
nom et en notre personne (*prosôpon*), mais en le détruisant au
contraire en réalité. Et tu fais Dieu le Verbe passible, en sup-

primant la sensibilité et la volonté de l'humanité qui sentirait non dans sa nature, mais bien dans la nature de Dieu
le Verbe, et qui voudrait non dans sa nature, mais bien
dans la nature de Dieu le Verbe. Et c'est pourquoi tu n'attribues les
(actes) de l'humanité ni [1] à la nature ni au *prosôpon* de l'humanité ;
mais tu attribues ceux de l'humanité à Dieu et tu ne donnes pas
ceux de la divinité à l'humanité. Pour nous, dans les natures,
[**342**] nous disons un autre et un autre, et, dans l'union, un *prosôpon*
pour l'usage de l'un avec l'autre [2] : Dieu qui est devenu homme et
l'homme qui est devenu Dieu.

De même qu'en la Trinité il y a une essence de trois *prosô-*
pons, trois *prosôpons* d'une seule essence, (de même) ici il y a un
prosôpon de deux essences et deux essences d'un *prosôpon*. Dans
le premier cas, les *prosôpons* ne sont pas sans essence et, dans le
second, l'essence n'est pas sans *prosôpon*; la nature n'est pas non
plus sans *prosôpon* ni le *prosôpon* sans nature. Car l'autre essence
se sert de la même manière du *prosôpon* d'une essence et non d'un
autre, à cause de l'union. Il a fait siennes toutes nos propriétés,
en donnant le sien à celui qui possède tout cela entièrement à
l'exception du péché. Car il est venu pour aider notre nature, non
pour prendre ce qu'elle a, et pour sauver et renouveler en
lui notre nature par une obéissance sublime, et non pour l'arracher à l'obéissance en obéissant à sa place dans toutes les souffrances humaines, tandis qu'elle n'obéirait en rien, et qu'il ne
participerait pas à la nature humaine des hommes. Il n'était pas
(l'un) des hommes, (d'après Cyrille) [3], mais il donnait à la divinité
les propriétés de l'humanité tandis qu'il ne donnait pas celles de la
divinité à l'humanité qui n'avait été prise que pour servir d'instrument, ce n'est donc pas volontairement qu'elle observa l'o-
béissance, comme une [**343**] nature raisonnable, avec pensée,
examen et choix du bien et fuite du mal.

Si tu lui attribues la nature des hommes dans son intégrité, donne-
lui aussi cette intégrité dans des actes où elle apparaisse, à savoir
qu'*il se confia en Dieu et qu'il fut fait grand-prêtre* [4]... et : *il adressa*
des demandes, des prières et des supplications à celui qui pouvait le

---

1. Nous ajoutons cette négation.
2. Ou : « pour leur usage mutuel. »
3. Le syriaque ajoute : *nec iterum ex illis divinitatis.*
4. Hébr., II, 17.

sauver de la mort et le vivifier [1], *avec un grand cri et des larmes, et il fut exaucé à cause de sa justice. Bien qu'il fût Fils, il apprit l'obéissance par ce qu'il souffrit et il causa la vie éternelle à tous ceux qui lui obéirent* [2]. Encore : « Celui qui commence, grandit et se perfectionne n'est pas Dieu, bien qu'on l'appelle ainsi à cause de sa manifestation qui a lieu peu à peu » [3]... Et encore : « Le Livre ne vous apprend-il pas que la divinité n'a pas besoin de sanctification, mais la chair [4] » ? Bien qu'il fût vraiment Fils [5] car, à cause de l'union de la divinité et de la chair, le Fils de Dieu parle en deux, parce que les deux natures étaient en lui : « tantôt la gloire de Dieu et tantôt les souffrances de l'homme. » Car lorsque nous disons Dieu et que nous le disons en nature, nous ne le concevons pas sans l'homme. De même lorsque nous disons l'homme et que nous le disons en nature, nous ne le disons pas sans qu'il soit Dieu. Mais [**344**] nous donnons à l'homme le nom de Dieu dans l'union de la divinité, bien qu'il soit homme par nature ; inversement [6], Dieu le Verbe est Dieu par nature, mais nous donnons à Dieu le nom de l'homme à cause de son union dans le *prosôpon* de l'humanité. Les propriétés des natures ne changent donc pas l'union ni celles de l'union (ne changent) les natures ; elles ne dépouillent pas les natures de leurs propriétés ou de celles qui résultent de l'union pour l'économie à notre égard (pour l'incarnation).

Écrivons encore d'autres choses pour blâmer la condamnation que les juges ont portée contre moi.

SEMBLABLEMENT, DU MÊME, DU SEPTIÈME CAHIER [7].

D'où, frères saints, qui êtes appelés à la vocation céleste, voyez cet apôtre et ce pontife de notre confession, Jésus-Christ, qui est fidèle à celui qui l'a fait, comme Moïse (le fut) à toute sa maison [8]... Et plus loin : Puisque vous avez

---

1. Cette phrase avait été omise plus haut, p. 216, note 7.
2. Hébr., v, 7-9.
3. Labbe, *op. cit.*, t. III, col. 515 *d*.
4. *Ibid.*, col. 514.
5. Hébr., v, 8.
6. Litt. : « ainsi même de nouveau. »
7. Labbe, *Concil.*, t. III, col. 527, porte à tort « dix-septième ». Cf. Loofs, p. 240.
8. Hébr., III, 1-2.

ce pontife qui souffre avec vous, votre parent qui vous affermit, ne vous éloignez pas de la foi. Lui, en effet, d'après la bénédiction qui lui fut promise, fut envoyé de la race d'Abraham, afin de s'offrir lui-même en sacrifice pour lui et pour sa race[1]. Remarque le signe[2] que j'ai confessé, que tous avaient besoin de sacrifice, et que j'en ai excepté le Christ comme n'en ayant pas besoin, et cependant il s'offrit lui-même en sacrifice pour lui-même et pour sa race [3].

Qui donc est fidèle [345] à celui qu'il a établi souverain pontife? Répondez : Dieu le Verbe ? Car c'est de lui que (l'Apôtre) a dit qu'il fut établi souverain pontife pour celui qui l'a fait. Quel est celui qui le fit souverain pontife [4] ? Est-ce celui qui lui a été fidèle ? S'est-il établi lui-même ou l'a-t-il été par le Père? Mais s'il s'est établi lui-même souverain pontife [4], si tu dis que cela a eu lieu dans l'union, de la même manière que le Verbe est devenu chair, tu es obligé de donner à la chair une nature de notre essence, d'après laquelle il soit aussi dit chair dans l'union et dans la nature. Il est vraiment souverain pontife celui qui nous est consubstantiel et fils de notre race, à cause de cela Dieu le Verbe est dit aussi souverain pontife. Personne ne dira que celui-ci vient de celui-là et il ne reniera pas celui-là dont provient celui-ci. Confesse donc d'abord ce qui est dit de celui-ci par nature, et ensuite ce qui est dit (de lui) dans l'union; car si l'un n'est pas établi, il n'y a pas de place pour l'autre. Chacun des noms de l'essence indique d'abord l'essence dont il est le nom. Fais-le connaître à l'auditeur, ensuite tu en arriveras aussi aux choses qui sont dites autrement et non par essence. C'est pourquoi dans ce qui est dit, on place d'abord le nom qui convient à la nature, et ensuite ceux qui conviennent à autre chose, n'importe comment, ou par homonymie,

---

1. La phrase suivante, qui figure dans Labbe, manque dans Loofs, lequel y voit une addition de Cyrille.

2. σημειωτέον.

3. Ὁμοίως τοῦ αὐτοῦ, τετράδιον ζʹ. ὅθεν, ἀδελφοὶ ἅγιοι, κλήσεως ἐπουρανίου μέτοχοι, κατανοήσατε τὸν ἀπόστολον καὶ ἀρχιερέα τῆς ὁμολογίας ἡμῶν Ἰησοῦν, πιστὸν ὄντα τῷ ποιήσαντι αὐτόν. ὄντος οὖν ἡμῖν τούτου μόνου, φησίν, ἀρχιερέως συμπαθοῦς καὶ συγγενοῦς καὶ βεβαίου, τῆς εἰς αὐτὸν μὴ παρατρέπεσθε πίστεως· αὐτὸς γὰρ ἡμῖν τῆς ἐπηγγελμένης ἀρχιερεὺς εὐλογίας ἐκ σπέρματος Ἀβραὰμ ἀπεστάλη, ὡς ὑπὲρ ἑαυτοῦ καὶ τοῦ γένους τὴν τοῦ σώματος θυσίαν συνεπαγόμενος· σημειωτέον, ὅτι ὁμολογήσας πάντα ἀρχιερέα δεῖσθαι θυσίας· καὶ ὑπεξελὼν τὸν Χριστὸν, ὡς μὴ δεόμενον, ἐν τούτοις ὑπὲρ ἑαυτοῦ φησι προσφέρειν, καὶ τοῦ συγγενοῦς, θυσίαν. Loofs, *loc. cit.*, p. 240.

4. Ou « grand-prêtre », *ubique*.

ou ceux qui ne sont pas nommés par nature; c'est pourquoi ils
les enveloppent comme des choses cachées et inconnues. Lorsque
nous parlons donc des choses de l'union, [346] tu dis « et il s'est fait
homme; » mais tu ne fais pas porter ces mots sur l'union mais
sur la nature. Tu caches les propriétés de la nature; quant à ceux
qui les prônent, tu les en empêches comme s'ils disaient des impié-
tés. Tu ne t'occupes de rien autre que d'appliquer à la nature
du Verbe les mots « il devint » et « il fut fait »; bien que tu dises des
milliers de fois (qu'il est) immuable. Confesses-tu que celui qui fit
a été fait, qu'il est dans sa nature, et qu'il est dit ce qu'il devint;
ou bien au contraire est-ce par illusion[1] que tu emploies les mots
qui indiquent les deux natures dont est (formé) le Christ, et des
natures diverses qui soient (vraiment) des natures diverses.
Comment pourrait-on parler des natures, autrement qu'en utilisant le nom des natures, de l'une et de l'autre ?

Mais ceci est grave, et c'est pour cela que je t'ai dit d'y faire un
signe (de le remarquer) : à savoir qu'il nous a été envoyé de la
race d'Abraham à cause de la bénédiction promise, afin qu'il
offrît son corps en sacrifice pour lui et pour les fils de sa race.
Place, certes, le signe que j'ai confessé : que tous les pontifes ont
besoin de sacrifices, et que le Christ qui n'en a pas besoin, s'est
offert en sacrifice pour lui-même et pour sa race. » Admettons
que j'aie dit cela, car je ne refuse pas de reprendre les paroles
modifiées par vous[2] afin qu'on ne croie pas qu'après avoir été
repris, je (vous) ai accusés (ainsi) pour insuffisance (à répondre).
Même en ces choses, Dieu ne m'a pas laissé sans [347] défense pour
ma pensée, qui est claire pour tout homme. Car j'ai dit : « Tout
pontife a besoin de sacrifices pour ses péchés; mais il n'en est
pas ainsi du Christ. Pour lui-même et pour sa race, ai-je dit, le
Christ a offert le sacrifice de sa vie. » Pour sa race, pour la délivrer
de la condamnation (attirée) par la signature donnée au péché[3].
Tandis qu'il était libre de (tout) péché (il s'est offert) pour lui-même,
afin qu'il lui fût donné un nom supérieur à tous les noms, et il
a obéi jusqu'à la mort et la mort de la croix, lui qui était exempt

1. φαντασία.
2. Litt. : « le changement de vos paroles. » M. Loofs voyait ici, avons-nous
dit, p. 221, note 1, une addition de saint Cyrille et donnait par avance raison à Nestorius.
3. Cf. Col., ii, 14.

du péché. Celui donc, qui n'avait pas été trouvé dans les péchés et qui avait obéi jusqu'à mourir pour nous, avait reçu un nom supérieur à tous les noms, celui qu'il avait depuis le commencement de sa naissance, depuis qu'il était jeune enfant. Bien qu'il fût vraiment fils et qu'il n'eût rien de plus ou de moins en puissance dans sa filiation, il fut élevé à la perfection pour être un fils parfait. De la même manière, l'humanité, qui devait à la naissance d'être fils par l'union, et qui n'avait pas la puissance, mais (seulement) l'obéissance, fut accomplie dans la puissance par suite de l'obéissance, et elle reçut un nom supérieur à tous les noms. Après cela, il (le Fils) n'était ni passible ni mortel, il participait à la puissance et à l'honneur, [348] il était en toutes ces choses; à l'exception de l'essence il avait toutes les propriétés de l'essence. C'est un Fils qui est par l'union.

Tout pontife a besoin de sacrifice pour ses péchés, mais le Christ n'en avait pas besoin pour ses péchés, mais pour sa race, afin de la délivrer des péchés. Il en a été de même pour lui, et c'est à cause de son obéissance sans bornes qu'il est mort pour les pécheurs ; dans sa volonté et son sentiment, il n'avait rien autre que de demander et de vouloir ce que Dieu voulait de lui. A cause de cela, Dieu était aussi en lui ce qu'il était lui-même; de sorte que ce que Dieu était en lui pour la formation de son être à son image, lui aussi l'était en Dieu, (à savoir) le *prosôpon* de Dieu. Et ce que l'humanité fut par l'obéissance qu'elle observa, n'était pas pour son *prosôpon* en elle, mais pour le *prosôpon* de Dieu en Dieu. Ce *prosôpon* serait pour lui et serait aussi Dieu. De sorte qu'en ce qu'il est un, puisqu'il n'a pas de division dans le *prosôpon*, il est nécessaire de lui donner une division des natures complètes. Par les *prosôpons* de l'union, l'un est dans l'autre, et cet « un » n'est pas conçu par diminution, ni par suppression, ni par confusion, mais par l'action de recevoir et de donner, et par l'usage de l'union de l'un avec l'autre, les *prosôpons* recevant et donnant l'un et l'autre, mais non les essences. Nous regardons celui-là comme celui-ci et celui-ci comme celui-là, tandis que celui-ci et celui-là demeurent. Car lorsqu'on dit Dieu le Verbe, Dieu et homme, il n'y a pas deux *prosôpons* de Dieu le Verbe [349] parce que les deux ne sont pas dits en essence, mais l'un est dit dans l'essence, et l'autre dans l'union, et dans les rapports de l'un avec l'autre qui ont lieu à l'aide des deux natures. Mais lui est dit dans les deux, dans celui-ci et dans celui-là : dans celui-ci par essence et dans celui-là par l'union. De même lorsque, à cause de l'union même, nous donnons à l'humanité d'être dite en deux : daas l'essence et dans l'union, nous ne faisons pas nécessairement deux *prosôpons* de l'union, car il n'y en a qu'un pour les deux natures : pour la divinité et l'humanité, comme pour l'humanité et la divinité. En disant « Dieu qui s'est incarné [1] », il n'a pas négligé la compensation, de manière que tu conserves ceci dans l'union pour attribuer à Dieu le Verbe l'union avec l'humanité, de sorte qu'il soit nommé Dieu dans les deux. Ne prive pas non plus de compensation l'homme qui est Dieu et homme d'après l'union des deux essences; à ce sujet il revient sur sa parole « et l'homme qui est devenu Dieu [1] » comme se rapportant à l'union qui met en commun les *prosôpons* et non les natures.

Ecoute encore ce que dit le même [1] : « Celui qui commence, grandit et se perfectionne n'est pas Dieu, bien qu'il soit appelé ainsi à cause de la manifestation qui a lieu peu à peu. » Parce qu'il est dit Dieu dans la manifestation, on ne doit pas le concevoir comme un homme sans *prosôpon* et sans nature. C'est parce qu'il est homme en nature qu'il est Dieu dans la manifestation; afin qu'on ne pense pas [350] qu'il est dit Dieu pour la destruction des natures et de leurs propriétés par suite de l'union, ou que l'union de Dieu a eu lieu seulement vers l'homme. A cause de cela, ce que Dieu est par nature est dit aussi, à cause de l'union, dans ce qui est uni, c'est-à-dire l'homme. Car l'homme — lequel, en tant que non uni, est [2] ce qu'il est par nature (c'est-à-dire) homme — est Dieu par ce qui est uni.

Toutes ces choses montrent que tes réprimandes sont absurdes : Si un autre homme dit que celui qui a commencé est homme, et qu'à cause de cela il n'est pas Dieu, bien qu'il soit appelé ainsi à cause de l'union, il ne pèche pas, car c'est celui-là « qui commence grandit et se perfectionne et n'est pas Dieu », et il ne blesse en rien votre entendement. Si c'est moi qui l'ai dit : que c'est celui-ci qui a grandi et s'est perfectionné pour le souverain pontificat, tu me blâmes comme si j'introduisais un autre *prosôpon*; il n'y a cependant pas de différence entre dire « l'homme qui commence » et dire « celui qui commence », car tout cela indique la même chose : c'est-à-dire l'homme. « Attribue la gloire à Dieu et la

---

1. Grégoire, dans Labbe, *op. cit.*, t. III, col. 515 *b*. Cf. *supra*, p. 212.
2. Syr. : « n'est pas. »

souffrance à l'homme. » « Le Livre aussi ne vous apprend-il pas que la divinité n'a pas besoin de sanctification, mais la chair? » Pourquoi caches-tu cela comme si tu en avais honte, et attribues-tu à celui qui est impassible les souffrances que celui-là a souffertes pour nous, de sorte que la dette pour notre salut soit donnée et payée sans souffrances, puisqu'il [351] n'a rien pris (de l'homme), puisque tu as tout fait par apparence et imagination, et que tu n'es d'accord ni avec toi ni avec les Pères. Car ce n'est pas contre moi que vous combattez, mais, par moi, vous combattez contre ceux-ci. Parmi les choses dont vous m'accusez, écoutons encore celle-ci :

SEMBLABLEMENT, DU MÊME, DU QUATRIÈME CAHIER [1].

Écoutez donc, vous qui étudiez les paroles : *Celui qui mange mon corps* [2]. Remarquez qu'il parle du corps et que ce n'est pas moi qui ai ajouté le nom du corps, afin qu'il ne paraisse pas à ceux-là que j'interprète à faux : *Celui qui mange mon corps et boit mon sang* ; [il n'a pas dit : celui qui mange ma divinité ou qui la boit, mais celui qui mange mon corps et qui boit mon sang] [3] *demeure en moi et moi en lui* [4].

Et, après d'autres choses : Mais sur le présent sujet il a dit : *Celui qui mange mon corps et boit mon sang demeure en moi et moi en lui* [4]. Souviens-toi qu'il dit du corps ce qu'il dit : *Comme le Père vivant m'a envoyé* [4] [moi, dit-il, que vous voyez ; mais peut-être que je l'explique mal, voyons-le par la suite : *Comme le Père vivant m'a envoyé*] [4]. Celui-là dit ces choses de la divinité et moi de l'humanité ; voyons donc qui interprète à tort. *Comme le Père vivant m'a envoyé*, dit-il ; [l'hérétique, dit-il, exprime ici la divinité, « il m'a envoyé, dit-il, moi Dieu le Verbe. » Comme le Père vivant m'a envoyé, je vis, moi aussi, pour le Père] [3] d'après ce que disent ceux-ci, moi aussi je vis, (moi) le Verbe à cause du Père. Mais (on lit) après cela : *Celui qui me mange vivra lui aussi* [4]. Que mangeons-nous? La divinité ou la chair [5]?

1. Labbe, *Concilia*, t. III, col. 527 c.
2. Jean, VI, 56.
3. Les passages entre crochets manquent dans le syriaque, peut-être par faute d'homiotéleutie.
4. Jean, VI, 56-57.
5. ὁμοίως τοῦ αὐτοῦ, τετράδιον δ΄. Ἀκούσατε τοίνυν προσέχοντες τοῖς ῥητοῖς· « ὁ τρώ-γων μου, φησί, τὴν σάρκα· » μνημονεύετε ὅτι περὶ τῆς σαρκός ἐστι τὸ λεγόμενον καὶ ὅτι οὐ παρ' ἐμοῦ προστέθειται τὸ τῆς σαρκὸς ὄνομα, ὥστε μὴ δοκεῖν ἐκείνοις παρερμηνεύειν· « ὁ τρώγων μου τὴν σάρκα καὶ πίνων μου τὸ αἷμα », — μὴ εἰπεῖν ὁ τρώγων μου τὴν θεότητα καὶ πίνων μου τὴν θεότητα· « ὁ τρώγων μου τὴν σάρκα καὶ πίνων μου τὸ αἷμα » ἐν ἐμοὶ μένει κἀγὼ ἐν αὐτῷ.

Que je n'aie pas interprété contre les Livres [352] divins, même s'ils ne veulent pas en conveniz, ils seront réprimandés par tout le monde. Mais, parce que j'ai demandé, vous avez regardé ma demande comme impie : Est-ce qu'il ne m'était pas permis de dire ce que le Livre divin dit, que « la chair fut mangée ? » Mais le Livre divin a simplement dit chair, et moi parce que par « chair » je conçois la chair et non la divinité, vous m'avez condamné comme si je divisais, et si je concevais l'un (comme) chair et l'autre (comme) divinité. Je ne divise pas l'union des natures, mais seulement les natures qui sont unies sous le rapport des essences; et qui sont sans confusion de l'une et de l'autre. J'ai dit la chair et la divinité. Admettons que je n'aie pas parlé avec exactitude, je condamne mon ignorance et mon crime; du moins faites-moi le plaisir de dire clairement : La chair et la divinité sont une seule et même chose en essence et en *prosôpon*, et nous proclamons impies tous ceux qui pensent autrement. Si vous ne dites pas cela clairement, pourquoi m'avez-vous condamné devant Dieu?

Mais quelqu'un dira peut-être : Pourquoi t'affliges-tu? Ils ont confessé la mort de Dieu et ils t'ont condamné à mort. Qu'as-tu pensé d'autre, contre ceux qui défendent cela, qui veulent attribuer la mort à Dieu et qui en réalité luttent contre ceux qui ne le confessent pas? Je sais qu'ils font cela depuis longtemps, [353] mais moi, maintenant j'écris ces paroles pour ceux qui veulent s'instruire en vérité, pour qu'ils ne soient pas trompés par le nom d'un concile (et qu'ils ne croient pas) que j'ai été condamné par le jugement des Pères et par les témoignages qu'ils ont apportés. Je démontre par toutes ces choses qu'il n'y eut pas de jugement, parce qu'ils ne firent aucun examen, ni entre eux ni avec les autres. Ils n'ont même pas pris la peine de faire semblant de cacher la profondeur de l'iniquité.

« Autre par essence est la chair de Notre-Seigneur, et autre la

Καὶ μεθ' ἕτερα. Ἀλλ' ἐπὶ τὸ προχείμενον. « ὁ τρώγων μου τὴν σάρκα καὶ πίνων μου τὸ αἷμα, ἐν ἐμοὶ μένει κἀγὼ ἐν αὐτῷ » μνημονεύετε, ὅτι περὶ τῆς σαρκὸς τὸ λεγόμενον· « καθὼς ἀπέστειλέν με ὁ ζῶν πατήρ, » ἐμὲ τὸν φαινόμενον. ἀλλ' ἐνίοτε παρερμηνεύω; ἀκούσωμεν ἐκ τῶν ἑξῆς· « καθὼς ἀπέστειλέ με ὁ ζῶν πατήρ. » ἐκεῖνος λέγει τὴν θεότητα, ἐγὼ δὲ τὴν ἀνθρωπότητα. ἴδωμεν, τίς ὁ παρερμηνεύων. « καθὼς ἀπέστειλέ με ὁ ζῶν πατήρ » λέγει, καὶ ὁ αἱρετικὸς ἐνταῦθα τὴν θεότητα λέγει· ἀπέστειλέ με, φησί, τὸν θεὸν λόγον. « καθὼς ἀπέστειλέ με ὁ ζῶν πατὴρ <κἀγὼ ζῶ διὰ τὸν πατέρα>» κατ' ἐκείνους· κἀγὼ ζῶ, ὁ θεὸς λόγος, διὰ τὸν πατέρα. εἶτα τὸ μετὰ τοῦτο· ὁ τρώγων με, κἀκεῖνος ζήσεται, — τίνα ἐσθίομεν; τὴν θεότητα. ἢ, τὴν σάρκα; Loofs, *loc. cit.*, p. 227-228.

divinité, a dit Grégoire. Car autre chose et autre chose sont ceux
dont est formé notre Sauveur, car le visible et l'invisible ne sont
pas le même, » et « celui qui commence, grandit et se perfectionne
n'est pas Dieu, bien qu'il soit nommé ainsi à cause de la manifestation qui a lieu peu à peu [1]. » Et : « ce n'est pas par apparence
qu'il était dans le corps » et « humaine est la nature qui provient de Marie [2]; » et la chair provient de sainte Marie ; voilà
ce que dit Athanase : il prit de la vierge un corps à la ressemblance
de cette (chair) [3]. « Ce n'est pas d'une matière précieuse et céleste
qu'il prit un corps et vint près de nous, mais de la boue, pour montrer la grandeur de son art, afin de redresser l'homme qui avait
été formé de boue, » comme le dit Théophile [4].

Ambroise parle de l'union de la divinité et de la chair : « Le Fils
de Dieu parle dans les deux, car en lui étaient [354] les deux
natures... Il est le pain vivant qui est descendu du ciel; ce pain
est le corps [5] comme il l'a dit lui-même : *Ce pain que je vous donnerai est mon corps* [6]. C'est celui-là qui est descendu, c'est celui-là
que le Père a sanctifié et a envoyé au monde. Est-ce que le Livre
aussi ne vous apprend pas que la divinité n'a pas besoin de sanctification, mais la chair [7] ?»

Ai-je été seul à dire cela ? Ai-je besoin d'autres témoins pour
établir que la chair n'est pas Dieu le Verbe de la même manière ?
ou que la chair (ne) peut devenir ce qu'est Dieu le Verbe, ou que
Dieu le Verbe (ne) peut devenir chair, bien qu'il soit dit autrement dans l'union? Si vous ne vous écoutez pas vous-mêmes, si
vous ne croyez pas à toutes ces choses et si vous résistez à tout le
monde, qu'avez-vous à voir avec moi (et) avec tous ceux-ci ? Celui
qui m'opprime, qu'il m'opprime; celui qui me persécute, qu'il me
persécute; celui qui me tue, qu'il me tue. Nous regardons comme
une grande grâce d'avoir été jugé digne de porter les stigmates
du Christ dans notre corps [8].

S'il vous plaît d'écouter, entendez encore d'autres choses;

1. Labbe, *op. cit.*, t. III, col. 515.
2. Paroles de saint Athanase, Labbe, *loc. cit.*, col. 510.
3. Cf. Rom., VIII, 3.
4. Labbe, *loc. cit.*, col. 511.
5. Le syriaque seul répète « le corps ».
6. Jean, VI, 52.
7. Labbe, *loc. cit.*, col. 513.
8. Cf. Gal., VI, 17.

jugez si elles méritent une condamnation et si tout cela ne provient pas d'hommes coupables [1] contre le ciel et qui combattent contre Dieu.

[355] SEMBLABLEMENT, DU MÊME, DU SEIZIÈME CAHIER [2].

Si tu scrutes avec soin tout le Nouveau (Testament) tu ne trouveras nulle part que la mort est attribuée à Dieu; mais ou au Christ, ou au Fils, ou au Seigneur. Car le nom de Christ, ou de Fils, ou de Seigneur, qui est attribué au (Fils) unique par les Livres divins, est l'indice de deux natures : tantôt il indique la divinité, tantôt l'humanité et tantôt les deux. Quand Paul, qui fut envoyé pour prêcher, dit [3] : *Nous étions ennemis, et Dieu s'est réconcilié avec nous par la mort de son Fils,* c'est l'humanité qu'il indique [4] par le nom de Fils. Quand le même dit aux Hébreux : *Dieu parla par son Fils, par qui il a fait les siècles* [5], il indique la divinité; car ce n'est pas la chair qui a créé les siècles, elle qui a été faite après de nombreux siècles.

Et après d'autres choses : Ce n'est pas la divinité qui eut Jacques pour frère, et nous ne prêchons pas non plus la mort de Dieu le Verbe [6], lorsque nous mangeons le corps du Seigneur [7].

1. Khoîbîn. L'édition porte *Khoîrîn*, « qui regardent».
2. Labbe, *Concilia*, t. III, col. 527 *e*.
3. Le grec porte :« comme Paul envoyant (un message, le) prêche.»
4. Litt. : « crie ».
5. Hébr., I, 2.
6. Cf. I Cor., XI. 26.
7. Cette homélie est conservée en latin. Nous reproduisons quelques phrases latines et le grec d'après Loofs, *loc. cit.*, p. 269, 270-271 : Ὁμοίως τοῦ αὐτοῦ, τετράδιον ιϛʹ. Καὶ ὅλως, εἰ πᾶσαν ὁμοῦ τὴν καινὴν μεταλλεύεις <διαθήκην>, οὐκ ἂν εὕροις μηδαμῶς παρὰ ταύτῃ τὸν θάνατον τῷ θεῷ προσαπτόμενον, ἀλλ' ἢ Χριστῷ ἢ υἱῷ ἢ κυρίῳ. τὸ γὰρ « Χριστὸς » καὶ τὸ « υἱὸς » καὶ τὸ « κύριος », ἐπὶ τοῦ μονογενοῦς παρὰ τῆς γραφῆς λαμβανόμενον, τῶν φύσεων ἐστὶ τῶν δύο σημαντικὸν καὶ ποτὲ μὲν δηλοῦν τὴν θεότητα, ποτὲ δὲ τὴν ἀνθρωπότητα, ποτὲ δὲ ἀμφότερα. οἷον ὅταν Παῦλος ἐπιστέλλων κηρύττῃ ἐχθροὶ ὄντες κατηλλάγημεν τῷ θεῷ διὰ τοῦ θανάτου τοῦ υἱοῦ αὐτοῦ, τὴν ἀνθρωπότητα βοᾷ τοῦ υἱοῦ. ἂν λέγῃ πάλιν ὁ αὐτὸς πρὸς Ἑβραίους ὁ θεὸς ἐλάλησεν ἡμῖν ἐν υἱῷ, δι' οὗ καὶ τοὺς αἰῶνας ἐποίησε, τὴν θεότητα δηλοῖ τοῦ υἱοῦ· οὐδὲ γὰρ ἡ σὰρξ δημιουργὸς τῶν αἰώνων, ἡ μετ' αἰῶνας δημιουργηθεῖσα πολλούς. *Ecce « filii dei » et deitatis et humanitatis essentiæ appellationis conveniens documentum. Sed neque dei essentiam flebant mulieres tanquam quæ esset de sepulcro furto subducta, quis enim suspicetur deitatem furacibus manibus capessibilem esse ?* οὐδὲ θεότης ἀδελφὸν τὸν Ἰάκωβον ἔσχεν, οὐδὲ τὸν τοῦ θεοῦ λόγου καταγγέλλομεν θάνατον, τὸ δεσποτικὸν αἷμά τε καὶ σῶμα σιττούμενοι ; *dei enim natura sacrificium suscipit, non ipsa sacrificio immolatur, nec propheta deus, sed dator prophetiæ, ut sit hoc loco « dominus », sicut dixi, carnis expressio tanquam habentis dominicam dignitatem, quæ tamen temperamento vel admixtione minime in substantiam transierit deitatis, alibi enim « dominus » demonstrativum est deitatis.*

Peut-on croire qu'on trouve dans ces (paroles) l'accusation qui a été portée contre moi et pour laquelle j'ai souffert ce que j'ai souffert ? Parce que j'ai dit que Dieu le Verbe n'est pas mort, lui qui possède une nature immortelle, mais la chair, c'est pour cela que je suis accusé. Je pense que même les démons et ceux qui ont de l'inimitié contre Dieu, n'ont pas osé dire ni enseigner cela dans leurs paroles. N'est-ce pas pour ceux [356] qui ne craignent pas Dieu et qui ne respectent pas les hommes, que j'ai dit ces (paroles) : «Si tu scrutes en entier tout le Nouveau (Testament), tu ne trouveras pas d'endroit où la mort soit attribuée à Dieu le Verbe, mais ou au Christ, ou au Seigneur, ou au Fils. Car le nom de Christ ou de Seigneur ou de Fils, qui est attribué au (Fils) unique par les Livres, est l'indice de deux natures. » Est-ce que j'ai menti? Tu as les Livres divins : lis.

Qu'est-il besoin de l'expliquer brièvement? (Tu) dis que Dieu le Verbe a souffert, ou bien que le Christ n'est pas Dieu et homme, de deux natures et deux natures : lis. Ou bien tu dis que Dieu le Verbe est par essence en deux natures, de deux natures et deux natures; et que la seule essence de Dieu le Verbe a été divisée en deux, au point que, quelle que soit la nature qui est dite avoir souffert, nous donnerons à Dieu le Verbe de souffrir en nature dans les deux (essences). Ou bien les deux natures ont été séparées l'une de l'autre, réunies en la seule essence de Dieu le Verbe, de sorte que, quelle que soit celle qui est dite souffrir, on dise que c'est une seule essence et la même formée (des deux) qui a souffert. Ou bien l'essence de l'humanité a été prise pour l'usage seulement, pour être vue et pour souffrir, et non pour avoir commerce ensemble l'une avec l'autre, et, en conséquence, celle-ci n'a rien fait avec l'autre pour l'économie à notre égard (l'incarnation). [357] Il se servait de cette (essence) selon sa volonté, comme si elle eût été dépourvue de sentiment, de parole et d'âme, sans qu'elle lui servît en rien, comme le disent les ariens. Car celui qui reçoit ces (choses), n'est pas obligé de les faire monter jusqu'au *prosôpon* de celui qui supporta ces choses; car il ne se servait pas de l'essence de l'humanité pour qu'elle l'aidât, mais pour qu'il pût souffrir et accomplir en nature toutes les choses humaines, sans que celui en qui il souffrit ou par le moyen de qui il souffrit, soit compté (pour quelque chose) avec celui qui souffrit. Dis clairement ce que tu veux, mais (dis-le) avec clarté. Pourquoi me reprends-tu comme impie parce que j'ai dit que «si tu scrutes tout le Nouveau (Testament), tu n'y trouveras pas que la mort est attribuée à Dieu le Verbe, mais au Christ, ou au Fils, ou au Seigneur? Car le nom de Christ ou de Fils ou de Seigneur, qui est attribué au (Fils) unique dans les Livres divins, est l'indice de deux natures, et il désigne tantôt la divinité, tantôt l'humanité et tantôt les deux. » J'ai dit cela, c'est là-dessus que je suis jugé, et vous êtes les juges des choses qui ont été dites. Parle !

Il me faut aussi citer tes (paroles), comme toi aussi tu as cité ici contre moi, et je ne cacherai rien. Je ne ferai pas comme vous, qui avez jugé mes paroles sans examen et sans discussion. J'ai dit : « Lorsque tu dis que Dieu n'a pas souffert et que le Christ non plus n'a pas souffert, tu ne tires rien autre de là, sinon que le Christ n'est pas Dieu ; tandis que si tu disais que Dieu le Verbe a souffert, tu confesserais que le Christ est Dieu. » [358] Dans ce cas, il vous fallait ne pas citer tout le passage, mais seulement jusqu'après avoir apporté les choses qui pouvaient faire croire que j'avais dit cela ; quant au reste, il vous fallait le cacher. Comment cela ?

« Si tu lis tout le Nouveau (Testament), tu n'y trouveras pas que la mort soit attribuée à Dieu le Verbe, mais au Christ, ou au Seigneur, ou au Fils. » Il pouvait recueillir ces (paroles) jusque-là et donner à croire que je ne regarde pas le Christ comme Dieu ; mais les paroles suivantes que vous avez citées, détruisent évidemment cette opinion. Car « Christ ou Seigneur ou Fils, qui est appliqué au (Fils) unique dans les Livres divins, est l'indice de deux natures : il indique tantôt la divinité, tantôt l'humanité et parfois les deux. » Je n'ai donc pas nié que le Christ ne soit Dieu, mais (j'ai dit) qu'il est aussi Dieu et Dieu par nature. Car j'ai dit que (ce nom) désigne deux natures : la divinité et l'humanité ; il n'est donc pas possible que je sois accusé de ne pas reconnaître le Christ pour Dieu, d'après ce que j'ai écrit.

Mais (je suis accusé) peut-être pour avoir dit que le Christ est aussi homme, et qu'il a deux natures : de la divinité et de l'humanité, l'une passible et l'autre impassible ; pour n'avoir pas confessé que Dieu le Verbe est dans les deux natures, qu'il a souffert dans l'essence, lui qui est devenu l'essence de l'homme, et que le vivant qui mourut était (mort) comme en apparence ; pour n'avoir pas attribué à Dieu [359] le Verbe, et non à l'essence de l'homme, les souffrances de toute nature ; et (pour n'avoir pas dit) que l'humanité ne servait à rien pour l'incarnation, sinon pour que le Verbe apparût et pût souffrir dans la nature humaine, c'est pour cela qu'elle n'est pas comptée avec la divinité et que nous devrions attribuer à la divinité tous les actes de la divinité et de l'humanité, comme ceux de l'instrument à l'ouvrier, sans donner ceux de la divinité à [1] l'humanité de même que l'on n'attribue pas à l'instrument ceux de l'ouvrier, puisque rien n'est fait par sa volonté.

La pensée de celui-ci (Cyrille) n'est-elle pas en évidence par les choses dont il m'accuse? Mais les juges siégeaient sourds et muets, sans rien examiner. Il est nécessaire que nous nous servions encore contre eux des mêmes témoignages pour établir mes (théories) et pour blâmer ceux qui ont fui le jugement parce qu'ils ne pouvaient pas donner de réponse. Sinon, que celui qui a choisi mes paroles le dise en passant, que le nom de Christ ou de Seigneur ou de Fils n'est pas l'indice de deux natures : de la divinité et de l'humanité, et je ne demande [2] pas autre chose.

Lis, ô homme, ce qui est parmi tes témoignages, et ne lutte pas avec l'ombre : « Il y a deux natures : Dieu et l'homme, mais il n'y a pas deux Fils; car autre et autre sont les éléments dont est formé notre Sauveur, mais non un autre et un autre, Dieu nous en garde ! [360] Mais il n'y en a qu'un dans le mélange : Dieu qui s'est fait homme et l'homme qui est devenu Dieu... Celui qui commence, grandit et se perfectionne, n'est pas Dieu, bien qu'il soit dit ainsi à cause de sa manifestation qui a lieu peu à peu [3]. »

Est-ce moi qui ai écrit cela? Est-ce que j'y ai ajouté quelque chose? N'est-ce pas vous qui avez écrit cela? Pourquoi donc m'accusez-vous pour avoir attribué deux natures à notre Sauveur ? Il est autre en nature dans la divinité et autre en nature dans l'humanité; la divinité n'est pas deux natures, ni (formée) d'autre et autre, et les (natures) ne sont pas mélangées en Dieu le Verbe, mais elles sont deux en nature et, dans l'union, il y a un seul *prosôpon* des deux. De plus, même en la Trinité, il n'a pas rejeté le *prosôpon* de l'humanité [4], de « Dieu qui s'est fait homme et de l'homme qui est devenu Dieu. » « Celui qui commence, grandit et se perfectionne, n'est pas Dieu, bien qu'il soit dit ainsi à cause de sa manifestation qui a lieu peu à peu. » Il n'a pas dit de Dieu le Verbe qu'il est les deux par essence, et il n'a pas séparé l'huma-

1. Litt. « à ceux de. »
2. Litt. : « je ne dis pas. »
3. Labbe, *loc. cit.*, col. 515.
4. Litt. : « Le prosôpon de l'humanité n'est pas odieux à la trinité. »

nité de la divinité, de manière que Dieu le Verbe endurât même
les souffrances de la chair et (les) souffrît en sa nature dans son
prosôpon; car la chair est du dehors, et elle ne participe pas en son
propre *prosôpon* aux choses de la divinité, mais c'est par compensation mutuelle de la prise et du don de leurs *prosôpons* qu'il parle
de l'union de la divinité et de l'humanité : il dit de Dieu qu'il s'est
incarné à cause de son union avec l'humanité ; [361] et il dit de
l'humanité qu'elle a été divinisée à cause de son union avec la
divinité, mais non qu'elle est sortie de la divinité; car « celui
qui commence, grandit et se perfectionne, n'est pas Dieu, bien
qu'il soit dit ainsi à cause de la manifestation qui a lieu peu
à peu [1]. »

Ambroise dit la même chose de l'union de la divinité et de la
chair : « Le Fils de Dieu parle dans les deux (la divinité et la chair),
parce qu'en lui étaient les deux natures [2]. » Athanase dit aussi que
« Notre Seigneur est sorti de Marie et non la divinité [3]. Il proclame
aussi les deux natures, car il dit autre celle de la divinité et autre
la chair, et il dit qu'il y a union d'elles (deux). Il y a deux natures, non pas en Dieu le Verbe, mais dans le Fils; non pas que le
Fils soit autre et Dieu le Verbe autre; mais l'un désigne l'union
et l'autre l'essence. Car autre est le *prosôpon* et autre est l'essence.
Il en est ainsi du Père et du Fils, qui sont autre et autre dans le
prosôpon, mais qui ne sont pas autre et autre dans la divinité.
De même, pour l'union de la divinité et de la chair, dans le *prosôpon* de la divinité de Dieu le Verbe, il n'est pas un autre et un autre, mais c'est le même; mais, dans les natures de la divinité et de
l'humanité, il est autre et autre. C'est pourquoi le Livre divin
parle avec précaution du *prosôpon* de la divinité et désigne les
deux (natures) par le *prosôpon* de l'union. De l'essence de la divinité
et dans l'essence de Dieu [362] le Verbe, il n'y a pas deux natures;
car les choses qui sont dites de l'essence sont conçues uniquement
en tant qu'elles sont dites seulement de l'essence.

C'est pourquoi Ambroise aussi parle de l'union de la divinité
et non de l'union du Fils, bien que ce ne fût pas un autre mais
la même chose : mais l'un indique le *prosôpon* et l'autre la nature ;
c'est pourquoi, parce qu'il y a eu union des essences, il parle de

---

1. Labbe, *loc. cit.*, col. 515.
2. Labbe, *loc. cit.*, col. 513.
3. Cf. Labbe, *loc. cit.*, col. 507, γενομένης τῆς σαρχὸς ἐκ τῆς θεοτόκου Μαρίας.

l'union de la divinité et de la chair; et parce que l'union des natures a lieu en un seul *prosôpon*, il ajoute que le Fils de Dieu,
et non pas Dieu le Verbe, parle dans les deux, car en lui sont
les deux natures. Dieu le Verbe en effet est un et non deux. Autre donc est ce qui est connu par l'essence et autre ce qui l'est
par le *prosôpon*; autre est ce qui provient des natures et autre
ce qu'indique l'union. C'est pour cela que j'ai dit que « le Livre
divin n'attribue en aucun endroit la mort à Dieu, mais ou au Fils,
ou au Christ, ou au Seigneur, » afin que personne ne pense que l'u-
nion a eu lieu pour l'essence et non pour le *prosôpon*. Le *prosôpon*
n'est pas divisé, au point qu'une nature, (celle de) l'humanité,
serait superflue ; car l'incarnation est conçue comme l'usage
mutuel des deux (*prosôpons*) par prise et don, mais (le Livre
divin) l'appelle Fils et Christ et Seigneur, tantôt à cause du *prosôpon* de la divinité et tantôt à cause du *prosôpon* [363] de l'humanité. Ainsi parle Grégoire; ainsi parle Ambroise; ainsi Athanase :
« Le Seigneur qui sortit de Marie est le Fils qui est, par essence,
dans la nature du Père et, par la chair, de la race de David; car
la chair (provient) de la vierge Marie. » Ai-je dit quelque chose de
nouveau ? N'ai-je pas dit les mêmes choses avec les mêmes paroles
et dans le même sens ? Pourquoi m'avez-vous condamné ? Est-il
possible de concevoir pourquoi vous avez fait tout cela entre vous
et pourquoi vous n'avez pas attendu pour faire votre examen
avec tous les évêques ?

Mais il n'y a pas lieu de fuir encore l'accusation qu'ils ont
portée contre moi : il faut écrire ce qu'eux-mêmes ont écrit en
dernier lieu sans qu'on les ait repris.

SEMBLABLEMENT, DU MÊME, DU VINGT-QUATRIÈME CAHIER [1].

Je remarque que notre peuple a acquis une grande religion et la ferveur
de la piété ; mais, en matière de foi, il chancelle dans la connaissance
de Dieu. Ceci n'est pas à imputer au peuple, mais, pour parler avec justice,
cela vient de ce que les docteurs n'ont pas eu le temps de mettre sous vos
yeux l'enseignement de la foi exacte.

[Pierre, prêtre d'Alexandrie et premier des notaires, dit] [2] : Il a affirmé

1. Labbe, *op. cit.*, t. III, col. 530 « du 23e cahier ». Loofs, *loc. cit.*, p. 283.
Cyrille avait commenté ce passage longtemps avant le concile. Labbe, *loc. cit.*,
col. 334 *d*.
2. *Sic* le grec. Labbe, *loc. cit.*, col. 530.

clairement par ces paroles qu'aucun des docteurs qui l'ont précédé n'a
énoncé devant le peuple [364] ce que lui-même a dit [1].

Écoutez donc encore sur ce sujet (une parole) qui n'est pas
très ardue ni très difficile : Demandez-leur donc à ceux-ci, — car
ils disent la vérité même sans le vouloir — dans quel traité j'ai
dit cela? N'est-ce pas sur l'écrit composé par les saints Pères
qui se réunirent à Nicée [2]? Quel était mon but? Était-ce pour
réprimander ceux qui enseignent mal, ou ceux qui enseignent avec
droiture, sainteté et piété? Je montrais au peuple que mon enseignement était d'accord avec le leur. C'est parce qu'il (le peuple) ne
connaissait pas l'enseignement des Pères qu'il combattait avec moi,
comme si j'enseignais en dehors de la profession de foi des Pères.
Je les réprimandais, d'après la profession de foi des Pères, de ne pas
comprendre que ce qu'ils condamnaient ils l'avaient constamment
à la bouche. Pour ne pas leur infliger une réprimande excessive et
ne pas leur causer de tristesse, je me suis abstenu de les accuser,
et j'ai dit, comme d'une personne (*prosôpon*) contre laquelle il n'y
avait pas d'accusation, que « les docteurs de la foi n'avaient pas eu
le temps de placer devant eux l'exactitude de la foi [3]. » Je l'ai dit
simplement sans anathème.

En quoi donc ai-je accusé tous les Pères qui m'ont précédé
de n'avoir rien enseigné de ce que j'ai enseigné au peuple, lorsque
mon dessein et ma peine tendaient à les instruire et à montrer,
d'après la profession de foi, qu'ils ont enseigné ces (mêmes)
choses, et que je n'avais rien dit d'étranger à la profession de foi
des Pères. A cause du manque de science et d'érudition des accusateurs, ils pensèrent [365] de moi : « Il nous instruit en dehors
de l'enseignement de ces Pères qui nous ont tous instruits. »

Je n'ai donc pas dit que les Pères des divers temps ont enseigné de manière différente, comment aurais-je dit qu'ils l'ont fait

1. Ὁμοίως τοῦ αὐτοῦ, τετράδιον κγ΄. καὶ προσέχω τοῖς ἡμετέροις δήμοις εὐλάβειαν
μὲν πολλὴν κεκτημένοις καὶ θερμοτάτην εὐσέβειαν, ἀπὸ δὲ τῆς περὶ τὸ δόγμα θεογνωσίας
ἀγνοίᾳ ὀλισθαίνουσι. τοῦτο δὲ οὐκ ἔγκλημα τῶν λαῶν· ἀλλὰ — πῶς ἂν εὐπρεπῶς εἴποιμι ; —
τὸ μὴ ἔχειν τοὺς διδασκάλους καιρὸν καί τι τῶν ἀκριβεστέρων ὑμῖν παραθέσθαι δογμάτων.
Πέτρος πρεσβύτερος Ἀλεξανδρείας, καὶ πριμικήριος νοταρίων εἶπεν· ἰδοὺ φανερῶς ἐν τούτοις
φησὶν, ὅτι τῶν πρὸ αὐτοῦ διδασκάλων οὐδεὶς ταῦτα ἐλάλησε τοῖς λαοῖς, ἃ αὐτὸς ἐλάλησε.
Loofs, *loc. cit.*, p. 283; Labbe, *op. cit.*, t. III, col. 530 c.

2. Cf. Loofs, *loc. cit.*, p. 284-285, où l'on trouve dans ce cahier XXIV (XXIII)
l'explication du symbole de Nicée.

3. Cité plus haut.

d'une manière qui ne [1] convient pas ! Mais j'ai dit qu'ils n'ont pas transmis au peuple la profession de foi des Pères distinctement et clairement, pour qu'ils entendent ces choses et les admirent. C'est autre chose de dire qu'ils ont enseigné le contraire, et autre chose de dire qu'ils ont transmis les paroles sans explication ; autre chose est (encore) de dire qu'ils n'avaient pas le temps d'enseigner (ces paroles) selon leur (vrai) sens, et autre chose est qu'ils ne savaient pas, ou que je les accusais comme hérétiques. Si j'avais accusé tout à fait les docteurs mes prédécesseurs, j'aurais accusé aussi les trois cent dix-huit de (Nicée) sur la profession de foi desquels je m'appuyais, ainsi que les Pères qui m'ont précédé. Or, personne ne dira que j'aie dit ou enseigné de telles choses, en dehors des docteurs mes prédécesseurs. Je n'ai rien dit, ni en parole ni en pensée, et n'ai rien enseigné contre les docteurs mes prédécesseurs. S'ils ne l'ont pas lu, vous l'avez écrit. Il ne vous reste plus rien (contre moi) puisque je n'ai rien dit des choses à l'aide desquelles vous m'avez accusé. Vous n'avez retenu que ce chef (d'accusation), dont je vous ai tous repris. Il ne convenait donc pas non plus que vous ajoutiez foi à ces autres qui m'accusaient sans retenue, comme des gens qui ne craignent pas Dieu [366] et qui ne rougissent pas devant les hommes. Vous ajoutiez foi surtout à celui qui siégeait avec vous dans votre assemblée, comme si vous ne pouviez pas échapper autrement, qu'en chicanant et en calomniant.

CHOSES QUI SE PASSÈRENT APRÈS LE RECUEIL [2] DE CES CHAPITRES [3].

Après avoir ainsi « étudié en toute exactitude (mes paroles), comme si le Christ le voyait[4], » ils m'ont condamné, sans aucune difficulté, sans hésitation, sans rien proposer par demande et réponse ; mais ils se hâtaient pour que ceux qui allaient venir ne pussent les atteindre : c'est-à-dire le concile d'Orient, qui était proche, et les (envoyés) de Rome. Ils n'ont ni examiné ni même lu, et, même, à mon avis, ce qu'ils ont écrit ils l'ont écrit plus tard ; car les jours et le temps n'ont pas suffi à écrire et à signer. Il semblait ainsi qu'ils

---

1. Lire *delô*.
2. Syr. : « les choix. »
3. C'est-à-dire : « les citations des extraits des Pères et de Nestorius. »
4. Cf. Labbe, *loc. cit.*, t. III, col. 569 *b*.

signaient contre moi par condescendance et obéissance, même sans
cause, car aucun d'eux n'a écrit la cause pour laquelle ils m'ont
déposé, si ce n'est ce sage et prudent plus que tout autre, et qui
pouvait dire quelque chose d'avisé, à savoir Acace de Mélitène :

Parce que certes il n'a pas confessé que Dieu le Verbe est mort, il méritait d'être déposé, parce qu'il fit mentir le Livre divin, et encore parce
qu'il calomnia Cyrille d'avoir dit que Dieu le Verbe est mort [367] lorsqu'il
ne l'a pas dit. Il fit encore mentir le Livre, comme s'il enseignait que la
naissance et la souffrance n'affectaient pas la divinité mais l'humanité, et
il calomnia encore les écrits du saint et pieux évêque Cyrille, comme s'ils
attribuaient des souffrances à Dieu le Verbe, ce que ni lui ni aucun de ceux
qui pensent avec piété n'ont osé dire [1]...

C'est sur un seul de ces sujets qu'il fallait m'accuser et non sur
deux [2]; mais ils acceptaient contre moi des choses opposées, et
dans leur préoccupation, ils ne voulaient pas interrompre ce qui
les pressait, mais ils avaient hâte de s'esquiver et de se séparer,
pour ne pas tomber sous le jugement des juges. Ils s'éloignaient
comme (on s'éloigne) des ennemis, de sorte qu'ils montraient leur
préoccupation et leur désir, de frapper de crainte [3] les évêques
présents et les (évêques) éloignés. Ils ont fait tout cela comme cela
se passe dans les guerres. Les partisans de l'Égyptien (Cyrille), et
ceux de Memnon, qui les aidaient [4], circulaient par la ville, munis
et armés de bâtons, hommes orgueilleux, qui se précipitaient avec
une clameur barbare, faisaient paraître, dans leur souffle, un esprit
de colère, avec des éclats (de voix) redoutables et inaccoutumés,
respirant (la discorde), sans piété, avec toute jactance, contre ceux
qu'ils savaient ne pas adhérer à ce qui avait été fait par eux. [368]
Ils portaient des sonnettes par la ville, allumaient du feu en de nombreux endroits et (y) jetaient des libelles de divers genres. Toutes les
choses qui arrivaient étaient des sujets d'étonnement et de terreur,
au point qu'ils barraient toutes les voies, obligeaient tout le monde

1. Nestorius résume d'abord et cite ensuite les paroles d'Acace, Labbe, *loc. cit.*,
col. 495 *a* : Κατεψεύσατο μὲν τῆς γραφῆς, ὡς καὶ αὐτῆς τὴν γέννησίν τε καὶ τὸ πάθος οὐ τῆς
θεότητος, ἀλλὰ τῆς ἀνθρωπότητος διδασκούσης. κατεσυκοφάντησε δὲ καὶ τῶν τοῦ ἁγιωτάτου
καὶ θεοφιλεστάτου ἐπισκόπου Κυρίλλου γραμμάτων, ὡς παθητὸν λεγόντων τὸν Θεόν.
ὅπερ οὔτε αὐτὸς, οὔτε ἄλλος τις τῶν εὐσεβῶς φρονούντων ἢ ἐνενόησεν εἰπεῖν, ἢ ἐτόλμησε.
2. Ou «d'avoir refusé de dire que le Verbe est mort » « ou d'avoir reproché à
tort » cette opinion à Cyrille.
3. Litt. : « pour être réputés terribles. »
4. Litt. : « dont ils étaient aidés. »

à fuir et à se cacher et se conduisaient avec violence, adonnés qu'ils étaient à la boisson, à l'ivrognerie et aux cris discordants. Il n'y avait personne pour empêcher ni pour secourir, et ainsi on était dans la terreur. Tout cela était dirigé contre nous; aussi nous avons utilisé le secours de l'empereur et la puissance des chefs de soldats [1] qui étaient mécontents de ce qui se passait et laissaient cependant faire.

L'évêque d'Antioche arrivait avec d'autres évêques nombreux, qu'ils cherchaient à attirer à leur parti, dans ce qui avait été fait avec injustice et audace; et ils se nommaient concile général. Lorsque (les nouveaux venus) connurent les choses qui avaient été faites avec audace, (ainsi que) leur effronterie et leur guerre hâtive [2], et l'impétuosité folle avec laquelle ils avaient tout fait promptement, ils déposèrent de la charge de leur épiscopat ceux qui avaient dirigé ce désordre et qui avaient suscité tout ce mal, je veux dire Cyrille et Memnon. Quant au reste [369] de leurs chefs, ils les anathématisèrent pour qu'ils ne fissent aucune des œuvres de l'épiscopat, parce qu'ils n'avaient pas agi dans l'esprit et la règle de l'épiscopat, mais par la force [3]. Pour qu'ils ne pussent nier ou cacher ce qui avait été fait contre eux, ils affichèrent leur déposition dans tous les endroits de la ville, pour que tous fussent témoins qu'ils avaient été déposés et des causes pour lesquelles ils avaient été déposés. Ils firent connaître tout cela à l'empereur par les lettres du concile, ainsi que leur audace en tout et la guerre qui avait eu lieu de manière barbare [4]. Aussi ils ne les laissaient pas prier dans l'église de l'apôtre saint Jean [5], ils se mirent à les lapider et c'est à peine s'ils purent fuir et se sauver.

Ils dirent aussi la cause pour laquelle (leurs adversaires) avaient osé faire tout cela : (à savoir) pour que le concile ne pût pas examiner ce qui avait causé ce trouble et cette division dans les églises, je veux dire les douze chapitres qui avaient été écrits, sans pudeur ni respect contre Dieu le Verbe, immortel et incorruptible ; et qu'il fallait prendre grandement garde à ne pas laisser sans

---

1. « Aussi nous avons dû recourir à l'aide de l'empereur et à la protection des stratèges. »

2. Ou « leur réunion à l'improviste. »

3. Litt. : « le pouvoir. »

4. Ces procédés sont aussi qualifiés de βαρβαρικὰς ἐφόδους dans Labbe, *loc. cit.*, col. 565 e.

5. Μέμνονος... τὸ ἅγιον ἀποστόλιον ἡμῖν ἀποκλείσαντος. Labbe, *loc. cit.*, col. 565 e.

examen de tels blasphèmes, que les partisans d'Arius eux-mêmes
n'avaient pas osé proférer ouvertement contre Dieu le Verbe.

Cyrille et sa faction écrivirent aussi à l'empereur, en portant
de nombreuses accusations contre Jean (d'Antioche), comme s'il
[370] avait déposé audacieusement Cyrille, à cause de l'amitié
qu'il m'avait vouée. Ils avaient besoin que ceux-là aussi confir-
massent ma déposition et annulassent celle de Cyrille et Memnon;
car ils n'avaient pas osé écrire les (actes) de Jean et de son concile
avec leurs paroles : « Comme l'ont ordonné les lettres de votre
Piété, ils s'étaient réunis en commun avec nous et nous avons
ensuite étudié avec tranquillité et soin les choses requises, pour
confirmer la foi de la religion des Pères » selon les ordres de
l'empereur et les désirs des Orientaux qui attendaient toujours
ces choses. Ceux qui avaient confiance (soi-disant) dans les Livres
divins et dans l'enseignement des Pères n'ont pas osé dire, même
pour la forme : « il y aura un jugement, » pas même pour échapper
à une accusation. Ils n'osaient pas faire la discussion et un jugement des choses qui auraient dû être (étudiées), parce qu'ils
n'avaient pas confiance dans ce qu'ils avaient écrit.

Pour voir que je dis la vérité, lisez la relation des uns et des
autres; et vous saurez ainsi que les uns demandaient toujours
qu'il y eût un jugement, tandis que les autres le fuyaient.

[371] Lettre qui fut envoyée a l'empereur par Jean,
évêque d'Antioche, et par les autres évêques qui étaient
réunis avec lui [1].

Comme nous en avons reçu l'ordre par vos lettres, nous sommes venus
à Éphèse, métropole, et nous avons trouvé que les affaires des églises
étaient conduites par toutes sortes de perturbateurs et par des guerres
intestines. Car Cyrille d'Alexandrie et Memnon d'Éphèse se sont réunis,
et ont assemblé une grande foule de campagnards : ils n'ont pas laissé
célébrer la sainte fête de la Pentecôte ni l'office du soir et du matin. De
plus, ils ont fermé les églises et les *Martyria*, ils se sont réunis eux et
ceux qu'ils avaient trompés, ils ont commis des milliers de crimes et
ont foulé aux pieds les canons des saints Pères, ainsi que vos ordres.
Et cela, après que le très magnifique comte Candidianus, envoyé par votre
Puissance qui aime le Christ, les eut conjurés par écrit et sans écrit d'attendre l'arrivée de tous les saints évêques; et de faire ensuite ce qui paraîtrait

1. Labbe, *Coll. concil.*, t. III, col. 601.

bon à toute l'assemblée, selon les lettres de votre Piété. Cyrille d'Alexandrie lui-même m'avait fait dire par lettres deux jours avant de faire la réunion, comme si tout le concile attendait mon arrivée... C'est pourquoi nous avons déposé les deux qui sont mentionnés plus haut, Cyrille et Memnon, et [372] nous les avons éloignés de tout service spirituel (interdits). Quant aux autres qui ont pris part comme eux à l'iniquité, nous les avons placés sous l'interdit, jusqu'à ce qu'ils aient anathématisé les chapitres qui ont été envoyés par Cyrille et qui sont remplis de sens mauvais, et concordent avec l'enseignement d'Apollinaire, d'Arius et d'Eunomius, et qu'ils se soient réunis avec nous, selon les écrits de votre Piété, dans l'unanimité et la paix, pour étudier soigneusement avec nous ce qui est controversé, et pour confirmer la vraie foi des Pères. Quant à ma Petitesse[1], votre Majesté saura que, vu la longueur du chemin que, de plus, nous faisions par terre, nous avons rejoint[2] (les autres évêques) avec hâte et rapidité. Nous avons parcouru en effet quarante étapes (*mansiones*) sans prendre un seul (jour de) repos dans notre route, comme il est possible à votre Majesté qui aime le Christ de l'apprendre des habitants de toutes les villes par où nous avons passé. De plus, la famine qui régnait à Antioche, les émeutes journalières du peuple[3], les pluies nombreuses et continuelles en dehors de leur saison, et le danger[4] provenant d'un cyclone qui arriva à la ville, nous retinrent de nombreux jours dans la ville elle-même.

Lorsque l'empereur eut vu cela, il fut irrité de ce qui avait été fait contre moi sans examen et sans jugement, et il jurait qu'il n'y aurait rien autre, en dehors de ce qui avait été réglé auparavant, à savoir qu'il y aurait jugement et examen des choses requises, car c'est pour cela qu'avait été réuni le concile [373] général : pour s'entendre ensemble sur l'examen qui devait avoir lieu dûment.

Lorsque les partisans de Cyrille virent la tendance de l'empereur dans cette direction, ils excitèrent dès lors trouble et sédition[5] dans le peuple avec des clameurs, comme si l'empereur était opposé à Dieu. Ils se soulevaient contre les grands et les chefs qui n'adhéraient pas à ce qu'ils avaient fait, et ils couraient en tout lieu. Ils eurent aussi l'impudence et l'audace de prendre avec eux ceux qui s'étaient séparés et éloignés des monastères à cause

---

1. Le grec porte : « quant à ma lenteur. » Le traducteur a lu βραχύς au lieu de βραδύς.

2. Litt. : « devancés. »

3. Lire, '*amô* comme le grec : ταραχαὶ τοῦ δήμου.

4. κίνδυνος.

5. στάσις.

de leur vie et de leurs mœurs singulières, et qui avaient été chassés à cause de cela, ainsi que tous ceux qui étaient des diverses sectes hérétiques [1], et ils étaient tous animés de fanatisme et de haine contre moi. Le même souffle les animait tous : Juifs, païens et toutes les sectes, ils s'appliquaient à faire accepter sans examen les choses qui avaient été faites sans examen contre moi. Tous étaient d'accord, même ceux qui avaient été mes compagnons à table, à la prière, en pensée; ils se lièrent ensemble d'une amitié inséparable, par des visites, par des réceptions dans les maisons, par des bons offices, en confirmant ce qui avait été fait contre moi, et ils faisaient entre eux des vœux contre moi. Ceux-là qu'on n'aurait pas même cru d'abord qu'ils voudraient saluer les hérétiques — bien qu'ils fussent estimés [374] orthodoxes — voulaient (ensemble); ils n'étaient divisés en rien [2].

Il y aurait beaucoup à dire au sujet des songes qu'ils racontaient, qu'ils disaient avoir vus à mon sujet; et d'autres (imaginaient) autre chose. Ils stupéfiaient les auditeurs, à savoir par les saints qu'ils voyaient, par les révélations qu'ils en tenaient, et par une prophétie qui avait été imaginée [3]. Aucun d'eux n'était désœuvré, personne n'était séparé de leur communion; je ne parle pas seulement des chrétiens, mais encore des païens. Ils cherchaient à persuader tout le monde de ce qu'ils voyaient et se comparaient à des anges de lumière. Par tout cela ils avaient prévenu, adouci, ému l'esprit de l'empereur pour qu'on ne fît pas l'examen qui avait été demandé, et pour lequel le concile général avait été réuni. Comme il était opposé à leur demande absurde et impudente, par laquelle ils lui demandaient qu'il n'y eût pas de jugement, ils donnaient une grande quantité de biens à ceux qui l'approchaient [4]. Je n'ai rien à ajouter : l'empereur laissa faire en pratique le contraire de tout ce à quoi il paraissait tenir; car ils ne le craignaient pas, (et ne s'abstenaient) ni de faire une sédition ni de courir sur tout le monde.

Ils préparaient encore d'autres maux [5]: Car ils firent des réunions de prêtres et des troupes de moines, et ils tenaient conseil

1. Cyrille fait le même reproche à Jean.
2. La fin est obscure.
3. C'est là le cadre des « plérophories de Jean de Maïouma, » Paris, 1899.
4. Cf. *infra*, Appendice II, la liste des dons envoyés vers 432.
5. Litt. : *additum est in illos etiam propositum malorum.*

[375] contre moi, en les aidant dans ce but. Ils avaient pour auxiliaires en ces choses tous les eunuques de l'empereur [1] qui scrutaient sa pensée et donnaient confiance aux autres. Comme (l'empereur) aimait beaucoup l'habit des moines, ils s'unirent tous dans une même volonté pour lui persuader qu'il n'y eût pas de jugement, mais que ce qui avait été fait contre moi sans examen demeurât. Et tous les moines s'accordaient en un même sentiment contre moi, eux qui, en tout le reste, étaient sans charité entre eux, envieux et enviés, surtout pour la gloire humaine. Ils se choisirent pour directeur et pour chef, afin de frapper l'empereur d'étonnement, l'archimandrite Dalmace[2], lequel, depuis de longues années, n'était pas sorti de son monastère. Une multitude de moines l'entourèrent au milieu de la ville et ils chantaient l'office[3], afin que toute la ville se réunît à eux pour aller près de l'empereur afin de pouvoir empêcher sa volonté. Ils préparèrent tout cela d'avance, afin qu'il n'y eût aucun obstacle et ils entrèrent, en chantant l'office, jusqu'auprès de l'empereur.

Lorsque l'empereur vit Dalmace, il agita la tête et plaça sa main, comme s'il était étonné à la vue de cette personne (*prosôpon*). Et il dit : Quelle raison t'a obligé à violer ton pacte ? Nous allions près de toi; maintenant pourquoi viens-tu près de nous ? surtout au milieu (du peuple) de la ville ! car même [376] dans ton monastère, on ne te voyait pas en dehors de ta cellule; et tu ne te laissais pas voir à tous les hommes, tandis que maintenant tu t'es donné en spectacle à la vue des hommes et des femmes. N'y aurait-il pas eu plusieurs causes pressantes qui t'auraient obligé à en sortir, (par exemple) une maladie mortelle de moi ou de mes proches,

---

1. L'eunuque Chrysaphe devait être, quelques années plus tard, le principal appui d'Eutychès.

2. Les présentes intrigues ne sont pas bien connues par ailleurs, mais deux ans plus tard, Epiphane, archidiacre et syncelle de Cyrille, écrivait à l'évêque de Constantinople : *Et Dominum meum sanctissimum Dalmatium abbatem roga, ut et Imperatori mandet, terribili cum conjuratione constringens, et ut cubicularios omnes ita constringat ne illius* (Nestorii) *memoria ulterius fiat. Et sanctum Eutychen* (le futur hérésiarque), *ut concertet pro nobis et Domino meo* (Cyrillo)... *Roget itaque sanctitas tua Dominum jugalem ejus* (Aristolai), *ut scribat ei, rogans illum, ut perfecte laboret, et ut reverendissimus Eutyches scribat ei.* C. Lupus, *Variorum Patrum epistolæ*, Louvain, 1682, c. cciii, n. 292, p. 419. Ces mêmes intrigues ont pu se produire deux ans plus tôt et le récit de Nestorius n'est donc pas invraisemblable. Cf. p. 307, note 3.

3. ψάλλοντες ἀντίφωνα, Labbe, *loc. cit.*, col. 752 e.

des séditions et des troubles qui ont eu lieu dans la ville, et qui
avaient besoin de l'intervention et de la prière de quelqu'un,
pour ne pas en arriver au sang et à la mort; des guerres, la perdition, la peste, la famine, les tremblements de terre, qui ne pouvaient seulement être arrêtés que par une supplication adressée à
Dieu; n'est-ce pas l'une de ces choses qui t'a décidé à quitter ton
monastère [1]?

Dalmace dit : Certes, ò empereur, ce n'est pas une difficulté de
ce genre qui m'a obligé à sortir. Dieu ne m'a fait savoir rien de
tel, car il avait une autre manière de résoudre ces (difficultés).
Mais maintenant Dieu m'a commandé de conseiller à ta Majesté,
et j'ai reçu ordre de te témoigner que tu pèches contre toi-même
chaque fois que tu pèches contre le concile et que tu modifies
son jugement. Tu as réuni le concile pour juger et il a jugé; il sait
comment il a jugé, c'est lui qui répondra devant Dieu.

L'empereur lui dit : Je ne trouve aucune iniquité en cet homme,
ni aucune cause qui lui vaille d'être déposé. Je proteste devant
toi et devant tout homme que je suis innocent; car ce n'est pas
par un penchant [377] humain que j'ai aimé celui-ci, et que j'ai
fait ce qui a eu lieu, pour qu'il soit jugé et condamné, comme ceux
qui s'élèvent contre Dieu et qui ravissent pour eux les (fonctions)
des prêtres. Ni maintenant ni auparavant je ne me suis occupé
de cette ordination, pour que l'on puisse penser que je me venge
ou que je cherche une revanche à cause de son élection. C'est
d'accord avec vous tous que j'ai fait venir cet homme de force,
lorsqu'il était très attaché à sa famille et à ses parents. Vous fûtes
cause de tout cela et non moi. Lorsque, ò Dalmace, je te suppliais
de te charger de cette affaire et que je te priais longuement de ne
pas refuser le service de Dieu, tu as refusé et tu m'as supplié
au contraire de ne pas te contraindre « parce que tu n'étais pas
instruit [2]. » J'ai encore demandé un autre d'entre les moines qui

---

1. Cf. Labbe, *op. cit.*, t. III, col. 752 *d*. Depuis quarante-huit ans, Dalmace était
reclus à l'intérieur de son monastère; l'empereur avait été souvent le trouver,
surtout à l'occasion des fréquents tremblements de terre, pour lui demander de
sortir et de prier pour la ville (ἐξελθεῖν καὶ λιτανεῦσαι), mais sans succès. —
Plus loin, col. 753, Dalmace raconte au peuple qu'il a décidé l'empereur à
obéir au concile et non « aux hommes pervers ». Nestorius a dû connaître ces deux
pièces (on le voit par son allusion aux causes qui auraient pu occasionner la sortie
de Dalmace) et il leur compose une réponse.

2. Litt. : « ignorant. »

semblait être quelqu'un et qui était loué pour (sa) piété, mais il a refusé lui aussi, comme s'il ne savait pas remplir cette fonction parce qu'il n'était pas instruit [1]. Vous m'avez tous dit : Constantinople a besoin d'un évêque qui soit aimé de tout le monde grâce à ses paroles et à sa conduite, afin qu'il soit le docteur des églises et la bouche de tous en tout. Lorsque vous avez refusé, est-ce que j'ai agi de ma propre autorité [2] ? Ne vous ai-je pas demandé de nouveau de choisir celui qui était tel? [378] N'ai-je pas prié de la même manière le clergé de Constantinople de choisir celui qui convenait? N'ai-je pas dit la même chose aux évêques : « C'est à vous qu'il appartient d'élire et de sacrer [3] l'évêque »? Vous aussi, je vous ai priés de la même manière. Ne vous ai-je pas laissé beaucoup de temps ; j'attendais que vous choisissiez paisiblement, de crainte que la hâte ne causât quelque erreur au sujet de celui qui serait choisi ? Mais vous avez choisi, (direz-vous) et je n'ai pas accepté votre choix? Veux-tu que je dise quelque chose sur vous autres? Dirai-je leur empressement, leur course, leurs présents, leurs promesses, leurs serments et tout le reste, de la part de ceux qui voulaient être (évêques) comme en l'achetant ? Parmi ceux-là lequel vouliez-vous qui fût évêque ? Mais je passe là-dessus; quel choix vouliez-vous voir (ratifier) : le tien, ou (le choix) de celui-là, ou d'un autre? Les uns en choisissaient d'autres, non d'un (véritable) choix, en faisant porter leur choix sur les meilleurs, mais sur ceux qui étaient méchants. Chacun glorifiait celui qui avait été choisi par lui et parlait en mal de celui qui avait été choisi par les autres et portait contre lui de mauvaises accusations ; mais vous autres, vous n'avez jamais pu convenir d'un seul : celui que le peuple choisissait, vous ne vouliez pas l'accepter. J'ai lu devant vous les paroles du peuple sur chacun de ceux qui avaient été choisis. Que devais-je donc faire que je n'aie pas fait? Vous, [379] moines, vous n'étiez pas d'accord avec le clergé; d'ailleurs le clergé n'était pas unanime ; les évêques étaient divisés, et le peuple l'était de la même manière ; l'un combattait pour l'autre. Même alors, je ne me suis pas donné le pouvoir (de choisir l'évêque), mais je vous ai laissé le choix. Après cet insuccès [4], vous êtes venus tous et vous m'avez donné

---

1. Litt. : « ignorant. »
2. Litt. : « par mon pouvoir. »
3. Litt. : « choisir et faire. »
4. Litt. : *Postquam ergo vos omnes staretis in penuria.*

(pouvoir) de choisir celui que je voudrais. Après m'être laissé
convaincre avec peine, tandis que vous tous me suppliiez, j'ai pensé
qu'il ne convenait pas de faire (évêque) un homme d'ici, de crainte
qu'il n'eût des inimitiés et ne fût haï; car vous vous haïssiez tous
les uns les autres et vous étiez tous haïs les uns des autres, comme
si vous vous occupiez (tous) de cette (affaire). J'avais cherché
un homme étranger qui n'était pas connu de ceux d'ici et qui
ne les connaissait pas, illustre par sa parole et par ses œuvres. On
m'a fait savoir qu'il y en avait un de ce genre à Antioche ;
c'était Nestorius. Je l'envoyai chercher, au grand regret de
toute cette ville. Néanmoins je le fis venir pour votre propre
avantage, qui m'était plus cher que le leur. Mais quand cela
eut lieu, vous ne l'estimâtes pas ainsi. Que fallait-il donc faire à
cet homme ?

Vous ne l'avez pas examiné pour qu'il pût répondre sur les choses qui lui étaient reprochées. Votre évêque n'a pas été jugé non
plus par entente (commune), mais l'évêque d'Alexandrie avait jugé [1]
[380] avec celui de Rome, qu'il ne croyait pas correctement, et
qu'il était obligé d'obéir à leur décision. Mais lui, il demandait
et attendait un jugement, comme si on avait commis une iniquité contre lui, et il leur reprochait de ne l'avoir pas accusé correctement ; car il était évêque, et il devait être appelé au jugement des évêques et non au mien. Le juge ne pouvait pas être
quelconque; il ne fallait pas non plus que l'évêque de Constantinople ne fût entendu que devant un seul homme. Est-ce que
moi j'ai jugé comme il me plaisait ? J'ai laissé ce pouvoir au concile. Qui a demandé d'être jugé et se l'est vu refuser ? Qui est
juste ? Celui qui désire être jugé et le réclame, ou bien celui
qui fuit devant le jugement? Ne pouvait-il pas imiter ceux-ci
et faire contre eux ce qu'il avait souffert lui-même : réunir les
évêques qui étaient sous sa main et ceux d'Orient qui étaient du
même avis que lui, pour juger et condamner celui-là comme
coupable? Mais il n'a pas [2] fait cela, et c'est surtout pour faire cesser
ces divisions qu'il désirait un jugement. Il n'y a aucune loi d'après
laquelle l'évêque d'Alexandrie ou de toute autre ville, ne soit pas
jugé lorsqu'il doit l'être. Mais (direz-vous) lorsque le concile se fut
réuni et eut siégé, ils l'ont cité une ou deux fois et il ne daigna même

1. Lire *don hwô*.
2. Lire *Welô*.

pas leur répondre. Pourquoi cela? Répondez, ne le cachez pas. Je n'ignore pas ce qui a eu lieu, car on a agi avec si peu de pudeur [381] que leur machination ne peut pas être cachée. Car il n'a pas récusé le jugement, mais la tenue de ce concile qui s'est réuni partiellement pour juger, ce qui ne nous a pas plu. Ce n'est même pas un concile que celui où l'adversaire siège parmi les juges. Nous n'avons pas commandé non plus de faire quelque chose avant la réunion de tout le concile. Car c'est la réunion de tous que nous appelons concile et non celle de quelques-uns. Parce que nous avions vu d'avance les pièges et les embûches qui étaient tendus, nous avions ordonné que le concile n'eût pas lieu partiellement, mais qu'on attendît la réunion de tous les évêques pour qu'on examinât, par question et par réponse, les choses requises. Ceux-là ont donc annulé le concile général et la loi du tribunal, qui ont tenu notre volonté pour rien, et l'évêque d'Antioche a bien fait en les déposant de la charge de leur épiscopat, de crainte qu'en demeurant dans leurs charges ils ne les avilissent. En quoi donc a péché celui qui leur demandait d'attendre ceux qui étaient éloignés, de ne pas enfreindre le règlement qui avait été donné et de ne pas faire de schisme dans le concile ? Fallait-il déposer pour cela celui qui n'a transgressé en rien ce qu'on avait décidé de faire, mais qui était disposé à se laisser juger par tous sans refuser?

[382] Lorsqu'il eut terminé ces paroles il ajouta : Je ne vois aucune cause de blâme en cet homme, je suis donc innocent, ainsi que mon empire et ma parenté, de cette iniquité.

Ceux-là s'emparèrent avec empressement de cette réponse, et la prirent comme s'il laissait et cédait tout ce qui avait été fait contre moi tel qu'ils l'avaient fait. Dalmace, et ceux qui étaient avec lui, crièrent : Que cette impiété soit sur moi, ô empereur, je m'occupe [1] pour toi et pour ce qui te concerne à ce sujet ; je réponds de ces choses devant le tribunal du Christ comme si je les avais faites moi-même.

Quand il eut ainsi reçu cette assurance : qu'il ne serait pas responsable [2] des iniquités commises contre moi, il décréta et confirma tout ce qui avait été fait contre moi. Voilà comme j'ai été jugé et comme l'examen a eu lieu !

---

1. Au lieu de *rochê*, « je t'accuse », lire *Ronê*, μεριμνῶ
2. Litt. : « qu'il serait sans préoccupation. »

Quand ces choses qu'ils avaient préparées contre moi furent
accomplies, la troupe inique sortit du palais. Chacun répandait
divers bruits ; ils firent sortir Dalmace couché sur une litière garnie
et couverte ; des mules le portaient par le milieu des rues de la
ville, pour que chacun sût qu'il avait vaincu la volonté de l'empereur, (au milieu) d'une grande foule de peuple et de moines qui
dansaient, applaudissaient et criaient tout ce que l'on peut dire
de quelqu'un qui est déposé pour iniquité. Dès qu'on sut qu'ils
s'étaient emparés de la volonté de l'empereur, [383] tous les
hérétiques, qui avaient été auparavant condamnés par moi, se
joignirent à eux. Tous, d'une seule voix, criaient également mon
anathème — encouragés par ce qui avait eu lieu — en tout endroit de la ville, mais surtout dans les endroits sacrés [1], afin de
réunir avec eux une foule de peuple pour commettre l'iniquité
sans pudeur. Ils avaient l'audace [2] de frapper des mains, sans
rien dire autre que : Dieu le Verbe est mort.

Il n'y avait pas de différence entre les hérétiques et les orthodoxes ; tous se levaient également contre Dieu le Verbe. Ils combattaient sans miséricorde, comme des impies, ceux qui ne consen-
taient pas à attribuer la souffrance à la nature de Dieu le Verbe,
disant : non pas que l'immortel a adhéré au mortel pour faire
mourir le mortel sans mourir lui-même, mais au contraire que
l'immortel s'est joint au mortel pour devenir mortel ; de même
il ressuscita, après être mort avec lui, dans l'immortalité de celui
qui ressuscita, et tout cela pour que l'immortel devînt mortel,
et que le mortel à son tour devînt immortel, afin qu'il reçût dans
sa nature d'être immortel et d'être mortel, d'après la puissance
du Maître qui peut rendre l'immortel mortel et le mortel immortel.
Ces choses étaient dites sans voiles, par ceux-ci et par ceux-là,
et par les autres hérétiques ; elles étaient chantées et applaudies
dans les maisons, dans les rues et dans toutes [384] les églises.
Pour ce motif, tu ne pouvais pas discerner les choses qui étaient
dites dans les Églises, ni même distinguer si les églises appartenaient aux hérétiques ou aux orthodoxes, tant étaient grands
la concorde et le zèle pour adopter la foi (du concile) et pour confesser Dieu passible. Ils se servaient des démonstrations mêmes
pour lesquelles ils avaient été accusés, et ils les défendaient dans

1. Litt. : « du sanctuaire. »
2. Litt. : « ils avaient pris la confiance. »

les mêmes (termes). Ils n'avaient tous qu'une bouche, un cœur et une volonté contre Dieu le Verbe, au point que les offices étaient négligés dans les églises et dans les monastères, et qu'ils s'occupaient de sédition[1], de persécutions et de choses analogues. Quant à ceux qui leur fournissaient des biens, de la nourriture et des richesses, à l'aide de tout ce qu'ils donnaient, ils les excitaient et leur demandaient de s'occuper constamment de ces choses[2].

Il plut donc à l'empereur que je restasse déposé et que Cyrille et Memnon le restassent de la même manière. On pensait qu'il faisait cela pour nous obliger à venir à l'entente, et pour que nous fussions reçus et que nous nous recevions les uns les autres; et qu'il prolongeait ma déposition pour nous amener tous à une même volonté. Il (prolongeait ma déposition) et il demeurait sans se réconcilier avec ceux-là, afin de me faire rentrer en grâce aussi de toute nécessité, (en profitant) de leurs importunités et de leurs demandes en faveur de Cyrille, afin que l'on crût que la sagesse impériale avait remporté la victoire [385] sur leurs sentiments (personnels). Mais il n'en était pas ainsi, par suite ou bien d'un changement de sa volonté qui à l'origine était droite, ou bien de ce que sa volonté était telle dès l'origine, il n'était porté vers moi qu'en apparence, jusqu'à ce qu'il trouvât le temps propice pour (me) vendre pour des biens. Quoi qu'il en ait été, j'en suis arrivé là.

Lorsque le comte Jean, qui était chargé du trésor public (*comes largitionum*), fut envoyé à Éphèse, on pensait qu'il était venu pour que Cyrille et moi pussions parler l'un avec l'autre, tout le concile étant assemblé, et que c'était une chose qu'on ne pouvait dorénavant refuser. Tout cela effrayait et stupéfiait les autres, tant était grande leur crainte et leur terreur de parler avec moi et d'avoir un jugement, d'après nos paroles, sur les choses controversées. Cependant il n'acheva pas sa course, mais se relâcha, car ce qui est aimé des hommes avait frappé chez lui : ce qui était raconté dès lors comme un bruit; à la fin Celui qui révèle les choses cachées le révéla, l'amena à la lumière et le fit connaître à la vue de tous. Durant sa vie il le couvrit de honte et après sa

---

1. στάσις.

2. Ces événements sont racontés en abrégé dans Labbe, *op. cit.*, t. III, col. 752-753. Dalmace ne raconte pas sa conversation avec l'empereur « pour que l'on ne croie pas qu'il veut se vanter, » col. 753 c.

mort il fut convaincu; aussi bien celui qui vendit la vérité, c'est-
à-dire Jean, que celui qui (la vendit) plus que lui, c'est-à-dire
Cyrille, lorsque cet or d'iniquité fut exigé [1]. [386] Mais rapportons
ces choses telles qu'elles ont été avec les paroles qui étaient criées
et démontrées, pour qu'elles instruisent tous les hommes.

Car dès que Jean fut venu à Éphèse, il ordonna à chacun de venir,
et Memnon s'enfuit à cause des choses qui avaient eu lieu ; et
comme ils lui faisaient quitter l'autel, (Jean) l'appela comme à une
conférence amicale (et) le donna à garder, afin de ne négliger aucune
des choses qui conviennent à l'examen de l'autorité, de celles
(du moins) qu'il convient à tout homme de faire. Après que nous
étions tous réunis, pour entendre ensemble les lettres de l'empereur, sa volonté (de Jean) fléchit et il devint tout autre, au point
de faire une comédie plutôt que de s'appliquer aux choses qui
étaient dignes de son attention. Car, lorsqu'on allait lire la lettre
impériale qui était écrite à tous, Cyrille et les siens lui persuadèrent
que je ne vinsse pas devant lui, mais que j'entendisse ce qu'écrivait l'empereur, de devant le rideau (de la porte). Il faisait cela,
sans avoir à l'esprit rien de ce qui convenait, parce qu'il était
déjà couvert d'or [2]. Quand ils entendaient lire ce qui me concernait, ils louaient longuement l'empereur ; mais quand on en
arriva à ce qui concernait Cyrille, ils crièrent et adjurèrent pour
que ce ne fût pas lu. C'est d'une telle confiance enfantine [387]
que faisaient usage ceux qui auparavant tremblaient et
étaient prêts à s'enfoncer dans la terre si c'eût été possible, lorsqu'ils n'avaient aucune réponse à donner ni sur ce qu'ils avaient
osé et fait contre l'ordre (de l'empereur), ni sur l'examen de la foi.
Après que j'eus été donné en garde, il en fut de même de Cyrille [3]
comme pour faire croire que nous n'entrerions pas et ne retour-
nerions pas dans nos villes et — ce qui avait été (commandé) aussi
auparavant par un ordre de l'empereur — que nous ne serions pas
reçus par les chefs ni par ceux qui étaient chargés du soin des villes.
Enfin il me commanda de demeurer dans ma ville, où cela me plairait ; non par une permission, mais sur ma demande. Car j'avais demandé plusieurs fois et j'avais réclamé de ceux qui avaient la

1. Cf. *infra*, p. 305.
2. Litt. : « il était doré. » Cf. p. 307, note 3.
3. Cf. Lupus, *op. cit.*, c. xvi, p. 47-49, et Labbe, *Concilia*, t. iii, col. 723

confiance de l'empereur et qui semblaient mes amis [1], la grâce
d'apprendre à l'empereur qu'il n'était pas question pour moi de la
gloire humaine de l'épiscopat, mais que je désirais ma cellule (monacale) ; qu'il me fît cette faveur ; mais qu'avant cela on fît, même
sans moi, l'examen de la foi ; afin qu'ils ne perdissent pas la foi à
cause de leur passion contre moi [2]. J'avais vu en effet les embûches
et les luttes qui avaient eu lieu d'abord contre moi : comme il n'y
avait contre ma personne (*prosôpon*) aucun motif de m'accuser
au point de me faire partir et de me déposer de Constantinople
ils en étaient venus à (prétexter) la foi. A cause de leur animosité
contre moi, ils s'étaient passionnés aussi contre la foi. Il me
sembla donc qu'il était convenable et utile de [388] m'oublier
moi-même, afin qu'eût lieu ce dont on avait surtout besoin ; car
lorsque l'inimitié est apaisée, que de fois on revient à soi.

(Jean) me donna la faveur [3] qu'il avait vendue à Cyrille, comme
ce fut mis en évidence, après la mort de (celui-ci), par la confession
à mon sujet qui fut trouvée dans (ses) écrits ; aussitôt qu'il eut fait
cette confession, arriva la mort qui condamne tout homme et ne
pardonne pas ; voilà les secours dont je m'étais servi. Tandis que
j'étais renvoyé avec cet honneur, Cyrille était gardé pour un temps ;
mais celui qui était gardé avec grand soin échappa à ceux qui le
gardaient à Éphèse et aux chefs qui avaient ordre de ne pas le
laisser passer à Alexandrie, il partit d'Éphèse et gagna sa ville
sans en être empêché par personne. Même cette chose fut préparée
et achetée par des présents, car il ne quitta pas la ville par la force,
il transgressait les lettres impériales, contre la volonté de l'empereur, il échappait aussi à la peine et à la punition méritées par la
transgression de l'ordre impérial ; mais tout cela put arriver [4] ainsi
à cause de cette colère feinte et trompeuse que (l'empereur affec-
tait) contre lui, qui était de la même sorte que son amitié pour
moi. En conséquence ce qui semblait [389] de l'amitié envers
moi m'était toujours un dommage ; car (l'empereur) était pour
(me) vendre et non pour moi : son inimitié envers celui-là retomba
en réalité sur moi.

1. Cf. Lettre à Scholastique, Lupus, *op. cit.*, c xv, p. 43 ; Loofs, *op. cit.*,
p. 190.
2. Cf. Lettre à Antiochus, Lupus, *op. cit.*, c. xxiv-xxv, p. 67-68 ; Loofs,
op. cit., p. 195.
3. Litt. : « la dot de la grâce »
4. Litt. : « mais toutes ces choses, il fut donné qu'elles seraient ainsi. »

Voilà comme se passèrent, dès le commencement, les choses qui furent faites contre moi ; et ils ne laissèrent rien qui pût me convaincre d'avoir menti; d'ailleurs ils sont condamnés d'après ce qu'ils ont écrit eux-mêmes. Tout homme qui veut scruter avec soin, sans omettre, par prévention, ce qui a été écrit par eux à Éphèse, peut très bien comprendre, d'après leurs écrits, quel est celui qui a tout excité et pourquoi il l'a excité, et pourquoi il n'a pas agi avec conséquence comme un frère envers son frère : le réprimandant, le conseillant, cherchant, étudiant ces choses en lui-même [1], mais il se hâta de les dévoiler et répandit abondamment chez tous le trouble, la guerre et l'inimitié par les lettres qu'il avait écrites. Pourquoi, lorsque j'eus répondu à sa lettre, que j'en eus accepté une partie comme bien dite, et que je lui eus indiqué les choses dont je doutais qu'elles eussent été bien dites, avec le motif pour lequel je ne les acceptais pas, ne m'a-t-il pas répondu : ou en instruisant, ou comme s'il n'avait pas compris, ou, (s'il) en était ainsi, pour maintenir ce qui avait été écrit ? Pourquoi a-t-il suscité le concile égyptien et romain contre moi ? [390] Pourquoi n'as-tu demandé d'établir ce qui me concerne comme un frère vis-à-vis d'un frère [2] ? Mais tu as voulu recueillir tout seul mes (écrits), et me condamner tandis que j'étais absent. Pourquoi n'es-tu pas venu près de moi avec ton concile pour m'interroger ou pour me réprimander, comme l'ont fait tes prédécesseurs à l'égard de ceux qu'ils voyaient avoir besoin de leur venue : comme Alexandre contre Arius, et comme Timothée contre Grégoire, ou comme Théophile contre Jean ? Car personne ne t'en empêchait et ne privait l'accusé (du droit) de répondre pour lui-même. Il n'est personne d'éloigné et de susceptible [3] d'être jugé qui en juge un autre. Il n'y a pas d'accusateur qui soit le juge de son adversaire éloigné. Pourquoi, lorsque tu étais appelé à un concile général, as-tu refusé, avec le concile particulier, de venir et de justifier les choses dont tu m'accusais et pour lesquelles tu me condamnais lorsque je n'étais pas présent ? Pourquoi, lorsque tu es arrivé,

---

1. Il faut avouer que la morgue et la hauteur de Nestorius dans ses lettres à Célestin et à Cyrille n'encourageaient pas à lui écrire de nouveau « comme un frère à son frère. »

2. *Sic supra*. Le syriaque porte ici « vivant » au lieu de « frère ». Cyrille prie Nestorius « comme un frère », Labbe, *loc. cit.*, col. 322 *a*. C'est à ce passage sans doute qu'il est fait allusion.

3. Litt. : « et demandant. »

n'as-tu pas attendu le concile requis (général), mais l'as-tu craint ?
Pourquoi, lorsque je te priais, t'empêchais et te conjurais d'attendre
le concile, as-tu refusé d'attendre l'arrivée des évêques orientaux
et le comte qui était [391] préposé au bon ordre du concile, mais les
as-tu méprisés tous ensemble? Pourquoi, après l'arrivée de tous les
évêques, lorsque l'empereur commandait, puisqu'il n'y avait eu
auparavant ni discussion ni examen, que l'on discutât entre moi
et toi et les évêques de l'Orient, as-tu tout fait pour qu'il n'y eût
pas d'examen ni de jugement ?

Il (Cyrille) n'avait qu'un but et qu'une pensée depuis le commencement et jusqu'à la fin : c'était qu'il n'y eût pas de jugement
ni d'examen au sujet des choses dont il m'accusait, tandis que moi
je ne désirais que jugement et examen au sujet des choses dont il
m'accusait, bien que sa fuite et sa précipitation ne (dussent pas)
emporter la victoire. Pourquoi, lorsque je demandais, refusais-tu,
si tu avais eu confiance dans la démonstration que tu avais à
l'aide des Livres et des Pères ?

Mais il me craignait (dira-t-on), à cause du secours que (me
prêtait) l'empereur. On sait qu'en réalité ce (dernier) me trahit plutôt qu'il ne me secourut, mais admettons cela, qui donc empêchait
qu'il y eût un jugement sans le secours de l'empereur? Il était déjà
(convenu) que je quitterais Constantinople, et le concile d'Orient
demandait qu'il y eût jugement et examen de la foi, même sans moi.

L'empereur avait ordonné que les dépositions des deux (partis),
de ceux, quelsqu'ils fussent, qui avaient été déposés par le concile [1],
seraient maintenues sans récrimination, mais qu'ils choisiraient chacun sept évêques qui seraient envoyés par les deux [392] conciles
à Constantinople pour parler devant l'empereur des choses controversées [2]; et que le reste des évêques serait renvoyé d'Éphèse.

Ont-ils donc parlé ensemble ? Lorsque ceux-ci, d'après les lettres
impériales, se furent rendus à Chalcédoine de Bithynie, il (l'empereur) [3] reçut les deux partis d'évêques qui étaient envoyés par le

1. Nestorius, Cyrille et Memnon.

2. Les délégués des orientaux étaient Jean d'Antioche, Jean de Damas, Himérius de Nicomédie, Paul d'Émèse (pour l'évêque Cyrus et pour Acace de
Bérée), Macaire de Laodicée (pour Cyrus de Tyr), Apringius de Chalcis (pour
Alexandre d'Apamée), Théodoret de Cyr (pour Alexandre de Mabboug). Lupus,
loc. cit., c. xxiii, n. 111, p. 65; Labbe, *loc. cit.*, col. 724.

3. Le texte porte ici le pluriel, comme le ms. *C* le porte encore, à tort, deux
lignes plus loin.

concile. Lorsqu'il (l'empereur) demanda aux Orientaux la cause de la scission qui avait eu lieu, ils dirent : « Ils introduisent (un) Dieu passible et ceux-ci ne veulent pas l'admettre avant que tout cela n'ait été étudié ; même si l'empereur usait de violence envers nous, nous ne voudrions pas admettre que Dieu est passible. Celui dont la nature n'est pas de souffrir, ne souffre pas. Celui qui a une telle nature (de ne pas souffrir), n'est pas consubstantiel à celui qui a une telle autre nature (de souffrir). Si celui qui ne souffre pas est consubstantiel à celui qui souffre, même celui qui ne souffre pas peut souffrir. » Rien qu'à cet énoncé l'empereur tremblait et ne supporta même pas d'entendre ces blasphèmes ; il secoua ses (habits de) pourpre [1], en disant : « Je n'ai aucun rapport [2] avec ceux qui sont ainsi. » Mais il n'ordonna pas de les contraindre par la violence, mais, au contraire, que l'on n'en restât pas là, et que l'on recherchât la vérité, de toute manière possible, sur les choses à examiner. C'est avec ces paroles qu'il les renvoya, avec de nombreuses louanges, en leur commandant de se préparer à cet examen.

[393] A cette nouvelle, ceux-là se mirent en mouvement pour qu'il n'y eût pas de jugement ni d'examen des choses (controversées). Mais l'empereur [3] renvoya les Orientaux et vous commanda — je désigne par « vous » tes partisans (de Cyrille), ceux qui te défendaient — d'entrer à Constantinople, et de mettre un autre évêque à ma place. Où se trouvait donc le jugement ? et devant qui ? Dites-le ; en présence de qui ? Si ce jugement n'était qu'une plaisanterie, dites comment cela s'est passé, vous qui avez écrit les choses qui ont eu lieu. Ces (écrivains) sont nombreux ; n'écoutez aucun des nôtres, de crainte que vous ne disiez qu'il a écrit par affection humaine ; suivez ceux des vôtres qui ont écrit sur ce qui s'est passé ; mais vous ne pouvez pas effacer les choses qui se sont ainsi passées et qui ont été écrites à cette époque [4].

Mais quelqu'un dira peut-être : Ce qui a été fait est évidemment une plaisanterie, mais c'est de l'impudeur de dévoiler ces choses

---

1. Voir Lupus, c. xxvii, p. 70, où l'on trouve le même récit : *Adeo motus est piissimus Imperator noster, ut blauteam chlamydem, quam induebatur, excuteret, seque retro subduceret præ magnitudine blasphemiæ.*

2. Litt. : « participation. »

3. Litt. : « la puissance de votre empire *ou* votre puissance impériale ».

4. Au sujet de cette délégation, où les orientaux ne purent obtenir d'être confrontés avec leurs adversaires, cf. Labbe, *loc. cit.*, col. 727-746.

incroyables et qui ont besoin d'une grande indulgence. Car les
choses qui ont été faites ainsi sont incroyables; mais cependant
elles ont été machinées de cette manière, non seulement contre
moi mais contre la foi, pour laquelle je me suis ému et j'ai pris
soin d'écrire et de faire connaître les choses qui ont eu lieu telles
qu'elles avaient eu lieu; afin qu'on ne s'imaginât pas qu'il y a eu
jugement et examen, qu'on ne crût pas sans raison [1], et qu'on ne
perdit pas la foi. La providence [394] et le jugement de Dieu ont
été révélés à tout homme, bien que certains qui voient et ne voient
pas se soient élevés contre moi, dès le commencement, par inimitié.
Maintenant encore, il (Cyrille) voulait prévenir chacun et l'attirer au
mal contre moi qui ai été condamné sans jugement; il a mis une bar-
rière devant tout homme, pour que je ne puisse plus revenir; et il a
cerné par là le parti des Orientaux et des autres pays qui n'avaient
pas adhéré à ce qu'ils avaient fait et m'avaient prêté secours. Je
ne savais rien de ce qui se passait, et je n'avais même pas songé à
les blâmer et à les accuser d'un jugement injuste.

J'invoquais le concile général contre ce concile qui était partiel,
afin de montrer en évidence à tout homme pourquoi ils ont fait
ce qu'ils ont fait. Ce n'est pas pour la foi qu'il montrait confiance
et zèle, mais pour qu'on n'examinât pas et qu'on ne jugeât
pas ses affaires et les miennes : par des lettres et toutes sortes
d'autres choses, il corrompait ceux qui approchaient l'empereur
et les impératrices [2], et il demandait qu'il n'y eût pas de concile.
Ceci fut dit à l'empereur et il (Cyrille) fut repris par des lettres
de sorte qu'il ne pût se cacher; car il aurait dû se réjouir d'un jugement —— si toutes ses (paroles) n'étaient pas trompeuses —— pour
s'appliquer à montrer à l'empereur que sa pensée était droite et
juste. Cela arriva afin [395] qu'il n'eût pas d'excuse, comme celui qui
ne sait pas en quoi il a commis le mal et qui le nie. Il empêcha
le jugement non seulement une fois ou deux [3], mais jusqu'à sa
mort. L'empereur, envers celui-là qui était blâmé par lui, agissait
au contraire avec indulgence, et moi, qui étais loué et célébré
et qui avais été opprimé, comme beaucoup en témoignaient, il
m'a condamné. C'est ainsi que les absurdités s'accroissaient pour
qu'elles ne fussent pas cachées. Mais, pour que leur injustice fût

1. 'clĩd.
2. Cf. Appendice II.
3. Théodoret écrit de Chalcédoine : *Capitulorum discussionem modis omnibus
fugiunt.* Lupus, c. xxxi, n. 119, p. 81.

révélée, l'empereur me fit encore de celui-là (Cyrille) un **témoin**
et un juge, comme il convenait pour que leur injustice fût **sans
excuse**. Tous témoignèrent qu'ils ne trouvaient (en moi aucune)
iniquité et qu'ils m'avaient condamné sans raison. Tandis que je
demeurais ainsi sans qu'on m'examinât et sans qu'on me jugeât,
ceux-là agirent entre eux et changèrent tout ce qui me concernait.

DES CHOSES QUI FURENT FAITES LORSQUE CYRILLE ET LES
ORIENTAUX SE RÉUNIRENT APRÈS[1] QUE SEPT DE CHAQUE PARTI
EURENT ÉTÉ ENVOYÉS (A CONSTANTINOPLE).

Mais racontons-le en abrégé ; on nous demandera peut-être :
«Comment le concile oriental t'a-t-il aussi condamné, au point
qu'il ne t'a même pas été laissé un (seul) **motif d'excuse?**» C'est
sur l'ordre impérial que tout homme connaît et que personne ne
peut cacher. Il n'y avait qu'une seule et même parole sur chacun de ceux qui étaient d'accord avec moi, qui m'admettaient
[396] et qui combattaient avec moi, et de ceux qui étaient accusés
et insultés avec moi; car ils n'avaient pas un seul **motif de diver-
gence** avec moi, eux qui changèrent et (se mirent) avec eux;
Mais toi, dis-nous la cause pour laquelle ils se sont séparés de toi :
c'est ton audace à mon égard, avec les lettres et les chapitres
que tu as faits; ils t'ont anathématisé et déposé à Éphèse. Tu ne
peux pas nier, ni toi, ni eux, ce que vous avez mis par écrit.
Quand ils faisaient cela, ils me rendaient témoignage en deux
choses : et pour la bonne conduite et pour la religion. Toi, au contraire, ils t'accusaient d'être mauvais et hérétique; ils t'ont appelé au jugement pour te réprimander sur ces deux points, et ils
ont jugé que tu méritais d'être déposé. Lorsque vous avez été
appelés par l'empereur comme à un jugement, ceux-ci ont
commencé à t'accuser; ils connaissaient en effet votre méchanceté,
votre tyrannie et tous les maux que vous aviez commis à Éphèse.
Même à Chalcédoine[2] vous avez fermé toutes les églises devant
eux, avant qu'il y eût jugement, pour qu'ils ne pussent entrer y
prier; vous leur avez barré les routes qui menaient à l'empereur;
vous les avez reçus à coups de pierres et de bâtons; vous les
avez chassés dans des endroits dangereux[3], comme en des en-

1. Le texte porte « avant »; mais il vient d'être parlé de l'envoi des sept
et il n'est guère question ici que de l'accorde Cyrille avec Jean d'Antioche.
2. Lorsque les sept évêques, partisans de Nestorius, se rendirent à Chalcédoine.
3. Litt. : « serrés. »

droits d'où des hommes étrangers, ne connaissant pas les che-
mins, ne pouvaient échapper. [397] Ils étaient venus dans l'espoir
que l'empereur y mettrait ordre, et ainsi ils avaient eu peine
à échapper à ceux qui les tourmentaient, jusqu'à ce que l'empereur eût envoyé une troupe [1] de soldats pour les sauver [2].

Il y avait une troupe innombrable de gens qui vivaient dans
la rébellion : Au moment où je fus appelé d'Éphèse, alors (cette
troupe était formée) d'Égyptiens, de moines de Constantinople, et
de gens qui avaient été chassés du monachisme, avec tous ceux
qui avaient été expulsés pour un motif quelconque et qui étaient
ardents pour les séditions [3]. A cause de l'habit des moines, ils
semblaient agir par zèle. Ils recevaient avec leurs habits (mona-
caux) les mets et la nourriture dans les monastères, ils leur étaient
donnés comme une récompense de leur ferveur (et de leur charité);
ils en engraissaient leurs corps au lieu (d'user) de continence [4].
A l'aide de ce que tu avais envoyé et que tu avais tiré des greniers
et des magasins de vin, d'huile, de légumes et de vêtements de
tout genre, tu avais rempli les monastères qui avaient été choisis
pour cela et d'autres endroits, de sorte que même les saints lieux
de prière en étaient encombrés, et que les sorties et les entrées
de tout endroit qui pouvait les recevoir en avaient été remplies.
Ces choses avaient lieu devant tout le monde, et tu les payais
par ce qu'on appelle « bénédictions » [5]; elles étaient données en
guise de paiement à ce sujet; ce que tu n'as pas fait avant ce temps
[398] ni jamais depuis. Tu agissais ainsi afin qu'on ne pût penser
que tu envoyais cela pour préparer une sédition, mais qu'en les
envoyant dans les monastères où on les prenait, ceux qui les recevaient ne pussent être blâmés de les recevoir, mais eussent l'air
d'être zélés lorsqu'ils excitaient sans vergogne des troubles et des
séditions. Tu les laissais tout faire et tu dirigeais tout pour qu'ils
ne parussent pas faire (mal).

Dis-moi donc pourquoi tu laissais faire cela, et pourquoi tu

---

1. Litt. : « un secours. »

2. Voir la lettre du comte Irénée, Lupus, c. XXI, n. 109, p. 60, Labbe ; *Con-*
cilia, t. III, col. 717, et les relations des Orientaux : *Atque hic periculorum*
multa millia perpessi. Et lapidati a servis amictu monachali oportectis. Lupus,
c. XXXIV, n. 122, p. 89 ; Labbe, *loc. cit.*, col. 729 e.

3. στάσις.

4. Cf. Labbe, *loc. cit.*, col. 730 e ; Lupus, ch. XXXV, nᵒ 123 : *Seditiones in*
ecclesia excitant, quæ expendenda in usus pauperum in suos insumunt milites.

5. Eulogies, dîmes ou présents. Cf. p. 307, note 3.

chassais ceux qui enduraient cela, au point qu'ils ne fussent même pas jugés dignes d'être entendus sur le sujet pour lequel ils avaient été chassés. Que pensèrent de toi et de moi (les évêques) lorsqu'ils retournèrent en Orient? Chacun d'eux avertit sa ville de ne pas adhérer à ce qui avait été fait contre moi. Pourquoi un décret [1] fut-il envoyé par l'empereur, par l'entremise d'Aristolaüs [2], pour les obliger à recevoir ce qui avait été fait contre moi? (Pourquoi) leur a-t-il été envoyé comme s'ils étaient avec moi et parce qu'ils étaient avec moi? Pourquoi leur commandait-il de t'admettre au nombre des évêques? Quelle raison les a convaincus [399] de t'admettre au nombre des évêques? Vous ne vous êtes pas vus, vous n'avez pas parlé ensemble, vous n'avez ni dit ni entendu dire | our quelle cause vous étiez séparés. C'est sans jugement, sans examen et sans concile que tu devais accepter ce que tu n'acceptais pas par jugement et que ceux-là devaient admettre ce qu'ils n'admettaient pas. Mais vous avez réfléchi entre vous et vous vous êtes réconciliés avec les autres, au sujet de ce qui vous était justement reproché, afin de confirmer justement les deux conciles, ou par la crainte ou par la patience, ou par l'hypocrisie, ou par tout cela en même temps. Quelle réponse faites-vous à ceux qui vous reprochent d'avoir fait une paix cachée par hypocrisie et par fraudes? (sinon :) c'était l'ordre de l'empereur; c'est l'empereur qui nous commanda, et qui nous amena à cela.

(Dis-moi); pourquoi donc me demandes-tu comment ceux qui n'admettaient pas d'abord ma déposition [3] l'ont admise ensuite? Ce n'est pas à toi à m'interroger, mais bien à moi à te demander pourquoi tu as accepté la foi que tu n'acceptais pas auparavant. Comment as-tu caché tes chapitres pour lesquels tu avais été déposé? Comment t'ont reçu ceux qui ne recevaient pas tes (écrits)? Comment ont-ils accepté la déposition portée contre moi, ceux qui n'acceptaient pas tes chapitres impies? C'est là-dessus qu'il faut interroger et répondre.

[400] Il ne me laisse pas sans réponse, l'acte dans lequel tu as été évidemment condamné par tous, qu'ils le veuillent ou

---

1. διάταγμα.

2. Cyrille écrit de ce personnage qu'un décret de l'empereur lui a été remis « ordonnant que tous les très religieux évêques de l'Orient anathématisent l'impie Nestorius. » Lupus, *op. cit.*, c. cxciv, n. 283, p. 385. Voir *supra*, p. 241, note 2, comment Cyrille a cherché à le circonvenir.

3. καθαίρεσις.

qu'ils ne le veuillent pas; mais, au contraire, il ne m'est pas
besoin d'autre réponse. Pour ceux qui veulent examiner ces choses,
(l'accord de Cyrille avec Jean d'Antioche?) fait connaître comment
les événements se sont passés, vous en convenez vous-même avec
moi : ceux-là se sont déposés eux-mêmes et se sont condamnés
par leur propre jugement, lorsqu'ils ont reçu non pas ce qui avait
été étudié par le concile, mais ce qui avait été convenu dans la
réunion de vous deux [1], que vous le vouliez ou que vous ne le
vouliez pas, en dehors de tous les autres (évêques); de manière
à ne pas abolir, sous le nom de concile, les choses qu'ils avaient
voulues une fois bien ou mal, mais à montrer qu'ils faisaient ce
qui plaisait à l'empereur en acceptant ce qui avait été fait contre moi, lorsque auparavant ils ne l'acceptaient pas; mais cependant ils refusaient vivement même de mentionner les chapitres
(de Cyrille). C'est à ces deux partis qu'ils étaient attachés les uns
contre les autres : toi à ma déposition, et ceux-là à la suppression
de tes chapitres, pour lesquels nous avions tous supporté cette
épreuve. Pour moi j'ai enduré toutes les souffrances et je n'ai
pas donné mon adhésion, et — cela soit dit avec le secours de Dieu
— je ne la donnerai pas jusqu'à mon dernier souffle [2]. C'est pourquoi, parce qu'ils ont admis les choses qu'ils [401] n'admettaient pas
auparavant, ils se condamnent eux-mêmes et annulent ce qui a été
fait contre moi. Car, en condamnant les chapitres, on annule aussi
en même temps ma déposition [3]; n'est-ce pas en effet pour ne pas
les avoir admis que j'ai été déposé ? Car il n'y a pas d'autre cause
à ma déposition [3].

Mais tu diras : « Je n'ai pas rejeté les chapitres, j'ai seulement reçu Jean (d'Antioche) qui a confessé avec moi et s'est rallié
à moi dans la foi qui t'est opposée. » — Jean aussi dit la même
chose : qu'il t'a reçu, toi Cyrille, parce que « tu t'es rallié à ma
confession au sujet des paroles de la foi. »

Quel est donc celui qui a reçu son collègue et quel est celui qui
a été reçu? Car vous dites tous deux les mêmes choses, et vous cher-
chez à persuader ceux qui se sont séparés et se sont éloignés de
la paix trompeuse que vous avez faite : toi, parce que les autres
ont accepté ma déposition qu'ils n'avaient pas acceptée aupara-

---

1. Sans doute de Cyrille et de Jean d'Antioche.
2. Litt. : « jusqu'à la dernière sortie de mon souffle. »
3. καθαίρεσις.

vant, et aussi parce que tu estimais qu'ils avaient accepté ces chapitres que je n'acceptais pas ; lui (Jean d'Antioche), parce qu'il
n'acceptait pas d'écrire dans la règle de la foi, tes chapitres —
dont tu voulais les amener à convenir avec toi — en ce qui leur
était justement reproché. N'est-ce donc pas à leur occasion qu'a-
vait lieu toute notre discussion, notre guerre et notre lutte, pour
ne pas les recevoir ?

Mais on dira qu'ils n'ont pas été écrits dans la règle de foi, non
pas parce qu'ils ont été rejetés [402] lorsque la paix a été faite,
mais parce qu'il n'y avait plus de division ni de discussion (à leur
sujet). Si toute notre étude et notre dispute avait pour but de réfuter et de rejeter ces (chapitres), ce n'est pas pour une autre
cause qu'ils n'ont pas été écrits lorsqu'on a fait la paix, sinon
parce qu'ils n'avaient pas reçu [1] l'assentiment et l'adhésion de
l'ensemble. Comment peux-tu donc les regarder comme s'ils
avaient été admis, eux qui n'ont pas été reçus dans vos professions de foi ? Au moment de la réconciliation on ne devait pas
omettre de s'en servir — toi et les tiens comme s'ils étaient orthodoxes, et les Orientaux comme s'ils étaient hérétiques — car
ce ne serait pas là une réconciliation au sujet de la foi, mais des
querelles et des divisions.

Pourquoi cependant ne furent-ils pas condamnés dans la confession de foi qui eut lieu par écrit, mais furent-ils laissés ? C'est
d'abord parce qu'il fallait céder à la contrainte impériale et qu'on
cherchait à ce que tous, quels qu'ils fussent, fissent la paix ; c'est
ensuite parce qu'on voulait lui faire la faveur de ne pas anathématiser ses chapitres par écrit, parce qu'il suffisait de ne pas les admettre, et de ne pas les insérer dans les écrits (de foi), eux qu'il voulait auparavant faire accepter de force. Pourquoi donc acceptait-
il de les laisser en dehors des écrits (de foi), s'il voulait — comme
il le voulait (certainement) — qu'ils fussent reçus comme orthodoxes ? [403] C'est d'abord pour n'être pas amené à la nécessité
d'une dispute et d'un échec; de crainte que les Orientaux ne se
levassent contre lui et n'exigeassent avant tout qu'il fût déposé
pour cela, parce qu'il avait été condamné, ce qu'il craignait beaucoup, car il lui serait nécessaire, lorsqu'il serait pressé et serré
de près, de dire clairement ce qu'il croyait : ou bien qu'il semblait croire comme il était écrit dans les chapitres et dans sa lettre,

---

1. Litt. : « parce qu'ils n'avaient pas été admis par. »

ou, s'il n'en était pas ainsi, qu'il pensait comme les Orientaux ;
dans les deux cas il serait accusé : ou bien il disait les mêmes choses
et il semblait un malfaiteur (pour les avoir poursuivies auparavant),
ou bien il se révélait manifestement hérétique. C'est pour ne pas
s'exposer (à ce danger) qu'il agréa et accepta volontairement de
faire la paix sans écrire les chapitres (dans l'acte d'union). C'est
ensuite pour qu'ils lui accordassent ce qui me concernait et qu'il
réclamait, c'est-à-dire ma déposition, afin que je ne pusse plus
revenir, puisque tous conviendraient ensemble contre moi de ce
qu'il avait machiné depuis le commencement. Mais il ne réussit
pas, parce que cela se faisait par la contrainte impériale et non par
un juste jugement.

[404] Lettre de Cyrille a Acace, évêque de Mélitène [1].

*A ceux qui le blâmaient de la paix qu'il avait faite avec les
Orientaux ; et comment il a répondu [2] à ceux qui blâmaient la paix
qui avait lieu.*

Celui-là certes (Jean) a répondu comme s'il ne recevait pas
tes chapitres, mais les rejetait, tandis que tous vous étiez pleins
de feu à leur sujet. Mais l'autre (Cyrille) dit qu'il n'accepte pas
de les anathématiser, bien qu'il fussent très zélés pour anathématiser les chapitres, mais « j'ai fait ce qui vous était nécessaire
et qui ne semblait pas croyable : (à savoir) qu'ils ont accepté de
leur propre volonté la condamnation de Nestorius, par laquelle
ils acceptent aussi les chapitres. » Il (Jean) ne nie pas accepter
la déposition (de Nestorius), mais c'est parce que tu as accepté
et confessé par écrit la foi qui renverse cette déposition, lorsqu'il
dit : « Ta foi n'est plus discutée parmi nous par écrit selon la
certitude de nos paroles, puisque tu distingues les natures et les
paroles divines pour les deux natures. » C'est ce que nous avions
tous soin de confesser et que tu ne confessais pas ; c'est arrivé
maintenant. Il (Jean) établit d'abord de toute manière possible
ce dont on a besoin pour la foi, mais nous n'avons pas empêché

---

1. Labbe, *Concilia*, t. III, col. 1111-1130. Ce titre semble avoir été ajouté
postérieurement, car il n'est pas encore question de la lettre d'Acace dans les
lignes qui suivent. Nestorius continue à opposer la thèse de Jean d'Antioche à
celle de Cyrille.

2. Litt. : « j'ai répondu. »

non plus d'établir les choses pour lesquelles on les calomniait : mais plutôt nous avons frayé le chemin.

[405] Et lui (Cyrille) dit : « Je les ai amenés à dire : Mère de Dieu, ce qu'ils n'acceptaient pas d'abord. » Il se vante et s'exalte contre ceux qui avaient lutté contre cette profession de foi. Mais celui-là a reconnu que j'ai admis tout uniment (le nom) de Mère de Dieu [1]. Il faut ensuite expliquer l'idée d'après laquelle l'union hypostatique et naturelle de Dieu est sacrifiée, ainsi que la naissance naturelle (provenant) d'une femme. Il dit en effet : « Nous confessons que sainte Marie est Mère de Dieu, parce que c'est d'elle que Dieu le Verbe s'est incarné et s'est fait homme, et, dès la conception, il s'est uni le temple qui a été pris [2]. » Il n'est pas né, mais il s'est uni au temple qui a été pris et qui est né d'elle. Nous ne reculons pas devant le nom de naissance, mais devant l'union hypostatique de Dieu le Verbe. C'est pour cela que nous l'avons fait rejeter. Celui-là (Jean) dit que Dieu le Verbe est (à la fois) « Dieu parfait et homme parfait »; qu'il est les deux par essence. C'est pour cela qu'il a écrit et dit : « Il est né du Père avant les siècles dans sa divinité, et le même, dans les derniers jours, pour nous et pour notre salut, est né de la Vierge Marie dans son humanité [3]. » Il (Cyrille) dit que « le même est né du Père et de la Vierge Marie dans l'humanité, » parce que, ici encore, il n'a pas cherché [4] à établir clairement la ou les choses requises, à savoir : « Un Seigneur Jésus-Christ, homme parfait, formé d'une âme rationnelle et d'un corps [5]» de sorte que le Christ [406] et le Fils et Jésus soient dans les deux essences. En tout il est Dieu aussi bien qu'homme par nature ; en

---

1. Cf. Loofs, *op. cit.*, p. 167-168, *ferri tamen potest hoc vocabulum...*, et p. 181, *ego autem ad hanc quidem vocem, quæ est* Θεοτόκος, *nisi secundum Apollinaris et Arii furorem ad confusionem naturarum proferatur, volentibus dicere non resisto.*

2. C'est une partie de la profession de foi des Orientaux. Labbe, *loc. cit.*, t. III, col. 1094 c.

3. Labbe, *loc. cit.*, col. 1119 d. προσεπάγουσι γὰρ, τίς ἂν εἴη σημαίνοντες, ὅτι τέλειος ὡς θεός, τέλειος δὲ καὶ ὡς ἄνθρωπος· τὸν πρὸ αἰώνων μὲν ἐκ τοῦ πατρὸς γεννηθέντα κατὰ τὴν θεότητα, ἐπ' ἐσχάτων δὲ τῶν ἡμερῶν δι' ἡμᾶς καὶ διὰ τὴν ἡμετέραν σωτηρίαν ἐκ Μαρίας τῆς ἁγίας παρθένου κατὰ τὴν ἀνθρωπότητα, cf. col. 1094 c.

4. Le texte porte « ils n'ont pas cherché. »

5. Ceci figure dans la profession de foi des Orientaux Labbe, *loc. cit.*, t. III, col. 1094 c.

tout il est homme par nature aussi bien que Dieu le Verbe ; les deux existent par essence, aussi chacun d'eux existe à part.

Parce que ces choses ont été dites sans être (bien) définies, il les tire à son sens selon son but, (les) explique à ses partisans et les trompe : il n'y a personne qui ne soit calomnié et l'un attire l'autre à son avis. Il m'accuse de n'avoir pas dit correctement ce qui est dit par les Orientaux : Ils disent que Dieu est né d'une femme, et moi je ne le dis pas[1]. Puis il cite mes paroles, comme d'après la renommée ; il dit en effet :

(Nestorius) a dit : « Nous apprenons du Livre divin que Dieu a passé[2] par la Vierge mère du Christ, mais nous n'apprenons en aucun endroit qu'il soit né d'elle. » Et en un autre endroit dans son homélie[3] il a dit : « Le Livre divin ne dit en aucun endroit que Dieu est né de la Vierge mère du Christ, mais que Jésus, et le Christ et le Fils et le Seigneur (est né). » Par ces paroles il divise Notre-Seigneur en deux fils, dont l'un est fils à part[4], Fils et Christ et Notre-Seigneur : Dieu le Verbe qui est né de Dieu le Père ; et l'autre qui est aussi à part[4] Fils et Christ et Seigneur, qui est né de la Vierge sainte[5]. Comment peux-tu cacher ainsi la vérité ? Ne disait-il pas seulement ces choses avec clarté[6] ? Ceux-là (les Orientaux) [407] nommaient la sainte Vierge mère de Dieu, parce qu'ils disent un seul Fils et Christ et Seigneur, parfait dans sa divinité et parfait dans son humanité[7].

Ajoute donc ce que tu as accepté et confessé : «qu'il y a eu union des deux natures et que nous confessons en conséquence un Christ, un Fils, un Seigneur[8]. » Ne trompe pas le sage Acace et par son moyen tous les autres. Car il ne pouvait pas échapper à un tel homme — au point d'être accusé pour la foi qu'il admettait contre toi — que peut-être tu admettais même mes (théories), ou plutôt celles qui appartiennent à l'orthodoxie, que tu as acceptées dans le grand trouble. J'ai confessé deux natures unies et toi tu le niais ; de la divinité et de l'humanité résulte un Christ,

---

1. Labbe, *loc. cit.*, t. III, col. 1119 *b*.

2. παρελθεῖν.

3. ἐξήγησις.

4. ἰδικῶς.

5. Labbe, *loc. cit.*, col. 1119 *b* à *c*.

6. Le grec porte : « Comment quelqu'un pourrait-il en douter lorsque lui, avec clarté, ne crie que cela ? » μονονουχί a été coupé en deux.

7. Labbe, *loc. cit.*, col. 1119 *c*.

8. Profession de foi des Orientaux. Labbe, *Conciles*, t. III, col. 1094 *d*.

un Seigneur et un Fils; ce n'est pas selon la divinité qu'il est né d'une femme mais selon l'humanité. Ce n'est pas comme Dieu qu'il est un fils (formé) de deux natures, mais il est un comme homme. Où donc ai-je dit deux fils, l'un à part Fils et Christ et Seigneur, Dieu le Verbe qui est né du Père, et l'autre le Christ de son côté à part (qui est né) seul de la Vierge sainte ? Tu n'as même pas compris ces coupures (de mes écrits) que tu as insérées (dans ta lettre) : « Nous apprenons du Livre divin que Dieu certes a passé par la Vierge sainte mère du Christ », que tu [408] m'attribues. Comment peux-tu proclamer que je dis que Dieu le Verbe né du Père est un Christ à part et que l'homme né de sainte Marie est un autre Christ? De qui prétends-tu donc que j'ai dit : « Dieu a passé par elle » ? Évidemment de Dieu le Verbe qui est né du Père. Comment donc ai-je dit que le Christ est autre chose que Dieu le Verbe qui est né du Père ? J'ai dit qu'il est passé aussi par la bienheureuse Marie, parce qu'il n'a pas pris d'elle le commencement de sa naissance comme le corps qui est né d'elle. Voilà pourquoi j'ai dit que celui qui est Dieu le Verbe n'a fait que passer et non qu'il est né, parce qu'il n'a pas reçu d'elle son commencement. Il y a et on reconnaît un seul Christ, les deux (natures) étant unies, lequel est né du Père selon la divinité et de la Vierge sainte selon l'humanité, car il y a eu union des deux natures.

Il faut (encore) que nous te disions, Acace, que je confesse en un seul Christ deux natures sans confusion. Il est né de Dieu le Père selon l'une des natures, à savoir selon la divinité ; et de la Vierge sainte selon l'autre, c'est-à-dire selon l'humanité. Comment peux-tu donc l'appeler « Mère de Dieu », lorsque tu as confessé qu'il n'est pas né d'elle ? Si tu as dit qu'il est né de la Vierge sainte selon la divinité, elle sera dite « Mère de Dieu », d'après la nature qui est née d'elle. Mais si tu confesses, toi aussi, qu'il n'est pas né (d'elle) en la divinité, par cela même [409] que tu confesses qu'il n'est pas né, comment peux-tu dire qu'elle est « Mère de Dieu » ? Comment peux-tu accuser celui-là (Nestorius) [1] de dire deux Christs lorsque toi aussi tu confesses que le Christ est de deux natures, une nature de la divinité qui est appelée Christ, et une nature de l'humanité que tu appelles aussi Christ ? Est-ce que tu confesses deux Christs à cause de la différence des natures : l'un, l'humanité, qui est né de la sainte Vierge, et l'autre, Dieu le

---

1. Nestorius paraît mettre la fin de ce paragraphe dans la bouche d'Acace.

Verbe, qui est né de Dieu le Père ? Ou bien dis-tu, comme l'a dit celui-là (Nestorius), « un dans l'union » et rien de plus ? Pourquoi en es-tu arrivé là et as-tu entraîné les autres avec toi pour faire de telles choses, contre un homme qui disait cela?

Cyrille. Mais Dieu le Verbe (qui procède) de Dieu le Père n'est pas un autre Fils, et celui qui (est né) de la Vierge sainte n'en est pas un autre, comme il le semble à Nestorius, car c'est un et le même ; c'est éclairci et expliqué par la suite : car en rendant compte de ce qu'il est, ils ajoutent : Dieu parfait [1] et homme parfait, qui est né du Père avant les siècles selon sa divinité, et de la Vierge Marie à la fin des jours pour nous et pour notre salut selon l'humanité, consubstantiel [2] du Père selon la divinité, le même; (et) consubstantiel de nous selon l'humanité, le même. Ainsi ils ne partagent pas un Fils et Christ et Seigneur [410] Jésus [3] ; ils disent que c'est le même qui est avant les siècles et à la fin des temps ; à savoir [4] celui qui procède de Dieu (est) Dieu, et celui qui est (né) de la femme dans l'humanité (est) homme. Comment en effet serait-il conçu notre consubstantiel selon l'humanité celui qui est né du Père, ai-je dit [5], selon la divinité, si le même n'est pas conçu et dit Dieu et homme ?

Si c'est une seule et même essence de Dieu le Verbe qui est née du Père et de la Vierge Marie, pourquoi confesses-tu deux natures de l'union, et non une et la même qui est née du Père et de la Mère, comme tu le veux et comme tu nous obliges à le penser et à te le laisser penser ? Mais ceux qui ont admis cette profession de foi ne t'ont pas permis de les conduire où tu voulais, mais ils t'obligent et te forcent, comme un trompeur, à demeurer dans les choses que tu as confessées avec eux. Car tu as confessé l'union de la divinité et de l'humanité, il y a eu en effet union des deux natures. Tu as confessé deux (natures) et tu dis que ceux-ci en ont confessé une seule. Ton effronterie est grande : Tu confesses l'union et tu dis que ceux-ci confessent la division de l'union ! Comment une seule et même essence peut-elle être divisée en deux essences dissemblables : celles de la divinité et de l'humanité ? (Comment) serait-il consubstantiel à une essence divisée en essences dissemblables et étrangères [411] l'une à l'autre ? Car on

---

1. *Sic* le grec, Labbe, *loc. cit.*, col. 1119 *c*. Le syriaque porte : « ajoutant ce que signifie Dieu parfait. »

2. ὁμοούσιος.

3. *Sic* le grec. Syr. : « et Jésus. »

4. δῆλον δὲ ὅτι.

5. *Sic* le grec, *ibid.*, ; syriaque : « comme tu l'as dit. »

ne peut pas concevoir qu'une essence soit en deux essences dissemblables et étrangères l'une à l'autre. Si elles sont semblables comme consubstantielles l'une à l'autre — comme est la ressemblance — dans quelle nature le Fils sera-t-il fils consubstantiel au Père et dans laquelle nous sera-t-il consubstantiel? Car l'essence de Dieu le Père et la nôtre sont étrangères l'une à l'autre.

Lui-même serait étranger à son être s'il résultait de deux natures étrangères l'une à l'autre. Comment dans ce cas concevra-t-on qu'il nous soit consubstantiel selon l'humanité puisqu'il ne sera pas dans l'essence de l'humanité ? Comment sera-t-il consubstantiel au Père s'il n'est pas dans son essence ? Ou comment le même sera-t-il, en essence, de l'essence de Dieu le Père et de la nôtre ? et comment sera-ce la même essence ? Comment deux essences étrangères l'une à l'autre (en feront-elles) une, de manière que chacune de ces essences existe et soit conçue dans une seule ? Si c'est impossible, on ne doit pas supporter qu'on en fasse mention dans la parole de foi. Il n'est pas une nature qui soit, dans sa nature, de l'essence du Père et de l'essence de l'humanité, pour être consubstantielle aux deux; mais c'est dans l'essence de Dieu le Père seulement qu'il est consubstantiel à Dieu le Père, et c'est dans notre essence qu'il nous est consubstantiel ; il est un et il est proclamé (un) dans le *prosôpon* de l'union (formé) de la nature de Dieu et de notre nature. Il est divisé naturellement dans les natures [412] d'après la différence des natures, qui ne communiquent pas l'une avec l'autre selon la notion des essences. Tu ne peux pas séparer ce que tu as uni. Il y a union de deux natures et non deux natures en une; car l'union est conçue et dite de la variété des natures différentes et non des différences de l'essence ellemême ; l'être en effet appartient à une essence mais l'union est la réunion des essences.

CYRILLE. Mais ces choses n'apparaissent pas ainsi à Nestorius, et son but leur est plutôt opposé en tout : il disait à l'église dans ses homélies : C'est pour cela que Dieu le Verbe est nommé le Christ, parce qu'il a constamment adhésion [1] au Christ. Et encore : Conservons l'adhésion des natures sans confusion, et confessons que Dieu est dans l'homme. Vénérons l'homme qui est adoré avec Dieu tout puissant à cause de son adhésion avec la divinité. — Vois-tu comme sa parole est odieuse [2]? Elle est remplie

---

1. συνάφεια.
2. *Sic* le grec ἀπηχός. Le syriaque porte « éloignée ». ἀπέχει.

d'une grande impiété. Il dit en effet que Dieu le Verbe est nommé à part Christ [1] et qu'il a constamment adhésion avec le Christ. Ne dit-il pas très clairement [2] deux Christs? Ne confesse-t-il pas qu'il vénère l'homme qui est adoré avec Dieu? Est-ce que ces choses, ô notre frère, te semblent parentes [3] de celles qui ont été dites par ceux-là (les Orientaux)? Elles n'ont [413] aucune cohésion [4] entre elles : car celui-ci dit clairement [5] deux et ceux-là (les Orientaux) un; à savoir : ils confessent et adorent un Fils et Seigneur et Dieu, le même provenant du Père selon la divinité et de la Vierge sainte selon l'humanité. Ils disent [6] à la vérité qu'il y a eu union des deux natures, mais ils confessent clairement un Christ, un Fils et un Seigneur [7].

NESTORIUS. Il nous fallait te dire (ceci), ô sage Acace : pourquoi nous trompes-tu? Car tu as confessé l'union de deux natures qui ne sont pas semblables l'une à l'autre et, dans ce que tu reproches à Nestorius, il semble bien que tu confesses comme lui, bien que tu ne dises pas que deux Christs sont introduits ; il ne semble donc pas que Nestorius non plus ait jamais confessé deux Christs. Mais d'après ce que tu lui attribues — bien qu'il ne le reconnaisse pas — pour lui faire dire deux Christs ; pour les mêmes raisons il semble que toi aussi tu dis deux Christs ; car ce n'est pas en une seule nature que tu places le Christ, mais c'est en deux natures complètes dans leur essence et dissemblables entre elles ;le Christ est dans la divinité et dans l'humanité. Par cela même qu'il est deux, les deux natures sont aussi nommées deux Christs, par le seul et même nom du Christ. Car lorsque deux natures, dissemblables entre elles, sont désignées par le même nom, elles sont dites deux [414] par homonymie. Mais dans l'union tu dis un; Nestorius le dit aussi : des deux natures (résulte) un seul Christ; elles subsistent dans leurs natures et n'ont pas besoin, pour subsister l'une et l'autre, d'être soutenues par leur union ; mais elles ont réalisé l'économie pour nous. La divinité n'a pas besoin de l'humanité, ni

1. Labbe porte « Dieu » dans le texte et « Christ » en marge. Il faut « Christ » puisqu'on doit en trouver deux, cf. *infra*.

2. *Sic* le grec, ἐναργέστατα. Le syriaque porte « en œuvre » ἐνεργέστατος.

3. Le grec porte ταῦτ᾽ οὖν ἀδελφά, et le syriaque a dédoublé ce dernier mot en deux, car c'est là qu'il a déjà pris : « ô notre frère. »

4. Litt. : « aucune force de pensée. »

5. *Sic* le grec, ἐναργῶς. Le syriaque porte « en œuvre », ἐνεργῶς.

6. Grec : « nous disons », à tort, semble-t-il.

7. Labbe, *loc. cit.*, col. 1119-1122.

l'humanité de la divinité, parce que dans leur propre nature elles ne
manquent de rien. Ce n'est pas en effet par son union avec l'humanité que la divinité obtient d'être Dieu indépendant, et l'humanité
non plus n'est pas homme à cause de son union avec la divinité ;
mais (il est homme) dès la création de la divinité dans la nature
commune, afin qu'il y ait union dès sa création ; car l'union de la
divinité n'a pas eu lieu pour compléter une essence, mais pour
(compléter) le *prosôpon* de l'économie pour nous. De même l'humanité n'est pas pour compléter la nature de la divinité, mais
pour le *prosôpon* de l'économie pour nous. Car elles portent le
prosôpon l'une de l'autre, aussi une nature se sert du *prosôpon* de
l'autre nature comme s'il était sien. Les deux (natures) ne se
servent pas en commun de l'une et de l'autre, ni du composé pour
compléter la nature, comme l'âme et le corps (sont composés) pour
(former) la nature humaine, mais une nature se sert du *prosôpon*
de l'autre nature comme s'il était sien. C'est pourquoi, d'après
l'onction de l'humanité, la divinité, à cause de l'union, est aussi
appelée ointe (Christ), et [415] des deux natures, de la divinité et
de l'humanité, il est résulté un seul Christ, un Fils, un Seigneur.
D'après l'union de la divinité et de l'humanité, le même est Fils
et Seigneur et Dieu. Les choses qui sont dites unes par l'union
—lorsque cet un concourt à l'union dans une nature — ne sont pas
conçues séparément comme celles qui sont dites par homonymie, et
ne permettent pas de diviser l'unité avec elles lorsqu'on les divise.
Car ces essences sont ensemble dans la nature, et il est appelé
dans sa nature d'après les deux. C'est ainsi que l'âme et le corps
qui sont unis sont nommés un seul être vivant, on ne dit pas deux
êtres vivants. L'âme et le corps forment un seul être vivant,
car le corps ne vit pas de sa propre vie, mais par son union
avec l'âme ; c'est pourquoi, s'ils sont divisés, la vie n'est pas
divisée, mais il ne reste que celle de l'âme ; les deux sont nommés un seul être vivant, d'après sa nature.

Prenons aussi comme exemple la divinité et l'humanité : il y a
un *prosôpon* qui est divisé en deux ; il n'est pas possible de le
concevoir comme un sans l'union, mais l'homme est homme et
Dieu est Dieu. Les deux sont un Fils, un Seigneur. Lorsqu'ils
sont séparés, celui-ci ne peut pas prendre le nom de l'autre ;
c'est pour cela que toi aussi tu confesses l'union des deux natures,
et de deux natures qui ne se ressemblent pas l'une à l'autre :
de la divinité et de l'humanité, [416] divinité parfaite et huma-

nité parfaite; un Christ, un Fils, un Seigneur. Peut-être donnes-tu
le nom de Christ à une seule nature et (ne dis-tu pas) un Christ
(formé de) deux natures, et (alors) l'union sans confusion des natures est superflue. Mais, si les deux natures sont un seul Christ
dans l'union, tu dis comme Nestorius, à savoir que l'une a le nom
de l'autre. Pourquoi t'empresses-tu extérieurement de poursuivre
les autres, lorsque tu réponds pour eux et qu'on trouve chez toi
les deux (opinions) : celle-ci et l'opposée ?...

Il (Cyrille) continue à faire la même démonstration :

Nous ne pensons pas, comme l'ont imaginé certains des anciens hérétiques, que le Verbe de Dieu a pris une nature (de sa propre substance) [1],
c'est-à-dire qu'il s'est formé un corps à l'aide de la divinité; mais, en
suivant partout les Livres divins, nous affirmons qu'il l'a pris de la
Vierge sainte. Après cela, lorsque nous considérons dans notre entendement les choses dont est (formé) un seul Fils et Seigneur et Jésus-Christ,
nous disons deux natures unies; mais après l'union, comme si la différence [2] des deux natures était enfin enlevée, nous croyons que la nature
du Fils est une, mais qu'il s'est fait homme et s'est incarné; mais si
l'on dit que celui qui s'incarna et se fit homme, était Dieu le Verbe, on
écarte tout soupçon [417] de changement [3]; car il demeura ce qu'il était,
et l'union sans confusion [4] sera aussi confessée par nous [5].

NESTORIUS. Tu reconnais donc les parties qui composent le
Christ : c'est-à-dire la divinité et l'humanité; puisque tu as confessé
une différence dans les essences et qu'elles sont demeurées sans
confusion, elles sont demeurées sans confusion comme sont les
natures, aussi, même dans l'union, elles sont demeurées telles.
Pourquoi donc les natures subsistent-elles sans confusion, puisqu'elles ne demeuraient pas après l'union telles qu'elles sont en
nature... « Car, après l'union, la séparation des deux (natures) est
supprimée et nous confessons que la nature du Fils est une [6]. »
Si les natures ne sont pas demeurées, même dans l'union, ce
qu'elles étaient, mais si les différences (des natures) à l'aide desquelles on les considérait comme deux, sont supprimées, même

1. Le syriaque a omis ἐξ ἰδίας que porte le grec.
2. Le grec porte « la division », διατομή.
3. τροπή.
4. ἀσύγχυτος.
5. Labbe, *loc. cit.*, col. 1122, *b*.
6. Paroles de Cyrille, cf. *supra*.

dans l'union où les natures subsisteraient sans confusion, il y a eu confusion : une confusion de changement et de conversion pour devenir une nature. Que te semble-t-il donc de ceci : « L'union qui s'est formée avec les natures a eu lieu sans confusion? » alors, c'est que les deux natures, dont est formé un seul Fils et Seigneur et Jésus-Christ, sont deux même dans l'union; les différences des natures qui les faisaient paraître deux ne sont pas supprimées : celle-ci n'est pas celle-là en essence, et celle-là n'est pas celle-ci en essence. Tu ne penses aucunement ainsi, et tu ne parles pas comme [**418**] tu penses. Pourquoi donc, dans tes pensées, acceptes-tu les deux (natures) dont est formé le Christ, tandis qu'après l'union, comme si la différence des natures était enlevée, tu dis « une nature du Fils »? Plus haut tu dis que « deux sont les (natures) dont est formé un Fils, » et plus bas (tu dis) « que la nature du Fils est une, » comme si l'union des natures aboutissait à une nature et non à un *prosôpon*. Les deux natures qui se sont unies ne sont pas devenues [1] une nature. Car cette union qui cause conversion et changement, en ce qu'elle est faite pour une nature et pour compléter une nature, n'est pas de deux natures complètes, mais de deux (natures) incomplètes.

Toute nature complète n'a pas besoin d'une autre nature pour être et pour vivre ; car elle possède en elle et elle a reçu tout ce qu'il faut [2] pour être. Dans un composé naturel (au contraire) on voit qu'aucune des natures qui contribuent à le former n'est complète, mais elles ont besoin l'une de l'autre pour vivre et subsister. C'est ainsi que le corps a besoin de l'âme pour vivre, car il ne vit pas à part, et l'âme a besoin du corps pour sentir, sinon elle verrait même sans yeux, et elle entendrait même lorsque l'ouie serait blessée ; de même pour les autres sens. Comment donc, des deux natures complètes, dis-tu une seule nature, puisque l'humanité est complète et n'a pas besoin de l'union de la divinité pour être homme? [**419**] Ce n'est pas à l'union de la divinité qu'elle (l'humanité) doit d'être homme, mais à la force créatrice de Dieu, qui a amené à l'existence tout ce qui n'était pas, quand bien même l'union aurait eu lieu dès sa création. Et la divinité n'avait pas besoin de l'humanité, pour comprendre ou pour sentir les choses humaines. Comment donc l'union du Fils aurait-elle abouti à une nature ?

1. Lire *tâ kioné*.
2. Litt. « la limite. »

Supprime donc complètement les deux natures et il y aura place pour (cette doctrine) d'une nature. Tu donnes à l'homme une nature différente de toutes les natures (humaines), sans âme comme l'a dit Arius, ou sans intelligence comme l'a dit Apollinaire. Et ensuite (tu fais) que Dieu le Verbe n'est pas indépendant, car il n'est pas une nature complète, puisqu'il a besoin de la nature de l'homme. Maintenant tu dis au même endroit des choses contraires : qu'il y a deux natures complètes dont est (formé) le Fils, et que l'union (aboutit) à une nature du Fils. Ce n'est donc pas à l'aide des deux natures que l'on conçoit un Fils ; tu as dit deux natures unies ; mais ensuite (en disant) une seule nature du Fils, tu supprimes celle de la chair. A cause de cela tu supprimes, après l'union, la séparation des deux (natures), parce que la nature du corps a été supprimée, ou parce qu'elle a été corrompue, ou parce qu'elle a été changée, et tu crois à « une seule nature du Fils, cependant, qui s'est fait homme et qui s'est incarné[1]. » A qui et à quoi, dont résulte un fils, as-tu donné le nom de nature ? Et quelle est [420] la nature unique du Fils? Les choses qui s'unissent (pour aboutir) de deux natures à une nature, sont censées être composées à l'aide des deux natures qui se sont unies, comme les choses composées à l'aide des éléments simples. La nature unique du Fils est donc composée et c'est pour cela que tu as dit : « Cependant il s'est incarné ; » comment donc « sera supprimée la division en deux », pour que l'on ne conçoive pas (le Verbe) avec la chair (la nature humaine) ? Tu dis deux et tu dis qu'il ne faut pas en concevoir deux après l'union, « comme si la différence des deux était supprimée. » Tu parles d'une nature du Fils et tu fais nécessairement songer à deux, parce que tu dis qu'après l'union il est incarné ; car·il est incarné dans une chair qui est chair par nature ; tu donnes donc au Seigneur deux natures après l'union; une nature du Fils et une de la chair dans laquelle il s'est incarné. Ou bien avant l'union, les natures de la divinité du Fils et de son humanité sont conçues comme séparées ; ensuite elles se seraient réunies pour la suppression d'une nature. Et ainsi, ni avant l'union ni après l'union, le Fils n'est conçu comme (formé) de deux natures. Ou bien tu dis que (les natures) demeurent sans être ni unies ni séparées, et la nature du Fils reste seule de

---

1. μίαν εἶναι πιστεύομεν τὴν τοῦ υἱοῦ φύσιν ὡς ἑνὸς, πλὴν ἐνανθρωπήσαντος καὶ σεσαρκωμένου. **Cyrille à Acace, Labbe**, *loc. cit.*, t. III, col. 1122 c. Cf. *supra*, p. 267.

la nature de l'humanité, afin de rendre vaine la division en
deux. Mais voilà que tu jettes devant Acace, comme devant un
chien qui est excité et rendu féroce, la négation de la division en deux après l'union, et tu dis : Nous croyons que l'essence
du Fils est une. [421] Puis devant les Orientaux (tu ajoutes) :
« Cependant elle est incarnée », afin qu'ils ne soient pas provo-
qués. Tu as dit aussi que « l'union a eu lieu tout à fait sans confusion » et tu donnes (ainsi) à chacun ce qu'il veut.

Acace [1]. Mais les adversaires diront certes souvent [2] : Voilà, avec
évidence, que ceux-là proclament deux natures lorsqu'ils font profession
de foi orthodoxe, et ils séparent les paroles des théologiens [3] selon la différence des natures. Comment ces choses ne seraient-elles pas opposées à
tes (théories) car tu n'admets pas que l'on divise les paroles à deux *prosópons* ou hypostases ?

Cyrille. Mais, ô sage, je dis que c'est écrit dans les chapitres : Celui qui
divise les paroles à deux *prosópons* ou hypostases ; les unes à l'homme
considéré à part en dehors du Verbe de Dieu, les autres comme si elles
convenaient à Dieu seul, (c'est-à-dire) au Verbe (issu) de Dieu le Père,
qu'il soit anathème. Nous n'avons enlevé en aucune manière la différence
de ces paroles, bien que nous ayons rejeté (de l'Église) celui qui les sépare :
les unes d'un côté au Fils, au Verbe du Père, les autres à l'homme de son
côté reconnu comme fils d'une femme. Car la nature du Verbe est certainement une, mais nous reconnaissons qu'il a pris un corps et qu'il s'est fait
homme [4].

Nestorius. Est-ce par le raisonnement et la suite de la dispute qu'il avait persuadé [422] Acace par ces paroles, et n'est-ce
pas en le conduisant en quelque sorte par la bride, qu'il l'avait
amené à le suivre partout où il voulait ? Il disait en effet qu'il y
avait union de deux natures qui constituaient un seul Fils et Seigneur et Jésus-Christ, et que l'union avait lieu absolument sans
confusion. Comment sera-t-elle une la nature du Fils que tu as
dit être de deux natures; c'est-à-dire (qu'il est) dans des natures
(et non dans une) celui qui est formé d'elles. En effet il n'y a pas de

---

1. C'est en réalité une objection que Cyrille se pose. Labbe, *loc.cit.*, col. 1122 c.

2. Le grec porte « peut-être », ἴσως.

3. Litt. : « de ceux qui parlent des choses divines », θεηγόρων.

4. Labbe, *Col. concil.*, t. III, col. 1122 d. Μία γὰρ ὁμολογουμένως ἡ τοῦ Λόγου
φύσις, ἴσμεν δὲ, ὅτι σεσάρκωταί τε καὶ ἐνηνθρώπησε. La fin peut ici se rapporter à la
« nature » aussi bien qu'au Verbe; mais plus haut, p. 267, le genre montrait qu'elle
e rapportait au Verbe.

nature qui soit deux natures à l'aide desquelles elle soit une et non deux.

Mais, (diras-tu), grâce à l'union il est un; cependant il ne peut pas être un dans l'union, et nous devons le concevoir deux sans confusion, avec la différence des essences ; et enfin nous ne devons pas concevoir deux mais un.

Qui comprendra la confusion sans confusion ? Qui partagera les paroles à deux *prosôpons* ou hypostases, sans diviser (le Christ) en deux *prosôpons* ou hypostases ?

Cela demande grand examen et une étude soigneuse de l'identité et de la diversité. « Si quelqu'un divise les paroles selon les deux *prosôpons* ou hypostases, » et de nouveau (il dit) « qu'il ne faut enlever en aucune manière la différence des paroles. » Celui qui dit qu'il ne faut pas séparer les paroles au *prosôpons* ou aux hypostases dit « qu'il n'enlève en aucune manière les deux différences des paroles. » Mais pourquoi ne serait-il aucunement permis de séparer les paroles aux *prosôpons* ou aux hypostases ? [423] Tu nous éloignes « de deux »; pourquoi donc n'as-tu supprimé en aucune manière la différence des paroles ? « Bien que nous repoussions la division des paroles entre le Fils séparément, le Verbe du Père, et entre l'homme considéré séparément, comme le Fils d'une femme, car la nature du Verbe est vraiment une, nous reconnaissons cependant qu'il a pris un corps et qu'il s'est fait homme [1] . »

Comment « n'as-tu pas supprimé toute différence des paroles, » lorsque tu dis que le Fils éternel est Dieu le Verbe par nature ? Dis que tu (lui) donneras aussi la chair en union et non avec éloignement ! Quelle division des paroles n'as-tu pas enlevée ? Car les différences proviennent des choses qui sont placées devant nous, puis ces différences sont désignées par des paroles; et lorsqu'il n'y a pas de différence (dans les choses), celle des paroles disparaît également. Si tu confesses deux natures d'un Christ et Fils, cela fait aussi deux différences. Selon les différences des natures, tu crées des différences de paroles, et tu partages aussi les paroles des théologiens. Pourquoi as-tu aggluti né les choses séparées, pour recevoir ensuite, d'une voix éclatante, celui qui les séparait? Comment confesses-tu deux natures pour (former) l'union d'un Christ et d'un Fils, et ensuite une (seule) nature de Dieu le Verbe?

---

1. Labbe, *loc. cit.*, col. 1122 *e*. Cf. *supra*.

Car tu as dit : « [424] Nous confessons une nature de Dieu le Verbe» et non les deux unies. Tu dis un Fils parce que tu attribues au Fils deux natures sans distinction ; tu dis ensuite une nature seulement, et tu n'en donnes plus deux sans distinction à Dieu le Verbe ; tu dis qu'il est le Fils incarné et ensuite qu'il n'est pas dans la chair. A moins que tu ne fasses un Fils de Dieu le Verbe dans une nature incarnée, et un autre Fils formé des deux natures unies. Tu n'oses pas attribuer une nature incarnée au seul Christ et Fils et tu définis avec confiance l'unique nature de Dieu le Verbe incarné. Pourquoi donc ? Est-ce un autre Fils que Dieu le Verbe avec une nature, et un autre Fils en deux natures dont est résulté un seul Fils ? On ne dit pas que la nature de Dieu est deux natures, mais une nature, en sorte que tu dises que le Christ est un Fils en deux natures. Et cependant tu dis tout cela (à savoir) qu'il y a deux natures d'un seul Fils et une nature de Dieu le Verbe. Tu dis que le Fils est formé de deux natures dissemblables, puis tu lui (en) enlèves (une) et tu lui donnes seulement une nature ; tu en enlèves une, je veux dire l'humanité, de sorte qu'elle ne soit pas Fils dans l'union. Tu es obligé par le nom des natures à séparer les propriétés de chacune d'elles, que tu le veuilles ou que tu ne le veuilles pas.

[425] Pourquoi dis-tu une nature de Dieu le Verbe et non deux natures unies ? Pourquoi n'as-tu pas osé dire encore que de ces (deux natures) résulte un seul Dieu le Verbe, de même que tu as dit qu'il n'en résultait qu'un seul fils? Admettons, comme tu le dis, qu'on accepte mentalement l'idée de deux natures qu'on dirait être unies ; dis la même chose de Dieu le Verbe (à savoir) qu'à l'aide des deux (natures) l'unique Dieu le Verbe est deux. Pour moi je dis, à la suite des Livres et des enseignements divins, deux natures qui sont unies, et que « Dieu le Verbe » indique la nature et « Fils » le *prosôpon*, mais qu'il est un seul et même Dieu le Verbe. C'est ainsi que « Dieu» indique la nature et que « Père, Fils et Saint-Esprit » indiquent les personnes (*prosôpons*). A cause de cela la divinité est une et les personnes (*prosôpons*) sont trois, à savoir Dieu le Père, Dieu le Fils et Dieu le Saint-Esprit [1]. Les personnes (*prosôpons*) ne sont pas sans essence. De la même manière, il y a dans le Christ deux natures — l'une de Dieu le Verbe et l'autre de l'humanité — et un *prosôpon* de Fils dont

---

1. Ou bien : « le Père est Dieu, le Fils est Dieu, le Saint-Esprit est Dieu.

l'humanité se sert aussi, et un [de l'] homme dont la divinité se sert aussi. Ils ne (se servent pas l'un l'autre) de la nature, mais du *prosôpon* naturel des natures ; car, même dans l'union, les natures demeurent sans confusion. Les natures ne sont pas sans *prosôpons* ni non plus les *prosôpons* sans essence. Il n'en est pas comme de la nature d'un animal, et l'union (des natures) n'a pas pour effet de compléter un animal, qui [426] doive aux deux (natures) d'être complet. Des deux natures complètes l'une est attribuée à l'autre par appropriation [1], non pas selon la nature ni dans une autre nature, mais dans le *prosôpon* naturel des natures. Ce qui est autre l'est dit par la nature. Car le Fils de Dieu est Dieu le Verbe par nature de manière que l'humanité même se sert de lui d'après l'appropriation [1] de l'union (à l'aide du *prosôpon*) et non d'après la nature. *Le Christ était hier, il est aujourd'hui et il sera le même demain dans tous les siècles* [2], c'est en *prosôpon* et non dans la nature même.

Pourquoi te loues-tu et confesses-tu que la divinité et l'humanité ne sont pas la même chose en essence ou, selon ton expression, dans la qualité naturelle [3], si cette qualité doit être appelée nature ? De plus tu confesses que la nature de la divinité et celle de l'humanité sont unies sans confusion ; tu comprends « deux sans confusion », et « qui sont réunies ensemble. » Tu confesses (ces qualités) par rapport aux natures, puisqu'elles demeurent sans confusion. C'est par la nature de chacune d'elles qu'elles sont conçues un être, puisque tu ne reconnais pas de *prosôpon*, mais (seulement) la nature. Tu supprimes les deux que tu reconnaissais sans confusion : tu confesses en effet que les deux s'étaient unies sans confusion, puis — comme pour supprimer la différence des deux — elles ne doivent pas être conçues deux mais une. Si tu n'avais pas en vue [4] l'inconfusion des deux essences, pourquoi donc dis-tu de ce qui a été réuni en une essence [427] qu'il faut reconnaître que cette union a lieu sans confusion ? Ensuite nous ne devons pas penser que les (natures) qui ont été unies sans confusion l'ont été sans confusion, ou, comme tu le disais, que l'union avait lieu pour que, de deux natures, il résultât un

1. *Domesticitas.*
2. Hébr., xiii, 8.
3. ἐν ποιότητι φυσιχῇ, Labbe, *loc. cit.*, col. 1122. *e.*
4. Litt. : « dans ton esprit. »

Fils. Car, après l'union, tu enlèves l'humanité à l'union (qui aboutit) à un Fils, et elle est chassée en dehors de l'union d'un Fils, et cette humanité est conçue désormais en dehors de l'union. Par suite l'essence, du Fils est conçue à part, et l'on ne conçoit plus dans un Fils les natures dont il a été formé, mais seulement une nature ; tu dis en effet qu'il n'y a qu'une seule nature.

CYRILLE. Lorsqu'on scrute le mode de l'incarnation, l'esprit humain voit nécessairement deux choses qui (sont)ensemble dans une union, de manière ineffable et sans confusion ; lorsqu'elles sont unies il ne les sépare aucunement, mais il croit qu'il y en a un formé de deux, qui est Dieu, Fils, Christ et Seigneur [1].

NESTORIUS. En quoi dis-tu qu'il est un? Est-ce dans le *prosôpon* d'union des natures qui se sont unies ? C'est ainsi que « l'esprit humain » voit les (êtres) qui sont unis sans confusion : Ils sont sans confusion dans leurs natures et dans leur essence ; ils demeurent et sont conçus ainsi. Celui-ci n'est pas conçu pour celui-là en essence, ni celui-là pour celui-ci. Au point de vue des essences, il y a séparation pour la nature de chacune d'elles : on la conçoit et elle existe. Dans la réunion des natures [428] un seul *prosôpon* se trouve en elles sans division et sans séparation. Sous le *prosôpon* naturel il y a une nature ; il se sert du *prosôpon* même de l'autre nature. Ainsi les natures qui ont été unies ne sont pas confondues et ne sont jamais séparées dans (l'union) même, parce que ce qui rentre dans la notion des natures est conçu dans la distinction de leurs natures.

CYRILLE. Mais la mauvaise opinion de Nestorius est tout à fait différente de cela : car il paraît confesser en effet que le Verbe qui est Dieu a pris un corps et s'est fait homme ; mais, ne connaissant pas la vertu de ce mot « il a pris un corps », il nomme deux natures et les sépare l'une de l'autre, en plaçant Dieu seul d'un côté et de la même manière l'homme à part de son côté ; (ce dernier) a été joint à Dieu par proximité et par égalité d'honneur seulement, et par puissance. Car il dit ainsi: « Dieu n'est pas séparé de celui qui est visible ; c'est pourquoi, à celui qui n'est pas séparé, je ne sépare pas l'honneur. Je sépare les natures et j'unis l'adoration... » Nos frères d'Antioche, acceptant simplement, avec la seule pensée [2], les choses dont on conçoit (que) le Christ (est composé), prônent la différence

---

1. *Sic V* et le grec, Labbe, *loc. cit.*, col. 1123 a. — *C, S* portent : « seigneur et Christ. »

2. ὡς ἐν ψιλαῖς καὶ μόναις δεχόμενοι.

des natures — parce que la divinité et l'humanité ne sont pas une même chose en qualité naturelle, comme je l'ai dit — mais un Fils et Christ et Seigneur, et comme il est un en vérité, [**429**] ils disent que son *prosôpon* est un, car ils ne séparent en aucune manière les choses qui ont été unies [1].

NESTORIUS. En effet, si c'était vrai, tu aurais eu plus de confiance en cette parole et moi je ne pourrais pas avoir confiance d'être connu par elle — mais, comme tu le dis, je « parais » m'en servir — il te fallait me blâmer devant tout le concile ; lorsque je t'ai adressé une prière, il ne te fallait pas la taire, mais attendre tout le concile. Lorsque j'ai été appelé au concile, il ne te fallait pas refuser. Mais combien de fois ne m'as-tu pas fait cela : tu blâmais mes mauvaises opinions et je ne pouvais user d'aucune réponse. Celui qui serait accusé de penser le contraire (de la foi) par hypocrisie, exposerait lui-même sa mauvaise opinion à toutes les condamnations.

Mais il n'en est pas ainsi, c'est même l'inverse. D'où sais-tu que je (parais) [2] confesser que Dieu le Verbe s'est incarné et s'est fait homme, et que cependant je ne dis pas qu'il s'est incarné et qu'il s'est fait homme? Car celui qui s'incarne, s'incarne dans la chair et celui qui dit que (les natures) sont divisées et séparées l'une de l'autre ne confesse l'incarnation en aucune manière. Mais peut-être [**430**] confesse-t-il plutôt que ce qui ne s'est pas incarné s'est incarné. Car comment s'incarneraient ceux qui seraient séparés l'un de l'autre sans s'être unis? Si donc je confesse deux natures et « qu'il s'est incarné », comment ai-je été censé dire « que les natures sont séparées et éloignées l'une de l'autre, » au point de ne pas concéder que Dieu le Verbe s'est incarné et s'est fait homme ?

Tu m'attribues : « Dieu n'est pas séparé de celui qui est visible [3] c'est pourquoi, à celui qui n'est pas séparé, je ne sépare pas l'honneur. » Celui qui dit : « Dieu n'est pas séparé de celui qui est visible, » comment sépare-t-il (en deux)? J'ai dit [3] que celui qui est visible n'est pas séparé de celui qui est invisible, et que l'honneur rendu à Dieu ne se sépare pas non plus. Mais si je ne sépare pas Dieu de celui qui est visible, parce qu'il est insépa-

---

1. Labbe, *loc. cit.*, col. 1123, *a. P. G.*, t. LXXVII, col. 193.

2. Il faut sans doute suppléer ce mot, car Nestorius reprend le texte de Cyrille cité plus haut.

3. Lire *émereth*.

rable, je ne sépare pas non plus l'honneur. Qui, pour toi, n'est pas séparé [1] ? et de qui n'est-il pas séparé ? « C'est pourquoi je ne sépare même pas l'honneur de celui qui ne peut pas être séparé. »

Mais je dis : « je sépare les natures, mais j'unis l'adoration. » Puisque toi aussi tu as accepté l'union des natures sans confusion, ou en vérité ou en apparence, tu sépares donc aussi les natures, que tu le veuilles ou non, sous le rapport des essences dont on conçoit (que) le Christ (est formé). Tu dis aussi diversité et que [431] la divinité et l'humanité ne sont pas la même chose en qualité naturelle [2], comme tu dis. Car celui qui dit que la divinité et l'humanité ne sont pas la même chose, définit, par une distinction de nature, que celui-ci n'est pas celui-là et que celui-là n'est pas celui-ci. Or la distinction de nature est une division. Autre donc est la division qui provient de la différence qui est dans l'essence des natures, et autre est la division qui provient de l'éloignement des essences qui ont été assemblées et unies dans l'ensemble. J'ai donc dit que l'union de l'ensemble des natures, de la divinité et de l'humanité, est sans séparation : « que Dieu n'est pas séparé de celui qui est visible. » Quant à l'union sans confusion des natures, j'ai dit qu'elles sont séparées par une distinction de nature, mais j'ai dit que l'adoration de ces (natures) qui sont ainsi non séparées et séparées, est une, parce qu'elles ont été réunies pour (former) un seul prosôpon et non une seule essence, ni une seule nature; car l'union des natures n'a pas eu lieu par une confusion; d'ailleurs il n'y a pas eu non plus confusion pour compléter une seule nature, car l'union ne résulte pas de (natures) incomplètes, mais de deux natures complètes.

Toute union, en effet, qui aboutit par une composition de natures à compléter une nature, a lieu à l'aide de natures incomplètes. Celle qui a lieu à l'aide de natures complètes, se fait en un *prosôpon* et c'est en cela qu'elle subsiste. Ce n'est pas d'un corps sans âme, ni d'une âme sans [432] volonté et sans pensée non plus que Dieu le Verbe s'est servi, et il n'a pas tenu lieu d'âme et d'intelligence au corps et à l'âme. C'est en cela que l'église des ariens et des apollinaristes s'est séparée, parce qu'ils

1. « Qui dis-tu être séparé ? » V.
2. ܠܐ ܩܢܘܡܐ ܟܝܢܝܐ.

n'admettaient pas l'union de deux natures complètes. Je ne sépare pas les natures, par translation et par isolement, qui se sont unies ensemble; je ne parle pas non plus d'une liaison qui a lieu par amour et par rapprochement, comme il y en a entre ceux qui sont éloignés (et) qui sont unis par l'amour et non par les essences ; je n'ai pas dit non plus que l'union a eu lieu par égalité d'honneur et puissance [1], mais (que c'est une union) de natures, et de natures complètes, et je donne, par la réunion des essences, une union sans confusion. Par « un honneur » et « une puissance », j'ai parlé de l'union des natures et non de l'union de l'honneur et de la puissance. Et sinon, montre(-le) par ce que j'ai dit : « Dieu n'est pas séparé de celui qui est visible ; c'est pourquoi je ne sépare pas l'honneur de celui qui ne se sépare pas [2]. » Où ai-je donc dit là que je sépare les natures l'une de l'autre, et ai-je dit que Dieu le Verbe était à part et l'homme à part, et qu'ils adhéraient par un rapprochement d'amour ou par égalité d'honneur ou par puissance? J'ai dit en effet : « Je ne sépare pas Dieu de celui qui est visible. » Il ne s'agit pas là de rapprochement, ni d'égalité d'honneur ni de dignité, mais j'ai dit que je ne séparais pas Dieu même, dans sa nature, de la nature visible. Et « à cause de Dieu qui n'est pas séparé, je ne sépare pas non plus l'honneur; » car autre est (Dieu) et autre est son honneur, [433] autre est son essence et autre est ce qui appartient à son essence. Quand bien même j'aurais dit : « Je sépare les natures et j'unis l'adoration, » je n'ai pas dit que je sépare les natures l'une de l'autre par une séparation d'éloignement, comme tu m'en accuses dans ton injustice.

S'il n'y avait pas d'autre mode de séparation des natures que celui d'éloignement, tu aurais raison de me reprocher de les séparer ainsi. Mais s'il y en a beaucoup d'autres, surtout dans la question des natures sur laquelle porte toute notre étude, dans lesquels l'union des natures dont j'ai parlé ait eu lieu sans confusion ni changement, comment n'as-tu que cela [3] devant les yeux, pour l'agiter de toute manière [4], comme si c'était dans ce sens que j'ai dit : « je sépare

----

1. ἄνθρωπόν τε θεῷ συναφθῆναι λέγοντες κατὰ μόνην τὴν ἰσότητα τῆς ἀξίας ἤγουν αὐθεντίας. **Cyrille**, *Ad reginas*, Labbe, *loc. cit.*, t. III, col. 302 *d*; 284 *a*; 277 *c*.
2. **V.** *supra*, p. 274.
3. C'est-à-dire : « que ce mode de séparation par éloignement. »
4. Litt. : « pour l'examiner par en haut et par en bas. »

les natures ? » Tu rapportes que ceux-là (les Orientaux) « ne séparent d'aucune manière celles qui sont unies, » lorsque toi-même auparavant tu as dit qu'elles sont distinctes : « C'est par la pure et seule raison que nos frères d'Antioche prônent la différence des natures, lorsqu'ils considèrent les choses dont on conçoit (que) le Christ (est composé) ⸺ parce que la divinité et l'humanité ne sont pas une même chose en qualité naturelle, comme je l'ai dit, ⸺ mais un Fils et Christ et Seigneur et, parce qu'il est un en vérité, nous disons que son *prosôpon* est un [1]. » Tu ajoutes qu'ils « ne divisent en aucune manière les natures qui ont été unies [2], » lorsqu'ils ont dit changement : [434] « ce n'est pas la même qualité naturelle pour la divinité et pour l'humanité ; » et tu dis : « Il ne convient pas de séparer la différence, mais ce n'est pas que ce soient les mêmes choses en nature ; » et tu leur attribues ainsi une différence. Tu sépares nécessairement, dès que tu dis qu'il y a une différence et que la divinité et l'humanité ne sont pas la même chose en qualité naturelle ; cependant, (tu sépares) non par éloignement, mais au point de vue des natures, non par une séparation qui ait lieu à l'aide [3] des mains, mais par un sentiment clair. Comment donc « ne séparent-ils en aucune manière les choses dont le Christ est uni » et disent-ils des diversités dans l'essence ?

Tu dis encore :

Ils n'admettent pas non plus la séparation des natures, comme a semblé le penser l'auteur de ces malheureuses inventions. Ils définissent et séparent [4] les paroles touchant Notre-Seigneur, en disant qu'elles s'appliquent non pas les unes au Verbe de Dieu le Père, comme à un Fils à part, les autres à un autre fils né d'une femme, mais les unes à sa divinité et les autres à son humanité ; car le même est Dieu et homme ; il y en a encore d'autres, disent-ils [5], qui sont communes, parce qu'elles regardent les deux (natures), je veux dire la divinité et l'humanité [6] ...

Je pense qu'il (Cyrille) ne sait pas ce qu'il dit : du moins ce que je soupçonne qu'il dit est l'inverse [435] de ce qu'il fait semblant

---

1. Labbe, *loc. cit.*, col. 1123. *b.*
2. *Ibid., c.*
3. Je lis *bema'bdonouto.*
4. Le grec demanderait : *Damparchin.*
5. Pour rendre le syriaque conforme au grec, il faut maintenir *ômrîn* et supprimer *'al.*
6. Labbe, *loc. cit.*, col. 1123 *c.*

de confesser avec les Orientaux. Car, s'il n'y a pas de séparation des natures, comment as-tu dit « qu'ils prônent la différence
des natures? » Comment aussi la divinité et l'humanité ne seraient-
elles pas une même chose en qualité naturelle, elles qui ne sont divisées en nature que selon leurs différences? A ce sujet, si tu imagines
que j'admets une différence naturelle, tu ne te trompes pas; mais
cela ne provient pas « de l'auteur [1] de ces malheureuses inventions, » car ce n'est pas moi qui l'ai trouvé ; c'est la foi apostolique et l'enseignement des Pères ; c'est même ta confession lorsque tu es pressé et que tu la contournes d'ici et de là pour le dire
sans le dire.

Tu as confessé que le Christ est constitué par deux natures, et
qu'elles sont d'essence différente : « nous ne penserons pas que
Dieu le Verbe a pris dans sa propre nature, c'est-à-dire dans la
(nature) divine, et s'est constitué un corps; mais, nous attachant
partout aux Livres divins, nous affirmons qu'il l'a pris de la
sainte Vierge. Lorsque nous considérons, comme dans notre entendement, les choses dont est formé un seul Fils et Seigneur et Jésus-
Christ, nous confessons deux natures qui se sont unies [2]; » et la
différence naturelle n'est pas supprimée, car la marque d'une différence naturelle c'est qu'on dise qu'il est deux; or, quant aux natures, elles sont dites deux, il y a donc une différence naturelle
pour les natures, d'après laquelle tu dis qu'elles sont deux; mais
(tu ajoutes) qu'elles sont unies sans confusion, pour ce motif
encore elles sont deux.

[436] Tu dis ensuite une autre chose tout opposée : « Après l'union
il y a une seule nature, parce que la différence des deux est alors
enlevée [3]. » En cela il ne peut s'entendre avec les Orientaux. Cependant, dis-tu, « il n'y a aucune trace de la division en deux » — non
pas division de l'union, mais portant sur la différence des essences.
— Mais toi-même, ô sage, avec toute ta sagesse, tu confesses deux
(natures) même après l'union, et tu contrains cependant à
confesser qu'après l'union il n'y a plus deux natures. Tu as dit en
effet qu'il y a « deux natures unies », or il est évident que c'est
après l'union, et non avant, qu'elles sont unies. Comment donc
peux-tu confesser deux natures après l'union, et défendre de con-

---

1. Il faut le singulier, comme plus haut.
2. Labbe, *loc. cit.*, col. 1122 *b*.
3. *Ibid., c.*

fesser deux natures après l'union! Lequel croire ? Le premier
ou le second? ou bien le tien, lorsque tu t'accordes avec les Orientaux qui confessent deux natures, ou avec [1] Acace (lorsque tu dis)
qu'après l'union il ne convient pas de confesser deux natures
mais une, parce que la division en deux a déjà cessé [2]. Tu donnes
(ainsi) à tout homme ce qu'il veut...

Mais « ils n'admettent pas non plus la division naturelle... ils
affirment que les seules paroles touchant Notre-Seigneur sont
séparées [3], car ils disent qu'elles conviennent, non pas, disent-ils,
les unes au Verbe de Dieu le Père, comme à un Fils à part, et
d'autres comme à un autre Fils encore [437] qui serait (né) d'une
femme, mais les unes à sa divinité et les autres à son humanité,
car le même est Dieu et homme [4]... »

Il (Cyrille) me calomnie avec mensonge d'avoir dit deux fils,
ce qu'il a cité contre moi le crie, aussi bien (mes) lettres que (mes)
homélies qu'il a découpées. Quant à sa parole : « ils n'admettent
pas maintenant de division naturelle, ils affirment que les seules
paroles touchant Notre-Seigneur sont séparées [5]; » voyons un peu
ce qu'ont dit les Orientaux et comment il se sert de leurs paroles :
« Quant aux paroles des Évangiles relatives à Notre-Seigneur,
nous connaissons des théologiens qui appliquent comme à un
seul *prosôpon* celles qui sont communes [6]. » Entends-tu comme ils
ont confessé ? « A un *prosôpon* », et non à une nature. Pourquoi
changes-tu leur confession? Celles qui leur sont communes [7],
ils les attribuent, comme il a été dit [8], à un *prosôpon* commun.
Mais toi tu ne supposes rien de commun. A qui attribueront-ils
donc ces propriétés communes, puisqu'il n'y a rien de commun,
excepté chez ceux qui se servent d'un seul *prosôpon* ? Dis donc
un *prosôpon* commun et attribue les choses communes [7] à un *prosôpon*; c'est là ce qui rend ce *prosôpon* commun, car il devient commun s'il est formé de choses opposées en quelque point, afin qu'il
ne soit pas seul, mais [438] commun. De même qu'un serpent

1. Nous lisons *Aou de 'am*.
2. Cf. Labbe, *Concilia*, t. III, col. 1122 *c*.
3. « Sont définies et séparées », dans le syriaque.
4. Labbe, *loc. cit.*, t. III, col. 1123 *c*
5. Syr. : « sont définies et séparées ».
6. Lettre de Jean d'Antioche, Labbe, *loc. cit.*, col. 1094 *d*.
7. Litt. : qu'ils font communes.
8. Il faut corriger ainsi (*éthamrat*) ou supprimer cette incidente.

qui a reçu une blessure, s'enroule sur cette blessure et la cache,
puis se déroule de nouveau à cause de la douleur et la montre
sans le vouloir ; toi de même tu cherches aussi à cacher ce que tu
as confessé, mais ensuite, sans le vouloir, tu as avoué les choses
qui ont été confessées.

Écoute donc ta profession de foi, car ils ont exigé que tu signes
avec eux ce que tu as écrit : « Quant aux paroles des Évangiles
et des Apôtres qui sont dites de Notre-Seigneur, nous connaissons des théologiens qui appliquent comme à un seul *prosôpon*
celles qui sont communes, et qui partagent les autres comme entre
deux natures : les unes, celles qui conviennent à Dieu (ils les appliquent) à la divinité du Christ ; quant à celles qui sont viles, ils les
attribuent à son humanité [1]... » Voilà ce que tu as accepté de croire
et d'enseigner ; pourquoi veux-tu le cacher maintenant ? Tu as
parlé de choses « qui sont partagées comme entre deux natures » et non à une nature ; de plus la divinité et l'humanité ne sont
pas la même chose, mais les choses de la divinité sont attribuées
à la divinité et celles de l'humanité à l'humanité. Ils n'ont pas ensuite donné (ces) deux noms à une seule nature, qui serait séparée
en paroles seulement et non pas en essence, comme tu le penses ; car
tu dis que les différences des paroles ne sont pas supprimées, mais ils
ont indiqué en parole les natures et la différence [439] des natures.
Tu confesses aussi de dire qu'il y a distinction des natures, car tu
dis : « ils partagent les paroles comme entre deux natures, les unes,
celles qui conviennent à Dieu, à la divinité du Christ » non pas
à l'essence en tant qu'humanité, mais à la nature de la divinité [2].
Ils ne disent pas que la divinité est deux natures, mais une nature, et ils disent que l'humanité est une nature, car deux natures
n'ont pas pris leur nom d'une seule ni une de deux. Ils ont dit qu'il
fallait faire le partage aux deux natures, et non pas de deux (sortes
de) paroles qui indiquent une seule nature, mais elles indiquent
deux natures, à cause de la diversité de l'essence différente (de
chacune) des deux natures. « Les unes, qui sont [3] communes, sont
attribuées comme à un seul *prosôpon*, les autres sont partagées
comme entre deux natures : celles qui conviennent à Dieu, à la divinité du Christ. » Le *prosôpon* commun des deux natures, c'est le

1. Labbe, *loc. cit.*, col. 1094 *d*. V. *supra*.

2. Litt.: « non à la même essence par l'humanité, mais à la nature par la divinité. »

3. Litt. : « sont faites. »

Christ. C'est de lui-même que les natures se servent comme d'un *prosôpon* dans lequel et à l'aide duquel elles soient connues en essence toutes deux, la divinité et l'humanité, sans division et avec division. Ce n'est pas la divinité (seule) ni l'humanité (seule) non plus qui forme le *prosôpon* commun, car il appartient aux deux natures, afin que les deux natures soient connues dans lui et par lui. Il est un dans l'essence. L'essence même de l'humanité se sert du *prosôpon* de l'essence de la divinité, mais non de l'essence, et [440] l'essence de la divinité se sert du *prosôpon* même de l'humanité, et non de l'essence, comme tu l'as inventé. « Ils n'attribuent pas les unes au Verbe issu de Dieu le Père comme à un Fils à part, et les autres à un autre Fils qui serait (né) d'une femme, mais les unes à sa divinité et les autres à son humanité; car le même est Dieu et homme... »

Si par « à part » tu entends une différence d'éloignement des natures, tu ne parles pas à ceux qui confessent que les natures ont été unies et qu'elles l'ont été en un *prosôpon*; tout en restant deux natures ; en lui et par lui ils montrent deux natures qui sont reconnues (comme telles). Si tu dis qu'il est un en nature, de sorte que la divinité soit une nature qui est née de Dieu le Père et de la femme[1], tu dis par là que Dieu n'est distinct de l'homme qu'en paroles, et qu'il est le même en essence. Tu sors de ta profession de foi et tu cours encore commencer une lutte avec toi-même.

Comment en effet reconnais-tu, avec les Orientaux, la division (des paroles) aux deux natures : « Certaines de ces paroles, celles qui conviennent à la divinité, à la divinité du Christ, et celles qui sont humbles, à l'humanité du Christ[2] » qui est l'humanité par nature et la divinité par nature ; ils n'ont pas dit : « A la divinité de Dieu le Verbe, » ni encore « à l'humanité de Dieu le Verbe, » car Dieu le Verbe n'est pas deux natures, ni de deux natures, [441] ni deux noms, ni plusieurs noms qui seraient les noms d'une essence. Et si la divinité n'est pas conçue dans la nature, mais seulement en paroles, pourquoi traînes-tu avec toi Acace, ton ami et ton confident[3]. Ne fallait-il pas le renvoyer tel quel, lui qui ne s'attacherait à toi que de nom seulement et en parole, si tu divisais les natures, non d'après leurs essences, mais d'après

1. Nous changeons la ponctuation du texte.
2. Labbe, *Concilia*, t. III, col. 1094 *e.*
3. Litt. : « fils de ton âme » peut-être : « un autre toi-même. »

des paroles qui n'existent que dans la pensée comme les paroles qui indiquent l'infini et l'irréel[1]? Elles n'auraient pas de différence et de nature et d'essence, parce qu'elles ne sont même pas des essences. Elles n'ont de différence que dans les noms des natures, parce que c'est en cela (seulement) que consiste leur existence.

Ainsi tu as attribué aussi deux natures au Christ, mais tu as dit qu'elles se distinguaient, non par les natures et par les essences, mais seulement par l'entendement et par les paroles : « Nos frères d'Antioche appellent différence des natures les choses dont on conçoit (que) le Christ (est composé), seulement comme une simple acception de l'esprit, parce que la divinité et l'humanité ne sont pas une même chose en qualité naturelle, comme je l'ai dit [2]...» Tu as dit en qualité [3] et non en essence. Mais une qualité n'est pas la nature de l'essence, mais ou la forme [4] de l'essence, ou de la nature, ou de ce qui n'est pas l'essence, ou une simple vue de l'esprit qui est dite au sujet des natures. Cette qualité ne possède pas les marques propres des natures [5], [442] mais une différence des natures sans essence, que tu places, seulement dans des paroles sur le concept des natures, sans essence (correspondante). Il dit ceci : « Ils appellent différence des natures les choses dont on conçoit (que) le Christ (est composé), seulement comme une simple acception de l'esprit, parce que la divinité et l'humanité ne sont pas une même chose, comme je l'ai dit, en qualité naturelle [3]...» Mais les frères d'Antioche n'acceptent ni de dire ni d'entendre dire cela. Ils disent : « Quant aux paroles des Évangiles relatives au Christ Notre-Seigneur, nous connaissons des théologiens [6] qui attribuent à un seul *prosôpon* celles qui sont communes, et qui partagent les autres à deux natures [7]...» Ils disent qu'ils partagent ; ils attribuent les paroles à deux natures, et ils n'admettent pas une différence qui soit une

---

1. Litt. : « et sans nature. »

2. Labbe, *loc. cit.*, t. III, col. 1123 *b*.

3. ποιότης.

4. σχῆμα.

5. Litt. : « la différence naturelle. »

6. Litt. : « des hommes divins . » On trouve mieux ailleurs « des hommes parlant des choses divines » ce qui est le mot à mot de « théologiens ». Le grec porte θεολόγους avec la variante θεηγόρους.

7. Labbe, *loc. cit.*, t. III, col. 1094 *d*.

simple acception de l'esprit. Ce n'est pas « en paroles », mais
« par des paroles attribuées à deux natures » qu'ils font la division au point de vue des essences. Les natures sont divisées ;
elles le sont par les paroles qui les désignent. Les natures ne sont
pas sans hypostases, et ce n'est pas en pensée, sans les hypostases
des natures, qu'ils les constituent par paroles dans (leur) pensée,
mais c'est par la considération des natures et des essences comme des essences et des natures, qu'ils établissent les idées et les
natures.

L'un est très différent de l'autre ; l'un dit : « Ils admettent seulement comme une simple conception de l'esprit les paroles relatives à
la différence des natures » [443] et il n'admet pas l'idée des natures
dans (leurs) essences, mais elles sont sans hypostases et sans
substance, elles prennent leur origine de l'esprit et finissent (avec
lui). L'autre dit que l'idée et les paroles (relatives) aux natures indiquent les essences, au commencement dans l'esprit, (puis) dans
les natures et dans les essences ; de sorte que trois genres de
questions sont posées à celui qui pense, au sujet de la nature de
l'essence : l'essence elle-même, l'idée de l'essence et la parole pour
désigner l'idée. Celui qui fait de ces choses une pure considération
de l'esprit, dit seulement deux choses : l'idée pure et la parole qui
l'exprime. C'est pour cela qu'il place la différence dans l'idée seule
de nature, et non dans l'essence, mais dans une qualité [1] qui (repose)
sur un fantôme et une opinion de nature, sur une forme de nature
et non sur l'essence de la nature. Qualité de la nature, forme et
aspect de l'essence, il réunit toutes choses et les ramène à ce qui est
sans essence. Qui aura confiance en celui qui traite avec tant d'ir-
révérence des choses divines ? Il n'a aucune idée pure et sûre ;
il traite tout de cette manière ; il se moque de [2] ceux dont l'*angoisse
a pénétré jusqu'à leur âme* [3] et qui ont souci d'apprendre la vérité.

Il ressemble à Origène qui dit tout pour être accepté de chacun, cherchant à plaire [4] à chacun en ce qu'il [444] dit et persuade à tous ; c'est pour cela qu'il est haï de tous, parce qu'il renverse et détruit ce qu'il avait préparé à l'aide des (raisons) contraires. Si des choses lui plaisent, il veut que tous les gardent ; si quel-

---

1. ποιότης.
2. Litt. : « il joue avec. »
3. Cf. Ps. LXVIII, 2.
4. Sans doute χαρίζεται.

qu'un les attaque en ennemi, il semble l'ennemi du genre humain. Ce n'est pas dans ce qu'ils ont inventé qu'ils se réjouissent et se complaisent, au contraire il les couvre de confusion pour ce qu'ils ont préparé. Ceux-là (les Orientaux) ne se complaisent pas dans les choses qui lui agréent, car ils pensent qu'elles ne sont pas conformes à la vérité. Mais il répond à ceux qui s'élèvent contre lui, comme contre un ennemi de la vérité — c'est-à-dire en faveur du symbole de foi des Orientaux — et il ne cite pas leur réponse sans mélange, telle qu'elle est.

CYRILLE. Parce que les partisans de l'impiété d'Arius, lorsqu'ils mêlent criminellement leurs erreurs à la force de la vérité, disent que le Verbe de Dieu fut homme[1], mais qu'il se servait d'un corps sans âme — ils faisaient cela avec ruse, afin qu'en lui attribuant les paroles humaines, ils pussent montrer à ceux qu'ils trompaient qu'il était inférieur à l'excellence du Père, pour dire qu'il était d'une autre nature que Lui — les Orientaux, à cause de cela, craignant que la gloire de la nature[2] de Dieu le Verbe ne fût diminuée, à cause des choses qui sont dites de manière humaine par suite de l'incarnation[3], [445] divisent les paroles : non qu'ils partagent l'unique fils et seigneur en deux *prosôpons*[4], comme je l'ai dit, mais ils attribuent les unes à sa divinité, les autres à son humanité, et cependant toutes à un[5].»

NESTORIUS. S'ils attribuaient les paroles divines et humaines à la seule nature de Dieu le Verbe, comme si elles ne différaient qu'en paroles, comment éviteraient-ils de dire que les propriétés humaines n'appartiennent pas à l'essence de Dieu le Verbe ? Tu as dit des propriétés humaines qu'elles n'existent pas à part et qu'elles sont étrangères à la nature du Père qui est une. Ce n'est pas seulement en paroles qu'il est autre en nature, mais (c'est) aussi en essence ; car l'essence de l'homme, comme tu l'as dit, est l'essence de Dieu. Il est certes Dieu et homme. Il est donc étranger à son Père en tout ce qu'il est, et lui est inférieur en tout, d'après ton sentiment, puisque tu penses qu'il est homme dans une seule et même essence. Ne vous ingéniez donc pas pour l'emporter de force et ne plus être dans le vrai. Ils séparaient les paroles pour sembler les partager entre deux natures d'essences (diverses),

1. Lire *howê men*, γένεσθαι μέν.
2. Le grec porte : « la gloire et la nature. »
3. Litt. : « au sujet de l'économie avec la chair. »
4. Le grec n'a pas le mot « prosôpons. »
5. Labbe, *loc. cit.*, col. 1126, *e.*

et on les accuse d'oser dire contre Dieu le Verbe, que ces (paroles) sont conçues des natures sans essence (et) par l'esprit seulement, comme tu as fait semblant de dire l'un et l'autre. Mais ceux-là (au contraire) séparent ces paroles comme entre deux natures qui subsistent par essence (propre), [446] comme cela a lieu en vérité. Ils écartent la calomnie (adressée) par les ariens à Dieu le Verbe ; tandis que celui qui unit naturellement les deux (genres de) paroles sur une seule nature et sur une même essence, prépare et aide de toute manière les ariens, en sorte que Dieu le Verbe soit étranger à Dieu le Père.

CYRILLE. Ta Sainteté[1] n'ignore pas qu'en jetant sur mes lettres la tache[2] de la pensée d'Apollinaire, ils ont pensé que je disais que le saint corps du Christ était sans âme, et qu'il y avait eu mélange, confusion, mixtion et changement[3] de Dieu le Verbe avec la chair ; ou que la chair s'était changée en la nature de la divinité, au point que rien ne fût conservé pur et qu'elle (la chair) ne fût pas ce qu'il est. Ils pensèrent en plus que j'étais impliqué dans les blasphèmes d'Arius, parce que je ne voulais pas reconnaître la différence des paroles et dire que les unes convenaient à Dieu, tandis que les autres étaient humaines et convenaient plutôt à l'économie avec la chair. Que je sois étranger à toutes les erreurs du genre de celles-là, Ta Perfection en rendrait témoignage pour moi aux autres, cependant il convenait de me justifier devant ceux qui avaient été scandalisés. C'est pour cela que j'ai écrit à Ta Piété que je n'ai jamais partagé les (erreurs) d'Arius et d'Apollinaire ; je ne dis pas que Dieu le Verbe s'est changé en la chair, ni que la chair s'est changée en la nature de la divinité, [447] parce que le Verbe de Dieu est immuable et inaltérable, incompréhensible en tout. Je n'ai jamais supprimé non plus la différence des paroles, car je sais que Notre-Seigneur parle en même temps de manière divine et de manière humaine, parce qu'il est en même temps Dieu et homme[4].

NESTORIUS. Comment as-tu dit toutes ces choses qui engendraient des soupçons contre moi, parce que tu ne voulais pas reconnaître la différence des paroles, alors que tu n'as pas enlevé la différence des paroles ? pourquoi étais-tu regardé, d'après ce que tu n'as pas enlevé, comme si tu partageais les (erreurs) d'Arius et d'Apollinaire : que Dieu le Verbe s'était changé en la chair, ou que la chair s'était changée en la nature de la divinité ? Parce que

1. Le grec porte : « Ta perfection.
2. Grec. : τὸν μῶμον; sic V, C, S : « les taches. »
3. κρᾶσις, ἢ σύγχυσις, ἢ φυρμὸς, ἢ μεταβολή.
4. Labbe, loc. cit., col. 1127 b.

tu réponds qu'il y en a qui pensaient que tu ne voulais pas reconnaître la différence des paroles, à cause même de cette réponse, tu t'accuses toi-même, comme si tu étais cause de ce
qu'ils pensaient de toi. Lorsque tu veux te justifier toi-même
en disant : « Je n'ai pas enlevé la différence des paroles » (en
réalité) tu t'accuses, aux yeux de ceux qui pensaient de toi,
sans avoir pu vérifier leur soupçon — et surtout aux yeux d'A-
cace, qui en pensait autant, surtout parce qu'il admettait ces
paroles — que d'abord tu ne les admettais pas. Comment comprends-tu que tu n'as pas enlevé la différence des paroles et que
tu as semblé faire le contraire ? [448] Comment dis-tu que Dieu
le Verbe n'a pas été changé en la chair, ni la chair en Dieu le
Verbe, et que la différence ne soit qu'une différence de paroles et
non d'essences; et que l'essence de la divinité soit demeurée dans
sa nature, et l'essence de la chair dans la nature de la chair, si
leurs essences n'ont pas été changées ? Comment attribues-tu
les choses humaines et les choses divines à l'unique nature de
Dieu le Verbe, de sorte que Dieu le Verbe soit en même temps
Dieu et homme, sans avoir été changé en la chair ou en l'homme ?
Car il est impossible (qu'une essence) soit deux dans la même
essence, lorsqu'une essence n'est pas ce qu'est l'autre. Est-ce
qu'elle était sans être ? Était-elle ce qu'elle est devenue et
s'est-elle changée en ce qu'elle est devenue; c'est-à-dire en l'essence de l'homme, ou l'essence de l'homme en l'essence de Dieu? Si
Dieu et l'homme sont en même temps dans une seule et même
essence et dans une seule et même nature, puisque la division
en deux est supprimée, comment l'essence de la chair et l'essence
de Dieu se trouvent-elles dans leur être sans qu'il ait été changé,
puisqu'on ne doit pas les concevoir sans changement dans les
natures mêmes dans lesquelles elles étaient ? Et si on les conçoit sans changement, comment ces (natures), qui sont deux, ne
seront-elles pas conçues comme deux ? Comment la division en
deux est-elle enlevée et supprimée? Comment ces choses n'émou-
vraient-elles pas, et n'amèneraient-elles pas (un être quelconque)
à remarquer leur impiété, quand même ce serait une pierre, ou
même un démon [449] à qui rien de beau ne plaît ? Il crie que
c'est son œuvre, et, comme les insensés, qu'il a tout fait, qu'il a
dit ceci et cela et d'autres choses, tout et rien.

Cependant il amène tout le monde à adhérer à de telles absurdités, parce qu'ils ne comprennent ni les choses dont ils parlent, ni

celles qu'ils approuvent. Ils n'ont pas une seule et même idée sur
un sujet, mais ils nient ; ensuite ils persistent, comme si c'était
la vraie foi, dans les choses qu'ils nient ; puis ils conservent
dans (le symbole de) la foi les choses qui n'en font pas partie :
et ils ne croient pas celles qui sont évidentes et professées par
tous. Car autre chose est la foi et autre chose est la nature : celui
qui dit que les choses évidentes et connues quant à l'essence,
sont une certaine autre chose quant à la foi, il ne supprime pas
les propriétés de la nature, mais il veut là-dessus faire croire
à d'autres qu'elles ne sont pas dans la nature. Mais ce qui a
lieu par nature est nécessairement [1] ce qu'est le *prosôpon*. Par
exemple, lorsqu'il dit sur le pain : *Ceci est mon corps* [2], il ne dit pas
que le pain n'est pas du pain et que son corps n'est pas un corps,
mais en les montrant, il dit « pain » et « corps » [3] ce qui est l'essence.
Mais nous savons que le pain est du pain, par la nature et par
l'essence. Mais (lorsqu'il s'agit de) croire que le pain est son corps
[450] par la foi et non par la nature, il cherche à nous persuader
de croire ce qui n'a pas lieu par essence ; de manière que cela
ait lieu par la foi et non par essence. S'il s'agissait de l'essence,
à quoi bon la foi ! Aussi il ne dit pas : Croyez que le pain est du
pain, parce que quiconque voit le pain sait que c'est du pain ;
il n'a pas besoin non plus de faire croire que le corps est un corps,
car tout le monde voit et sait que c'est un corps. C'est donc ce
qui n'est pas (par essence), qu'il nous demande de croire tel (par
la foi), de sorte que cela arrive par la foi à ceux qui croient.
Ainsi il n'est pas possible de croire que (deux) choses d'essence
différente soient dans une que l'on dirait autre, mais qui ne serait
pas dans son essence propre, de manière qu'elles restent deux et
qu'elles soient par leur essence étrangères l'une à l'autre. Celui
qui supprime ici l'essence, supprime avec elle ce qui est conçu par
la foi.

Ainsi il n'est permis [4] en aucune manière de nous servir en public
de ce qu'il dit ainsi (deux natures en une), car c'est une grande
tromperie : il accepte et supprime les (deux natures), pour montrer à chacun que l'on trouve chez lui le vrai et le faux, et (les

---

1. Litt. : « par force. »
2. Matth., xxvi, 26.
3. Litt. : « il montre démonstrativement (ἀποδεικτικῶς) le pain et le corps. »
4. Litt. : « beau. »

paroles) de l'orthodoxie et de l'hérésie ; je lui ai obéi en ce qu'il voulait. Il n'a pas pu [1] montrer par aucune de mes paroles que j'étais hérétique, mais il m'a montré dans toutes (les doctrines) [451] de l'orthodoxie. Ce qu'il n'avait pas agité au commencement, il l'a fait depuis dans ses réponses, comme celle qu'il fait maintenant, bien qu'avec audace et fourberie, pour les Orientaux.

Mais quelqu'un dira : Pourquoi les Orientaux ont-ils accepté la déposition [2] de Ton Impiété t'accusant ainsi, quand bien même tu n'aurais rien enseigné [3] d'étranger (à la foi). Ils semblaient cependant porter contre lui (Cyrille) les mêmes accusations que toi, et voilà qu'ils rejettent telle chose, qu'ils en admettent telle autre et qu'en somme il ne reste rien...

C'est lui (Cyrille) qu'il faut interroger à ce sujet, et semblablement ceux-là (les Orientaux). Si vous voulez encore l'apprendre de moi, je parlerai de ce qui (a été connu) peu à peu de tout homme ; non pour être accepté des hommes et être aidé par eux —— car j'attache peu d'importance aux choses humaines : je suis mort au monde et je vis pour celui qui m'a vivifié [4] —— mais je parlerai pour ceux qui ont été scandalisés, ni d'après moi ni de mon(fonds), mais d'après lui (Cyrille), car le Christ l'a obligé à répondre pour moi : Ils n'ont rien dit d'autre en effet, sinon qu'un ordre de l'empereur les avait obligés de tout accepter:

CYRILLE. Les évêques (réunis) à Constantinople dirent : Il faut que le pieux évêque Jean anathématise [452] la doctrine de Nestorius et admette par écrit sa déposition [5].

NESTORIUS. Ainsi, jusqu'à ce moment, d'après l'évêque d'Antioche, les Orientaux et les évêques orthodoxes, j'étais évêque.

CYRILLE [6]. Comme donc le pieux empereur se ralliait avec grande joie à leur avis, mon seigneur, l'illustre tribun et notaire Aristolaüs, fut envoyé pour régler cette affaire. Lorsque l'ordre de l'empereur fut montré aux Orientaux, comme si cela avait lieu par la volonté des saints évêques

1. Syr. : « ils n'ont pas pu. »

2. καθαίρεσις.

3. Lire Aleft.

4. Litt. : « pour celui que je vis. » Cf. Philipp., i, 21.

5. Labbe, loc. cit., col. 1114, b. ἔρασκόν τε ὅτι τὸν τῆς θεοσεβείας ἔμπλεον ἐπίσκοπον Ἰωάννην τὸν Ἀντιοχείας ἀναθεματίσαι δεῖ τὰ Νεστορίου δόγματα, καὶ ἐγγράφως ὁμολογῆσαι τὴν καθαίρεσιν αὐτοῦ.

6. Le syriaque met « Cyrille » deux lignes plus bas, mais le grec, Labbe, loc. cit., col. 1114 c, montre que la citation commence ici.

qui s'étaient réunis à Constantinople la grande ville, ils se réunirent —
je ne sais ce qu'ils pensaient [1] — près du saint et pieux Acace, évêque
d'Alep [2], et le poussèrent à m'écrire que le mode [3] de réconciliation, c'est-à-
dire [4] de la paix des églises, ne pouvait être autre que celui qui leur paraissait bon. Cette demande était dure et grave, car ils demandaient que toutes
les choses qui avaient été écrites (par moi) [5] dans des lettres, des tomes
et des livres fussent annulées [6].

Sur les choses qui eurent lieu après la paix forcée [7].

NESTORIUS. Jusqu'au moment où ils ont écrit ces choses, celui-
là (Cyrille) figurait aussi parmi les hérétiques, alors que tout le monde — et pas seulement quelques hommes — connaissait et blâmait
ses écrits. (L'empereur était) la main qui les conduisait par force,
et il [453] n'y avait moyen de rien faire à l'encontre de ce qu'ils
demandaient (les évêques de Constantinople). Tous ceux qui
nous entendent ont compris — car on souffrait avec nous de la
violence qui était faite par l'ordre de l'empereur — qu'ils m'ont
amené à une semblable extrémité [8].

Mais on s'indignera : « Pourquoi n'ont-ils pas maintenu ce qu'ils
avaient jugé une fois ? » — Ils se sont peu préoccupés de ce qui
avait été fait contre moi, car ils avaient à redresser [9] et à publier
la foi et à pacifier les églises. De même qu'un tyran, qui est venu
pour piller et qui ne peut prendre la ville, cherche à obtenir, pour
la conclusion de la paix, la mort de celui qui combattait pour eux
contre lui, afin, s'il l'obtenait, que la ville soit vaincue ; de la même
manière, celui-là demandait aussi ma déposition qui lui fut donnée
sans jugement. Mais laissons cela ; je ne me préoccupe pas de ce
qui a été fait contre moi, mais seulement de la **paix des Églises** [10].

1. Ou : « je ne sais pourquoi. »
2. « Alep » est dû au traducteur. Le grec porte le nom Bérée. C'est en 638 que
Bérée aurait repris le nom d'Alep. Cf. Vigouroux, *Dict. de la Bible*, t. I, col. 1607.
Mais le nom Alep était sans doute resté en usage chez les syriens orientaux.
3. *Sic* le grec : ὅτι τὸν τρόπον. Le syriaque porte : « en manière ».
4. *Sic* le grec : ἤτοι. Le syriaque n'a pas traduit ce mot.
5. *Sic* le grec : παρ' ἐμοῦ. Le syriaque omet ces mots.
6. Labbe, *loc. cit.*, col. 1114 c.
7. Ce titre est joint au texte précédent dans les manuscrits syriaques.
8. ἀνάγκη.
9. Litt. : « à cause du redressement ».
10. Ceci rend vraisemblable la lettre où Théodoret demande à Nestorius, pour

Je souffre tout pour la paix des Églises, mais tout est arrivé à l'encontre.

Après qu'il eut reçu ce qu'il désirait, il les réunit sous sa main pour une paix apparente et il connut qu'il ne profitait pas de ce qui avait été fait contre moi ; mais la profession de foi, pour laquelle on m'avait fait la guerre, fut confirmée. Il fut donc évident qu'il y avait eu inimitié et violence, et c'était une démonstration des choses qui ont eu lieu et elles pouvaient facilement être renversées. Pour éviter cela et pour que mes ennemis ne [454] devinssent pas ses accusateurs, eux qui l'avaient aidé d'abord dans ce qui avait été fait contre moi, il commença à être attiré vers la profession de foi, à s'ingénier et à duper les deux partis avec des enseignements opposés. Ils (les Orientaux) surent et virent clairement que certains s'étaient affaiblis : ils avaient beaucoup souffert sans recevoir aucun secours. Aussi ils ne rompaient pas volontiers la paix qu'ils avaient faite d'après les lettres qu'ils s'étaient écrites les uns aux autres ; ils désiraient en rester là et penser ainsi [1]. Comme il (Cyrille) était accusé, par ceux qui tenaient son parti et qui avaient la même profession de foi que lui, d'avoir dépassé l'opinion commune et de détruire à lui seul les (effets du) zèle de tous par son arbitraire et par mépris pour eux, il craignit qu'ils ne l'abandonnassent ou ne s'élevassent contre lui et il se hâta de faire plus qu'ils ne demandaient.

De même que les prisonniers de guerre [2], pour montrer qu'ils pensent comme ceux qui les ont pris, n'épargnent ni les amis, ni les enfants, ni les parents, pour leur faire croire qu'ils haïssent leur race ; de même celui-ci fut amené à s'élever aussitôt contre les Pères qui étaient morts auparavant : contre Diodore et Théodore, qui étaient les Pères de tous, et durant leur vie [455] et depuis leur mort, aussi bien de lui que de nous. Il (Cyrille) les désigna comme les ennemis de tout homme, bien que lui-même communiquât avec eux, qu'il les tînt pour des Pères et des orthodoxes. Lui-même conservait avec diligence leurs travaux relatifs à la foi et avait commandé de les envoyer à tous. Mais comme il voulait persuader qu'il n'était pas poussé contre moi par la haine,

le bien de la paix, d'engager Alexandre de Mabboug à se prononcer contre lui Lupus, *op cit.*, c. CLXX, n. 258, p. 341.

1. C'est-à-dire : « les orientaux affaiblis désiraient conserver la paix. »

2. Litt. : « ceux qui sont pris dans la guerre. »

il chercha à les anathématiser, lorsque personne ne se serait même arrêté à penser qu'il oserait une telle chose contre eux. Ce qui
est pire que tout, il condamnait les écrits qui étaient faits contre Apollinaire, et il soutenait ceux d'Apollinaire en disant : « C'est
la foi de l'Église. » De quel côté penchera-t-on ? Du côté de Diodore, qui est celui des saints Pères par toute la terre, eux que
toute la terre loue et qu'elle oppose dans un même zèle, comme une
même bouche, à Apollinaire, à Arius, à Macédonius, à Eunomius
et à toutes les hérésies ; ou du côté d'Apollinaire ? Admettons
que j'aie été ton ennemi et que je n'aie pas écouté ce que tu me
demandais. Mais pourquoi combats-tu à cause de moi ceux qui sont
morts dans l'orthodoxie ? Ou peut-être combats-tu contre moi
à cause d'eux ? [456] Pour dire la vérité : c'est à cause de ta méchanceté en toute chose que tu combats contre tous.

Tu me dis : Aux jours de Diodore , n'y avait-il pas Basile et
Grégoire ? N'y avait-il pas à Alexandrie des évêques illustres par
leurs actes et par leurs paroles ? N'y avait-il pas à Rome des hommes parfaits qui suffisaient pour défendre les Églises ? n'y avait-il
pas par toute la terre, pour défendre les Églises, des docteurs qui
n'étaient pas dans les délices, ni dans la gloire, ni dans l'honneur,
ni dans la mollesse, mais dans les persécutions, les tribulations,
les guerres et l'effroi, lesquels ont conservé et gardé la vraie foi
sans faiblesse, plutôt que celui-là qui était hérétique et égaré ?
Il s'agit de Diodore qui était dans la bouche de tous, qui était
transmis par les livres, la terreur des hérétiques, lui qui, par la
parole de la doctrine et par la grâce divine, se dressa contre les
ordres impériaux pour le peuple de Dieu, et il ne perdit pas (le
peuple), mais il l'augmenta de nombreuses fois et une grande paix
fut acquise aux Églises. Alors il n'était pas hérétique, ni pour ses
contemporains, ni pour toi, ni pour les tiens, ni encore durant les
troubles que tu as causés contre moi. Mais lorsque tu t'es fortifié, que tu t'es engagé dans cette voie [1] et que tu en es arrivé
à cette tyrannie de la paix (imposée), c'est alors que Diodore,
[457] Théodore et le reste des autres te sont devenus hérétiques.
Cela t'ouvrait la voie contre Basile, Grégoire, Athanase, Ambroise et le reste des autres qui ont tous dit les mêmes choses.

Qui ne gémirait pas en pensant à ceci : Encouragés par les ordres
impériaux, la crainte et les punitions, ils pressaient les Orientaux et,

1. Litt. : « Que tu as entrepris comme tu as entrepris. »

après la paix , ils les traînaient et les faisaient aller et venir comme des captifs, ils les obsédaient pour leur faire anathématiser leurs Pères. Ils arrivèrent à cette paix et à cet accord, et tous pensèrent à la fois que de cette manière ils avaient fini de souffrir des maux après m'avoir livré à mon ennemi. Parce qu'ils craignaient, ils disaient : Mieux vaut qu'un homme soit opprimé et que la foi subsiste. Plût à Dieu que c'eût été vrai ! Comment cela ne m'aurait-il pas plu? Au contraire je me réjouissais vivement de l'amélioration qu'avait reçu ce dont ils s'occupaient. Mais, bien loin de là, ils souffraient de m'avoir abandonné et de ce qu'ils laissaient dire, et aussi de ce qu'on ne leur laissait plus dire : ce que j'avais dit moi-même et ce pour quoi ils m'avaient chassé.

Plus tard ils s'attaquèrent à Théodore et ensuite à Diodore, puis à chacun [458] du reste des autres, et ils arrivaient à cette même conclusion qu'ils étaient obligés de les chasser avec moi, parce qu'ils pensaient les mêmes choses et non d'autres. Il leur fallait donc ou les rejeter avec moi pour les mêmes raisons, ou me recevoir aussi en même temps qu'on recevrait ceux-là. Mais ils n'osaient pas parler de me recevoir, parce qu'ils m'avaient chassé une fois. Il leur fallait [1] donc encore, bien qu'avec peine, chasser ceux-là. Ensuite pour les mêmes motifs, ils devaient encore chasser ceux-ci, parce que ceux-ci pensaient et enseignaient les mêmes choses, choses qui étaient d'ailleurs vraies. Avec cette audace, il pensait s'élever contre tous les saints pour recevoir (leur doctrine) et ensuite pour changer et renverser ce qu'il avait reçu.

Car celui-là (Cyrille) se montra d'après ses professions de foi qu'il fit dès le commencement; peu à peu il ajouta et retrancha, mais il dit toujours la même chose, il nia l'oppression et la souffrance, il agit et trama jusqu'à ce qu'il eût supprimé qu'il y a deux natures dont est résulté le Christ. Il place les natures dans les appellations, et non dans les essences. Il imposait, comme une loi, de confesser une nature. Ensuite en combattant pour réfuter et confondre ceux qui disaient deux natures, il ne (s'attaqua) pas à tous à la fois, mais [459] à certains, afin, après avoir prévalu contre ceux-ci, de combattre aussi peu à peu les autres, comme s'ils disaient la même chose que les premiers. Lorsqu'ils se servaient

1. ἀνάγκη.

du témoignage de certains pour montrer qu'ils disaient la même
chose, ceux-là le disaient aussi — ce n'est pas là une découverte
nouvelle — et il les expulsait comme hérétiques. Je dis la même
chose qu'eux et c'est cela qui les convainc d'hérésie ! Ils étendaient
cette absurdité inique à tout le monde, tous en même temps. Car
ce n'était pas pour montrer que j'étais hérétique qu'il appor-
tait les (paroles) des orthodoxes et des docteurs d'avant moi ;
mais au contraire, il prenait mes paroles contre eux pour montrer qu'ils étaient hérétiques, parce que ce qu'ils avaient dit res-
semblit à ce que je disais. Mais montrons aussi ce qui a suivi
et qui en découle :

II, 2. *Événements qui suivirent la condamnation de Nestorius.*

De ce qui arriva au temps de Flavien [1].

Après Proclus, Flavien fut évêque de Constantinople, homme
qui se conduisait dans la rectitude et dans la modestie. Il n'avait
pas (grande) capacité pour parler en public et publier ses discours.
Aussi celui qui accusait tous les évêques prenait de l'audace,
celui [460] qui restait seul de tous les autres qui étaient morts,
je veux dire Eutychès. Comme il n'était pas évêque, il se donnait un autre (rôle), grâce au pouvoir impérial : celui d'évêque
des évêques. C'est lui qui dirigeait les affaires de l'Église, et il
se servait de Flavien comme d'un serviteur pour tous les ordres
qui étaient donnés à Constantinople, et celui-ci, à cause de sa grande humilité, ne savait pas ce qui se préparait. (Eutychès) chassait
de l'Église, comme hérétiques, tous ceux qui ne partageaient

---

1. Nestorius dira très clairement que Flavien est de son opinion. Il ne faut
pas oublier que Flavien ne disait même pas clairement, à Constantinople, qu'il
y avait deux natures *après* l'union. Par contre il disait clairement une hypostase
(et non deux, comme Nestorius) et un prosôpon : καὶ γὰρ ἐκ δύο φύσεων ὁμολογοῦμεν
τὸν χριστὸν εἶναι μετὰ τὴν ἐνανθρώπησιν, ἐν μιᾷ ὑποστάσει καὶ ἑνὶ προσώπῳ. « Nous
confessons que le Christ, après s'être fait homme, est *de* deux natures, en *une*
hypostase et en un prosôpon. » Labbe, *op. cit.*, t. IV, 176 *e*.

Il est vrai que Dioscore lui reproche ensuite de s'être contredit, et d'avoir reconnu deux natures après l'union. Labbe, *op. cit.*, t. IV, col. 177 *d*, 181 *a*. Même
dans ce cas, il se distingue toujours de Nestorius par sa profession d'une seule
hypostase.

pas ses opinions ; quant à ceux qui l'aidaient, il les élevait et il leur portait secours ; au dehors, il usait de la puissance impériale, puissance solide, et il ne voulait pas que l'on dît, pas même en parole, deux natures dans le Christ ; il se moquait des Pères qui parlaient ainsi et les blâmait comme des hypocrites qui cachaient la vérité par acception de personne, ou comme des hérétiques qui avaient parlé comme moi ; aussi il ne fallait pas que leurs enseignements fussent pris (en considération) dans le jugement de la foi. Tandis qu'il se consolidait, grâce à la puissance impériale et à ces ordres (impériaux) et qu'il faisait les préparatifs, tout l'Orient était troublé à ce sujet, et il n'y avait pas d'endroit qui ne fût en ébullition, parce qu'il renversait toutes (les affaires) comme si [461] elles avaient été faites avec hypocrisie. Il les obligeait déjà ouvertement ou à dire ce qu'ils ne voulaient pas, ou à souffrir des maux et à recevoir une punition.

Flavien apprit que les Églises étaient de nouveau troublées à ce sujet, que les monastères étaient divisés, que le peuple était dans la division, et que le feu brûlait déjà par toute la terre, de par ceux qui allaient et venaient et qui prêchaient telles et telles choses pleines d'iniquités. (Flavien) envoya vers (Eutychès), comme on le raconte, pour le prier et le supplier d'avoir pitié des Églises de Dieu qui avaient été très éprouvées par les troubles qui avaient eu lieu auparavant ; il leur suffisait de ce qu'on avait décidé lorsqu'on avait fait la paix. (Il lui demandait) de ne pas susciter contre lui : « ce qui n'avait pas été suscité contre mes prédécesseurs, pour qu'on ne pense pas que c'est la crainte qui a empêché de soulever (cette question) contre ceux-ci, tandis qu'elle l'aurait été de mon temps à cause de (ma) grande négligence, car je confesse que je suis un pauvre homme. Que pouvais-tu avoir de plus des autres ? Car, à cause de mon humilité même, c'est toi qui diriges l'épiscopat et tout ce que tu as ordonné, je l'ai fait sans refus. »

Celui-ci disait au contraire : « Je t'aide [462] dans l'épiscopat, et tu devrais te réjouir du changement : de ce que les choses qui n'avaient pas lieu, par hypocrisie, contre tes prédécesseurs, vont avoir lieu sans hypocrisie de ton temps. On s'imagine en effet maintenant que les hommes ont été purifiés des erreurs de Nestorius tandis qu'ils les ont adoptées. On nous regarde comme si nous avions eu une inimitié humaine (personnelle) contre (cet) homme et non contre son impiété ; et comme si nous l'avions condamné tout en laissant prospérer sa foi. Il nous faut au contraire reje-

ter pour toujours les choses qu'il a dites et confessées, car il n'a
pas été expulsé pour avoir confessé deux fils distincts l'un de l'autre, chacun d'eux en particulier étant fils, mais pour avoir confessé deux natures complètes et un seul *prosôpon* des deux. Ces
(natures) sont nécessairement dites deux fils, parce que le (nom
de) fils est appliqué à chacune des natures, un fils (pour chacune). »

Comme Eusèbe d'Alexandrie, qui était évêque de Dorylée,
était venu près d'Eutychès, et qu'il était regardé comme un confes-
seur à cause des paroles qui avaient été dites (par lui) contre moi [1],
(Eutychès) loua la liberté qu'il avait montrée contre moi dans les
choses qui avaient été faites contre moi (et) dit : « Il serait beau
pour ta liberté [2] de déraciner ceux qui s'appuient sur l'hérésie de
Nestorius. Dieu t'a envoyé pour cela; non que tu manques de
quelque chose, car l'empereur a tout prévu et préparé, mais
pour que [463] tu te réjouisses dans ton affliction, si cela encore arrive par ton moyen; par exemple si tu vas trouver l'empereur en blâmant ceux qui ont besoin d'admettre deux (natures),
afin, diras-tu, de ne pas laisser sans effet, les choses qui ont eu
lieu au concile de ton temps... »

Celui-ci, ne pensant pas qu'Eutychès était excité ni qu'il
était enflammé, mais le croyant très calme, lui dit : « Tais-toi,
ne travaillons pas en vain, parce que vous demandez des choses
qui ne peuvent être ; car tout le concile qui se tint à Éphèse
et Cyrille lui-même, qui s'est rattaché aux Orientaux, ne les
ont pas condamnées. Plus tard on a fait la paix sur ce sujet et on
a laissé (subsister) ce qu'on pouvait admettre à bon droit. Il n'est
pas possible que tu enlèves à l'Église (le droit) de dire deux natures dans le Christ sans confusion : (celle) de la divinité et (celle)
de l'humanité ; consubstantiel à son Père dans la divinité, et
notre consubstantiel dans l'humanité... »

Eutychès s'éleva contre lui et dit : « Que Dieu te confonde, toi
(qui prétendais) que pas même jadis Nestorius ne disait rien contre
Dieu, mais qu'il était seulement un perturbateur et un vaniteux.
Comment, en effet, celui qui dit les mêmes choses que Nestorius

---

1. Il aurait été « le premier à blâmer l'impiété de Nestorius, » Evagrius, *Hist.
eccles.*, ɪ, 9. On lui attribue la rédaction de la *Contestatio*, Labbe, *op. cit.*, t. ɪɪɪ,
col. 338, affichée contre Nestorius.

2. παρρησία.

pourrait-il s'élever contre Nestorius ? Car ces paroles sont de celui que vous avez condamné avec grande peine. »

Eusèbe lui dit : [464] « Je ne sais pas ce que tu dis ; ce n'est pas parce qu'il a dit deux natures que je l'ai combattu ou que le concile l'a blâmé ; mais parce qu'il séparait et plaçait en diverses parties : Dieu à part et l'homme de même à part, qui avaient rapport et étaient dits ensemble seulement par honneur et égalité[1]. C'est de cette manière qu'il dit deux fils, et que la sainte Vierge n'est pas mère de Dieu, parce que Dieu avait fait sienne la naissance de sa chair.

Eutychès dit : « Tu mens à son sujet ; car vous pensez comme lui et vous prétendez que ce n'est pas de lui. Car il a crié des milliers de fois : Je ne dis pas deux Fils, j'en dis un seul ; je dis deux natures et non deux fils, car le fils de Dieu est double quant aux natures ; c'est pour cela qu'elle n'a pas enfanté le Fils de Dieu : elle a enfanté l'humanité qui est fils à cause du Fils qui lui est uni. Et encore : Puisque Dieu n'est pas séparé de celui qui est vu, comment pourrais-je séparer l'honneur de celui qui n'est pas séparé? Ce n'est donc pas parce qu'il disait simplement deux fils, ni parce qu'il disait que les natures n'étaient pas unies, car (disait-il) je confesse le (Fils) double, j'adore deux en un à cause de l'union, mais c'est parce que, même après l'union, [465] il disait deux natures et que le Fils était double en natures, et que l'union avait lieu en *prosôpon* et non en nature. Vous aussi dans votre impiété vous en dites autant, ni plus (ni moins). Il convenait de déraciner tous les hypocrites; aussi moi, après l'union, je ne reconnais pas d'essence étrangère en Notre-Seigneur, je ne considère même pas que Notre-Seigneur nous est consubstantiel, lui qui est notre Seigneur et notre Dieu, car il est consubstantiel au Père dans la divinité. »

Eusèbe lui dit : « Que Nestorius ait parlé comme tu le dis ou autrement, je ne cherche pas maintenant à le scruter, mais je dis que celui qui parle ainsi parle correctement. Toi (par contre) je dis que tu n'as pas la profession de foi des orthodoxes : je[2] dis, au sujet de la chair qui nous est consubstantielle, que tu la supprimes ou que tu la changes en la nature de la divinité. C'est pourquoi il faut étudier les choses que tu attribues à Nestorius

---

1. Mieux vaudrait « par égalité d'honneur » comme plus haut.
2. Syr : tu. »

et à l'occasion desquelles tu accuses le concile et Cyrille d'avoir
menti contre lui, puisqu'ils pensent la même chose ; tu confir-
mes l'accusation de celui-là, comme s'il était vrai qu'il pense ainsi.
Tout homme anathématisera cette pensée comme impie, et je le
montrerai en temps convenable, car, s'il n'y a pas de nature (humaine) en Notre-Seigneur, [466] il n'est pas non plus notre consubstantiel puisque l'essence de la chair est supprimée. »

(Eusèbe) l'accusait à ce sujet devant Flavien et devant le concile
qui était réuni avec lui à Constantinople. (Eutychès) avoua ces
(erreurs) et continua à montrer son impiété, en confessant que le
corps du Christ n'était pas notre consubstantiel, comme pour
aboutir non à deux natures mais à une nature.

Cette (affaire) troublait l'empereur, et il cherchait à ce (qu'Eutychès) ne fût pas déposé. Il ne fut pas écouté et prépara donc
tout pour la déposition de Flavien et le rétablissement d'Eutychès. Il commença par s'attacher l'évêque d'Alexandrie et l'é-
vêque de Rome en leur écrivant ce qui avait été fait contre Eutychès, l'un approuva et l'autre n'approuva pas. Car l'évêque
de Rome lut ce qui avait été fait contre Eutychès et il condamna Eutychès à cause de son impiété. Pour moi, lorsque
j'eus trouvé et lu cet écrit, je rendis grâces à Dieu de ce que l'Église de Rome avait une confession de foi orthodoxe et irréprocha-
ble, bien qu'elle eût été disposée [1] autrement à mon égard. (L'empereur) éloigna de (Flavien) le reste des évêques et les fit courir à
Eutychès, en insultant ceux qui étaient avec Flavien et en ne lui
témoignant aucun égard, en particulier ni devant les grands. Ils
étaient souvent accusés et on ne les écoutait aucunement [467] au
sujet des accusations portées contre eux ; mais on s'élevait contre eux avec mépris, on les arrêtait, on les faisait souffrir. Il éloigna aussi de lui le clergé en le vexant et le persécutant au sujet
des choses qui n'étaient pas données pour leur nourriture. Et les
choses qu'il avait ordonné de ne pas réclamer aux Églises, lorsqu'il respectait l'Église et Dieu, il commandait dans une fureur
sauvage de les leur réclamer avec sévices sans rémission. Les éco-
nomes étaient arrêtés en public et étaient accusés devant les
foules. Tout évêque qui n'était pas du parti d'Eutychès était
saisi. Tout impôt, au sujet des biens de leurs églises, qui leur avait
été remis par lui et par les empereurs ses prédécesseurs, il comman-

---

1. Litt. « ils étaient disposés (les Romains). »

dait d'exiger d'eux, en une fois, ce tribut pour toutes les années
(où il n'avait pas été payé). Quant à ceux qui étaient illustres [1]
ou de la famille des grands, il exigeait d'eux publiquement [2],
à cause de l'honneur qu'ils avaient, une (grande) somme d'or.
C'est de cette manière qu'il commanda de tirer vengeance sans
miséricorde d'Eusèbe, l'accusateur d'Eutychès. Ces deux procédés
étaient employés avec toutes les plaies de la faim, de l'usure et
de la captivité, qui sont sans nombre. Il faisait tomber à genoux
et gémir la noblesse romaine.

[468] Tandis que Flavien était ainsi accablé, il célébrait la fête
de la Pâque, dans laquelle l'empereur entrait à l'Église. (Flavien)
ne le regardait pas comme un ennemi, et il prenait le saint Évangile pour qu'il eût pitié d'eux, tandis que tous les évêques et le
clergé étaient réunis avec lui ainsi que tous les (nouveaux) baptisés dans leur costume et que le peuple criait avec lui. Il tomba
sur son visage et se jeta (à terre) dans l'église, le suppliant de lui
permettre de se défendre, car il espérait qu'il respecterait l'Évangile. (L'empereur) le renvoya en l'insultant, en le menaçant,
comme s'il lui avait manqué de (respect) en ce qu'il faisait ; tous
les évêques suppliaient avec (Flavien) ainsi que le clergé, les
(nouveaux) baptisés étaient prosternés à terre, au milieu des
acclamations du peuple, on les chassa comme s'ils déshonoraient
(l'empereur) et celui-ci s'interdit depuis cette époque l'entrée
de l'église et il commanda d'exiger honteusement ce qui était dû
par (Flavien) et de ne pas lui accorder de délai ; au point qu'il
fut obligé de faire dire à l'empereur, qu'il n'avait pas de biens
propres, parce qu'il était pauvre, et que même les biens de l'église,
si on les vendait, ne suffiraient pas pour parfaire la quantité d'or
qui était exigée de lui. Il avait les vases sacrés de l'Église qui
avaient été donnés par (l'empereur) et par les empereurs ses
ancêtres, « il me faut donc les faire fondre (disait-il), puisque
[469] j'y suis obligé?» (L'empereur lui) dit :« Je ne veux pas le
savoir, mais je demande de l'or de quelque manière que ce soit. »
Il sortit donc, à cause de cela, les vases (sacrés) de l'église, et ils
furent fondus publiquement, ce qui excita les pleurs et les cris
de tous ceux qui avaient part à ces exigences, comme s'ils étaient
soumis à une persécution [3].

1. Litt. : « grands. »
2. *C, S* portent : « splendidement. »
3. Evagrius (*Hist. eccl.*, II, 2) rapporte ce fait, mais il met en scène l'eunuque

Lorsque l'empereur apprit ce qui s'était passé, il se fâcha **encore** davantage avec dureté et férocité, et comme si (Flavien) avait fait cela pour l'outrager. Il ordonna qu'un concile général se réunît contre lui et qu'il fût déposé. Flavien, pressé ainsi de tous côtés, voyant que tout ce qu'il faisait et disait lui était imputé comme un blâme et une faute, et qu'il n'avait aucun secours à attendre de la cour impériale [1] — car cela avait lieu, disait-on, par le choix et les soins de la sœur (de l'empereur), et elle ne voulait montrer en rien sa puissance sur les affaires intérieures, il soupçonna qu'il souffrait à cause d'elle — il songea à se démettre de l'épiscopat, à se rendre à son monastère et à y mener la vie monacale. Il fit un libelle [2] d'abdication et le donna. Lorsque l'empereur apprit qu'il avait fait cela, il le fit ramener, comme s'il avait encore fait cela pour l'accuser et pour blasphémer contre lui : s'il ne retournait pas à son église, il était en péril [3] « car ce n'est pas [470] à ton détriment que j'ai commandé qu'il y eût un concile, mais pour (faire) une véritable enquête et faire triompher la vérité en tout ce qui est requis [4]. »

Lorsqu'il revint (l'empereur) prépara aussitôt des accusateurs, pour dire que les actes [5] qui avaient été faits à Constantinople [6] contre Eutychès étaient faux. Les accusateurs étaient ceux qui s'étaient réfugiés près d'Eutychès, ceux même qui avaient souscrit ce qui avait été fait contre lui et qui s'accusaient eux-mêmes bien plus que Flavien, pour recevoir des louanges et ne pas être jugés. Grâce à la faveur que leur (donnait) l'empereur, ils usaient partout de violence, afin que (Flavien), pressé au point de n'avoir aucun repos sous les accusations portées contre lui, rendît subitement l'âme, fût stupéfié et pérît. Parce qu'il semblait capable de résister, (l'empereur) se livrait à diverses absurdités et faisait tout en désespéré : il prévenait les évêques qui étaient encore dans l'indécision et qui devaient siéger comme juges, les joignait

---

Chrysaphe et non l'empereur. Nicéphore Calliste (*Hist. eccl.*, xiv, 47) se rapproche davantage de Nestorius.

1. Lire peut-être *Malkotô* « des reines. » Saint Cyrille avait eu recours « aux très religieuses reines. » Labbe, *Conciles*, t. iii, col. 225 *d*, *e*.

2. *Libellum.*

3. κίνδυνος.

4. Litt. : *et consolatio veritatis de illis quæ requiruntur.*

5. ὑπομνήματα.

6. Le texte porte Éphèse.

et les faisait siens, comme l'évêque d'Ancyre et (celui de) Césarée de Cappadoce ; il les faisait venir et les interrogeait, comme s'il souffrait de ce qui avait été fait contre [471] Eutychès, (pour savoir) si ce qui avait été fait contre lui l'avait été avec justice. Il disait que les choses faites par le concile étaient défectueuses, mais qu'ils étaient juges : « Nous vous demandons d'étudier cela devant le magistrat[1] et devant vos Révérences » et il les encourageait à ne pas accepter ce qui avait été fait, mais à remettre le tout à la sagesse de l'empereur.

Tout cela avait lieu pour qu'il n'y eût pas d'examen de la foi, mais pour que Flavien fut déposé d'après ce qui avait été préparé en dehors du (concile) et pour qu'on admît sans examen les (erreurs) d'Eutychès. Si Flavien avait dit que le Christ est (formé) de deux natures et que les natures subsistent après l'union parce qu'elles ont été unies sans confusion, et qu'il est (le Christ), selon la divinité, consubstantiel au Père et, selon l'humanité, notre consubstantiel d'après sa mère ; ils altérèrent ses paroles et changèrent celles qui étaient destinées aux juges, et ils le condamnèrent comme s'il pensait le contraire ; homme qui était vraiment digne d'être secouru, parce qu'il était violemment calomnié. S'ils l'ont déposé pour n'avoir pas dit ces choses, mais comme s'il persistait alors encore dans ses propres (idées), témoignant qu'il pensait ainsi et qu'il était rattaché à des hérétiques qui ne pensaient pas de la même manière, pourquoi avez-vous omis d'examiner son cas et laissez-vous croire à ceux du dehors qu'il y a là [472] présomption (contre lui) parce que cela provenait des accusateurs, et que ceux-ci, qui avaient écrit contre lui, auraient apporté une grande attention aux choses qui étaient examinées?

Admettons en effet qu'il y avait eu quelque chose d'omis dans la sentence[2] du jugement par ceux-ci ou par ceux-là ; peut-être même dans la déposition y avait-il un défaut, pourquoi (alors) n'avez-vous pas étudié ce qui manquait ? Il a vraiment été déposé par eux pour les choses qu'à bon droit il ne confessait pas comme eux. Car celui qui dit : « Ils ont manqué contre moi et j'ai été calomnié, » nie avoir dit les choses pour lesquelles il a été accusé et déposé. S'il a confessé qu'il n'y a pas deux natures qui se sont unies, et que le corps de Notre-Seigneur n'est pas notre consub-

---

1. μαγιστρίανος.
2. ἀπόφασις.

stantiel, et s'il montre encore maintenant qu'il demeure dans les
mêmes (sentiments), qu'y aurait-il donc d'omis pour que ces (sentiments) ne suffisent pas à montrer qu'il est hérétique [1] ? Mais
tantôt il reniait ce qu'il avait dit et tantôt il résistait à ses accusateurs qui l'avaient rejeté.

Cette cause avait d'ailleurs été examinée depuis longtemps
et la chose avait été jugée. Quel jugement ou quel autre examen
était plus qualifié que celui fait par l'évêque de Rome ? Celui-
ci en effet lorsqu'il eut reçu ce qui avait été fait par les deux
partis, loua l'un et condamna l'autre par un sentiment [473]
divin, car ce n'est pas de manière inconsciente qu'il les condamna. Parce qu'ils eurent à rougir de la part de l'évêque de
Rome, ils se tournèrent vers l'évêque d'Alexandrie, comme vers
celui qui était porté à prendre leur parti et qui était l'ennemi de
l'évêque de Constantinople.

De ce qui fut fait à Éphèse contre Flavien.

Ils l'atteignirent encore à Éphèse, ville qui semble désignée et
fixée pour la déposition des évêques de Constantinople. Les évêques d'Alexandrie et d'Éphèse s'entendirent encore et s'aidèrent
mutuellement contre l'évêque de Constantinople. On n'y trouvait
pas l'évêque de Rome, ni le siège de saint Pierre, ni l'honneur
apostolique, ni le chef aimé des Romains ; mais c'est celui d'Alexandrie qui siégeait avec autorité et il fit aussi siéger avec lui celui
d'Éphèse, et il demandait à celui de Rome — nous voulons dire
à Julien, qui représentait le saint évêque de Rome — s'il adhérait
au saint concile et s'il voulait lire dans les actes [2] ce qui avait été
fait à Constantinople.

(L'évêque d'Alexandrie) interrogeait donc [474] comme celui
qui a le pouvoir, et il parlait comme s'il portait même des décisions
contre eux. Si (les Romains) lui donnaient l'adhésion de leur pensée,
ce n'est pas pour accepter ce qu'ils voulaient, ni pour leur donner
la prééminence ; mais c'est qu'il recevrait l'évêque de Rome en
surplus à son côté dans le cas où il adhérerait à lui, sinon, s'il
trouvait en lui un adversaire, on le chasserait comme s'il n'avait
pouvoir en rien. Il voulait apprendre à tous à ne pas se tourner

---

1. Litt. : « à le montrer fils d'une pensée étrangère. »
2. Litt. : « dans le livre. »

vers l'évêque de Rome, parce qu'il ne pouvait pas aider celui de Constantinople.

Lorsque Julien, en effet, eut dit : « Nous voulons bien qu'on lise ce qui a été fait, pourvu qu'on lise d'abord la lettre de notre père Léon [1], » et qu'ensuite Hilaire, diacre du saint évêque de Rome, eut ajouté : « C'est après qu'eurent été lus devant lui les actes que vous voulez lire, qu'il (Léon) a envoyé ce qu'il a envoyé [2]. »

Après avoir entendu ces paroles, comme il n'avait rien de convenable à répondre, il (l'évêque d'Alexandrie) décréta le contraire, à savoir que le véritable ordre était de lire d'abord ce qui avait été fait et ensuite les lettres du pieux évêque de Rome [3].

En quoi est-ce le véritable [4] ordre, qu'on lise d'abord ceci [475] et ensuite cela, si, après la lecture, tu imposes ta décision comme tu le voudras ? Ensuite pourquoi ordonnes-tu de lire cela (la lettre de Léon), puisque tu ne laisseras pas de place pour sa lecture ? De plus, tu ordonnes de lire cette (lettre) que tu voulais rendre vaine ! Tu connaissais en effet, tu connaissais exactement ce que Léon avait mandé à ce sujet à l'empereur, à l'impératrice et à Flavien lui-même, et tu as pris au contraire la route qui conduit vers l'empereur pour la suivre en laissant celle qui conduit à Dieu sans t'en soucier beaucoup. Je ne dis pas assez : tu ne l'as comptée pour rien et tu as méprisé (Dieu). Tu as négligé aussi les adjurations de l'évêque d'Antioche [5] qui te conjurait, par des serments redoutables, par les saints mystères, de ne pas rechercher la déposition de Flavien et de ne pas lui nuire. Il convient de considérer (en effet), non pas seulement ce qui fait plaisir à l'empereur, mais (aussi) ce qui en résultera. « Je l'examinerai (dit Dioscore) et je contenterai l'empereur, nous n'avons pas à nous préoccuper de la défaite, mais de la victoire ; car nous ne pouvons pas l'aider autrement, quand bien même nous y prendrions beaucoup de peine, puisque l'empereur lutte contre lui et est irrité contre lui (Flavien). Il est tellement irrité qu'il se tournera du côté des châtiments, si nous ne lui donnons

---

1. Τούτῳ τῷ λόγῳ βουλόμεθα τὴν πρᾶξιν ἀναγνωσθῆναι, εἰ πρῶτον ἀναγνωσθῇ τὰ παρὰ τοῦ πάπα ἐπισταλέντα. Labbe, *loc. cit.*, t. IV, col. 149 *b*.

2. ἀναγνωσθέντων αὐτῷ τούτων τῶν ὑπομνημάτων, ὧν νῦν ζητεῖτε τὴν ἀνάγνωσιν, ἐπέστειλεν ἃ ἐπέστειλεν. Labbe, *loc. cit.*, t. IV, col. 149 *c*.

3 Labbe, *op. cit.*, t. IV, col. 149 *d*.

4. Lire *of*, comme trois lignes plus haut.

5. Domnus, neveu et successeur de Jean d'Antioche.

pas cette satisfaction qui apaise sa colère. » Ainsi, par ces paroles, [476] il le trompait (l'évêque d'Antioche), et le mettait sous sa main. Il le conduisait par cette parole qu'il disait, comme par un frein; il (l'évêque d'Antioche) l'admettait (et) s'associait à lui pour toutes les autres choses, il combattait avec lui et déposait celui-ci (Flavien) et les autres et quiconque, de manière quelconque, semblait penser comme Flavien. A ce sujet, c'étaient là les vues de l'empereur.

J'omets les choses qui ont été lancées contre ma personne, (*prosôpon*) et contre celle de Flavien, et toutes celles qu'ils recherchaient pour expulser ceux qui ne voulaient pas nous anathématiser ; il déposèrent aussi (Flavien) de la même manière (que moi). D'autres, ceux qui furent opprimés, furent déposés sans jugement ; car ils ne virent pas le jugement ni le tribunal ; on ne leur permit ni de se défendre ni de parler, mais, à l'exception de celui qui plaisait à l'empereur et à Eutychès, on les déposait et on les chassait de leurs villes. Ceux qui étaient du ressort d'Antioche avaient une bonne réponse à donner au monde sur celui à qui on n'avait pas accordé (de se défendre) — ce qu'il avait fait aux autres, on l'en accablait à son tour sans recours ; car il souffrait les mêmes choses et non pas pour les autres. Son injustice et la transgression de ses serments, crimes impardonnables et sans vergogne, l'amenèrent à toutes ces choses. Il (Dioscore) s'était fait en effet de l'évêque d'Antioche [477] un instrument contre l'évêque de Rome et contre l'évêque de Constantinople ; (l'évêque d'Antioche) était du même avis que (Flavien) et (Dioscore) n'ignorait pas qu'il pensait ainsi, car ils s'étaient écrit mutuellement de nombreuses fois à ce sujet, mais il se servait du saint évêque d'Antioche tel qu'il était ; il s'en servit jusqu'à ce qu'il l'eût rendu inutilisable et indigne de la charge de l'épiscopat ; alors il le renversa et le rejeta, tandis que ses serments étaient encore sur sa langue, ou parce qu'il ne lui était plus utile, ou parce qu'il le craignait tant qu'il se trouvait exposé à la tentation de transgresser ses serments ; il le déposa [1] encore comme

---

1. Domnus, qui avait jadis défendu Théodoret et les Orientaux contre Dioscore, avait été amené cependant par celui-ci à souscrire à la déposition de Flavien. Mais trois jours après cette déposition, Dioscore produisit des lettres que Domnus lui avait écrites contre les douze articles de Cyrille qu'il accusait d'obscurité, et il le fit déposer comme suspect de nestorianisme, bien qu'il fût toujours ab-

s'il pouvait par là atteindre sa vengeance d'une autre manière. Car ce n'était pas seulement celui-là (l'évêque d'Antioche) qu'il craignait, s'il pensait de même que (Flavien), mais encore l'empereur, et il faisait tout dans la crainte qu'après avoir tout accompli par lui selon sa volonté, il ne se retournât ensuite et ne le haït comme un menteur et un transgresseur de serments, qui avait tout fait avec injustice pour la satisfaction de celui qui régnait, et qu'ensuite il ne s'élevât contre lui et ne le rejetât.

Voici comme il faisait pour celui même qu'il flattait et qu'il prenait dans son intimité : en ce qu'il [478] voulait, il l'aidait et il le faisait avancer. Il persuadait à tout le monde qu'il avait pour lui une amitié éternelle et, lorsqu'il semblait l'aimer le plus, quand il recueillait le fruit de ce qu'il voulait, immédiatement il renversait cet homme, il le haïssait, il se détournait de lui et lui nuisait ; il le livrait à ses ennemis pour être insulté, comme un homme très mauvais qui avait fait le mal contre sa volonté, il le couvrait de honte et transgressait ses serments. C'est pourquoi, dès qu'il l'avait connu, il avait voulu aussi le tenter pour lui nuire (ensuite) à l'aide de ce qu'il ferait de mal, afin d'être ainsi son maître et d'accuser cet homme devant chacun, lorsque c'était lui qui avait semé la tentation de ces choses en cet homme [1]. Il n'y a pas longtemps que cela s'est passé [2].

De ce qui se passa à l'égard de Cyrille lorsqu'on lui réclama de l'argent [3].

Cyrille qui avait donné beaucoup à notre occasion, lorsqu'il eut atteint le but [4] pour lequel il donnait, avait encore des biens — l'empereur le savait — et il s'était engagé par écrit à deux mille livres d'or, à ce qu'on dit, pour que tout ce qui avait été fait contre moi fût confirmé. Lorsque ce fut confirmé [479] et que celui qui avait fait promettre de donner cette somme (à l'empereur) — à

___

sent et malade. Cf. S. G. F. Perry, *The second synod of Ephesus*, p. 25, 272-363. Nestorius n'exagère donc rien.

1. Nous lisons *nasîouhi*, *nesîk*. C'est sans doute une allusion aux lettres que Dioscore s'était fait écrire par Domnus et dont il devait se servir pour le déposer.

2. Avec *nesib*, on traduira : « celui-ci avait fait l'expérience de ces choses, car elles sont arrivées depuis peu. »

3. Cf. *supra* 247-248 et 249.

4. Litt. : « le fruit. »

savoir Jean (le comte) —— était mort dans le mépris et la honte
avec celui qui avait travaillé avec lui à ce qui avait été fait contre moi à Éphèse [1]. Comme ce qui avait été fait par écrit était
arrivé jusqu'à lui, pour réclamer aussi ce qui restait et libérer cet
homme (Cyrille), que fit (l'empereur), à ce qu'on raconte [2] ? Il
écrivit (à Cyrille) une lettre d'amitié, le priant de l'écouter et de
venir avec lui jusqu'à Éphèse parce qu'il avait fait un vœu pour
lui-même et pour tout ce qui avait été fait à Éphèse, pour le
porter (le vœu) et l'accomplir au temple de Mar Jean [3] pour
obtenir une bonne mort (par son intercession). « S'il y a quelque chose que je n'aie pas bien fait à mon insu, je demande à
être averti par toi et je te rendrai l'honneur que je te dois. » Il
faisait allusion à sa fuite (de Cyrille) d'Éphèse et à ce qu'il avait
fait contre lui, et il voulait régulariser cela, à cause de ceux qui
se réjouissaient de sa fuite (de Cyrille) d'Éphèse, et qui s'imaginaient que (l'empereur) haïssait (Cyrille) et combattait pour Nestorius ; (l'empereur) demandait son retour à Éphèse pour que
tout le monde fût convaincu et ne s'imaginât plus cela : « Afin
que tes adversaires ne se bercent plus d'un vain espoir et que nous
les réduisions tous sous ta main. »

L'autre (Cyrille) qui ne savait rien de tout cela [480] s'adonna
avec empressement à cette affaire : il remplit des navires de toutes sortes d'ornements et de présents, pour l'empereur, pour la
famille impériale et pour les courtisans, selon leur rang et selon
leur dignité, autant qu'il en fallait. Il vint à Éphèse, remit ses
présents, fut honoré et fit l'admiration de chacun : d'après
les honneurs qu'il reçut, il était dans la bouche de chacun. Il reçut tous les honneurs au point de s'asseoir avec l'empereur sur le
premier siège, je veux dire (sur le siège) de l'empereur, tandis que

---

1. Il peut s'agir d'un auxiliaire du comte Jean. Cf. *supras* 247. La mort de
Jean est mentionnée, p. 249.

2. Ce passage n'est pas clair. Nous entendons que Cyrille avait promis l'argent
au comte Jean et celui-ci à l'empereur, et que l'empereur, après la mort de Jean,
voulut le réclamer à Cyrille.

3. On trouve peut-être dans Cédrénus une allusion à ce pèlerinage fait par Théodose, à Éphèse, à l'église de Jean l'évangéliste, car l'empereur, près de mourir, annonçant à Pulchérie que Marcien lui succédera, ajoute : Τοῦτο γάρ μοι, φησίν,
Ἰωάννης ὁ θεολόγος ἀπεκάλυψεν, ἐν Ἐφέσῳ μοι ὄντι. *Jean l'évangéliste, dit-il, m'a révélé cela, lorsque j'étais à Éphèse*, mais Lebeau place ce voyage en 450, *Histoire
du Bas Empire*, l. XXII, c. LXXXIV, tandis que saint Cyrille est mort en 444.

celui-ci s'asseyait sur le second, et cela avait lieu au palais, en carrosse et en public [1] afin que le trône de l'empereur fût sanctifié par sa présence [2]. Pour le même motif, il l'introduisit à Constantinople, afin que les frères de l'empereur, la famille impériale et la ville fussent sanctifiés par sa venue. Lorsque là aussi il eut assouvi la cupidité des hommes par des présents et qu'il ne lui restait plus rien [3], alors (l'empereur) ordonna d'exiger l'or qu'il devait par écrit, (à savoir) deux mille livres. Il ne pouvait pas les nier, sinon, parce qu'il les nierait et serait convaincu, il perdrait sa renommée. Dès qu'il se rendit compte et sentit que l'infortune qui l'atteignait était un grand mal, il donna caution pour cette (créance), s'embarqua au milieu des tempêtes et dans un grand trouble [481] et s'enfuit pour ne pas tomber dans d'autres maux de la part des accusateurs qui l'accusaient...

[Conciliabule d'Éphèse.]

Mais j'en reviens de nouveau au juste jugement de Dioscore, lequel tint de Cyrille le pouvoir et la haine contre l'évêque de Constantinople. Leur but n'était pas d'atteindre la vérité, mais de l'emporter en tout. Avant que Flavien n'entrât au concile, comme on le raconte, il (Dioscore) avait pris le siège et la place de l'évêque

---

1. ἐν τῷ δημοσίῳ, on peut traduire « au bain ».

2. Litt. : ut sessione ejus sanctificetur sessio regis.

3. Nous n'avons pas trouvé ailleurs mention du présent incident, mais nous avons du moins une très curieuse lettre relative aux largesses de Cyrille. Elle est écrite par Épiphane, archidiacre et syncelle de Cyrille, à Maximien, évêque de Constantinople. C. Lupus, *Variorum Patrum epistolæ*, Louvain, 1682, p. 417-420. Il rappelle que Cyrille a écrit à Pulchérie, au præpositus Paul, au cubiculaire Romain, à Marcella et à Droseria et qu'il leur a envoyé « des bénédictions (présents) dignes d'eux. » De même Aristolaüs, Scholastique, Arthebas avaient reçu « des bénédictions convenables » pour amener Chrysoretus à cesser son opposition. Il faut demander à Pulchérie d'ordonner à Jean d'Antioche de ne plus faire mention de Nestorius... Épiphane ajoute : « Vous verrez, par le mémoire ci-joint, ceux auxquels on a envoyé des présents (eulogiæ), et combien la sainte Église d'Alexandrie a fait pour vous, car nos clercs sont affligés *qu'elle soit dépouillée* à cause de ce trouble *et qu'elle doive au comte Ammonius quinze cents livres d'or, outre ce qui a été envoyé d'ici*. Et maintenant il y a une nouvelle lettre de lui pour qu'elle paie. Satisfais, à l'aide (des biens) de ton Église, à l'avarice de ceux que tu sais, pour qu'ils n'affligent pas l'Église d'Alexandrie. » — Cette lettre rend assez vraisemblables bien des assertions de Nestorius. — Voir à l'appendice II, « le mémoire » dont il est parlé dans la présente lettre.

de Constantinople, et il l'avait fait précéder par (tous) les autres, de
sorte qu'il siégeât à la fin, comme par mépris. Celui-ci ne songea
à rien de ce genre et s'assit. Mais lui (Dioscore) pour montrer son
pouvoir, souleva d'abord cette (question) — il le faisait pour affliger
celui de Rome, à ce qu'on dit — il se leva, obligea (Flavien) à venir et le fit asseoir sur son siège. Alors les comtes qui avaient été
chargés de cela, faisaient taire les évêques qui étaient réunis et
qui voulaient parler en faveur de (Flavien), comme s'ils n'avaient
pas le droit de parler en dehors de ce que leur demanderait l'évêque d'Alexandrie lequel avait le souverain pouvoir [1].

[482] Quant à ceux qui venaient du dehors pour témoigner de
tout ce qui avait été fait auparavant, et qui pouvaient reprendre
Eutychès d'avoir dit les mêmes choses avant d'être accusé,
pour montrer qu'il n'avait pas été calomnié — je veux parler
des reclus des monastères, et de tous ceux qu'on supposait être
venus en faveur de Flavien — ils les obligèrent à se cacher et
comme s'ils étaient en danger à cause de leur venue, comme s'ils
s'étaient sacrifiés inutilement et témérairement en faveur de celui
(Flavien) qui avait même été chassé de Constantinople par l'empereur.

Tous ceux qui étaient avec Eutychès — c'étaient les moines —
avaient grande confiance et pouvoir, au point que ce qu'on voulait faire par autorité, était fait par leurs mains : ils livraient aux
chefs et aux habitants de la ville tous ceux qui leur étaient signa-
lés. Tout homme leur était soumis et les servait bon gré mal gré.
Ce qui se passait déplaisait à beaucoup, mais ils étaient contraints
et pleuraient. Ils faisaient par nécessité ce qui leur était commandé :
ils arrachaient les hommes, les uns aux navires, les autres aux places publiques, d'autres aux maisons ou aux églises où ils priaient;
ils en poursuivaient d'autres [483] pour les mettre en fuite. Quant
à ceux qui s'étaient cachés dans les cavernes et les fissures de la
terre, ils les recherchaient et les poursuivaient avec grand soin.
C'était un sujet de crainte et de danger [2] que de parler avec quelqu'un du parti de Flavien, à cause de ceux qui habitaient dans
le voisinage, qui observaient et qui étaient comme des espions
pour voir ceux qui entraient chez Flavien. Pour ce motif on
allait s'adjoindre au parti d'Eutychès, les uns parce qu'ils

---

1. Litt. : *ille cui erat firmitas potestatis.*
2. κίνδυνος.

craignaient d'endurer du mal, les autres parce qu'ils recouraient d'avance à son aide, en lui parlant souvent avec mensonge : tout ce qu'on lui disait contre (Flavien) était approuvé et on lui disait (des choses de ce genre) comme par plaisir.

Ils séparèrent de (Flavien) Eusèbe, évêque de Dorylée, qui était l'accusateur d'Eutychès, et ils ne le laissèrent ni entrer ni répondre ; ils séparèrent encore (de lui) tout le concile qui l'avait entendu et qui l'avait répudié à Constantinople, alors qu'il aurait dû discuter avec lui et défendre ce qu'il avait fait. Ils l'isolèrent de tout côté et lui firent de tous des accusateurs, qui s'y résignèrent par crainte d'endurer des maux. Qu'on obéît ou qu'on n'obéît pas, il était absolument certain [484] que l'on serait maltraité, si l'on ne reniait pas Flavien pour s'attacher au parti d'Eutychès. C'est ainsi qu'ils arrangèrent (Flavien) par avance, ils le dépouillèrent de tous côtés, ils le laissèrent sans espoir et sans confiance, au point de ne pouvoir même pas parler : tous s'empressèrent en effet de ne pas l'écouter, mais de l'accuser de toute manière ; ils le conduisaient à leurs sessions en l'insultant, et ils ne le laissaient pas répondre aux reproches qu'on lui adressait. En présence des comtes [1] qui étaient préposés, ils l'étonnaient et le jetaient dans la stupeur en lui ordonnant de se taire. Écoutez cependant cette parole, qui provenait de la violence et de l'oppression, pour montrer le ridicule de l'enquête de celui-là :

Lorsqu'on lut les actes qui avaient été faits à Constantinople contre Eutychès, avec l'adhésion et la signature des évêques contre lui, et d'abord celle de Séleucus, évêque d'Amasée du Pont [2], qui l'avait condamné, ils ne l'étudièrent pas avec un procédé de jugement ni avec une règle, pour lui demander de défendre sa signature, ce qu'il lui en semblait et s'il avait parlé correctement; mais ils décidaient sans examen et [485] ils criaient comme dans une réunion en désordre et sans règle, où il n'y a ni autorité ni obéissance : « Ce n'est pas de l'évêque d'Amasée ! Ne divise pas l'indivisible [3] !» afin d'effrayer ainsi cet homme et de l'amener à s'allier à ceux qui l'accusaient. Ils voulaient aussi,

---

1. *Comites.*

2. **Séleucus** avait reconnu deux natures *après* l'incarnation: ἐν δύο φύσεσι κατὰ τὴν ἐνανθρώπησιν, καὶ τὴν τῆς σαρκὸς τῆς ἐκ τῆς ἁγίας Μαρίας πρόσληψιν. Labbe, *Coll. concil.*, t. IV, col. 181 *e.*

3. Ἡ ἁγία σύνοδος εἶπεν· οὐδεὶς δύο λέγει τὸν κύριον μετὰ τὴν ἕνωσιν. οὐκ ἦν Ἀμασείας ἐπίσκοπος. τὸν ἀμέριστον μὴ μέριζε. Labbe, *op. cit.*, t. IV, col. 181 *c.*

par cette démonstration, faire que les autres fussent dans la crainte et reniassent la sentence [1] qu'ils avaient portée, et calomniassent Flavien de la même manière, car on traita ainsi l'ensemble de ceux qui l'avaient reçu et qui s'étaient attachés à lui.

Il convenait donc aussi qu'il y eût un jugement général de la part de ceux qui l'avaient reçu [2] et lui avaient adhéré puis s'étaient repentis de la signature donnée contre Eutychès ; ils agissaient ainsi pour montrer qu'il fallait nécessairement condamner Flavien, pour avoir modifié leurs paroles et leur jugement; et ils ne pouvaient se défendre autrement qu'en accusant Flavien. Dioscore, l'artisan de cette discussion, pour faire taire cette foule indisciplinée, criait sans retenue : « Taisez-vous un peu, écoutons encore les autres blasphèmes. Pourquoi ne blâmons-nous que Nestorius ? Il y a beaucoup de Nestorius [3]. » Pas un ne lui reprocha d'enseigner les mêmes choses que moi et lui-même n'accepta pas qu'il l'accusât pour moi, [486] mais (Dioscore) disait de lui comme de moi, et celui-ci aussi, bien qu'il fût orthodoxe, disait cependant : « Je dis d'autres choses et lui d'autres choses » et il niait que j'eusse dit les mêmes choses, ou par ignorance ou par crainte. (Dioscore) ne lui laissait pas le temps de répondre: il prenait les devants et le condamnait, de crainte que, s'il répondait, la vérité ne fût prouvée au sujet de ce qu'on lui reprochait : (à savoir) que cela ne provenait pas de Nestorius mais des Livres divins, des saints Pères qui ont précédé les trois cent dix-huit, des trois cent dix-huit eux-mêmes et de ceux qui les ont suivis. De toute manière il lui était facile de montrer que (ce qu'on lui reprochait) était la doctrine des orthodoxes.

Pour ne pas examiner ces (paroles de Flavien), parce qu'ils ne pouvaient pas nier qu'elles étaient des orthodoxes, et pour ne pas être obligés, s'ils les reconnaissaient comme des orthodoxes, d'abandonner ce qu'ils avaient souci de faire : (à savoir) condamner Flavien et absoudre Eutychès, ils passèrent sur ces paroles et, après d'autres choses, ils en vinrent à l'accuser d'avoir diminué (altéré) la sentence. Ils le faisaient répondre à ce sujet et non aux causes pour lesquelles et par lesquelles seraient confondus Cyrille

---

1. ἀπόφασις.

2. Nous lisons *Deqablouhi*, comme trois lignes plus haut.

3. σιωπήσατε ὀλίγον. ἀκούσωμεν ἄλλων δυσφημιῶν. τί μεμφόμεθα Νεστορίῳ μόνῳ ; πολλοί Νεστόριοί εἰσιν. Labbe, *op. cit.*, t. IV, col. 181-184.

et le concile d'Éphèse. Parmi les choses qui avaient été dites par eux, les partisans de Cyrille et d'Eutychès recueillaient celles [487] qui leur convenaient et choisissaient celles qui leur plaisaient ; les partisans de Flavien en faisaient autant à l'encontre de ceux-ci ; car Cyrille était le père de nombreuses hérésies, et il avait dit en même temps et ceci et cela et d'autres choses. En se servant ainsi des (textes) opposés, comment ne pas mettre en péril ce qui avait eu lieu au temps de Cyrille et à Éphèse ? De toute nécessité ils soutiendraient mes paroles pour annuler ce qui avait été fait contre moi, et il n'y aurait plus lieu de rien faire contre Flavien au sujet de l'accusation d'Eutychès. Voilà pourquoi ils ne laissaient pas Séleucus répondre ni soutenir ce qu'il avait écrit, mais ils procédaient par clameurs tranchantes, pour qu'un autre n'osât pas répondre, mais dire seulement ce qu'ils reprochaient à Flavien, (à savoir) d'avoir fraudé dans ce qui avait été fait lors de la sentence d'Eutychès ; (ils préféraient) accepter sans explication une telle signature. Leur but est déjà visible par là, pour tout homme, mais il l'est encore plus par la signature d'Æthérichus [1].

Æthérichus était un paysan inculte [488] qui n'arrivait même pas à saisir les choses claires : c'était en effet un eunuque, il avait grandi dans la maison comme les esclaves et avait été donné au grand palais impérial. Comme il avait une grande ambition [2] de pouvoir et de grandeur, il fut choisi pour évêque, bien qu'il ne connût pas les habitudes, les subtilités et la manière d'agir de cette (charge) et qu'il ne fût pas intelligent. Ils s'efforçaient de lui faire dire mensongèrement [3] qu'il avait été contraint, et lui les contraignait à (lui) dire et à lui indiquer la violence (qui lui aurait été faite), parce qu'il ne comprenait pas ce qu'ils lui disaient.

ÆTHÉRICHUS [4] l'évêque disait : Aussitôt (que) j'entrai à Constantinople (au concile), et je regardai les auditeurs et le moine même qui me disait : « Seigneur, signe. » Je lui dis « permets que [5] je voie » ; et j'entendis qu'il (me) lisait quelque chose d'évident [6]. Après cela il me dit : « Seigneur,

1. Syr. : Atticus. Cf. Labbe, *op. cit.*, t. ıv, col. 184.

2. παρρησία.

3. Ou clairement.

4. C'est la leçon ordinaire des manuscrits syriaques. L'édition porte à tort Atticus.

5. τέως, « jusqu'à ce que. »

6. *Sic* les mss. *V*, *C* et le grec ; *S* et l'édition portent : « de mensonger. »

signe. » Je (lui) dis : « Je ne puis pas signer ; en vérité je sais, mais je ne puis rien dire, cependant je dis que si quelqu'un ne croit pas comme les trois cent dix-huit Pères de Nicée et comme ceux d'Éphèse, qu'il soit anathème dans ce monde et dans le monde à venir [1]. »

Dioscore, comme en face d'un enfant qui est accusé (en jugement), ordonnait à Æthérichus de se déjuger et de mentir, et il lui suggérait ce qu'il lui demandait [489] de dire : « Ces choses donc qui ont été lues sont mensongères et ineptes. » Æthérichus ne comprenait pas ce qu'on lui demandait de dire et répondait : « Je ne sais pas. » Ils lui suggéraient de dire que ces choses (du concile de Constantinople) étaient mensonges et inepties, et Æthérichus ne le savait pas. (Aussi Dioscore) l'interrogea d'une autre manière lui suggérant (une autre réponse) : « N'as-tu pas dit cela ? » C'est à peine, comme ils le poussaient, si Æthérichus savait ce qu'on lui demandait de dire ; il répondit : « Non. » Ensuite comme ils voulaient confirmer ce qu'on lui demandait de dire, Dioscore s'enhardit à l'interroger encore sur le même sujet, et il lui disait : « As-tu entendu [2] ce qui a été dit par toi ? » Il énonçait ce qu'il demandait de dire et de professer, parce qu'il craignait qu'il ne lui répondît chose pour autre, et Æthérichus dit : « J'ai entendu. » Dioscore lui fit encore signe en disant : « Alors tu n'as pas dit cela ? » Et Æthérichus, faisant le même signe que son maître, répéta la même chose : « Je ne l'ai pas dit [3]. » Il en fut de même devant l'empereur et devant d'autres hommes, il usa des mêmes précautions pour leur faire renier leur signature et agir contre Flavien sans pudeur et avec iniquité ; dans ce cas il acceptait leurs dires sans examen ; [490] tout ce qu'on faisait dire par force

---

1. Αἰθέριχος ἐπίσκοπος Σμύρνης εἶπεν· Αἰφνιδίως ἐπεισῆλθον ἐν Κωνσταντινουπόλει ; προσέσχον δὲ τοῖς ἀκροαταῖς· εἶτα τοῦτον αὐτὸν τὸν μονάζοντα μετ'αὐτῶν, καὶ λέγει· Κύρι' ὑπάγραψον. Λέγω κἀγώ· Τέως κἂν ἄρες ἴδωμεν· Ἐπηκούσαμεν αὐτοῦ φανερά τινα. μετὰ ταῦτα λέγει, ἔκθου. ἐγὼ λέγω·ἐκθέσθαι οὐ δύναμαι. ἀληθῶς μὲν οἶδα, ἀλλ' οὐ δύναμαι εἰπεῖν πλὴν λέγω , εἴ τις οὐ πιστεύει καθὼς οἱ τριακόσιοι δέκα καὶ ὀκτὼ, καὶ οἱ ἐν Ἐφέσῳ, ἀνάθεμα ἔστω καὶ ᾧδε, καὶ εἰς τὸν μέλλοντα αἰῶνα. Labbe, op. cit., t. IV, col. 184 c.

2. Syr. : « j'ai entendu. »

3. Διόσκορος ἐπίσκοπος Ἀλεξανδρείας εἶπε· ταῦτα οὖν τὰ ἀναγνωσθέντα πλαστά εἰσιν ; Αἰθέριχος ἐπίσκοπος Σμύρνης εἶπεν· οὐκ οἶδα ἐγώ. Διόσκορος ἐπίσκοπος Ἀλεξανδρείας εἶπε· περαιτέρω τούτων οὐκ εἴρηκας ; Αἰθέριχος ἐπίσκοπος Σμύρνης εἶπεν· οὔ. Διόσκορος ἐπίσκοπος Ἀλεξανδρείας εἶπεν· ἐπάκουσας δὲ τῶν δῆθεν παρὰ σοῦ εἰρημένων ; Αἰθέριχος ἐπίσκοπος Σμύρνης εἶπεν· ἐπήκουσα. Διόσκορος ἐπίσκοπος Ἀλεξανδρείας εἶπεν· καὶ οὐκ εἴρηκας αὐτὰ· Αἰθέριχος ἐπίσκοπος Σμύρνης εἶπεν· οὔ. Διόσκορος ἐπίσκοπος Ἀλεξανδρείας εἶπεν· δῆλα τὰ κατατεθέντα παρὰ τοῦ παρόντος. Labbe, op. cit., t. IV, col. 184 e.

(à savoir) qu'il y avait altération (dans les actes de Flavien), il l'acceptait sans hésitation.

Flavien demandait à leur répondre, mais il était tellement opprimé et violenté qu'ils ne le lui permettaient pas, mais ils le frappaient, comme le dirent les comtes, afin qu'il ne parlât pas jusqu'à ce qu'on eût fini de signer contre lui, que les affaires d'Eutychès fussent ainsi confirmées et que la chose dont ils étaient préoccupés fût terminée, car dorénavant ils étaient réunis comme (autour) d'un mort; car lorsqu'on lisait ce qui avait été fait dans les actes [1] contre Eutychès, et que Flavien protestait, ils répondaient : « Celui-là ment violemment contre notre signature » et ils le frappaient, comme on le rapporte.

Enfin, après qu'on eut porté contre lui un jugement et une sentence [2] à leur guise, Dioscore lui commanda de parler et dit : « Si le pieux évêque Flavien sait quelque chose qui puisse lui être utile, qu'il le dise par écrit [3]. » Que pouvait-il dire, lui qui voyait partout avec quelle violence on rejetait ses justes paroles. C'était pure plaisanterie que de lui demander d'ajouter à ce qu'il avait dit : « Tu as arrêté toutes mes paroles justes [4], » parce que tu as accueilli contre moi, sans hésiter, toute calomnie.

[491] Mais pour qu'il fût encore prouvé que ce n'était qu'une plaisanterie, ils mirent, dans les Actes [5] mêmes, malgré eux, pour notre instruction, de quelle manière ils ont arrêté ses paroles justes. Car Dioscore dit à Flavien : « Le saint concile sait si je t'ai empêché [6], » et Flavien dénonça ouvertement la violence qui lui avait été faite : « On ne m'a pas laissé, et on ne m'a même pas permis de parler [7], » pour qu'on sût que ce qui était dit l'était par dérision. (Dioscore) disait : « Dis ce qui peut t'être utile; » et il répondait : « Il n'y a pas d'ineptie ni de mensonge dans l'affaire des Actes [5] ; Mar Eusèbe et Mar Thalassius le savent [8], »

---

1. ὑπομνήματα.

2. ἀπόφασις.

3. Εἴ τι ἔγνωκεν ὁ θεοφιλέστατος ἐπίσκοπος Φλαυιανὸς συμβαλλόμενον αὐτοῦ τῇ ὑπολήψει, λεγέτω ἐγγράφως. Labbe, *op. cit.*, t. IV, col. 255 *a*.

4. Ἀπέκλεισάς μου πᾶσαν δικαιολογίαν. *Ibid.*

5. ὑπομνήματα.

6. Οὐδείς σε ἐκώλυσεν· οἶδεν ἡ ἁγία σύνοδος. *Ibid.*

7. Non mihi permissum est loqui. Labbe, *loc. cit.*, col. 256 *a*.

8. ἡ δευτέρα πρᾶξις οὐδὲν ἔχει πλαστόν, οἶδε καὶ ὁ κύριος Θαλάσσιος, οἶδε καὶ ὁ κύριος Εὐσέβιος. *Ibid.*

eux qui ont souligné et examiné en même temps que moi. Eusèbe
et Thalassius démentirent sa parole (et dirent) qu'ils n'avaient
rien examiné. Alors, lorsqu'on ne s'adressait plus à eux que par
dérision, c'est-à-dire après la sentence [1], Thalassius parlait comme Dioscore : « Personne n'empêche ta sainteté de parler [2] ; »
et Dioscore répondait railleusement à chacun des évêques qui
remarquait cet artifice, en disant : « Mar Eusèbe a dit si les choses
ne se sont pas passées ainsi, et il a vérifié qu'il (Eutychès) a été
trouvé sans condamnation ; mais qui t'a empêché de parler, et maintenant désires-tu lui parler [3]? » Après lui avoir parlé, (Flavien)
répétait les mêmes choses : [492] « Que cette affaire avait eu lieu
et avait été étudiée devant Mar Thalassius et Mar Eusèbe, en
présence aussi du silentiaire [4] Mar Magnus, et on n'a rien trouvé
de tel. Chacun des évêques qui alors étaient présents et qui ont
entendu, pourront dire, comme devant Dieu, si on a parlé avec
mensonge [5]. »

Dioscore se moquait encore de lui : (en répliquant) que ce n'était
pas là une réponse ; et l'autre pensait que c'était en vérité qu'il lui
offrait de parler et qu'il laissait étudier cela. C'est encore en se
moquant qu'il se tourna vers Étienne et lui dit : « Mar Étienne,
lui ai-je interdit [6] de parler ? » puis à tous : « Dites-le tous [7]. »

C'est ainsi qu'il se jouait d'un homme (Flavien) qui n'avait pas
d'expérience et qui ne connaissait pas la méchanceté et les ruses
des Égyptiens ; il croyait qu'ils étaient pieux et qu'ils avaient
souci de dire plus que la vérité pour ceux qui étaient sous le coup

1, ἀπόφασις.

2. Θαλάσσιος ἐπίσκοπος Καισαρείας Καππαδοκίας εἶπεν· οὐδεὶς ἐκώλυσε τοῦ λαλῆσαι
τὴν σὴν ὁσιότητα. Labbe, op. cit., t. IV, col. 255 b.

3. Ici le grec diffère : Διόσκορος ἐπίσκοπος Ἀλεξανδρείας εἶπε· κύριε Εὐσέβιε εἶπε·
ἐκώλυσα αὐτὸν λαλῆσαι; Εὐσέβιος ἐπίσκοπος Ἀγκύρας Γαλατίας εἶπεν· ὡς οἶδεν ὁ Θεὸς,
εὐχόμεθά σε λαλῆσαι. Labbe, op. cit., t. IV, col. 255 b.

4. Silentiarius.

5. Φλαυιανὸς... εἶπεν· ἐπὶ τοῦ κυρίου Θαλασσίου καὶ τοῦ κυρίου Εὐσεβίου, παρόντος
καὶ τοῦ σιλεντιαρίου Μάγνου, ἐγένετο ἡ πρᾶξις, καὶ ἐξηγάσθη, καὶ οὐδὲν τοιοῦτον ἀπεδεί-
χθη, ἕκαστος τῶν τότε παρόντων ἐπισκόπων, ὡς ἐπὶ Θεοῦ, ἃ ἤκουσεν εἶπε· καὶ ἀψευδῶς
ἐρρέθη. Labbe, op. cit., t. IV, col. 255 c.

6. Le texte porte : « l'as-tu interdit. » Lire kelitiht.

7. Διόσκορος...εἶπεν· Κύριε Στέφανε ἐπίσκοπε εἰπέ, εἰ ἐκώλυσα αὐτόν. Στέφανος ἐπίσκοπος Ἐφέσου εἶπεν· ἰδοὺ, ποῦ ἔστιν; ἐὰν ἐκώλυσας αὐτόν, εἴπη. Διόσκορος... εἶπεν· εἴπατε
πάντες, εἰ ἐκώλυσα αὐτόν. ἡ ἁγία σύνοδος εἶπεν· οὐκ ἐκωλύσαμεν αὐτόν, Labbe, op. cit.,
t. IV, col. 255 c.

d'une accusation ; et lorsqu'il connut ce qu'ils faisaient et qu'il n'était pas besoin de réponse ni d'aucune démonstration, il se tint tranquille. Il rendit témoignage devant chacun en disant : « Par le secours de Dieu, je ne suis touché par rien de ce que vous avez fait contre moi ; je n'ai jamais confessé ni pensé autrement en aucune manière et je ne change pas d'avis [1]. » Et il (Dioscore) cessait de [493] lui répondre comme à un hérétique manifeste. C'est pour cela qu'ils l'avaient excité à parler, et il demeura dans cette confession. Il n'eut pas les faiblesses qui ne convenaient pas et ne ressembla pas aux évêques de ce monde, ses contemporains, qui accordaient tout ce qu'on leur demandait. Il ne changea même pas la forme de sa pensée, mais persista et se livra à la souffrance. Il n'eut pas l'idée et la pensée de dire : « Je suis [2] un homme simple, bien éloigné de ces minuties. Jadis nous avons instruit et repris Eutychès ; je l'ai condamné comme me l'ont persuadé ses accusateurs, qui paraissaient savoir quelque chose, je me suis rallié à l'opinion du grand nombre et non à moi-même; maintenant s'il vous paraît bon à tous et si vous jugez que les (opinions) d'Eutychès sont orthodoxes, ce qui vous semble bon à tous me semble bon aussi. Je signe avec vous pour tenir les (idées) de l'orthodoxie ; comptez-moi aussi au nombre des évêques qui ont besoin de pardon. »

Ces seules paroles auraient mis fin à tout et même à la colère de l'empereur qui soutenait l'accusation et en arrivait à la violence ; c'est à cause de cette (colère) qu'il avait réuni le concile. Mais il n'avait pas cédé, pas même à Constantinople, lorsque tous [494] lui conseillaient et le suppliaient de faire cela ; il ne le fit pas non plus à Éphèse où le mal était imminent, lorsqu'il penchait vers la mort, et que chacun lui disait que c'était le seul moyen d'éviter la mort, au moment où il voyait tous ceux-là s'enfuir de près de lui et se joindre à Eutychès et être sauvés par là. Je lui servais d'exemple : ce n'avait pas été assez pour moi d'être déposé de l'épiscopat de la ville, ni du silence, pour ne pas leur donner motif de changer, mais la cause pour laquelle je souffrais des maux, c'est qu'on disait de moi que j'étais encore en vie. Aussi longtemps que tu vivras, attends-toi à subir la mort de la part

---

1. Litt. : « et je ne confesse pas (autrement). » οὐδὲν γὰρ ἑτέρως ἐδόξατα ἢ ἐφρόνησά ποτε, ἢ φρονήσω.

2. Lire *êno* pour *honô*.

des méchants. Pour ne pas trahir la foi, tu auras devant les yeux toutes ces souffrances à supporter.

Immédiatement, dès que l'on crut qu'il était déposé [1], il fut enlevé comme par des loups et des lions, par ces comtes devant lesquels avait eu lieu cette déposition ; il était tiré et bousculé ; tous disaient et faisaient des choses différentes ; il était abandonné et accablé par tous, et son esprit fut rempli d'amertume. Ils le livrèrent aux soldats et leur commandèrent de le tirer et de le faire sortir des lieux saints ; [495] ils l'entraînèrent et ils le mirent en prison : il ne pouvait plus respirer. Avant qu'il fût revenu à lui, qu'il eût respiré et pris un air vif et pur, et avant qu'il eût pris de la nourriture pour recouvrer un peu de force, ils le livrèrent au chef [2] et ils lui ordonnèrent avec menaces de faire partir cet homme tout contusionné.

Il ne pouvait pas supporter les fatigues de la route. Il semblait que l'empereur ne se souciât pas de sa vie, mais cherchât seulement à le punir et non à le tenir en vie. Ils le firent donc descendre par force et ils le livrèrent à un homme meurtrier, comme pour le faire périr. Ils l'envoyèrent sans miséricorde, en paroles à son pays, mais, en réalité, à la perdition. Ainsi traîné et conduit, il ne put résister que quatre jours, à ce qu'on dit, lorsque chaque jour son âme se détachait de son corps, et ils regardèrent son décès comme une fête. Les maux s'accumulèrent contre tous ceux qui lui étaient attachés et qui partageaient sa foi. J'étais des premiers dans les persécutions violentes et la fuite, dans les exils et les ordres qui donnaient pouvoir aux leurs, en tout pays, de faire ce qu'il leur plairait à ceux qui pensaient les mêmes choses (que Flavien). Moi et Flavien nous pensions les mêmes choses. Le peuple avait le pouvoir de tirer, d'enlever et de livrer ; les esclaves [496] accusaient leurs maîtres à ces occasions, ils en avaient le pouvoir d'après un ordre (impérial) [3]. Toute leur préoccupation était de jeter leur âme dans l'erreur avec toutes celles qui croyaient et pensaient que Dieu le Verbe est immortel. Ils disaient des choses pires encore que celles-là, au point d'obliger à dire que c'est l'essence même de Dieu le Verbe qui était morte. (L'empe-

---

1. καθαίρεσις.

2. ἄρχων.

3. Voir l'édit porté par Théodose, en 448, contre Porphyre, les nestoriens et Irénée. Labbe, *Conciles*, t. III, col. 1114, *e*.

reur) leur donna pouvoir contre tout le monde; on ne tenait plus compte des chefs, des évêques, ni de tout le monde, ni des ennemis, ni des serviteurs, mais comme s'ils étaient au-dessous des désirs et du zèle (s'ils ne suffisaient pas), au sujet de ceux qui disaient Dieu le Verbe immortel et impassible ils chargèrent ceux qui paraissaient les plus zélés pour chercher et pour espionner, de retrouver ceux qui avaient pris la fuite (les partisans de Flavien). Toutes les choses épouvantables les atteignirent. La prévision et l'attente des maux étaient plus mauvaises que les maux eux-mêmes ; c'était évidemment le combat de Pharaon contre Dieu.

[497] *Énumération d'une partie des maux qui sont venus sur la terre, à cause de la transgression de la vraie foi du Dieu impassible, avec une prophétie* [1].

Lorsque ces choses commencèrent à avoir lieu au sujet de la foi et durant la dispute contre Dieu le Verbe qui n'aurait pas été immortel et impassible, (il arriva) dès lors comme si le Dieu immortel ne se préoccupait plus des hommes. Et en effet, ceux pour lesquels Dieu n'était plus immortel, commencèrent à être détruits et subjugués, les uns d'une manière, les autres d'une autre et certains de toute manière ; et il n'y avait personne pour fléchir la colère.

(CALAMITÉS) QUI EURENT LIEU SOUS FORME DE TREMBLEMENTS DE TERRE ET DE GUERRES. I. Ils endurèrent les contagions, les famines, la privation de la pluie, la grêle, la chaleur, les tremblements de terre étonnants, la captivité, la crainte, la fuite et tous les maux, et ils n'arrivèrent pas à se rendre compte de la cause de tels maux, mais ils étaient encore plus enflammés et plus cruels contre quiconque osait dire que Dieu le Verbe était impassible, comme s'ils souffraient de tels maux parce qu'on disait que Dieu le Verbe était impassible et immortel ; et il n'y avait pas de lieu de refuge.

II. [498] Un double mouvement de barbares et de Scythes les effraya; (ceux-ci) faisaient périr et réduisaient en captivité tous les hommes et il n'y avait même pas un espoir de salut. Ils ne comprirent pas encore que tout cela n'était pas purement humain.

III. Il ébranla en même temps la terre par des tremblements,

1. Voir cette prophétie, p. 331.

personne ne se souvenait (d'en avoir subi) de tels [1]; (la terre)
était ébranlée comme si elle allait se renverser et s'entr'ouvrir
ou périr nécessairement. Lorsque la terre cessa (de trembler) et
se retrouva ferme comme auparavant, il semblait qu'on l'avait
arrachée à la nature ; celui qui l'avait mise en mouvement était
ébranlé avec elle. Ce n'est pas (seulement) aux yeux qu'elle montrait le tremblement qui l'agitait et la force qui l'affermissait, mais
elle amenait tous les hommes à réfléchir et, par la grandeur de
toutes ces choses, elle éclairait les esprits plus que ne l'eût fait
la parole.

IV. Les barbares approchèrent, ils battirent les Romains et
les plongèrent dans le plus grand désespoir.

V. A Constantinople, ville impériale, les tours de la muraille
qui étaient construites avec elle furent séparées et abandonnèrent
le mur qui ne fut pas endommagé par ce qui avait été ébranlé, et
elles restèrent sans être endommagées, sans [499] porter aucune
marque du tremblement de terre. En certains endroits, du milieu
de la construction, les pierres sortaient de toute la construction
et même des environs; la chaux aussi était ébranlée.

VI. D'autres choses se voyaient avec évidence de diverses manières dans une autre partie de la ville. Tout cela n'avait pas été
ébranlé d'un mouvement ordinaire, mais c'était une punition (pour
montrer) que celui qui faisait cela n'était pas mortel et qu'il avait
pouvoir sur ces choses.

VII. Du Forum [2] de Théodose le Grand. Même les pierres
attachées avec du fer et du plomb étaient arrachées ; elles étaient
emportées en l'air, y demeuraient un certain temps comme sus-
pendues, puis retombaient. Au moment où sortaient ceux qui
étaient prêts à les recevoir, elles tombaient aussitôt. Il y avait
des milliers d'autres choses dans les autres pays, on entendait
raconter (ces nouvelles) et elles étaient pleines d'effroi et de crainte, au point d'amener les hommes, même malgré eux, à la prière,
et à supplier Dieu d'avoir pitié d'eux. Mais ils ne (priaient) pas
comme il le voulait, chacun le suppliait à sa manière selon la pensée qu'il avait : les uns priaient (ainsi) : « Dieu qui a souffert et qui

---

1. Ce sont sans doute les tremblements de terre mentionnés par Evagrius,
Hist. eccl., i, 17. Philostorge les mentionne et les donne aussi comme des châtiments divins. *Hist. eccl.*, xii, 8-10. Cf. Nicéphore Calliste, *Hist. eccl.*, xiv, 46. La
chronique d'Alexandrie les mentionne sous les indictions XV (447) et III (450).

2. θύρος.

est mort pour nous, » et d'autres d'une autre manière ; ils disaient ce qui leur était préférable. Mais ils étaient remplis de colère et de fureur [500] contre ceux qui osaient le dire immortel et impassible. Pour cela surtout, les angoisses fondaient sur eux avec les terreurs les plus redoutables, tandis que leurs méchancetés retombaient sur eux, afin qu'ils n'eussent pas le temps de vaquer à mal agir envers les hommes pieux qui se trouvaient parmi eux.

SUR « DIEU SAINT ». Comme il voulait les amener à reconnaître leur blasphème et à s'en éloigner, et qu'ils n'y arrivaient pas d'eux-mêmes, Dieu leur indiqua une formule de supplication — car on ne trouva pas celui qui fît cela — (qui consistait) à dire : « Dieu saint, saint puissant, saint immortel, aie pitié de nous [1]. » Tout le monde l'accepta unanimement et ils abandonnèrent les choses dans lesquelles ils se complaisaient mais qui ne plaisaient pas à Dieu. Ils écrivirent cela dans la basilique [2] en public [3], et l'y placèrent ainsi : « Gloire et action de grâces au saint et à l'immortel Sauveur de l'univers, Dieu. » Ils avaient été bien près de confesser Dieu immortel. Ils ne reniaient pas ce qu'ils tenaient, mais ceci était chanté en tout lieu.

Après que le tremblement de terre eut cessé, lorsqu'il y avait quelques guerres, ils se soulevèrent de nouveau et se déclarèrent contre Dieu ; ils cachaient la foi envers Dieu, comme s'ils ne se souvenaient plus de ce « Dieu saint et puissant et immortel » qui pouvait [501] apaiser les guerres même sans force humaine, en qui était la puissance et en dehors de qui il n'y avait pas de force [4], comme ils l'éprouvèrent bientôt par l'événement ; maintenant ils cessaient même de faire cette prière.

Peu de temps avant la guerre avec ces barbares, cette croix les instruisait toute seule, et les poussait à croire en Dieu, en lui surtout qui, sans glaive, détruit les combattants. Auparavant, lorsque le barbare était menacé par une armée, il se jetait dans les cavernes et les fissures [5] ; le peuple des Scythes était grand et nombreux, mais autrefois il était divisé en peuples et en royaumes, ils étaient (réputés) comme des voleurs et ne fai-

---

1. Cf. Nicéphore Calliste, *Hist. eccl.*, XIV, 46.
2. *basilica.*
3. δημόσιον.
4. Litt. : « préparatifs (de guerre). »
5 Lire : *bedqê.*

saient pas beaucoup de mal si ce n'est à cause de leur rapacité et de leur vélocité; mais plus tard ils se constituèrent en royaume. Après qu'ils se furent constitués en royaume, ils se fortifièrent beaucoup, au point de surpasser par leur nombre toute la force des Romains. Dieu leur montra qu'il ne s'était pas affaibli, lui que d'un commun accord ils soumettaient auparavant à la souffrance et à la mort. Ils avaient multiplié les persécutions contre ceux qui confessaient Dieu saint et puissant et immortel et ils avaient abandonné Celui en qui ils avaient espéré et qui les avait sauvés de la mort ; il leur apprit [502] à rejeter la mort de Dieu, mais à reconnaître et à confesser qu'il est immortel.

Parce que cela avait eu lieu et qu'ils ne s'étaient pas convertis, pour louer le Dieu qui les sauvait, mais qu'ils blasphémaient et qu'ils obligeaient chacun à confesser la mort de Dieu, et qu'ils fuyaient le (mot) «immortel» comme une impiété ; un (peuple) barbare se leva encore contre eux, les tua, inonda tout le pays des Romains et renversa tout. Il n'y avait pas de salut ni de refuge, mais ils tressaillaient de crainte et ils n'avaient pas d'espoir. Il les cerna et les rendit incapables dans tout ce qu'ils faisaient pour leur salut.

Parce qu'ils n'avaient pas compris leur premier salut, il envoya cet homme qu'il prit lorsqu'il paissait les moutons, lequel blâma les choses cachées dans le cœur de l'empereur. Depuis longtemps il était inspiré de Dieu et il commanda de faire une croix. Comme (l'empereur) ne le croyait pas, il fit une (croix) de bois de ses propres mains et l'envoya contre les barbares. Il planta encore une autre croix au palais et une autre dans le forum[1] de Constantinople, au milieu de la ville, pour qu'elle fût vue de tous ; au point que les barbares aussi, lorsqu'ils la virent, s'enfuirent et furent frappés. L'empereur s'enhardit à rester, [503] lui qui était déjà prêt à fuir. Les nerfs de la ville languissante s'affermirent et tout se passa ainsi.

Lorsque le barbare se fut enfui avec perte[2] sans que personne le poursuivît, que l'empereur eut repris courage pour s'occuper des affaires de son empire, et que la ville était grandement remplie de courage, ils ne virent aucune autre cause à ce changement subit — parce qu'aucun autre homme n'avait fait ceci : frapper

1. φόρος.
2. Litt. : « blessure. »

celui-là et encourager celui-ci — que la croix, qui avait été placée, de celui qui a été crucifié en nature et en vérité, c'est-à-dire ce corps qui a été crucifié en nature. Nous apprîmes que nous n'avions pas à rougir de dire que celui-là mourut et non Dieu qui fortifia ce corps faible, passible et mortel, qui souffrit et mourut sur la croix. C'est pourquoi le bois lui-même sur lequel il fut cru-cifié, sauvait [1]. C'est pour celui qui ne croyait pas et qui niait que la crucifixion d'un corps mortel pût sauver, qu'il ordonna de faire une croix de bois pour opérer par là une telle délivrance dans la ville et contre les barbares, afin que l'on ne niât pas que le cruci-fiement concerne le corps qui a vivifié tout le monde et non Dieu qui a opéré un tel prodige par le crucifiement du corps et la croix.

[504] Comme ils avaient imaginé de là que la croix se rapportait à la divinité et non au corps, ils restaient opposés aux hommes pieux qui disent que la croix se rapporte non pas à la divinité mais au corps de la divinité, et que c'est pour cela qu'il nous a sau-vés par la croix. Aussi Dieu opposa de nouveau à cette pensée rebelle [2] la puissance des barbares et les tremblements de terre. C'était aussi pour leur arracher les hommes pieux et (faire cesser) les souffrances qu'on leur faisait endurer — car c'est alors seule-ment qu'ils respiraient et qu'ils étaient tranquilles — qu'il leur apprit, de ces deux manières, que la pensée impie, dans la-quelle on confessait la mort (pour Dieu), ne lui plaisait pas. Ils pouvaient penser à la vérité que ce qui leur arrivait par le moyen des barbares était un fléau humain [3], mais ils ne pouvaient en dire autant de ce qui leur arrivait par les tremblements de terre; ce-pendant comme ils n'arrivaient même pas ainsi à se rendre compte de la gloire de Dieu incorruptible, et qu'ils attribuaient la mort, la passion et la faiblesse à une puissance et à une immortalité comme celle-là, alors il les instruisait par les paroles mêmes [4], afin qu'ils n'attribuassent plus de tache ni de tare à Dieu, parce qu'il est saint, exempt de toutes souffrances et sans faiblesse, lui qui, par une faible croix, s'est fortifié comme un géant [5] et se trouve dans toute force. N'attribuez pas non plus la mort [505] à celui

1. Litt. : *in salutem fuit.*
2. Litt. : « de Pharaon. »
3. Litt. : « était la mort par les hommes. »
4. Allusion au « Dieu saint... saint immortel. »
5. Cf. *Ps.* xviii, 6.

qui est seul immortel, et qui a montré par notre mort [1] qu'il est immortel, par la confession « du saint, du puissant et de l'immortel. »

Parce qu'ils ne demeurèrent pas dans ce qu'ils avaient été obligés de confesser, et qu'ils n'avaient pas cru au Dieu puissant et immortel, qui peut faire cesser même les guerres, ils furent les esclaves des barbares et furent réduits en servitude pour leur donner un tribut en confirmation des traités. Ils en donnaient même à ceux qui combattaient avec lui (le barbare ?). Il n'est rien qu'il (Dieu) ne fît, lui qui montra le barbare maître, et les Romains serviteurs. C'est ainsi que la puissance s'en alla aux barbares, comme si les Romains n'avaient pas de Dieu tout-puissant, saint, puissant et immortel. C'est pourquoi les autres nations se réfugièrent aussi près de lui, elles s'éloignèrent des Romains, qui n'avaient pu se sauver eux-mêmes. Parce qu'ils avaient organisé le pouvoir comme s'ils n'avaient pas besoin du secours divin, et qu'ils ne réfléchissaient pas, ils ne se souvinrent même plus de cette confession qu'ils avaient faite de bouche, du « saint, puissant et immortel »; mais, au contraire, ils disputaient sur les souffrances de la divinité pour montrer par là qu'il n'avait aucune des propriétés (précédentes). Avec les souffrances et la mort, il s'ensuivait aussi en effet qu'il n'était pas saint [506] par nature, ni immortel par nature, ni puissant par nature ; jusqu'à ce que Dieu les eût retirés de là bon gré mal gré, pour punir leur impiété, pour justifier ceux qui avaient été maltraités, et pour instruire ceux qui priaient par avance Flavien et Eusèbe [2], qu'ils avaient tués. Ils vengeaient Dieu, ceux qui le confessaient saint, puissant et immortel; cependant, on sévissait par des lois, des décrets et des amendes contre ceux qui confessaient que Dieu le Verbe était saint, puissant et immortel ; on les dépouillait, on les exilait, on les mettait à mort, jusqu'à ce que Théodose fût enlevé à ce monde [3], lui qui s'était élevé contre Dieu. La bouche alors s'ouvrait pour confesser, louer et adorer le Dieu saint, puissant et immortel, en le disant sans crainte. Ce n'est pas en effet celui qui fait le Christ Dieu passible et mortel qui confesse que le Christ est Dieu, mais celui qui attribue au Christ la divinité qu'il a par nature et qui le con-

1. C'est-à-dire : « à l'occasion des barbares et des tremblements de terre. »
2. Eusèbe de Dorylée fut emprisonné, mais ne fut pas mis à mort.
3. 29 juillet 450.

fesse par sa nature Dieu impassible, immortel, puissant et saint, et d'autre part passible dans son humanité, parce qu'il confesse qu'il est homme par nature.

Mais quelqu'un dira : Qu'as-tu à faire avec Flavien et avec ce qui a été fait contre lui et à son occasion? Pour toi, [507] en effet, tout le monde t'a anathématisé et t'a exilé; tout ce que tu ajoutes après cela, tu le fais à ton détriment; c'est pour toi une accusation et non une excuse simple et juste.

Ce que je dis plus haut, plus bas et toujours, c'est que je ne cherche pas à me faire aimer par de tels hommes, mais je désire vivement que, par mon anathème, ils soient sauvés du blasphème, et que ceux qui seront sauvés confessent Dieu saint, puissant et immortel, sans changer la forme de Dieu, qui est incorruptible, contre la forme de l'homme qui se corrompt, et sans mêler le paganisme dans le christianisme, mais en confessant Dieu, tel que sa forme est, et en confessant l'homme, tel qu'il est dans sa forme, de manière que le passible et aussi l'immortel soient confessés des formes des natures ; afin que le christianisme ne confesse pas un changement de Dieu ni un changement de l'homme, à la manière de l'impiété du paganisme. Qu'il soit donc en vérité oui oui et non non, sauveur et sauvé, de manière à confesser que le Christ est Dieu et homme en vérité et par nature, qu'il est par nature immortel et impassible en tant que Dieu, et mortel et passible par nature en tant qu'homme. Il n'est pas Dieu dans les deux natures ni encore homme dans les deux natures. Mon but et mon souci sont donc que Dieu soit béni et loué sur la terre comme dans le ciel. [508] Que Nestorius soit donc anathème, mais qu'ils disent de Dieu ce que je les prie de dire ; car je suis de ceux qui sont avec Dieu et non de ceux qui sont contre Dieu, de ceux qui, sous prétexte de piété, outragent Dieu et font qu'il n'est plus Dieu. Car il (Dieu) combat ceux [1] que je combats et ceux qui combattent contre moi combattent contre lui ; aussi je suis prêt pour lui à tout endurer et souffrir, et plût à Dieu que, par mon anathème, tout le monde en arrivât à se réconcilier avec Dieu, car rien ne m'est plus grand et plus cher que cela. Je ne refuserais pas non plus de dire le contraire de ce que j'ai dit si je savais qu'ils veuillent dire le contraire de ce que je dis en quelque manière que ce soit et qu'ils soient ainsi à Dieu ;

1. Litt. : « dans ceux. »

et, par ces choses, je serais honoré près de Dieu, pour les (propriétés) de Dieu que j'ai regardé comme Dieu et non comme homme…

D'ailleurs, ce n'est pas sans raison que j'ai raconté ce qui concerne Flavien, mais je l'ai rapporté comme un exemple de ce qui
avait été fait contre moi avec malice et méchanceté, pour que
certains ne se laissent pas tromper par le mot de concile, mais
qu'ils cherchent en toute vérité ce qui s'y est passé et qu'ils examinent certaines choses devant Dieu, bien qu'elles soient arrivées autrement. Car Satan se transforme sous l'aspect d'un ange
de lumière [1] et trompe [509] les hommes pour les éloigner de Dieu.
De plus, comme j'avais songé en moi-même à cacher la conduite
qui avait lieu dans la force et la sagesse de Dieu, c'était un grand
danger, une grande iniquité et un abus de la grâce de ne pas la
montrer et la révéler à tous les hommes. Car c'est pour eux qu'il
agit ainsi, pour détruire leurs fourberies et pour les dévoiler, eux
qui affermissaient l'impiété et la mettaient en relief, tandis qu'on
ne croyait pas à ce que je disais. C'est ainsi que ceux-là agissaient et
qu'ils avaient encore agi dans leur réunion du concile : j'y souffrais
tout et ils ne me croyaient pas. Il n'était pas possible de reprendre
et de solutionner dans un concile ce qui avait été fait, car la volonté de l'iniquité l'emportait sur la volonté de Dieu par laquelle les
méchants qui étaient méchants furent dévoilés ainsi que les hommes pieux qui étaient pieux; (ceux-ci) combattirent jusqu'à la
mort et conservèrent leur belle volonté qui était digne de Dieu.

Avant le temps dont nous parlons, qui arriva par la patience
de Dieu, où ceux-ci souffrirent et ceux-là les firent souffrir ce que
(nous avons dit), les méchants n'étaient pas mis en relief comme
méchants, ni ceux qui avaient été gratifiés de la Providence [2]
qui les arrachait au combat contre Dieu. Par les faits mêmes il
(Dieu) luttait et s'élevait contre eux, et les empêchait de se rebeller
contre [510] les aiguillons de Dieu ; mais, même ainsi, ils ne se
détournaient pas de leur iniquité; tandis que les hommes pieux
n'étaient pas dispersés ni découragés — tant que Dieu prenait
patience — pour souffrir durant toute leur vie, en demeurant
attachés à la volonté de Dieu.

C'est pourquoi on verra que le zèle et le soin ont quitté ceux
qui les avaient reçus en partage ; ils ont négligé les (charges) qu'ils

1. II Cor., xi, 14.
2. V. porte « grâce ».

possédaient ; ils ont feint de montrer du zèle avec inintelligence pour les choses qu'il fallait redresser — choses qui ont été méprisées et rejetées par eux. Il fallait en effet retrancher ce qui avait été mal fait, et non le cacher. Tout ce qui eut lieu pour corriger venait de Dieu, tandis que ceux qui cachaient les choses n'étaient pas de Dieu, mais de ceux qui détruisent ses affaires.

Pour quelle cause pensez-vous que ceux qui possédaient toute la terre devinrent la proie des barbares ? N'est-ce pas parce qu'ils ne se sont pas servis comme il fallait de la prééminence qui leur avait été donnée afin que toutes les nations connussent la grâce qui leur avait été accordée ? afin qu'ils apprissent, comme serviteurs, ce qui convenait, puisqu'ils ne l'avaient pas appris comme maîtres. Pourquoi aussi n'est-ce pas des orthodoxes, mais de ceux qui adoraient les créatures[1], qu'ils ont entendu la parole de l'Évangile ? Ils ne [511] se sont pas soumis à la prééminence de l'empire ni à la religion dans laquelle ils étaient, afin qu'ils connussent, qu'au moment où ils avaient la prééminence du pouvoir, ils n'avaient pas su conserver celle de leur religion en Dieu ; à cause de cela, ils n'ont plus la prééminence en rien, parce qu'elle a passé à leurs ennemis. Autant ils ont négligé l'Évangile, autant ils ont été rejetés de leur prééminence. Ils partagèrent aussi la foi de ceux qui adorent les créatures[1] ; ils en différaient par le nom et par le (mot) « consubstantiel »[2]. De même que ceux-là (les ariens) confessent le créé et l'incréé et disent le (mot) « consubstantiel » de manière différente, comme par hommage, et donnent une différence de nature[3] pour distinguer la créature du créateur, de même ceux-ci (les monophysites) aussi donnent une différence de nature[3] au passible et à l'impassible, au créé et à l'incréé ; et ils disent de manière différente, comme par hommage, ce (mot) « consubstantiel », de nom seulement, car ils unissent la puissance et la crainte qui sont opposées, au lieu de la confession franche[4] des (deux) natures[5]. Jusqu'à ce que ce qui

1. Lire « la créature », car Nestorius semble viser les Goths qui étaient ariens et disaient donc que le Christ était « une créature ».

2. Mot choisi par le concile de Nicée contre les ariens.

3. Comme ἑτεροφυσίς. Les monophysites, lorsqu'ils attribuent les souffrances à la nature du Verbe, supposent comme les ariens — dit Nestorius — que la nature du Verbe est différente de celle du Père.

4. παρρησία.

5. Syr. : « de la nature. »

est dans la nature soit purifié pour enlever la puissance à la
crainte et la crainte à la puissance avec le secours de Dieu, pour
qu'il soit loué dans le ciel et aussi sur la terre : *Gloire dans le
ciel et paix sur la terre* [1], dans le gouvernement [2] de ces affaires ; Dieu ne cesse pas de nous conduire et de nous instruire [3] :
comme ceux [512] qui font l'éducation des enfants, il se sert
des coups et des corrections qui conviennent pour nous instruire et nous montrer que nous errons ; il défend ceux qui
se taisent et il montre leur victoire.

Qu'ai-je donc fait parmi les choses qui ont été faites comme
elles l'ont été, que Dieu lui-même n'ait pas fait ? Parce qu'ils ont
trahi la tradition des Pères et qu'ils ont fermé la bouche de ceux qui
réclamaient les droits des Pères, ils sont tombés, d'après ce qu'ils
professaient, les uns dans l'arianisme, d'autres dans le maniché-
isme, d'autres dans le judaïsme, d'autres dans d'autres erreurs
modernes et anciennes. Dieu en suscita des leurs et parmi eux,
comme il avait établi les Juges parmi les Juifs, pour les reprendre de leur transgression contre Dieu. Tel fut Flavien, qui tenait
ma place ; en cela il fallait qu'il fût mon ennemi comme il l'a
été par ignorance ou par une autre cause ; (tel fut encore) Eusèbe, qui combattait contre moi. Ils faisaient leur confession
en dehors de toute cause de crainte et ils combattaient ceux du
parti de Cyrille, qui blasphémaient et cherchaient à l'emporter.
Dieu les a conservés jusqu'à ce qu'ils aient montré de l'opposition
à Cyrille. Ceux-ci alléguaient ses paroles contre les autres et les
autres, de leur côté, choisissaient les passages [513] opposés aux
autres et les alléguaient contre eux. Ils se querellaient entre
eux les uns et les autres. Ceux-ci disaient qu'ils étaient manichéens, parce qu'ils attribuaient tout à Dieu le Verbe, même les
propriétés de la chair. Ceux-là accusaient les autres d'avoir
mes opinions, parce que je disais la même chose ; ils attribuaient
les propriétés de Dieu à la nature de la divinité, et les propriétés de l'humanité à l'humanité. Ils supposaient que l'union avait
eu lieu dans le *prosôpon* et non dans la nature. Il s'en fallait de peu

---

1. Luc, ii, 14.

2. *Gubernatio.*

3. Tout ce paragraphe est difficile. Le sens semble être : « Dieu ne cessera
pas ses châtiments, jusqu'à ce qu'on ait partagé l'unique nature des monophysites en deux natures, pour attribuer à l'une la puissance et les prodiges, et à
l'autre la crainte et les souffrances. »

que chaque homme ne luttât contre son voisin en le blâmant à cause de moi, car j'étais très calomnié. Si mes paroles étaient citées avec grande exactitude, ceux-ci blâmaient ceux qui me faisaient dire deux Fils, ce que je n'ai jamais dit : les autres reprochaient à ceux qui disaient une nature de faire Dieu passible, comme je leur avais reproché de le dire.

Qui les obligeait à dire mes (théories) — lorsque, par ordre (impérial)[1] il était défendu de les lire — pour combattre en détail sur leurs expressions, en toute diligence ? Lorsque je me taisais, quand on m'avait enlevé la faculté de dire mes (théories) et qu'on ne me croyait pas, Dieu suscita ceux qui étaient crus, lorsqu'ils disaient mes (théories), [514] qui étaient (l'expression de) la vérité, sans qu'ils pussent être soupçonnés de dire cela ou par amitié ou par amour pour moi. Dieu ne faisait pas cela pour moi, car qu'est-ce que Nestorius ? Qu'est-ce que sa vie ? Qu'est-ce que sa mort dans le monde ? Mais (il l'a fait) pour la vérité qu'il a donnée au monde qui était perdue pour des prétextes trompeurs, et il a réfuté les séducteurs. Comme ils avaient des préjugés contre moi et qu'ils ne croyaient pas ce que je disais, comme si je cachais la vérité et si j'en empêchais l'exacte expression, Dieu suscita un héraut qui était pur de ce préjugé — Léon — qui proclama la vérité sans crainte. Comme la prévention (créée par) le (nom de concile) en imposait à beaucoup, même à la personne (prosôpon) des Romains, et (les empêchait) de croire ce que je disais et qui était resté sans examen, Dieu permit que le contraire arrivât, qu'il retirât (de ce monde) l'évêque de Rome, (Célestin), lui qui avait eu le principal rôle contre moi au concile d'Éphèse, et qu'il fît approuver et confirmer (par Léon) ce qui avait été dit par l'évêque de Constantinople.

Celui qui pouvait tout fut regardé comme rien ; à savoir Dioscore, évêque d'Alexandrie. Je dis qu'il fut regardé comme rien : il prit la fuite et s'occupa de ne pas être déposé ni chassé en exil[2].

(Tout cela arriva) afin que par leurs (propres) souffrances [515] ils fussent amenés à croire ce qui avait été fait contre moi par l'É-

---

1. L'empereur défendait de garder et de transcrire les livres de Nestorius et ordonnait de les brûler. Labbe, *loc. cit.*, t. III, col. 1210 e, cf. col. 1211-1214.

2. Cette phrase ne dit pas que Dioscore est exilé, mais seulement qu'il est en danger de l'être. Elle peut donc avoir été écrite entre l'avènement de Marcien et la réunion du concile de Chalcédoine.

gyptien au premier concile (d'Éphèse). A cause de la prétendue amitié qu'avaient pour moi l'empereur et les grands de la cour, j'avais la réputation de faire la loi au concile qui ne put pas m'amener à m'écarter de la vérité ; mais je fus obligé d'obéir à l'empereur en ce qu'ils avaient fait contre moi ; c'est parce qu'ils n'avaient fait aucun examen au sujet de la vérité qu'ils croyaient que j'étais un blasphémateur. Par le secours que l'empereur apporta dans l'affaire d'Eutychès et de Flavien, Dieu montra que l'amitié qu'il avait pour moi était trompeuse, et qu'elle ne tendait pas à la vérité mais aux biens [1]. Car on vit (par expérience) qu'il ne permettait pas de se réunir ; quant à ceux qui s'étaient réunis, on ne leur permettait de rien dire, en dehors de ce qui avait été commandé ; et ils se condamnaient eux-mêmes dans la crainte et la honte.

Comme ils pensaient que j'avais été appelé à un examen et à un jugement et que c'était une grande ineptie de ma part (de dire) qu'ils ne m'avaient pas appelé pour me juger, mais pour me déposer et me tendre un piège de perdition et de mort, Dieu, pour les convaincre qu'ils étaient des meurtriers, permit à Flavien d'entrer au concile et d'y souffrir tout ce qu'il y souffrit de leur part. Il est évident, en effet, que ces traitements étaient ceux mêmes qu'ils m'avaient infligés auparavant.

Comme on s'imaginait que ceux qui étaient évêques ne consentiraient [516] à ne rien faire en dehors du jugement qui leur paraissait bon, ni à cause de l'amitié de l'empereur, ni par crainte, ni par violence [2], Dieu les montra faisant tout le contraire et les humilia devant tous. Il n'a rien laissé sans témoignage, mais, par tout cela, il a condamné les causes d'erreur et les a proclamées sur les toits, de manière à ce qu'il ne reste aucune excuse à ceux qui simulent l'ignorance. De même que Pharaon fut réprimandé en tout par Dieu, et demeura sans excuse, pour n'avoir pas voulu se laisser persuader, ni par la logique des paroles, ni par les événements, ni par les reproches des hommes, ni même par ceux de Dieu, et qu'il mourut dans son blasphème ; de même ceux-là demeurent sans excuse...

Après avoir ainsi vu toutes ces choses faites par Dieu, comment auriez-vous voulu que je me taise et que je cache une si grande providence de Dieu !...

1. « Mais qu'elle était subordonnée à l'argent. »
2. Litt. : « séditions. »

Les prophètes de Dieu n'auraient pas été distingués, eux que les faux prophètes — comme s'ils étaient de (vrais) prophètes — anathématisaient sous le nom de faux prophètes, s'ils n'avaient pas accepté, pour (l'amour de) Dieu, d'être anathématisés comme faux prophètes ; leurs enfants n'auraient pas été gratifiés de la gloire et de la science des prophètes, s'ils étaient restés d'accord avec les faux prophètes. [517] Ceux d'entre les Juifs qui sont devenus chrétiens n'auraient pas été sauvés et délivrés, s'ils avaient adhéré au jugement injuste porté par leurs pères contre le Christ, comme (s'il avait été porté) par des hommes saints et justes. Ils n'auraient pas été apôtres du Christ, s'ils s'étaient attachés à toute la foule des Juifs, aux prêtres, aux docteurs de la loi et aux chefs, comme à de (vrais) docteurs de la loi et prophètes. Ils n'auraient pas cru au Christ et ne seraient pas morts pour le Christ, s'ils avaient regardé la mort et le mépris, non comme un honneur mais comme une honte ; et maintenant ils ne seraient pas honorés par les foules, les chefs et les puissants, s'ils n'avaient pas supporté la mort et les humiliations de la part des chefs et des peuples ; ils ne seraient pas l'objet d'un tel culte de la part des rois, des chefs et des armées, s'ils avaient obéi aux ordres et aux lois des rois, des juges et des autorités. Nos pères ne seraient pas regardés comme orthodoxes et comme docteurs, s'ils avaient cherché à fuir la condamnation du concile des hérétiques et à parler comme eux, et s'ils avaient été hypocrites ; nous ne serions pas gratifiés de l'enseignement qui résulte de leurs labeurs, si nous avions accepté sans examen, comme provenant d'un concile, l'accord qui s'était formé contre eux.

Pour le dire en peu de mots, Mélèce et Eustathe ne seraient pas évêques d'Antioche s'ils avaient accepté le choix et le jugement du concile [518] des hérétiques contre eux [1]. Athanase ne serait pas évêque d'Alexandrie s'il avait accepté sans hésitation et comme provenant d'orthodoxes le jugement de ceux qui l'expulsèrent [2]. Jean (Chrysostome) ne serait pas évêque de Constantinople s'il avait accepté sans examen, comme provenant d'un concile, le jugement et la déposition portée contre lui [3]. Flavien ne serait pas non plus évêque de Constantinople s'il avait accepté la sentence

1. Mélèce fut exilé trois fois ; Eustathe mourut en exil.
2. Déposé au concile de Tyr et expulsé plusieurs fois d'Alexandrie.
3. Déposé au concile du Chêne, exilé deux fois, mort en exil.

du concile général qui le déposa, comme si c'était une sentence
provenant d'un concile [1]. Tous ceux, à quelque ville qu'ils appartiennent, qui ont souffert en cela à cause de moi, ne brilleraient pas
maintenant comme le soleil, si je m'étais tourné vers mes accusateurs et non vers Dieu, et si je n'avais pas été jugé digne de participer à chacune des choses qui venait de Dieu ; car cela ne tenait
pas à moi, mais au Christ qui m'a fortifié. Chacun devra rendre
compte à Dieu de ce qu'il aura dit ou fait, du scandale qu'il aura
causé, ou du grand soin qu'il aura apporté à faire cesser les
scandales ; mais lorsqu'on a tout fait et que celui qui est scanda-
lisé ne se laisse pas convaincre, il se scandalise pour lui-même
et non pour (le compte de) celui qui a parlé et crié et qu'il n'a pas
écouté.

Comme beaucoup me blâmaient de nombreuses fois [519] de
n'avoir pas écrit à Léon, évêque de Rome, pour lui apprendre les
choses qui avaient été faites, telles qu'elles avaient eu lieu, et le
changement de la foi, comme à un homme dont la foi est orthodoxe, au moins lorsqu'on m'eut remis une partie de la lettre qui
contenait son jugement sur Flavien et Eutychès et d'après laquelle
il était évident qu'il ne craignait pas (de perdre) l'amitié impériale ;
voici pourquoi je n'ai pas écrit : ce n'est pas parce que je suis un
homme orgueilleux et sans intelligence, mais c'est pour ne pas
arrêter dans sa course celui qui marchait bien, à cause du préjugé
qui existait contre ma personne (prosôpon). J'ai accepté de souffrir
ce dont on m'accusait, afin que les hommes pussent recevoir sans
encombre l'enseignement des Pères tandis que j'étais ainsi accusé,
car je ne m'occupe pas de ce qui a été fait contre moi. Je n'ai pas
écrit non plus pour que l'on ne crût pas que je fuyais la lutte parce
je craignais les travaux, moi qui, durant de nombreuses années,
n'ai pas eu un instant de repos ni une consolation humaine, car
voilà assez de maux qui sont venus sur le monde, et ils peuvent
mieux que moi mettre en relief devant tout le monde l'oppression
de la vraie foi.

Mais puisque tu me blâmes de n'être pas arrivé à dire clairement ce qui s'est passé, ô chef des saints, [520] Sophronius [2] ;

---

1. Voir ci-dessus, au conciliabule d'Éphèse.
2. Le texte syriaque porte partout des pluriels mais le contexte est au singulier, d'ailleurs le dernier mot n'est qu'une *transcription* d'un mot grec dérivé
de Σώφρων. La traduction : « ô chefs des saints sages, » ne semble donc pas
possible. Le grec portait sans doute : ʽὁσιώτατε Σωφρόνιε.

écoute donc encore ce que tu sais d'ailleurs, et rends témoignage à la vérité de ce qui vient d'être dit : A l'instant en effet, comme tu le sais déjà, tu viens de voir que la mort a enlevé la fille de celui qui régnait alors et, après celle-là, ce démon, prince de l'adultère, qui avait jeté l'impératrice dans l'opprobre et la honte [1]. (Tu viens de voir) encore que les villes d'Afrique, d'Espagne et de Mauritanie [2], et des îles grandes et célèbres, je veux dire la Sicile, Rhodes et beaucoup d'autres grandes (îles) avec Rome elle-même ont été livrées en proie au barbare Vandale [3].

Cependant il y aura bientôt contre Rome, sans beaucoup d'intervalle [4], une seconde venue du barbare, durant laquelle Léon — qui tenait à la vérité la vraie foi, mais qui approuvait ce qu'on avait fait contre moi avec iniquité, sans examen et sans jugement — devra livrer de ses mains les vases sacrés aux mains des barbares et verra de ses yeux les filles de l'empereur, qui régnait de ce temps-là, conduites en captivité [5].

Pour moi j'ai regardé les souffrances de ma vie et tout ce qui m'est arrivé en ce monde comme une souffrance d'un jour, et je n'ai pas changé durant toutes ces années. Voici qu'approche pour moi maintenant [521] le temps de ma mort [6] et chaque jour je prie Dieu de me délivrer, moi dont les yeux ont vu le salut de Dieu [7].

FIN. Réjouis-toi en moi, désert, mon ami, mon nourricier et ma demeure, (et toi aussi) exil, ma mère [8], qui, même après ma mort, garderas mon corps jusqu'à la résurrection par la volonté de Dieu. Amen.

Fini d'écrire le livre qui est appelé πραγματεία Ἡρακλείδου, com-

---

1. Cf. *supra*, p. 89. Il peut s'agir ici de Paulin et Eudoxie. Cf. Malalas et la chronique pascale dans *P. G.*, t. xcvii, col. 531 ; t. xcii, col. 804. Vers la même époque (444) mourut Arcadia, « sœur » de Théodose; il faudrait traduire « je viens de voir », sinon il s'agit plutôt de deux événements survenus vers 450 et qui nous échappent

2. Les mss. portent *Mouzicanos*. On peut lire aussi Lusitanie, dont on faisait alors fréquemment mention.

3. Les Vandales ont envahi l'Afrique dès 428.

4. Litt. : « prochainement, non loin. » C'est ici la prophétie annoncée dans le titre et qui a été ajoutée postérieurement à la fin du livre.

5. Fin de la prophétie.

6. Litt. : *Ecce nunc jam appropinquavit mihi dissolvi*. Cf. Phil., I, 23.

7. Cf. Luc, II, 30.

8. Exil, ἐξορία, est féminin en grec.

posé par l'illustre parmi les saints et le bienheureux en tout Mar
Nestorius, évêque de Constantinople, martyr de chaque jour,
gloire de l'orthodoxie, vrai prédicateur de la Trinité glorieuse.
A Jéhovah gloire sans fin ! Amen.

LE TEXTE GREC

DES HOMÉLIES DE NESTORIUS

SUR LES TROIS TENTATIONS DE N.-S.

INTRODUCTION

Nous avons trouvé ces trois homélies dans le manuscrit grec de Paris, n° *797*, fol. 39 à 48[1]. Leur attribution ne fait aucun doute, parce que Marius Mercator, contemporain de Nestorius, a traduit des fragments — en particulier les premières lignes — de la première et de la troisième; d'ailleurs ces deux présupposent la seconde avec laquelle elles ne forment qu'un seul tout : « les trois tentations de Notre Seigneur. »

Plus tard un scribe inconnu a supprimé quatre morceaux dans ces trois homélies (en particulier le commencement des deux dernières) et a formé avec le reste une pièce unique qui a eu un certain succès sous le nom de saint Jean Chrysostome, car nous en avons trouvé quatre copies parmi les manuscrits de Paris[2] et elle a été éditée, la suite des œuvres de saint Jean Chrysostome, par Savilius, t. vii, p. 304, et par Bernard de Montfaucon, t. x, p. 733; cf. *Patr. Gr.*, t. lxi, col. 684; Ed. de Paris, 1837, t. x, p. 871.

Nous éditons donc pour la première fois le texte même de Nestorius (*A*) cherché vainement par M. Loofs[3], nous ajoutons les variantes de l'abrégé grec d'après l'édition de Montfaucon (*M*) et les manuscrits *1173* (*B*) et suppl. *399*[4] (*C*), avec, en note, les fragments de l'ancienne traduction latine de Marius Mercator[5].

Au commencement de la seconde homélie on trouve l'expression : « la Vierge Θεοτόκος » : ce fait vient confirmer la lettre à Scolastique, dans laquelle Nestorius s'étonne qu'il admette les calomnies répandues contre lui et qu'il ne se souvienne pas de lui avoir entendu employer, même à Constantinople, la locution « Mère de Dieu ». Cf. Loofs, *loc. cit.*, p. 191. Voir

---

1. Voir plus bas l'analyse de ce ms.

2. Paris, grec *1173*, fol. 115, du xie siècle ; suppl. *399*, fol. 154 (copie faite par Sirmond d'un ms. de Grotta Ferrata); et suppl. *266*, fol. 323 et 362 (copies d'un ms. des RR. PP. de Saint-Basile à Rome et d'un ms. de Grotta Ferrata).

3. *Nestoriana*, p. 149. De notre côté nous avons cherché vainement à Paris une autre homélie de Nestorius parmi les *Inedita* attribués à saint Jean Chrysostome.

4. Nous avons relevé ces variantes pour nous assurer que l'édition reproduisait bien les manuscrits. Ce n'est qu'en de très rares endroits que ceux-ci sont d'accord avec *A* contre l'édition *M*.

5. *Patr. lat.*, t. xlviii, col. 202-205 ; Loofs, *op. cit.*, p. 345.

aussi App. II, p. 369 la liste des présents envoyés d'Alexandrie à Scolastique, eunuque et cubiculaire de l'empereur.

LA VERSION SYRIAQUE. Les trois homélies de Nestorius sur les tentations de Notre-Seigneur ont été traduites en syriaque (autant que nous pouvons en juger d'après le catalogue), sous le nom de Jean Chrysostome, et sont conservées dans trois manuscrits du British Museum à Londres : le manuscrit *add. 17.212*, fol. 5 à 13, renferme trois discours sur la lutte de Notre-Seigneur avec Satan. Le premier commence par : « Le soleil, lorsqu'il se lève sur la terre, mes chers (frères), montre puissamment sa force, l'obscurité cessant et étant supprimée devant lui. » Le second commence par : « Dimanche dernier, nous avons pris la première couronne de la victoire de Notre Sauveur, aujourd'hui, comme de diligents serviteurs du roi céleste, qui a rendu ses serviteurs victorieux dans le combat, nous venons prendre la seconde couronne de la lutte de Notre-Seigneur avec Satan. » Le troisième commence par : « Il nous reste à prendre aujourd'hui la troisième couronne de la victoire de Notre-Seigneur dans ses combats, mes chers (frères), car la victoire de Notre-Seigneur (nous) est commune. » Cf. W. Wright, *Catalogue of the syriac Manuscripts in the British Museum*, Londres, 1872, p. 479 à 480. D'après ces incipits, la version ne semble pas très fidèle. Ce manuscrit est du ixe ou du xe siècle. Les deux dernières homélies seules se trouvent dans les manuscrits *add. 14.515*, daté de 893, et *add. 14.727* du xiiie siècle. Cf. W. Wright, *loc. cit.*, p. 241 et 889. Ces manuscrits ne sont donc pas beaucoup plus anciens que notre manuscrit grec (n° 797) qui est du xe siècle. Cf. *supra*, Introd., p. xxvi, note 1.

F. NAU.

ANALYSE DU MANUSCRIT N° 797.

Les folios 1 à 196 sont du x° siècle, et les fol. 197 à 261 du ix° siècle. Ces deux parties (*Colbert 3059, 3060*) ont été reliées en un volume, coté n° *1967* (3), après leur entrée à la bibliothèque du roi. Les deux manuscrits sont tronqués au commencement et à la fin, ils présentent encore des lacunes et des interversions. Les feuillets 1 à 38 portent les homélies 2 à 4, (tronquées) de saint Jean Chrysostome *ad Antiochenos*; vient ensuite une lacune puis, au fol. 39, commence, *d'une autre main*, la première homélie de Nestorius; le titre devait se trouver au feuillet précédent qui manque. La plupart des autres pièces ont été éditées sous le nom de saint Jean Chrysostome. Voici les renvois à l'édition de Montfaucon, d'après Fabricius : fol. 48 (voir *Inventaire sommaire des mss. grecs de la Bibl. nat.*, par H. Omont, p. 147) = ιν, 245; fol. 54 = ιν, 651; fol. 57ᵛ = ιν, 658; fol. 63 = ιν, 664; fol. 76 = ιν, 683; fol. 79ᵛ serait de Jean Nesteutès; fol. 96ᵛ = νι 667, fol. 101 = ιι, 741; fol. 107ᵛ = νιιι, 113; fol. 111 le comm. manque; fol. 121ᵛ = νιιι, 90; fol. 127ᵛ = ιχ, 832; fol. 138ᵛ = χ, 828 ; fol. 142 = ιχ, 789; fol. 144ᵛ = ν, 572; fol. 159ᵛ = ν, 624; fol. 160 : ces deux pages qui restent ne se trouvent pas dans l'homélie x, 806; fol. 161, le comm. manque, c'est sans doute : Savilius, v, 648; fol. 165 = ιν, 655; fol. 168 = ιν. 670; fol. 171ᵛ = ν, 535; fol. 177ᵛ = νιιι, 177; fol. 190ᵛ = ιχ, 845.

Il reste donc quatre pièces inconnues : fol. 114ᵛ, Τὸ πρῴην ὑμῖν ; fol. 117ᵛ, Πρῴην ὅτε τὸν τάφον ; fol. 134, Πάλιν ἡμῖν ὁ σωτήρ ; fol. 175, Εὐφροσύνης εἰ μὴ γάρ τι γεγόνει ἀγαθόν. Les trois premières ne présentent aucune particularité remarquable; la dernière, sur le ps. xcvι, non mentionnée dans Fabricius, pourrait passer pour nestorienne, car on y lit : πῶς οὖν νεφέλη καὶ γνόφος κύκλῳ αὐτοῦ ;... γνόφον δὲ εἶπεν, ἵνα διὰ τοῦ γνόφου τὸ ἀνθρώπινον σημάνῃ κάλυμμα· τούτῳ τῷ γνόφῳ, τὴν ἑαυτοῦ πορείαν ὁ θεοῦ λόγος ἔκρυψεν... ἔκρυψεν δὲ τὴν πορείαν τῆς θεότητος αὐτοῦ τῷ καλύμματι τῆς σαρκός... τὴν δὲ τῆς θεότητος αὐτοῦ γέννησιν Εὐνόμιος ἐξιχνιάζειν τολμᾷ... mais nous n'avons trouvé nulle part de texte qui corresponde mot à mot à quelque fragment conservé de Nestorius. Lui attribuer l'une ou l'autre de ces homélies, à cause du seul voisinage des homélies sur les trois tentations, serait donc une hypothèse sans grande probabilité ; nous avons édité la dernière dans la *Revue de l'Orient chrétien*, 1910, p. 120-124,

Le scribe du manuscrit *797* a souvent omis les esprits et parfois les accents ; il omet l'iota souscrit et emploie quelquefois des virgules mais presque toujours des points.

I

HOMÉLIE SUR LA PREMIÈRE TENTATION [1]

MATTH., IV, 3.

(Fol. 39) Ἥλιος μὲν ὑπὲρ γῆς παρακύψας, καὶ πρὸς ἡμᾶς ἐξ ἑῴας ἱππεύων, μετανίστησι νύκτα, τοὺς ὑπνοῦντας ἐγείρει καὶ [2] παραδίδωσιν ἔργοις· θεογνωσίας δὲ φέγγος ἐξυπνίζει ψυχήν, λογισμοὺς περιλάμπει, καὶ [2] πρὸς ἀρετὰς διανίστησι· καὶ ταύτην μᾶλλον ἡμῖν, ἢ τὸν ἥλιον, ἐπιλάμπειν εὐκταῖον [3]. Ἥλιον μὲν [4] γὰρ καὶ μὴ βλέπων τις [5] ζήσεται, ἤγουν [6] ὁ πηρός [7], ἀκοῇ γινώσκων τὸν ἥλιον· ἀνήλιοι δὲ θεογνωσίας ψυχαὶ νεκραί, κἂν ὑποπτεύωνται [8] ζῆν, περὶ ὧν καὶ ὁ δεσπότης φησίν· « ἄφετε τοὺς νεκροὺς θάπτειν τοὺς ἑαυτῶν νεκρούς [9]. »

Ἀλλ' ὁ τῷ [10] τῆς νεκρώσεως παλαίσας γεννήτορι, ἑκατέρας ἐξείλετο τὸν βίον νεκρώσεως· διττὴ [11] γὰρ περὶ ἡμᾶς ἡ νεκρότης· ἡ μὲν φύσει προσγινο-

Item ejusdem (Nestorii) tractatus in ecclesia publice habitus, cujus initium est : Sol quidem etc.

Sol quidem supra terras altior factus, et ad nos usque ex Oriente discurrens, noctem mutat in diem, somnos excutit et nos operibus reddit; lumen autem scientiæ Dei de somno desidiæ animum suscitat, cogitationes illuminat, et eas erigit ad virtutes. Hanc nobis lucem illucescere erit semper optabile, et solem quidem istum visibilem si quis non videat, vivit, siquidem vivit et cæcus, auditu tantum solis notitiam habens ; animæ vero si ignorent Deum, sine sole sunt prorsus mortuæ, tametsi quispiam eas vivere suspicetur, de quibus etiam Dominus ait : *Sinite mortuos sepelire mortuos suos* (Matth. VIII, 22).

Sed ille qui cum mortalitatis genitore luctatus est, ex utraque vitam

1. A = manuscrit grec 797 (Nestorius); B et C = mss. 1173 et suppl. 399 (résumé); M = édition du résumé, Migne, P. G., t. LXI, col. 684. Enfin le texte latin du bas des pages est celui des fragments traduits par Mercator, P. L., t. XLVIII, col. 202.
 2. om. A.
 3. εὐκτέον A...
 4. om. B, C, M.
 5. βλέποντες B.
 6. ζῇ οὖν B, C, M.
 7. πεῖρος B, C.
 8. — τε; B. — ονται A. — 9. Matth., VIII, 22.
 10. om. M, — 11. διττή A.

μένη θνητῇ [1], ἡ δὲ γνώσεως ἀποβολῇ φυομένη[2], ἀγνωσία γὰρ θεοῦ νεκρι-
κῆς [3] ἀναισθησίας ὁμοίωμα· ὧν ἀμφοτέρων ἐργάτης ὁ [4] διάβολος· ὃν
καταρράξας χριστὸς, ἤγειρεν ἐξ ἀμφοτέρας [5] τὴν φύσιν νεκρότητος [6],
τὴν μὲν ψυχὴν δόγμασι ζωοποιοῖς ἀνορθώσας, ἀναστάσει [7] δὲ τὸ θνητὸν
ἀνακτήσας. Τοῦ γὰρ ὠθοῦντος [8] πεσόντος, τὸ ὠθούμενον [8] στήσεται [9].

Καὶ ὁ τῆς πάλης τῷ βίῳ καταλέλειπται [10] πίναξ, ὅπως ἡ φύσις εἰς
ἐκεῖνον [11] ὁρῶσα ῥώννυται [12]. Ποῦ δὲ ὁ πίναξ [13]; Εἰς τὴν ἔρημον βλέψον·
ἐκεῖ γὰρ αὐτὸν ἡ χάρις ἀνέστησεν εἰκόνι τυραννοκτόνῳ, καὶ κατ'
ἐρήμους φοβοῦσα τὸν τύραννον. Σκάμμα μὲν γὰρ ὁρῶμεν τὴν ἔρημον,
χεῖρα [14] δὲ τὸν διάβολον πλάττουσαν τοῦ κυρίου τὴν πείνην, παλαίσματα
δὲ τρία, τὰς τρισσὰς ἀποκρίσεις· νόμος γὰρ πάλης τὴν πάλην τρισσεύ-
εσθαι. Καὶ τὸ τῆς πάλης ἀρίθμησον τρίπλοχον· « εἰ υἱὸς (fol. 39 v)
εἶ τοῦ θεοῦ, εἰπὲ ἵνα οἱ λίθοι οὗτοι ἄρτοι γένωνται. » Συνέβαλεν ἐνταῦθα
ὁ διάβολος τῷ δεσπότῃ. Ὁ χριστὸς δὲ πρὸς αὐτὸν [15] « οὐκ ἐπ' ἄρτῳ
μόνῳ ζήσεται ἄνθρωπος ». Ἐξέδυ τὴν βλάβην ὁ δεσπότης· « εἰ υἱὸς εἶ
τοῦ θεοῦ, βάλε σεαυτὸν κάτω. » Δεύτερα [16] ταῦτα τοῦ δαίμονος ἄμματα [17]

mortalitate redemit. Duplex enim in nos mortalitas grassabatur; una
quidem accidens mortali ex peccato factæ naturæ; altera quæ scientiæ
abjectione contingit. Ignorare enim Deum insensibilitatis quæ ex morte
evenit similitudinem gerit. Utriusque ergo mortis opifex diabolus factus
est, quem Christus elidens, ex utraque vitam nostram mortificatione leva-
vit : animam videlicet præceptis vivificantibus erigens, resurrectione
vero id quod mortale est recreans atque restituens. Impulsore enim collapso
quod ab eo impulsum fuerat sublevatur.

Hujus nobis luctaminis vitæ imago relicta est. Ubi? Respice in de-
serto. Ibi hanc elevavit divina natura, tyrannicida imagine tyrannum
per deserta terrens....

1. θνητῇ *A*.
2. φυρωμένη *B*; φυρομένη *C*.
3. νεκρωτίκης *B*, *C*; νεχωρτικῆς *M*.
4. **om.** *A*.
5. — ρων *B*, *C*.
6. νεκροτήτος *A*.
7. ἀναστάσῃ *A*.
8. ὀθ' — *A*, *B*.
9. — τε *A*.
10. — ληπται *A*.
11. ἵνα πρὸς ἐκ. ἡ φύσις. *B*.
12. ῥώννυται *A*, *B*, *C*, ῥωννύηται *M*.
13. *B* om. ποῦ δὲ ὁ π.— 14. χείρα *A*.
15. *A* om. τῷ δεσπότῃ. Ὁ χρ. δὲ πρ. αὐ. —16. *M* add. δ:.
17. σκάμματα *B*, *C*, *M*.

« Οὐκ ἐκπειράσεις κύριον τὸν θεόν σου, » ἔλυσεν ἡ λέξις τὸ κράτημα. « Ταῦτα πάντα σοι δώσω ἐὰν πεσὼν προσκυνήσῃς [1] μοι, » ἀρχὴ τοῦτο τοῦ τρίτου παλαίσματος, ἐν ᾧ καθάπερ τις ἀθλητὴς [2] ὁ δεσπότης ὡς ἀντίπαλον δύσεριν, ἔξω τοῦ σκάμματος τὸν διάβολον ἔρριψεν· « ὕπαγε σὺ [3] σατανᾶ [4]· γέγραπται γὰρ [5]· κύριον τὸν θεόν σου προσκυνήσεις, καὶ αὐτῷ μόνῳ λατρεύσεις [6]. »

Ἰδὼν [7] τὴν πάλην [8], παλαίειν διδάχθητι· γενοῦ τῆς πάλης ἐκ θεατοῦ μαθητής [9]. Ἡ πρώτη τοῦ κυρίου πρὸς τὸν διάβολον πάλη, τὸ κατὰ τῶν ἡδονῶν διδάσκει σε πάλαισμα· πείνῃ γὰρ ἦν ἡ τῶν ἀγώνων ἀρχή· πείνῃ τὸ τυραννικὸν ἐπιθύμημα· πείνῃ τῶν ἡδονῶν τὸ κεφάλαιον. Ἐπιθυμία γὰρ τροφῆς, ἀχαλίνωτος ἔρως· ὁρᾷ γὰρ ἡ γαστὴρ ἡδονὴν ἀπαραίτητον, καὶ ταύτην πολλοὶ θεραπεῦσαι μὴ σχόντες, εἰς τὴν τῆς προνοίας ἐξώκειλαν [10] ἄρνησιν, ὡς οὐκ ὄντος θεοῦ φροντιστοῦ τῶν πεινώντων [11]· πρὸς τοῦτο [12] καὶ τὸν χριστὸν ὁ διάβολος ὠθεῖ, ὡς ἄνθρωπον τῇ πείνῃ κεντούμενον ὑποπτεύσας σαλεῦσαι, τὴν γὰρ τῆς θεότητος οὐκ ᾔδει συνάφειαν· οὐ γὰρ ἂν ὡς πεινώσῃ [13] προσῆλθεν θεότητι. Ὁ τὴν οἰκείαν [14] μὴ πεινῆν [15] ἐπιστάμενος φύσιν, οὐδ᾽ ἂν γνωρίσας θεὸν περὶ τροφῆς διελέχθη, ἀλλ᾽ [16] ἄνθρωπον βλέπων ὡς πρὸς ἄνθρωπον φθέγγεται· « εἰ υἱὸς εἶ τοῦ θεοῦ, εἰπὲ ἵνα οἱ λίθοι οὗτοι ἄρτοι γένωνται [17]. » (fol. 40) Υἱοθεσίας δοκιμαστὴς μὴ ζητούμενος, τροφῆς φροντιστὴς βλαβερωτέρας [18] λιμοῦ, τὴν ἐκ ξύλου τὸ πρῶτον θεοποιΐαν ὑπέθετο, νῦν ὑπὸ τὴν ὄρεξιν, δεικνύων τὴν ἔρημον πλὴν λίθων οὐκ ἔχουσαν, ἵνα ὁ τῆς πείνης τόπος τὴν τροφῆς αὐξήσας ἀπόγνωσιν [19], σάλον τινὰ παρεμβάλῃ [20] τῇ ψυχῇ δυσπιστίας [21], καὶ τὴν υἱότητα λύσῃ.

Ἀλλ᾽ ἐπὶ τὸν πειραστὴν [22] ἀποβλέψωμεν, καὶ τὰς τῶν φωνῶν παγίδας κατίδωμεν [23]· « εἰ υἱὸς εἶ, φησὶ, τοῦ θεοῦ, εἰπὲ ἵνα οἱ λίθοι οὗτοι [24] ἄρτοι

---

1. — σεις A. — 2. ἀθλητῆς A.
3. ὑπ. ὀπίσω μου B, C, M. — 4. σατανὰ A.
5. om. M. — 6. Matth., IV, 10.
7. εἰδὼν A. — 8. πάλιν A, B.
9. — τῆς, A. — 10. — κιλαν A, B.
11. πιν— A.
12. τούτου B, C.
13. πεινῶσιν B, C. — 14. οἰκίαν A.
15. πεινᾶν A. — 16. B, C, M. add. ὡς.
17. Matth., IV, 3. — 18. — ρωτέρας; A, B.
19. τὴν τῆς τροφῆς ἀπόγνωσιν αὐξήσας B, C, M.
20. — βαλεῖ A, B. — βαλῇ A. — 21. δυσπιτίας A.
22. πειρατὴν A. — 23. καθείδωμεν A.
24. om. B, C, M.

γίνωνται ¹.» Υἱός, φησιν, πρώην ἐκαλοῦ ²βαπτιζόμενος, καὶ λεγούσης τῆς
φωνῆς ἤκροώμην· «οὗτός ἐστιν ὁ υἱός μου ὁ ἀγαπητός, ἐν ᾧ ηὐδόκησα³.»
ἐγέλων δὲ τὴν προσηγορίαν, τὴν εἴρωνα, τὴν εὔφημον χλεύην, τὴν
ψιλὴν ἔργου τιμήν· σοὶ δὲ τάχα καθ'ἡδονὴν τὸ ῥηθὲν ⁴, καὶ πιστεύεις
ὡς ἀληθῶς ἀγαπώμενος, καὶ θαρρεῖς ὡς ἐν οὐρανῷ τεταγμένος, χαίρεις ⁵ ὡς θεῷ περισπούδαστος. Ποῖος πατὴρ πεινῶντος τοῦ παιδὸς οὐ
φροντίζει; τίς οὐ τρέφει προστάτης τὸν πρόσφυγα; σὺ ⁶ δὲ τεσσαρά-
κοντα ἡμέρας νήστης ⁷ κατέτηξας, καὶ πεινῶντος ὁ πατὴρ ⁸ οὐ φροντίζει, καὶ λιμὸν περιορᾷ πολυήμερον· φιλόπαις ὁ πατὴρ ⁹ ὡς ἄρτον
οὐ χαρίζεται τέκνῳ; καλὸς υἱὸς ἐν λιμῷ παρὰ πατρὸς μὴ τρεφόμενος;
ὁ ἐξ οὐρανοῦ τῷ Ἰσραὴλ ¹⁰ χαρισάμενος ἄρτον, θρέψει ¹¹ τὸν υἱὸν ἐν ἐρήμῳ πεινῶντα. Δύναται λίθους μεταβαλεῖν εἰς ἄρτους· αἴτησαι τοῦτο
πεινῶν· κἂν παράσχῃ ¹² τὴν χάριν, ὡς υἱὸς καλλωπίζου· πρὶν δὲ ταῦτα
λαβεῖν, μὴ χλευάζου τὴν κλῆσιν. ¹³ Ὢ ¹⁴ τῆς μισανθρώπου φιλανθρωπίας,
ὢ συμπαθείας ἀνθρωποκτόνου, ὢ (fol. 40 ⁷) κηδεμόνος ¹⁵ ὀλεθρίου,
ὢ δηλητηρίου γλυκάζοντος! εἰς ἀπιστίαν ὀλιστεὶς ¹⁶ ἐρεθίζει, καὶ
πρὸς αἴτησιν ἐκκαλεῖται βρωμάτων· οὐχ ἵνα θρέψῃ ¹⁷ πεινῶντα, ἀλλ'
ἵνα δελεάσας προσαίτησιν ¹⁸, αὐτὸν μὲν ὡς ἄπιστον συγκρούσῃ πρὸς
τὸν θεόν. Ἐπεῖδε ¹⁹ πρὸς τὸν θεὸν ὡς ²⁰ ψευσάμενον· «οὗτός ἐστιν ὁ υἱός
μου ὁ ἀγαπητός ²¹.»

Τί οὖν ὁ δεσπότης χριστός; οὐκ ἐκκαλύπτει τὸν κεκρυμμένον θεὸν ²²
μὴ φυγαδεύσῃ τὴν θήραν, ἀλλ' ὡς ἄνθρωπος ψιλὸς ἀντιφθέγγεται.
«Γέγραπταί ²³, φησιν, οὐκ ἐπ' ἄρτῳ μόνῳ ζήσεται ²⁴ ἄνθρωπος, ἀλλ'

1. Matth. ιιι, 17. γέν — M. — 2. ἐκάλου A.
3. εὐ — A. — 4. B,M. add. ἦν (ἦν C).
5. καὶ χαίρεις B,C,M; χαίροις A. — 6. σοὶ A.
7. νῆστις B,C. νῆστις M.
8. πεινῶντός σου πατήρ B,C,M.
9. ποῖος φιλόπαις π. B,C,M.
10. (l. ὁ ἐξ οὐ. τ. Ἰ) δείξῃ τὴν ἀγάπην B,C,M.
11. θρέψῃ M.
12. καὶ παράσχει B,C.
13. τῇ κλήσει B,C,M.
14. ὢ A,B. (quater). — 15. κηδεμονίας M.
16. ὀλιστής A. ὁ λῃστής B,C.
17. θρέψει A,B.
18. πρὸς αἴτησιν B,C,M. — 19. ἔπει δὲ A; ἐπίδε M; ἐπιδὲ B. — 20. om. M.
21. B,C,M. add. ἐν ᾧ ηὐδόκησα, Matth., ιιι, 21. Les quatre lignes suivantes
sont conservées dans un fragment syriaque, Cf. Loofs, Nestoriana, p. 342.
22. B,C,M add. ἵνα.
23. B,C,M add. γάρ.
24. ζήσετι A.

ἐπὶ [1] παντὶ ῥήματι ἐκπορευομένῳ διὰ στόματος θεοῦ. » οὐ ξενίζει με,
φησίν, τῶν βρωμάτων ἡ σπάνις· οὐ ταράττει τὸ πεινῆν ἐν ἐρήμῳ, οὐκ
αἰτῶ τὴν ἐκ λίθων ἀρτοποιΐαν· πολλαὶ γὰρ αἱ τῆς θείας κηδεμονίας [2] ὁδοί, καὶ πολύτροπος προστασία [3].

Δέδωκεν [4] γὰρ ἀνθρώποις τὴν ἐκ βρωμάτων τροφήν, καὶ τῆς σαρκὸς
τὸ συγκρότημα βρῶμα [5]· γράμμα δέ με προσεδίδαξε [6] θεῖον [7], τοὺς τῆς φύσεως ὅρους τὸν θεὸν ὑπερβαίνειν. Μέμνημαι θείας φωνῆς κεκραγυίας [8]
ἀνθρώποις μὴ δεδιέναι [9] πεινῆν, ὅταν [10] φροντίζει [11] θεός. Μὴ οὖν φείδου
πεινῶντος, καὶ τὴν ἔρημον εἰς ἀπόγνωσιν δείκνυε [12], κηδέσθω θεός,
κἂν [13] μὴ παρέστωσαν ἄρτοι· ἔστιν γὰρ καὶ ἄνευ τροφῆς ζωοποιὸς ὁ θεός,
καὶ ζήσεται [14] καὶ [15] σὰρξ ἄνευ βρώματος, εἰ ζῆν αὐτῇ προστάττοι [16]
θεός. Οὕτω γέγραπταί, φησιν, καὶ πιστεύω τοῖς [17] θείοις τεθαρρηκὼς [18]
ῥήμασι καὶ τὴν ἐκ τῆς τροφῆς μόνης οὐκ ἀναμένω ζωήν.

Δι' ὧν προσέκρουσεν [19] Ἀδάμ, ὁ Χριστὸς καταλλάττει [20]· ἐπειδὴ γὰρ ἐξ
ἀπιστίας Ἀδὰμ καὶ βρώματος ἔπεσεν [21], — ἀπιστήσας γὰρ τῷ θεῷ καὶ
φαγὼν κατηνέχθη, — ἐλθὼν ὁ χριστὸς ἀνακτήσαι [22] τὴν φύσιν, ἐξ ἐγκρα-

Dedit quidem hominibus victum per cibos, et corpori stabilitatem
per escam; docuit autem me Scriptura divina Deum naturæ terminos
superare. Memini enim vocis clamantis divinæ, famem et deserta homines
non formidare, sed etiam ibi hoc respondere debere : Ferat opem Deus
et pereat panis, quia etiam sine cibo vivificator est Deus; absque esca
quoque vivet caro, si eam vivere præcipiat Deus; sic, inquiens, scriptum
est et sic credo, de divinis eloquiis fiduciam gerens, nec exspecto vitam
quæ ex solo cibo contingit. Per quæ offendit Adam, per hæc reconciliat
Christus. Quoniam ex infidelitate et esca corruerat, non credens Deo, et
cecidit cum manducasset; veniens Christus a fide et continentia incipit;
unde fuerat collapsa natura, eam inde restaurans.

---

1. ἐν B,C,M. — 2 κηδαι· A,B.
3. πολύτροποι προστασίαι B,C,M. — 4. M add. μὲν. Mercator a traduit en latin les deux paragraphes suivants.
5. βρώμα A. — 6. προσεδίδαξε, M.
7. om. C. — 8. κεκραγυίας A.
9. δεδειέναι A. — 10. πείνην ὅτ᾽ ἂν A.
11. Sic A,B,C. — ση M. — 12. δείκνυ M, δεικνύοντος B,C.
13. καὶ A. — 14. ζήσετε A.
15. Om. B,C,M. — 16. —τει B,C,M.
17. om. M. — 18. —κὼς A.
19. M add. ὁ.
20. — τγει A. — 21. ἐξέπεσεν M.
22. ἀναστήσας B,C,M.

τείας καὶ πίστεως ἄρχεται[1], ὅθεν (fol. 41 r) ἔπεσεν ἡ φύσις, ἐκεῖ-θεν οἰκοδομῶν.

Τῇ πρώτῃ τὸν λόγον συναναπαύσωμεν πάλῃ· οὐ γὰρ οὕτω μικρο-λόγον τὸ σκάμμα, ὥστε δευτέρου μὴ προσδεῖσθαι θεάτρου· οὐχ οὕτως εὐτελῆ τὰ τῆς πάλης, ὡς ἐκ πρώτης ἀπαρτίζεσθαι θέας· ἀλλ' ὥστε καὶ τῷ διαβόλῳ μακρότερον τῆς αὐτοῦ μηχύνεσθαι τὴν διήγησιν ἥττης[2]· σύντομος γὰρ διήγησις τῆς τῶν λυπηρῶν μνήμης ὑφαίρεται τὸ πλέον· χρονοτριβουμένη δὲ, διπλασιάζει τὸ ἄλγημα. Τηρείσθω τοίνυν εἰς ἕτερον τὸ πάλαισμα θέατρον. Δευτερούσθω τῆς διαβολικῆς αἰσχύνης ὁ θρί-αμβος. Ἡμεῖς δὲ πρὸς λογισμὸν ἀθλητικὸν ἀσκηθῶμεν, ἀνδρώδει[3] τῷ διαβόλῳ συμβάλωμεν ψυχῇ. Μάθῃ πάλιν ἡ γαστὴρ ἐγκρατείας· γένηται τῆς πείνης τοῦ κυρίου μαθήτρια· γνώτω λέγειν ἐν τροφῶν ἀπορίᾳ «οὐκ ἐπ' ἄρτῳ μόνῳ ζήσεται[4] ἄνθρωπος, ἀλλ' ἐπὶ παντὶ ῥήματι ἐκπορευο-μένῳ διὰ στόματος θεοῦ. » Αὐτῷ ἡ δόξα εἰς τοὺς αἰῶνας. Ἀμήν.

---

1. Migne omet la suite jusqu'au milieu de l'homélie suivante mais n'ajoute rien.

2. ἥττης A. — 3. ἀνδρώδη A. — 4. —εται A.

II

HOMÉLIE SUR LA SECONDE TENTATION

MATTH., IV, 6.

Τοῦ αὐτοῦ. Εἰς τὸ εἰ [1] υἱὸς εἶ τοῦ θεοῦ, βάλε σεαυτὸν [2] κάτω· γέγραπται γὰρ ὅτι τοῖς ἀγγέλοις αὐτοῦ ἐντελεῖται περὶ σοῦ.

Μέμνημαι [3] τῆς δεσποτικῆς ὑμῖν πάλης, χρεωστῶν τὴν συμπλήρωσιν. Μὴ γὰρ ἐπιλαθώμεθα [4] πάλης ἧς ἡ νίκη τῆς ἡμετέρας ἀναστάσεως ἄθλον· μὴ λήθῃ παραδῶμεν ἀγῶνας ἀφ' ὧν τρεῖς μώλωπας λαβὼν ἐξῆλθεν ὁ διάβολος· μὴ σχῶμεν ἐν ἀμνηστίᾳ τὸν ἐκ βρέφους ὑπὲρ ἡμῶν ἐν πολέμοις. Ἔτι γὰρ βρέφος ὁ δεσπότης ὑπάρχων, ἔτι τὸ τῶν ὠδίνων οἰκῶν ἐργαστήριον, ἐφεδρεύοντα τὸν ἀντίπαλον εἶχεν δύναμιν ἀστράπτων τῷ διαβόλῳ στρατηγικήν. Αἱ γὰρ τῶν ἀγγέλων φωναί, εἰ καὶ τὴν θείαν ἐνανθρώπησιν ἔκρυπτον, (fol. 41 ʳ) ἀλλὰ τοῖς εἰς τὸν τόκον ἐκέντουν τὸν διάβολον ὕμνοις· «ἤκουσεν ἀγγέλου τῇ Μαρίᾳ λαλοῦντος [5]· «ἰδοὺ συλλήψῃ καὶ τέξῃ [6] υἱὸν καὶ βασιλεύσει [7] ἐπὶ τὸν οἶκον Ἰακὼβ εἰς τοὺς αἰῶνας καὶ τῆς βασιλείας αὐτοῦ οὐκ ἔσται τέλος·» ἤκουσε τῆς Ἐλισάβετ φθεγγομένης· «εὐλογημένη σὺ ἐν γυναιξὶ καὶ εὐλογημένος ὁ καρπὸς τῆς κοιλίας σου, καὶ πόθεν μοι τοῦτο ἵνα ἔλθῃ ἡ μήτηρ τοῦ κυρίου μου πρός με [8]·» ἤκουσεν ἀγγέλου τοῖς ποιμέσι βοῶντος [9]· «εὐαγγελίζομαι ὑμῖν χαρὰν μεγάλην, ἥτις ἔστιν [10] παντὶ τῷ λαῷ· σήμερον γὰρ ἐτέχθη χριστὸς κύριος ἐν πόλει Δαβίδ.» Καὶ ταῖς φωναῖς ὡς κέντροις νυσσόμενος, εἰς ἔρευναν ἐπιβουλεύων ἠσχολεῖτο, δεινὸν εἶναι νομίζων καὶ κίνδυνον τῆς αὐτοῦ βασιλείας, σάρκα τοιαύτην εἰσαχθῆναι τῷ βίῳ· καὶ τὰ μὲν πρῶτα [11] τῆς μάχης αὐτῷ, πρὸς τὸ τοῦ τόκου συνετίθετο κώλυμα· ὡς γὰρ τὴν παρθένον ἡ σύλληψις ὤγκωσεν [12], αὐτῷ δὲ μίξιν ὁ μνηστὴρ

---

1. om. A. — 2. βάλες ἑαυτὸν A.
3. μέμνημε A. — 4. ἐπιλαθόμεθα A.
5. Luc, ι, 31
6. τέξει A.
7. — ση A.
8. Luc, ι, 42-43.
9. Luc, ιι, 10-11.
10. εἴτις ἐστὶν A. — 11. πρῶτα A. — 12. ὤγκωσεν A.

οὗ συνῄδει, εὑρὼν ὁ διάβολος τὸ τοῦ πράγματος ξένον εἰς πίστιν οὐκ εὔκολον, ὑποψίαν παρασπείρει μοιχείας, ὅπως ἡ παρθένος ὡς μοιχαλὶς [1]ἐκβληθεῖσα τιμὴν [2] παρ’ Ἰουδαίοις ὑπῆρχεν, ἔγκυον θανατοῦσθαι τὴν μοιχαλίδα [3]. Πίστις δὲ τοῦ ῥηθέντος ἡ Θάμαρ·« ἐγένετο γὰρ [4] μετὰ τρίμηνόν, φησιν, ἀπηγγέλη τῷ Ἰούδᾳ λέγοντες · ἐκπεπόρνευκε [5] Θάμαρ ἡ νύμφη σου, καὶ ἰδοὺ ἐν γαστρὶ ἔχει ἐκ πορνείας. Εἶπεν δὲ Ἰούδας· ἐξαγάγετε αὐτήν, καὶ κατακαυθήτω. » Τούτου δὲ τῇ θεοτόκῳ παρθένῳ συμβεβηκότος, καὶ τὸ βρέφος ἐν [6] αὐτῇ συνιέφθαρτο, ἀντεμβρύου τῆς δοκούσης μεμοιχεῦσθαι θανατουμένης · (fol. 42) ἀλλ’ ἀνθίσταται τῷ τεχνήματι· ἄγγελον γὰρ τῷ Ἰωσὴρ καταπέμπει τὸν τῆς συλλήψεως τῆς θεοπρεποῦς ἑρμηνευτήν [7]. « Ἄγγελος γάρ, φησιν [8], ἐλθὼν κατ’ ὄναρ, λέγει τῷ Ἰωσήφ· Ἰωσὴρ υἱὲ Δαβίδ, μὴ φοβηθῇς παραλαβεῖν Μαριὰμ τὴν γυναῖκά σου· τὸ γὰρ ἐν αὐτῇ [9] γεννηθέν, ἐκ πνεύματός ἐστιν ἁγίου. » Ὡς οὖν ἐτέχθη τὸ βρέφος ἀνυπόπτως τῷ μνήστορι τῆς παρθένου συζώσης, καὶ τὴν ὑποψίαν εἶδεν ὁ διάβολος ἄχρηστον [10], τεχθέντι λοιπὸν ἐπολέμει τῷ βρέφει, Ἡρώδην ἐπ’ αὐτῷ παραθήγων καὶ πρὸς γνώμην ἀναρριπίζων τυφλήν, — τυφλὴ γὰρ ἡ πονηρία, καὶ πᾶσαν ἣν ἂν κατάσχῃ ψυχὴν ἐργαζομένη τυφλήν, — αὕτη καὶ τὴν Ἡρώδου ψυχὴν τυφλὴν κατεσκεύασεν· ἐπολέμει γὰρ γεννήσει ὅρῳ θεοῦ γενομένη [11]· ἐπεβούλευεν βρέφει, τῷ μάγους ἐκ Περσίδος ἑλκύσαντι, ἀνατρέψειν προσεδόκα μυστήριον, ὃ τῷ δεσπότῃ θεῷ προορισθὲν ἐδιδάχθη. Καινῷ δέ περιπίπτων οὐκ ᾐσθάνετο [12] πάθει [13]· τὴν μὲν γὰρ τῶν μάγων ἐγνωκὼς παρουσίαν, ὡς ἔνθεον τὸ συμβὰν ἐδειλία, καὶ τοὺς Ἰουδαίων ἱερεῖς ἀνερώτα ποῦ ὁ Χριστὸς γεννᾶται [14], ὡς κατ’ εὐχείρωτου δὲ [15] σφαγὴν ἐμελέτα. Ἤκουσε τὸ περὶ τοῦ βρέφους προφητευθὲν « ὅστις ποιμανεῖ τὸν λαόν μου τὸν Ἰσραὴλ [16] », καὶ τὴν τῆς βασιλείας διαδοχὴν ἐδειλίασεν, ὡς ἑτέρῳ τὸν Ἰσραὴλ τῆς προφητείας διδούσης. Καὶ τὸν τῶν βρεφῶν ἐμελέτησε φόνον, ὡς μετὰ τῶν ἄλλων βρεφῶν καὶ τὸ προφητευθὲν βρέφος τοῦ ξίφους εὑρήσοντος [17]. Μάχῃ σαυτῷ δι’ ὧν πράττεις [18],

1. μοιχαλλίς A. —— 2. τὴν A (loco τιμήν).
3. μυχαλλίδα A.
4. Gen., xxxviii, 24.
5. —νεκε A. — 6. ἂν A.
7. ἑρμηνείας A.
8. Matth., i, 20. — 9. ἐναυτῇ A.
10. ἄχρισ— A.
11. νην A. — 12. ἰσθ— A.
13. πάθη A.
14. γεννᾶτε A. — 15. Lire peut-être : ὡς (αὐτὸς προσκυνήσων) ,κατ’ εὐχ. δὲ.
16. Matth., ii. 6.— 17. ξίφους εὑρήσοντος A.
18. μάχης αὐτῶ δι’ ὧν πράττῃς A.

Ἡρώδη· ἀπιστεῖς τῇ προφητείᾳ, (fol. 42ᵛ) κατὰ ταυτὸν καὶ πιστεύεις·
σφάττειν μὲν γὰρ τὸ τεχθὲν βουλευόμενος, ὡς νικήσων τὴν προφητείαν
θαρρεῖς· δεδίως[1] δὲ τὴν πρόρρησιν, ὡς ἀψευδῆ τῷ προφήτῃ πιστεύ-
εις· εἰ μὲν οὖν θαρρεῖς ὡς ἡ πρόρρησις ἄπρακτος, τί κατὰ πράγματος φονᾷς[2] οὐκ ἐκβαίνοντος; εἰ δὲ τρέμεις τὴν ἐπ'αὐτῷ προφητείαν, μαρτυρεῖς ὅτι πάντως τὸ προρρηθὲν πληρωθήσεται[3]. Τὸ δὲ[4]
πάντως ἐσόμενον οὐ στήσεις τοῖς ξίφεσι. Τί οὖν γονεῦσιν ἄωρον ἀτε-
κνίαν προσάγεις; Τί τρυγᾷς ὄμφακας τοὺς βότρυας τῆς φύσεως;
Ἀλλὰ ζῆλος ὁ τὸν[5] Ἡρώδην κινῶν. Ὁ γὰρ διάβολος ἦν τῶν
φόνων ὁ στρατηγός· ὃς τῷ διὰ μεσιτῶν[6] ἀποναρκήσας πολέμῳ[7], αὐτοπρό-
σωπον λοιπὸν[8] ὑφίσταται πόλεμον[9]. Πρὸ τοῦ τόκου γάρ, φησι, δι'
ὑποψίαν μοιχείας[10] τῷ τοκῷ ἐπεβούλευσα[11]· ἐκπεσὼν τῆς ἐλπίδος, δι'
Ἡρώδου τεχθέντα θηρεύων διήμαρτον· ἡττηθεὶς[12] διαμένων[13], δι'
ἐμαυτοῦ[14] πολεμήσω. Ὦ[15] φιλονείκου τυφλοῦ! βρέφους ὄντος ἡττήθη[16],
καὶ ἀνδρωθέντι[17] συμβάλλει! Πρόσελθε καὶ ἀνδρωθέντος, ὦ[15] διάβολε, γεῦ-
σαι· μάθε τούτου τὴν ἰσχὺν ἐκ δευτέρου· ἤδη μὲν γὰρ πεινῶντι προσελθὼν κατερράγη, τόνδε τοῦ πτώματος ἀκηκόατε τρόπον· ἀνακτή-
σασθαι δὲ προσδοκήσας τὴν ἧτταν[18], διπλασιάζει τὸ τόλμημα. Ὡς γὰρ
ἐψεύσθη τοῦ πρώτου τεχνήματος καὶ πεινῶντι προσελθὼν οὐκ ἠπά-
τησεν, δεύτερον εἰσφέρει κακούργημα. Ἄπρακτός μοι, φησίν, ἡ
παλαιὰ μηχανή, τῇ ῥιφάσῃ τὸν Ἀδὰμ ἀποτάσσομαι τέχνῃ· τὸ τῆς
τροφῆς ἀποτίθεμαι[19] δέλεαρ· ἔοικε γὰρ οὗτος (fol. 43) ἡδονῶν
βασιλεύειν. Ὁ γὰρ ἡδονῇ τροφῆς[20] μὴ χαυνούμενος[21], ὁ ζητεῖν ἄρτον

---

1. δέδειῶς *A*.
2. φωνᾶς *A*. Rec. manu φονᾶς.
3. — σετε *A*. — 4. τὸ δε *A*.
5. ἀλλαδηλος ὁ τῶν *A*.—6. μεσίτων *A*.
7. **Migne reprend ici et ajoute seulement** Τοιγαροῦν.
8. Τὸ γὰρ οὖν αὐτῷ πρόσω λυπὸν *B,C*.
9. πολεμῶν ὁ διάβολος *B,C,M*.
10. ὑποψίας μοιχείαν *A*.
11. —σεν *B,C*. — λευον *M*.
12. — γηθῆς *A*.
13. — σων *A*.
14. *B,C,M* **add.** νῦν.
15. ὦ *A*. — 16. ἡτγήθη *A*.
17. ἀνδρο — *A*.
18. ἥτ— *A*.
19. —θεμα *A*.
20. ἡδονῆς τροφῇ *B,C,M*. ἡδονὴ τροφῆς *A*.
21. μηχανούμενος *B* (μὴ χαν—*C*).

ἐν πολυημέρῳ μὴ[1] πειθόμενος πείνῃ, τῆς ἐκ σαρκὸς ἀπαράδεκτος μάχης. Βεβούλευμαι δὲ ἄλλο[2] παλαίσματος τέχνημα[3], ἔχω τι γλυκύτερον ἄγκιστρον· γλυκὺ θήρατρον δόξα[4].

Ἡδὺς τῆς κενοδοξίας ὁ βρόχος, οὐχ ἡδὺς δὲ μόνον, ἀλλὰ καὶ δίπλοκος· τῇ κενοδοξίᾳ γὰρ τὸ τῆς ἀπονοίας συμπαρυφίσταται[5] πάθος. Ὁ γὰρ τῆς[6] δόξης ἐραστὴς[7] πρὸς κομπωδείαν[8] γοργός· τούτῳ δὲ καὶ πάρεστιν[9] τοῦ πάθους ἡ πρόφασις. Ἴσως φρονεῖ τι[10] πλέον ὡς νηστευτὴς πολυήμερος, γαργαλίσω[11] πρὸς[12] κόμπον· προσελθὼν ὡς δικαίῳ φυσήσω[13] ῥήσει ψαλμῶν, ὡς ἐπ' αὐτῷ προρρηθείσῃ[14], ἐρωτήσει δολερᾷ δελεάσω. Ἔσται[15] δέ μοι κρημνὸς τῆς ἐρωτήσεως τόπος· πρὸς τὸ πτερύγιον συλλαλῶν[16] ἀνελκύσω. καὶ τοῦ ὕψους λαβομένῳ προτείνω « εἰ υἱὸς εἶ τοῦ θεοῦ, βάλε σεαυτὸν κάτω· γέγραπται γάρ, ὅτι τοῖς ἀγγέλοις αὐτοῦ ἐντελεῖται περὶ σοῦ[17]. » Πάντως ἢ δέξεται τὴν ῥῆσιν[18], ἢ φεύξεται[19]. Εἰ μὲν οὖν δέξεται, σπουδάζων ὡς δίκαιος εἴη[20] πρὸς τὴν τοῦ πτώματος συγκαταθεῖται[21] πρότασιν, ῥίψει μὲν αὐτὸς ἐκ τοῦ ὕψους τὸ σῶμα· ἐγὼ δὲ ἂν μὲν[22] πεσὼν ἀποθάνῃ, καταγελάσω νεκροῦ· ζήσαντα δέ τῷ τῆς κενοδοξίας ἐτραυμάτισα πάθει[23], πείσας πρὸς ἔνδειξιν ἐμὴν ἑαυτὸν καταρρῖψαι[24]· εἰ δὲ δὴ παραιτούμενον ἴδοιμι[25], συγκρούσω[26] πρὸς τὸν θεὸν, ὡς τὸν Ἰώβ, διαβάλλων δωρεὰν υἱοποίητος οὗτος[27]· ῥῆσιν[28] αὐτῷ παρὰ σοῦ[29] γεγραμμένην ἀνέγνων, ἐπαγγελίαν εἶπον τῆς σωτηρίας τῆς σῆς, καὶ ῥῖψαι[30] πρὸς βάθος (fol. 43') οὐ τετόλμηκε, δῆλον ὅτι μὴ θαρρῶν οἷς ὑπέσχου· πῶς οὖν τὸν οὕτως ἄπιστον, υἱὸν προσηγόρευσας ;

Οὐκ ἔλαθε[31] τὸν δεσπότην τὸ βούλευμα· καὶ δίδωσιν ἑαυτὸν εἰς παρέλ-

---

1. οὐ ζητεῖ ἄρ. ἐν π. Μὴ *B,C,M*. — 2. ἄλλου *B,C,M*.
3. τέχνασμα *M*. — 4. γλυκυθήρατον δόξαν *M*.
5. —τατε *A*. — 6. om. *B,C,M*.
7. ἐρασθεὶς *M*; ἐραστὴς *A*. — 8. κομποδίαν *A,B,C*.
9. — την *A*. — 10. φρονῇ τί *A*.
11. γαργαλίζω *M*. — 12. προς *A*.
13. φυσιώσω *B,C,M*. — 14. — θήσει *A*.
15. ἔστω *M*. — 16. — βὼν *B,C,M*.— λὼν *A*.
17. περισοῦ *A*. — *M* prolonge la citation. — 18. δέξετε τὴν ῥῆσιν *A*.
19. —ετε *A*. *B* om. τὴν ῥῆσιν, ἢ φ. — 20. om. *M*.
21.— ητε *A*. —22. δεὰν μεν *A*.
23. — τησα πάθη *A,B*. — 24. — ρίψαι *A*.
25. εἰδ. *A*. — 26. προσκρ. *M*.
27. υἱότητος οὕτω *B,C,M* (οὕτως *B,C* οὗτος *A*).
28. ρήσιν *A*. — 29. παρα σοῦ *A*.
30. ρίψαι *A*. — 31. *M* add. δὲ.

κυσιν, ὡς ἄνθρωπος ἀνθρώπῳ συνεφεπόμενος. Ὁ δὲ ἀναβάντι προ-
τείνει τὸ βούλευμα· « Εἰ υἱὸς εἶ τοῦ θεοῦ, βάλε σεαυτὸν κάτω. » Ἀπο-
κρινώμεθα [1] τῷ διαβόλῳ προτείνοντι· εἰ τοῦτο κρίνεις ἀνδρὸς πατέρα
τὸν θεὸν κεκτημένου, τὸ μένειν ἐν βλαβεροῖς [2] ἀβλαβῆ, ἔχεις ὧν
προτείνεις [3] ἀπόδειξιν· αὐτὸ γὰρ τοῦτο τῆς υἱότητός ἐστιν, ὦ [4] διάβολε,
δεῖξις [5]· ὅτι συμπαρεστῶτά σοι πρὸς τὸν κρημνὸν [6] οὐκ ὤθεις [7], ὃν ἐκ
πολλοῦ καταρρίψαι σπουδάζεις, ἀλλ' ἔστιν οὐδὲν ἕτερον, ἢ τοῦτο
παρακαλεῖν [8], ἄκων οὐ πίπτεις, καὶ [9] ἐκὼν κατενέχθητι [10]. « βάλε σεαυτὸν κάτω· γέγραπται γάρ, ὅτι τοῖς ἀγγέλοις αὐτοῦ ἐντελεῖται περὶ
σοῦ, μήποτε προσκόψῃς πρὸς λίθον τὸν πόδα σου· » [11] καὶ ταῦτα δείκνυσιν, ὡς θεὸν οὐκ ἐγνώριζεν [12]· εἰ γὰρ θεὸν ὁ ἀντίπαλος [13] ἔγνω, οὐκ
ἂν τὴν ἐξ ὕψους αὐτῷ προέτεινεν ἔκπτωσιν· ᾔδει γὰρ ὡς οὔτε ὕψους
θεὸς [14] κολοβώτερος, οὔτε ἐλλειπέστερος [15] πλάτους, ἀλλ' ὑψηλοῖς
συνυψούμενος, συμπληροῦται πλάτεσιν [16]· ᾔδει προσκομμάτων τὸ θεῖον
ἐλεύθερον· ἀνθρωπίνων γὰρ ποδῶν, οὐ θεοῦ, τὸ προσκόπτειν. Ὅτι μὲν
οὐχ ὡς θεῷ διελέγετο, μαρτυρεῖ τοῦ διαβόλου τὰ ῥήματα. Ἀκούσωμεν
δὲ καὶ τῶν ῥημάτων τὸν νοῦν. Πρὸ μικροῦ, φησίν, ἔφης· « Γέγραπται·
οὐκ ἐπ' ἄρτῳ [17] μόνῳ ζήσεται [18] ἄνθρωπος, ἀλλ' ἐπὶ παντὶ ῥήματι ἐκπορευομένῳ διὰ στόματος θεοῦ· » καὶ τὴν σὴν εἰς τὸ θεῖον ἀνευφήμησα πίστιν·
ἀλλ' ἐπειδὴ ῥῆσίς ἐστιν ἑτέρα θεοῦ [19] ὅτι « τοῖς ἀγγέλοις αὐτοῦ ἐντελεῖται περὶ σοῦ, μήποτε (fol. 44) προσκόψῃς πρὸς λίθον τὸν πόδα
σου, » δεῖξον ὡς ῥήματι πιστεύεις θεοῦ, καὶ καθεὶς σεαυτὸν [20], ὡς [21] ἀβλα-
βῶς ἐκπεσούμενος [22], χρῆσαι τῷ κρημνῷ τούτῳ δικαστῇ τῆς υἱότητος,

1. ἀποκρινο— M.
2. βλαβερῶς M. μένειν βλαβεροῖς B, C.
3. —νης A, B.
4. ὦ M. — 5. δεῖξις A.
6. κρι— A.
7. ὀθεὶς A.
8. ὅτι παρακαλῶν B, C, M.
9. φησί, κἂν B, C, M.
10. κατη — A, B, C.
11. B, C, M add. ἐπειδή·.
12. ὡς θ. καὶ γνωρίζει B, C, M (γνωρίζειν B, C.)
13. θεὸς τὸν ἀντίπαλον A.
14. ὁ θ. B, C, M.
15. M om. οὔτε ἐλλ. (A, B, C add.) — 16. πλάτεσιν M.
17. οὐκεπάρτῳ A. 18. ζήσετε A.
19. B, C, M add. λέγουσα.
20. καθεσσαυτον A.
21. om. B, C, M.
22. ἐκπεσού— A.

χρῆσαι τῷ πτώματι τῆς θείας κηδεμονίας [1] ἐλέγχῳ. Ἂν γὰρ ἐντεῦθεν πεσὼν ἐξαναστῇς ἀβλαβής [2], ἀληθὴς ἡ ῥηθεῖσά [3] σοι τῆς υἱότητος κλῆσις [4]· τοῦτο γάρ σοι προὑπισχνεῖτο θεὸς, ὅτι « τοῖς ἀγγέλοις αὐτοῦ ἐντελεῖται περὶ σοῦ, τοῦ διαφυλάξαι σε ἐν πάσαις ταῖς ὁδοῖς σου. »

Ἐξ ὄζοντος σκεύους μύρον προβάλλεις [5], διάβολε, ἱστορίαν παλαιὰν ἀνανεώσας. Λέων τις ἐπὶ Σαμψὼ [6] ἀνηρέθη, ὃς κηρίον μέλιτος [7] ἔχων, ἔρριπτο δυσῶδες [8] αὐτὸς ὄζων [9]· καὶ σὺ λεοντῶδες γραφικὸν στάζεις διὰ στόματος μέλι, καὶ κείμενος εὑρίσκει [10] καὶ σὺ [11] τῇ τοῦ δεσπότου καταπεσὼν ἀποκρίσει. « Γέγραπται γάρ, φησίν, οὐκ ἐκπειράσεις κύριον τὸν θεὸν σου, » οὔτε ῥίπτειν ἑαυτὸν, οὔτε μὴ [12], συγκατέθετο. Ῥῖψαι [13] μὲν γὰρ ἑαυτὸν ἀρνησάμενος, ἔδωκεν ἂν τῷ διαβόλῳ λαβὴν [14], ὡς οὐ θαρρῶν τῷ θεῷ, τῇ δὲ τοῦ πειράζοντος [15] προτάσει συνθέμενος, κομπώδης [16] ἂν ἔδοξε, καὶ πρὸς ἔνδειξιν εὔκολος· μέστην οὖν ἀπόκρισιν ἐτήρησαν [17] οὐ συγκατάθεσιν, οὐκ ἄρνησιν ἔχουσαν, « οὐκ ἐκπειράσεις κύριον τὸν θεὸν σου. » Οὐ [18] τοῦτο πρὸς τὸν διάβολον λέγων· ἐμὲ τὸν σὸν οὐκ ἐκπειράσεις δεσπότην. Οὐ γὰρ ἂν τοῦτο μαθὼν, ὡς ἀνθρώπῳ μετὰ ταῦτα προσελθὼν ὑπισχνοῖτο [19]· « Ταῦτα πάντα σοι δώσω, ἐὰν πεσὼν προσκυνήσῃς [20] μοι. » Ἀλλὰ τῆς φωνῆς τοιοῦτον τὸ βούλευμα [21]· δέχομαι [22] τῶν ψαλμῶν, φησίν [23], ὡς ἀληθεῖς [24], τὰς φωνάς, προστασίαν ὑπισχνουμένῳ καταπιστεύω [23] θεῷ· ἀγγέλοις ὑπὲρ ἀνθρώπων ἐντελλόμενον οἶδα· (fol. 44ʳ) ἀλλ' οὐχ ὅταν εἰς κρημνοὺς [25] κυβιστῶσιν [26], οὐχ ὅταν θανατῶσιν ἑκόντες [27], οὐχ ὅταν ἄνευ χρείας [28] πειράζωσιν [29], ὁ γὰρ σφάττων ἑαυτὸν

---

1. κηδαι — *A.* — 2. ἀβλαβῇς *A.*

3. — θεὶς ἠρεθεῖσα *A.* — 4. κλῆσις *A.*

5. — λη *M.* — 6. Σαμψῶ *A.*

7. *B,C,M add.* ἐπὶ στόματος.

8. —ώδης *B,C,M.*

9. *B,C,M.* om. αὐ. ὄζ.

10. — κη *M.* — 11. *M* om. καὶ σύ.

12. ἑαυτὸν ἠρνήσατο, οὔτε μὴν *M* (*B,C* om. ἀρνήσ.) — 13. ῥίψαι *A.*

14. λαβεῖν *A.* βλάβην *B.*

15. πτώματος *B,C,M.*

16. —πόδης *A.*

17. *B,C,M* om. μεστὴν οὖν ἀ. ἐτ.

18. *B,C,M* om. οὐ.

19. —χνεῖτο *A.* — 20. σεις *A.*

21. *B, C,M* om. ἀλλὰ τ. φ. τοιοῦτον τὸ βούλ.

22. *B,C,M add.* μέν.

23. om. *B,C,M.* — 24. — θεὶς *A.*

25. κριμ — *A.* — 26. κυβηστ — *A.*

27. θανάτωσιν ἑκόντες *A.* — 28. ἂν εὐχρείας *A.*

29. *M* omet le paragraphe suivant.

καὶ βοηθεῖσθαι ζητῶν, εἰρωνεύεται τὴν θείαν ὑπόσχεσιν· πειράζει τὸν θεὸν εἰ γρηγορεῖ πρὸς βοήθειαν, ὡς χλευαστὴς παροξύνει, σφάττων ἑαυτὸν καὶ βοηθεῖσθαι ζητῶν. Ὠθούμενός τις εἰς βλάβην ἐπικαλεῖται θεὸν, αὐθαιρέτως δὲ πίπτων, ἀπωλείας ὡς αὐτοθάνατος ἄξιος. Ἀχενόδοξος ἡ φωνὴ καὶ δικαία· πιστεύειν μὲν τῷ θεῷ, πρὸ καιροῦ δὲ πρὸς κινδύνους μὴ σπεύδειν.

[1] Τοῦτο δὲ [2] δεύτερον πεσὼν ὁ διάβολος, εἰς τρίτην διανίσταται πεῖραν [3]. Ἀλλὰ τῆς τρίτης ὁ λόγος ὀφειλέτης ἐκβαίνει, καὶ πᾶσιν ὑμῖν ἄπεισι τὸ χρέως [4] χειρογραφῶν [5]. Γλυκὺ γὰρ τὸ χειρόγραφον τοῦτο, καὶ μόνῳ τῷ διαβόλῳ πικρόν· ἐκ γὰρ τῶν αὐτοῦ πτωμάτων τὴν ἀπόδοσιν ἔχει [6]. Τοῖς δεσποτικοῖς τοίνυν ἀνδρωθῶμεν ἀγῶσιν, νευρώσωμεν τὰς ψυχὰς εἰς ἀθλήματα, ἐνθέοις οἰκισθῶμεν ἐννοίαις, σαρκικοῖς ἀντιταξώμεθα πάθεσι, ταπεινώσωμεν λογισμοὺς κενοδοξίας, ἐπαναστῶμεν τῷ διαβόλῳ πρὸς μάχην [7], ὀμματώσωμεν εἰς νῆψιν τὴν ἔννοιαν [8], κοιμίζωμεν γαργαλισμοὺς ἁμαρτίας, δι' Ἑλλήνων καὶ τῶν ἄλλων ἀπίστων ἀπαιτούντων [9] σημεῖα παρ' ἡμῶν, τὸν διάβολον ταῖς δεσποτικαῖς ἐπιστομίζωμεν ῥήσεσιν· «οὐκ ἐκπειράσεις κύριον τὸν θεόν σου.» Αὐτῷ ἡ δόξα εἰς τοὺς αἰῶνας. ἀμήν.

1. M recommence ici.
2. οὖν B,C.—— 3. πεῖραν A.
4. τοῦ χρέους M, τὸ χρέος B,C.
5. —φον B,C,M, χειρογράφων A.
6. M présente ici une nouvelle lacune. — 7. προσμάχην A.
8. εὔνοιαν A.
9. —— τοῦντα A.

III

HOMÉLIE SUR LA TROISIÈME TENTATION

MATTH., IV, 8-9.

Τοῦ αὐτοῦ εἰς τὸ παραλαμβάνει αὐτὸν ὁ διάβολος εἰς ὄρος ὑψηλὸν[1] καὶ δείκνυσιν αὐτῷ πάσας τὰς βασιλείας τοῦ κόσμου καὶ τὴν δόξαν αὐτῶν, καὶ λέγει αὐτῷ· Ταῦτα πάντα σοι δώσω, ἐὰν πεσὼν προσκυνήσῃς[2] μοι.

(fol. 45) Ἐφ' ἕτερά μοι τὴν γλῶσσαν ἐπειγομένην, οἱ τῶν διδασκαλικῶν ὑποσχέσσων μνήμονες, πάλιν με χρεωστεῖν αὐτοῖς δεσποτικὴν ὑπομνήσαντες ὀφειλήν, πρὸς τὴν ταύτης καταβολὴν ἐπιστρέφουσιν· ἣν ᾔδειν μὲν καὶ αὐτὸς ἐποφείλων, ὡς ἐκπρόθεσμον δὲ λοιπὸν ἀνεβαλλόμην ἔκτισιν. Καὶ τὴν ταύτης ἀπαίτησιν ὑπερήμερον ᾤμην, καὶ τοῖς μεταξὺ παρεμπεσοῦσι διδάγμασι λήσεσθαι χρεωστῶν προσεδόκων, ἣν δὲ ἄρα κρεῖττον[3] τὸ χρεωστούμενον λήθης. Χριστοῦ γὰρ ἦν πάλη, τρόπαιον ὑπὲρ ἀνθρώπων ἀείμνηστον. Πρέπον δὲ ταύτης ἀεὶ τοῖς δι' αὐτῆς εὐεργετημένοις μεμνῆσθαι, καὶ μὴ τῇ περὶ ταύτην λήθῃ τῷ διαβόλῳ χαρίζεσθαι. Χαρίζεσθαι δὲ τῷ διαβόλῳ, φημί, τὸν τῆς κατὰ τοῦ διαβόλου πάλης ἐκλαθόμενον. Ὧδε[4] κἀγὼ τὴν γνώμην κεντούμενος καὶ δειλιάσας μή τινα δοίην τῷ διαβόλῳ χαράν, ὡς τὴν τρίτην αὐτῷ σιγῇ[5] κρύψας κατάπτωσιν,[6] χάριν τοῖς ὑπομνήσασιν ἔχω καὶ θαρρῶ τὴν ἀπόδοσιν·[7] ὁ γὰρ τὸ χειρόγραφον

Item ejusdem (Nestorii), in id quod scriptum est : « Hæc omnia tibi dabo, si procedens adoraveris me» cujus initium istud est : In alium sermonem etc.

In alium sermonem lingua perurgente, repromissionum mearum præcedens magister memor, luctam me vobis dominicam debere submonuit et ad hujus redhibitionem coarctat.

Habeo gratiam commonentibus et in exsolutione debiti magnam

---

1. ὑψιλόν A. — 2. ――σεις A. Comparer le début de cette homélie et de la précédente au début de plusieurs homélies éditées sous le nom de Basile de Séleucie‘ P. G., t. LXXXV, col. 49, 61, 84. Mercator traduit les premières lignes.
3. κρεῖττον A — 4. ὦ ὃν A. — 5. σιγήν A. (pr. m.) σιγῇ (sec. m.). ――6. Les trois lignes suivantes sont traduites par Mercator. — 7. ἀπόδωσιν A.

τῶν ἁμαρτιῶν ἡμῶν ὑπὲρ ἡμῶν ἀποδούς, ἀποδώσει τὸ παρ' ἐμοῦ
πρὸς ὑμᾶς περὶ τῆς αὐτοῦ πάλης ὑποσχεθὲν γραμματεῖον[1]. Δύο μὲν
οὖν πεποίημαι[2] τοῦ τῆς ὑποσχέσεως χειρογράφου καταβολάς[3]· εἰς
λοιπάδα[4] δέ μοι περίεστι[5] τὸ χρεὸς, τῆς τοῦ παντὸς ὁμάδος[6] δυσφο-
ρώτερον.[7] Λοιπὰς[8] γὰρ τοῦ χρέους, τὸ τρίτον τοῦ διαβόλου πανούρ-
γημα, τὸ τρίτον τῇ τάξει, τῷ μεγέθει δὲ πρῶτον· τὸ[9] τῷ τῆς πάλης[10]
ἀριθμῷ τελευταῖον, τῇ δὲ τῆς τέχνης κακουργίᾳ πρωτεῦον. Τὰ μὲν
γὰρ πρῶτα φορητὸς[11] πονηρευόμενος ἦν· τὴν ἐκ θεοῦ γὰρ φανερῶς
ἀποστασίαν οὐκ ᾔτει· ἀλλὰ τῇ θείᾳ καταχρώμενος (fol. 45ᵛ) μνήμῃ,
καὶ τὸ « εἰ υἱὸς εἶ τοῦ θεοῦ » πρὸς αὐτὸν ὀνομάζων, εὐσεβεῖ προσ-
ωπείῳ[12] τὴν θεομάχον[13] ἐσχημάτιζεν[14] τέχνην· ἐν τῇ τρίτῃ δὲ πείρᾳ
γυμνὴ τῆς πονηρίας ἡ λύσσα, ἀσκέπαστον τὸ κακὸν παρακύπτον· προσκύνησιν γὰρ τὸν προσκυνούμενον ᾔτει, ἀφ' ὧν ἤκουσεν φαντασθεὶς τὴν
προσκύνησιν. Ἐπειδὴ γὰρ εἶδεν μετὰ πίστεως πανταχοῦ τὸν δεσπότην
φθεγγόμενον, καὶ τὸν θεὸν μὴ πειράζειν εἰπόντα, ἐνόμισε τὸν δεσπότην
εἰς πίστιν εὐάγωγον, καὶ περὶ τὴν ταύτης μὴ πολυπράγμονα[15] βά-
σανον. Καὶ δὴ μετ' ἐνδόξου προσέρχεται σχήματος, ὡς ἐκπλήξων τῇ
θέᾳ .« Παραλαμβάνει γὰρ αὐτόν, φησιν, ὁ διάβολος εἰς ὄρος ὑψηλὸν
λίαν, καὶ δείκνυσιν αὐτῷ πάσας τὰς βασιλείας τοῦ κόσμου καὶ τὴν δόξαν
αὐτῶν », σκιὰν γραφήσας[16] ἀέριον καὶ καταψευσάμενος[17] τοῦ ἀέρος
μορφώσεις, καὶ συνθεὶς κοσμογραφίαν ἀσύνθετον, καὶ πλαστογρα-

fiduciam gero: qui enim chirographum peccatorum pro nobis exsolvit,
reddet pro me quoque apud vos contractum de eodem luctamine debitum
meum.

1. *M* recommence ici. — 2. — τιμε *A*. πέπεισμαι *M*.
3. *B,C,M* add. εἶναι. — 4. λοιπὰ M. (λοιπάδα *A,B,C*).
5. —στη *A*.
6. χρεός, τοῦ παντὸς οἶμαι δ'ἂν *B,C,M* (τῆς τοῦ *B,C*).
7. —ροτέραν *A*.
8. τὰ λοιπά *B,C,M*.
9. Om. *M*.
10. πλάνης *B,C,M*.
11. φορυτός *M* (φορητὸς *A,B,C*).
12. προσώπῳ *B,C,M*.
13. —χου *C,M* (—χων *B*).
14. — σε *M* (—ζεν *A,B,C*).
15. —νεῖν *B,C,M*.
16. σκιογραφ —*B,C,M*. σκιὰ γραφ —*A*.
17. *B,C,M* add. τὰς.

φήσας [1] βασιλεῖς [2] ἐν ἀέρι, καὶ [3] βασιλείας τεχνησάμενος κάλλη, ἤλπιζεν γὰρ [4] τῷ τῆς φαντασίας λαμπρῷ, τὸ τοῦ δεσπότου πρὸς πίστιν εὐλαβὲς ὑπαχθήσεσθαι.

[5] Σύνηθες γὰρ τῷ διαβόλῳ κακούργημα, τὰς τῆς καρδίας παραφυλάττειν [6] ῥοπάς· καὶ διά τινων ἢ λόγων ἢ πράξεων τὰς περὶ τῶν ἀνθρώπων διαθέσεις γνωρίζειν, καὶ τοὺς κεκτημένους δι' αὐτῶν παγιδεύειν.

(ᵃ)Ὅταν οὖν εἴδη πίστεως ἐν καρδίᾳ θερμότητα, πρόσεισι βλαβερὸς ἐπαινέτης, καί που καὶ φαντασίαν νυκτερινὴν τεχνητεύει, καὶ λαβὼν καθεύδοντος ἡμίυπνον αἴσθησιν, ὡς ἄγγελος φωτὸς διαλέγεται [7]. Ἤδη δὲ καὶ γρηγοροῦντι παρέστησεν ἅρματα, καὶ φωνὴν δι' ἀέρος ἀφῆκεν· ὀρθὸν, (fol. 46) ἄνθρωπε, τοῦ δεσπότου τὸ κρίμα, μεθ' ἡλίου [8] σε λαβεῖν δοκιμάσαντος, οὗ χείρων κατὰ πίστιν οὐκ ὤφθης· ἀλλ' ἐπιβὰς ὧν ὁρᾷς ὀχημάτων τῷ συγγενεῖ συνδιάτριβε, καὶ πλανήσας φαντάσμασιν διακένως [9] πιστευθεὶς καταλείπει, ταύτῃ (ᵇ) καὶ τὸν κύριον παράγειν ὑποπτεύει [10] τῇ τέχνῃ, καθ' ἑκάστην δὲ τὴν πάλην φανταζόμενος νίκην, ἰσάριθμα ταῖς πάλαις ἐκέρδανεν [11] πτώματα.

(ᶜ)Ἦν δὲ ἡ τῶν μελλόντων τατότε προτύπωσις, καὶ τῆς ἐκκλησιαστικῆς οἰκοδομῆς προασφάλισμα· ὥσπερ γὰρ τὸν Ἀδὰμ τῶν ἀνθρώπων ἡ φύσις λαβοῦσα θεμέλιον, τῷ τοῦ θεμελίου συνέπεσεν πτώματι, καὶ γέγονεν ὑποχείρα τοῦ ῥίψαντος τὸν Ἀδὰμ διαβόλου, οὕτω τὸν δεσπότην Χριστὸν τῆς ἐκκλησίας ἡ πίστις ἐσχηκυῖα θεμέλιον, μένει τῇ

(a) Cum calorem fidei diabolus in corde perspexit, tunc nocivus laudator aggreditur, et nocturna visa machinatur, accipiens dormientis sensum dormitatione lassatum, tanquam angelus lucis alloquitur. Cum jam vigilantis oculis quadrigas objecerat vocem quoque per acrem emiserat clariorem, rectum, inquiens, o homo, judicium Dei, thesauros accipere.

(b) Eadem arte suspicatus est, quod potuisset etiam Dominum irretire.

(c) Erant autem illorum omnium præsentium, quæ tunc gerebantur, præfigurationes rerum omnium futurarum et ecclesiæ ædificandæ munimina. Sicut enim in Adam hominum natura accipiens fundamentum ejusdem fundamenti ruina collapsa est et facta est sub manum et potes-

---

1. —φεισης *M* (−φεισας *A,B,C*). — 2.— λεις *A*.

3. *B,C,M.* om. βασ. ἐν ἀ. καὶ. —4. *M* om. γὰρ.

5. Ici commence dans *M* une nouvelle lacune.

6. — γειν *A*.

7. — τε *A*. — 8. ἡλιος *A*.

9. — κενῶν *A*.— 10. ὑποπτεύειν *A*.

11. — δενεν *A*.

τοῦ θεμελίου δυνάμει συνάπτωτος, καὶ τῷ τῆς κεφαλῆς ἀρρήκτῳ συ-
ναρραγῆς, αἱ δὲ κατὰ τῆς ἐκκλησίας τελεταὶ καταρρίπτονται [1], τοῦ
γὰρ ἐπισαθροῦ θεμελίου τοῦ τοσαυτάκις διαβόλου πεσόντος ἀπὸ τῆς
πρὸς τὰ βρέφη συμβουλῆς, ἡ τῆς ἐκκλησίας ἐφυτεύετο νίκη. Τὰ γὰρ
ὑπὲρ Χριστοῦ κατασφαττόμενα [2] βρέφη, τὸν τῶν μαρτύρων ἡμῖν προσε-
χλόαξε σῖτον, καὶ τῷ τεχθέντι βασιλεῖ παῖδας εὐθὺς ἐστράτευσεν ὁ διάβολος μάρτυρας.

Καὶ [3] νῦν δὲ καθ' ἑαυτοῦ φιλονεικῶν [4] οὐκ ἠσθάνετο [5], καὶ πτῶσιν ἦν
ἵνα [6] μὴ πέσῃ, τὰς τοῦ κόσμου δωρεὰς ὑπισχνεῖτο [7]· «ταῦτα γάρ, φησιν [8],
πάντα σοι δώσω, ἐὰν πεσὼν προσκυνήσῃς [9] μοι. » Ὁ Παύλῳ μὴ πιστεύων,
ὡς [10] εἰδωλολάτρης (fol. 46ᵛ) ὁ πλεονέκτης, ἀκουέτω τοῦ τῶν εἰδώ-
λων πατρὸς ὁμολογοῦντος τὰ Παύλου· « τῷ προσκυνοῦντί με,
φησίν, τὰ ἀλλότρια δώσω. » Οὐκοῦν πρόσφυξ διαβόλου, τῶν ἀλλοτρίων
ὁ κτήτωρ. Αὐτὸς γὰρ τῶν ἀλλοτρίων ὑπισχνεῖται τὴν δόσιν, ζημιῶν
τοῖς χαρίσμασι, καὶ δι' ὧν δίδωσι κλέπτων. Οὗτος αὐτῷ καὶ τῆς πρὸς
τὸν δεσπότην φιλοτιμίας ὁ νοῦς, ὑποκλέψαι πρὸς πτῶμα δωρεῶν ὑποσχέσει. Ἡδονῇ [11], φησιν, οὗτος βρωμάτων ἀχαύνωτος, κενοδοξίας ἀγαρ-
γάλιστος πάθει. Τὰ δύο ὁμοῦ διέκλασε τὰ μαχιμώτατα [12] βέλη· ἄλλο
μοι βέλος ἰσχυρὸν ζητητέον· φιλαρχίας ἐν ἅπασιν ὄρεξις, εὕρεσις κέρ-
δους ἀπευκτὴ παρ' οὐδέσιν· πλεονεξία πάντες [13], ὡς εἰπεῖν, τραυματίαι·
ταύτην ἐκβαλών μου τῆς φαρέτρας ἐκπέμψω. Ἀλλὰ ποῦ τοξεύω λαβών [14]; τίς συνεργήσει μοι τόπος; εἴθε μοι πρὸς ὄρος ὑψηλὸν συνανῆλ-
θεν [15]· ἐπιτήδειον ὑψηλότης εἰς θέαν· ἔδειξα ἂν ἐξ ὕψους τῶν χωρῶν

tatem diaboli qui dejecit Adam, sic Dominum Christum ecclesiæ fides
habens fundamentum, manet ejusdem fundamenti virtus immobilis et
secura atque inconcussa sui capitis firmitate, quæ divelli non possit.

1. πεπωνται A.
2. —γόμενα A.
3. M recommence ici.
4. —νικῶν A,B.
5. αἰσθάνεται B,C,M.
6. καὶ πρὸς τοσαύτην ἐπειγόμενος πτῶσιν. Ἵνα B,C,M.
7. ὑπισχνοῦ M
8. M om. γάρ φησιν.
9. — σεις A.
10. ὅτι B,C,M.
11. —νῆς M. (—νι A,B,C).
12. μαχημ—A,B.
13. ἀπευκτὴ, παρουδεστιν πλεονεξία· πάντες A.
14. τοξεύων λάβω B,C,M.
15. συνῆλθεν M (seul).

τὰς εὐφόρους· ἤγαγον ἂν ὑπ' ὄψιν θησαυροὺς βασιλέων· παρέστησα
ἂν εἰς θέαν τὴν ἔνδοξον τοῦ κόσμου [1] λαμπρότητα, τὰ μὲν ὄντως δεικ-
νύς, τὰ δὲ τέχνῃ φαντάζων. Ἀνθρώπου δὲ φύσις εὐσαγήνευτος λήμμασιν
ἂν ἴδῃ [2] τῆς γῆς τὰ [3] φαιδρά, προσδραμεῖται τῇ κτήσει [4]· ἁρπάσει [5]
τὸν δεικνύμενον πλοῦτον, τῶν τοσούτων ἐρασθήσεται [6] κτήσεων·
ἀλήθειαν τὴν σκιὰν ὑποπτεύσει, πιστεύσει τοῖς δεικνυμένοις εὐθύς·
πανταχοῦ γὰρ ἐπιδέδεικται πίστιν. Εἶπον· ἄρτον αἴτησαι [7], καὶ παρε-
λογήσατο [8] πιστεύων ὡς τρέφοντι καὶ χωρὶς ἄρτων [9] θεῷ· εἶπον, ῥῖψαι [10]
τὸ σῶμα καὶ τὸ ῥηθὲν διεκρούσατο, μὴ δεῖν λέγων τὸν θεὸν ἐκπειράζειν,
(fol. 47) μετ' ἐνδόξου τοίνυν αὐτῷ προσελεύσομαι σχήματος. Πιστεύσει γὰρ ἀπατηθεὶς ὡς θεῷ, πειραστὴς περὶ πίστιν καὶ πολυπράγμων
οὐκ ὢν [11]· πιστεύσαντος δὲ καταγελάσας οἰχήσομαι.

Ταύτας εἰδὼς ὁ Χριστὸς τὰς ἐννοίας, εἰς ὄρος ὑψηλὸν συνχνίει [12],
καὶ τῆς τέχνης ὁ διάβολος ἤρχετο [13], ποικίλην τοῖς ὄμμασι προτιθεὶς
φαντασίαν. Ὁ δεσπότης δὲ τὴν τέχνην οὐκ ἤλεγχεν, ἀλλ' ὡς τὸν δόλον
οὐκ εἰδὼς ἐθεώρει [14]. Τῷ [15] δὲ κρατεῖσθαι [16], τῇ τῆς φαντασίας ὑποπ-
τεύετο [17] τέχνῃ, καὶ τῷ κάλλει τῶν φανέντων εἰλῆφθαι· καὶ ὡς δοξαστὴς
λοιπὸν ὑπερκόσμιος [18] παντοκρατορικὰς τερατεύεται ῥήσεις· « ταῦτα
πάντα σοι δώσω, ἐὰν πεσὼν προσκυνήσῃς [19] μοι. » Οὐχ ὁρᾷς, φησίν,
ἄνθρωπε, τοῦ κόσμου τὸ μέγεθος; οὐ θεωρεῖς τὸ τούτου πολύκτητον;
οὐ φρίττεις [20] τὰς μυριοπλούτους [21] ταύτας ἐν αὐτῷ [22] βασιλείας; τούτων

1. βίου B,C,M.

2. εἴδη A.

3. sic A,B,C. om. M.

4. κτίσει A.

5. — ξει M (—ση B, —σαι A,C).

6. —στε A.

7. αἴτησε A.

8. παρεπέμψατο τοῦτο B,C,M.

9. ἄρτου C,M (—των A,B).

10. ῥῖψαι A,B,C,M add. κάτω.

11. οὐκ ὢν A. ἀπατ. ἐμοὶ, ὡς θεῷ πειρασθεὶς περιπίπτειν, καὶ πολ. οὐκ ὢν πιστεύσαι B,C,M
(B,C om. πιστ.)

12. —νήει M, ἀνείη B,C.

13. ἤρξατο B,C,M.

14. θεωρεῖ B,M. ἐθεωρεῖ C.

15. sic A (τὸ B,C.)

16. ὁ δὲ κεκρατῆσθαι M. — 17. ὑποπτ — A.

18. —μίους B,C,M.

19. —σεις A.

20. φρίγεις A.

21. μυριοπλάτους B,C,M. — 22. ἐν αὐτῷ A.

ὁ δεσπότης ἐγώ· δόματα [1] ταῦτα παρ' ἐμοῦ [2] τοῖς ἀνθρώποις κατ'
ἐμὴν ἕκαστον διανέμεται κρίσιν. Σὺ δὲ πάντων παρ' ἐμοὶ προτιμότερος [3]
καὶ μόνος δίκαιος τῶν ἐν γῇ βασιλεύειν· παράλαβε δὲ [4] παρ' ἐμοῦ τὸ
παγκόσμιον κράτος, καὶ προσκύνησιν ἀντὶ τούτων ἀπόδος.

« Ταῦτα πάντα (ᵃ) σοι δώσω, ἐὰν πεσὼν προσκυνήσῃς [5] μοι »· ἐξ
ἡμισείας [6] προφητεύεις ἄκων, διάβολε· παραδώσεις [7] μὲν γὰρ τὸν κόσμον
ὅν κακῶς ἐδουλώσω, ἀλλ' οὐ προσκύνησιν σχών, ἀλλὰ μαστιγούμενος [8].
Μὴ γὰρ οἴου [9] τῷ Ἀδὰμ διαλέγεσθαι· ὑποσχέσει [10] γὰρ τὸν Ἀδὰμ
ἐδελέασεν, ἔπεισεν, ὡς ἔσται θεὸς, καὶ πείσας κατήνεγκεν. Ὑπισχνεῖται
καὶ νῦν παντοκρατορίαν [11] Χριστῷ, τῷ τῆς ἐλπίδος ὕψει παραπεσεῖν [12]
ἐλπίζων. Ἀλλ' ἀξίας ἀποκρίσεως ἤκουεν [13]· « ὕπαγε [14] (fol. 47ᵛ) σατανᾶ, »
καὶ « τὸν κύριον [15] τὸν θεόν σου προσκυνήσεις, καὶ αὐτῷ μόνῳ λατρεύσεις, »
ὕπαγε, σατανᾶ [16]. Καλῶς ἐνταῦθα τὸ τοῦ σατανᾶ προστίθησιν ὄνομα· καθάπερ [17] τις δεσπότης ὑποκρυπτόμενον δοῦλον καλῶν ἐξ ὀνόματος, δεικνὺς
ὡς οὐκ ἔλαθεν [18]. Ὕπαγε· ἀπειλητικὸν οἶμαι τὸ τοῦ ῥήματος πρᾶον, ὥσπερ
ἐμβριμωμένου [19] πρὸς αὐτὸν τοῦ δεσπότου. Ἔκαμες τὴν ὑπόκρισιν κρύπτων,
καὶ τὸν σχηματισμὸν ἀπεγύμνωσας· ἀπέγνως τὴν νίκην, καὶ κολακεύεις
με δώροις· ἤδη μου [20] πραγματεύῃ [21] τὴν πρᾶσιν, ἤδη [22] τὰ διὰ τοῦ προδότου

(a) Hæc omnia, inquit ad Dominum, tibi dabo si procidens adoraveris me
(Matth., ɪᴠ,9). Ex dimidio invitus prædivinas, diabole; reddes enim mundum
Domino, quem inique tibi addixeras in servitutem, sed verberatus, non
adoratus. Ne te arbitreris cum Adam habere sermonem, promissione enim
illexit Adam, ac suasit deum illum esse futurum, et hac persuasione dejecit : modo quoque Christo omnipotentiam promittebat, quod spe altitudinis
eum dejiceret arbitrans; sed dignam repulsa meruit responsionem : *Vade
retro, Satana, Dominum Deum tuum adorabis et illi soli servies* (*Ibid.*, 10).

1. δόματα *A.*
2. παρ' ἐμοί *B,C,M.*
3. —μότερος *AB.*
4. δὴ *A.*
5. —σεις *A.* — 6. ἐξημισείας *A.*
7. *B,C,M add.* σύ
8. μαστη— *A.*
9. οἴει *M* (οἰοῦ *BC*).
10. καί (loco ὑπ.) *M* (ᾗ *BC*).
11. —τωρίαν *A.*
12. —πεσεῖν *A.*
13. ἤκουσεν *BCM.*
14. *B,C,M add.* ὀπίσω μου. — 15. σατανᾶ· γέγραπται γάρ· Κύριον *M.* — 16. σατανᾶ
A. — 17. *M add.* γὰρ — 18. οὐκ ἔλαθεν *A.* — 19. — νῳ *A.* — 20. μοι *M.* —
21. —ει *A.* —22. ἤδη *A.*

προερεύγῃ [1] μοι σύμφωνα. Ἄωρον ἐμελέτησας, ὦ [2] διάβολε, πρᾶσιν [3]· μεῖνόν σου τὸν συναλλάκτην Ἰούδαν. Ὕπαγε, σατανᾶ [4], ὕπαγε νῦν, τὸν σταυρὸν ἀναμένω· ὕπαγε νῦν, οὐκ ἀγοράσεις με· νῦν ὕπαγε, τήρησόν σου τῷ προδότῃ τὰ δῶρα· νῦν δέ σοι τοσοῦτον φημί· « κύριον τὸν θεόν σου προσκυνήσεις, καὶ αὐτῷ μόνῳ λατρεύσεις, » μὴ συμμερίζου [5] τῷ θεῷ τοὺς ἀνθρώπους· αὐτῷ γὰρ μόνῳ χρεωστοῦσιν [6] προσκύνησιν [7].

Τότε, φησίν, ἀφίησιν αὐτὸν ὁ διάβολος. Μεγάλη τῆς πάλης [8] τῆς ἐσχάτης ἡ νίκη, καθάπερ γὰρ [9] ἀθλητὴς γενναῖος, πρὸς ὕψος τὸν ἀντίπαλον ἄρας, ἐκ μετεώρου καταρρήγνυσι πτώματος, οὕτως ὁ δεσπότης Χριστός, εἰς ὄρος τὸν διάβολον ἄρας, καὶ μετεωρίσας ἀερίοις ἐλπίσιν, ἀφ' ὑψηλῆς ἐλπίδος κατέρριψεν [10], καὶ τὸ τῆς νίκης θαῦμα τοὺς ἀγγέλους ἐξέπληξαν [11], πρὸς τὴν τοῦ νικητοῦ δορυφορίαν συνήγαγεν·

Ἰδοὺ (a) γάρ, φησιν, ἄγγελοι προσῆλθον καὶ διηκόνουν αὐτῷ. Ἰσάγγελον (fol. 48) δὴ καὶ ἡμεῖς παρασχώμεθα τῷ δεσπότῃ [12] δουλείαν· ἀρέσωμεν [13] οὐρανοῖς, διακονίαν ἐν γῇ πληροῦντες ἀγγελικήν· ταῖς ἀηττήτοις τὴν ψυχὴν ὑποθῶμεν [14] ἀγκάλαις, τὸν τῆς πεσούσης φύσεως ἀνορθωτὴν ἀγαπήσωμεν, τὸν τοῦ κοινοῦ δυσμενοῦς ἐκνευριστὴν [15] ἀσπασώμεθα [16], δεδοξασμένοι [17] τὴν νίκην δορυφορήσωμεν μνήμῃ, ἐπεμβῶμεν διαβόλῳ πεσόντι. καὶ τὴν ἀναίσχυντον κεφαλὴν κατασπῶντες

(a) *Et ecce,* inquit, *angeli accesserunt et ministrabant ei* (*Ibid.,* 11). Et nos igitur cum angelis Domino servitium dependamus : exsiliamus in cœlum, ministerium in terris implentes angelicum, indefessis aliis animam subjiciamus; eum qui collapsam erexit nostram naturam, tota virtute diligamus; adoremus eum qui nostrum inexorabilem inimicum dejecit atque prostravit.

1. πορεύῃ B,C,M.
2. ὦ A.
3. πρᾶσιν A.
4. B,C,M om. ὑπ. σατ.
5. σὺ μερίζου C,M (συμμ. AB.)
6. χρεωσ— A.
7. Om. M. — 8. πλάτης A.
9. γὰρ τις B,C,M.
10. κατέρραξε B,C,M. — 11. ἐξέπληξαν A.
12. B,C,M add. τήν.
13. αἱρέσωμεν A.
14. ἀπ— B,C,M.
15. ἐκνευρωτὴν B,C,M.
16. —ζόμεθα A. — 17. ʹʹ ɫ.

παμφώνοις ἐκβοήσωμεν [1] στόμασι· « χύριον τὸν θεόν σου προσχυνήσεις » ᾧ ἡ δόξα εἰς τοὺς αἰῶνας [2]. Ἀμήν.

1. ἐμβ— C, M (ἐνβ—B).
2. καὶ αὐτῷ μόνῳ λατρεύσεις. Αὐτῷ ἡ δόξα καὶ τὸ κράτος, εἰς τ. αἰ. τῶν αἰώνων B, C, M

APPENDICES

APPENDICE I

LETTRE, ÉCRITE DE CONSTANTINOPLE A COSME D'ANTIOCHE, SUR LA
DÉPOSITION ET LES MIRACLES DE NESTORIUS

Cette lettre se trouve, en syriaque, dans un recueil de canons, de synodes
et d'écrits canoniques nestoriens, apporté par Mgr David (mort
archevêque syrien catholique de Damas), et conservé maintenant au Va-
tican. Elle a été éditée et traduite en allemand par M. Oscar Braun dans la
Zeitschrift der Deutschen Morgenländischen Gesellschaft, t. LIV (1900),
p. 378 à 395. Nous en donnons ici une traduction française, parce qu'elle
est intéressante et peu connue.

La lettre est certainement traduite du grec, d'après la facture de certaines
phrases (surtout des premières), et les nombreux mots grecs qui ont été
simplement transcrits dans le syriaque. Nous reproduirons ces mots grecs
en notes.

M. Braun suppose qu'elle est formée de deux parties, l'une (1 à 10)) serait
la lettre écrite de Constantinople du vivant de Nestorius, cf. 10; l'autre
(miracles de Nestorius) aurait été ajoutée après coup, car elle suppose
toujours que Nestorius est mort. La première partie pourrait avoir
été écrite peu après 435, la seconde partie serait postérieure à 451.
La lettre a cependant une certaine unité, car c'est le moine Élie, mentionné dans le titre, qui est censé être venu d'Égypte à Constantinople
pour raconter les miracles de Nestorius, cf. 12. Si l'on admet le récit de
l'auteur, Élie, arrivé à Constantinople après la mort de Nestorius, c'est-
à-dire sous le patriarche Anatolius (449 à 458) aurait dû attendre la mort
d'Anatolius pour vulgariser les miracles de Nestorius (cf. 12) et la présente
lettre aurait été écrite après 458. Enfin la finale (15) se rapporte à toute
la lettre. Nous supposerons donc, nous aussi, qu'une lettre (1 à 10 et 15),
écrite en grec après 435, lorsque Nestorius était à l'Oasis (l'édit qui l'en-
voyait d'Antioche à Pétra est de 436), a été interpolée en grec après 458.
C'est cette dernière rédaction qui a été traduite en syriaque.

Cosme nous est connu par le catalogue d'Ébedjésus, qui attribue à Nestorius « une lettre à Cosme ». Il s'ensuit que Nestorius aurait écrit au des-
tinataire de la présente lettre, ou mieux, comme le suppose M. Braun, que
la présente lettre est celle qui est visée par Ébedjésus; cet auteur aurait
seulement voulu dire qu'elle est consacrée à Nestorius et qu'elle avait été
traduite, vers 539, en même temps que le livre d'Héraclide, cf. *supra*, p. 1,

note 8; elle a été utilisée plus tard en particulier par Mari (voir les notes) et par l'auteur de la légende syriaque de Nestorius, cf. *Revue de l'Orient chrétien*, 1910, p. 1-25.

F. Nau.

Lettre traduite du grec en syriaque, dans laquelle se trouve l'histoire de Mar Nestorius

1. Au vénérable, au saint et pur élu choisi du Christ, Cosme, chef des fidèles qui sont à Antioche d'Orient, (de la part de) Candidianus comte [1], d'Élie stratélate [2], de Sophronius comte [1], d'Élie et de Paul moines, d'Artion paramonarios [3] de l'église de l'Anastasie [4], de Pierre archidiacre, de Parthénius trésorier [5], et du reste des frères qui participent au mystère de la véritable orthodoxie, que votre paix soit grande [6]!

2. Un ouragan [7] a soufflé sur le navire de notre ville et a frappé aveuglément la pierre solide; les rames et les gouvernails qui la dirigeaient ont été brisés; l'ancre dont dépendait son salut a été coupée et elle est demeurée au fond sans connaissance de l'orthodoxie; ta fraternité sait cela quand même nous ne le dirions pas. Tu demandais dans ta lettre à être renseigné sur Nestorius qui fut jadis votre concitoyen [8] et peu après notre évêque — maintenant il n'est plus ni l'un ni l'autre, mais sa demeure est dans le pays des barbares — nous avions négligé (jusqu'ici) de te donner réponse. Mais nous avons vu que le souvenir de cet homme se perdait chez les fidèles qui aiment la vérité, et que le mal contre lui grandissait au point que l'usage de son nom était supprimé, que l'on conduisait de nouveau au baptême et que l'on donnait un autre nom à ceux qui avaient reçu de ses mains le signe du baptême et qui étaient appelés de son nom [9]; (nous avons vu) que les songes racontés contre lui par les moines de chez Dalmace, troublaient le cœur des sages [10], que les anathèmes du parti de Cyrille avec l'ordre

1. κόμης.

2. στρατηλάτης.

3. Portier ou Gardien.

4. Église de Constantinople construite par saint Grégoire de Nazianze.

5. Κειμηλιάρχος. Pierre est aussi appelé ἀρχιδιάκονος au lieu du syriaque *rich mechamchoné*.

6. Cf. I Pierre, ɪ, 2. ὑμῖν... εἰρήνη πληθυνθείη.

7. Litt. : « un ouragan du nord-est (εὐροκλύδων). »

8. A Antioche, Nestorius avait été étudiant et moine au couvent d'Euprepios.

9. D'après un document jacobite copte : « le roi (Théodose) ordonna qu'on détruisît le nom de Nestorius de dessus la terre...et le roi ordonna que ceux qu'on trouverait s'appelant N. parmi les chrétiens fussent sujets à la peine de mort. » Amélineau, *Mémoires de la mission archéol. française au Caire*, t. ɪɪɪ, p. 134. — C'est sans doute encore pour faire disparaître ce nom que l'empereur ordonna d'appeler les partisans de Nestorius non pas nestoriens mais *simoniens*. Labbe, *op. cit.*, t. ɪɪɪ, col. 1210.

10. Nestorius fait allusion à ces récits, *supra*, p. 240.

impérial troublaient même ceux qui étaient affermis dans la foi,et que les moniales de chez Pulchérie [1] racontaient toutes sortes de choses à son sujet ; pour le dire en un mot (nous avons vu) que son souvenir disparaissait comme il a disparu lui-même ; aussi nous, dont les noms sont écrits plus haut, parce que tu nous conjurais beaucoup dans ta seconde lettre pour apprendre le mode de sa déposition et parce qu'Eutychès, le porteur de ta lettre, nous priait aussi à ce sujet, nous avons jugé bon de donner réponse à ta lettre d'un avis commun, pour faire connaître à ta piété quelques reproches [2] qui furent adressés à Nestorius.

3. Voici le premier : Dès qu'il entra dans la ville, il la trouva pleine de dérèglement au sujet de la foi : les clercs s'arrogeaient de l'autorité [3] dans l'église, les moines (contre leurs règles) sortaient sur les places publiques [4], les Borboriens osaient entrer dans les églises avec les chrétiens , en un mot la ville était pleine de tout désordre. Certains, du parti d'Arius, songèrent à bâtir de force un oratoire dans la ville, grâce à l'appui de l'empereur ; Nestorius le brûla et il y eut dans la ville trouble et effusion de sang sans fin ; tout murmurait contre Nestorius [5], l'affaire fut presque en péril [6], car le parti des Ariens était puissant parce qu'ils étaient écuyers [7] de l'empereur.

4. De plus : des clercs d'Alexandrie vinrent près de l'empereur et se plaignirent d'avoir été censurés illégalement par leur évêque ; Nestorius les aida dans le jugement devant l'empereur, et cela l'avait mis en grand péril [8].

5. De plus l'impératrice [9] Pulchérie, moniale, et ses moniales dînaient le dimanche au palais épiscopal [10], après avoir reçu la communion; Nestorius ne l'admit pas, et il en résulta un grand bruit contre lui de la part des clercs et de toute la cour [11].

6. De plus, Nestorius fit effacer l'image de Pulchérie [12] qui était peinte au-dessus de l'autel; cela le fit presque chasser de l'église [13].

7. De plus, Nestorius fit enlever l'étole de Pulchérie, laquelle tantôt était éten-

---

1. Peut-être les cubiculaires Marcella et Droseria, mentionnées dans la lettre d'Épiphane. Lupus, n. 292, p. 418, *infra*, p. 368.

2. Ζήτημα.

3. Litt. : « marchaient avec autorité (αὐθεντία). »

4. D'après Mari : « (Nestorius) anathématisa les moines qui avaient coutume de se montrer sur les places publiques et de passer la nuit en dehors de leur monastère. »

5. **Cf. Socrate, vii, 29.**

6. κίνδυνος.

7. σπαθάριοι.

8. κίνδυνος. — Cf. *Livre d'Héraclide, supra*, p. 92-93. Nestorius avait semblé aussi prendre la défense des clercs romains condamnés par saint Célestin.

9. βασίλισσα κυρία, « regina domina », ou plutôt κόρη, « reine vierge ».

10. ἐπισκοπεῖον.

11. D'après Mari (p. 34) : « (Pulchérie) avait coutume, le dimanche après la communion, de manger avec toute sa suite chez le patriarche. »

12. Le texte donne encore à Pulchérie l'épithète de κυρία ou κόρη.

13.Ce fait est mentionné par Mari (p. 34 et 35) et par la légende syriaque de Nestorius. M. Brière, *loc. cit.*, p. 20.

due sur l'autel au moment de la communion et tantôt était portée par elle.

8. De plus, en la grande fête de la Pâque, l'empereur avait coutume de recevoir la communion dans le Saint des saints ; Pulchérie désira (le même privilège), elle convainquit l'évêque Sisinnius [1] et elle recevait la communion avec l'empereur dans le Saint des saints. Nestorius n'admit pas cela, mais un jour qu'elle se dirigeait selon sa coutume vers le Saint des saints, Nestorius la vit et demanda ce que cela signifiait ; l'archidiacre Pierre lui exposa la chose ; Nestorius courut, il la rencontra à la porte du Saint des saints et l'arrêta et il ne lui permit pas d'entrer.

La reine [2] Pulchérie fut irritée contre lui et lui dit : « Laisse-moi entrer selon ma coutume. » Mais il lui dit : « Ce lieu ne doit être foulé que par les prêtres. » Elle lui dit : « Est-ce parce que je n'ai pas enfanté Dieu ? » Il lui dit : « Toi tu as enfanté Satan » et il la chassa de la porte du Saint des saints [3]. Elle partit irritée, alla trouver l'empereur et lui raconta la chose. L'empereur lui dit : « Par ta vie, ma sœur, et par la couronne qui est sur ta tête, je ne cesserai pas avant d'avoir tiré vengeance de lui. » Depuis ce jour il n'eut plus aucun crédit [4] près de l'empereur.

9. Dès lors toutes les calamités tombèrent sur cet homme, son âme faiblit et son corps (prosôpon) languit : Il était jeune, roux, avec de grands yeux et un beau visage, on aurait dit un second David ; le timbre aussi de sa voix était agréable [5]. Il disait diverses choses au moment de la communion et beaucoup qui venaient à l'église ne le faisaient que pour entendre le son de sa voix. C'était un homme excellent et jalousé, qui n'avait pas l'expérience des affaires du monde et qui manquait de ce qu'on appelle amabilité.

10. Sur ces entrefaites, Eusèbe, évêque de Dorylée [6], s'éleva contre lui parce qu'il désirait la ville impériale, ainsi que Memnon d'Éphèse et Cyrille d'Alexandrie, parce que celui-ci aussi désirait le siège (épiscopal) de notre ville [7], et il mettait aussi en mouvement Célestin des Romains, homme peu instruit. Ils réunirent, contre lui, un concile à Éphèse (soi-disant) pour venger la foi, et il est maintenant au pays des Couschites, dans une île [8] qui est proche du fleuve le Nil.

11. Moi Élie [9] j'ai souvent été là et j'ai vu Nestorius parler avec les anges, et son désert lui plaisait plus que la cour impériale. Après sa mort, j'allai à Alexandrie avec mon frère Léontius, à cause d'une maladie des yeux qui lui était surve-

---

1. Prédécesseur de Nestorius, mort le 24 déc. 427.

2. Cf. *supra* p. 363, note 12.

3. Cette anecdote a passé dans Mari. Les auteurs jacobites prétendent que Pulchérie avait péché et Nestorius (*supra*, p. 89) semble le dire aussi. Cf. Suidas, au mot Pulchérie.

4. παῤῥησία.

5. Cf. Socrate, VII, 29, et Denys bar Salibi, *supra*, introd., p. V.

6. Le texte porte « de Zîlôdôlôn », mais on sait qu'Eusèbe de Dorylée fut l'un des premiers et des principaux accusateurs de Nestorius. Cf. *Héraclide*, p. 296.

7. Même imputation dans Héraclide, p. 92.

8. On trouvera plus loin : « à l'Oasis. »

9. Élie est sans doute le moine qui figure dans le titre. La suite a été ajoutée postérieurement dans le corps de la présente lettre (11 à 14), avant la finale (15), car ici Nestorius est mort.

nue, car il était aveugle. Je le conduisis aux médecins et ils ne purent pas le guérir.

12. Il y avait près d'Alexandrie un monastère, nommé de Abba *Qiôrâ*[1], et j'appris que les hommes y étaient guéris. J'y conduisis Léontius mon frère et je le jetai sur le tombeau d'Abba Qiôrâ. Comme la nuit s'avançait, il vint un homme habillé comme un médecin qui lui dit : « Veux-tu voir ? » Il lui répondit : « Oui. » Celui qui lui était apparu lui dit : « Est-ce que les trois flambeaux qui sont en Cilicie[2] ne te suffisent pas ? » C'est ainsi que Léontius me le raconta et me le confirma par serment. Je pris Léontius mon frère et j'entrai au pays des Mauritaniens, à cause de la renommée d'un médecin habile dans son art. Lorsque j'y arrivai, ce médecin était mort et je fus très peiné à cause de la fatigue du chemin que j'avais endurée sans profit. Comme je m'en retournais pour revenir, je désirai voir Nestorius, car je l'aimais. Parce qu'il habitait près du fleuve, je me détournai pour le voir, car nous naviguions sur le fleuve. Lorsque j'arrivai à sa cellule, je trouvai qu'il avait quitté la vie et j'eus douleur sur douleur. Dans sa cellule même, je trouvai un vieillard à cheveux blancs, je lui demandai son tombeau et il me l'indiqua. J'y allai et je tombai sur son tombeau en pleurant. Quand j'y fus resté une heure, ce vieillard me dit : « Tu aimais donc ainsi Nestorius ! Ne pleure pas, seigneur, car Nestorius vit près de son maître. » Je fis venir mon frère Léontius[3] et le mis sur le tombeau. A cause de sa souffrance et de la fatigue de la route, il s'assoupit et s'endormit sur le tombeau durant près d'une heure. Lorsqu'il se réveilla, il se leva en voyant, et il cria à haute voix en disant : « Mon frère Élie, aide-moi ! je ne sais pas ce qui m'est arrivé, si je vois réellement ou si c'est une hallucination. » Lorsque nous eûmes attendu longtemps et vu que ses yeux s'étaient réellement ouverts, nous fîmes connaître à ce vieillard ce qui était arrivé et il nous dit plein de joie : « Ne vous ai-je pas dit que Nestorius vit ? » et il nous disait diverses choses sur la foi des deux natures. Nous **partîmes** de là avec joie et nous vînmes à Alexandrie, et je racontai l'événement devant des hommes d'Alexandrie ; les uns crurent et confessèrent que Nestorius était un homme de Dieu, les autres se moquèrent et jugèrent que cette chose n'était pas digne de foi. Nous partîmes de là et nous allâmes à Constantinople et je racontai la chose devant l'évêque de notre ville. Il fut dans l'admiration durant près d'une heure, et ensuite il me défendit avec serment de le dire à personne, et je cachai cette chose jusqu'au jour de sa mort.

13. De plus, lorsque Nestorius était en vie, l'île dans laquelle il habitait fut pillée par les barbares, et Nestorius lui-même fut emmené avec eux. Lorsque, à partir de l'Oasis, ils marchaient dans le désert intérieur[4], la chaleur de midi devint violente sur eux, et les pillards comme les captifs commencèrent à être tourmentés par la soif, et il y avait péril[5] de mort. Nestorius s'approcha et dit aux pillards : « Si vous rendez ce butin, Notre-Seigneur sauvera vos vies. » Ils lui promirent avec serment de faire selon sa parole. Nestorius s'approcha et s'agenouilla en prières et il implora Notre-Seigneur à qui tout est facile. Aussitôt une source d'eau fut

1. Peut-être « Cyr » qui a donné son nom à Abou-Kir.

2. Diodore, évêque de Tarse, Théodore de Mopsueste et Nestorius, élève de ce dernier.

3. Le syriaque porte ici « Léon ».

4. Locution fréquente dans les Apophthegmes : *in interiori eremo*.

5. κίνδυνος.

donnée en cet endroit et elle sauva les vies en danger. Il reconduisit les captifs dans leur pays et renvoya les pillards en paix, sans qu'aucun d'eux osât nuire à quelqu'un des captifs, car ils craignaient beaucoup Nestorius, parce qu'ils voyaient que le Seigneur était avec lui.

14. De plus, comme on le raconte, il ressuscita un mort du tombeau. Voici comment la chose arriva : Deux marchands qui voyageaient sur le fleuve, vinrent par hasard pour passer la nuit dans cette île. Lorsqu'ils eurent partagé (le fruit de) leur négoce, Satan poussa l'un d'eux qui se leva durant la nuit contre son compagnon, le tua, lui prit son gain et alla à Alexandrie. Il accusait Jean[1] celui qui gardait la cellule de Nestorius, (et disait) : « C'est lui qui a tué mon camarade et qui a pris son gain, voilà que le cadavre gît encore près de son habitation, car je n'ai pas osé l'ensevelir de crainte qu'il ne me tuât aussi ; voilà que le corps gît dans les roseaux qui sont près du fleuve. » Le préfet[2] d'Alexandrie s'émut et envoya en cet endroit près de cinquante cavaliers romains pour lui amener le vieillard Jean[1]. Lorsqu'ils arrivèrent près de sa cellule, deux d'entre eux, hommes sans miséricorde, entrèrent et, comme ils le faisaient sortir de sa demeure, il leur dit : « Qu'est-ce que cela signifie, seigneurs ? » Il pensait que cela lui arrivait en haine de Nestorius. Ils lui dirent avec dureté : « O profanateur de tes cheveux blancs ! tu es en embuscade dans le monastère et tu mets à mort le juste en secret. » Ils l'emmenèrent et le mirent à côté du cadavre, et l'un des chefs[3] lui dit : « O âme maudite ! c'est toi qui as fait cela ? » Et il jurait (en disant) « Je ne sais pas ce que vous dites. » Alors ils tirèrent le cadavre des joncs sous lesquels il était caché, et ce chef[3] lui dit : « Crois-tu, maintenant que tes yeux voient, ou bien persistes-tu encore dans ton impudence ? » Lorsque Jean[1] vit ce dont il s'agissait, il dit à ce chef : « Je suis donc responsable, seigneur, du sang du mort, mais, parce que le temps fait souffrir et que la chaleur brûle, entrons dans le monastère jusqu'à ce que la température de midi se refroidisse. Voilà que je suis entre vos mains, faites-moi ce qui paraîtra bon à vos yeux. » Ils le crurent parce qu'ils souffraient aussi, et ils entrèrent dans le monastère en portant le mort. Jean[1] leur demanda de mettre le cadavre sur le tombeau de Nestorius, et ils le placèrent où il le disait, puis ils s'assirent pour manger. Tandis qu'ils mangeaient, Notre-Seigneur, à qui tout est facile, visita son serviteur, ressuscita le mort et délivra l'opprimé (de la main) de ses oppresseurs. Je n'en ai pas été témoin oculaire, mais je l'ai entendu dire. Mais j'ai été témoin oculaire du reste.

15. Nous ne voulions pas que ces choses fussent connues, parce qu'il n'y avait personne qui pensât à cet homme ; mais maintenant que tu t'enquiers de ces choses, voilà que nous avons annoncé à ta sainteté une partie de ce qui est arrivé. Bien que la parole soit impuissante à raconter les choses telles qu'elles sont, cependant, à cause de ta précieuse prière et d'Eutychès porteur de ta lettre, nous avons écrit à ta sainteté une partie de ce que nous avons vu et entendu ; d'abord pour répondre à l'instance de ta demande, et ensuite parce que de telles choses nous sont précieuses aussi, lorsque nous les consignons dans notre lettre par la règle de l'amitié. Sois et reste en bonne santé, ainsi que toute ta maison, dans Notre-Seigneur. Amen.   Fin de la lettre.

1. *Johannes.*
2. ὕπαρχοι.
3. δέκαρχοι « chefs de dix hommes. »

APPENDICE II

Présents adressés d'Alexandrie aux chambellans de la cour
impériale

Le manuscrit n° 2 du Mont-Cassin [1], transcrit en majeure partie par Christianus Lupus, contient en particulier la très intéressante lettre, déjà citée par nous [2], dans laquelle Épiphane, archidiacre et syncelle de saint Cyrille, expose à Maximien de Constantinople le plan conçu pour réduire à merci les orientaux et leurs partisans. Elle mérite d'être lue et relue comme modèle de tactique. C'est à son occasion que Tillemont écrivait : « Saint Cyrille est saint ; mais on ne peut pas dire que toutes ses actions soient saintes. » *Mémoires*, Paris, 1709, t. xiv, p. 541. Cette lettre, écrite de 432 à 433, est suivie de la liste des présents (appelés, dans la lettre, bénédictions ou eulogies) envoyés d'Alexandrie à Constantinople. Lupus avait omis cette pièce, peut-être à cause des noms barbares qu'elle contient ; elle vient d'être éditée dans le *Florilegium Casinense*, à la fin du tome i de la *Bibl. Casinensis*, 1873, p. 46 et 47. Comme cet ouvrage est sans doute peu répandu, nous reproduisons cette pièce. On remarquera la place considérable que tiennent parmi ces dons les tapis et les tissus : tapis ordinaires grands et petits (*tapetes, tepedes majores*) ; les tapis « velus » ou tapis de Turquie, qui sont aussi moyens ou grands (*nacotapites mediocres ou majores*) d'autres tapis encore (*bilatapeta, bilotapides, bilupeta, bila*) ; des voiles (*cortinæ*) ; des dessus de table ou de lit (*mensalia, scamnolia*). Il est probable que les infatigables et désintéressés tisserands des monastères avaient été mis à contribution pour la confection de ces tapis et nattes. Les chaises d'ivoire (*cathedræ eburneæ*) et les guéridons d'ivoire (*scamna eburnea*) pou-

---

1. Ms. du xiie siècle, écrit de plusieurs mains, qui porte le titre extérieur : *Acta concilii Ephesini latina*. La copie de Lupus fut éditée *après sa mort*, par ses confrères, les ermites de Saint-Augustin de Louvain, sous le titre : *Ad Ephesinum concilium variorum Patrum epistolæ*, ex manuscripto Cassinensis bibliothecæ codice desumptæ... Louvain, 1682, puis rééditée dans le tome vii des œuvres de Lupus, Venise, 1726. — Baluze ne put avoir communication du ms. et dut aussi se borner à rééditer Lupus, *Nova collectio conciliorum*, Paris, 1707, p. 665-940. Mansi put enfin donner de ces textes une édition critique annotée à laquelle on devra donc de préférence avoir recours, *Concilia*, t. v, ou Migne, *P. G.*, t. lxxxiv, col. 549-864. Nous indiquons toujours le numéro de la pièce, il est reproduit dans le catalogue des mss. du Mont-Cassin et dans toutes les éditions.

2. *Supra*, p. 89-90.

vaient aussi être une spécialité de l'Égypte, grâce à la proximité des élé-
phants africains. Voici cette pièce, dans laquelle nous remplaçons *e* par *æ*
et *i* par *j* lorsque la clarté le demande :

F. NAU.

*Breve directorium hinc his qui illic sunt a domino meo sanctissimo
fratre vestro Cyrillo.*

Paulo præposito, nacotapites majores quatuor; nacotapites mediocres
duo; accubitalia quatuor; mensalia quatuor; bilupeta majora sex; bila
mediocria sex; scamnalia sex; in osteis duodecim; cortinæ majores duæ;
cathedræ eburneæ quatuor, scamna eburnea duo; persoyna quatuor; tabulæ
majores duæ; struthiones duo; et ut in causa nos adjuvet circa illa quæ
(ei) scripta sunt, auri libras quinquaginta.

Et domestico ejus nacotapitum unum; tapetes duo; bila quatuor;
scamnalia duo; auri solidos centum.

Marcellæ cubiculariæ directum est ei, et ut Augustam [1] rogando persuadeat, auri libras quinquaginta.

Droseriæ cubiculariæ secundum ea quæ Marcellæ directa sunt, et ut
ea adjuvet, sicut ei scriptum est, auri libras quinquaginta.

Præposito Chrisoreti, ut nos impugnare desinat, coacti sumus duplicia
destinare : Nacotapita majora sex; nacotapita mediocria quatuor; tapeta
majora quatuor; accubitalia octo; mensalia sex; bila grandia; tapetes sex;
bila mediocria sex; scamnalia sex; incathedris duodecim; cortinas
majores quatuor; cathedras eburneas quatuor; scamna eburnea quatuor;
persoina sex; tabulas majores quatuor; struthiones sex; et si secundum
ea quæ illi scripta sunt a magnificentissimo Aristolao fecerit et adjuverit
nos, domno Claudiano mediatore interveniente, auri libras CC.

Et Solomoni domestico ejus nacotapita majora duo; accubitalia quatuor;
mensalia quatuor; bila tapeta quatuor; scamnalia quatuor; incathedris
sex; cortinas sex; cathedræ eburneæ duo; struthiones duo; et, ut scriptum
est domno Claudiano, sic persuadeat præpositum agere, auri libras L.

Domnæ Hellenianæ, quæ est præfecti prætoriorum, secundum consue-
indinem omnium quæ Chrisoreti directa sunt, sic et ipsi; et ut, persuasus
ab ea, præfectus adjuvet nos, auri libras C.

Et ejus assessori Florentio, sicut Solomoni transmissum est, adæque
in omnibus et isti, et auri libras quinquaginta. Et aliis vero cubiculariis
eulogiæ consuetudinariæ supplices destinatæ sunt.

Romano cubiculario tapetes majores quatuor, accubitalia quatuor, bila
quatuor, scamnalia quatuor, incathedris sex, cortinæ duæ, cathedræ ebur-
ueæ duæ, et, ut nos adjuvet in causa, auri libras XXX.

---

1. Épiphane demande d'agir sur *Pulcheria Augusta.* Lupus, c. CCIII, n. **292**,
p. 419; *supra*, p. 307, note 3.

Domino cubiculario nacotapites majores quatuor, tepedes majores quatuor, bilotapides mediocres quatuor, mensalia quatuor, bila mediocria quatuor, scamnalia sex, incathedris sex, cortinæ majores duæ, cathedræ eburneæ duæ, scamna eburnea duo, struchores (sic) IIII; et ut nos adjuvet secundum ea quæ scripta sunt domno Claudiano, auri libras quinquaginta.

Scolastico cubiculario secundum similitudinem cunctorum quæ Chrisoreti directa sunt; et auri libras centum.

Et Theodoro, domestico ejus, secundum promissa domni Claudiani, si persuaserit Scolastico ut ab amicitiis adversariorum desistat, auri libras L. Direximus vero ei et eulogias quæ illum persuadere debeant ut cogitet pro nobis : nacotapita duo, accubitalia duo, mensalia quatuor, tapetes quatuor; scamna quatuor; inchatedras sex; cortinas II; struthiones II.

Magnificentissimo Artabe secundum similitudinem omnium quæ directa sunt Scolastico et in speciebus; et ut nos adjuvet, sicut ei scriptum est, auri libras C.

Magistro secundum similitudinem directorum Artabæ in eis de speciebus et auri libras C.

Et domestico ejus adæque in omnibus quæ Ruphino transmissa sunt.

Et quæstori secundum ea quæ Magistro sunt destinata et auri libras C, Et domestico ejus Ablabio adæque circa Eustachium in universis.

Scriptum vero est a fratre vestro reverendissimis clericis ut si quid fuerit actum studio sanctitatis domini mei et voluntate vel consilio domni Philippi et domni Claudiani et id quod (operis) est impetrari contigerit detineantur hæc omnia [1].

---

1. Cette lettre, écrite de 432 à 433, mentionne donc les présents envoyés en 432 ou peu auparavant, mais avant le concile d'Éphèse, le 12 déc. 430, Nestorius reprochait déjà à Cyrille de le percer « de flèches d'or » : *quid me latenter sagittis aureis jacularis ?* Loofs, *op. cit.*, p. 299, 308. Sur la lettre d'Épiphane, voir la traduction française de l'*Histoire des Conciles* de Hefele, Letouzey et Ané, 1908, t. II, première partie, p. 398-399. D'après Acace de Bérée, qui raconte sur Scolastique une histoire analogue à celle de Nestorius sur le comte Jean, *supra*, p. 249, 306, les présents étaient distribués par Paul, neveu de Cyrille et fonctionnaire à Constantinople. *Ibid.*, p. 375-377.

APPENDICE III

LETTRE DE NESTORIUS AUX HABITANTS DE CONSTANTINOPLE

I

D'APRÈS PHILOXÈNE DE MABBOUG

Philoxène [1], comme tous les Jacobites, veut montrer dans le concile de Chalcédoine une revanche des nestoriens. Dans la lettre aux moines de Senoun, analysée par Assémani [2] et dont Mgr Graffin a bien voulu nous prêter une copie [3], il cite une lettre de Nestorius qui a été regardée comme un faux à cause de quelques exagérations qu'elle semblait contenir [4], mais elle ne fait en somme que paraphraser le *Livre d'Héraclide*. Elle a encore l'avantage de montrer une fois de plus que les jacobites condamnaient en Nestorius la doctrine consacrée depuis à Chalcédoine ; ils le regardaient donc comme orthodoxe, puisque, d'après eux, sa doctrine était la nôtre. Voici ces passages de Philoxène :

« Le concile de Chalcédoine eut lieu vers la fin de la vie de Nestorius. A ce qu'on raconte, on lui écrivit et on lui envoya tout, tandis qu'il était en exil, ainsi que les actes devant Flavien et la lettre de Léon [5]. Et si le jugement du Seigneur ne s'était pas hâté et ne l'avait pas enlevé avant la réunion du concile, il avait été appelé aussi pour y venir avec les autres évêques. Je ne dis pas cela d'après un simple ouï-dire, mais pour l'avoir appris en vérité de celui qui avait été envoyé le chercher [6]. C'est encore en évidence d'après la portée de la lettre qu'il a écrite à ses partisans d'alors à Constantinople, dans laquelle il admire et loue tout ce qui a été écrit par Flavien à Léon, et il dit que ce sont là exactement ses doctrines. Ce sont ces (doctrines) que Léon, Flavien et les clercs qui étaient alors à Constantinople, s'efforçaient d'établir. J'ai fait un extrait de sa lettre qu'il

1. Évêque jacobite de Mabboug, de 485 à 523.
2. *Bibl. Or.*, t. II, p. 40-41.
3. D'après le ms. de Londres, *add. 14597*.
4. Comme nous le dirons plus bas, ces exagérations résultent surtout de la manière dont Philoxène a coupé et commenté la lettre.
5. Nous l'avons constaté dans le *Livre d'Héraclide*.
6. Cf. *Les plérophories de Jean de Maïouma*, Paris, 1899, p. 39-40, 43-44.

me paraît bon de vous citer ci-dessous, afin qu'après vous en être pénétrés vous en instruisiez les autres, et que tout le monde sache que toutes les doctrines maudites de Nestorius sont celles qui ont été définies par le concile de Chalcédoine, par Flavien et par Léon. Voici les paroles que j'ai extraites de cette lettre de Nestorius :

J'ai appris les choses qui ont été faites auparavant par Flavien, le pieux évêque de Constantinople, contre Eutychès et (contre) ses prédécesseurs, lui (Eutychès) qui avait osé dire jadis que la divinité fut changée et que Dieu le Verbe devint chair comme nous, et il prêcha qu'il naquit, souffrit, et il fut toujours opposé à la vraie foi. Quant à ce qui a été fait maintenant par le fidèle Léon, chef des prêtres, qui a combattu pour la piété et s'est opposé à ce qu'on a appelé concile, j'en ai loué Dieu avec grande allégresse, et je passe tous les jours dans l'action de grâces [1]. Sachez donc en vérité, vous aussi qui êtes instruits par Dieu, que mon enseignement — celui même de la piété — est celui qui a été défini par les hommes vénérables dont je viens de parler, par Flavien et par Léon. A cause de cela, puisque tout le monde tient mes doctrines, et surtout les clercs, ce n'est que par envie que j'ai été jugé, anathématisé et haï comme hérétique.

C'en est assez, je crois, de ces paroles que l'on sait avoir été écrites par Nestorius, pour démontrer à vous et à tout le monde, ce que j'ai dit plus haut : (à savoir) que tout ce qui a été fait ou défini ou par Léon ou par Flavien avait été connu auparavant de Nestorius et avait été réglé par sa pensée. Car il dit : « J'ai appris auparavant ce qui a été fait [2] par le pieux évêque Flavien et par le fidèle Léon, chef des prêtres... »

Nestorius a donc loué ce qui fut fait par Flavien lorsqu'il jugea Eutychès, et il se l'est attribué, parce qu'on a décidé de dire deux natures dans le Christ, et parce que, à l'occasion d'Eutychès, Flavien voulait encore exclure les (idées du) bienheureux Cyrille ; car Cyrille était accusé des mêmes choses qu'Eutychès, par Nestorius et par tous ceux qui partageaient ses opinions. Ils disaient que Cyrille tenait et professait les doctrines de Manès, d'Apollinaire et d'Eutychès. Aussi lorsque Nestorius dit ici : « J'ai appris les choses qui ont été faites par Flavien contre Eutychès et (contre) ceux qui pensaient comme lui, » il vise par là le bienheureux Cyrille, car c'est en ces termes qu'il était blâmé par tous et, avec lui, tous les Pères orthodoxes, à l'aide desquels Cyrille renforçait (son) enseignement par les témoignages qu'il avait réunis et cités de leurs écrits [3]. D'après d'autres paroles qui se trouvent dans la même lettre,

1. Cf. *Livre d'Héraclide*, 326, 327, 330.

2. Philoxène change le sens en changeant un mot de place. Nestorius a écrit : « J'ai appris ce qui a été fait auparavant. »

3. Nestorius n'attaque que les monophysites. Mais parce que les monophysites s'appuient sur certains textes des Pères, apocryphes ou mal interprétés, Philoxène *induit* que Nestorius attaque les Pères ; tandis que Nestorius s'efforce de montrer lui aussi qu'il s'appuie sur les Pères et que Cyrille choisit mal ses extraits.

Nestorius vous dit de ne pas recevoir au sujet de la foi la doctrine avancée par Cyrille et par les autres, dont il recueillit et cita des démonstrations en mettant leurs noms en évidence l'un après l'autre ; (Nestorius) les rejeta avec leurs enseignements, pour admettre seulement Théodoret, Léon, Flavien et ceux qu'il savait être de leur avis. Les Pères qu'il rejette[1] sont Grégoire le thaumaturge, évêque de Néocésarée, Jules de Rome, Basile de Césarée, Athanase d'Alexandrie, Célestin de Rome, Proclus de Constantinople[2] et avec eux évidemment tous ceux qui leur adhèrent comme si, disait-il, ils partageaient les idées des hérétiques Valentin, Apollinaire, Arius et Manès, il dit que leurs paroles étaient spécieuses, mais fausses. Après qu'il eut mis dans sa lettre les paroles de chacun d'eux, à l'aide desquelles il avait été condamné au concile réuni à Éphèse[3], lorsqu'il fut reconnu pour la première fois comme hérétique, il parla ainsi à ceux auxquels il écrivait — ici comme plus haut, je donne ses paroles telles quelles ; les voici :

Vous certes vous n'admettrez pas cela, car leurs paroles[4] sont spécieuses mais ne sont pas vraies ; ce sont là les enseignements odieux et corrupteurs des âmes des hérésies de Valentin, d'Apollinaire, d'Arius et de Manès, qui doivent être anathématisés. Mais croyez comme nos saints coréligionnaires, les docteurs Flavien et Léon. Priez pour qu'il y ait un concile général, afin que mes doctrines, c'est-à-dire celles de tous les orthodoxes, soient confirmées ; j'espère que si l'un a lieu, l'autre aura lieu aussi par le secours de Dieu.

Vous avez ainsi entendu ce que Nestorius a écrit en faveur de Léon, de Flavien et du concile qui, dit-il, devait se réunir — il indiquait celui qui eut lieu à Chalcédoine aussitôt après sa mort — et il dit qu'il confirmerait ses (doctrines), aussi il recevait seulement Léon et Flavien et ceux qui pensaient comme eux, à savoir Diodore, Théodore et Théodoret. Quant aux paroles des Pères, il les a comparées à celles des hérétiques dont il a fait mention, et il a dit que c'étaient des enseignements odieux et corrupteurs des âmes qui devaient être anathématisés[5]. Que devons-nous penser, dites-moi, de tous ceux qui se joignent maintenant à ceux qui pensent ainsi et qui reçoivent encore avec eux et comme eux le concile de Chalcédoine avec tous les hérétiques qu'il a produits et qui ont rejeté ceux d'en-

----

1. Nous verrons (p. 374-375) que Nestorius ne rejette pas les Pères, mais seulement quelques textes hérétiques ou d'allure monophysite.

2. Une citation d'Athanase (une nature du Verbe incarnée) et celles de Jules sont apocryphes et tirées en réalité d'ouvrages apollinaristes.

3. C'est inexact : aucun des textes rejetés ici par Nestorius n'avait été cité à Éphèse.

4. Philoxène a supprimé le passage capital. De plus, comme nous allons le voir, Nestorius n'a pas écrit « *leurs paroles* sont spécieuses », mais « *de telles paroles* sont spécieuses », et il a raison, puisque la plupart sont apollinaristes.

5. Voir la remarque précédente.

tre eux... qui s'associaient à tous les Pères qui ont succédé aux Apôtres et à leurs enseignements droits et vrais.

Je m'arrête, afin de ne pas paraître trop insister sur ceux-ci, ils penseront d'eux-mêmes ce qui leur paraîtra bon. « Pour vous — dit Nestorius à ses disciples et, par eux, à ceux aussi qui s'associent maintenant au concile et à son enseignement — regardez comme saints nos coréligionnaires les docteurs Flavien et Léon; » il leur demande encore « de prier pour qu'un concile général ait lieu; » il parlait de celui qui eut lieu à Chalcédoine, parce que là, comme il le dit, ses doctrines devaient être confirmées; il prévoyait en effet que le concile qui se réunirait confirmerait ses doctrines avec celles de Léon et de Flavien; ce qui a eu lieu. Ce concile a relevé les doctrines de Nestorius et a confirmé toutes ses (théories), comme le montrent clairement les paroles qu'il a mises dans sa profession de foi, car il a dit aussi deux natures comme Nestorius, et que chacune d'elles avait ses propriétés, c'est-à-dire Dieu les prodiges et l'homme les souffrances; or il est évident que deux natures qui ont leurs opérations propres sont aussi des hypostases et pas seulement des *prosôpons*, comme nous l'avons montré plus haut, et sont aussi deux Fils et Dieux... »

Le reste de la lettre de Philoxène ne renferme que des considérations philosophiques et théologiques.

II

D'après le manuscrit de Londres add. *12154*.

Ce manuscrit, de la fin du viiie siècle ou du commencement du ixe, contient (fol. 152-153) la fin de la lettre de Nestorius (*infra* 6-21). M. E. W. Brooks a bien voulu nous en adresser une copie, et nous en donnons ici la traduction pour compléter ce qui précède, en ajoutant, d'après Philoxène, les n. 1-4 déjà trouvés plus haut. Nous ajoutons les titres et la division en paragraphes.

Traduction de la lettre.

I. Contre Eutychès. — 1. J'ai appris les choses qui ont été faites auparavant par Flavien, le pieux évêque de Constantinople, contre Eutychès et contre ses prédécesseurs, lui (Eutychès) qui avait osé dire jadis que la divinité fut changée et que Dieu le Verbe devint chair comme nous, et il prêcha qu'il naquit, souffrit, et il fut toujours opposé à la vraie foi. 2. Quant à ce qui a été fait maintenant par le fidèle Léon, chef des prêtres, qui a combattu pour la piété et s'est opposé à ce qu'on a appelé concile, j'en ai loué Dieu avec grande allégresse, et je passe tous les jours dans l'action de grâces. 3. Sachez donc en vérité, vous aussi qui êtes instruits par Dieu, que mon enseignement — celui même de la piété — est celui qui a été défini par les hommes vénérables dont je viens de parler, par Flavien et par Léon. 4. A cause de cela, puisque tout le monde tient mes doctrines et surtout les clercs, ce n'est que par envie que j'ai été jugé, anathématisé et haï comme hérétique . . . . 5. (*Lacune*) . . . .

II. LOCUTIONS DE CERTAINS NESTORIENS CONDAMNÉES PAR NESTORIUS.

6. (Ils disent) « ...Nous reconnaissons que le Verbe en essence est Fils de Dieu (et) Seigneur, mais quant au corps qui a été pris, nous témoignons qu'il est Jésus de Nazareth. 7. Et encore : Dans celui qui est un peu moins que les anges (Hébr., II, 9), nous voyons Jésus. Quoi donc! Jésus est un homme, consubstantiel à tous les hommes, qui ne l'emporte en rien sur les hommes de même nature que lui, si ce n'est en ce que la grâce lui a donné; la grâce qui lui fut donnée ne change pas la nature. »

8. Mais nous, nous leur disons que ces paroles ne causent de honte, sinon de tort, qu'à ceux dont on a parlé plus haut, car leur enseignement et le nôtre n'est pas le même. 9. A moi aussi, jadis, cet Égyptien (Cyrille), pour me confondre et pour cacher sa mauvaise pensée, m'a attribué cet enseignement abominable pour fortifier l'opinion de ceux dont il est le chef, qui attribuent les souffrances à Dieu.

III. TEXTES APOLLINARISTES OU D'ALLURE MONOPHYSITE REJETÉS PAR NESTORIUS. — 10. Pour réfuter et renverser ce qui était dit par nous, il citait — aussi bien que tous ceux qui lui adhèrent — Grégoire et Jules de Rome et Basile de Césarée et Athanase d'Alexandrie et Célestin qui était aussi évêque de Rome, aussi bien que Jules mentionné plus haut, et Proclus de Constantinople :

11. Grégoire aurait dit : « Nous, nous n'attribuons pas à Jésus-Christ deux prosôpons ni deux natures, car nous ne disons pas que nous en adorons quatre, vu qu'il n'est pas bien d'adorer quatre : Dieu, le Fils de Dieu, l'homme et le Saint-Esprit. C'est pourquoi nous condamnons ceux qui profèrent une telle impiété et qui placent un homme dans la gloire divine. » 12. Un autre, à savoir Jules, dit (*P. L.*, t. VIII, col. 929) : « Si Jésus est celui par qui tout a été fait, il n'a qu'une nature, parce qu'il n'a qu'un *prosôpon* qui n'est pas divisé en deux... Il ne serait pas possible non plus que ce (Fils) unique fût appelé Fils de l'homme qui descend du ciel et Fils de Dieu qui est né d'une femme, s'il admettait la division en deux natures, car cela se rattache à la pensée des Paulinistes. Il est nécessaire (ἀνάγκη), en effet, que ceux qui disent deux natures dans Notre-Seigneur — par cela même qu'ils disent deux natures — adorent l'une et n'adorent pas l'autre, et qu'ils soient baptisés dans celle-ci qui est divine, mais qu'ils ne le soient

pas dans l'autre qui est humaine. Mais si nous sommes baptisés
dans la mort du Seigneur, il nous faut confesser une nature pour que
le baptême ait lieu en Dieu et que notre baptême soit celui qui
est accompli dans la mort du Seigneur. » — 13. Et encore :
« Paul se glorifie dans la croix, mais personne ne se glorifie dans
l'homme qui a été crucifié et qui s'est anéanti. Il ne peut échapper
à la malédiction, selon ce qui est écrit, celui qui a mis son espérance dans l'homme. Nous sommes tous baptisés dans la mort de
Notre-Seigneur, mais quelqu'un qui serait baptisé dans la mort d'un
homme, n'en recevrait pas le baptême de la vie éternelle, à moins
(qu'il ne soit baptisé) en Dieu. » — 14. Basile a dit : « Le Seigneur
Jésus-Christ est une nature comme une hypostase et une opération et un
prosôpon. » 15. Un autre, à savoir Athanase, a dit (*P. G.*, t. xxviii, col.
25) : « Nous ne confessons pas deux natures en ce fils unique, l'une
adorable et l'autre qui n'est pas adorable, mais une nature de Dieu le
Verbe, aussi bien avant l'incarnation qu'après. » 16. Et Célestin dit
(Labbe, *Conciles*, t. iii, col. 347 *d* ; *P. L.*, t. l, col. 461) : « Le Christ
notre Dieu, sur la naissance de qui roule la controverse, qui est né
pour nous et a souffert, nous a appris à prendre de la peine pour une
brebis perdue. » 17. Proclus a dit (Labbe, *loc. cit.*, t. iii, col. 1227 *e* ; *P.
G.*, t. lxv, col. 869) : « Tout ce qui naît, disent certains, est de l'espèce
de celle qui l'a enfanté ; si donc celle qui l'a enfanté est une femme,
celui qui est enfanté est aussi nécessairement un homme. Vous ne dites
pas tout, ô excellents, mais celle qui souffre enfante (quelqu'un) de
son espèce lorsque la naissance a eu lieu naturellement, car les douleurs sont le commencement de l'enfantement naturel, et le commerce
charnel a précédé les douleurs. Mais lorsqu'il n'y a même pas soupçon
de cet opprobre, qu'un prodige qui surpasse la parole s'est accompli,
et que la naissance surpasse la nature, alors celui qui naît dans ces
conditions est Dieu. »

18. Vous, certes, vous n'admettrez pas cela, car de telles paroles sont
spécieuses, mais ne sont pas vraies ; ce sont là les enseignements odieux
et corrupteurs des âmes des hérésies de Valentin, d'Apollinaire, d'Arius et
de Manés, qui doivent être anathématisés. 19. Mais croyez comme nos
saints coréligionnaires, les saints Flavien et Léon. Priez pour qu'il y ait
un concile général, afin que mes doctrines, c'est-à-dire celles de tous les
orthodoxes, soient confirmées ; j'espère que si l'un a lieu, l'autre aussi aura
lieu par le secours de Dieu. 20. Portez-vous bien en toutes choses, ô amis
du Christ, surtout en la foi.

Fin (de la lettre de Nestorius).

IV. ADDITION D'UN SCRIBE. — 21. Que cette lettre soit vraiment de Nestorius, et qu'elle ne soit pas une fiction et un faux, tous les partisans de

Nestorius en témoignent, et tout particulièrement Simon, qui est appelé Bar-Tabbahê (écrivain du milieu du VIIIᵉ siècle, cf. Assémani, *Bibl. Or.*, t. III, pars 1, p. 215), qui fait partie de cette troupe ennemie de Dieu et qui était zélé pour Nestorius. Lorsqu'il écrit une histoire ecclésiastique sur ceux qui se sont réunis à Chalcédoine et qu'il fait leur apologie autant qu'il le peut, tandis qu'il accuse et insulte saint Dioscore et qu'il exalte et loue Nestorius; il cite cette lettre dans son livre, avec grande louange, comme étant de Nestorius.   (*Fin de la traduction.*)

Cette lettre (1-20) est authentique. Au point de vue extrinsèque, elle a pour elle le témoignage des jacobites depuis Philoxène de Mabboug († 523), et même le témoignage des partisans de Nestorius (*supra* n. 21). Au point de vue intrinsèque, nous ne trouvons rien dans cette lettre qui n'ait été dit souvent par Nestorius dans le *Livre d'Héraclide*, et par ses amis dans les lettres conservées dans le *Synodicon Casinense* :

Nestorius a toujours condamné Eutychès (n. 1-2; *Héraclide*, p. 294-298); il a toujours dit qu'il pensait comme saint Flavien et saint Léon (n. 3 et 19; *Héraclide*, p. 301-302, 310-311, 315-316, 327, 330); tout le *Livre d'Héraclide* est consacré à rejeter les opinions nestoriennes qu'on lui attribuait et à établir le dogme des deux natures avec union des personnes. opposé au dogme des deux natures unies en une nature, comme l'âme et le corps (n. 6-9). Au moment où Aristolaüs, sur l'ordre de l'empereur, demandait d'anathématiser « Nestorius et ses doctrines impies », Théodoret répondait : « Nous anathématisons ceux qui disent que le Christ est un pur homme, ou qui divisent notre unique seigneur Jésus-Christ en deux fils, et ceux qui nient sa divinité, car c'est avec pleine satisfaction que chacun des hommes pieux anathématisera tout cela. Mais s'ils veulent que nous anathématisions de manière indéterminée un homme dont nous ne sommes pas faits juges, *ainsi que son dogme que nous savons être orthodoxe*, nous agirions de manière impie, à mon avis, en obéissant. » Lupus, c. LXI, n. 149, p. 144. Le même Théodoret écrivait encore à Himérius : Quand bien même Nestorius aurait commis les mêmes crimes que Cyrille, « il serait injuste et évidemment impie d'accorder le pardon à l'un et de fermer la porte de la pénitence à l'autre : *il est bien plus inique encore et bien plus impie de livrer au meurtre celui qui est innocent.* » Lupus, c. LXXI, n. 159, p. 156. Une lettre collective, signée de Jean d'Antioche, Himérius, Paul, Macaire, Apringius et Théodoret, portait encore : « L'Égyptien (Cyrille) pourra aveugler tout le monde par ses présents et retourner à son siège, *tandis que l'homme innocent* (Nestorius) *sera renvoyé à son monastère.* » Lupus, c. XXXI, n. 119, p. 82. Les protestations de Nestorius ne sont donc pas isolées et ne doivent pas nous étonner. Quant aux textes qu'il rejette — car il rejette *les textes*, et non *les Pères* comme Philoxène voulait le lui faire dire — la plupart sont hérétiques, c'est le cas des longs textes du pseudo-Jules de Rome (n. 12-13) et du pseudo-Athanase (n. 15); quant aux autres, il les rejette seulement en tant qu'on veut leur donner un sens monophysite, c'est-à-dire soumettre « la nature divine » à la naissance, à la souffrance et à la mort (cf. n. 18). Ces idées se trouvent partout dans le *Livre d'Héraclide* et ne doivent donc plus nous étonner dans cette lettre, mais nous comprenons très bien qu'à son époque Assémani — suivi en cela par M. Loofs — ait été fort surpris et fort embarrassé en lisant que Nestorius condamnait les eutychiens, les nestoriens et les monophysites, pour adhérer sans restriction aux enseignements de saint Flavien et de saint Léon dans lesquels il voulait reconnaître les siens [1].

F. Nau.

[1] La lettre de Nestorius n'était d'ailleurs connue jusqu'ici que par les courtes citations de Philoxène et on ne disposait pas des points de comparaison que le *Livre d'Héraclide* nous a fournis. — Du moins, il est toujours permis de dire que Nestorius se faisait illusion, puisque saint Flavien et saint Léon, suivis par toute la tradition catholique, n'ont cessé de le condamner. Sa théorie des deux natures ne doit pas faire oublier celle des deux hypostases et des deux personnes (unies en une); Théodoret lui-même a dû l'anathématiser à Chalcédoine.

TABLE ALPHABÉTIQUE [1]

1. Nous avons relevé les noms propres des notes et les principales matières de l'introduction. Nous mettons en italiques les numéros des pages les plus importantes.

TABLE DES CITATIONS

III. Actes des conciles

TABLE ANALYTIQUE

INTRODUCTION

AVERTISSEMENT DU TRADUCTEUR SYRIEN

LE LIVRE D'HÉRACLIDE DE DAMAS

I. 1. *Hérésies et Schismes*

II. 2. Événements qui suivirent la condamnation de Nestorius.

LES HOMÉLIES DE NESTORIUS
SUR LES TROIS TENTATIONS DE N.-S.

APPENDICE I

APPENDICE II

APPENDICE III

Lightning Source UK Ltd.
Milton Keynes UK
UKOW01f0957081117
312397UK00010B/1025/P

9 781178 005479